國家社會科學基金重大項目"清末民國時期圖書館事業檔案整理與研究"（編號15ZDB128）成果之一

圖書集刊

蒙文通 主編

王嘉陵 整理

下冊

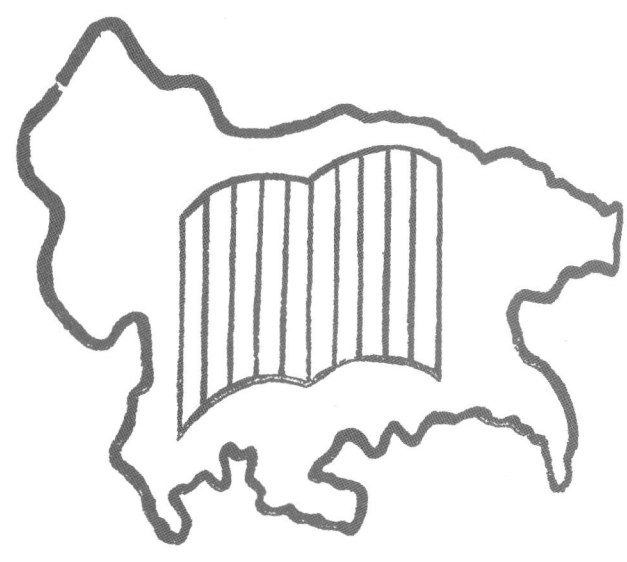

圖書集刊 第五期

周官左傳中所見之商業………………蒙文通
左傳杜氏五十凡斠例箋…………廖季平末刊稿
繹帖目錄…………………………王存善遺著
記白古通年運志…………………………王樹枏
鄭注周禮易字舉例………………………李源澄
漢官攷……………………………………李源澄
列子與張湛注……………………………李源澄
館藏嘉靖汪刻文心雕龍校記書後………蒙文通
府兵制溯源並質陳寅恪先生……………李荷叔
釋古長江下游之交通……………………蒙文通
跋志古堂影刻題襟館本華陽國志………張白行
涵芬樓影印弘治本新語略校……………馮鑒如

四川省立圖書館編輯
中華民國三十二年十二月出版

周官左傳中之商業

蒙文通

就經濟形態社會形態以解釋歷史以成立所謂歷史法則其為說果堅定不易然就西方史料以成立者祗能謂之西方歷史法則不能即認為世界法則似未可據以之適用於東方之歷史。况所謂西方法則倘未得西方學者之堅確承認則以治東方史者更無遽就此法則之必要晚近誹習中國史學者以能龔西方之陳言為名而憚於就國史以創立東方法則削足適履縱何可諱蓋亦以近世學人生活蕩漾實不得盡其材也翁詠霓氏常謂以科學整理國故不若以國故整理科學未免矜之以以科學整理國故為效之宏誠以以科學整理國故為效僅止於國家。以國故整理科學則為效惨入於科學所裨將被於世界其為功可以實里計裁鐫以歐洲文化濫端於地中海大陸之中其發展由地中海東部而至中部以至全部由大西洋而發展以至全世界其民族則由希臘人而羅馬人而條頓人中國則海環大陸之外自古至今始終為中國民族所掌握歐洲文化史之發展為眾堆為北進而中國之文化為南進背馳如此安得以中國史比擬於西洋史耶?若曰經濟為歷史決定因素則地理尤為經濟之重要決定地雖既已顯然不同而必强歷史之相同誠亦不思之甚矣。

歐洲史之大略為由封建社會到王權擴張由君主專制到民主政治封建時代之經濟為自給自足君主與商人相結託以排除其共同障礙之貴族始入於君主專制時期自民主主義者又與商人相結託以强迫君主俾接受其成交惠法始成功為民治國家各時代之社會經濟形態既不同其生產工具亦各異中國則自漢至清社會

周官左傳中之商業

一

經濟無多差異生產工具亦完全無變改秦漢以來之農事工具至今依然使用此爲從中國古籍可以證明者。秦漢至清之歷史誠爲今日歷史學術之一問題欲明秦漢至清究屬於何種社會在今日幾於人人殊欲聯合資產階級以革命者則謂中國依舊爲封建主義無產階級以革命者則謂中國早已爲資本主義此不過以歷史爲工具而非忠於研究歷史其事甚明至其爲說瑩礙難通則又謂此二千年之歷史爲從封建制度過渡到資本主義之時期或又益之以前期後期之說夫安有以二千年之悠久時間祇是過渡則正式時期之歷史應於何求之。其實中國之歷史自有其特殊性質不能勉強據歐洲史之方式以爲中國史之方式也。

余草此篇意在說明中國古代商業之發達蓋明春秋時代之封建社會其經濟與非自給自足商業已有高度之發展關稅已爲各個國家收入之重要部門則周初以來商業與封建制度平行發展貴族固未嘗妨礙商人春秋之末世族漸衰而列國之君並力以排貴族者爲庶姓之陪臣下逮戰國布衣起而爲卿相商人初未參與於其間則商業足以腐蝕封建制度之說此西歐之事非東亞之史跡亦然也。

戰國期間列國皆爲郡縣制度都無世卿執政之跡其爲貴族崩潰而王權擴張不可易此然君主之排斥貴族所利用者爲庶姓寒人而非商賈商人與貴族且同爲君權所不容君主專制莫著於秦秦時北攻胡貉南攻楊粵以謫發之先發吏有謫及贅婿賈人後以嘗有市籍者又後以大父母父母嘗有市籍者（晁錯說）導君主專制者爲法家商鞅韓非之流商君書言「能令商賈技巧之人無繁欲國之無富不可得也」又言「重關市之賦，則商業有疑惰之情算必壓矣」韓非書言「商賈外積小民內困者可亡也」不特專制之君主其政策爲抑商倡

君主專制理論之學者亦大張抑商之說也。獨曰或有為秦不抑商之說謂戰伐必時商業以足軍用，以懸斷秦事，曲解歷史此大不然。鹽鐵論言「商君相秦設百倍之利收山澤之稅，國富民強器械充蓄積有餘，是以攘地斥境不賦百姓而師以贍」山澤之利見於史記貨殖傳者至明秦人資之以為戰費何必重商。淮南子言「秦之時入芻藁頭會箕斂歸於少府」漢書百官表言「少府秦舊掌山海池澤之賦」是秦取山澤之賦至悉而師用之所出董仲舒謂「秦用商君之法頫川澤之利管山林之饒」豈秦必不抑商以足軍費哉正不知國史者之言耳。

方秦併六國王權極盛之時而民治思想已與陶希聖氏略知之情未能大明之耳蓋呂氏春秋言「天下者，天下之天下也非一人之天下也」。其言敷之孟荀更進是移天下之主權不屬於君主而屬於人民。余於儒家政治思想之發展一篇中詳言之當時儒家原有選天子襌大位之說飽白令之以觸始皇之怒而有坑儒之禍（見於說苑）睢孟以選賢襌位說為護照所誅蓋寬饒亦以此為說成所誅今世或不信墨子選天子之說而曲為之解矣。儒家所理想之學校亦決非周代專為貴游子弟而設之學校。凡而封襌明堂辟雍井田巡狩皆墨非周制而意在民權余別論之也其說蓋滋蔓於秦政酷烈之時此民治思想之繼君主專制而起也、

西方之民治主義者嘗與資本主義者相結託迨君主接受其成文故歐洲民治主義之成功實挾資本主義以俱來而秦漢之間中國之民治主義實為抑斥商人而鄰於社會政策均富之說凡孔墨孟荀商韓之流莫不主之。管子書為對外貿易為經濟侵略者而亦以均富為國有政策故儒家自戰國以至董仲舒之流莫不主均富為說。

則歐洲與中國之民治主義一方接近於資本主義一方接近於社會政策一為國家思想一為大同思想亦因之以判也。

自漢世帝王接受儒家之學說於經濟政策殆全用之至於武帝而商人中家以上均破舊之商人完全消滅輸國營之政行而新之商人階級不可再起考試學校之制行於是在官從政者並不限於一階級而平民皆得參政自後均田抑商之法行於晉於魏於唐傳統之政策定而社會之機構不可改也中國自漢以後社會經濟無改易殆以社會政策之厲行歟自儒家得志於孌社會政東行而民權王張則讓步為民享於是封禪巡狩明堂之義結舌而不論後漸幽冥而莫知其源至董仲舒更為先師革命之說而為改制之說國史上資本主義之禍絕而君主翻以維繫永久此中國史之所以別入於一徑途徑者歟。

酒醴言「肇牽車牛遠服賈用孝養厥父母」皋陶謨言「懋遷有無化（貨）居」。知商業在西周以前已有壞服買之影迹左氏成三年傳「荀罃之在楚也鄭賈人有將寘諸褚中以出既謀之未行而楚人歸之賈人如晉荀營善視之如賣出已買人曰吾無功敢有其實乎吾小人不可以厚誣君子遂適齊」此鄭之商人其足蹟可南至楚北至齊左氏僖三十二年傳「秦師過周及滑鄭商人弦高將市於周遇之以乘韋先牛十二犒師孟明曰鄭有備矣滅滑而還」滑在今偃師縣此鄭商可西至周是春秋初之商人可越境貿易非復諸侯封疆之所能限孟子所謂「天下之商旅皆悅而願出於其路藏於其市」實春秋之時勢已如此非至戰國而始然也鄭桓玉藻云「年大順成關梁不租此周禮也殷則關伯譏而不征」蓋據孟子文王治歧「關市譏而不征為說」史記亦言太公於齊「商買輻輳齊以民富

衣履天下」明殷周之間已有越境之貿易而關市無征者以其收入偷微耶墨子尚賢中言「賢者之長官也夜寢夙興收斂關市山林澤梁之利以實官府是以官府實而財不散」此關市之稅在墨子之時已於國家收入佔重要地位。周官大宰「以九賦斂財賄七曰關市之賦八曰山澤之賦」是又不必至墨子時始重視之春秋初年已見越境之商人而大宰有關市之賦蓋其事之相因也左氏文十一年傳「初宋武公之世鄋瞞伐宋」昭二十年傳「晏子曰偪介之關暴征其私」宋武公在春秋前知周人關市有征由來已久左氏與周官同也周官司關「司貨賄之出入與其征廛凡貨不出於關者舉其貨罰其人」鄭注「征廛者貨物之稅與所止邸舍也。市有貨人廛人之屬皆以為商賈也「凡國之道十里有廬三十里有宿五十里有市」則非徒前朝後市但肆於國中也質人「大市以質小市以劑凡治質劑者國中一旬郊二旬野三旬都三月邦國期期內聽期外不聽」則市之徧於鄉野而貿易通於邦國貨賄契券之約經於歲時管子於齊「征於關者勿征於市征於市者勿征於關」亦春秋初年事則商業之盛可徵而關市之征所以為國家收入之重要部門歟「貨物止於邸舍則有廛布肆列於市則有絹布。無市立持則有總布」具商稅之繁司門「以啟閉國門譏出入不物者征其貨賄凡財物犯禁者舉之以其財養死政之老與其孤」貨人亦「掌關門之委積以養老孤」其入且用之於兵士之遺族也載師「以宅田任近郊之地」注云「國宅凡官所有室更所治者也」市廛有征則其非屬於官亦可知司市云「大市日昃而市百族為主朝市朝時而市商賈為主夕市夕時而市販夫販婦為主」此商販之非屬於官亦非專以應貴族之需求又云「凡萬民之期
鄭注「買田在市買人其家所受田也」則買人為獨立自由之職業未必庇寄於貴族又云「凡任地國宅無征」
之老與其孤」貨人亦「掌關門之委積以養老孤」

於市者辨布者量廣者各於其地之斂凡得貨賄六畜者亦如之三日而舉之。」此民之與於市也泉府「掌以市之征布斂市之不售貨之滯於民用者以其賈買之物揭而書之以待不時而買者各從其抵都鄙從其有司然後予之。」賈師云「凡夫患禁貴價者使有恆賈」注謂「若貯米穀榼木」此民席之賈於市也司市「僞飾之禁在民者十有二在商者十有二在賈者十有二在工者十有二此民席之賣於市也非徒操工商業者之從事於市而已國語言「管子於其（制國以爲）二十一鄉工商之鄉六士鄉十五」則齊之操工商業者居通國四之一而強齊之鄉爲二千家則從事工商者爲萬二千家此春秋時工商業之屬於民而若是其盛也左氏昭三年傳「景公欲更晏子之宅曰子之宅近市朝夕得所求」是市爲民生日用之需自非珠玉犀革屬於貴族之玩則商品內容大部屬於平民之需而非專爲貴族所需亦可知左氏昭十六年傳「子產封曰昔我先君桓公與商人皆出自周……世有盟誓以相信也曰爾無我叛我無彊買毋或匄奪爾有利市寶賄我勿與知特此質信故能相保以至於今」惟於時商人之地位非附屬於封建之領主。故鄭亦僅恃盟誓以相保國語晉叔向對韓宣子曰「苟衛國有難工商未嘗不爲惠一則商人已可乘機以圖顚獲其政府或可對國家訂結盟則商業之發達則貨幣之需要亦當然金屬貨幣以今地下發掘則猶罕見事固可疑詩邶水曰「懷彼淮夷來獻其琛」元龜象齒大賂南金而呂刑有「其罰百鍰其罰千鍰」似西周已以金爲貨幣徵之金文散氏盤有「爰千」「罰千」之於春秋已見之不徒戰國爲然也。商業旣發達王孫賈曰「夫縶之富商軍漱木棧以過於朝而能金玉其車文錯其服能行諸侯賄是「因其富厚交通王侯」向對韓宣子曰「苟衛國有難工商未嘗不爲患一則商人已可乘機以圖顚獲其政府故鄭亦僅恃盟誓以相保國語晉叔

蒙文通 《周官》《左傳》中之商業

文曾鼎有「百爰」之文，齊黃金文有郘金鈇曰「郘爰」，有陳金鈇曰「陳爰」，足證百鍰千鍰之義與呂刑之說相輔。齊語言「小罪讁以分金」，亦即金作贖刑之謂。子咸盤言「錫金一鈞」，卿鼎言「臣卿錫金」「錫金」「錫朋」之文。於兩周彝器為累見，則金為貨幣，西周春秋固有其證也。而春秋以來不多見者，蓋亦有故焉。僖十八年傳「鄭伯朝楚，楚子賜之金，既而悔之，與之盟『無以鑄兵』，故以鑄三鐘。」以時萬以銅為兵，東周以來諸侯戰伐正殷鑄兵，方竭而金幣罕行諸矦不以為交接賓通於邦國而貨幣翻稀赖始皇本紀二十六年「收天下兵聚之咸陽銷以為鐘鐻金人十二，重各千石」。魏志董卓傳云「椎破銅人鐘鐻以鑄小錢」始皇所鑄如孟子書言「銅人知戰國之兵亦多銅兵。英雄記云「昔大人見臨洮而銅人鑄至董卓而銅人毀」。漢書五行志言「始皇二十六年有大人見於臨洮故銷兵器鑄而象之」是又卓之所毀即秦之所鑄明矣。然戰國之世如孟子書言「王餽兼金百鎰於宋餽七十鎰於薛餽五十鎰」此類漸多，春秋罕見金為貨幣，而戰國恒見之。是殆又有故也。春秋之末鐵已漸行耳越絕書十一記寶劍言「軒轅神農赫胥之時以石為兵，黃帝之時以玉為兵（新石器）禹穴之時以銅為兵當此之時作鐵兵」。此之所言最有理致於近世言先史者之所考自可信據。知勾踐之世已有鐵兵。左氏昭二十九年傳「晉趙鞅荀寅帥師城汝濱，遂賦晉國一鼓鐵以鑄刑鼎」是鐵已見於春秋之末，左氏有其說足證風胡之說不為虛。鐵兵起而銅屬貨幣又漸行，是可以釋春秋罕見金屬貨幣之疑耶？苟金屬貨幣中微之說不虛，正自有其故也。

周語言「景王二十一年將鑄大錢，單穆公曰不可古者天降災戻於是乎量資幣權輕重以振救民民患輕則為之作重幣以行之於是乎有母權子而行民皆得焉若不堪重則多作輕而行之亦不廢重於是乎有子權母而行小大利之。

今王鑄輕而作重民失其資能無匱乎王弗聽卒鑄大錢」子母相權蓋貨幣已有高度之發展始能有輔幣之產生單穆公言「古者爲聲資幣輕重」一則子母相權其始已久不自景王周官司市言「國凶荒喪札則市廛征而作布」鄭注「今銅無凶年因物貴大鑄泉以饒民一事已先見於官禮則單子彌古者以也此經濟學所謂支付者也凶荒喪札又正所謂「夫降災戾」者也國語周官說相輔則事不可疑周官左氏所見商業之威如彼則貨幣之盛而輔幣又因之如此兩相佐驗其可諒耶則周官左氏所陳已非經濟自給自足之社會也孟子言「許子以釜甑爨以鐵耕乎」知鐵爲農器於戰國中葉已行之管子書誠不作於春秋但其必作於戰國末期則可信其海王篇云「今鐵官之數曰一女必有一鍼一刀耕者必有一耒一耜一銚行服連軺輂者必有一斤一鋸一錐一鑿」則鐵器之行於戰國夫復可疑故董仲舒言秦「用鐵」田租口賦鹽鐵之利二十倍於古」而太史公自序亦言「司馬氏爲秦主鐵官」鐵之重於秦若是則孟子之說有鐵。其南面言「楚鐵劍利而倡優拙」燕秦爲楚代銚鉏者及乎敵」其南面言「鐵戈重盾而豫戒也」荀子議兵篇言「楚人宛鉅鐵銛」皆足明鐵用於戰國其代銅兵而大興蓋世家亦載之再耕字之例考之耕字伯牛耕則牛耕已見於春秋之末戰國趙策平陽君曰「且秦以牛田水通糧」史記趙世家執牛耕始於漢趙過之說者固未必然也鐵耕牛耕之用廣春秋遂降而爲戰國此其所以爲國史上之巨變此歟商業與貨幣在周代之情形既不若今人所估計之低農工業亦不若今人所疑之幼稚特言「夫牛耕田種穀至秋則收之言秦伐韓上黨若牛田之必冀其收穫矣」此牛耕之決行於戰國之時鐵耕牛耕始於漢趙過之說愛假稻田」而周官明言稻人匠人畜水均水及潴瀦之事則灌漑之法早已行之大司徒「辨十有二壤之物而知其」

蒙文通 《周官》《左傳》中之商業

獲」、「草人」「掌土化之法」：凡糞用牛羊麋鹿有剉而辨、土蔬肥有術、土化掌於草人，則用糞之知識為自繚肥進步而來。尤為顯著則於時農業固早已脫離綠肥時期。凡考工記中所見之工業及其合金術之精，皆足以見農工商業已有高度之發展，不特於新近學人之所持論至周官之成書年代，余固別篇論之意謂必出周惠襄之間。若其聞表示政治社會之制度固不能說為戰國之事，故此篇所論商業情形周官與左傳為一致也。西周春秋為國史上封建時期之最顯者，其商業之盛固如此，是可得以中國封建時期之經濟必與西方封建時期之經濟事同一律哉。

皆說言「古之建國或小或大監前之弊變而通之夏殷之時蓋不過百里，故諸侯微而天子彊桀紂得肆虐。捕邢侯而臨九侯以文王之德不免於羑里。周武其鄰故大國五六百里以蠻戎諸矦至其末諸侯彊大更相侵伐周室卑微禍亂用作秦趙其辭不能正其制遂廢諸侯改為郡縣以一威權以專天下。」夫殷之建國方百里周方五百里未必為丁定之制密殷為天子彊而諸侯弱周則反是固可信也。榮武子曰「紂之百克而卒無後。」傳曰「夫特才與蒙亡之壇也商紂由之故滅也。」傳曰「紂克東夷而殞其身。」周失之顛殷失之強事應然也故宗曰「湯曰吾甚武號曰武王」九侯鄂侯梅伯文王之醢醞戮辱傳記諸子均能言之蓋為虛誕是有殷一代天子暴強固亶強於周也。

古曰萬國斯其為輝落之蒙耳，至殷而存者三千，至周而存者千八百，至秦而削滅盡之亦勢之宜然者也。夏殷有天下諸侯來朝，湯即其邦洛而封之，斯不過藉勢力之承認不可以言封建，周公相武王誅紂伐奄三年討其君，滅國者五十，於是大封同姓以屛藩周，周之子孫茍不任感者漢不為顯諸侯及周之東號疆國畢業耕者其非用強固宜實終於周也。

周官左傳中之商業

九

人觀賢之新封。唐虞以來之侯伯微滅無足數是周武力之強拓地之廣燏於夏殷之際，各為郡縣。郡縣之制非始創於秦人統一之時斯夏殷為部落而周人為封建天子諸侯之名雖同而實則大異夏殷舊封多而新封少周則新封之力已恃雄於舊封情可知也至秦之全為郡縣此推周人王畿之制六國疆內之制以施之禹域自夏殷而周秦周之度且消息於殷秦之間亦勢之不得不然者也。

由上言之殷之天子強而諸侯弱天子者一部之獨大而以為肉他之種落周之諸侯強而天子弱為一部過盛枝葉繁而傷其本根殷強而周弱非王權之滋長易先後而倒植實國家之機構情勢已大殊周之建侯諸國相互間文物之比較必視殷為更整更劃一然周之諸侯疊衛於周為近鄭宋為遠晉齊益遠秦楚吳越於周殆不似也周且是也夏殷諸侯間文化之比較其相去宜有胡越之不相謀殷夏史料存者微略不得論縱有之亦難以一隅溉全體然其大體固可推而言也。

本劍農氏據金文賜田賜人之事以證封建制度在西周乃逐漸發展其言最有理致。夫周之建侯本乎宗法似也。

然終不離乎文昭武穆周公之胤捨是自成康而下其立宗之制不殊而建國之事豪安在封建之必繫乎宗法。及乎春秋之世世族執國命魯三桓鄭七穆之傳然桓穆先後之世魯鄭之宗法自若而相穆外鮮世族者何耶天子建國則有異姓之封諸侯立家亦有異姓之卿則宗之不必為世族世族之不必繫乎宗亦審矣周之建侯，蓋始於開國之初滅國之眾拓地之廣故以分土分財為治吾意諸侯立家事亦猶是以拓土既廣故亦分財以治耶列國世族多始於入春秋之初惟宋之世族為最早亦惟宋拓地為最遠春秋之先宋地已南有蕭亳及

乎彭城宋公不王其叛周亦最先此知周室之事非東遷之後天子之威絀而諸侯交侵王室始霸，千八百國入春秋後存者僅百二十，則國之滅者已衆，魯之初爲方百里其後爲方五齊之初爲方百里而後乃方千里，其所吞噬者亦衆耶是西周數百年間諸侯相兼之禍，不亞於春秋與戰國周所新建之國侍王室之威靈以蠶食三代之古封天子亦樂觀其成而坐視藩國之日大西周之末古封略盡兵猶自焚周之子孫日失其紀，輒相攻戰文武之胄或有衰微於史伯之言知滕薛之傳於幽平之世舉大於齊魯入春秋則其微曰其伐同姓爲周禮之所不容而伐異當爲周人之所不禁卒之諸侯之勢彊天子不能制同姓之禍亞天下不能非非天子驕於東遷之初實諸侯彊於西周之末一旦周鄭交惡而王室遂徒虛器也。

諸侯彊於西周之末拓地廣而人日衆則西周侯國之制不適於列辟彊大之時於是僭天子之禮以爲諸侯之制，而世卿專土壅政漸偏於邦國私邑有宰而家各有甲自是而政速於大夫故曰世族之制非自西周之初而然不必與宗法同其終始也西周天子之有諸侯猶東周諸侯之有世卿大夫惟其初固爲一家休戚與共故平殷代者也周之諸侯不守封塞（見春秋大事表）壤地相錯憂同姓帥盟此周世諸侯發展之由來而大異乎殷代者也周之諸侯其非劃境自封以習於經濟之自給自足又審矣秦楚拓地廣而非有世族以治術自異其文化絶遠於周舊也惟周之封建源於一族之獨盛倡卹鄰親親之義以相保國與國間經濟之交接自頻繁而商賈遂暢歷於各地。

齊世家言「太公至國修政通工商業便魚鹽之利」封建制度自周初以來始逐漸發展商業亦於是始逐漸發展是商業經濟與封建政治並進而不相妨通商惠工即太公之所以修國政官殖列傳言「武公勸女紅極技巧，

故齊冠帶衣履天下」知齊之貿易通於鄰國下及春秋初未見商業與封建之不相容，一仍乎太公之舊，試例舉之

左氏桓二年傳晉師服曰國家之立也本大末小是以能固…………庶人工商，各有分親皆有等衰是以民服事其上。

閔二年傳衛文公務材訓農通商惠工敬教勸學授方任能元年革車三十乘季年乃三百乘。

宣十二年傳隨武子曰會開用師觀釁而動德刑政事典禮不易不可敵也楚軍討鄭…………荊尸而舉商農工賈不敗其業而卒乘輯睦事不奸也。

襄九年傳楚子囊曰當今吾不能與晉爭晉君能而使之舉不失職官不易方其士競於教其庶人力於農穡商工皂隸不知遷業。

襄十四年傳晉師曠曰天子有公諸侯有卿卿置側室大夫有貳宗士有朋友庶人工商皂隸牧圉皆有親暱以相輔佐也。

昭二十六年傳齊晏子曰在禮家施不及國民不遷農不移工賈不變士不濫官不滔大夫不收公利。

余已詳論周代之商業茲更證周代諸侯大夫不惟不與商賈相妨且以安定工商業為此時代之美政商業經濟與封建政治相輔並進然則一商業經濟之決然腐蝕封建社會」其說決不能施之於國史下逮戰國君權擴張，貴族既遭拼棄而商業亦受打擊主張君權集中之法家其政治主張，在排棄貴族其經濟主張，在抑制商賈秦事

於此尤爲顯著。更不見君體託商人以制世族之實,翻若封建政治與商業經濟同其盛衰相依爲命戰國之際,繼貴族起而爲政者乃布衣之卿相反觀春秋時代貴族頻於胡潰之際君主所託倚者爲庶姓爲陪臣皆無與於商買也夫平民貴族之衝突爲勢理之自然無足怪者布衣崛起必擠貴族階級而去之與必擴賞商階級而抑之,又事之一貫者也此戰國諸子之學所由無一不主於均富而抑商者歟?

虞淺小書 雲夢九江

胡渭言「漢志」「南郡華容縣雲夢澤在南荆州藪」「編縣有雲夢宮」「江夏西陵縣有雲夢宮」華容今監利石首二縣監利在江南編縣今荊門州西陵今蘄州及黃岡麻城皆在江北水經沔水注云「雲杜縣東北有雲夢城」雲杜今京山縣又夏水注云,「自州陵東界瑤於雲杜沌陽爲雲夢之藪」州陵今沔陽州沌陽今漢陽縣元和志云「雲夢澤在安陸縣南五十里東南接雲夢縣界。」「以上諸州縣皆在江北由是言之,東抵蘄州西抵枝江京山以南皆爲雲夢孫詒讓曰:『全藪陸地,則直跨今湖北漢陽黃州安陸德安荊州西北兼陵互臨浦淑縱橫此雲夢之爲漁獵之區礙於故予虛賦云,『雲夢方八九百里』蓋地跨大江南北。江出巫峽之湍悍即入雲夢之浩淼交通未易虎涉也。

九江之說考之班志云「廬江郡尋陽,禹貢九江在南皆東合爲大江。」「張須九江云,『一曰三里江,二曰五洲江三曰嘉靡江四曰烏土江五曰白蚌江六曰百烏江七曰箇江八曰沙陵江九曰廩江參差隨水短長或百里或五十里始於鄂陵終於江口會於桑落洲」』王鳴盛云,「漢濤陽在江北今黃州府蘄州東濤水城今桑落洲在城東北五十里江中鄂陵今黃州府武昌縣」然則雲夢西起枝江東盡蘄州滙爲巨浸九江西起蘄州東盡桑落九江者正雲夢之尾澳也此就南言之北水經注云「秦九江郡

治壽則秦漢九江北涉廬壽域又可知焦循云，「今之桐城廬江間是固江水所至處。」王鳴盛以為「安豐故城在今霍山西英山麻城羅田諸縣山勢連延西南趨江漢水東北趨行插入其境」是王氏篤信班鄭漢至大別入江大別在廬江安豐之說以漢入江即在此一帶也斯雲夢巨浸九江繁川頗有今大江以北之地楚西避巫之險故巴楚交通則舍水而由陸東避九江之險故楚越交通亦舍江而由淮正以其聞實一擋天巨浸阻未易跋涉也吳越春秋言「昔者三苗之居左彭蠡之波在洞庭之水文山在其南衡山在其北由此其險也」此之文山即雲夢九江之間吳越春秋言「桓公伐楚濟汝踰方城望汶山遂之荆蠻而斷髮文身以避蛟龍之害誠以犀象蛟龍之所居不可以至則長江於古代無裨於耕稼無益於交通正以雲夢九江故也。

蓋以荆楚之地本為瀦成平原古之情勢大異於今藪澤倘未冲積為平陸繁川亦未會合為巨浸無深穩之水道既無舟楫之利而軍馬亦不易通此古人所以舍江而不由邪周本紀言「昭王巡狩不返卒於江上」呂氏春秋言「梁敗王頓於漢」則西周之世西涉江固舍舟而由梁文撰注引竹書紀年「穆王三十七年伐越大起九師東至于九江以竈鼇以為梁」則東涉九江於西周之世亦舍舟而由梁莊之四年楚伐隨除道梁溠營軍臨隨」此溠正職方所謂「其浸波溠者也」川則濟之溠則梁之溠王之梁楚之梁穆王之梁正以其在上世為浸而非川此所以終春秋戰國而不聞有浮大江者耶昭至秦皇漢武而後始聞有浮江之迹也桓八年「楚及巴師圍鄾」莊十八年「巴八叛楚而代楚」春秋所見巴事皆在楚北境鄾為鄧之南，鄀那處在安陸是見巴楚交通皆以陸道而不由江春秋之庸國於鄖陽而庸之跨荆梁而亦非依水道則古夔巫一道非有交通審矣吳楚越三國之爭由淮而非由江於別篇詳之則長江上游下游亦無交通固可決耶

左傳杜氏五十凡駁例箋　　廖季平未刊稿

凡君即位，卿出並聘。○襄元年穆叔聘於宋，通嗣君也。五年鄭子國來聘通嗣君也二十九年吳公子札來聘昭十二年宋華定來聘通嗣君也。

唯嘉好聘享三軍之事於是乎使卿。

踐修舊好。○隱二年公會戎于潛修惠公之好也昭二年叔弓聘於晉曰寡君使弓來繼舊好。要結外援好事鄰國以衛社稷忠信卑讓之道也。信德之固也卑讓德之甚也。

忠信禮之器也卑讓禮之宗也。辭不忘國忠信也先國後已卑讓也。

凡君即位好舅甥修昏姻。○桓三年公子翬如齊逆女修先君之好。娶元妃。○文四年逆婦姜于齊宣元年夫人婦姜至自齊。以奉粢盛孝也禮之始也。○文二年公子遂如齊納幣。

凡諸侯即位小國朝之○桓二年滕子來朝宣元年邾子來朝哀二年滕子來朝成十八年公如晉朝嗣君也。大國聘焉。○襄元年衛子叔晉智武子來聘禮也昭二年韓起來聘。以繼好結信謀事補闕禮之大者也。○襄元年晉荀罃來聘。

年晉侯使荀罃來聘。

諸侯五年再相朝。○凡言即位朝此言五年朝二說不可闕一故凡不凡皆經例。以修王命古之制也。○文十五年。此經義所託之古制杜亦知之不以為周公之古制

世之治也諸侯閒於天子之事〇旣朝天子，則相朝也。〇昭十三年公如晉荀吳曰諸侯相朝講舊好也。於是平有享宴之禮。成十二年

臣聞〇猶言凡也。小國之免於大國也聘而獻物於是有庭實旅百朝而獻功於是有容貌采章嘉淑而有加貨，誅其不免也誅而薦賄則無及也。宣十四年

會朝禮之經也禮之興也政之身之守也怠禮失政失政不立是以亂也。襄二十一年

文襄之霸也。〇繼爲春秋所託。令諸侯三歲而聘五歲而朝。〇合卽位朝聘之凡爲全文。有事而會不協而盟。昭三年

明王之制，〇孝經明王與周公並舉社不以此明王爲周公須知經之周公多所借託，安得以無周公明文之凡妄牽引之。使諸侯歲聘以志業閒朝以講禮再朝而會以示威再會而盟以顯昭明志業於好講禮於等示威於旅昭明於神自古以來〇明言古者杜猶以爲孔例。未之或失也。昭三年

朝聘有珪享類有璋小有述職大有巡功設机而不倚爵盈而不飮宴有好貨殽有陪鼎入有郊勞出有贈賄禮之至也。昭五年

諸侯相朝講舊好也。昭十三年

以上嗣位朝聘邦交凡三

凡會諸侯〇僖九年會于葵丘尋盟且修好禮也。不書所會後也。〇盟尾公後至故不書所會僖二年諸侯城楚丘盟不

書所會後也。後至不書其國〇盟屬有齊侯宋公衛侯鄭伯許男曹伯不書。辟不敏也〇文七年公會諸侯晉大夫盟於扈。

（補凡）大夫後至不書其國辟不敏也。

（補凡）凡大夫會內大夫與而不書辟不敏也〇此為公在不書公為內辭之例。

凡諸侯會公不與而不書〇文十七年會于扈公不與齊難故也書曰諸侯。辟君惡也〇宣七年晉人止公於會盟于黃父公不與盟故黑壤之盟不書〇昭十六年公在晉晉人止公不書辭之也。與而不書〇史例君舉必書。後〇如文七年會扈不書。也〇文十五年冬十有一月諸侯盟于扈

諱國惡禮也。僖元年

（補凡）公不在稱諸侯惡也不書諸侯後也。

凡公〇襄二十九年傳魯周公之後也故從王後例稱公如宋。行告于宗廟〇白虎通王者諸侯出親告祖禰使祝遍告五親尊親也。反行飲至〇桓十六年公至自伐鄭以飲至之禮也。舍爵策勳焉〇襄十三年公至自晉書勞于廟禮也。特相會〇離會也。往來稱地〇定八年公會晉師于瓦公至自瓦十年會齊侯于夾谷,至自夾谷事也自參〇三國會。以上〇諸侯會。則往稱地〇書會于某。〇來稱會〇如公至自會。成事也

桓二年冬公至自唐

以上出會致公凡三　此三條據魯發凡,即經內書之例,若係周公史法,必不專寫晉齊凡。

凡諸侯同盟於是稱名故薨則赴以名〇同盟故也。告終稱嗣也〇襄二十八年楚子昭

卒，䜭文子喪之如同盟禮也昭六年杞伯益姑卒弔如同盟禮也。
諸侯相弔○弔喪。賀也雖不當事苟有禮焉書也以無忘舊好○文九年秦人來歸僖公成風之襚。隱七年
凡諸侯同盟死則赴以名禮也赴以名則亦書之。○傳以書名例詫之赴告。不然則否。○以不書名詫之不赴告不同
盟。辟不敏也。僖二十三年杞成公
　　　　　　卒不書名未同盟也
凡崩○經有三天王不志崩若從史法必無不書之塹，亦無不赴之理。
赴○頃王周公閱與王孫蘇爭政故不赴襄二十八年十一月癸巳天王崩未來赴亦未書禮也。即不書禍福不告
亦不書○僖二十四年秦伯納重耳不書入也使殺懷公於高梁不書亦不告也。戀不敬也。○文十四年頃王
崩。
天子七月而葬同軌畢至諸侯五月同位至大夫三月外姻至。隱九年
先王之制○此明言先王周公代武辟位即周先王也杜不以為周公之制。諸侯之喪士弔大夫送葬○昭六年
大夫如秦葬景公禮也昭十一年鄭簡公卒子產曰諸侯之賓來會吾葬晉之喪事儉邑之間先君有所助執紼
○二伯之喪，大夫弔諸侯送葬。　矣。昭三
　　　　　　　　　　　　　十年
凡諸侯有命告則書。○隱九年鄭人以王命來告伐宋十年書會伐宋僖五年晉侯使以殺太子申生之故來告書晉
殺其世子申生傳十一年鄭伯以虢師伐宋，鄭以王師會之伐宋○隱十一年鄭伯以虢師伐宋，
宋不告命故不書傳九年齊侯以諸侯之師伐晉令不及魯故不書。師出臧否亦如之。僖十年○隱元年有不告不書

言凡者數條。

師出以律否臧凶執事順成為臧逆為否眾散為弱川壅為澤有律以如已也故曰律否臧且律竭也盈而以竭天且不整所以凶也。

雖及滅國○史公曰亡國五十二。

滅不告敗○成元年王人來告敗書王師敗績于茅戎昭六年叔弓如楚且弔敗也。

按經不書楚敗傳不言告敗

楚人滅江秦伯為之降服出次不舉過數曰同盟滅雖不能救敢不矜乎。文四年

勝不告克○隱元年鄭伯克段 不書于策。隱十一年

吳入越不書吳不告慶越不告敗也。哀元年

以上赴告則書凡四

凡師。○君子曰不備不虞不可以師。一宿為舍再宿為信過信為次○莊三年冬公次于滑。○經書次凡十二見。

凡師敵未陳曰敗某師。○經於隱十年莊十一年書敗宋師僖元年書敗邾師又敗晉師昭五年亦書敗晉師○經書

傳二十三年書敗秦師昭二十三年書敗頓胡沈蔡陳許之師。皆陳曰戰○經書戰二十餘見。大崩曰敗績○經書

敗績十五見。得儁○當作獲。曰克○如克段。覆而敗之曰取某師。○哀九年宋皇瑗取鄭師十三年鄭罕達取宋

師。京師敗曰王師敗績于某○莊十一年夏五月戊寅公敗宋師于鄀。○成元年王師敗績于茅戎。

（補凡）內諱敗言戰。○上文為言戰言敗之例此為言戰不言敗之例按此內敗例言戰而不言敗。

凡獲器用曰得〇如得寶玉大弓。得用焉〇用焉當作牛馬。曰獲〇定九年得寶玉大弓〇牛馬有知之㘃故曰獲，如獲麟由賤推及貴故獲君大夫亦曰獲。

（補凡）君生曰獲死曰滅大夫生死皆曰獲。

凡師有鐘鼓曰伐〇經書伐者多　無曰侵〇經書侵者四十三見。　輕曰襲〇莊二十九年夏鄭人侵許襄二十三年齊侯襲莒

凡師能左右之曰以〇僖二十六年公以楚師伐齊桓十四年宋人以齊蔡衛陳伐鄭定四年癸侯以吳子及楚人戰。

凡師出與謀曰及〇隱十一年公會鄭伯于時來傳謀伐許也秋七月公及齊侯鄭伯入許。不與謀曰會〇宣七年公會齊侯伐萊其餘多從不與謀之例辭會。

凡諸侯有四夷之功則獻于王〇僖二十八年傳晉獻楚俘于王介騮百乘徒兵千。　王以警于夷　勸有功也兄弟甥舅侵敗王略王命伐之不獻其功〇中國則否　所以敬親暱禁淫慝也　成二年〇此不言凡之條，與言凡者，如出一轍。

蠻夷戎狄不式王命伐之則有獻捷〇諸侯有四夷之功則獻于王　王翶受而勞之所以懲不敬〇王以警于夷　莊三十一年齊侯來獻戎捷傳非禮也僖二十一年楚人使宜申來獻捷。

以上用師凡七

凡書取言易也〇邦亂分為三師叛郜遂取之。〇宣九年取根牟成六年取鄟昭元年取鄆，四年取鄫皆言易也。　用大

師爲曰滅○襄十年,滅偪陽不稱師,餘如莊十年滅譚僖〇二年滅下陽宣十五年滅潞氏襄〇二十五年滅舒鳩昭八年滅陳十一年滅蔡定四年滅沈六年滅許十四年滅頓皆稱師惟文十六年楚人秦人巴人滅庸經不稱師傳言大師,弗地曰入〇襄十三年取邿○隱十一年鄭伯入許宣十一年楚子入陳文十五年晉郤缺入蔡定四年吳入楚五年於越入吳皆不有其地。

凡勝國曰滅之○內滅如僖十七年滅項外滅如僖五年楚滅弦,十二年楚滅黃,二十五年衛滅邢二十六年楚滅夔文四年滅江五年楚滅六六年楚滅蓼宣八年滅舒蓼十二年滅蕭成十七年滅舒庸襄六年莒滅鄫滅萊昭四年楚及諸侯滅賴二十四年吳滅巢三十年吳滅徐定十五年楚滅胡。獲大城曰入之。○文十五年入蔡。內入如隱二年入極襄十二年入鄆外入如隱二年莒入向五年衛入郕十年齊入郕成七年吳入州來。

凡克邑不用師徒曰取。○昭四年九月取鄫鄫亂故曰取。○宣九年取根牟成六年取鄟元年取鄟四年取邿傳皆言易也。

凡民逃叛其上曰潰○文三年春王正月叔孫得臣會晉人宋人陳人衛人鄭人伐沈,沈潰○僖四年蔡潰成九年莒潰傳楚子重圍宋城亦曰庚申莒潰昭二十九年鄆潰

兵作於內爲亂寇寇猶及人,亂自及也。文七年

廧咎如潰上失民也。成三年

梁伯好土功亟城而弗處民罷而弗堪則曰某寇將至乃溝公宮曰秦將襲我民懼而潰。傳九年

在上曰逃。○文三年○傳五年盟首止鄭伯逃歸不盟襄七年會衛陽侯逃歸。

（補凡）逃義曰逃。

以上取滅入潰凡四

凡侯伯○二伯之稱僖二十八年傳襄命晉侯為侯伯成二年侯伯討歐，哀二年侯伯致禮是也。○周公時及共和之世伯在王朝稱周公召公惟春秋之世以齊侯晉侯為侯伯乃有侯伯之稱則凡非周公所遺引斷言也。○邢遷于夷儀諸侯城之救患也○僖六年救許十五年救徐成七年救鄭襄五年救陳，分災○襄三十年為宋災故諸侯之大夫會以謀歸宋財○僖元年夏六月邢遷于夷儀。

天災流行國家代有救災卹鄰道也行道有福。

討罪○隱十年齊人鄭人入郕討違王命也文十七年晉衛陳鄭伐宋討曰何故弒君宣十一年楚莊王曰夏徵舒為不道弒其君寡人以諸侯討而戮之申叔時曰諸侯之從也曰討有罪也。 僖元年 禮也

宋公不王鄭伯為王左卿士以王命討之伐宋。 隱九年

君子謂莊公於是乎可謂正矣以王命討不庭不會其七以勞王爵正之體也。 隱十年

凡君不道於民諸侯討而執之，則曰某人執某侯○僖二十八年晉人執衛侯歸之於京師。 不然則否○成十五年晉

侯執曹伯歸于京師○晉人執衛侯，討其殺弟叔武之罪其餘晉侯執曹伯某人執某子皆與此凡不合。

（補凡）凡大夫有罪諸侯討而執之，則不稱行人不然則否。

以上伯討凡二

凡君薨卒奔○雜記諸侯五月而葬七月而卒哭。

時祫○按魯作主緩至二年乃周舊制經故譏之以起新制則言凡非周公之法也明矣。特祫于主○異義左傳說凡君薨而作主特祫主于寢。烝○桓八年正月己卯烝五月丁丑烝。嘗○桓十四年秋八月乙亥嘗。禘○閔二年吉禘于莊公此魯先君不行三年喪之證可見周公無典禮以贊後也。于廟○僖三十三年。○僖八年禘于太廟此秋七月即夏正五月與王制夏祭曰禘合。

凡在喪王曰小童○童當為子顧命眇眇予末小子曲禮王在喪曰予小子。公侯曰子○僖九年宋子公稱子二十八年衛子陳子定四年陳子侯稱子。

三年之喪雖貴遂服○中庸三年之喪達乎天子父母之喪無貴賤一也。禮也○昭十五年葬穆后景王既葬除喪故叔向譏之可見三年喪乃經制據孟子魯滕未行三年喪則凡稱王曰小童者亦經說也周公無此禮詞

凡諸侯薨于朝會加一等○襄七年會于鄬鄭伯如會未見諸侯丙戌卒于鄬。死王事加二等○成十三年曹伯廬卒于師。於是有以袞斂○僖四年許穆公卒于師葬之以侯禮也

凡夫人不薨于寢○如哀姜薨於夷。不殯于廟○襄四年定姒薨傳不稱夫人不赴且不殯于廟。不赴故不稱夫人。不祔于姑○定十五年姒氏卒傳不稱夫人不赴故不祔也。則弗致也(○)僖八年秋禘于太廟用致夫人僖嬪也以妾為非禮也此凡專為哀姜而發周公無夫人不薨於寢者亦無諸侯同盟之事。(○經於夫人與

非夫人，書法有異可由此凡推其常變。如隱二年聲子不赴於諸侯不反哭於寢不祔于姑故不曰薨，不稱夫人，故不言葬。

君薨，大夫弔卿共喪事。○昭十一年，叔弓如宋葬平公也。夫人士弔，大夫送葬。○昭三年，晉少姜卒，公如晉及河，晉侯使士文伯辭曰非伉儷也請君無辱公還季孫宿遂致服焉。足以昭禮命事謀闕而已。昭三年，葬楚康王公及陳侯鄭伯許男送葬至於西門之外諸侯之大夫皆至於墓。○襄二十九年○此二伯之喪，諸侯會葬之禮。

以上薨喪凡四

凡弒君○史公自序春秋弒君三十六。稱君，○君當作人。君無道也。○文十六年宋人弒其君杵曰傳君無道也。十八年齊人弒其君商人襄三十一年莒人弒其君密州。稱臣，臣之罪○襄二十六年傳書曰衛寧喜弒其君剽言罪在寧氏也外如州吁宋督之類　也○宣四年夏六月乙酉鄭公子歸生弒其君夷。

凡自虐其君曰弒自外曰戕。○宣十八年邾人戕鄫子于鄫。殺諸侯不以道曰用。

〔補凡〕凡君殺于他國不加虐亦曰殺○經外殺書殺。

以上弒戕凡二

凡自周無出○成十二年周公出奔晉周公自出故也。

天子無出○書曰天王出居于鄭辟母弟之難也。　天子凶服降名禮也。僖二十四年

凡去國,國逆而立之曰入。○莊九年,齊小白入于齊,昭十三年傳齊桓有國高以為內主及大年齊陽生入於齊傳陳僖子使召公子陽生。 復其位曰復歸。○桓十五年鄭世子忽復歸于鄭僖二十八年衛侯鄭自楚復歸于衛賈伯襄復歸于曹襄二十六年衛侯衎復歸于衛。 諸侯納之曰歸。○昭元年莒去疾自齊歸于莒披自齊復歸之也曰入者又國逆也昭十三年蔡侯廬歸于蔡陳侯吳歸于陳傳平王封陳蔡而皆復之經不言自楚歸不與夷狄納中國諸侯。○以下言自某歸者皆大夫例。 以惡曰復入。○成十八年宋魚石復入于彭城襄二十三年晉欒盈復入于晉

凡諸侯之大夫違告于諸侯曰某氏之守臣某,失守宗廟敢告○齊崔氏出奔衛傳。 所有玉帛之使者則告不然則否。

(補凡)諸侯以善曰歸,大夫以惡曰入。

○宣十年齊崔氏出奔衛。

以上國君大夫歸入出奔凡三

凡太子○經稱世子傳稱太子, 之母弟,公在曰公子。○經言公子多公不在之稱。 不在曰弟,○如公孫叔齊侯弟年宋公弟辰衛侯弟黑背弟鱄陳侯弟招黃秦伯弟鍼鄭伯弟語 凡稱弟皆母弟也。 宣十七年公弟叔肸卒。

太子奉冢祀之蘩盛以朝夕視君膳者也故曰冢子君行則守有守則從曰撫軍守曰監國古之制也。閔二年

太子死有母弟則立之無則立長年鈞擇賢義鈞則卜古之道也。襄三十一年

底祿以德鈞以年年同以尊公子以國不聞以富。昭元年

詩先王之命○杜以此不言凡者為孔子新例。 曰王后無適則擇立長年鈞以德德鈞以卜王不立愛公卿無私,

古之制也。昭二十六年

此公子母弟凡一

凡公女嫁于敵國○嫁娶乃孔經明制，孔以前無冡禮，如詹世家惠公為子息取於宋，宋女至而好，惠公奪而自妻之，昭公娶於吳不避同姓，荀子稱齊桓姑姊妹不嫁者七人。姊妹則上卿送之，以禮于先君○先君猶有尊也，敢拜大夫之重勤。成九年季文子如宋致女復命穆姜再拜曰大夫勤辱不忘先君，以及嗣君，施及未亡人○齊侯送姜氏非禮也。於小國則大夫送之○桓三年齊侯送姜氏於讙。○經言逆女，凡言送迎，品級相等合之乃無闕義。

凡諸侯之女行惟王后書○桓九年紀季姜歸于京師○桓八年襄十五年書逆王后。

送從逆班。昭二年

先王之禮辭○不言凡託之禮辭，亦猶言凡之稱禮經與禮也。

人妾婦之子若而人，無女而有姊妹及姑姊妹則曰先守某公之遺女若而人。襄十二年

凡諸侯嫁女同姓媵之○成八年衛人來媵。○十年齊人來媵，異姓則否○成八年衛人來媵。

書識。

凡諸侯之女歸寧曰來○杞伯姬來歸寧也。　夫人歸寧曰來○宣十六年郯伯姬來歸出也。成五年杞叔姬來歸。　出曰歸于某○莊二十七年杞伯姬來○文十八年夫人姜氏歸于齊大歸也。

寧曰如某○文九年夫人姜氏如齊。

廖季平 《左傳》杜氏五十凡駁例箋

以上嫁女送歸凡四

凡天災有幣無牲非日月之眚不鼓。○莊二十五年秋大水鼓用牲于社于門。日有食之鼓用牲于社非常也唯正月之朔慝未作日有食之於是乎用幣于社伐鼓于朝○莊二十五年。與凡天災同在一年互相發明同舉禮例可見言凡不言凡非有二義也。日有食之天子不舉伐鼓于社諸侯用幣于社伐鼓于朝○文十五年引此有以昭事神訓民事君示有等威古之道也四句。禮也唯正月朔慝未作日有食之於是乎有伐鼓用幣禮也其餘則否○昭十七年。○此皆不言凡者,駁言凡者為更詳。

凡物不為災不書。 莊二十九 秋秋有蜮
（補凡）凡蜚皆夏之愆陽冬之伏陰也。 此方行志大雨雹下,引說曰之文。昭四年。○經禮三。
聖人在上無蜚雖有不為災

凡平原出水為大水。○桓元年秋大水。○經書內大水八外大水一。
凡雨自三日以往為霖平地尺為大雪○隱九年三月癸酉大雨震電庚辰大雨雪傳大雨霖以震書始也庚辰大雨雪亦如之
二至二分日有食之不為災日月之行也分同道至相過也其他月則為災陽不克也故常為水。 昭二十一年
凡火人火曰火○成周宣榭火。 火曰災。○宣十六年成周宣榭火。 天○天當為大
凡火人人當為火 火日火○成周宣榭火。 天○天當為大○經書內災六外亦如之

災五。

為火故大為社袚禳於四方振除火災禮也。昭十八年

（補凡）書所無為異

以上災凡五

凡祀啟蟄〇月令仲春雷乃發聲蟄蟲咸動啟戶始出。而郊〇經三書郊〇襄七年，天郊祀后稷以祈農也。定郊啟蟄而郊而後耕今既耕而卜郊宜其不從也。龍見〇杜注建巳之月蒼龍宿之體昏見東方。而嘗〇經因旱書大雩二十見。始殺〇月令孟秋鷹乃祭鳥用始行戮。龍見〇王制春祭曰礿秋祭曰嘗〇桓十四年秋八月乙亥嘗此夏正六月書以譏。閉蟄〇月令閉塞成冬蟄蟲咸俯。而烝〇王制冬祭曰烝〇桓八年春正月己卯烝此夏正十一月為得宜下夏五月烝為失宜。過則書〇桓五年秋大雩〇常事不書有所見乃書非史例君舉必書矣

此祀凡一，凡所舉四時之祭，當用夏正，而不用周正則以凡為周公舊例之說，不攻自破也。

凡邑有宗廟先君之主曰都無曰邑曰築。如築郚是。都曰城。莊二十八年冬築郿〇如城中丘城郚之類。

先王之制〇如禮記王制。大都不過參國之一，中五之一，小九之一。隱元年

凡土功龍見〇杜謂今九月周十一月龍星角亢晨見東方〇僖五年龍尾伏辰其九月十月之交乎。而致用水昏正〇杜注今十月定星昏而中。而畢〇莊二十九年城

火見〇杜注大火心星次角亢正義十月之初心星晨見東方。

襄十三年冬城防書事時也於是將早城藏文仲蕭侯畢農事禮也。日至〇日南至即冬至。

鉤攷諸凡文義詳略互有出入往往一事數見若婚併之不過二十餘凡而已其所敷陳皆春秋書法之要言，孔聖作經之創例非有所依傍於前人左以其新創恐人不解故反覆求詳不厭煩複如言凡之外其不言凡者多與言凡之文交相印證譬諸植物根榦少而枝葉多經略傳詳作述通例漢儒不以凡不凡分新舊，蓋淵源有自初無謬戾也杜氏比五十凡於大衍以為周公史例豈知繩複結紃不能分別部居標幟自立則不得稱名五十凡也明矣。況言凡之中有專詳禮制，全於經文無涉者二條。

諸及訪○此亦以夏正爲準

以上土功凡二

凡馬日中而出日中而入。莊二十九年

凡諸侯之喪異姓臨於外○成二年衛穆公卒晉三子自役弔焉與哭大門之外婦人哭於門內送亦如之。同姓於宗廟○襄十二年吳子壽夢卒臨於周廟禮也。同宗於祖廟同族於禰廟是故魯於諸姬臨於周廟爲時凡邢毛胙祭臨於周公之廟。

有專論推曆無關書法者二條。

凡啟塞從時。春啟秋閉夏塞冬從○僖二十年春，新作南門，書不時也。

凡分○春分秋分。至○夏至冬至。啟○立春立夏。閉○立秋立冬必書雲物。○考察天氣。爲備故也。僖五年

據此可見五十凡中又有此四條溢出經例之外者得毋謂周公史舊乃類章報月故不言凡之文亦有專詳禮制

王命諸侯名位不同禮亦異數。莊十八年者如。

臣聞小國之免於大國也聘而獻物於是有庭實旅百朝而獻功於是有容貌采章嘉淑而有加貨。宣十二年

王享有體薦宴有折俎公當享卿當宴王室之禮也。宣十六年

國君文足昭也武可畏也則有備物之享以象其德薦五味羞嘉穀鹽虎形以獻其功。桓二年

婦人迎送不出門見兄弟不踰閾戎車不邇女器。僖二十二年

且〇且享著改作凡字便與言凡者爲一例。 列國有凶稱孤禮也。僖三十一年

有專解經文一條者

以太子生之禮擧之接以大牢卜士負之士妻食之公與文姜宗婦命之。桓六年

男贊大者玉帛小者禽鳥以章物也女贊不過榛栗棗脩。〇宗婦覿用幣之非禮 以告慶也。莊二十四年

公會晉師于瓦范獻子執羔遣簡子中行文子曾執雁，魯於是始僭羔。定八年

諸侯不貢車服〇解天王使家父來求車。天子不私求財〇桓十五年〇解毛伯求金。〇求車求金乃春秋以前之常事。

故〇故即訓故與凡同義。 山崩川竭君爲之不擧降服乘縵徹樂出次祝幣史辭以禮焉。〇成五年〇梁山崩。

有述括經義且於書法大有關係者如

故春蒐夏苗秋獮冬狩，○經因周正改夏正，故特立四時田獵之名，如桓四年春正狩于郎，乃夏正冬月故曰狩，春西狩獲麟亦同昭十一年五月大蒐爲夏正三月，其不月者不可考，秋蒐則譏非時正名定制悉出聖裁，與秋嘗冬烝同例。

故會以訓上下之則，○經會諸侯必序等級。制財用之節，朝，○經書公朝王所，如京師，以正班爵之義，帥長幼之序。

征伐以討其不然，○如宋公不王鄭伯以王命討之，召陵伐楚責包茅之類。諸侯有王，○天王。王有巡守，以大習之，

非是君不舉矣君舉必書。○莊二十三年○會朝征伐巡守經必書。

凡物不足以講大事其材不足以備器用則君不舉○爲獸之肉不登於俎，皮革齒牙骨角毛羽不登於器，則公不射，

之制也。焉。○隱五年○此凡即五十凡之一也，則君不舉，與公不射君不舉矣，三說相同可見言凡不言凡，無所分別也。

天子非展義不巡守諸侯非民事不舉，與君不舉矣同意。○又如尋祭城築之類。卿非君命不越竟。○莊二十七年，○經書內臣如外臣來聘皆有君命。

禮，○猶言凡也。卜葬先遠日避不懷也。宣八年

在禮卿○方伯卿。不會公○二伯王後。僖二十年

王合諸侯則伯，伯，帥侯牧○舉方伯以包之。以見於王○如會溫晉侯以諸侯見。伯合諸侯，統稱則侯帥伯子男○舉卒正以包之。以見於自王以下朝聘玉玉帛不同。哀十三年

以上諸條皆杜氏所謂不言凡者，若以凡字冠其首依然文義詳明與言凡者一律相同。唯太子釋弧稱會三條不能加凡字。非有古今文字之異，前後體制之殊，可見左氏文筆隨宜時或言凡時或不言凡，亦傳記立言之常，初無容心於其間也。杜氏號稱左癖，乃以言凡者為周公舊例，不言凡者為孔子新例。劃分畛域，獨創異說，全反漢儒一若麟經筆仿古凡悉仍舊貫。審如是說，則舊例當與新例不符，乃通改傳文，其言凡與不言凡者，莫不互相補助，水乳交融合之兩美皆所以解經義，全出自杜氏誤以言凡者附會周公致後儒說經謂周公制禮作樂施行後世，其弊至於伏羲畫卦文王演易詩采歌謠書記史事皆作六經僅餘麟筆而體例又垂法於前尼山俎豆下等庠序天魔莫此為甚。今贓貪左傳文證明袞鉞之義曰「聖不虛生必有所制」天縱斯文以言立教，夏殷則文獻無徵，春秋則舊雅言正名從心運矩朝廟禘祫制度杜史無所遺留中候成書驗推大疏周公且聽從位置有才如美不吝足觀以目代身夢寐已久徵言託古信方好以自鑄而逐末忘本者施猥以舊說掩之前之弟子人人異端各安其意左氏燿失其真作傳以伸張玄諦索王素臣先師評定矣。今杜氏又增異義舉解經推例之凡漸歸周史其矯誣左傳者甚猶小其顛倒聖經者大害實也故具論之。

（清）王存善　宋拓《絳帖》目錄

宋拓絳帖目錄

王存善

絳帖目錄卷一

諸家古法帖第一

蒼頡書四行　夏禹書二行　魯司寇仲尼書二行　史籀書二行　秦丞相李斯書四行　古法帖二十一行　古法帖二十六行　何氏書十八行　蔡琰書二行　衛夫人書八行　秦程邈書五行　大草書六行　張旭書七行

歷代名臣法帖第二

漢張芝書三十三行又張芝章草六行　後漢崔子玉書五行　吳青州刺史皇象書十五行　魏鍾繇書宣示表八行又長風帖九行　晉丞相張華書四行　晉丞相桓溫書六行　晉丞相王導書十二行　晉丞相王敦書四行

絳帖目錄卷三卷四

歷代名臣法帖第三

晉太尉庾元亮書五行　晉車騎將軍庾翼書十二行　晉太守沈嘉長書四行　晉侍中杜預書九行　晉王循書五行　晉劉超書三行　晉散騎常侍謝璠伯書四行　晉謝莊書七行　晉劉瓌書四行　晉黃門郎王徽之書七行　晉王坦之書四行　晉王渙之書八行　晉王操之書三行　晉王凝之書七行　晉海陵恭侯王彧書三行　晉陸雲書　晉征西司馬索靖書四行　晉侍中劉穆之書六行　晉車騎將軍紀瞻書四行　晉太守張翼書三行

圖書集刊

歷代名臣法帖第四

　五行　晉中書令王恬書二行　晉太守山濤書八行

　晉侍中卞壼書六行　晉謝發書六行　宋特進王曇書五行

　齊侍中王僧虔書六行　隋僧智果書四十八行　隋朝法帖八行

　行

經帖目錄卷五卷六

歷代名臣法帖第五

晉中書令王洽書十六行　晉司徒王珉書四行　晉侍中王廙書十三行　晉太宰

高平郗鑒書五行　晉侍中郗愔書十四行　晉中書郎郗超書五行　晉黃門郎衛恆書

二行　晉太傅陳郡謝安書十行　晉散騎常侍謝萬書五行

法帖第六

晉王羲之書

　第一帖九行　第二帖六行　第三帖三行　第四帖四行　第五帖四行　第六帖四行　第七帖四行　第八

　帖六行　第九帖六行　第十帖八行　第十一帖四行　第十二帖二行　第十三帖十行　第十四帖三行

　第十五帖三行　第十六帖五行　第十七帖三行　第十八帖四行　第十九帖四行　第二十帖十五行　第

　二十一帖十三行

(清)王存善 宋拓《絳帖》目錄

絳帖目錄卷七卷八

法帖第七

晉王羲之書二

第一帖六行 第二帖八行 第三帖三行 第四帖三行 第五帖五行 第六帖二行 第七帖六行 第八帖一行 第九帖三行 第十帖四行 第十一帖四行 第十二帖三行 第十三帖四行 第十四帖五行 第十五帖一行 第十六帖二行 第十七帖二行 第十八帖二行 第十九帖二行 第二十帖四行 第二十一帖五行 第二十二帖四行 第二十三帖四行 第二十四帖三行 第二十五帖五行 第二十六帖五行 第二十七帖四行 第二十八帖三行 第二十九帖六行 第三十帖三行 第三十一帖四行 第三十二帖四行 第三十三帖二行 第三十四帖五行

法帖第八

晉王獻之書一

第一帖十一行 第二帖八行 第三帖六行 第四帖八行 第五帖三行 第六帖六行 第七帖三行 第八帖七行 第九帖五行 第十帖十一行 第十一帖四行 第十二帖七行 第十三帖七行 第十四帖八行 第十五帖十一行 第十六帖十三行 第十七帖三行

絳帖目錄卷九卷十

宋拓絳帖目錄

二五

法帖第九

晉王獻之書二

第一帖三行 第二帖五行 第三帖六行 第四帖二行 第五帖十行 第六帖四行 第七帖十四行 第八帖八行 第九帖八行 第十帖六行 第十一帖五行 第十二帖八行 第十三帖二行 第十四帖三行 第十五帖六行 等十六帖五行 第十七帖四行 第十八帖二行 第十九帖三行 第二十帖二行 第二十一帖三行 第二十二帖三行 第二十三帖七行

法帖第十

晉王獻之書三

第一帖十行 第二帖五行 第三帖五行 第四帖八行 第五帖十一行 第六帖六行 第七帖十三行 第八帖十三行 第九帖三行 第十帖六行 第十一帖二行 第十二帖九行 第十三帖七行 第十四帖六行 第十五帖三行 第十六帖五行 第十七帖八行 第十八帖三行 第十九帖四行 第二十帖五行

絳帖目錄卷十一卷十二

大宋帝王書第一

太宗皇帝書

大行書四十四行

（清）王存善　宋拓《絳帖》目錄

絳帖目錄卷十三卷十四

法帖第三

歷代帝王書第二

西晉武皇帝書四行　東晉元帝書八行　宋明帝書四行　齊高帝書四行　梁武帝書五行　陳永陽王陳智伯書三行　唐太宗皇帝書五十八行　唐高宗皇帝書六行　忠懿王書八行

法帖第四

晉王羲之書

第一帖七行　第二帖六行　第三帖五行　第四帖九行　第五帖三行　第六帖三行　第七帖二行　第八帖三行　第九帖三行　第十帖五行　第十一帖二行　第十二帖四行　第十三帖六行　第十四帖五行　第十五帖三行　第十六帖五行　第十七帖五行　第十八帖五行　第十九帖五行　第二十帖六行

晉王羲之書

第一帖三行　第二帖三行　第三帖四行　第四帖四行　第五帖二行　第六帖四行　第七帖二行　第八帖四行　第九帖七行　第十帖十二行　第十一帖三行　第十二帖二行　第十三帖三行　第十四帖三行　第十五帖二行　第十六帖九行　第十七帖二行　第十八帖十一行　第十九帖四行　第二十帖四行　第二十一帖二行　第二十二帖三行　第二十三帖五行　第二十四帖十一行　第二十五帖五行　第二十

宋拓絳帖目錄

三七

六帖三行　第二十七帖八行

經帖目錄卷十五卷十六

法帖第五

晉王羲之書

第一帖三行　第二帖三行　第三帖三行　第四帖三行　第五帖七行　第六帖二行　第七帖十一行　第八帖六行　第九帖三行　第十帖三行　第十一帖九行　第十二帖七行　第十三帖六行　第十四帖一行　第十五霜寒帖三行　第十六帖半行　第十七帖十行　第十八帖三行　第十九帖二行　第二十帖二行　第二十一帖三行　第二十二帖二行　第二十三帖三行　第二十四帖三行　第二十五帖三行　第二十六帖二行

法帖第六

第一帖五行　第二帖二十三行　第三帖五行　第四帖三行　第五帖六行　第六帖二行　第七帖六行　第八帖三行　第九帖六行　第十帖五行　第十一帖五行　第十二帖三行　第十三帖九行　第十四帖二行

繹帖目錄卷十七卷十八

法帖第七

(清)王存善　宋拓《絳帖》目錄

晉王獻之書

第一帖十二行　第二帖十行　第三帖十一行　第四帖十四行　第五帖五行　第六帖四行

晉王濛書八行

梁交州刺史阮研書六行　梁征南將軍蕭磏書五行　晉長水校尉衛恆書五行　梁尚書王筠書六行　唐諫議

大夫褚庭誨書五行　唐洛州刺史徐嶠之書八行

法帖第八

唐薄紹之書六行　梁特進沈約書三行　羊諮書三行　陳朝陳逵書三行　唐祕書少監虞世南書二十一行

唐尚書郎薛稷書四行　唐諫議大夫柳公權書二十三行　梁蕭詧書四行　中書令褚遂良書十二行

唐東宮長史陸柬之書四行

絳帖目録卷十九卷二十

法帖第九

唐張旭書千字文十一行又大草書二十八行

法帖第十

唐顏真卿書四十四行　晉刺史王廙書三行　唐僧懷素書七行　高閑書十行　李建中書七行

絳帖二十卷合裝十冊北平孫退谷侍郎硯山齋故物復歸真定梁氏蕉林書屋當嘉慶初海寓晏安文物明備南海吳

宋拓絳帖目錄

三九

伯榮中丞方官侍御在京師求之數年合三次所得始成全帙。中丞旣讎賓客帖歸番禺潘德畲運使 仕成 海山仙館爲使業粵鹾負官錢籍沒之先寄於南海伍氏粵雅堂伍崇垣耶中 崇曜 深藏固守秘不示人。洎伍氏家中落耶中之孫迺因緣潘蟄琴學使 衍桐 以千金來賞歸於做篋翁正三閣學言姜白石作絳帖平所見已是東庫本是舜臣原刻在宋時希覯已如此兇去今又八九百年耶固知此帖在今時並世當無一本矣昔聞吳伯榮中丞嘗作帖鏡光緒戊子存善權知南海縣事因公詣至佛山訪中丞之故宅曾得見其稿本書凡十六冊綱羅蒐括旣博且精薈萃再二十年事如春夢即帖鏡一書今亦不知在何所彷彿記其體例寫此目錄以餉同嗜更有中丞所藏宋拓西樓蘇帖葉光堂米帖韓泥冑所刻翠玉堂帖皆海內孤本先後收得在吾家亦中丞帖鏡所載者他時得暇當一一寫錄之也。

光緒三十二年丙午十二月仁和王存善

膚淺小書

杜氏於閔二年傳注云，此滎澤當在河北竹書洞澤即滎澤也杜殆疑河北之滎澤爲是，而洞澤之詳杜不能說案之古籍滎澤即洞澤非有二地書序言「湯歸自夏至於大坰」史記作泰卷鄉誕生本卷即後之卷縣即泲出河處滎澤地也山海經言「王屋之山聯水出焉西北流注於泰澤」郭景純云聯沈聲相近沈即濟也泰卷即泰澤沈通滎澤知滎澤固泰澤所謂泰卷也於墨子書謂之大水蓋泰澤大水卽泰卷之洞澤而實卽滎澤也知古之滎澤實跨大河南北入後河北之大水蓋堙僅存澤之右河南者故杜氏以爲疑由鄭注禹貢言之則漢末而河南之澤而不復存也。

記白古通年運志

王樹椒

楊升庵滇載記紀蒙段二氏始末至詳據自跋所云係由僰文『白古通』『元峯年運志』二書今已不傳而所謂『僰文』者又不知究係何種文字世因疑升庵為故弄玄虛以疑誤後世然喜洲葉榆元年三靈廟碑巳言及『白史』李元陽雲南通志亦言及『白古通』『年運志』李元陽與升庵同時且世居大理若二書為升庵捏造李氏不容不知至於三靈廟碑之刻石則更在升庵以前故知『白古通』『年運志』二者當日確有其書滇載記所紀實有所本也至所謂『僰文』者轍近方國瑜氏據李元陽雲南通志『白古通玄妙年運志者其文用方音撰紳罕解』薛承教滇略序『俗有白古通記詩籍皆以其臆奧之文傳其變竭之方音,士大夫鮮能通之,』因謂恐係用漢字記其方音且有新造之字若今安南文字之類 理或然也今日大理一帶有土教名『方官會』者其所奉經典係以漢字記民家彎方音，見方著讀伯希和竟廣印度兩道考授『十廣起』，『方官』當係『方廣』之訛。『白古通』『年運志』者殆亦是類其蒼洱之間有所謂『民家調』『民家彈詞』者皆以漢字記民家万音侏離不可辨讀則誰謂『僰文』迄今猶存可也。

太理城南感通坡上<small>感通寺東面之山坡</small>雍正十三年前明義七王公師聖改葬碑曾引用『白古通』<small>白國因由謂觀音以「白音」（即民家方音）口授『十廣起』,『方官』當係『方廣』之訛。</small>譯作『僰古通考』碑云：

「公諱師聖先韜萬曆時人也世居大理神通坡下按僰古通攷公之先人具有神通隨觀音大士自西竺來剿伏羅剎化鬼口澤國曾為僰國相此神通之所由得名云」——但年湮事堙姑置勿論」

茲所言者不見於滇載記以下諸書墓碑作者或且親見「白古通」原書，疑清初偷流行是書也頗承鹽亭蒙文通先生見示知顧景范讀史方輿紀要亦曾引用「白古通」「年運志」二書原本係「蜓文」流傳不廣不知何以得入吳中又不知景范何以能逐譯是書也明季志士痛心國變其削跡投荒隸來滇聞者頗不乏人惟未審景范究得之何人耳江陰陳鼎客滇黔間甚久所著「滇黔記遊」曾引用白古通「釋迦在洱海澄如來位」一條陳氏蓋親見「白古通」原書陳鼎於景范年代相及里開相望或者景范得其書於陳氏歟？

升庵滇載記自跋謂「白古通」「年運志」二書蒲蠻故實義彙象敎謹按讀史方輿紀要卷一百一十七喜洲條云：

「白古通曰點蒼山脚插入洱河其最深者惟城東一支與喜洲一支云。」<small>此條爲滇載「以下諸書自云出自白古通者所未散</small>

所見者條敷文閣本訛誤甚多異日當取善本細校兹謹錄其文如左。

「白虎通「虎」當作「古」戰國時楚莊蹻據滇號爲莊氏漢元狩間莊氏後有蒙迦獨者與白崖王爭衡武帝乃立自人仁果爲滇王而滅嗣絕仁果傳十五代爲龍祐那當蜀漢建興六年當作「三年」，據蜀志後主傳諸葛亮校正。諸葛武侯南征卽次白崖立爲酋長賜姓張氏遂世據雲南或稱昆彌國或稱曰國或稱密國歷十七傳當唐貞觀世張樂進求以蒙舍酋細奴羅強遂琳位爲蒙氏者爲蠻別種也永徽四年細奴羅遣使入朝上元元年子羅炎晟立太極元年<small>當作「開元初」，據鹽井及新舊唐書校。</small>子晟羅皮立唐封爲臺登郡王開元二十六年子皮羅閣立以破洱河蠻功乃徙劍川節度王昱<small>「節度」下脫「使」字。</small>

記白古通年運志

「求合大詔為一，思為請於朝許之賜姓，名蒙歸義冊為雲南王，自是益強天寶八載，當作「七載」，據蠻書新唐書南詔傳校正。子閣羅鳳立始叛唐取夷州三十二，新唐書作「取嶲州及大小夷州三十二」。進陷嶲州稱臣吐蕃，冊國號曰大蒙其地東至銅柱鐵橋，新唐書南詔傳謂鐵橋『在劍脥西四百里』，此云『東至鐵橋』者誤也。螺桃王榆東南交趾，南至驃國木滋山西至大食，滇載記作「大石吐蕃交界處」，為南詔四界，此云『東至鐵橋』者誤也。螺桃王榆東南交趾，北至神川東北至黔巫，新唐書記南詔四境，謂『東北際黔巫』，蓋指南詔全盛時而言。唐黔州在今川南彭水一帶，巫州在今湘西黔陽一帶；此地在南詔『大脰脓』，即其地也。巫州在今芒市附近。兹繫於閣羅鳳時，誤矣。因得萬里西南夷中稱為最強」

「閣羅鳳之子曰鳳伽異矣立而死子異矣尋以大曆十四年立貞元四年，當作大曆十四年，據通鑑校正。復歸唐十年請改國號南詔，當作『詧』。」原注：「載記：異矣尋初立，詧（一）改國號大理云。」

「異矣尋之子曰尋閣勸尋閣勸之子曰勸龍晟勸利晟相繼立勸利晟之子曰勸豐祐，通鑑考異引實錄云：『南詔請立蒙勸利之弟嗣祐』；新唐書太和三年復叛唐大中十二年豐祐死子龍擄紀隆，擄紀要本注：『龍即祐隆也』，一作祐龍。亦以嗣盟祐為勸利之弟嗣祐。亦以嗣盟祐為勸利之弟嗣祐。原注：「唐書：乾符四年火禮會龍卒，子法立，國號鶴拓』亦號大禮死子隆舜立隆舜為其臣楊登所弒子舜化貞立。則此處當作『祐隆』。立酋稱帝國號大封人。龍即祐隆也。一作祐龍。又南詔自尋閤勸以後，其君皆再謚信，猶中國稱帝云。」

「蒙氏自細奴邏傳至舜化貞凡十四世，當曰十二百四十七年，敬恐有誤。紀要以鄭氏，其蒙詔在光化四年，由最上推羅貞觀時受其臣鄭買嗣奉化貞位而滅其國改國號大長和卒子晟驊卒子龍亶嗣寔其臣楊干貞所弒竇氏傳濟不合。」

「楊干貞殺鄭隆亶而推其鸞趙善政立之國號大天興僅十月干貞自取之國號大義寧於是段思平起兵討平三世二十八年而國滅」

之趙氏楊氏得國共九年。」

「繹年運志段氏之先為武威郡白人。白人即僰人，即民家蠻，大理之段姓為民家蠻，與武威之段無涉；詳拙著「大理訪碑記」。此處「武威郡」三字，當係套人據鴻載記臆增。元史類輯大理傳解「白人段思平」，不應出自武威，是也。有名儉魏者佐明羅鳳有功六傳至照平而有國號大理十傳至段慶義所弒自稱廣莅皇帝凡四年而段氏臣高昇太以東方兵討滅之立慶義子壽輝復廢之而立其庶弟正明五年正明避位為僧國人共奉昇太為主而段中絕」

「高昇太既代段氏將卒囑其子太明求段氏後正諄立之於是段氏復有雲南地」

「自正諄至段興智凡七傳而國滅前後凡二十二傳，當作十一傳，歷二百五十年。按段氏自石晉天福二年建國，迄宋淳祐十二年亡國，前後凡三百十六年。九傳二百五十年祐十二年亡國。段氏雖滅元人復設大理路軍民總管府以段氏子孫世守其職」

「段氏自段實暨段明有十一總管，與元氏共為存亡」

以上悉散見紀要子注中紀要本文粗述滇南舉事當亦本自「白古通」「年運志」也茲蓋錄出如左：

「自開元之季南詔漸強天寶九載遂有雲南之地僭國號曰大蒙貞元十年改國號曰南詔大中十三年改稱大禮光化四年國亂改稱大長和後唐天成三年國號大天興明年稱大義寧石晉天福二年屬於大理宋初因之自熙寧八年以後段氏衰元祐元符二年高氏代立號大中國元符二年段氏復興號後理國諄祐十二年宗蒙哥二年，原注：「路蒙古靈蒙古忽必烈滅大理元至元十三年立雲南等處行中書省，原注：「治中慶路」。元亡其梁王巴迎剌瓦爾密及段明分據其地，洪武十五年討平之」

王樹枏　記《白古通》《年運志》

予嘗取滇載記與紀要所引「白古通」「年運志」細校一書所載，大有出入。滇載記前所誌較紀要爲詳，然紀要所引亦有爲滇載記所未收者如：

（1）紀要載莊蹻王滇，載記無；
（2）紀要載莊氏後裔與白崖王爭國，載記無，
（3）紀要載漢帝立曰人仁果爲滇王，載記無。
（4）紀要載蒙氏爲彝別種，載記無。
（5）紀要載唐封晟羅皮爲臺登郡王，載記無。
（6）紀要載祐隆改國號大禮，載記無。

其他年代人名史實二書所載互異者，註衆有滇載記爲誤，而紀要所引爲不誤者如：

（7）紀要謂開元二十六年皮羅閤立與通鑑合，載記作十六年，誤。
（8）紀要謂異牟尋之稱曰東王爲出於吐蕃冊封與蠻書合，載記謂異牟尋自稱曰東王，誤。
（9）紀要謂晟興祐之死在大中十三年與通鑑新唐書合，載記作會昌十三年，誤。
（10）載記謂鄭氏之篡蒙詔在光化五年，誤昭宗光化四年四月卽改元天復，紀要作光化四年，是也。
（11）鄭氏以光化四年建國天成三年亡國共二十八年，紀要不誤，載記作二十六年，誤也。
（12）趙氏以天成三年建國踰年爲楊氏所篡，天福二年段氏復起而滅楊氏趙氏楊氏得國共九年，紀要不誤，載

記白古通年運志

四五

亦有載記不誤，而紀要所引爲誤者如：

（13）紀要謂毀因、平爲日人，與予在魯洲方面所發現之碑文合。載記謂是武威郡人誤。

（14）載記謂武侯南征在建興三年是也，紀要作六年誤。

（15）載記謂異牟尋以大曆十四年稱日東王是也，紀要作貞元四年誤。

（16）載記謂異牟尋以貞元九年歸唐是也，載記作五年誤。

（17）載記謂南詔西至大石是也，紀要作大食誤。

（18）載記謂蒙氏自細奴邏迄於化貞凡十三世是也紀要作十四世誤。

又有載記與紀要所記互異而俱爲誤者如：

（19）新舊唐書悉謂晟羅皮以開元初嗣位，載記作先天元年紀要作太極元年，並誤。

（20）新唐書謂南詔「東北際黔巫」蓋指祐隆攻陷播州後而言載記謂之異牟尋時紀要以爲閤羅鳳疆域，並誤。

（21）紀要謂蒙氏享國二百四十七年實誤載記謂享國三百十年，亦誤。按蒙氏之失國在光化四年，由是上推三百十年爲隋開皇十二年，載記明云蒙氏僞稱南詔寔貞觀三年也。

其他紀要所引與載記互異而無從校定其是非者亦有數處如

(22) 紀要以仁果十五傳為龍祐那，戴記謂是十七傳。張道宗古滇說作十六傳；說作十五傳

(23) 紀要以龍祐那十七傳為張樂進求，戴記謂是十六傳。張道宗古滇說鄭引李京雲，南志略鄭仁果三十三傳至張樂逸求。

(24) 紀要謂細奴羅遣使入朝，戴記謂是遣子入侍。新唐書作遣使名入朝，南志略謂身自入朝，舊唐書謂遣子入侍。

(25) 紀要之羅炎晟戴記作邏盛。此是譯音之歧；舊唐書作邏炎，通鑑作邏盛，雲南志略作邏晟。

(26) 紀要謂皮羅熙「以破洱河蠻功乃賜劍南節度使王昱求合六詔為一，昱為請於朝許之，賜姓名蒙歸義，冊為雲南王」戴記謂皮羅閣之冊封雲南王賜名歸義，不云賜姓蒙，新舊唐書、通鑑亦不云賜姓襲。在併六詔前。舊唐書云：「開元十六年，詔授越國公，賜名日歸義，其後破洱河蠻，以功策授雲南王，歸義漸強盛，餘五詔浸弱，先是劍南節度使王昱受蹐義賂，奏六詔合為一詔，歸義既併五詔；服羣蠻，破吐蕃之衆，日以驕大。」新唐書云：『開元末，皮邏閣逐河蠻，取太和城，天子詔賜皮邏閣名歸義，當是時，五詔微，歸義獨彊，乃厚以利啗劍南節度使王昱，求合六詔為一，剖可。又以破洱蠻功，賜遣中人冊為雲南王。』二說互異。通鑑雲南志略與紀要略同。

(27) 紀要之王榆戴記作王楡。

(28) 紀要之祐羅戴記作世隆。雲南志略作世隆。

(29) 紀要之鄭龍置戴記作世隆。新唐書通鑑作會龍。

(30) 紀要之楊干貞戴記作千貞。此據叢書集成本而言；備覈志本作千眞，玩刻王圻續文獻通考本作于眞。雲南志略作干眞。

(31) 紀要之段慶義戴記作連義。雲，志略作廉。

(32) 紀要謂壽輝為慶義之子，戴記謂是其從子。雲南志略

(33) 紀要之正諄戴記作正淳。作政淳。

記白古通年運志

四七

(34) 紀要以高氏代立在元祐元年，載記作元符二年。
(35) 紀要以段氏復國在元符二年，載記作紹聖二年。

『白古通』『年運志』二書當日未有刊本傳鈔多訛升庵景范所本互異各守所聞故所傳亦異辭耳。

膚淺小書

史家正閏之論肇於漢晉春秋而極於宋史寶粗視之若無謂而實有深意存焉世經言炎帝受共工共工受太昊祭典曰共工氏霸九域言雖有水德在火木之間非其序也故易不載易曰炮犧氏沒神農氏作共工霸而不王雖有水德非其序也共工固為天子而易書家 尚書大傳 周易繫 辭之也秦始皇本紀後附班固典引曰歷巳移仁不代母索隱言其位索隱言秦與共工氏以水德閏於木火與秦同運非其次序索隱曰昔共工氏子也習鑿齒作漢晉承漢統論曰昔共工氏有九州秦政奄平區夏猶不見序於帝王今若以魏為有代王之則其道不足則不可謂制當年不制於魏則魏未嘗為天下之王王不足於曹則曹未始為一日之王也於是習氏之書以蜀漢為正統而黜魏蕭穎士亦作南唐書稱本紀以易承梁固以唐人以南朝為僭偽故朱子綱目亦沿習氏以蜀漢陸游之作南唐書稱本紀以易令之書是亦欲以南庸繼唐而斥北宋人五代正統之論明時王洙作宋史質一百卷以明太祖之高祖追稱德祖元皇帝魏則曹則斥於外國即元亦盡削之而於宋益王之末即以明太祖元皇帝者承宋統於崖國公降元以後歲歲書帝在萊地王洙之書顯為運族之痛朱氏陸氏固以痛於金禍金兩代皆列於外國亦即以明繼宋史之正閏論者固政治民族主義也氏固以痛於五胡共工姜姓為苗黎之族秦人之事吾固考其為西戎則正閏論者固政治民族主義也

鄭注周禮易字舉例

李源澄

東塾讀書記云鄭注周禮並存故書今書，注儀禮並存古文今文，此後永校書之法也。儀禮從今文，則注內疊出古文；從古文則注內疊出今文。此於已意所不從，亦不設之周禮之並存故書今書，亦是此意。段懋堂周禮漢讀考云鄭君擇善而從，絕無偏執。此二語真知鄭學者也。陳氏之言大體誠是，然周禮與儀禮今古文而已異者則表而出之。周禮則不然，有故書有今書異本，有古文有今文異本，有杜子春二鄭之說，舉其一不足以見其餘，鄭氏校書之條例為何如乎？段玉裁周禮漢讀考於養原周宦故書考於此皆未明言，是亦不可無說也。

今宜先明者，一為鄭注以故書為主於今書擇善而從，凡注言故書某作某，而不言依某書改正者，皆據今書；其不言故書者，皆故書原文，而今書之同於故書與否置而不論；以其以故書為主，非若陳氏所謂並存故書今書也。其舉今書皆有他故意不在明今書與故書之異同也。地官師巡其前後之屯注云故書巡作述，屯或為臀。鄭大夫讀屯為謀，杜子春讀屯為圻。殿謂前後屯也，車徒異部也。今書多作屯，故屯或作臀，而引今書作屯以證故書之作屯也。春官大祝置銘注云銘今書或作名，鄭司農云銘 段玉裁改作名是也 書死者名於旌，今謂之柩。士喪禮曰為銘，各以其物亡則以緇長半幅頹末長終幅，廣三寸，書名於末曰某氏之柩，此以鄭司農之說用今書異本而及之也。二說皆以故書為本，其訓釋與改字一依故書，即有用今書者如鄭司農解置銘之類，書中不多見。後鄭周禮注亦用故書，凡從鄭杜諸儒易字者，但舉故書作某以存其舊，於今書之同異亦置而不論；故書今書銘文銘皆為名。

之名本相對而立故書之名初見於泉府注引鄭司農說雖不言今書而爲今書作訓詁者，亦且數事異鄭司農時已有今故書之分今書之起詠其非晚鄭注夏官小司馬之職云此下字脫滅扎爛文闕謹與求之不得遂無識其數者是又今故所同。今書之起當在杜子春以後鄭司農以前杜子春說與今書絕異鄭司農或用今書或與今書反異秋官蜡氏學除融注云故書蜡作蒦鄭司農云肴讀爲碩誚死人骨也後鄭依故書明今書與杜鄭諸儒異也使不立此二說則凡不言故書今書者必臆定其爲今故所同於杜鄭諸儒之正讀又必臆定其爲同於今書後鄭於先儒之從違取舍又必以爲一依今書而後可也有是理乎？

鄭注周禮以故書爲主於先儒之說及今書皆擇善而從，有改易故書者注必言故書作某故今日尙可因鄭注以識故書之舊凡無舊本可資取證又無先儒爲之正其文字者雖知其誤但云讀爲某當爲某而不敢改字蓋其愼矣茲略言鄭注周禮於故書從違之體例。

天官小宰小宰之職掌建邦之宮刑以治王宮之政令凡宮之糾禁注云杜子春云宮皆當爲官玄謂宮刑在王宮中者杜子春易宮爲官而後鄭不從，一依故書之舊明凡不言故書明文二 如例 皆從故書也其例一。

春官巾車大祭祀鳴鈴以應雞人注云故書鈴或作軨杜子春云當爲鈴此不改字也而舉故書用杜子春說以正異本之誤也其例二。

夏官司爟注云故書爟爲燋杜子春云燋當爲爟書亦或作爟此杜子春從故書異本而後鄭從之何以知書亦或作爟之書爲故書也？蓋注舉故書有二類一爲故書某或作某二爲先舉先儒之說而後言故書異本以明先儒之說同

於故書異本。如米，春官小史以書敘昭穆之俎簋注云故書簋或為几後鄭司農云几讀為軌書亦或為簋先鄭之言也先鄭為故書異本作訓而舉故書以證之，先鄭所謂者亦或篡或為几後鄭之注也几讀為軌者亦或為簋先鄭之言也先鄭為故書異本作訓而後鄭從故書故知凡言書亦或為某者皆故書也鄭會故書從今書而注中或有一二言為簋之書即後鄭所言之故書故知凡言書亦或為某者皆故書也鄭會故書從今書而注中或有一二言今書者如前所舉證皆是特舉故知此為會故書而從故書異本其例三。

地官廛人凡珍異之有滯者注云故書滯或作廛鄭司農云謂廛貨不售者也注謂故書廛明非也注謂故書廛或作廛明廛為故書異本而後鄭用異本而從今書非也。徐養原謂先鄭後鄭從今書非也注謂故書廛或作廛明廛為故書異本而後鄭從故書也。

今書若為今書當云故書滯作廛不當云或也此先鄭用異本而後鄭從故書也其例四。

天官冢宰以乘車建綏復於四郊注云故書綏為緌鄭杜子春云當為緌緌非是也。此據先儒說以改字也其例五。

天官小宰六曰斂弛之聯事注云杜子春讀為施玄謂荒政弛力役此不從先儒說以改字也其例六。

地官閭胥飲達罰之事注云故書或言飲達之罰事。杜子春云當言飲達之事此從先儒說以正故書異本倒字之誤也其例七。

天官酒正酒奉之注云故書酒正無酒字鄭司農云酒正奉之酒正也。徐養原曰按故書無酒字今書有酒字不知何據先鄭謂正奉之酒正奉之乃為故書作訓此據載先鄭之說者欲見故書今書初無異議也徐謂今書有酒字不知何據先鄭謂正奉之酒正奉之乃為故書作訓此據先儒說以增字也其例八。

春官內宗掌宗廟之祭祀薦加豆籩注云故書籩為邊豆杜子春云當為豆籩此據先儒說以倒字也其例九。

夏官司兵大喪廢五兵注云故書廢爲癈此鄭以今書易故事也其例十。

地官師氏王舉則從注云故書舉爲與杜子春云當爲與會同喪紀之事此杜爲故書作訓，而鄭不從先儒用故書而用今書也其例十一。[此條宜云故書彌或爲與，杜云當爲與，不然則杜時已有今書也存疑於此。]

春官眡祲七日隋注云故書彌作瀰鄭司農云彌者白虹彌天也隋者升氣此鄭司農不以當作彌當作隋而直爲彌隋作訓明鄭依今書以易故書此從先儒說以今書易故書也其例十二

鄭注周禮易字必舉故書明以故書爲主於先儒之說或從或違不厭其頻道師說此易故書從今書，則舉故書今書之異於故書而從故書則不舉今書略之也知此則於鄭注易字不易字之條例庶可燦然歟？

庸淺小書

管子心術上言道在天地之間也其大無外其小無內故曰不遠而難極此楚詞遠遊亦言道可授兮不可傳其小無內兮其大無垠無滯而魂兮彼將自然壹气孔神分於中夜存虛以待之兮無爲之先凡此形容道體之辭後來儒者恆用之而實則此話源於名家天下篇惠施曰至大無外謂之大一至小無內謂之小一無厚不可積也其大千里大同而與小同異此之謂小同異萬物畢同畢異此之謂大同異名家道旨各不同倘言道者借用之耳名家言之爲一種漸念道家言之則爲一種實體以漸念爲實體此其所以每怵忽而不可究詰者也

漢官攷

李源澄

昔王伯厚氏嘗病兩漢書表志多所闕，乃爲漢官拾遺嘗試論之，百官公卿表與百官志之失，在其不與事實相應，遺漏倘其細矣。漢書百官公卿表云「相國丞相皆秦官，掌承天子助理萬機太尉秦官掌兵事御史大夫秦官掌副丞相。」通典職官一曰，「秦兼天下太尉主兵丞相總百揆又置御史大夫以貳於相漢初因循而不革隨時宜也其後頗有所改」。杜氏之言即據百官表爲說而意益明矣考其實豈信然乎漢初丞相總國政太尉爲虛位漢舊儀云「衛士始至未入君侯到郡國外賜勞吏士」王尊傳言「正月行幸曲臺臨饗罷衛士丞相衡與中二千石賞等坐於殿門下」無與於太尉也衛士則以衛尉領之郡國輕車騎士材官樓船則屬都尉命將行師則臨時差遣漢官目錄雖以太僕光祿卿衛尉三卿爲太尉所部乃據東漢以三公分領九卿之制爲說，王君樹柟椒有說，蓋漢初防制天下不欲以兵屬人即丞相亦惟是行政上之隸屬不能發兵高祖紀云「漢王以韓信爲左丞相與曹參灌嬰俱擊魏使丞相噲將將兵平北地。」班氏作百官表惟著太尉盧綰而不著韓信樊噲，太尉長安侯盧綰功最多。」皆不預政以丞相爲尊官以寵之也班氏之用心以蕭何實爲丞相故不著韓信樊噲等耳。樊噲傳云，還爲左丞相，又云，噲以丞相擊綰，與紀合，祁乃據表爲說也。宋祁乃從而爲之辭曰，噲是時未爲丞相豈其然哉？又盧綰爲太尉史記將相年表在二年百官表則在六年諒班氏作表本不知其始於何年以紀有六年太尉盧綰之文遂始於六年也。百官表言，「惠帝六年置太尉官以勃爲太尉」省，孝惠六年絳侯周勃復爲太尉」周勃傳言，「高祖十一年絳侯周勃爲太尉」而未言其前曾爲太尉表與傳皆

言「惠帝六年以後周勃爲太尉」然惠帝紀又言「發車騎材官詣滎陽太尉灌嬰將」而表無之豈其時實未爲太尉耶？灌嬰傳言嬰爲太尉在文帝元年，與表相同此由太尉在漢初爲閒職或罷或置皆爲人設官高帝時爲盧綰、周勃或不知何時而罷惠帝復置以位灌嬰罷又以位周勃罷又以位灌嬰選而省孝文紀言「罷太尉屬丞相」是也其後又以位周亞夫田蚡蓋其初爲閒職惠帝以後遂成進位丞相之階梯也御史大夫在漢初爲親近之職故以周苛周昌任敦爲之其職掌莫能明也以御史大夫而躋於丞相自張蒼始然張蒼自蕭何爲相國時以明習天下圖書計籍以列侯居相府故已助丞相爲政也。

漢初乃獨蕭何曹參爲然曹參薨王陵陳平繼起乃分爲左右雖其地位相若亦以高祖到呂后言「陳平難獨任王陵少贛以陳平助之」也陳平傳言「惠帝六年相國曹參薨安國侯王陵爲右丞相陳平爲左丞相。」然曹參薨惠帝紀百官表皆在五年曹參八月薨陳平王陵十月命十六年也王陵傳言陵爲相二年而惠帝崩惠帝以七年崩則六年爲相也陳平傳言陵爲太傅，陳平典曹參之後故並及曹參薨且高后欲食其爲耳。呂太后紀言：「高后元年十一月甲子右丞相王陵爲太傅，左丞相陳平爲右丞相。」王陵傳言，迺陽遷陵爲帝大傅實奪之相權」者也。此爲閒官，不得以東漢錄尚書事之太傅爲比。至孝文二年陳平卒於是丞相又獨爲

一。

景帝時竇嬰以大將軍擊吳楚，此非常官，其不能與東漢之大將軍相比。武帝以衛霍武功，乃置大司馬以尊寵之。衛青傳云「天子使使者持大將軍印卽軍中拜青爲大司馬大將軍」霍去病傳云「乃置大司馬位大將軍驃騎將軍皆爲

大司馬」此特尊顯而不任職其時政權仍在丞相也。大司馬與太尉全無關係,大司馬貴太尉之後身乎?自霍光以大司馬大將軍輔少主領尚書事其實權在於領尚書事而不在大司馬大將軍且大將軍之位猶在丞相之下故詔書與上書均以大將軍次丞相而丞相無權也。蔡義傳云「或言光置宰相不選賢苟用可以顓制者」誠事實也。夫太尉之省以田蚡之罷而大司馬之置以衛青之故至霍光時位次丞相與前之太尉相當班氏作表乃以大將軍繼太尉離甚牽強然自是而後凡大將軍之置冠大司馬者皆爲執政之人猶位次丞相又巧合也。

成帝以前漢官爲秦之系統以丞相理國政雖有時實權不在丞相名未亂也。成帝以後始以周制亂秦制繼之以興。朱博傳云「漢與龔秦官置丞相御史大夫太尉至武帝罷太尉始置大司馬大將軍之號,議者多以爲古今異制,漢自天子之號至於佐史皆不同於古,而獨改三公職事難分無益於治亂後二歲餘朱博爲大司空奏言帝王之道,不必相襲各緣時務高皇帝以聖德受命建立鴻業置御史大夫位次丞相典正法度以職相參總領百官上下相監臨歷載二百年天下安寧今更爲大司空與丞相同位未獲嘉祐故事,撰郡國守相高第爲中二千石,選中二千石爲御史大夫任職者爲丞相位次有序所以尊聖德重國相也今中二千石未更御史大夫而爲丞相權輕非所以重國政也

漢官攷

五五

朱博所營田中二千石遷御史大夫，由御史太夫遷丞相，乃景武以來之情形，以爲高祖之法創非也。

爲百僚率哀帝從之。迺更拜博爲大司徒會大司馬大司空焉。

事後四歲哀帝遂改丞相爲大司徒復置大司馬大司空焉。 臣愚以爲大司空官可罷，復置御史大夫遵奉舊制臣願盡力以御史大夫

古官制復古者流乃變漢以從古班氏作表隱然以三公九卿爲骨幹焉是以究一代之制度耶自哀帝建平二年改

大司空爲御史大夫，表爲二年，紀爲一年，乃改元也。元壽二年正三公官分職二年紀爲改丞相爲大司徒於是盡變舊來之官制非復

曩時以宰相而盡總古三公之職事也其年哀帝崩王莽爲大司馬領尚書事大司馬徒遂躋居司徒之上而躋丞相之

朝，大司馬莽秉政百官總已以聽於莽。自霍光以來之大司馬以大司馬徒遂躋居司徒之上而躋丞相之

職務也。孔光傳云，一莽權日盛，光憂懼不知所出上書乞骸骨莽白太后優詔少傅徙光爲帝太傅位四輔給事

中明年徙孔光爲太師而莽爲太傅。」王莽傳「一太后詔曰太傅博山侯光宿衛四世以光爲太師與四輔之政車騎將軍安

陽侯舜積累仁孝以舜爲太保左將軍光祿勳豐宿衛三世以豐爲少傅。」百官表云「太傅古官哀帝元壽二年復置，

位在三公上太師本爲闕職，以太傅皆王莽之兼官孔光皆爲太師王舜爲太保其地位極優崇焉。

復置三師，孔光爲太師太傅皆王莽元始元年始置太師位在太傅位次太皇太后臨

自昭宣以來執政者每加領尚書事霍光張安世史高師丹蕭望之孔光張禹王鳳王音王莽皆然。宣帝誅霍此以後丞相爲政不加。成帝

建始四年罷中書宦官置尚書員五人臣瓚曰「漢初中人有中謁者令孝武加中謁者令爲中書謁者令更權用事至成帝乃罷其官」續漢百官志

時任中書宦官弘恭爲令石顯爲僕射元帝即位數年恭死顯代爲中書令專權用事至成帝乃罷其官」續漢百官志

云「尚書令一人。」本注曰「武帝用宦者更爲中書謁者令成帝用士人復故。」「尚書六人」本注曰「成帝初置尚書四人分爲四曹」晉書職官志云「一人爲僕射而四人分爲四曹」則加三公曹即六人此可疑者據上諸說以成帝以前謂之中書謁者成帝以後謂之尚書者平尚書者即平尚書之起源者宋書爲早而通典因之其實誤以二書爲言典制者所師用遂罕究心矣案領尚書爲秦官見於百官表自武帝游晏後使不親萬機而中書代省尚書此中書代省尚書而起也武帝崩昭帝即位霍光輔政領尚書事於是尚書亦存爲中書尚書併置其時臣民上書皆其二也以副封上領尚書而以其一上於天子魏相奏請去副封以防壅蔽宣帝善之「又故事諸上書者皆爲二封其一曰副領尚書者先發副封所言不善屛去不奏相復因許伯去副封以防壅蔽者乃封霍氏而發又霍光傳曰「會魏大夫爲相數燕見言事平恩侯與待中金安上等徑出入省中時霍山自領尚書事上令吏民得奏封事不關尚書羣臣進見往來霍氏甚惡之」此所謂故事者即霍光領尚書後之所爲也。霍光輔政，事出隱昧，其後廢昌邑王，及與宣帝爭權諸事，別有心論之。後宣帝與霍氏爭權情形魏相所謂去副封以防壅蔽者乃封霍氏而發又霍光傳曰「今陛下好與諸儒生語人人自使書封事多言我家者嘗有上書言大將軍專制擅權今其子孫用事昆弟益驕恣恐危宗廟災異數見盡爲是也其上書事輒下中書令出取之不關尚書益不信人」以中書爲天子之機關尚書爲執政之機關兩爭端起矣初由天子幼弱大臣代理國事遂於中書之外復置尚書及國有長君欲權目已操遂成中書與尚書之爭霍氏族誅不以此耶宣帝親擥萬機明習文法亦與車騎將軍史高爲表裏言「宣帝不甚從儒術任用法律而中書宦官用事中書令弘恭石顯爲令蕭望之傳

漢官考 五七

論議當獨持故事不從瑩之等，恭顯又時傾以見詘，瑩之以為中書政本宜以明賢之選自武帝游宴後庭故用宦者，非國舊制又違古不近刑人之義欲更置士人鑅是大與恭顯忤上初即位謙遜重改作議久不定」其時中書尚書之爭又起弘恭石顯雖與蕭望之周堪劉向相爭并未見其邪僻，京房晉其意佞，亦未有事實。等則恭顯所持皆有依據未可以其為宦者遽謂蕭周為是弘恭石顯為非也考蕭周致敗之由一則石顯與領尚書事之史高相比二則尚書令五鹿充宗與石顯合三則中書為天子之機關蕭望之雖有師傅之尊元帝遂不能去其私人而使大權旁落也自成帝即位王鳳以元舅之故為大司馬大將軍領尚書事以外戚之力侵宦石顯遂罷斥石顯傳云，失倚離權數月丞相御史條奏顯舊惡。」王尊傳云「初中書謁者令石顯貴幸專權為姦邪衆儒林臣儒御史大夫張譚皆阿附畏事顯不敢言之元帝崩成帝即位顯徙為太僕不復典權衡譚乃奏顯罪惡」是顯之失勢與得罪可知也。帝既罷中書謁者初置尚書員五人，言初置尚書員組，宋書官志之誤，即由於此。領尚書平尚書者即為實權之所在成帝之罷中書，表面是尚書勝而中書敗實則天子微而大臣張王莽因之遂移龜鼎其兆已伏於此。自霍光輔政以來領尚書者即為宰相實權之所在於百官表中全不可見而中漢以後之尚書令其職亦非輕乃與符節太常太官湯官同列顯其始則然耳何由其升降之迹乎又中書謁者與尚書并置惟是一時武帝以前有尚書而無中書班表少府屬官中書尚書其存不加分疏誤矣。光武以興復漢室相號召更始元年即復漢官名於是更人喜悅爭持牛酒迎勞其時去哀帝末未遠故所用官名皆沿遷哀平非西漢初年之舊後漢書光武紀「建武元年乘前將軍鄧禹為大司徒以野王令王梁為大司空以大將軍吳漢

為大司馬。」然此數公者自置身戎行不關政家伏湛傳云，「光武即位知湛名儒欲令幹任內職徵拜尚書使典定舊制時大司徒鄧禹西征關中帝以湛才任宰相拜為大司徒事車駕每出征伐常留鎭守總攝羣司建武三年遂代鄧禹為大司徒」。蓋其時司徒即古宰相之職雖為司真行大司徒事而權有重輕滿光武不以功臣任職恰平臨政謀賣功臣之以政舞之以刑侯霸傳云「後千乘歐陽歙清河戴涉相代為大司徒坐事下獄死自是近臣難居相任其後河內蔡茂京兆玉况魏郡馮勤皆得薨位」馮勤傳言「先是三公多見罪退帝善勤欲令以善自終」申徒剛傳言「時內外羣官多節自選舉加以法理嚴密執事過苦尚書近臣至乃捶撲牽曳於前」光武之嚴於吏治於此可見其令以大司徒總橫自殺政不得其死者多。光武紀建武十二年大司徒王死舞詔曰，「昔契作司徒禹作司空皆無大名其令二府去大又改大司馬大行驃騎將軍劉隆即日罷，其時大司馬行驃騎將軍〔景丹傳云，「復制驃騎大將軍與大司馬相稱也，乃以吳漢為大司馬，景丹為驃騎大將軍，大司馬與漢死，故劉隆以大司馬行驃騎將軍，漢不敢加於此也。〕以太僕趙熹為太尉大司農馮勤為司徒」其時大司馬雖改為太尉政仍在司徒太尉之位不能加於司徒也太尉而有宰相之權位於司徒大司馬之上者更在其後趙熹傳云，「八年代虞延行太尉事居府如舊後遭母憂上疏乞身行喪禮顯宗不許遣使為釋服賞賜恩寵甚渥，為典宿衞外斡宰職正身立朝未嘗懈怠及帝崩復典喪事再奉大行禮事修擧肅宗即位進位太傅錄尙書事。」章帝紀云「行太尉事節卿侯熹」。三世在位上公自前漢以來不任以職王莽不忌其以熹為太傅融為太尉候倚菁事」是太尉太傅之重皆以趙熹故也。太傅位上公自前漢以來不任以職王莽跋為太傳然之得政不由太尉條倚菁事」蔡實漢儀曰「王莽初起大司馬後篡盜神器故幾駁去其職。」然則自西漢中葉以來有丞相之大司馬王莽時其位竟加於司徒之上至光武中興

以大司徒居丞相之位當不以王莽居大司馬之位者爲司徒而非司馬，建武二十七年改司馬爲太尉其位猶在司徒之下太尉之代司徒居丞相之位自趙熹始繼漢書百官志因其然也遂以太尉公居司徒公之上固非東漢初年之制度讀者亦無由明其升降之所由也。

自章帝以後丞相實權之所寄在錄尚書事爲眞宰相太傅太尉常錄尚書事司徒司空每不得參錄，賈帝時司徒趙戒得錄尚書事以得去。梁冀故也獻帝時司空淳于嘉爲司徒司空並錄尚書事其時羣雄並起有其名而無其實也自董卓伏誅王允以有誅卓之功以司徒錄尚書事總朝政，則其變也。獻帝即位董卓爲相國初平元年又自爲太師。建安元年曹操自爲司空行車騎將軍百官總已以聽，建安十三年罷三公官置丞相御史大夫曹操自爲丞相光祿勛郗慮爲御史大夫此權臣一時之改作不旋踵而變，關係一代官制甚小。

大司馬冠驃騎將軍大將軍雖爲虛號霍光以大司馬大將軍領尚書事乃有實權，西漢末年大司馬爲三公之首東漢則大司馬與將軍不兼官故劉隆以大司馬行驃騎將軍，曹操以司徒行車騎將軍，殆亦文武不兼之意。大將軍驃騎將軍位三公上更平憲王蒼傳云，「大司馬冠軍大將軍置長史掾史員四十人位在三公上」然猶以鄧禹故位太傅之下也。明帝祀，即位之年，以禹爲太傅，蒼爲驃騎將軍。自竇憲以外戚爲大將軍雖執政權其上猶有太傅故其位獨高然牧劉虞爲大司馬，奧太尉亞匹，則加官也。自寶憲以後詔令皆以大將軍居首猶不錄尚書事賈帝紀言「司徒胡廣爲太尉司空趙戒爲司徒與梁冀參錄尚書事」梁冀傳言「冀辭不肯當」則冀實未敢受又云，「顯宗甚愛軍之其後即位拜爲驃騎將軍」猶未言錄尚書事也順帝永和六年梁商卒子冀代爲大將軍商時不置大傅故其位獨高

建和元年增大將軍府舉高第茂才官屬倍於三公。」又云「元嘉元年桓帝以梁冀有援立之功欲崇殊典每朝會與三公絕席十日一入平尚書事」平尚書事本紀不著蓋以為參議性質也故梁冀以前諸人雖專政不錄尚書者有其實而無其名雖錄尚書事而不得不聽命於大將軍者以軍旅在其掌握中耳。靈帝建寧元年竇武以大將軍以前太尉陳蕃為太傅與竇武及司徒胡廣參錄尚書事中平六年後將軍袁隗為太傅與大將軍何進參錄尚書事外戚為大將軍得錄尚書事自竇武始顧其時猶置太傅其位之尊又不如梁商父子。東漢大將軍位尊而權重人民於天子之外惟知有大將軍耳。

沖帝紀，九江盜賊徐鳳馬勉等稱無上將軍，賊蓋登等稱太上皇帝，雖盜賊作亂，妄立名號，亦可藉此而知人民於大

此兩漢共制，不同所致。

梁冀時惟趙岐曾為太傅，桓帝紀，渤海妖賊蓋燒城邑，年齡岐蘗，不復圖。

將軍之尊重也。

●東漢官制光武時司徒為丞相，明帝時權漸移於太尉，以後司徒不錄尚書事。章帝以來則太傅太尉常錄尚書事自竇憲以外戚為大將軍遂為外戚獨擅之官以幕府而專朝政雖位三公上而無與政之名以大將軍錄尚書事自竇武始其大校如此車騎將軍儀同三司亦為外戚預政之官鄧騭閻起竇之顧不若為大將軍者之多不然則將代大將軍而起也。

以後司徒不錄尚書事，太尉錄尚書事。

膚淺小書 太原

宣王伐玁狁至於太原後之釋太原者紛紜莫定顧炎武言朱子以今太原陽曲縣即詩之太原案求太原當先求涇陽郡涇陽地則太原即今之平涼後魏立為原州取古太原名爾胡渭說漢安定郡治高平唐為原州後徙治平涼故州今固原州出胡氏所論視顧尤悉然欲求太原應先求

漢官攷

六一

鎬方劉向曰千里之鎬猶以爲憂蓋此時之侵鎬及方即出車之往城於方城彼朔方郡縣志夏州朔方縣什賁故城在今榆林西北二百里廢夏州城（在鄂爾多斯右翼後旗界內）朱右曾言漢晉元朔五年衛青伐匈奴出朔方高闕史記正義稱地理志朔方臨戎城有高闕漢與臨戎城在廢夏州西北也朱氏以朔方高闕其地既皆在廢夏州知太原即漢五原地而六國之九原也海內北經言犬封國曰大戎居此地理志朔方既諦鎬方於懿猶稱鎬方於義最諦鎬方在今內蒙古鄂爾多斯中前後二旗境中此地亦趙九原地謂犬戎在九原正與海內北經合此犬戎於穆王遷後之新地近世說太原者皆依建於尚書春秋而不敢決然禹貢冀州所紀實維州之太原及岐既修太原（新地近世說太原者皆依建於尚書春秋而不敢決然即唐之原州亦近是）嶽陽則爾雅所謂河西嶽即岍山也安在禹貢冀州有太原耶左氏昭元年經晉荀吳帥師敗狄於大鹵穀梁傳曰此大鹵也易爲謂之太原地從中國邑名也中國曰大鹵傳作大原公羊穀梁之經則皆作太原公羊傳曰此大鹵也曷爲謂之太原地從中國邑名仍之新史以休注曰以中國形名言之所以撓中國教殊俗也則以羣狄之至而冀州有大鹵之名舊史以地物從中國之例譯之曰太原故公羊子曰原者何上平曰原爾雅釋地物之義穀梁子稱傳曰中國曰大原夷狄曰大鹵號從中國名從主人又稱梁傳謂善伊謂緩號從中國名從主人是則中國譯伊緩而後有華稻之名譯大原之名晉陽博名大原自狄之來晉北始安在西周以往冀州得有太原耶以春秋以下晉之太原說西周以往維州之大原其誤自鄭汪昉始王靜安氏至說太原兼漢太原西河河東三郡地若然則所謂溥伐西戎者爲東戎芫服不至者爲畿甸也王氏又以秦涇陽君諡涇陽地近秦都以論太原則不知涇陽爲號本記因言涇陽君封宛不足證王比說也

列子與張湛注

李源澄

夫列子者先秦諸子之偽書，而魏晉玄學之要典矣。張湛序曰「其書大略明羣有以至虛爲宗，萬品以終滅爲驗，神惠以凝寂常全，想念以著物自喪，生覺與化夢等情，巨細不限一域，窮通無假智力治身貴於肆任，順性則所之皆適，水火可蹈，忘懷則無幽不照，此其旨也」然所明往往與佛經相參，大歸同於老莊，全書旨趣言之備矣，繹尋其義必在於佛學與老莊通流之後，成於東晉之末世（佛學與漢代方士魏晉玄學之關係湯用彤先生漢魏兩晉南北朝佛教史言之極精審明於此期學術之變遷則知吾言之非妄）。張序又曰「辭旨類特與莊子相似莊子眞到韓非尸子淮南子玄示旨歸多稱其言」實則其書多襲引上列諸書亦偽書之通例耳魏晉玄學之要有三一曰本無二曰自然三曰無（孔子與老莊無爲與禮法）茲分述其說以明其旨。

晉書王衍傳云「魏正始中何晏王弼祖述老莊立論以爲天地萬物皆以無爲本無也者開物成務無往而不存者也陰陽恃以化生萬物恃以成形賢者恃以成德不肖者恃以免身故無之爲用無爵而貴者也」此與列子注所引何晏道論無名論皆本無最要之學說源夫本無之以無爲本體無者道也故論語義疏引王弼釋疑云「道者無之稱也」然或以有無對稱何晏之論「有名無名」何晏道論謂「有之爲有恃無以生」是也貢無賤有裴頠乃作崇有論以非之曰「夫至無者何以能生故能生者自生也自生必體有則有遺而生虧矣」反以無生有之說而主自然以生者則有莊子注然郭象注中兼包向秀之義不可

六三

識別。張湛引向秀注有今存郭象注中者有郭象注與向秀不同者其引郭象者或向所未注或向有注而不取世說新語謂郭鑱向注當爲欺誣晉書向秀本傳謂郭象述而廣之蓋得其實也今其書雖不能盡別以其有明文者徵之亦可得其一二。

列子天瑞篇注引向秀注曰，「吾之生也非吾之所生則生自生耳生生者豈有物哉故不生也吾之化也非物之所化則化自化耳化化者豈有物哉無物也故不化為若使生物者亦生化者亦化則與物俱化亦奚異於物明夫不生不化者然後能爲生化之本也」

齊物論注云「夫天籟者豈復別有一物哉即衆竅比竹之屬接乎有生之類會而共成一天耳無既無矣則不能生有，有之未生又不能自生然則生生者誰哉塊然而自生耳自生耳非我生也我既不能生物物亦不能生我則我自然矣」

則裴頠言無不能生有其或受向秀之啓發與今莊子注中凡言生者皆云自生者且明言無不能生有。

庚桑楚注曰「死生出入皆欻然自爾。」

此莊子注以自生破從無生有之說也然莊子庚桑楚云「萬物出乎無有，有不能以有爲有必出乎無有，而無有一無有。」

莊子之意於衆有之外不能不建一「無有」以爲「衆有」之本也。

注曰「死生出入皆欻然自爾也然則欻散憶類故有出入之名徒有名耳竟無出入門其安在乎故以無爲門以無爲門則無門也」

又曰，「夫有之未生以何爲生乎，故必自有耳豈有之所能有乎」

又曰，「此所以明有之不能爲有而自有耳非謂無能爲有也若無能爲有何謂無乎」

又曰，「一無有則遂無矣無者遂無則有自歔生明矣」

詳審注義在明自然而生於有不自有特無以爲之意不欲暢言誠其時本無之論乃盛流鋒滋多注者欲明歔然自生，故簡無耳觀其言曰，「有之未生則不能自生生者誰哉塊然而自生耳」原不欲於有之先明其本無也列子與列子注承王何向郭之學而爲天瑞篇及注其書以此爲最亦本無論之要典於魏晉玄學蓋自成一家矣。

天瑞篇曰「有生不生有化不化不生者能生生不生者不化者能化化不能不化故常生常化常生常化者無時不生無時不化」

有生注曰「今塊然之形也」不生注曰，「生物而不自生者也」。有化注曰，「今存三變改也」不化注曰「化物而不自化者也」不生者能生生注曰，「不生者固生物之所宗」不化者能化化注曰，「不化者固化物之主」此言生化者特不生不化以爲之宗主郭辈有特無以生之義乃依本無以立說此生者非能生而生化者非能化而化也直有不得不生不得不化」生化皆有也動而愈出運轉無已故曰常生常化乃粲子注歔然自生之義也以此爲本其下則分而明之，

天瑞篇曰「自生自化自形自色自智自力自消自息。

注曰，「皆自爾耳豈有尸而爲之者哉」此向郭之舊義也。

天瑞篇曰「皆無爲之職也」

注曰「至無者故能爲萬變之宗主也」

天瑞篇曰「夫有形者生於無形」此王何之舊義也。

注曰「謂之生者則不無無之不生故有無之不相生理既然矣則有由而生忽爾而自生忽爾而自生則不知其所以生不知其所以生則本同於無本同於無而非無也」此明有形之自形無形以相形者必其義與向郭爲近明生

天瑞篇曰「故有生者有生生者有形者有形形者有聲者有聲聲者有色者有色色者有味者有味味者」

注曰「形色聲味皆忽爾而生不能自生者也夫不能自生則無爲之本無爲之本則無賞於一味故能爲形氣之主動必由之者也」列子本文爲王何舊義顯而易見王何之義本不相合既兼取向郭自然而生之謬必須有以說明之故注曰「忽爾而自生不能自生」此莊子逍遙游注義也「夫不能自生則無爲之本」無非寶無無一無也故曰無賞於一象無係於一味」無之立以明即莊子「有不能爲有」之義故注曰「無爲之本。無動不生無而生有」之注云「有之爲有恃無以生言生必由無而無不生有」其意謂有之生乃忽爾而有也「無勤不生無而生有」之注云「有之爲有恃無以生言生必由無而無不生有」其意謂有之生乃忽爾而有也特無以生理之所當立也如是而言則王何向郭之義可兼容也莊子注

言生滅變化皆欻然自爾於演化中異其一不於變化之外立一不變。

儒者會注曰「體夫極數之妙心故能無物而不同無物則死生變化無非我矣。」

大宗師注曰「夫形生老死皆我也故形為我歎生為我歎老為我佚死為我息四者雖變未始非我我奚惜哉」?

至樂篇注曰「此言一氣而萬形有變化而無死生」

即莊子之言無亦從理上安立生化自歎闢而生化者無不生不化者以為生化之主不必言也列子與列子注既取本無之說以不生不化為生化之本則生化者與不生不化者自判而為二。

天瑞篇曰「生之所生者死矣而生生者未嘗終形之所形者實矣而形形者未嘗有聲之所聲者聞矣而聲聲者未嘗發色之所色者彰矣而色色者未嘗呈」

注曰「生之所生者自無生自無生者必終而生生者無變化也」

天瑞篇又曰「有生則復於不生有形則復於無形不生者非本不生者也無形者非本無形者也」

注曰「夫盡於一形者皆隨代謝而遷莖也故生者必終而生生者無變化也」

注曰「本不生者自無生無滅本無散也夫生生物者不生形形物者無形故能生形萬物於我體無變。今謂既生既形而復反於無生無形者此故存亡之往復非始終之不變者也」

謂孳生為生滅變化而本無生滅變化顯然有本體與現象之分且列子注所謂我體似誤然莊子庚桑楚注之言我彼言死生變化無非我也不謂有一不變之我體能生形萬物也然則列子與列子注之意果安在乎亦曰此不生不滅者非實有一物也故其解曰「盡於一形」「解本無曰」「無當於一物」「無係於一味」其分生滅與不生滅從本無論以推演之所必然也欲與歡然之說不相背則必立機動於無之下。

天瑞曰，「萬物皆出於機皆入於機。」（莊子有此文）

注曰：「機者群有之始動之所宗故出無入有有散反無靡不由之也。」

此所謂機者即莊子注所謂欻爾而自生也。

天瑞曰：「無動不生無而生有」

注曰：「有之為有特無以生言生必由無而無不生有此運動之功必賴於機為群有之始即欻爾自生也故不言無而生有不能自有言必由有此欻爾而自生者所以然之故故言特無以生言之大意以本無為主而兼取自然而生之說故曰生必由無而無不生有蓋列子之為書欲於王何向郭之後而創立一新學說也。」

逍遙遊注曰：「天地者萬物之總名也，天地以萬物為體，而萬物必以自然為正自然者不為而自然者也故乘天地之正者即是順萬物之性也御六氣之辯者即是遊變化之塗也如斯以往則何往而有窮哉！所遇斯又將惡乎待哉！」

夏侯玄曰：「天道以自然運聖人以自然用。」道家之徒無不以自然為宗其流弊至湯隆而無檢成為魏晉之放達識者之病之故嘗言自然者必根本情性循理而行莊子注其選矣。

又曰：「夫聖人之心極兩儀之至會萬物之妙數故能體化合變無往不可旁礡萬物無物不然。世以亂故求我我無心此我苟無心亦何為不應世哉然則體玄而極妙者其所以會通萬物之性而陶鑄天下之化以成堯舜之名者信

其所謂自然即是適性以此治身以此應世莫之為而常自然所遇斯乘玄同物我無往而不得其言性也本於樂記大宗師注曰「人生而靜天之性也感物而動性之欲也」又歸本於理齊物論注曰「夫物有自然理有至極循而直往則冥然自合」其言理也復合於性達生篇注曰「性分各自為者皆在至理中來」是其言自然而理在其中自然理性不可分也。(然天瑞篇注曰「夫仁義者人之性也人性有變古今不同也此不害於性偽之分實亦不知性也」列子注猶詳於言理。

天瑞篇注曰「料巨細計修短則與我殊矣會歸於理固無達也」。

黃帝篇注曰「乘理而無心者則常與萬物共遊」。

又曰「順乎理以接物則物莫不保之」。

周穆王篇注曰「夫生必由理形必由生」。

力命篇注曰主於心安天瑞注曰「夫虛靜之理非心慮之表形骸之外求而得之即我之性內安諸己則自然員全矣故物以今者皆由虛靜故得其所安所以敗者皆由動求故失其所處」即不能謂其言理即與孟子之言理義相同此派

其言理也主於心安天瑞注曰「料巨細計修短則與我殊矣會歸於理固無達也」。

之言自然異乎蕩而無檢者必也。楊朱篇雖若放者之言然窮徇名而喪真者發故其言曰「以名者為當為賞為非為子孫」故又曰「實名貧偽名富實無名名者偽而已矣」張湛之注亦曰「自枯槁於當年求餘名於後世」。

此有激而然非實然矣。

魏晉清談名士非盡譏毀孔氏棄禮法矣。（其始皆儒道並重）何晏者玄學之祖王坦之廢莊論引其言曰，「驽莊驅放玄虛而不周乎時變」其意可知特荀樂之流即有賤視六經而薄世務之意阮籍以降流而忘返遂爲晉之放達，未可謂玄學清談者盡然矣晉書向秀傳謂「儒墨之迹見鄙道家之言遂盛」此真耳食之談今莊子注安得有此？

世說新語言語篇：「諸中散被誅向子期舉郡計入洛文帝引進問曰『聞君有箕山之志何以在此』對曰『巣許狷介之士不足多慕』」向之辭者以爲畏禍之諔辭今觀莊子注中其論許由實與之合

逍遙遊注曰「夫自任者對物而順物者與物無對故堯無對於天下而許由與稷契爲匹矣何以言其然耶夫與物冥者故羣物之所不能離也是以無心玄應惟感之從汛乎若不繫之舟東西之非己也戎馬行而不與百姓共者亦無往而不爲天下之君矣以此爲君若天之自高實若高山之頂非夫人有情於自守一家之偏倚何得專此故俗中之一物而爲堯之外臣耳」

其以巢許之行爲一偏甚明其於莊子逍遙篇之輕堯舜則解之曰，「堯舜者世事之名耳爲名者豈直堯舜而已哉，有神人之行爲一於應帝王篇之譏孔子則爲之說曰「今仲尼非不冥也顧自然之理行則影從言則響隨夫順物則名迹斯立而順物者非爲名也非爲名則至矣而終不免乎名則能解之哉」於莊子胠篋篇之絕聖智則曰「

信哉斯言雖信而猶不可亡聖者天下之知未能都亡故須聖道以鎮之也羣知不亡而獨亡聖智則天下之害又多於有聖也」其中如此類者可一一道哉且有顯斥道家之流失者其注莊有旨哉。

逍遙遊注曰：「夫治之由乎不治，爲之出乎無爲也。取於堯而足，當借之許由哉。若謂捘默乎山林之中而後得稱無爲者，此老莊之談所以見棄於當塗。」

大宗師注曰：「夫理有至極，外內相冥，未有能冥於內而不遊於外者也。故聖人常遊外以弘內，無心以順有，故雖終日聲形而神氣無變，俯仰萬機而淡然自若。在宥篇注曰，無爲者非捘默之謂也，直各任其自爲則性命安矣。」

此皆有對而發莊子注之尊孔子隆禮義，可謂至矣。列子與張湛注則稍異其於孔子猶不以爲聖人，以詩書爲教黃帝篇曰：「夫子能之而能不爲者也。」注曰：「天下有能之而不能不爲者，有不爲而自能者至於聖人亦何所爲亦何所不能。」仲尼篇曰：「詩書禮樂何棄之有革之何爲。」注曰：「若欲損詩書易治術者皆救弊之道，即而不去爲而不恃物自全矣。」張湛於向郭蓋歸心焉，而其異趣如此，蓋東晉學者之風氣使然也。李充學歲亦云聖教救其未老莊明其本」其見與張湛同。夫儒道之高下在乎自得之，亦無用其致辯矣。

綜上而觀其論本無於王何向郭之後自成一家之說，其論自然與向郭爲一宗，其論周孔禮法與李充同流。（東晉平正之見解）其爲東晉之學說自無可疑，第不當以其偽而薄之耳。

膚淺小書

盤古之說始於三國徐整三五曆記謂爲秦漢間俗傳謂關中漢中三國時秦漢間俗有此說知其倘未廣被於各地此時此地胡爲有盤古之說發生余別考南方民族北上事知楊車巴之屬於三國時適移至漢中諒盤古之說即南蠻之槃弧中國古無此說也中國漢前於開闢原始之說蓋爲女媧天問言女媧有體孰制匠之天問爲依楚先王宗廟公卿祠壁之圖畫而作女媧之說本於楚之壁畫則疑亦古代南方之傳說但時爲早耳風俗通義言天地初闢未有人民女媧搏黃土爲人劇務力不暇供乃引繩絚泥中舉以爲人故富貴賢智者黃土人也貧賤凡庸者引繩人也則女媧者爲所由始也人類之始女媧制之而女媧則孰制之哉此屈子所問也王逸曰傳言女媧人頭蛇身一日七十化則女媧始以蛇身化而爲人若曰生人之初自蛇而化成豈禮俗從蟲固南方之族人從蛇之說也許愼言女媧古之神聖女化萬物者也則萬物亦自女媧化之淮南子覽冥往古之時四極廢九州裂天不兼覆地不周載火爁炎而不滅水浩洋而不息猛獸食顓民鷙鳥攫老弱於是女媧氏鍊五色石以補蒼天斷鼇足以立四極殺黑龍以濟冀州積蘆灰以止淫水未不足西北故日月移焉地不足東南故百川注焉蒼天補四極正淫水涸冀州狡蟲死顓民生此則女媧爲初闢天地之人時有火炎有水災人類之有貴賤陶鈞爲自女媧而始南方之說固以女媧爲天地萬物生人之初迄乎魏代始有盤古之說而女媧之說始廢

館藏嘉靖汪刻文心雕龍校記書後

蒙文通

館藏文心雕龍十卷明嘉靖庚子歙人汪一元仁卿刻前有新安方元楨石巖跋每半頁十行每行二十字黑綿紙印字體鈍拙古香可欣考錢功甫記云「此書至正乙未刻於嘉禾宏治甲子刻於吳門嘉靖庚子刻於新安辛卯刻於建安癸卯又刻於新安萬曆乙酉刻於南昌」此即所謂新安本也至正本有錢惟善序宏治本有馮允中序，新安再刊本有余誨序嘉曆本有張之象序其可攷者如此讀天祿琳琅十一元刻有文心雕龍一函八册云「書末刻吳人楊鳳繕寫」而攷之聖目第二十二有鐵崖文集五卷爲弘治十四年馮允中刻云「宋有姑蘇楊鳳書於楊州之正誼書院一行」知天祿所藏仍是馮本并非元刻黃蕘圃於甲子十一月題記云「即元刊亦無從問津」於戊辰三月題記文云「得元刻本校正」知元刻已不易見至宋本則更無開也嘉靖本亦不易觀葉樹樓所影即釋嘉靖本者實即萬曆間張之象本天祿涵芬所藏佚去馮張之序故致譌其丁陞蕃書之富矣於海内要籍仍是汪刻此本爲友人自吳中避倭寇攜以入蜀者年來珍籍或委棄烟燼之中或流落於海之外顧此册得歸獨存囙足珍亦足念此館中先後所收有梅注本閱刊本皆明得之成都舊家何氏復有鈔本曾藏於葉羨鄭子尹氏復有黃注原刻本得於祝氏皆屬佳本即梅氏之注紀氏四庫書目阮氏未收書目皆未著錄殆亦罕見然由汪本視之概顧元明舊刻脱誤累累即如隱秀篇中脱去一葉阮氏未收書目云「至正刻於嘉禾者即缺此後諸刻仍之」又序志篇亦脱一葉至張之象初刻等皆不能補所云阮華山得宋槧本隱秀篇全文明人矜爲祕笈者紀昀云以永樂大典所收舊本校勘凡阮本所補皆

無之，如出僞撰。晚季黃侃又以張戒歲寒堂詩話引劉勰云「情在詞外曰隱，狀溢詞前曰秀」二言爲阮本所無，而紀之詆謏有定讞。惟序志篇缺文張之象補刻及梅慶生注本殆已補成完整，然諸家無一言及爲據出何本由梅注考之。即據梁書本傳所載之文校諸舊刻本未佚之文，知梁書有刪節。如生七歲以下十四字是也。則據梁書以補序志未必即爲完整不可知也。而諸家無一言出梁書是誠可異。梅注又以廣文選豈廣文選別據前代選本錄之，故梅氏又以梁書校其同異歟。則其難定至於錯簡最足以嫌人疑者，莫如宗經篇黃叔琳於篇後記云「是篇梅本實記言以下有訓詁茫昧通乎爾雅則文意曉然云云。無然觀文以下十字章條藏曲下有執而顯採援生辭莫非實也。春秋辨理云云注四句十六字元脫朱從御覽補無觀辭立曉以下十二字誤以鷙矣下有倘書則覽文如詭而尋理即暢春秋則觀辭立曉而訪義方擬云云按爾雅本以釋詩無關書之訓詁且五經分論，不應獨舉書與春秋舊以覽文云云鬱儀所補四句辭亦不類宜從王惟儉本」
紀氏評云「此注從王本而所從仍是梅本」紀又於篇後記云「以永樂大典所載舊本校勘正與梅本相同知王本爲明人臆改」然今以館藏梅注本校之，黃所云梅本實即舊刻本而梅本正與黃所云王惟儉本同紀云所從仍是梅本者自亦與梅本不合豈梅有先後數本歟閔繩初刻本凡例云「元本字句多脫誤，惟梅子庚本改訂其備因全依之」今校閔本正與黃紀所云梅本合殆皆據初刻本也閔本「以永樂大典所載舊本校勘正與梅本相同知王本校正十七豈可讀也予以公暇取貴州本對校之」則曹亦據梅本曹於宗經篇書實記言處云「此段與青州本互有異同。然以茲本爲得」今館藏梅本，於異體者也下注云「自書實記言以下，倒錯難通。余從諸善本校定」豈梅氏後

蒙文通　館藏嘉靖汪刻《文心雕龍》校記書後

見曹所云青州本改以從之，敗館藏梅本於一卷一葉版心記云「天啟二年梅子庚第六次校定藏板」則黃紹所見皆前刻王惟儉所見與館藏皆後改本也必如此而黃紹所云乃可通楷此聞無別一梅本足以證其然否也（友人趙伯鈞曾介紹一梅注本未及校復持去。）曹云取青州本對校而閱刻今書惟此一處注出青州異同他無一字及青州本者則青州本之信否未可知紀云「為明人臆改者豈即曹氏為之敗舊本為得，而不取青州本也若進而論之實則梅黃所定王氏所取乃不足言陳伯發氏以御覽六百八載王粲荊州文學記敗之則彥和之書自昔無善槧，至楊升菴始有青州本不同知舊刻固不誤也叔琳所議無一是處以知校書之役豈易易哉獨彥和之書自昔無善槧，至楊升菴始有評本略附校語而朱鬱儀所校為最有法考朱氏自云

「今弱冠手抄雕龍苦舊無善本傳寫譌漏遂注意校讎往來三十餘年參攷御覽、玉海諸籍共據目力所及補完改正共三百二十餘字如瘡秀一篇脫數百字不復可補他處倘有譌誤所見與歆斷本大略皆然雖有數處改補

未若余此本之最善矣。」

自言　氏校後馮已蒼 [厚守居士] 借錢牧齋趙氏抄本御覽又校得數百字自後何義門顧澗賓皆有校本馮本藏曩日精臆何校本藏昭宋樓者則已赴梅東也黃叔琳注本於蒐取梅王二氏外引據益多其間徵御覽校正頗出梅氏外豈即馮校敝梅氏校注之功固明人中用力最勤兼採各家之說亦最博所列校注名氏中誠有不見其說者至如楊用修

朱鬱儀孫無晃謝耳伯許伯偷俞美長曹能始柳陳父王性潦許無念欽懸公張傷度士青蓮龔仲和皆備有其說黃叔琳溉之所收盍衆合梅黃所據板刻論之幾嘆觀止如稱馮本即馮允中也汪本即一元也胡本即胡維新兩京遺編本

館藏嘉靖汪刻文心雕龍校記書後

七五

也。何本即何鐓漢魏叢書本也張本即張之象也王本即王惟儉也鍾惺秘書亦刻文心雕龍雖未出鍾本同異而梅書固取鍾氏之名必鍾本異同無足取者明代舊刻所收殆盡第未知校所據底本究為何刻者豈即至正本歟苟非然者誠難於擬議也倘謂依升庵評點之馮本之說不合又往往云一作某而不名殊亦難曉或以數本同然而不可以一家專之數文心一書至梅黃以來正訛補缺而後煥然可觀其勘固可不廢也前乎黃氏者有明張燮洪吉臣二家合注為清康熙間武林書坊芸青閣刻見鄭園藏書志十六云「注中於援據訂誤補缺皆性明原書原文最有根柢」此書四庫亦未著錄黃注亦引及之前書雖成於賓客之手未厭人意要其搜羅之勤亦足為壯觀也。

校讎之學正經正史及學人常讀之籍目以舊刻為能正末世傳本之偽然在秘家坊刻即經史亦多譌若於功令無關之籍則宋明所刻或時益晚而後校益精文心亦其一也如攻媿集春秋繁露跋云，

「繁露一書凡得四本始得寫本於里中亟傳而讀之舛誤至多恨無他本可校已得京師印本以為必佳而相去殊不遠後見倘書程公跋語以通典太平御覽太平寰宇記所引繁露之言今書皆無之遂以為非董氏本書今編修胡君仲万宰蓱鄉得羅氏蘭室刊之縣庠先楗公所引三書之言皆在其中則知程公所見者未廣……

……然止於三十七篇終不合崇文總目八十二篇之數聞麥女播同年政度多收異書屬其子弟訪之始得此本聚八十二篇。」

審是則崇文內府所有之實京師四萬刻本目多未備崇文總目水經注殘三十五卷元祐間人鈔則讀酈刻祗三十卷。

館藏嘉靖汪刻《文心雕龍》校記書後

宋人校書之未精，刻書之固未備矣。斯足以見尊宋者之誣也。惟官書未備然後往往覓私書補之，如崇文說苑秘五卷曾子固從士大夫得十五篇以足之，又墨子或惟存三卷十三篇戰國策或惟存八卷宋本之闕者何可勝記而後來則悉有足本。又如潛夫論北宋本述古堂所影寫者已誤聿書治要然後乃可校正其錯簡是官書之闕者，私書可補之校本之說者鈔本可正之宋元無善本而明本翻佳者此抄本之足貴也。曩校史通頗足證此舊刻雕龍無一非脫誤累累，而晚明以來乃漸可讀者則校之於舊者有明人之力孰謂明人不足以語於學術之途哉？以宋槧元刊校後之籍而不知後人所校有足訂舊本之誤者誠明德之風寔一變南宋明多佳本往往視宋本為善而尤以嘉靖本為著。每以詢之方家皆不能明其故乃知正德嘉靖之學風寔一變南宋明初之舊貫。自前後七子倡言文必西漢詩必盛唐而實即非宋人外似惟佛經歐蘇之文學，而中實尤惡於桂宋之義理。雖宋學則以復古為功斥義理為貴，是故嘉靖以來古籍善本日多，而博詒之學亦超於前世。凡從事於斯者廢不與七子之徒有淵源即以王元美言之其交游所謂後五子中之汪道崑則刻春秋繁露及翻相臺本儀禮周官者出。而張佳胤則刻越絕書華陽國志者也。續五子中之胡應麟學之宏肆清儒殆罕其匹。八哀篇中之趙用賢則與重修玉海者也。末五子中之胡應麟學集徐刻儒說鐵論之役至如刻史通者陸儼山之流亦與七子者之徒徐禎卿齊名。而刻水經注之黃省曾則救書本莎陽願為弟子苦此不可縷數。凡所刊校並稱韋本夫事安有無因而然者哉然則清代攷證之學實導源於此至若以不讀唐以後書相號召尤顯為本之前後七子者豈必自楊升庵焦弱侯而後開其端耶？凡清人之自號淮軍家以譏詞

館藏嘉靖汪刻文心雕龍校記書後

十七

圖書集刊

明人爲名高者如清四庫館臣之流勒譏誚明人之學而詆明刻之書，一概抹殺實未了然於學術之流變，其所呵詈者皆祖述宋元學術文章之流固有不得辭其咎者若天與宋元學術文章相反而別爲一派者，其術豈出清代攷據校勘家之下哉？晚年始之曰明學明本云者眞吮嚳之倫更不足論出此則余於陸刻史通梅注文心而後知明人中自有其功之下哉？晚年始之曰明學明本云者眞吮嚳之倫更不足論出此則余於陸刻史通梅注文心而後知明人中自有其功不可沒而其學不可侮者在也顧梅黃注本雖採衆校然於改正之處或又略而不致前人以意校正之文別無所據者幾於示人以舊刻之實然則不無亂眞之失如宗經篇「前修文用而未先」曹姑能謂文用疑作文用運用不言爲尊所改正辨騷篇「煒燁娘女」梅子庚改娘爲娥黃本經改作娥也樂府篇改作運用不言爲尊所改正辨騷篇「煒燁娘女」梅子庚改娘爲娥黃本經改作娥也樂府篇改至於「斬伎鼓吹」俞長美謂斬疑作軒乃梅本經改伎爲代以與下「漢世鐃挽」對文不知伎之爲軒改固不誤而梅改爲代又不言元本作伎詮賦篇「抽字於楚詞」黃本云抽當作拓又經改爲宇不言元本作字原道篇「爲五行之秀人實天地之心生」人生二守固衍文宜刪乃梅本經刪去爲空格不言元有人生二字以後人校正而後是正者視同舊本之原則如此改伎爲代則翻以舊與之可求者而擅改之則爲使人不知其爲誤致具面於不可求也。是正者視同舊本之原則如此改伎爲代則翻以舊與之可求者而擅改之則爲使人不知其爲誤致具面於不可求也。凡此之例不勝縷數今一以注出據何書何本改正或依誰氏之說改正注刻誠未善要是盧山面目示人以眞微注依據使人知彥和之書爲自晚明以來始可暢讀者諸家之力也凡校取梅注本閱刻本涵芬樓影印張之象本黃注原刻本鄭子尹藏抄本從事校讎始於王淑英女士而完成於馮薑如女士此書近時孫獨臣趙飛雲潘石禪劉弘度或據唐寫卷子或據宋本御覽所得實多並採入爲所惜諸家監本未據舊刻不無遺憾今以汪本爲實而據以過錄衆說知固不免漏失之慊則雌佞之民日悔補此慼五校畢而文通爲之記攘善之論夫何敢辭。

府兵制溯源并質陳寅恪先生

王樹椒

陳寅恪先生著「府兵制前期史料試釋」一文,其結論謂:「府兵制之前期爲鮮卑兵制爲大體兵農分離制爲部酋分屬制爲特殊貴族制」,與後期隋唐之制迥異。（刊中央研究院歷史語言研究所集刊第七本第三分）稽之史事殊有異於是。

後魏書云:「西魏大統八年宇文泰倣周典置六軍合爲百府十六年籍民之有才力者爲府兵。」（玉海卷一百十七兵制三引）又通鑑梁簡文帝大寶元年（卷一百六十三）云:

「初魏敬宗以爾朱榮爲柱國大將軍位在丞相上,榮敗此官遂廢。大統三年文帝復以丞相（宇文）泰爲之,其後功參佐命望實俱隆者亦居此官凡八人曰安定公宇文泰廣陵王（元）欣趙郡公李弼隴西公李虎河內公獨孤信南陽公趙貴常山公于謹彭城公侯莫陳崇讚之。八柱國泰始籍民之才力者爲府兵身柤庸調一切蠲之,以農隙講閱戰陳爲耋糧備,六家供之。合爲百府,每府一郞將主之分屬二十四軍,每大將軍各統開府二人,開府各領一軍,是後功臣位至柱國大將軍宗室者容禁闥而已餘六人各督二軍,衆率爲散官無所統御雖有繼學其事者聞堃皆出諸公之下云。」

開府儀同三司二十四者甚衆。

府兵制建置之始末蓋如此。

欲明府兵制當先知二十四軍實統兵數。北周書卷十一尉遲迥傳云:

「於是令迥督開府元珍乙弗亞万侯巨陵始比妖與姨建宇文升等六軍甲士一萬二千騎萬匹伐蜀。」

六鎮府所領爲一萬二千人，則一軍爲二千人，二十四軍共爲四萬八千人，鄭俟家傳所謂「共有衆不滿五萬」王海卷一百二十八「是也。或曰五萬之衆，分屬諸六柱國，則一柱國所統纔八千人，且無事則兵散而爲農，即此八千之衆亦不爲兵制三引柱國所私有」，謂爲部曲分屬制者非也。

六柱國之兵雖寡然戰鬥能力則甚強，蓋籍民之才力者爲府兵，六家儋取一人，玉海卷一百三十八云「或曰宇文時衣糧無所乏，此其所以樂於爲用也鄭俟家傳」。周制府衛法，七家共出一兵。」又役不煩十八兵制三引云：

「初置府兵省於六戶中等以上家有三丁者選材力一人，免其身租庸調，郡守農隙教試，閱兵仗衣馱牛驢及糗糧旨蓄六家共備撫養訓導有如子弟故能寡剋衆。」

此謂中等以上家有三丁者六戶而選才力者一人以充府兵也。文獻通考玉海卷一百兵致三改爲：「籍六等之民擇貼健材力之十以爲之」失其義矣。其衣馱牛驢糗糧旨蓄之屬，即出此六家供給，日後唐制府兵糗糧衣裝概由自備，即承此也。北樞之制番戍兵歲由官給綿十二匹以代衣糧，兵士時有凍餒之虞，西魏之令府兵衣糧自備者殆有懲於是歟？

鄭俟家傳謂：「郡守以農隙教試」，玉海卷一百文獻通考兵致三謂「刺史以農隙教之，」卷一百府兵蓋以三時務十八兵制三引農日教以攻戰，其兵不分與北魏番戍兵養戎平素無教練，故多不閑武藝府兵制有「農隙教試五十一

之法，此其所以獨優也。又按北史辛彥筆傳論十六云：

十五日上則門欄陛戲，警巡夜，十五日下則教旗習戰，無他賦役，每兵惟辦弓刀一具，月簡閱之，甲槊戈弩並

　　　將官給二

所謂「十五日上則門欄陛戟晝巡夜」者指番上供宿衛而言蓋目府之兵分隸二十四軍每軍歲給指衛半月代下而後更以半月「敎旗習戰」共計爲一月役也北史卷六十李弼等傳論又云：

「每大將軍督二開府凡爲二十四員分團統領是爲二十四軍，每一團儀同二人自相督率不編戶貫都十二大將軍。」

所謂每團儀同二人「自相督率不編戶貫」者亦猶唐制之軍置坊主一人，「以檢察戶口勸課農桑」新唐書卷五十兵志耳。又按隋書高祖紀卷二云：

「（開皇十年）五月乙未詔曰：『魏末喪亂寓縣瓜分役車歲動未遑休息兵士軍人權置坊府南征北伐居處無定家無完堵，罕苞桑恆爲流寓之人竟無鄉里之號朕甚愍之。凡是軍人可悉屬州縣墾田籍帳一與民同，軍府統領宜依舊式。』罷山東河南及北方緣邊之地新置軍府。」

山東河南及北方緣邊之地本屬北齊諸新置軍府倘仍北齊舊制軍人不屬州縣，故詔書以爲言詔罷諸新置軍府者蓋以其不依舊式其「軍人悉屬州縣墾田籍帳一與民同」者則西魏北周軍府之舊制也。北周書明帝紀卷四云：

「詔曰：『三十六國九十九姓自魏氏南徙皆稱河南之民今周室旣都關中宜改稱京兆人。』」

所謂「況此軍士多是關西之人」是也關西原有之鮮卑人多從爾朱天光而東洛陽鮮卑舊人其從孝武而西者爲數至少故宇文泰部下自始至終大體爲漢人也。又按北周守文泰初起時其部曲之衆本多爲漢人北周書文帝紀一

（八）

《書·文帝紀》云：

「（大統九年）廣募關隴豪右以充軍旅。」

此所謂「關隴豪右」者大體固漢人也。或據《隋書》卷二十四《食貨志》：

「建德二年改軍士爲侍官，募百姓充之，除其縣籍，是後夏人半爲兵矣。」

以爲在此以前兵人悉爲胡人，斯亦不然。謹按武帝天和五年甄鸞上《笑道論》，《廣弘明集》卷九，其第八章有云：

「道人不兵租者以本王種故免也道士庶賤兵租是常」

則在建德改制之前華夏之民固未嘗不服兵役而府兵爲出於徵發兹所引史料又其證也。又按《北魏書·高祖紀》卷七云：

「太上皇帝親將南討諸州郡之民十丁取一以充行。」

又《封回傳》卷三云：

「仍授平北將軍瀛州刺史。時大乘寇亂之後加以水潦百姓困乏回表求賑恤免其兵調。」

又《盧昶傳》卷四十九云：

「昶奏曰『比年以來兵革屢動妆頻之地率戶從戎。』」

又《李彪傳》卷六十二云：

「又別立農官取州郡戶十分之一以爲屯人一夫之田歲責六十斛穩其正課並征戍雜役」

又《常景傳》卷八十二云：

又云：

「又以今之三長皆是豪門多丁爲之，今求權發爲兵，蕭宗從之。」

「景遵附錄事參軍裴智成發范陽三長之兵以守白鴡。」

又元孝友傳（卷十二）云：

「孝友明于政理嘗表曰：『令制百家爲黨族，二十家爲閭，（當云二十五家爲閭，北齊書元孝友傳亦云「二十五家爲閭」，並誤。）五家爲比鄰，百家之內，有帥二十五，徵發皆免苦樂不均，此之爲弊久矣，請依舊置三正之名不改，而百家爲四閭閒二十丁，略計見管之戶應二萬餘族十五丁出一番兵，計得一萬六千兵。』」

則華夏之民徵發以爲兵，又北魏之舊制謂府兵爲鮮卑兵制，特殊貴族制者非也。

總以上所論觀之，足知府兵制之初期實與後期隋唐之制無大殊，將不私兵，兵不私將，蓋不下一二百萬財政卒以之大困，末年多事徵成之，制者又府兵制所自來也。北魏一代養兵至衆，總內外諸軍計之，兵農未嘗分，兵士大體爲漢人，而北魏蕃發頻仍，民人競逃王役，戶籍因而空虛，加以王綱不振，兵士散歸權門私家部曲之衆起，遂形成英雅劃據之局。此三者，魏末之大弊，予所著北魏兵制疏論之詳矣奉蒸不調，則改弦而更張，若府兵制者，誠救弊之良法，故其事就而效見於後世也。

府兵制溯源並質陳寅恪先生

三十二年二月脫稿于新都桂湖

膚淺小書

范漢書言：「宣王立四年使秦仲伐戎後二十七年（即三十一年）王遣兵伐太原戎不克後五年（即三十六年）王伐條戎奔戎王師敗續後一年（即三十八年）王滅姜侯之邑明年（即三十九年）王征申戎破之」章懷注云並見竹書而國語言「宣王不籍千畝三十九年戰於千畝王師敗績於姜氏之戎」僖姜氏之戎即申戎申國姜姓也左氏春秋桓二年傳言「穆侯七年伐條之役生太子仇十年生其弟以千畝之戰生命之日成師」史記晉世家言「穆侯七年伐條生太子仇十年伐千畝有功生少子名曰成師」若此穆侯十年千畝之戰即宣王三十九年之戰於此則周晉共之審矣然以年表考之穆侯十年為周宣王之二十六年而作三十九年故宋人於周晉伐條及千畝之事皆先後分別書之然此固史公之誤也漢書地理志引臣瓚曰「鄭桓公寄帑與財於虢鄶之間幽王既敗二年而滅鄶四年而滅虢居於鄭父之邱是以為鄭」而水經渭水注引紀年曰「晉文侯二年同惠王子多父伐鄶克之乃居鄭父之邱名之曰鄭」傳費駁校竹書紀年之紀年文則相同是紀年以幽王既敗之二年即晉文侯之二年蓋文侯與平王同元也考之史公紀晉文侯十年於竹書者其十年於是條之二年所謂幽王既敗之二年乃當平文侯十一年史公紀晉文侯之年已先於竹書者其自相同而史公序兩國事乃違異晉及千畝兩戰用晉隔越者亦十歲年後漢書水經注所引之竹書能自相同而史公六國年表多誤不若紀年之確惟春秋二百四十年間有魯史在無大乘舛而共知以來年表亦頗不可信亦不如紀年之雅也

釋古長江下游之交通

蒙文通

古期思水

長江在古代雖為巨流,而無益於交通,其文化落後殆以此故,考之春秋吳楚之戰,楚之陵師（陸軍）自淮而不自江,舟師（水軍）亦自淮而不自江,惟吳亦然。昭之二十四年,「楚子為舟師以略吳疆,越大夫胥犴勞王於豫章之汭,越公子倉歸王乘舟,及壽夢帥師從王,王及圉陽而還,吳人踵楚而邊,人不備,遂滅巢及鍾離而還」。二十七年,「吳子帥師圍潛,楚師救潛,令尹子常以舟師及沙汭」。三國交通水道此為最明,淮南子言:「孫叔敖決期思之水」,王應麟言:「安豐有芍陂,即孫叔敖所作期思陂」,魏志「建安十四年引沘水軍自渦入淮,出肥水開芍陂屯田」,顧祖禹言「蓋芍陂下施水則至合肥也,肥水當雞鳴山分為二疏,其一東南流以通楚之舟師,漢書地理志「九江郡合肥」應邵曰「夏水出父城東,至此與淮合故曰合肥」,則夏汭亦當於合肥求之,昭四年「吳伐楚,楚沈尹射弃命於夏汭」,五年「楚子伐吳,遂射以繁揚之師,會於夏汭」,是其處也。舊解以為江夏之夏口,夫繁陽於今為新蔡,安有兵向東出而反西會江夏者耶?楚陵師則自繁陽而下期思皆自淮以爭江,故楚子以舟師略吳疆及圉陽而還,圉陽今為巢縣,此楚舟師之在淮而吳之伐楚亦會舟於淮,入於淮,其由芍陂施水肥水一道以通淮於江明也。子常以舟師及於沙汭,此楚舟師之在淮明也,及鍾離,鍾離在淮明,楚子之來自淮而及圉陽,吳從之亦自江及巢而

朔恩一水正吳楚往來衝要夫差之告周曰:「余沿江泝淮戰於柏舉」明吳楚之爭皆舍江而由淮入江邗溝爲一道矣又一道也吳楚交通以有兩陂之道故楚子庚敗吳師於庸浦在無爲舒鳩入敗楚楚師於豫章之黃陂子木伐舒鳩及離城亦在舒城吳敗蓬啓疆於鵲岸在巢縣入敗以有邗溝之道故子囊師於棠以伐吳在六合使屈伸圍朱方在丹徒而苟陂一道戰伐頗繁顧棟高以爲楚居長江上流而吳居下流吳楚之戰由江而東吳由淮而西此誠考之未審至以越歸楚乘舟在鄱陽湖夐不足議也

古邗溝

墨子言「禹治天下南爲江漢淮汝東流注之五湖」孟子言禹「決汝漢排淮泗而注之江」淮之絕江通湖原爲禹迹左氏哀九年傳「吳城邗溝通江淮」水經言淮水「又東過淮陰縣北中瀆水出白馬湖東北注之」酈注言「中瀆水首受江于廣陵郡之江都縣昔吳將伐齊北霸中國自廣陵城東南築邗城城下掘深溝謂之韓江自江東北通射陽湖地理志所謂渠水也西北至末口入淮………中瀆水自廣陵北出武廣陵湖東陸陽湖西水出其間下注樊梁湖舊道東北出夾邪湖乃至山陽矣永和中患湖道多風因穿樊梁北口下注津湖………自廣陵出山陽白馬湖逕山陽西即射陽縣之故城中瀆水又東謂之山陽浦又東入淮謂之山陽口者也」。此中瀆水有新舊二道也漢志江都縣有「渠水首受江北至射陽入湖」此就舊道言之也水經酈注則自新道言之程大昌言「邗溝南赴江北通射陽至末口入淮者吳故渠也隋開皇七年於揚州開山陽瀆以通傳運比射陽末口則爲西也」。分疏最明隋之所開即永和之中瀆吳之所鑿乃漢志之

渠水也陳澧謂「今江蘇江都縣鹽河，蓋其故瀆，北流至阜寧縣射陽湖也。」陳釋渠水未爲確沈欽韓據讀史方輿紀要所說乃中瀆隋河更非邗溝也劉文淇楊州水道記云「中瀆水既汪樊梁湖後乃分一道舊道由博芝湖爲東道改道由津湖至白馬爲西道。」劉說最後視先哲爲精也樊梁湖在高郵西北五十里博芝湖在寶應東南九十里射陽湖在寶應東六十里此吳溝舊道之所經津湖在寶應南六十里改道由此始也。

古中江

論尚書庫篤言有丹徒大江有淺塘浙江有通陵江焦循釋禹貢言岷江至江都勢趨東北而自江都入海則曲而東南故班志於毗陵明江之在北南江至餘姚入海勢趨東南而經震澤折而行禦見由舉之間故於吳明江之在南惟其曲故潯陵曰曲江中江至陽羨入海直從陽羨東趨於海也」段玉裁言「今蕪湖東接太平湖南之黃池河又東接溧水縣之丹陽固城石曰諸湖未築以前諸湖連長蕩湖而入太湖」此正古中江之道宋傳寅禹貢集解云「班氏所指中江今蕪湖斷港也今蕪湖自宜興縣航太湖逕溧陽至鄧步凡兩日水路自鄧步登岸小市名東埧東埧陸行十八里至銀林復行水路係大江支應行百餘里至蕪湖即入大江諸湖之商人販賣樺木江古蓋有之」蘇軾言「溧陽之西有五堰古所以節宣歙金陵九陽江之衆水直趨太平州蕪湖後入大江，東入二浙以五堰爲阻因綞官中瀆去五堰則宜歙金陵九陽江之水或遇暴漲皆入宜興之荆溪而入震澤。」則中江五堰者即景福三年楊行密將臺濛作五堰施輕船運糧者也單諤言「修臺濛五堰，使蘇常之水十可去其七八。」之塞以蘇常農田故也實守記云「宣和七年詔開江古河自蕪湖由宜城溧水至鎮江渡楊子趣淮汴免六百里江

行之險。」明韓邦憲言：「太祖初都金陵以蘇浙糧道自埧入，可避江險瀋胥溪河為運河人鑿溧水縣胭脂岡引丹陽諸湖之水會秦淮以入江，於是蘇浙運道直達金陵永樂初運道廢改築土埧」則中江之塞而復啟以蘇浙糧運故也。由今按之即溧水胥河此宋明以來中江時啟時塞之故也宋明之世尚避大江之險舍北江而由中江則兩漢以上，中江南江為交通要道固宜自巢湖出裕溪入江處正中江自燕湖分流處水道固歷歷可指越語言一句踐之地南至於無北至於禦兒西至於鄞東至於姑蔑」范蠡言：「與我爭三江五湖之利者非吳耶」惟越境北至於禦兒於今為嘉與正南江出太湖下塌錢塘之道則越人自南江歷太湖入中江以通巢湖閱陽歸楚乘舟正此道也吳越與楚交通以有中江之道故子重伐吳克鳩茲在無錫至於衡山在溧水子胥代吳及桐汭在丹陽洩俊時交通以有邗溝之道而吳楚爭徐以有中江之道而吳楚爭舒固於時之地理情勢有以致之也班志於中江云「至陽羡入海。」文選注引水經注：「中江東南左會灣瀆，」灣瀆在常州西南正溧陽羡地，而班云於此入海
阮元解之曰：「廣陵國江都以東有臨淮郡之海陵志云有江海會祠言江至此而會海也曾擂郡吳毗陵無錫陽羨丹徒婁為今鎮江常州蘇州地婁在今崑山而太倉松江海門及江北之通州皆不置縣然則太湖以東至海猶荒斥為海潮所往來故敘北江止毗陵敍中江止陽羡」一則於中江至陽羡入海之文又可以推知太湖以東在漢以上之情形也
郭景純言「三江者岷江松江浙江也」岷謂北江浙謂南江則松江者正中江下流入海之道也顧景范云「一松江一名笠澤江，一名松陵江自太湖分流出吳江縣城東南之長橋東北流合龍山湖又東注唐浦折而東南流浦又東南流歷鰲湖合五浦而又東南流與菑浦江合又迆邐至吳松口入於海」又云「禹蹟存於今者此一江而已。

一此顧氏釋古中江入海之瀆史記正義云：「蘇州東南三十里名三江口，一江西南上七十里至太湖名曰松江，即古笠澤江，一江東南七十里至白蜆湖曰東江，一江東北下入海曰婁江，於其分處號曰三江口」。吳越春秋言「苑蠡去越乘舟出三江之口入五湖之中」者即此也哀十七年越伐吳吳子禦之笠澤即此古中江國語言「吳軍江北越軍江南」即松江也顧觀光云「龐山湖在蘇州城南二十里澱湖亦曰薛澱湖在崑山縣東南八十里五浦有趙屯大盈顧會菱子盤龍五大浦松江逕青浦縣北五浦並注之又東迄上海縣北黃浦自南來注之」中江出太湖以入於海經地固歷歷也知論衡言通陵江者松陵之誤文也。

古分江

荊楚之地本為湖成平原古之情勢大異於今正以藪澤倘未沖積為平陸繁川亦未會合為巨流無深確之水道既無舟楫之利而車馬亦不易通此古人所以舍江而不由耶本紀言「昭王巡狩不返卒於江上」呂氏春秋言「梁敗王廩於漢」則西周之世西涉江漢固舍舟而由梁文選注引竹書紀年「穆王三十七年伐越大起九師東至於九江叱黿鼉以為梁」則東涉九江於西周之世亦舍舟而由梁莊之四年「楚伐隨除道梁溠營軍臨隨」此漢正職方所謂「其浸波溠者也」川則梁之昭王之梁漢穆王之梁九江正以其在上世之為浸而非川此所以終春秋戰國而不聞有浮大江者也浮江之事殆始於秦皇漢武始皇本紀言「三十七年始皇出遊行至雲夢望祀虞舜於九疑山浮江下觀籍柯渡海渚過丹陽至錢塘臨浙江水波惡乃西百二十里從狹中渡」說者謂即貴池分江處其過丹陽括地志：「丹陽在江寧縣東柯海渚正義吉括志云「舒州同安縣東按舒在江中」說者謂狹中蓋在餘杭籍

南」，則已入中江漢地理志於丹陽郡石城下云「分江水首受江東至餘姚入海」水經於沔水 即江水云：「又東過牛渚縣南又東至石城縣分爲二」王先謙言「分江首受江當自今本陽河而分在貴池西六十里又西五里曰新河，自河口出江中有石槎牙橫突爲欄江羅刹一磯南唐役三十萬夫作支流以避其險，宋史河渠志宣和六年庸崇元言：「池州大江東岸皆磧石多至二十餘處西岸沙州廣一百餘里或貴池水一名杜塢河古今不易令新河車軸河壩址運廢本陽河之名俱存竊意江岸諸連綿今自本陽河下入中夾洲爲落洲裕生洲泥州相屬爲一其下卽下池口又下爲鐵板諸洲及銅時之荷葉洲頭頰里洲連屬。自爲一水時代闊久洲岸流移，而分江水道平合於大江分江水自石城來合大通河水又出章家洲于家洲之間又東逕紫沙洲，又東屈逕新洲右入繁昌縣境合荻港水又東北逕黑沙洲入廣席夾逕虎檻洲出三山右入蕪湖縣境又東逕魯港爲南江水入魯港東南流左與天成河通又東南與五丈湖通又與涇水合又合蟆溪水薘溪水入清弋江。」水經注云：「南江又東逕安吳縣號曰安溪又東旋溪水注之桑欽曰淮水出縣 陵陽縣 東南北入大江其水北流左合旋溪同注南江」即秦皇所浮即分江水也史記封禪書記漢武帝云：「上巡南郡至江陵，而東登禮灊之天柱山浮江至尋陽出樅陽過彭蠡」倪文蔚言「漢尋陽在江北樅陽在安慶東境北去巢湖僅百里。自尋陽出樅陽則北岸必有分江如今武穴之內可至花慶宣既出樅陽復上溯五六百里而過彭蠡耶則彭蠡爲巢

湖而非鄱湖〕是漢自尋陽怨安慶而至巢湖又刻有分江可知也。蓋古之北分江浮江自秦皇漢武始而一浮江之分江一浮北之分江意者古時大江江面最廣故明之大江南北兩岸多四十里而遷明之金山在江中後已在江南岸始則兩岸各有沙洲久之洲與溯相接而成分江分江漸塞則瀦為內湖，用運瀆為平陸也秦漢浮江皆分江而非正流則古代大江之無交通又可決也。

古南江

禹貢言「三江既入」而惟於導瀁曰「東為北江」於導江曰「東為中江」則三江之條不具班志備言北江中江南江此即禹貢之義必有南江可知而禹貢無南江者。班志言：「分江水首受江東至餘姚入海」許慎言「江水至山陰為浙江」南江源流獨遠知古者以嶧無間為東南會稽為東而泰山為中，爾雅說實沿海岸而南北分布故於東南有南江之交遹此三江之名起自古昔而禹貢以之然禹貢地望東不至嶧無間東南不至會稽但專詳於黃河南北兩岸以離海而就陸故於會稽南江皆不能明至秦漢拓地遠而南江之墬迹乃復明也王先謙依水經注脈南江水道言之歷歷然班志飢言石城為分江水而以南江在吳南則不得以分江水為南江道元所謂郭縣安吉一道存而不論可也似古分江水至蕪湖已與中江通流故秦皇得過丹陽也注又云：「南江東注於其區，謂之五湖口，江東行七十里入小湖為次谿自湖東南出為谷水出吳興拳縣故城下又東南逕嘉興桐鄉石門五縣境並漢由拳地遂元誤以為谷至嘉興乃南江故道」。王先謙云：「南江自吳東南出逕泰與秀水嘉善桐鄉石門五縣境並漢由拳地遂元誤以為谷水」次經注云「浙江自山陰東流迂禦兒鄉國語句踐之地，北至禦兒是也年昭云越北鄙在嘉興又東逕柴辟南越

絕書稱吳故從姑蘇築渡會稽湊山陰是也」阮元云：「此可為南江即浙江之證為南江由吳江嘉興石門錢塘通名浙江之證」鄭氏以為說太湖以上分江為南江水道而案之圖籍事有可疑班志於丹陽郡石城下云：「分江水首受江東至餘姚入海」於會稽郡吳下云：「南江在南東入海」在班氏分別言之，則南江明始於吳鄭注檬班志之分江水以為南江上源其說存而不論可也顧觀光考南江出湖一道，最為明確云：「自太湖分流東出婁縣經桐鄉縣又西南經石門縣西又西南經杭州府仁和縣東而合於臨平湖上通浦陽江下逼浙江經注臨平湖上通浦陽江下遙浙江謂由臨平湖至蕭山縣界泝流而上則浦陽江，順流而下則錢塘也又南浙江水從西南來在之南江自太湖分流皆西南行過仁和乃折而東故名浙江因與漸江水合而漸江亦得浙江之名自唐築海塘以禦澉潮，南江流絕浙江之名遂專屬於漸矣」水經注云：「江南枝分歷烏程縣南通餘杭縣則與浙江合」阮元云：「此水不經吳之南從長興安吉即注錢塘不在吳之南浙江在吳之南故名南江也自石門嘉興上溯吳江蓋古南江之正浙」王先謙言：「南江自由拳境域水道圖說：『漢烏程縣在今縣南道元所謂南江枝分歷元以為枝分蓋谷水自此南行宋之下塘運河其故道也南宋時南運河自蕭山縣西南流逕仁和縣東北之塘棲鎮又東經臨平鎮北自此南行宋之下塘運河其故道也南宋時南運河自蕭山縣治北又東接淺清江又東出紹興府城西又自城西東南經會稽縣境接曹娥江又自上虞縣西湖堰流至通明壩入洮江宋潛渠故道，即南江故道柯水即曹娥潘水即錢清南江經潘水柯水而至餘姚』水經注云：「浙江自臨平湖南通浦陽江又於餘暨東合浦陽江自蒙塹分派東至餘姚縣又為江也又東東經黃橋下又東

經餘姚縣故城南又東經穴湖塘又東注於海」顧觀光說南江「折而東逕蕭山縣北又東經紹興府北浦陽江水注之說文所謂江水東至會稽山陰為浙江也今會稽山陰二縣並附紹興府城紀要浦陽江至山陰縣南分為二支一西北經蕭山縣東南折而東北經紹興府西之錢清鎮入海名淺清江。一東流合剡溪經紹興府東之曹娥廟又北逕上虞縣西而西北入於海名曹娥江」又云南江「又東逕上虞縣北又東逕餘姚縣北而東入於海經紹興以東距海漸近故近志直謂之海然鍾志明言分江水至餘姚以西皆南江之委而海必在餘姚東矣東原以餘姚為餘杭之誤失之」阮氏以來說太湖出吳縣至錢唐為南江故道而後班志南江之迹明足以正鄭氏說為谷水之誤至班志所謂分江水東至餘姚入海者自應為鄭氏所謂之江枝分以班志餘姚為餘杭之誤殆以此故倘班志以江枝分為之分江水耳至鄭氏說南江入海之道則確為故道與許慎義合而鄭氏之誤以分江水說南江上流既建班志則不可從顧氏斥東原之誤則疏而說南江入海之道則是也惟昔中國十牢東南至會稽山故幷南江而有三江之目南江逕會稽者也禹貢不著會稽南江而三江俄空為顧班志許書鄭注南江之源要以明正所謂浙江者也由今者地形之知識益臻確實明大江以南地層走向為東西而無南北行之山脈中江一道宋明猶通故迹倘在事至明確而南江由廣德至安吉一道正不必強為之說也。

膚淺小書

禹醴二渠自黎陽宿胥口，一北流為大河，一東流行漯川。此國史上河徙之第一次，其事具於周譜。河徙之故，則言者未審，殆自魯僖之末（三十年）迄於魯宣之初（四年）正狄禍橫決於東夏之際。而狄居河內，而河決於宿胥，正狄人在衛宿胥擠於狄人之際，得無故耶。蓋狄滅邢衛擄有河內而河遷，齊桓因河為城以禦之，狄不便河之使東者勢也。及晉滅狄而大河北行，陰其所擄之足故，百泉邯鄲乾侯冠氏莢邱典梁雞澤寒氏木門宁牟沙鹿雍榆畢為晉地。此戰國策所謂范中行氏之道也。狄合契時，故漷氏亡而長狄與之僑；中行氏之者，實狄之得接於長狄。此侵暴東夏而有之十。此狄亡而後晉有之，此由晉地以審狄地而事可知。狄之決河而爭地於山東無咸也。范中行氏之道，晉疆域有今河北之元城邯鄲清河永年順德邢臺唐山任縣，河南之濬縣之恩縣冠縣范縣，此晉滅狄而後拓地東南之遠也。因晉地以審狄地，而河徙於狄頻方張之時，實狄決河之情可知也。顧棟高氏論於此者，史記言「齊桓公救燕伐山戎至於孤竹而還，燕莊公送桓公入齊境，桓公曰『諸侯相送不出境』，於是分溝劃燕君所至與燕」，此明齊境之北接於燕也。知自燕而南九澮之域，禹河以東皆為齊有。管仲曰「東至於海西至於河」，自「言塞九河之八也」知自燕而至與齊矣。溝洫志言「齊與趙魏以河為境」，此明齊與趙魏以河為境也。知自燕北境之移，以定王五年徙河而盛又可知也。此將亦齊失之狄，而狄失之晉趙氏然後承之，則河決之以狄爭地於東夏又審矣。

跋志古堂影刻題襟館本華陽國志

張白珩

華陽國志舊傳四本：一影寫李至本，二何鏜漢魏叢書本，三吳琯古今逸史本，四明何宇度刊本。何吳二本多張佶端有補江原常氏士女志一卷，而佚去第卅卷之上中兩卷字度本從至本鏡出此二卷率存唯誤將序志一篇升諸簡端有乖古例。（見四庫提要）四部叢刊影印明錢叔寶鈔本宋諱缺筆至敬字止盡所據者即李至嘉泰刊本取以校廖刻與廖寅所據本相同宋諱廖氏是否據此耳廖氏之刻是書委顧千校勘旁稽博考多所是正視至本有過之無不及讀者誠不必侈言古槧矣。

民國丁丑成都志古堂影刻廖氏本字畫精好無異原書較之玉緣堂所翻廖本實為遠勝後附佚文一條亦可以資博識廖刻本斬難得得此亦足以慰且年來翠岡鉛印以趨苟簡求如此本之珍美實不易覯也惜主其事者未知刻書之體例致有一二訛誤茲為拈出庶以成其美焉。

余聞廖寅之刻書於金陵也簽題題襟館藏板廖氏歿後經兵亂其板斬刊缺廖之妻弟杜某渾之返蜀鳩工補刻之遂改題簽為鄰水李氏悔過齋補刊時有陶濬宣者善北魏碑碣書法與李某善李之補刊是書陶寶襄之陶見太平御覽有常志一條為今本所無遂書付李某芥列於後文末并署陶濬宣書字樣此本蜀中今尚有之志古堂所據之本即是此本故篇後有佚文審如此則其佚文下應注明據李氏悔過齋補刊題襟館本字樣交代方為明白今於佚文條下注曰「據陶濬官本補」似此書別有陶氏刊本者然非其實矣。

又所載佚文云「為平陰郡布衣蔬食」郡下據御覽有守字今脫此條實出御覽第二百六十二卷其子卷為職官部卷六十今注云「太平御覽卷六十引華陽國志」亦蹈陶氏之誤。

又佚文翕字端下有校語云「當作湍按後漢書邛都夷傳作端」而本志士女目錄有「越巂太守張瑀翕子也太守王堂察舉孝廉」一行則字又作瑀端湍字形俱相近未詳孰是不可據范書以為正也。

又佚文張翕字子陽巴郡人為平陰郡守按士女目錄有「美化越巂太守張翕字叔陽安漢人也」一行子喝叔陽字又不同安漢於本志屬巴西郡不屬巴郡漢書地理志「巴郡屬縣十一有安漢」蓋建安後始分置也平陰郡疑誤本志一梁州有陰平郡」無平陰郡漢志「廣漢郡下有平陰道,」然非郡也平陰二字,似當從士女目錄及後漢書邛都夷傳作越巂凡此均為校語所不及者。

又按廖刻雖據傳鈔足本付刊多出第十卷之上中兩卷然其上卷寫郡士女讚第一闕巴郡士女讚第二凡五十四人倘非完書張翕一條村其子端卻出五十四人之二校語亦未之及今於張翕之外又得一人為北堂書鈔原本卷一百三十九車總篇引常璩志云「郝伯都闔中人為郡史太守每見之,垂泣伯都請曰其故太守曰亡男為人所殺汝身似之故悲感伯都聞其姓所在太守曰臺閣不可得也伯都乃交遊與甘春卿為友共伺讎殺之於車府而亡命春卿為申所得伯都乃還首二人爭死會赦得免」按士女目錄有「烈士郝伯都闔中人也」九字以為後漢人與此相合嚴可均鐵橋漫稿曾為文誌之此亦常志佚文而須補刊者也然則巴郡士女凡得三人所闕者五十一人余疑諸類書所引常志必尚有益出三人之外者又巴郡士女目錄中如馮煥馮緄陳禪陳證李顒等之見後漢書爨習問張翼黃權甘寧引常志

馬忠士平叛斃諸周等之見三國志似俱可本本志之例而對補之。顧氏校證所謂姓名必具在目錄而無讀者亦並列故不可推知者盡未審已又本志卷九李勢一段寫李至所續非道將之舊而世說識鑒門注引華陽國志云「李勢字子仁晉安西將軍伐蜀勢歸還之揚州自起至亡六世三十七年」（按三十七尚予仁晉安西將軍伐蜀勢歸還之楊州自起至亡六世三十七年。）作四十七 此必為道將舊文無疑廖刻顧校末之及好事者苟能廣輯類書詳參史傳而補過重校焉不猶賢於已乎夫我則不暇姑為有志者發其凡於此。坿有論者金山顧觀光華陽國志校勘記舊刊武陵山人叢書中成都古書局有單行本顧氏以傳鈔足本校何吳兩氏本多所糾正但廖刻尤礄審廖刻既行顧校已大為減色志古堂翻廖刻乃亦坿刻顧氏此書殊嫌煩贅何吳兩氏本有張佳允所補江原常氏士女誌一卷甚可附諸廖刻之後俾此書成完璧耳。

民國三十二年九月晦日崇慶張國銓識於成都萬里橋西畔

膚淺小書

齊棠豈襲魏之河北燒棘蒲蒲貿春秋時衛邑河北讀即棘蒲之北而釋者多誤由今考之衛之新築在魏縣衛之馬陵亦在元城此並在河北衛戩氏在衛州西北或亦在河北衛地之在河北者入戰國而魏有之晉滅狄者荀林父士會出狄之地范中行有之趙滅范中行之事然也晉以宣十五年滅潞氏所據者多黎侯之士也南至浮水不盡河北者亦范中行之事然也晉以宣十五年滅潞氏所據者多黎侯之士也十六年滅甲氏及鐸辰甲氏在雉澤蓋邪鄲五屬乾侯一帶地甲氏所據之七復晉儒不知膚豕如討赤狄之餘焉晉人合衛師以討狄則狄濆而衛之衛土也戍三年晉國於何拋由貝夫伐膚豕如新築一帶狄所據之衛土也衛地不得全復者以潞甲之滅而衛不與焉非狄生之不盡。

跋志古堂影刻題襟館本華陽國志

九七

河實范中行趙氏之不盡河殆衛以蒲威之師越河而復地耳是足以明魏之有河北正亦由狄之士衛
復之而魏氏承之也以衛復廥谷如地言之滅潞者荀氏則中行之食邑爲可知出潞氏地地滅鐸辰者
士氏鐸辰國土不可知而土氏食邑於范爲范氏知范冠一道者卽范冠乾是戰國策所云范中行
之道者卽范冠乾侯五鹿邯鄲一帶地廥谷如鐸辰之國昔儒闕而不知固可由是推得之也

黃昆評書中所謂徐淮南應卽從希秀南史徐爰傳希秀愛子閒篆隸正變禪墨二寺碑卽希秀書也位
燒歸將軍淮南太守述書賦云希正則謹促有度草則拘檢靡伸正所謂徒倚風軌不免寒乞者也
孟光祿應是孟觀是孟觀字秀重平昌安丘人歷左光祿大夫終會稽太守儀同應是王
裕之南史本傳裕之曾孫以字行官至開府儀同三司諡文貞述書賦云敬弘翰墨古而樸
略正袁所謂非不處尊位而都無神明者也　王導亦歷儀同三司如世說新語等知六朝人但稱王丞
相)李鎮東不易定晉書李充本傳充字弘度江夏人父矩善楷書妙參篆隸索世咸重之（衛夫人李矩
之妻) 又云李式充之從兄江夏李式字景則衛夫人猶子也右軍云李式平南
之流亦可比肩庾翼述書賦云李式厥字宗子江夏人善楷隸書斷載李式字景則衛夫人猶子也右軍云李式平南
祖江夏鍾武人黑池璀錄言曹蛺李志與右軍同時書亦學衡茲四子者皆不見歷鎮東將軍府事未易
爲定而各家言李景則者多名盛書品云景則毫素流靡與袁云芙蓉之出水文彩鏤金意合然則鎮
東謂李式也至袁稱陶弘景爲陶隱居不必論若所謂吳施書者事未易考或本作吳與施肩吾亦無據
書品有吳休尙施方泰於品皆居中之中論曰施吳鄰下後生同年拔萃末知卽謂此二人否未敢強爲
之說也

涵芬樓影印弘治本新語略校

馮璧如

太史公曰：「余讀陸生新語書十二篇。」陸賈本傳亦言：「陸生乃粗述存亡之徵凡十二篇。」知新語十二篇而止耳。漢志儒家則陸賈二十三篇，多十一篇；於兵權謀家云：「權有陸賈。」殆班氏以複重出之，此十一篇者豈即權謀家陸生書耶？賦略雜賦有陸賈賦三篇，春秋家有陸賈楚漢春秋九篇，陸生於漢初述作為最宏也。太史公以生優於鄉里，通達豈虛也哉？十二篇崇仁義誦詩書宗仲尼侗儉而薄刑罰，固不失為粹然儒者；懷為篇識「世人不學詩書行仁義論不驗之語，學不然之事，圖天地之行說災變之異惑學者之心，移眾人之志，指天畫地，是非世事勤人以邪變驚人以奇怪聽之者若神視之者如異，猶不可濟於厄而度其身」。此封禪書所謂鄒衍陰陽主運之學也。慎微篇識一人不能懷仁行義乃苦身勞形入深山求神仙棄二親捐骨肉絕五穀廢詩書背天地之實求不死之道非所以通世防非者也。若湯武之君伊呂之臣以寡服眾以羸制強討逆亂之源天下和平家給人足，豈非古之所謂得道哉？夫播布華亂毛髮登高山食木實忽忽若狂癡推之不往引之不來，當世不蒙其功後代不見其才君傾而不扶國危而不持，可謂避世非謂懷道者也。此封禪書所謂羨門子高形解銷化之術也。於時燕齊之士，咸於世童生劉向皆不免為所移惟陸生砭然不惑辭而闢之，斯其過人也。亦實資篇頌丘之德行其人即說苑之鮑丘令之漢書之浮丘伯也。陸生固與之同時宜在師友之間。其學之正有自來也，王伯厚玉海稱其書「今存道基術輔政無為資質至德懷慮七篇」，知宋時已絕完本而通放竟佚不載，至明弘治間蒲陽李廷梧仲陽梓是編於桐鄉十二篇者完帙依然。

九九

惟不言其所出也。滋人疑清世四庫館臣至謂「此本有十二篇乃反多於宋本或後人因不完之本補綴五篇以合本傳篇目也」又云「考馬總意林所載皆與今本相符李善注文選所引大致亦悉相應是其為偽猶在唐前」今以羣書治要校之凡採入者八篇其辨惑務四篇皆出於伯厚所見之外而悉與明本相合黃氏日抄所舉十二篇之名亦與明本相應是豈出於後人之補綴耶？乃李及魏徵書則其不必置疑無惑也凡宋人所見古籍每幾闕至明乃見完本者多矣豈獨陸生新語一編哉？四庫館臣又云「據摯虞報之語訓詁亦不可通」然校之魏書乃據摯虞耶之文江公所傳本無此語蓋正穀梁之舊衛輒事與鄒陽傳文不同於博士之本此陸生書為漢初古籍之據而翻以為疑懼矣沈欽韓又以玉海七篇其引吳傳言輔政篇曰書不必起於仲尼之門今輔政篇無此語然此固術事篇語玉海稱為輔政誤也此語今固在昔人自失檢耳顧李氏刻本頗有錯簡闕文諛誤美奪亦往往而在不可句讀而歸有光諸子彙函中有稱豐陽子者即新語文也李本上卷十四頁慎微篇不堪其憂下屬入齊夫夫用人若彼至不撓其柄者則凡二百二十八字為十二頁辨惑篇邑土單於驕下之脫文歸書於此雖刪削過多此二百二十八字亦僅留後叚故辨惑篇邑土單於下脫二十八字為誤十二頁辨惑篇邑土單於騎下之脫文以歸正本以李補歸文適暢足知此李氏錯簡乃歸文之誤足訂李刻之失也惟未知歸為據何本耳諸子彙函固兩書何意披沙而竟得寶儻亦體失求野之意敷合是固無以正本刻之失也歸書誠陋而所據者誠非耳幸賴此以存之歸氏本始無為至懷周六篇次弟與李本同而以術事輔政次之明誠終無道基本行思務三篇序次與李本不同未

知歸所出本原如此，尚不可癈也。今照李刻闕誤之字，一據治要本補之，庶乎十得六七，並著於兹，以為讀陸生書者之一助。其異同詳校之處可兩通者，別存詳校中文繁不錄。意林所舉未多，亦附著於此篆國本文選注亦有三數處，皆擇錄附焉。陸生書於隋世有嚴鐵橋宋于庭盧抱經諸校本，惜未見異時訪之倘閉戶之暇，有合轍之趣，尚一大快事也。

道基第一　　陽生雷電○意林生作出

術事第二　　能術遠者考之交近○意林術作述

輔政第三　　者莞以仁義為巢○犟曾治要者上有昔字　　道為智者讒○意林讒作說

○治要乘作掾敬作逢　　曾子駕羊○意林駕作枷

無為第四　　故無為也乃無為也○治要上也字作者下無字作有下也上有者　　事逾煩天下逾亂法逾滋而姦逾熾○治要無大字薮作變無而字熾作熾　　近山之土燥○意林治要土燥作木長　　南面之君臣姓之所取法○治要作處要安之堂　　乘兒讓之敬

字缺一　　　氣○治要故作高無而雨二字無缺字意林無而雨作而無缺字　　猶風之靡草者也○治要猶作由

要臣作百百上有乃字法下有則者也三字

之御下○治要娶農上缺一字作則甲下有兵字君下有子字下下有也字

辨惑第五　　譛邪所抑○意林所作相　　當此之時秦王不能自信其自而從邪臣之說○治要時上無之字能作敢敢下無自字其作直自作目說作言　　有人告其母參殺人○治要其作曾子二字弟下有曰字參下有乃字

慎微第六　有人復來告如是者三○治要人上有傾字復下無來字如作若

啞大名於萬世者○文選注啞上有必字無大字者作也　故邪臣之蔽賢猶浮雲之蔽日月出○文選注無故字無也字

資賢第七　夫根柎豫章天下之名木○文選注柎作梓

此則為宗廟之器者通與不通亦如是也○治要器作瑚璉二字通下有也字亦上有人字無如字是也作猶此二字　據犖犖報之士或懷不輔之才○治要犖報作接齟才作能　然身不用於世者 字缺二之通故也○治要

用作笯世下無者字缺二字作紹介二字之在通下故作者字

至德第八　欲立功與譽啞名流光顯榮華者○治要立作建流上有烈字無光顯二字

儀道作懷德　寂然若無聲○意林寂然二字作家字　官府若無吏○意林吏作事　儀道者衆歸之○治要

林民作人　老幼不愁○意林老幼作耆老　鄉歸無夜行之吏鄉間無夜名之征○治要無驛字更作卒名 字缺

作召　犬不夜吠烏不夜鳴○意林治要為作雞　臣下之怨積於內而欲建金石之功終○治要無下字臣

上有羣字無功字終作繞　是三君皆強其威而失國○治要無是皆二字威作威國上有其字　不足以供

囘邪之欲譙不用之好○治要無囘字邪下有曲字譙作繞用作足無之字　 字缺一婦人之目○治要缺一字

作快　而瀍 字缺三 ○治要缺三字作國危也

本行第十　 字缺二德以為上○治要缺三字作以道三字為上無以字　乘天威合天氣承天功象天容而不與

為功〇文選注無合天氣象天窓二句而不與為作無與之學四字 所字缺三 功德也〇治要缺三字作一廣字

夫身帶璧玉庸環佩服府藏珍 字缺四 酣舍銀刻鏤〇治要缺二字作懷庸作要服下無府字有名寶二字缺

四字作怪玉斗二字酗下有酒舍銀作金罌二字意林無珍字缺四字作玉斗二字酗下有酒字舍銀作金椀二字

可以夸小人〇意林可作所 非所以厚於已而濟於事也〇意林作非厚已也 高臺百仞金 字缺四 簾

雕飾〇治要無缺四字簾雕飾作城文畫 故聖申宮室而高遒德 字缺二 服〇缺二字作黑衣二字

明誡第十一 君 字缺二 政可以致遠〇治要缺二字作明於二字政作德 安危之効吉凶之 字缺二 比德於五帝〇治要無以

字缺四字作自立三公之官六字帝下有三王二字 周公以 字缺四 出於身〇治要缺一

字作符 字缺二 之道成敗之驗一起於行〇治要缺二字作屈伸度作法道作度口上無於字

不可以離道謬誤出於口〇治要缺二字作存亡驗作事行上有聲字 則天文度於上〇治要度作變

黑行著於 字缺三 而不去〇治要於作乎乎下有巳無近三字去下有也字 殷紂 字缺二 微子棄骨肉而亡〇

治要缺二字作無道 鄙者可以 字缺一 近〇治要缺一字作失

思務第十二 不可動以 字缺一 是以君子廣思而博聽進循法〇治要缺一字作利廣作博廣循作順 學

問欲 字缺四 欲敦〇治要缺四字作博而行已 目不淫炫燿之色耳不亂阿 字缺六 之以晉楚之富而志不回〇治

要涇與亂下均有於字缺六字作諛之辭雖利五字晉楚作齊魯回作移

立其六字功下有也字 是以吳王夫差知度支俊之可勝〇治要如下無度字可下有以取二字 而不悟勾

踐將以破凶也○治要悟作知勾踐作攜李之可四字凶作亡　故字缺二或見一利則惡萬機求一福而致萬禍
○治要缺二字作事字一作可求作取致下萬作百　堯承蚩尤之失而思欽字缺三○治要堯下有舜缺三字作
明之道　治不法字缺三○治要法作以缺三字作五帝之術四字　則曰今之民不可以字缺四○治要缺四字
作仁義正也四字　則曰家人不敢也學者無字缺四○治要敷作和無字缺四字作不操回賜之精六字
未有法聖人字缺五○治要人作道缺五字作而思賢者也五字　闚其戶闖其無人字缺四○治要缺四字
作無人者非無人也言無聖賢以十二字耳作也　是以墨子之門字缺四之門多道德○治要缺四字作舅士作
尼四字　故善者必有所字缺三○治要缺三字作主而至

圖書集刊 第六期

儒學五論自序	蒙文通
蔣山傭殘稿	顧亭林遺著 華忱之校錄
附錄校勘記及熹廟諒陰記事	
周易變通解序	熊子真
附一魏輔宸序	
二萬樹辰自序	
月令之淵原與其意義	蒙季甫
新序校注補正	張白珩

四川省立圖書館編輯

中華民國三十四年五月出版

儒學五論自序

蒙文通

儒之學修己以安人壹以善天下竆以善一身內聖而外王盡之矣漢唐之間成盛治樹偉烈其光照於載記者何莫非取法於儒之所能觀於貞觀之際堂廟之呼沸然後知孔孟之教不爲欺我之虛言自學失其緒於宏冶節浮靡以詩書爲禽犢其於濟世淑人之間若儒固無與焉而世亦以儒爲無益於人國也吁豈其然歟惟倓然爲能師聖賢於貞觀之治驗之也政要一編於兩宋元明若家誡若庭誥誦習不替儼爲王者師從則治不從則亂此我數千載間歷史之所由建立者耶而儒豈頰瓜之不食哉此余五論之所爲作也傳曰「仲尼祖述堯舜憲章文武」蓋推本歷史之經驗誤爲應物之良規詩書六藝之文先代之成憲也刪之以誦之說之於後言之則史也固資乎史世降而益變儒史相資於不可極百柯薰葉其蘊宏深然水則有源木則有本先聖後聖損益殊而揆則一故曰「變易以爲道」有變易爲有簡易爲有不易爲此其爲不居而周大虛者耶？則儒之固有其根荄也此附論四篇之所爲作而以究其變於史也文通幼承庭訓長從明師時過而學未充才識膚陋敢云述作惟於聞見所接百未及爲每加論列歲月稍久所積遂多許君絜夫欲爲收拾零散刊爲一編余顧汒然未知所擇也李君浚卿亟以先哲學思想政治思想二篇爲言余遂諾之是二篇者倘有當於內聖外王之旨耶未必然也浚卿知余屢此年而終未敢發昔寫析津始謀屬稿亦浚卿促之自爾以來屢有改益又將十載而稿終未定浚卿豈以余爲之未易所謂以不忍人之心行不忍人之政師門之訓忠恕之道守之不敢踰其大端其於是也然事不孤故欲先付之剞劂耶

起必有其鄰因以與二篇相發者並觀焉廣爲五論又以究儒史相資之故別附四篇以明其蔽於是儒者之經濟思想社會思想亦可考見故學之始末道之清粗其流緒略可尋入出於百氏上下及千歲推昔人之陳說示大法於將來矣而論之可起而行之斯固師門之旨耶？受測揺隶篇旨要以明綴輯之意而序其目日：

孔孟之道三古所爲訓也中國文明之準也仁護之說至楊墨而凰之道家之戡仁義則小之也法家之戡仁義則以迁闊而大之也乃習其傳發復不免實焉以訓德性之旨而議益濟墨儒而陰儒法家者有之於其似其變說益曉而益錢以推孔孟之說於至精而讒邪之辭不得作述儒家哲學思想之發展第一。

文武之道歷百世而常新文武周公之制則因於時宥於勢時移勢遷其應改弦而更張者亦多耶？至商韓者出而捣毀攢細之殆盡法家遂以大行於戰國法術之弊極墨家者流又起而振其師說以救其敢近世恆言民治思想已盛於周未者正以器學故也所儒又蒹取之道固不越於周孔然典制數度之間則偶乎其已遠出述儒家政治思想之發展第二。

仁者必有勇，故儒分爲八有漆雕氏殆儒而俠者也藏記儒行一篇其爲漆雕之儒所傳乎？蓀卿言「偷儒憚事，無廉恥而嗜飲食必曰君子固不用力是子游氏之賤儒也」墨子非儒言「倍本棄事，而安怠傲貪於飲酒惰於作務陷於饑寒凍餒富人有喪乃大說喜曰此衣食之端也」今之說者恆持此以概論於昔之儒嚥城之口誠何所不至是安知儒之所謂大丈夫哉述漆雕之儒考第三。

儒之術以墨於周秦之敢糁抹道法墨家之說而益積殆出於荀卿之後，而當秦漢之間未知固誰氏爲之也說苑述孔

丘令之而賣始皇不稍同憝抗辭明禪讓以試虎口，可謂壯矣。吾意令之即陸賈書之鮑丘生桓寬書之包邱子，而鼂固所稱之浮邱伯也。自伯而下申公以論明堂為宗師，義則非荀卿曹之所能言也。斯儒學之翳卓於秦漢鮑丘其作者之儒乎述浮丘伯傳第四。

班固書言「墨家者流蓋出於清廟之守養三老五更，是以兼愛選士大射，是以上賢以孝視天下是以上同」，其為說不恆見於墨氏之書。而經生為禮者侈言之，殆墨家之師說而儒者取之也。情廟即明堂也，凡經師所傳一王大法悉歸本於明堂。斯正儒之取墨以一新其說乎。世謂儒以養社會之崩潰而衰廢，斯固然也。然其復秉新社會之完成而益顯，獨何歟？述墨學源流及儒墨匯合第五。

李君俊卿以讖世卿為公羊義非春秋義。海東學者亦論穀梁為公羊家所謂改周之文，從殷之質儒之言法殷者取法家以為義也。事豐而說末竟，述儒家法，復法殷義不為篇僅以所於上篇之末都五篇為本論。

周之制為貴賤懸隔之制，前論述之晰矣。而周代商業則已趨於越國之貿易。天子諸侯，且以關門之征為收入之重者。世族之與商賈固謂美改其與列國之君相結託而誅世卿者肯為起自平民之陪臣，而商賈不與為平民之控世族殘事理之必然豈封建政治必也商業經濟然後腐蝕，此國史之遡異於歐西者也。述周代之商業第六。

儒學五論自序

三

秦之刻薄寡恩濟濡之制也自法家者流抑工商厲耕戰攘世族崇君權說以大盛於戰國而商業與世族後同攘抑於亡秦、吳起在楚厲貴人實驗庶減百吏之祿秩以奉選鍊之士其在魏亦如是豈獨申商於韓秦為然哉夫尊君卑臣此歷史之一進也惟法家能明之孔孟徒人不及此而儒遂為世薄乃論者復以尊君為儒罪焉此非至者言之而誰言也

秦代之社會第七。

百家之學莫不主抑商而均富儒墨又極稱選天子以謀及庶人於君權固不相容也至晁錯董生之說用於漢貴農賤商限名田覺奴婢時君既取帥儒之經濟政策以為治儒因亦護步其政治之主張遂合力以攘商賈而潤賈中家以上大抵破凡地主農奴之爭胥不見於國史於是君主之制獨行二千年抑商遂亦為儒流之政策皆經生之說為之也自漢始而國史入一新型述漢代之經濟政策第八。

漢儒每詳究政治制度其論及社會者殆寡宋之儒於王政大端多忽而不究申視漢唐韻之俗兩曰「在恰人不在治法」獨於鄉井之間民庶之所關言甚言教譯最周慈所謂瑪癢濡之橫毀夫養之而不教斯鹿家奇之矣仰事俯蓄而不足民又安以生為曰「登者生於仁義之域」者非教養兼至將何以葉於仁為哉述宋明之社會設計第九。

凡四篇為廢論以續附於後。

究於學心有太宋有體用形上之韻與憬與非相雜故議理與事功不偏廢何自敵者於斷以爭而不惜辭之費也乃余之訂職是編嚴君立三璃蔡鑿昕夕論相接啟誘員多泊乎使儒夫有立志蔚君每謂一際此事變之亟郡宜多集友朋究明此學以延墜絕於一縷宋之儒研幾於天人內聖之學則既明之矣而外王之道致用之事則必於

漢世今文家求之所冀闡揚共辨之緒詔告於後之人以得其用於百年之間。一嚴氏思巍而行卓居盧峰讀書十數年，深究於今文之途雜其識辨求業清無絲於宿學也其志切其用宏能者爲難能也以文通之寡陋而曰以詔來世夫何足以堪之曰存師門之緒則實有未敢辭唯未知區區此編者果有當於嚴氏之意否耶校印未竟友忽爲云歿，未得勘辨往復以盡其所不逮而余之無助於特觀固如此寧不使人愴然以悲驟然以懼耶頃者胡君鑑民謂余青將何時又以斁過經致用之謂何而忽忽亦年五十平日所欲論述以牽於人事多未竟歲月既邁兼值禍變之日殷殺野人芹獻窈得已爲獨於究心國學之士略示以取舍之途或庶乎亦嚴氏之意也抑又言之今世西方之言民治者顧曰「今國家萬棠儒學復謀勵進於民治儒以尊君爲義其於民治寧不事或相妨則何如」余舉儒家政治思想之略以告胡君莞窜而頷已念世之同胡君之疑者諒非鮮矣察於此篇之義可以釋然歟則此區區者固亦無涓滴之用是知 盼怨濟平等之國日近於民權乃獨譽中國之文化爲社會民治之文化已進於極峯是人祚步趨以陷於錢末不自警是編乃廣聞之士權察其本徒日專制曰立憲曰君主曰民治云者賓於政治之道與以陷於錢末不自警是編所論於此固未敢忽也夫今世之國家其政權操於資本家者有之操於無産者有之曰獨裁是奪蹙爾也曰民治亦暴寡世又從而美之名曰服從多數夫多數者固當於事理之中耶未可知也使所論而非當萬夫宜折於一人千人之諾諾豈如一士之諤諤乃？審諸是非之公而決之多寡之權以定一國之是其遂於事也固日夥爲我利歟爲我權未可護卽於父子家人之間財利之界明當不稍假借兄弟之不均猶視爲固然又況於學之人哉？此亦資產之所由集中

而其義則非我先哲之所知也此賈生之所由致痛於亡秦者也於是以己之所不欲橫施諸人而弗恤惟力是競其是為此讀之公則未嘗於是非之公則未始有異是得為知技本還源之義乎憶此歐洲文化真商業民族之產物而賤丈夫之所私之譏未瘳於是非之公則未始有異是得為知技本還源之義乎憶此歐洲文化真商業民族之產物而賤丈夫之所為此孔孟之道所由汲汲於義利之辨者也中國二千餘年之舉則不然思恕以為教睿哲以為師考選舉之制者也已甚之政胥於此乎立其在漢唐宋明之間亦歷久是寧非中國為能服義而從是之舉故其歷史有哲學其令垄校其智能而任之職此西方學者謂我之歷史之選舉為超階級之政權而教治齊本政治則何如苟不達於忠恕之本義乃欲以籍革其制終不知所以易之之有其本不知以忠恕義之術革功利貧暴之毒乃寧緣木求魚之類耶惟中國為能服義而從是之舉故其歷史有哲學無宗教哲學者理智之少是也而宗教者情感之偏見也居今日欲舍人之理人亦服其是而以蓺方百氏哉今西方厭棄清教戰國之世百家相鏡而孔氏終以獨尊非其最得生人之理人亦服其是而以蓺方百氏哉今西方厭棄清教徒之所謂道德則新道德以代之獨與孔子之學為最合於人類道德之熱像而希臘人本主義次之其闡明快樂計算法以為新道德之基礎則與孟子會儀而敢熊學之義若今待此性善論之本也而儒管內聚外王之學匪獨可為救之效也世界和平之衡舍此將焉求之此編於孟氏本心之論固反復以推明之也則周秦之間儒之為儒深義宏規通行於今日之中國以西方學術之趨勢簡之直可推之於全人類而以創造其將來則周秦之間儒之為儒深義宏規通乎百世而達乎蘭方成謂「千百世之下有聖人出焉此心同此理同東海西海有聖人出焉此心同此理同」不其然

跋《漢代之經濟政策》

跋漢代之經濟政策

余讀漢書食貨志,而後知儒家經濟思想之深且宏矣。孟子曰:「夫王政必自經界始」,盛讚井田。而王制亦論之。夫井田均產耳,不足道也。墨子曰:「竭力相勞,餘財相分」,而禮運顏明之:「夫相勞相分共產耳,不足道也。衰周之理想至是已邶,不可尚。然漢代無一伸禮運之議,作井田之鳴者,當其說益高於彼,而有不屑焉者在耶。董子書以為「聖者見亂之所從生,故其制人道而差上下也,使富者足以示貴而不至於驕,貧者足以為生而不至於憂,以此為度而調均之」,是知董子之義實超於墨孟之儔,故令其說而不倡也。坊記稱子云:「小人貧斯約,富斯驕,斯盜。」藩斯亂,故聖人使民富不足以驕,貧不至於約。」管子書侈靡篇曰:「甚富不可使,其貧不可恥。」此又曉

方儒家趙之而天下之弱將益甚,可不懼哉?是則此編所願據舉先驅,以俟乎方來之彥者也。址自序第十。

足以與天下事,則與為者將盡悖於儒者也。於是政非政教非教刑非刑(如今之刑法最為悖亂),人既未即於善,我基於是非之公,而非本之人已權利之私也。惟斯義也,體用既極於宏深,余弗究言之,恐人將終不言又懼日儒生也,何寒而卹之反以為中國費固未嘗趨澤於人以自厚,此則我文化之明效大驗,而中國所以為最和平之民族也以其一議不仁不恕之為慮而誰焉?失今不圖,禍於溝涸中國於夷層之餘,亦賞有寧於地族及其鐸兵歐,華則王帛以綏之錢所有事而今其時也,世界方此二十年間大戰者再舂血襲原而不足又懼其人於海空而屠之非,帝國主義,是本主平?所謂以不忍人之心行不忍人之政,患孟之當,固將推之四經,而當基斯則明先哲之緒,以拯萬方之機潰固儒者之

周之說而董生之所本耶。夫今世之民主政治自由也而勞資之辨懸殊則不平等共產政治平等也而干涉之勢

過激則不自由斯二者厥失惟均皆傳民席無以遂其生人之樂其又兩失之者益不足道也董生使富不至於驕，

貧不至於憂是則貧富之不可廢而應有其廢貧富不廢是自由也貧富有度則平等也上之制

豈今世各國所能跂及者哉我建國最高原則之樹立貢以此董生只乎大富大貧曰「節制資本」是去大富

曰「平均地權」是去大貧我國有之文化足以定今日之國是其義獨高於歐美顧不信歟故仲舒之論不曰井

田而目限民名田以贍不足塞兼并漢宣因之刺史奉行六條詔書問事其首曰：「強宗豪右，田宅踰制」國史自

僕以下社會經濟無劇烈之變動者獨非經師所論國家所施者已奠定一自由而平等之軌。余於此始瞭然於

班志所述者雖至繁而別有其至要而不可易者執簡以御繁然後漢代之始可明，而中國之史可說也凡西漢之

經濟政策武帝以前最急者為商買鹽鐵之害社貴農而賤商民宜安也然農貴而土地問題巍之以

故武帝以後之政策又以土地奴婢為最急殆至光武繼之，度制以大成凡歐洲史中資本勞動之爭地主農

奴之爭歐美今日所不能鮮決者中國於二千年前已處之有其方是安得以我自然科學之後於人而謂我歷史亦

後於人耶余因究班志之義而廣采一切先後之說以推明之而以董生之說為主明乎董生之義而後於臨淄水

心之辨亦可以決其得失也。

跋《月令之意義》

余論今文家明堂之義源於周人外朝之法，有似後來之國會，從弟季甫更鳩合羣籍以證月令實取古之王居明堂禮儀，然後來之憲法深有助於揣論，故附錄卷末以究未盡之義。雖然西方服從多數之說，余於自序中已論其非是，故以明堂為議政之宮則可，以明堂為即今之代議制則不可。至月令所陳原為政治之綱要，而非治權之規定，至為顯著。蓋君權民權云者乃政治歐對之謂，君主專制誠不足道，而議會專制之寧今日西方學者頗能言之，亦願讀所以疑之固不得為世界最理想之政治也。夫以天子百工之各有其職，即各有其權，專制於多數亦未是皆非中國思想所應有之說也。月令所陳者為政治積極之限制，乃政治之規定，而非權力之規定。誠以中國之法治權分擊於各級之職司實非專繫之上層或下層，盡中國固未嘗言司法之獨立，然以張釋之之持法言之，石虎之持法言之，則又未嘗非獨立亦未嘗言考試銓敘之獨立，然考銓之政復雖得而干涉之，侵亂之？惟司法考銓之制凡百司之守，莫不皆然由周官唐六典而下皆晱守之規定。尸祝不得誠俎而代庖而法者正所以持百工之正傳，上下各盡其職，不相陵犯，此中國之大法與西方之大法迥然異趣者。治權固非專之於庸衆而距獨裁於一夫者，尤為不同。五權分立之義殆庶乎得之，而猶未之盡也。凡中國政治之理論與制度每難以西方之邏輯言之，即以唐言天實開元以後謂之分權可也，然而實專天實開元以前謂之集權可也。更以三省制言之，則西方所謂君主專制者顧非吾國之所有，惟甲不嘗言二有天下而不為雖是之謂以天下為極梏。幾於似之，而求諸歷代之政治究未嘗依此理論以表見於行事漢唐而

下，朝廷集議與御史之制乃中國憲政之柱正胚胎於明堂之遺，將於他日續論之，恐讀者疑於季甫之意，因略陳之如此。

膚淺小書

文通附記

憶僕隨章先生避無錫小住三數日，幾於無所求論。一日歐次先生論及孔佛優劣，謂「孔子不過八地菩薩耳未易與釋伽齊量」。余韻其所以先生曰：「孔子不解阿賴耶識」。余舉慈湖之言以問慈湖謂「目之出色耳之出聲鼻之出香舌之出味心之出物。」因問慈湖解前六識各先生曰：「此人既死此人之天地萬物安在」？陽明解第八識吾先生復舉象山言「宇宙即是吾心吾心即是宇宙」此是第八識否先生曰然余復舉陽明指道傍礫曰：「此人既死此人之天地萬物安在」？陽明解第八識否先生曰然余曰孟子言「萬物皆備於我」宜亦是第八識也先生慨然曰「孔子固解阿賴耶識也」余請益於先輩者多矣毋固冊我未有如餘杭先生之可感者也

（清）顧炎武著　華忱之校錄　蔣山傭殘稿

蔣山傭殘稿

崑山顧炎武著
大興華忱之校錄

蔣山傭殘稿三卷鈔本崑山顧炎武著，日本大阪府立圖書館藏原稿之本，余所知者有：一、一藏常熟瞿氏鐵琴銅劍樓；一藏上海涵芬樓，涵芬樓所藏，久成爐餘，瞿氏所藏，今亦存佚莫卜，餘則南中故家聞尚有一二藏弆之者，顧皆曾鈔其嚴無由披讀，茲快亦攜人傳錄之本不知何時流入東土，半葉十行二十一字，版心上方標蔣山傭殘稿下題俯志堂三字，首尾有秦華陳與文穆及大阪府立圖書館三印，臨熙清初書家仕履，無攷文穆當景其字何志堂不審即其堂名否原稿都為文九十九篇除記與考感熊先生語一篇外餘悉署札題下間有亭林纘綱衍生註其人之名耳，實什履取勘世行諸本亭林文集其兩同者有與友人論殷制書以次三十九篇其為文集所無者有簽門人毛景若以次六十篇附熹廟諡議記事一卷。（校亭林著書目錄有熹廟陳駿記註一卷，衍生悅來林著書目錄未亡，將中有三朝祀事闕文記事，却先生此番。）先是余就學靖華時合肥劉叔雅師自日本歸齎余之餘因語余以斯帙且告以此書吾士向無聚本深願有好事者為付剞劂以惠來學忱之因謹戒之不敢忘殘劉師有友以事赴日本，叔雅師因請展轉與大阪圖書館商攝此稿影本三分乃自留其一，而贈其二藏之篋衍，不輕示人昔年偶語及此因以影本見貽，亟假歸錄副並湖校其文字異同於所著本亭林文集上疑滯頓解橫蔪盡擯，因念昔南中雖有傳本所北地顧罕傳，曼就護聞參以蠹見成蔣山傭殘稿跋一通而殘稿原文倘無綠速為覽布也年來聞關南北藏修多暇因更祭諟取影本及亭林文集重加校勘凡為文集所佚諸篇悉為一一迻錄全文而集中已收名篇則僅識其目不復鈔其

蔣山傭殘稿卷一

二

文字異同為校勘記列之篇末取傾覽觀聞有一二謬字就所知者改定更寫，而註其原作某字於下以存本異其有疑者仍之斷點既畢不敢自秘因綴片言以識端委甲申仲秋大興華忱之謹識。

蔣山傭殘稿卷一

答門人毛景堂 諱今鳳，貢監，崑洲人。

所問迂承手後鈍翁之言亦頗合於理。但末段多受產一議便似有為而作以操箠毛氏之口為一篇之足耳。令伯廣之嗣於毛有祖無禰此乃前人之失然不易姓者自必有說今為子者將改其已娶之父使之姓反汪亦非理之所安徵諸近代故事魏焉簡公崑之大儒也其家一世姓魏一世姓李相為昭穆傳之二三百年此必有不得已而為之者矣。乃若海寧之陳為宋高太尉之後數世皆以陳為姓及百史得龍而彦升欲復姓高則士論反以為識，蓋君子於名之不正不可自我而作苟其受之先人遠之昔日則亦無次於父之道而已。充毛之與托共出姬文不得以蔔鄭非族為比。

答張稷若書 諱爾岐，山東人。

別論譚譯深感厚意然有所不得已者弟章丘冊地一千頃就中原主謝世泰占產反多誣陷足下謂此豈得已而為之說久客歷下杜門守歲不免飢寒亦復何樂於此敷讀此庄必賣去方斷葛藤今非無願買之人而田價糶美至四五十欽誰肯包賠此必不成之事萬一天下有此癡人某亦決不肯糊塗相付以彼人之欺我者而轉欺人也若欲拱守讓

之以博高廩之名則當來人搆禍之日便宜令此而去不應至今日而方蹢躅退不成俗人埋不成高士也孔子曰以直報怨而不報無道止於南方之彊非君子之中地使廣廈門之君一譲一不讓而文王許之是長亂而無以聽諸侯之訟而立揭民之師矣王符有云痛不著身言忿之銖不出家身言之此天下之瑱藥而山左之人則頁有異焉於外來之客則望之為伯夷而獨許其鄉之人之為盜跖者閭君子不黨君子亦黨乎凡口所以言此者蓋為一二輩悠悠之口若足下之至誠相愛則中心藏之矣但得反我陽亦自不為已甚一切蜑蠻婣諡寬之勿聞此於寬身之仁有餘矣。

與館中諸公書（見文集卷三）

與朱長源 諱樹滋，陝西鹽平人。

五服老異一部計已送上矣將卜居敷水南山之間□□□□□□□□□冊府元龜一書目隋以前大抵皆史文不及獲閱唐及五代多採之會要今新舊唐書五代史之所無者錄出數百條入曰知錄等書其元悞仍誹不敢擅改並貼紅籤於上方智唐舊諱字則甲祿輩改正并補欠十六張已成完書至於所託十三經廿一史一時未得贏餘率徐為訪求候將來見買可也。

答

貴宗為周康叔之後令曾祖念劬先生分葄濟北去後歌思循吏之聲自足傳于百代僕非敢斷一言但一切贊美傳述之文孔子謂之方人謂之務外恐得罪于聖門有損於已而無益於人故寧蹈方命之怒而不敢作也今錄與人書一通

與李子德 諱因篤,官輔林筒平人。

憑以祁人一事留滯汾州而家中忽報亡室之訃病弟孱羸煢煢殊切幸既足奚衍生相從在此即命衍生齋位成服,朝夕祭奠於禮無闕今將以明年四月一往吳下春暮先至齊陰恐匆匆不能叩宅然一至必當專信相聞不知弟無他疵否可先奇一字山老庭口之汾州米價每石二兩八錢大同至五兩外人多相食在此日用之費三倍蓺下至此間風景,大非昨年今冬又值奇寒終日擁炭中坐甚悔此一來矣。

與公肅甥 （見文集卷三）

邸報見二疏深切峠事其捐納一蹤似必准行但恐行之而徒為大吏蔣一鑛穴也吾向在華山有建朱夫子祠堂之議,今令選若懷然為之轉求作記一通輒已具稿幸吾甥更為刪潤發至曲沃榮禛報有副本否若來都門可得借閱否鼎和誌銘久成有一二口時語且不出也。

又 （見文集卷三）

與李霖瞻 諱淡,官口口令,山東德州人。

去臘令弟老年躬都中郵到手札甚感悵切且知福履彌劭欣慰欣慰令弟既侍貞蹇城執事便可優游林壑亦人生難得之際會也又承念及雨公及小兒敎謝敎謝雨公改字既足今從弟問守二年中便通三經而小兒以既足為師名以

衍生亦頗謹飭，本經毛詩已完，令節讀五經兼諳先輩八股文百餘篇，意不在弟舉也。趙庭瓚學既已引置莊嶽之間挾策讀書，亦多從遊舞雩之下，執事謝弟在山東能有此甚兄否耶？然弟倆欲爲不婦一方之見今三月出關爲嵩少之游，但不事干謁，行資蕭然，故未得東來一叩地。從弟子嚴今將六旬，連得二孫，今其一爲亡見之嗣，而其父供憒爲嵩少一可幹家亦小康，他日南北皆可遺種。而老身偏獎亦可往來，既荷注念之殷，不敢不縷縷以報也，口于不預薦牘爲第一可畫事。則星翁已寄書辭慶，不煩再述矣。

又（見文集卷四）

與李星來 證源，官□□ 合，德州人。

嘉平接手札共二詩及論詩義爲之歎服，然特無令時賢張目而視耶？弟與執事別後有可喜者五事關中士大夫相迎，而弟亦決意入關一也。不掛名薦牘一也。關子頒嘉三也。邁委四也。江南又得孫五也。詳在繁翁札中，可互觀之。今華山有過口近山二庭寓口皆友人所掊弟倆承曾經嘗而又出爲伊們蒿山少室大瓶之遊，今已至睢州矣，都中書至云當俟寫局稍冷口口亦來此，且三數親知俱未赴京弟此行或即西旋而未東來也口旅之口口偏天下郡是我去依人而關中却是人家附我，□或與或求制府幣交欲屈之主省城而不得，司道至命駕山中親訪，然後答之固聞聘使將至即飄然下吳以亦不可□□撥之意，看此光景異日似可猶徉自適，惟俟小兒衍生畢姻事一定即爲向平長往之計。

又（見文集卷三）

與魏 章丘令

蔣山傭殘稿卷一

一五

頃至關中，適以制府之招，前赴塩右東來之期，倘未可卜。塩產在彼既素金諾，必蒙照拂，但劉成志係無頼棍徒，遲亦不過一屆工之人，無異使羊將狼，恐此莊向日租銀每年一百六十兩，若安派莊頭辦課之外，倘可覓然有餘此為上策。卿屏飛湯京維指日晉之匪伙俠小莊向頭若使委之成志，亦須取一包管辦課甘結，此為暫策。二者不行，異日必以賠累見禍執事一片感心不反墮小人之狡計乎。及今圖之猶未為晚，伏乞垂神。

又

自來關西再更恭萬想近祉口口頌聲洋溢三年報最政成民和著名 來闇已換人管理而未得其詳倾中懇賜一報音清思惟恐所委非剴懇之輩以致下病農夫上悞國課前者輩下書于韓元少處傅口稍知彼中情事今秋當自河東一赴都中再容專候。

又

春抄一別，忽焉半载每領大教永懷不忘。以九月二日入關，適登華嶽，且憙羽檄初停，四郊無警。而此中一二貴者復有式廬擁簪之風汴潤之間，將然游騁，未能即返，便託此率候章丘久無音問傾中幸賜之留神。

與丞中孚

陳順，博學宏詞，不出，陝西盩厔人。（見文彙卷四）

答陳亮工

譚芳徽，譜熟人。

音閒久閣正在仲懷忽接來札知近履平善令祖葊君之喪皆已終事為之慰忭無已此賁尾所云季子之終而孟子以為可當大事者此口矢不為人作文二十年矣萬誌銘獨以昔日逢亂之際曾蒙令祖先生知已之愛誼不敢辭已具一

籲藏之篋中而來教復託口轉求於當世之顯者則又自忖楊子雲祿位容貌不能動人未足以溷九原而傳異日也今再命之其責終祕而不出乎可錄頃年月日並新阡某地一一示之但付達夫舍姪必不遲沈福性幽棲遜來華下三千里之程或未能亟達耳索車祖送有關大禮如何如何馬表兄近況想佳並煩致念貴地惟予先曾有一字如录明虞廷覺良諸君並無恙否便中及之。

與王山史　諱弘撰，字無異，萬舉，陝西華陰人。
（見文集卷六）

與戴楓仲　諱廷栻，山西祁縣人。
（見文集卷三）

與姪公戚　名口琦，衍生胞兄，吳江人。

與（見文集卷四）

答王山史（見文集卷四）

又（見文集卷四）

又（文集合前答王山史書作一篇）

又（按此篇與卷二與王山史書文略同，當是原本一篇，而謄錄有寫複。）

衍生既為人後尊無二上止服期年其心喪仍二十七月而畢叠此附慰並啓尊堂知之。衍生護櫬，衍生本生父設題文，字閣公。

五月一日忽接尊公訃音為之驚悼即於華陰旅中設一簿祭奠衍生拜奠恪具菲儀二兩寄上吾姪幸收而致之靈筵。

四月自曲周邁人入都言駕已西行數日甚慰自今以往以著書傳後學以勤儉率子弟以禮法化鄉人數年之後叔度彥方之名翕然于關右豈玉堂諸子之所敢望哉弟今年波伊闕出靖難（原作驥）登嵩山歷大魁將有淮上之行而賓亦

告匿復抵西河哲意未獨忻夕一堂貞爲憮然前寄次辨裝及二月十九嵩山經旬度已呈覽子德有札來云將待聘先生外有爾人弟遂作一書與葉訒菴託爲辭止今則纂修之事屬之舍姪似可免于物色其書仍付既足錄上與邈中同志觀之既足英年好學今在尊府朝夕得領訓誨弟實懇懇以究心經術親近老成爲囑小兒衍生雖極爲鈍尚未有南方謖慢習氣幸待之以嚴勿作外人視也。

答湯荊峴（睢州人；官江南溫撫。）

與閩中友人書（見文集卷三）

日知錄初本乃辛亥年刻彼時讀書未多見遺未廣其所刻者歎之於今不過十分之二非敢沽名衒世聊以墊同人之讀代抄錄之頗而已至于三代之英固聖人所有志百姓之病亦儒者所難忘編欲待一治於後王庶多聞於來學而六藝之精微罔析蓋盲之惟博麗獨記目學然後知不足情哉今此舊編有塵情覽知我者當爲攻瑕指失俾得刊改以遺諸後人而不但當爲稱譽之辭也若乃鄙俗學求六經令春華而食秋實，爲山期于覆簣祭悔必于先河，則區區于同志有厚望焉而摭類索塗之夫不足爲溟涬之一助矣率此布謝并冀起于。

答原一姪（譯乾學）

募助一事惟苦嫺爲之吾別墊一宅于山下堡內不任祠中其藥建典祠自有秦人營如禪師不管常住之事也亦可知之章丘庄事託之魏令且以寄往復書一力照管收租辦課矣但必得取庄頭擒狀付來爲憑而索之至再倘未寄至吾

答公肅甥 譚元文

札中所論古人有云堆亦憂退亦憂然則何時而已乎科場文字之謬此特政之小者且今日更道藉而多端其病又不僅在乎科場也世有王景略者出焉而又得如蒋永國之主者任之其席幾乎日知錄是八九年前之書已不可用今所著三四十卷前十卷詮五經已錄送原一其四書倘未全而以後所譚與華之故須俟閩完實錄并崇禎邸報一看然後古今之事始大備而無憾也熊明府心緒甚不佳亦未必顧之也一人自有一人之苦語曰今之從政者殆而如我者却有病中之樂耳大雲弟一字附致。

與弟大雲 譚聲

自崩冠以來論文道古昕夕相依者惟叔父一人竟作終天之別每至清風朗月思之黯然前託原一騮致奠五金想已到靈筵而終以未得躬詣為恨不知今已卜兆否乎吾雖飄寄與地而文章一道頗為當世所推念叔父生平吾集中不可無一篇文字情至之言又不在臚列也作狀一通曾千都門一示白公為之出端時方攜未便錄寄今思吾年六十有八矣餘日無多豈可不一示吾弟便茭之於叔父神主之前平故特送上萬山吳同初名其而吾兩人好友也有詩稿一冊在叔父處吾亦有之而不全可借與汝嘉娃將其中五言絕七言絕句抄來叔母想康寧并所祈致問僑下潜山將與黄冠僧隱良晤未期臨書悵惘。

病起與薊門當事書 (見文集卷三)

答遲屛萬 譚維城，澧陵令。

弟至曲沃三日而大病嘔泄甚危，宰輿儒醫鄧自狹三五劑而起，今飲食已得如常，惟宿疾未愈，議十步履篤寓郊外韓雄士旬公書齋熊明濟來視者十次，倘未入城一拜其衰颯可知，然老年臺坐守之雅與楚祠大寧雖病中未嘗忘也，重承台札下頒知不日將成老年臺護爲勸學之意勤矣，至矣下令于姊水之原又可識者事之猶微矣，門今服稀莶丸稍有效驗，而祁寒漸增未能出戶，意欲求擇二月上下丁後吉日送壬口必當勉力一來，不知可否耳，此附報。

與熊耐茶 譚撰，曲沃令。

飛艦墓傾蓋之雅惰傺甚篤，不謂下楊五月，忽聞太夫人之訃爲之慘然。但文結未到交代之期，或仍須秋神出門于四月十日仍返華下茂林閒館起看仙學坐擁百城，足以忘暑，且俟七月中方過沃同，一切謝禮純盤面議中秋後擬都門一行傲門人與十兒或可寄留花縣答三峯之下，萬所願棲運以本歲者，而士淸菲頰衙民盤非所以爲後人計又恐如今春琛縣嶺原之事風驚作驚關河難越，故再酬而思託足耳，特在知愛甄敢闕歎不悉。

又 （見文集卷六）

答再從兄書 譚繼

開椷睹書詞狂供徼之詞也筆兄之筆也不答妊而答兄，從實也乃報書曰。
孰使我六十年垂白之貞册瓶濰奔迸羲不保其餘生者乎，孰使我一家三十餘口風飛雲散忽然一身無所容趾者乎，孰使我蕩貲散千金盡供徐攫四壁并非已有，一簪不得隨身絕粒三春菁悴他民者乎，孰使彼天性骨肉並罹禱孽兼克

答俞右吉（見文集卷三）

恭之弟一旦而歿，聖華之母一旦而逐（原作遊）子讓人罔極應得未休怨不類味傷心最酷者乎，孰使我諸父宗人互尋雌陳四載諗庭必假手剪屠而後快者乎，孰使我四世祖居日謀僕占竟歸異姓謝公辭世不保五畝之宅欲求破屋數間而已亦不可得者乎，孰使我倍恩而寶興舊然不一麼不守寸隴無憑華然絕其號擾臨川之宅則倭廟宇受辭巧立奇名併歸館客者乎，孰使我一旅人抜巢舟中與為不聞呼父而冥冥莫曉者乎夫人生一世所懷者六朔也所戀者身也財也所與居者鄉曲也有一干此必不速於宋火子膺幾顧千慮滿之就父母之國歳若山河凡我爛友居停半滑即同張儉之臺接話一茶恒爭陳容之倭絕往求廣賀吊同首越吟懷其涙下者乎，孰使我歳時蠟臘伏地悲哀家人相對含酸飲泣叫天而篤為不聞父之田則偽廟宇受辭巧立奇名併歸館客者乎。
忍出一旦忿情之行而決然與人為讎也與四者而無莖為情知其必至於死亡則將有激焉而不暇顧兄也顧兄身將死不不知弟之與兄分屬同曾恩切再從念人之生也有母而後有兄必不為主人也暴客者則不為兄不得顧兄矣。
得顧兄矣為我也兄者則必不為主人也暴客為主人也暴客者則不為我也兄人之暴客所我以為兄不得顧兄矣今兄日主持有人同謀有人吾無與為不思爆源之飲始自何人虎項金鈴當問繋者亦寶玉大弓未歸魯庫快書名畫俱在桓玄初日事不猴身何異盗鍾之戒且負其母何事遂同抄沒即（原作耶）須謙玉倻老母得以徇縟終天年而八口不至填溝壑其何華乎與同枝為不戴之讎也。
然易處取之以天還之以天（原作華語）顧諫玉倻孤有罪未至絶亡共有人心得無哀頬伏莫翻昔華元告楚不慝國情今計屈途竭久生亦稍何聊而承命必索報音然不具布下悄仰塵古鴉兄寶圖之。

蔣山傭殘稿卷二

與次耕書（見文集卷四）

答李紫瀾 諱澄（見父集卷三）

答汪苕文 諱琬

伏讀大集謬荷推獎自愧謭劣非所克當至與甫草 衍生佐，姓許氏。 一書探得聖人言學之指而五服異同之說當與天壤並存斯道之傳將賴之而不墜矣邇久在山左有濟陽張君稷若菴通禮學嘗儀禮鄭註句讀一書立言皆有原本近至灘中謂此地宋之橫渠藍田諸先生以禮為教今之講學者甚多而平居雅言無及之者直此人心陷溺之秋苟不以禮其何以撥亂而返之正乎一時高談之士或以鄙言為膚淺而蔡屋李君甲孚獨以為然誼以質之君子午垂七十布衣蔬食之外別無所求流行坎止安時處順并以奉聞偶有繕倫書二條并以就正幸期指教不宣。

記與孝感熊先生語 諱賜履

辛亥歲夏在郡中一日孝感熊先生招同會騎源一飲坐客惟余兩人熊先生從容言久在禁近將有開府之推意不願出且諮纂修明史以遂長孺之志而前朝故事實未諳悉欲薦余佐其撰述余答以某有此舉不為介推之逃則為屈原之死矣兩人皆愕然余又曰即老先生亦不當作此數十年以來閉戶分爭元寅交戰嘗有顏言至今未已一入此局即為後世之人吹毛索垢片言輕重目為某黨不能脫然於評論之外矣酒罷源一以余言太過又二年余復入都問原一

華感修明史事何如答云蕭老師自聞母喪之言絶不提起此事矣。近有傳余此語者，或失其眞，故聊筆之以視同志。

答王茂衍 譚孫蔚

薄辦四方聞老先生之高名亦已久矣。慮以尊野孤蹤恐涉未同之嫌，未敢遽投剡剌，而中心鬱往頋歸依於有道者不能忘也。乃荷千里賜書，勤勤懇懇，且爲之謀其旅瑣而助其餽陞，所謂情同金石，義薄雲天，非時號之可企，乃至乃多蒙獎借之言，或是謬探過情之譽，而自揣兩劣，何以克當。知羣已甚，有志三代之英，恨未登乎大道，不忘百姓之病，徒自託於立言。子德西來，側聆台指，或且停車渭曲，坐石磻溪，得隨巾拂之餘，獅韋編之學，啟多聞于永世侍一拾于天行，則華齒增榮暮途知剛矣。雖密西河未晤，郡守台函相機投之，先此附謝，幷候起居不宣。

答周籒書 譚纂（見文集卷四）

與施愚山 譚開章（見文集卷三）
原作 遇

與彥和翮 譚秉義（見文集卷三）

答曾庭聞書（見文集卷三）

與陳介眉 譚錫琨

前有一函謝或問之意，激覽矣。茲刻得下學指南全帙、論古音書一通，幷天生十詩寧呈求正頤者黃先生衍生注，之黎州。季君主一百寓書十弟欲爲其母夫人乞銘。誦其行狀殊爲感惻，但黃先生見存，而友人特爲其夫人作誌所據狀又出其子之詞，以此運同未便下筆，敢祈酌示，或黃先生肯爲之，而友人別作哀誄之文則兩得之矣。音學五書須弟親至

與王山史 譚弘撰（按此篇與卷一又答王山史書文略同，當是原本一篇，而謄錄有異複。）

四月抄自曲周還入都至貴寓宣言駕已西行數日甚慰自今以往以著書傳後學以勤儉率子弟之後叔度彥方之名翕然于關右豈玉堂諸子之所敢望哉。弟今年被伊闕出嶢轘浮瀟山峽大驥將有淮上之行而資斧告匱復抵西河暫憩未獲聆夕一堂奉教左右貝爲憮然前寄次耕詩有關中二臣語及三月十九日蒿山絕句度已呈覽頓子德有札來云聞將待聘先生外有兩人弟遂作一書與琛訒庵託爲沮此今則纂修之事屬之倉頡似可免於呈覽。其書仍付既足錄上與關中同志觀之。既英年好學今在蕩府朝夕得領訓誨承譽儕儕以究心經術親近老成爲嚆。小兒衍生雖極魯鈍倘未有南方驕慢習氣幸侍之以嚴勿作外人視也弟在此待祁縣之吻西來之期未卜早晚大令並仲和不及另束皈此不悉。

與李湘北學士書 衍生注諱天馥（見集卷三）

與梁大司農書 衍生注諱清標字玉立

復張廷尉書 衍生注，下與李鳥士書同。

與同邑葉訒菴書 衍生注諱方藹（見文集卷三）

謹啓關中布衣李君因篤昔年嘗以片言爲介上謁庭幃得蒙一顧之知遂預明揚之數在於流俗豈非至榮然而此君母老且病，云云，衍生注，下與李鳥士書同。

答李子德（譚因篤，見文集卷四）

與李漢蘭 臨潼

弟以三月十日出關原靖函觀雒汭登太室歷大騩域中五嶽得游其四不惟遂名山之願亦因有節所欲相招致，及今未至飄然去之鴻鵠之飛意南而至於南意北而至於北此亦中材而處末流之一術矣轉瞬東北至廣平距真定三百餘里僅走忤（原作坪）與令兄先生相聞今復西游林廬未卜所稅駕者鄭康成以八十之年赴袁本初之召竟卒軍中者名為之累也生平雖復鈍拙目身後必有微名若更求名必至損名第五倫變姓名自稱王伯齊往來河東陌上謁為道士親友故人莫知其處心嚮慕之然亦未必不來都下也便祁附候近社親知出有聞及者煩以此告之做閒人罷大耕名素想得晤言亦可一示也。

附後二月聞于天生處封上當平令君一字已蒙覓否原書倘存乞虎以為後命小兒衍生及藝師俱在華下。

弟秋間即回承不忘故人頻寄書札此後可付陝西提塘封在西岳廟報內。

與王虹友（見文集卷四）

與蘇易公

頃者進地察中率舉上諸公憐其衰拙容心得免弓旌之召而做閒人播棄字大耕謝病之後遂奉母入山不知所往，干木蹋垣之志介推償隱之風昔聞晉圖今在吳閩矣來札惓惓似以弟為未忘情于利達者此曾西之所不為也而為我顒之乎閩中惟中孚一人自痛孤貧闚奢終身不孝當賁再徵徵焉竟得命允偉元既顒長為鸞柏之人綺里逃

名，竟作梁芝之客可謂賣卒賣地獨屋，剩引疾足見高風，即至春明斜必上陳情之疏，凡在相知不當為之勸駕也。關中有考與書院之舉，單以諸兩語主其事，然不坐議席不收門徒欲盡反正德以來諸老先生之風習，未知如何。

與郭九芝辭祝 譚傳芳（見文集卷三）

與徐 荐生注，章丘令，代總讚

山邦劇要藉重鴻裁，每月政成飛梟題柱引領俟之矣。（下闕）

答徐

愧至，知賓始西成得遂，四郊寧謐為之色喜，非德感平格，何以致此。莊田頂寧仰累清神，兼以冗口疊姿，一二為之經理，心力交費，龍蓴天矣，秋抄欲一過縣下倘面謝徐怊詳之令親札中率爾附復，昌蓉臨風。

答汪茗文 譚琬（見文集卷三）

與葉嵋初 譚方恆

同華之舉，勞民勸相之政，實乎其中。杜子美謂安得挂章十數公落落參錯天下，為邦伯沛亦請老年翁欲以一邑之化推諸海寓，其用心遠矣。蓋當宰楊仁風掾之四國，夏初可至縣下，憚暑未復。山游更以異日可耳，齋此附謝不宣。

與書

前歲在大名接到手札，無緣率復，而弟旋有意外之事，奔起于章上，禍成于即墨，遂以三千里外素不識面之人，而論旨

遠聞當時移文覓山提顧寧人業稱無憑查解，獨念事關公義，不宜避匿又恐久而滋蔓貽禍同人，故重趼赴濟，徑自投到南冠就縶，區區自失不惜以一簀障江河神之惑之事果得白證佐之人杜廷姣既供從不相識，而資御史傅中並無賤名，其刻篇中有晚與寧人游一句亦無顧姓又審出此書即係去年新犯沈天甫詐騙吳中翰名元萊，鹿友之書旨所云海中髀來者原告常堂口裏求不深究不惟屠儒得全，而士林並受其福此皆上臺激問之明衆君子孚號之助故使絮塘自屈見俄愴而弟銳身一出似亦可以慰知己之心而增吾黨之氣矣。然非老年臺鼎文酋（校此句闕一字）發蹤先不吾能行霧無迷履冰不陷若此之多幸哉。

與　書

怨讟難對自古有之至遷怒於一書之三百餘人所所載是大獄，則非常情所料區區自失不惜以一簀障江河，天庸其衷事果得白洺乃鍾儀輦音鄒子囚梁未識粲芝之密塵通正平之刺，而獨蒙垂問目賜公共堂不令黨人之呶慕義無窮文苑之流向風知感頓蒙准保始敢上書以候起居而又有不許遠離之命，是以猶遲卬見先獻近作以副威心至于上蓮激問之明衆君子孚號之助並足錄之五中，而當平李天生因摯者三千里赴友人之急疾呼輦上協計臺體馳至濟南不見官長一人而去此則季布（原作心）劇孟之所長，而乃出于康成子慎之輩又可使懦夫敢而儒夫立者也敢因下交之門而并及之。

與　書

去秋令騎人來附一函上　　戰霰未知徹記室吾冬抄鍾山過濟具言住存之切感甚南面百城兼有林泉之勝起八代

之衰而燭千秋之業，非明公其誰與歸，當不僅流連比興，傳播藝林為斯文（原稿無此字）之盛事矣秋二萬于正月四日入郡即擇一榮至三月十六日始結程越囚雍初有隷書之作莅旁歸汝更來車兩之迎至于韋上諸公無不推懷君予弘憫悄就但埀拊馬之慈總籍（原作籍）登龍之誼今者山左石田已話之舍甥，便于新秋掛颿南下小憩淮上即去吳中冀得觀柱下之藏書聆杏壇之緒論茲附廣韻一部近詩二幅呈覽匆匆百不宣。

與原一凱

令先君捐館藜溪我既未得一至而三年以來，亦未接諸甥音問，乃因急難之際得手書知尊堂與吾娚縈念之切兼損惠令自念大禮倘關受之不當而遺來又無可卻聞戒之鎧當阨之與憨燳而已安以八月十三日到九月二十日方得保出書中云云所見略同已二一如示行之天水亦甚誨此一節對簿折辨俱是皮毛之誼而此書之所從來竟無着落，乃反以不刻揭之故取怒於江夏而多方下石凡當日撫運止批審後酌奪臬司經發府送禍以至院示取保而不得保，已准保而不得出當江夏之為此也可謂中山猥矣此事上台不肯擴當結案今又題展限兩月公蓋之來正當其時若得言之撫軍此宋證嵐例摘釋庶無牽絆不然此案拔薹非且夕所能了也天水本自無仇蠆起章上謝生千金被坑懷以莊田十頃主唆出此一稟遂占收其田及萊兵既卻而鄭田始歸今已具稟撫院批行軍蕙正在提究，而此田姑備公蕭之名僧鬻以爲轉售之地此虜取得本銀到手方可南歸至于山東人情固已不堪灣起南方親友亦未見懸冤之數出

與書

秋水寄札今九日始到。

秋抄一函并赴東詩將想已塵覽。弟以九月二十日保出，十一月十日再審當事頗留心開釋而意丘陷害之謀亦已畢露，見批未審此皆大君子孚號壯挺之功，惟世世矢之勿忘而已。結否倘未可定，敵允更不可定爲角無頼貉裘久做，惟長者垂憫孤根錫之嘘植，倘得此中有可倚伏不至爲土豪魚肉，即石田十頃徐圖轉售倘得爲首上之計，彼祈終始玉成，幸甚幸甚書不盡言。

上圓擎叔

二月十五日報國寺寅中見徐廉生兄，備知吾叔近履其時姪已聞發語，即以次日出都而五六日前于元放姪處先寄一函，遂不復更具咫行至德州始知有咨文至原籍建證身負微名。事關公義無遁匿之理，千里投到不惜以一賫障江河乃其中別有隱情，上下推諉不能即奮鳥衣爛飯飢餓福堂然而公道在人，死生有命吾叔暨諸長不必過慮惟趣公蕭遠發北輸則不頇力而自解其事之顛末另載一段在公肅封內，令其送諸甥姪處抄一二通上呈并與元恭及相厚者觀之，匆匆作書一切未悉井希垂鑒元恭亦不及作札。

答葉訒初

攜入君中未便外出年兄至此而不得一晤，真交情失之矣。山右諸公將爲萬與嘗於西河翔以秋抄往拄其事以故亟來麻下昨見讀志簡明可觀足徵政事文章大縣其如各屬至者未滿二十處弟驗在濟色須諸公討論成稿之後方得經目此時不遇借關防爲著書之便而已然爲音學五書將成之際早夜無一間暇所著輿地之書名曰肇域記其山東一青蒙此之便旬月可就此抽寫之惠敢佩雅發對使拜登倘密面覿費恰有諸家賣書者各如有千百卷之書可佐名

蔣山傭殘稿卷三

答書

之藏者則當攜貲以來於舍甥徵君一通附審

（原作隨人而物情目擊世路彌窄追想與吾兄講讀書之時實具武陵洞口不可復尋矣丁酉之秋啟塗淮北正值淫雨沂沭下流並為巨寖跣行二百七十里始得乾土兩足為腫寄食三齊明年客北平。又明年客上谷一身孤行並無僕從鬻邊二藏蔡甕特殘庚子南沙江淮辛丑薄遊桃越乃得埋輦書甕齋從估客王實以後麻晉抵蔡於是有僕從三人馬羸四四所至之地雖不受饑而薪米皆出主人從此買妾生子費用漸奢北方生計未立而南方又難兼應微本爲人所負相知管長一時罷歲釘人横賊幽囚異方僕夫逃散馬羸斃無所取給十年以來窮通消息之運如此又何以爲故人謀哉

出游一紀一生氣骨幸未至嬗倒

與楊聖弘 諱覆

歉年契闊久無音書殊不勝渭樹江雲之念茲仲春八日乃于潤南接到京邸寄來手札知道履彌勝進德修業想當與日俱新。弟以堇七衰齡猶希炳燭而才執事以有本之原泉在方中之旭日其事半而功倍又可知矣。向有接脉華山之願因烽火乍傳暫居汾曲近者風鶴稍寧而關中二三君子重興前說將建考亭書院以奉先儒並爲老人著述之所弟亦欲輔此以作壯裘而北方藏書甚少艱買艮比來閱覽漸多頗知揀別非復疇時之樸樕矣今再附書目一紙求爲

尋覓拙著音學五書，以蕘產之賓付力臣兄刻之。准上俞需改定，故未印出。先以序目請正，內蓋本音已畢工。又有下學指南一峽，便中索之清江，即可得也。日知錄續已改定為三十卷，前本復有增損，且可勿刻。期于二載之內，南來一拜詎或有便人至金陵，當今叩宅也。率爾不盡。于還不及另啟

復陳謂公（見文集卷三）

與蘇易公

挺教以來，忽已半載，想道履彌膩。比者人情浮競，鮮能自堅。不但同志中人多赴金門之召，而僦用人亦竟不能守其初志。惟李中孚應詔寅魏永叔與彪賁可為今日之四皓矣。即青主中書一授反覺多此一番辛苦也。都下書來言史局方開，有議物色及弟者，誅此遺命，以死拒之。或謂弟東西南北之人不在元籍已久，自有介推顏闔故事，何必求死。今者西河司馬之公子執門人禮事弟，迎入署中。而司馬已具文乞休意欲來揚邑鄴台臺諸之彪翁壽鄉村寺院憎跤一兩日，鏖根而至不費主人待舍軿入都必有調停之法。彪翁既同雅操必不見拒。又章素非識面，亦未嘗信惜揚城都人士之所不料也，便人寄此，并候起居報音乞付紛曲東關中書王宅如薦刻得殘弟便于七夕後回華山一指而行可也。

答潘次耕（見文集卷四）

復遲明府書

恭惟老年臺先生世德淵源，人倫斗極。談經虎觀，東京之士無尝擴繼鵷郊，西土之人咸喜。惟茲華邑，正值賽塗潰水春

卅,但見哀鳩之羽桃林夜璽未逢蕭馬之時幸遇仁君憫斯遺子僕休疾苦起癃困千期月之間獨省癸奇出大力於艱難之際真千載而一夢慶萬井之更生者矣某某昔以明經曾切薦剡,衍生注,明雖授兵部職方司,未仕。 自從壯歲便絕意于乘軒亟於暮年益賦精于掷石頃者徘徊獄下偶爾掩留未審何緣得閒台鵷倏承垂問感煉交并然而溫扼塗于甲子望嗟繹縣之年隨轍跡于東西未息尼丘之駕有懷就日偷阻趨風謹以所刻日知錄下學指南二書呈正倘蒙叩詢以盡仰止之私,不宣。

復周制府書 即周藥坡

恭惟台臺東國开奠中朝柱石洗兵庸蜀重開八座之圖陶世黃虞行正三台之座而猶結清壝典注嚴阿雅歌投壺祭額陽之取人皆用經術輪巾羽扇諸葛公之為將足見風流盡戡除離靡乎千戈而根本必先於禮樂却毀才優九合三軍之師樂羊功奏行獲一幾之書未得登龍俄承遺鯉將下交乎白屋復覔乎元緇此異姓公吐握之風當亦園綺越從之日然而江湖下土丘壑孤蹤年七十而入秦非千霸主抱大經而歸魯熟肯尼加以筋力衰頹應酬都廢居子具之谷口末入長安德弘景之茅山不過白下並古人已行之事想大雅必諒其衷但久企光塵更切知春瘷忘仰實切朝宗桃李無言已在春風之下兼葭可莊儼從秋水之湄伏冀鑒原易席悚人書刻四種附呈台覽不宣。

祝張廷尉書

恭惟台臺維嶽降神自天申保鴻勳爛若已光太史之書燕處超然益重封人之祝茲當初度倍覺百祥誦魯人黃髮之詩公徒三萬述莊子大椿之算春秋八千散放蔡芹用禪山海伏惟臺岱可任榮施别有啓者鄙人以頷白之年采山而

隱,卜于西嶽崇祀考亭前書已陳無煩賷說惟恐物情難一多口易生疑爲色取行遁之人謂是講學聚徒之聲,則朱子當年尚且蒙議于儒學而腐儒今日豈能偏信于同人倘晤撫軍乞陳懇鄙之蓀幸甚幸甚臨楮瞻切不宣

與施愚山

聞先生近日奉令叔老先生之諱猶子之訓諸父之名傳之禮經比于生我而況先生專叔父如父孝友之論無聞于鄉黨者乎竊討慶倘並以從父憂去官洪武二十三年始定爲不得奔喪之制先生之於今日情雖過于古人而勢有所不得爲者念頭者又聞修史之命編念女之傳薦史云云盖肇創之任,同館中諸公皆,

回濟昔時追陪歷下與吾及此勤咨稱歎咨嗟久之耿耿此心猶如一日夫共難之誼。云云迄未,同館中諸公皆。

與潘次耕（見文集卷四）

與李平德

鴻郤待制似不能辭然陳情一表迫切號呼必不可已即其不申亦足以明夙心而謝浮議老夫所惓惓者此也今年爲嵩雒之遊盖亦梁伯鸞異州之意語具別楮目下將注西河與祁人結此一局老弟此時居高之呼稍易爲力而憲行李蕭然何以爲計分外之物我必不取惟求其固有者而已東西二事執事所悉此去秋老弟行後頗陽便無主人長源謂秦俗最薄勤吾歸吳至於再四今雖蹔移榮下其買田結婚權停山史家計日蹟恐不能爲吾主人其他交與雖有一二播紳亦未知何如也惟中孚送別至吞壁下泣頒見交情開美亦親來華下省視然吾在貴縣一截酒肉之外一無所收,去時惟受九芝十二舍爲雇車之費而已同宜嵩竟買墨一行拜于箕下以申知舊之誼此皆老弟所欲知者并聞。

與次耕

曲周接取中之報頗為惜之吾弟今日迎養郡門鄭必不可致水之供誰能代之宜託二親人照管無使有尸饔之歎不記在太原時相與讀黃旭書中語乎又既在京邸當等一的信與婭姪相聞即延律在槃亦須自往一看此皆吾輩情事亦清議所關不可闕略也至于來書所言已已口之為偶然寓席未煖而即出為大河南北之游又所以示不滿一方之意有進於所言者也蒸菁二詩已到今又一律寄上在子懷函中幷附嵩山一絕。

與陳介眉

弟今年得一諸嵩山少室天下五嶽已游其四歲至河東歲莫始還藝下天生西來知地震之前台旌已歸四明弟有一書幷詩本音一部留力臣處頼未徹覓也旋接惠札如承警欬當此世橫流之日不有一二君子何以挽頹風而存絕學所示薰君學禮質疑二卷疏瀹釋滯誠近代所未見讀之神往知其一卷所論如豪時夏止鯀不鱉始未敢據信至二卷宗法班穆諸論具足羽翼經傳垂之千古已錄入五經繼論中更有續刻當貽與者近著願悉以賜教比因修史之興輦下諸公復有欲相薦引者不知他人可出而弟必不可出也先妣王氏未嫁守節,云云至滿之措辭也,與書中諸公書同。今秋始得措遽百金付妊洪慎建一石坊于家前且推表某人妻某氏之甚而適當史局將開則列女之傳似宜甄錄用是其書于祠林相知者數君而關從已行此書又未達也年近七旬且莫入地先慈遺訓依然在耳誓墓之情知已可以諒之矣黃先生前年曾通一書未知得達否承示庭誥葉安人誌銘誦之既深景仰復重感傷此心此情獨臣子所共今附關中蒿下詩同志者可共觀之幷訊貞一兄近況。

復錫荊峴書

子德西歸，拜讀手札，復有一廣具陳先妣節烈及前朝旌表之概，求入史傳當已徵台覽矣。承聞史事弟年老遂忘不敢膺耴，但自萬曆以來是非之塗樊然棼亂，姑以目所嘗見之書，其刻本則如辛亥京察記事遼事實錄，清流摘鏡，王儀兩野抄同時倘論錄，二書並棼采，忘其名，懋書，聘公德累，抄本則如酌中志，劉若愚卯汪鈍菴集，所謂逯志之苗，幸存錄，夏君允彝，餘雜記，王公在晉，史君悳之類，皆不可闕。而遺數之不能終也窾窾之搏裁斷之精是在大君子而已。弟近二十年精力並用之音韻之學，今已刻之進上惟俟目往與張君力臣面加訂改，今年至睢值淮西飢荒又乏資斧不果前行，明春當再裹糧東去，瓊馬氏暫有所約。或于賞地暫有旬月之留先此附聞共有馬字一字頗為肯往率爾布候不盡瞻馳。

留書與山史

與潘次耕札（見文集卷四）

弟以淮上刻書未竟須與力臣面相考訂，而晉中亦不可不一往，故于明日東行，不能口先生歸里此去計須半載然閒中州淮甸在在饑荒求卜前途何以興盡而返亦無容心也。考亭祠堂原一字來言當事視為迂闊之舉當更作區畫，今侯駕間與子德合力經營劉太室父母來此者再同之周覽形勢，亦以竹園爲定。但其費頗鉅耳三徑雖荒四松無恙此歸須另作一番堅頓家世情日薄而烏衣子弟若復染尋常百姓之習則從惡如崩，不可復振矣。恃在知已敢以肝隔之言陳諸左右不必向人道也。郎君輩甚相推歡共謝拳拳。

答李子德（見文集卷四）

老弟宜將令伯陳情表並註中李實錄出一通攜之笥中，在己不待書紳示人，可以關墻面也，以不預苦爲上，上至囑至賜此番入都不妨畢竟既爲母陳情則䭰門稽首亦不爲屈雖逢人傾畢豈有用願種敢力，嫌乎樂公清禎有心人若不得見可上書深切懇之外又託韓元少千館中諸公前賛成亦可一畢旁人佽顗之言塞耳勿聽凡見人伯述箬苦之情勿聚矜張之色則向後深名高於徵書萬萬也又同年二字切不可說說千和衣生覧之前猶可諸千兩椽之前此恨將不可解，此狸鳳氣相傳百餘年矣亦當知之，至郡數日後速發一字於提塘慰我略師古人贈言之意書扇奉阜頃與既足論及君家故事有可以不死之巨游而必無乞鼇不終之令伯，一入都門，情辭懇切如慈親之在途夾則君不能留友不能撕爲有肉之勝敢不盡言亮之

又

與李中孚（見文集卷四）

答劉太宰

台惠下頒弟已停炊待發恐虛長者之意譁此蘿謝且初冬即來何必錢耶口文公祠堂舉士大夫無不欣欣而來敎獨一字不及豈逆對常事者之末必能成此願乎弟暫任河東以待嵗事一水之隔可以朝中條而幕華此若復不果成則是陽託慕道之名而陰行逐客之令弟可涫然而南蕭矣札中復引陶唐近推洞汾是何旨侍蓁人之薄耶率爾附復不盡。

與原一公篇兩牘（見文集卷三）

三六

與三姪（見文集卷四）

與原一公肅兩甥

久滯山右，因有葉藁爲人所竊，待其吐償，語具次耕札中。今在太原閻父母宅，燕秦之途相距正遠，甚忍一見吾姻，而冰雪將作，不能冒寒而至也。關中僑寓局面甚小，灵真來此目見，幸予德歸里，相爲之情頗摯，而彼中官馬紳耕並知下士，雖無切員足遂僮辦已定，荒裘之下矣。念著年久客家間之計，亦不得不往一視。建坊築堂一札，頗付彼中官馬紳耕者，計已悉之。

八月二十日已賽銀南行矣，如得及旅力之未憊，幸關河之無阻，一瞻丘壠並會親朋，以至嘉翺數郡交好之士，吳門當往十日，崑山半月，千墩一月，各處墳墓皆當展散，親友麻年存亡，皆當吊慰淮揚白下，以至嘉翺數郡交好之士，皆當過詣其廬，此又得兩三月。淮上勘書出書，復得一兩月。而夏暑秋寒冬寒，並不利于行旅，則必以春間首

尾一年，費（原作費）當何若。吾自甲寅以後，坐食六年，每年約一百二三十金，兼以刻書之役，千墩來物已盡用之。然北方往來寄食於人，而自有馬贏所需，不過錫秣南方，則升米盡醵，皆須自買，一倍矣。繫繫買舟一倍矣。鄉姻之家醵飲自所不免，

之徒無不望切周旋。而久在四方，則遠之朋不疎之客，亦所不能絕，三倍矣。我所不干，鄉姪之家醵飲自所不免，資斧豈宜相累俗則費何從出。毀若羽書抑至二堅偶爨停閣一時，便有一時之費，又不止如前所計而已也。去年原一

書來，我則不暇。今既令眼代出行途之費，若謂取諸官中，恐非吾甥之所能辦。若欲我一見當事，必諺謗。喧騰稚珪之殘文不旬日而至於几案矣。或者識其兼室離鄉井，以爲猶在不情，又或以予夏不歸東國梁生不返西。

州爲達人之高致，皆未辦乎人事者。此去年兩姪書來。望吾一至淮捕，彼來謁見然亦須住淮兩三月而故人已返蕭寺

荒凉，必往山陽實應方可居停，而夏則蒼蚊秋則潦水常須遲至十月取道浦口方得西行其費不能減半又不如差人取書來勘每徧不過四五金之易為力也淮上猶難而況吳會乎幸菩薩為吾熟籌之以報來年不能且須後年耳。

與李子德

頻陽之來特老弟為主人耳老弟去則自不能留亦無為王留行者矣兄兆地屢僨事事不偶今離暫居華下未寫下策之計且俟過江淮再與親知籌之晉事久懸必須彼去其根而後潸然東邁耳秋以為期踖言或可待也令弟處倘少二十金訂在麥秋憑巳于三月十日出關先向陝雒矣既足與小兒寓山老齋中為果歸來幸留營于此。如懸不卸來信使往還憑于傳送也

與王山史 名宏撰，山史次子。

弟以十月七日自華下回頻陽付仲和一函并疏廿紙想已到臥疾京邸其善其善弟冬來讀易于錦蘇楊二傳待舊得共山中之韵將大全謬併之本重加釐正程朱各自為書附以諸家異同之說此則必傳之書也建祠之所謂在二泉合流之中為佳令仲和力言欲用其宅園乃在泉漿之北亦無不可須弟自往同允塞看定此事規模亦不可太小百堵皆興之後自有助者萬勿將刻疏送人募化類僧道所為損吾輩體面但一二百金之事弟能任之足以築周垣立前堂矣君子先行其言而後從之今人作事每相反易曰黙而成之不言而信存乎德行既無至同志乎若弟自欲垂後世之名無籍于立此祠即苟立之而有未盡善以取議于人則不如無立今為此者但欲成吾友之願且有宋元以來相傳經典之書不能無所寄託耳二題錄左祈乞採用不靈。

附 四書，聖人之行不同也。 四句，

易　象曰君子夬夬終无咎也。

又（見文集卷四）

接來書及詩並悉近況其慰。今有一詩奉和孟子曰是求無益于得也，況有損乎，願執事之益堅此志也。建祠之費謀之江左去人未來弟今先出橐金代為糾始一二當事亦有樂助者期以必待與工之日廣衆之庭方敢接受與工者聚資之策也。然而多口紛紜有不欲弟與君共學者又有貽詩沮止者萬皆不聽然弟將有江南之行一去則瓦解矣是以汲汲焉之欲以秋丁安神而築垣盡堂須百五十日爾時執事與天生足巳旋里著鞭雖在祖生之先而成佛自居雲運之後也來札云不可小就甚合鄙意若苟且草率還無以愜四方觀者之心近無以對同鄉議者之口則不如勿為今將圖樣呈覽但有二百金可以先成周垣及祠堂其後次第為之可耳至第一身且未欲卜居洹中亦非可居也擇地二處具別紙待江左信至即興工弟今來華下欲待囗又老逼一照令赶北上先寄此。

答

尊指具達口遲公，濰城學舍為，時為染疫今。想即日發銀矣程丁卩務多籍賢勞弟惟進祝一詁無貽四万觀者譏議而已規制一幅呈上雖出鄙見亦參中學天生復諸君之論幸詳閱之如有不合者亟為教示當聞義而徙若作者不合式而或坐於弟弟不任受矣更有請者宜以主管雲臺眞逸自諡若欲舍此而另求地則適以犯衆口之雌黄尤

華陰王紫垣（名斗機）來一書，富平趙兄名芑來一書，並辱寵存。愚于十二月二十七日在華下會□，又南次日即至華州，而渭北草竊縱橫，竟不能去。在州別駕王君署中度歲，正月三日始至鐘，朱欲一至宅叩辭老伯母，會北山多虎，仲德力止，毋行。乃紆道自濰州至同官拜懇老師之墓，二月七日束發雇車啓行，十日至山史宅中暫住。仲德尚欠百金，期此月之抄知老弟惡念之切，故僕僕奉聞。知老弟為我用情無不周至。然此中別無所入，如愚今日謹身節用可謂至矣，而來此十月寶八九十金不為長策，何以善後？鄙意又不欲當人之惠，然則祁縣之物，豈能置之勿問，須至推開無從與彼為藉以驗此言之信。吾彼札云其中曲折已面白之天翁先生矣。愚謂此事老弟能嘗即嘗，不能嘗亦可售之，時有同薦金君戮似名居敬者與韓元老口躱閃之貴，出至於山左之產。今日倘值千金間其地糧食甚費，或亦可售之。

人有從建陽來者訪得縣東關有賣卜橋邊有謝疊山先生祠，命工塑之為圖，倣西湖岳祠秦檜之意，添一木偶人，荷鐵枷跪于中庭，題曰枷號薦人殺人犯人一名魏天祐，（按此篇失題，文亦殘闕）

蔣山傭殘稿卷三終

與李子德

至朝曾在章丘縣慕中晤聞，亦可一間，并代致鄙念。斷斷不可也。

附錄校勘記

茲以殘稿校康熙刊本李林文集，錄寫其異同如次。

蔣山傭殘稿卷一

與館中諸公書 見文集卷三，題作 與史館諸君書。

立後詔予，　殘稿脫立字。

巡按御史王公一疏具題奉旨庭臾，　殘稿一疏上有諱字盲字跳格。

謂不孝曰，　殘稿不孝下作□二格當是敉武二字。

當日聞關我焉，　殘稿脫聞字。

又得諸公以卓識□□□華卿之任，　殘稿章識下作宏才二字腐上有而字。

敢瀝陳哀懇，　殘稿陳作誠。

卻千載之風教矣，　殘稿載作秋，下有張傳一通及光年□疏劄並在雜識□藥□張兩君函中因乏謄手，不能備呈。

井所墓銘三十餘字。

與公肅甥　見文集卷三，題作 又（與公肅甥書一）

四一

則衰朽與有榮施矣。殘稿與上有亦字。

至劚死一人，殘稿至字作或言當下有前開駁不敢信頃乃得實據口有口口賁事牽駁可想而知其人也二十餘字。

故先以隹祿一譏附覽，殘稿隹作正。

讒謗之外所論著大抵如此，殘稿謗作九著上無論字。

或以之勸齊梁，殘稿勸上有而字。

又 見文集卷二，題作與公肅姪書。

時事人情大抵如此，殘稿下有安望有澄清之日乎八字。

憶昔時邸報，殘稿胝邸字。

以隹薪刑輯一部，殘稿刑作私。

吾言少時先王父朝夕與一二故友談論，殘稿少時下有記得二字。

趙庭拱聽，殘稿拱作耳。

此雖萬世公論，殘稿論作議。

以滋好事之謄口也，殘稿事下有者字。

又 〔與李霖瞻〕見文集卷四，題作與李霖瞻書。

猶衍子生，　殘稿此句前有西行以後得令弟年翁書者凡得執事書僅一而已引領東望我勞如何既有令業目在

驚坡而耶君欲剖正值秋闈折桂之時優游家園無營無競此天之所以篤厚於世德之君子也義之頭之弟七十六字。

前歲曾蒙青盼，　殘稿盼作眄。

此間風俗大勝東方，　殘稿此上有至字。

亦有安土之漸矣。　殘稿下有詳在尾箋書中可互觀之東西殊遠未得專人邀疾往來佔送亦復難得好音仍付京師轉寄為便三十八字。

又（與李獻來）見文集卷三，題作與李鼎來書。

今春駕刻，　殘稿此句前有別後止得去秋一字及託度平路世兄專役東來而僅台銜一紙見報殊以不得書問為悵然知起居節適南面百城艮朋滿座留連風月播為詩章而長君室死於嘉仲叔二君英颯灑起季子亦誦詩舞勺時矣秋闈折桂且夕俟之苦此中不得山東緣耳九十八字。

未知然否。　殘稿下有做庄託魏令君料理聞其已逐劓成志而換新營之人未知近日光景如何幸詳示之仲老年翁想康健諸年衰目病不能作書霖翁啟可互觀之五十六字

衰疾漸侵，

與李中孚　見文集卷四

殘稿此句前有書欲寄李雲木而鱺駒已駕邇遣令君來過云嘗為致之竟得聞音亦不知鯉門者何

人也足下近履彌勝賞畢首憩兵之後生甕稻得如前否凡五十七字。

未嘗求人　殘稿脫人字。

費須五倍　殘稿下有親朋乞假復在其外八字。

以此徘徊未果　殘稿下有然而關中河東豪無未了時行則行則無牽繼也甬史巳十三月中擬遊蘇杭須明歲秋

冬可回乃三十八字。

華舍遲君謀爲朱子祠堂，殘稿華下有託人致意四字。

弟亦以四十金佐之，殘稿四十金上有齎臺之贈四字。

不欲再起書院，殘稿下有此時民風不美若有餘房一二間便爲賭博之場矣二十字。

惟祠中用主像，殘稿中下空一字。

要作記文　殘稿文下空一字。

顧念先妣以貞孝受旌　殘稿念下空一格空格下有之字受旌下更有其事已表白于三吳仰聞執事十二字。

須使舍姪千裹旁建一小祠，殘稿使作俾下有而爲不肖子孫百方阻撓如變如驚十四字。

日夜痛心　殘稿下有向未（原作來）白之足下今承命諄切再三遂不敢匿其情十九字。

則時乎有待　殘稿下有徹縣二年無正官得一出材便可主其事十六字。

必鄰顧已就方可泚筆耳　殘稿鄰上無必字泚筆上有爲人二字下有口目下暫住河東奉主有日仍當至此倘遇

春融當一驩,杜曲終南之歷井卯糟廬廷下其勿以廝別爲悲也,四十二字。

欲武年五十九,　殘稿欲武二字作崇禎一九,作二三下有豐西紙之歲五字。

求有繼嗣,　殘稿下有歿辛亥歲年五十九八字

筅之診脈,　殘稿沈作傳

遂干輕樂買之,　殘稿下有恃其節力倍壯亟干求字十字,

立廷讓定,　殘稿作會江南有立妖術生之謀十字

而可以爲君子者乎,　殘稿無以字

懇無以應也,　殘稿懇作儜,應作答。

得一子已成童而夭亡　殘稿得上有壽字而下有爲字。

筅同於伯道,　殘稿同上無筅字道下有矣字。

猶當以爲戒,　殘稿以下有此字。

故舉此爲規,　殘稿故作敢。

　　與戴楓仲　見文集卷

至于在邦無怨,　殘稿脫無字。

與王山史　見文集卷六,題作
　　　　　　覲友人納姜書。

春融當一驩,杜曲終南之歷井卯糟廬廷下其勿以廝別爲悲也,四十二字。

附 錄 校勘記

四五

不爲吾友顧之也。殘稿下多臨別俙捲堆此藥石惟原其鑒亮舉其十五字。

與□□□ 見文集卷四，題作
與人書二十五。

君子之爲學，殘稿此句前有自丁酉至今二十五年不奉德音矣每遊歷山川障塞恨不與知已同之而遙想鬓紱之間山高水駛如在天涯又前丞奇書當在蕪湖錄之籤冊被盜失去遂不知道駕所駐而間津桃源不可得矣今秋鄴下人來乃連接三書備悉裘履無恙從遊河汾多房杜之流則已不勝喜忭而展讀大集歷數今昔輩念故人而恐其異日詩文之不傳又何其懸懸也然第二十年來則有進於是者一百四十字。

某自五十以後，殘稿某自作首年。

向特所傳刻本 殘稿無向時二字。

乃其緒餘耳 殘稿下有今在華下初建朱子祠堂以表當年箋子靜書中覺意而此中荒涼特甚僕亦欲一至江左肯舊並爲先妣建祠不知行臺定在何所老年未必入郡而音問不隔冀得時惠數行于二舍胡彦和處頓如承謦欬。

衰近詩六首書一通附正八十九字。

笞王山史 見文集卷四

然記曰 殘稿然下有今人以此爲賤者不過本其鑪錘之身價而已價與義有時而互爲輕重二十八字。

或謂古人勝者皆姓號 殘稿人作之。

而況五十餘年之筋行乎 殘稿死下有於其二字。

當不無以仲復之言爲銘，　殘稿然下空三字。

期而葬之，　按殘稿此篇末止于此句自先祖有二妻以下至謹復云云別作一篇題作又序。

又　見文集卷四，文集合幷管王山史書作一篇，與殘稿異。

其亡此類之域外　殘稿其而亡下無此字。

以報其五十餘年之菩節足矣　殘稿節下有使民德龢厚教服教服九字無足矣二字

答湯荊峴　見文集卷

至於類朱二公若果不以令終，　殘稿類譌作潁。

當如來諭以實錄爲正耳　殘稿無耳字下有適有傾人往睢率此奉報井勘新卷十四字文集無此下原有自

爲歷以慢至是在大君子而已諸句殘稿別爲復湯荊峴書中（按文集未收）不在此篇之內。

與關中友人書　見文集卷三十題作與友人論服制書。

吾不知其爲情乎爲文乎，　殘稿下有如以其文而已則關中之士大夫平居無服之時固許子之所實奏寃而寃索

瀆之爲言　殘稿瀆上有於字。

者而曾是以爲孝乎三十八字

如人主於其臣　殘稿主下有之字。

病起與褟用當事書　見文集卷三

附錄校勘記

四七

而於此任已不可謂無尺寸之功，殘稿於上有其字。

是天以為稍能任事而不遽放歸者也，殘稿作則是百進保留而口畫書之餉等者也。

又敢急於其職乎，殘稿敢作可。

目見鳳翔之民，殘稿目見下有晉人倚籍浙寧將銀放與十字。

舉債於權要每銀一兩償米四石，殘稿作一兩要麥三石一兩要米四石十二字。

此倘能支持歲月乎，殘稿乎上有否字。

然恐不能行也，殘稿作然此必不能行者也。

無虧于國課乎，殘稿課作討。

病中已筆之於書，殘稿病中下有照此二字。

救民水火莫先于此，殘稿下有使小民得以存其生而連可次弟舉也十五字。

則昔人有行之者矣，殘稿無人字。

得銀若干萬之書，殘稿作及讀國史有正統中遣右通政李畛等宣糶米得銀若干萬。

羈旅之人，殘稿此句前有弟已赴至坡下韓公宣 [即旬公，譯宣，已未進士。] 瀟中蓋十二字。

又《與罷耐菴》見文集卷六 [題作與友人辭住數語]

四八

立為課程，殘稿課率二字互倒。

所論春秋諸家及胡文定作傳之旨，殘稿此句前有接手書知先生所以教誨之意甚篤，而衰鈍之資無以克副二十五字。

答俞右吉 見文集卷三

劉氏之權衡意林並有其意，殘稿意作書。

未得會稡成帙，殘稿脫會字。

未知合否，殘稿未知上有然亦二字。

祈爲正之，殘稿下有至乃向日流傳友人處詩文，大半改竄，不知先生於何見之，恐不足潤高明也書復留貴喻未到偷揣州答附錄與徽人一詩博笑此際郵簡以紙爲領局則難携出率爾附復易勝馳企七十一字。

今本誤爲底字，殘稿誤作訛。

與大耕書 見文集卷四

答李崧瀾 見文集卷三

蔣山傭殘稿卷二

常嘆有名不如無名，殘稿此句前有春來兩接瑤函著作承明禁書金匱自不負平生所學太夫人鑒含兄先生意

附錄 校勘記   四九

俱渺焉，禧弟老矣自舞象之年即已飄史書闕邸報世間之事何所不知，五十年來存亡得失之故往來于胸中無不能忘也。中豈漫患不廣學業稍有所聞號八十九。

閩中蔫君有以巨擘故事言之當得。 殘稿當事二字作督撫，

今人所求者當世之名。 殘稿名下有也字。

豈得為閉拓萬古之心胸者乎 殘稿下有介眉允斌度正諸年翁並不能專啟語次及之為粲然一笑天生北上廬

憒奇此數字不慾三十五字。

答周獺書 見文集卷四，題作與周獺鬐蕃。

音信闕如， 殘稿傳作訊。

頗布區區， 殘稿下有二作燕丹論甚佳當此附復專公先生並希致候不盡二十一字。

與施慾（遇）原作山 見文集卷三

班學之傷， 殘稿此句前有十月十九日之書沈閨潤南至二月八日方得接讀二十餘年之交宛然如昨素心高誼，不可於今日宦途中求之矣道履無恙令叔老先生年逾古稀康寧好德蓉於一門此亦人生至榮孟子所謂士天下不與存者若使剛貝館閣將等夫廬之名政恐間首田園不免小明之悔乃知半年京雒緇塵染素未必非天之所以悟賈達而增其德慧也至于一百三十五字。

又曰論語聖人之語錄也。 殘稿無之字。

音傾人可往取之，殘稿下有但詩經中倫須沙刻七紙藏於正月發去稍遲取之即全矣易音亦可得其音韻唐韻

正克音表二書再侍一年以後竟以尊札與力臣相通焉傾北歸詩于舊篋中简得一本附上萧已移濱筆下聞音可

寄韓潑報房大刚領教附謝令郎學業何如并聞不悉九十九字

此可以覈近科杜撰不根之筆也

方為合式　殘稿式下有也字。

文中有舉譜二字　殘稿無二字。

與彥和牋　見文集卷三

殘稿題目後低一格別有來書有三徐鼎時朝班他人如弟者倘欲遣呼近領舉援以為生何難為先生揮一地斯之

謹當藏禮而家之平等語雙行小注四行。

南徐州別三十六年，殘稿州作三三作二。

況復鄙如弟，殘稿作鄙郤歴歴如弟。

不聞奁如弟，殘稿下有若乃杜子美飄零寒獨而與王錢事不寄草堂之耄風斯下矣二十四字。

然一生所著之書，殘稿然下有而字。

而未嘗取諸人也，殘稿下有因知已之愛懷悵且聞及室家之事逢復漢及此二十字。

與習庭聞書　見文集卷三

殘稿不根作套語筆下無也字。

附錄校勘記

五一

努力加，文集加下脫餐字殘稿餐字不脫努力下有臨書可勝翹注六字。

關中布衣李君因篤 殘稿此句前有謹啟二字。 與李湘北學士書 見文集卷三，題作與李湘北書。

瀝血叩閽，殘稿關字姚一格。

伏惟執事，殘稿執事作老先生。

輒敢通書幕下，復張廷尉書 見文集卷四，題作復張又南書。

麾下有暌違聲事 殘稿此句前有得拜瑤函具承隆注頃者雙龍出水乍當乖別之時以致三匝依枝頓起南飛之念既荷白嗣之贐並道相詒坎上號行元無固必凡五十一字。

有斷斷不為者耳 殘稿下有率此附候並請卷切不宣十字。

與同邑葉訒菴書 見文集卷三，題作與葉訒菴書。

已而中止， 殘稿下有道義之雅豈逆于心可以不諒十二字。

謹此奉聞， 殘稿下有伏待台命臨書覬切同館同鄉諸公並乞示之十八字。

答李子德 見文集卷四，題作答李子德書。

足下乃欲播吾名於士大夫　殘稿士大夫上有今日之三字

輒相推重，　殘稿推重作襄誦。

則所以金之者大矣　殘稿下有先妣當年大節炳耀三吳讀行狀之文有爲之下泣者老弟亦已見之矣他人可出

而不孝必不可出老弟宣力爲我設阻止之照邪昔年對孝廉之言老弟曾述以告關中之人乃平生之言豈今日而忘之邪若果

有此舉老弟宣力爲我設阻止之策并贖書見示勿使一時倉卒而計出於無聊也至於微鄉之人有微詞不可著此

如張南溟之于焉乃實乃莫大之恩人而老弟又與斷　之學豈非又一右賣邪關中人地周制府　門生注宇轂初之言曰天

生自欲赴召可耳何又力勸中孚至訣之以利害然是蘧伯玉恥獨爲君子之意編謂足下身歸青雲當爲保全故交

之計而必援之使同乎已非故其晚節則必天其年爭易日君子之道或出或處二人同心其利斷金吾于老弟乎

莖之二百五十六字又另行低一格有　附　昨江南友人書來選同學二字起於周介生相訂除之并讀義春二十餘

字。

與王虹友　見支集卷四

　　殘稿此句前有丙辰夏于長安邸中相對一月念之不忘尊公近履康疆倍昔一代菁英歸然猶在百

琉寓闕韓。

年就見當有其時而賢昆季來衣蕫備君子之三樂此與今代之罕儔士林之歎美者矣六十九字。

燥然如何，　殘稿下有伊人著來附此華候二札可以互觀向錄刪詩勿付槧家頃已多復設削另容讀此今附近作

一二首不忍四十字。

附錄　校勘記

五三

圖書集刊

與郭九芝辭祝 見文集卷三，題作與友人辭覜書。

非見子德云，殘稿昨作頃云上有則字前有前承面論欲攜樽相過重煩合命讀特新漉十七字。

著論次廢此禮，殘稿次作欲。 見文集卷四，題作與人書二十四。

頃者東方友人書來，殘稿頃作前前有進府多擾謝謝頃史局已疏薦七八其欲出者五人，不出而姑爲此一薦者，

何爲其莫之知也，殘稿之知作知子。

二人三十一字。

則吾末之聞矣。 殘稿下有念知已中惟先生可與言此聊布區區十五字。

答任澄文 見文集卷三

遠惠手書，殘稿遠惠作盟讀。

向見五服異同之書，殘稿向見作猶者讀。

已相歎服，殘稿相作爲之。

自有定見，殘稿目上有胃中二字。

而仍以蟄之君子也，殘稿下有答友論母服一書附覽守其拙陋與近儒之見頗有不同伏惟教誨不宣二十八字。

蔣山傭殘稿卷三

復陳蕩公 見文集卷三

山史西來，殘稿此句前有側聆鳩名有年於茲矣而未得一親道範并亦未接書函慚仰之忱正不能忘而增阻且其未免於詩人之歎也四十三字。

得接賜札，殘稿接作奉。

不改故百泉二曲 殘稿次作歌。

率此報謝 殘稿下有生無寸長惟音韵一事似有所得今附與天生一書呈正不宣二十四字。

答潘次耕 見文集卷四

此語未審虛實，殘稿下有吾弟可爲韵之瘦寄字來關中人述周總督之言曰天生自欲赴召耳何又力勸中孚至誅之以利害而強之同出殆是蔡伯玉耻獨爲君子之意易曰五十九字。

或出或處，殘稿下有二人同心其利斷金俊前與我書有勿嚴刑席之語若然正當多方調護使得遂其魚鳥之性耳豈可逆慮我之有言而迫以降志辱身哉兄五十四字。

白之知交，殘稿下有至於當歸一詩已挨稿矣五月至黎城一札想到是月之末遂至西何不意司馬劉君到任甫一月而已閉門乞休可謂達者其子進士君子端執弟子之禮迎我入署或當少留以鵩搶息吾弟有書但付提塘封

前札中勸我無入都門，殘稿札作字。

入汾府報內并示現寓何所以便直達原二兄弟何時入京亦可及之一百八字。

附錄 校勘記

五五

何日忘之,殘稿下有彼地有舊臨滁磚君,訂生註,名端本,字冊送,號爾東,樂陵人。與我新交似在李王之上但衍生贄鈍,未知能讀書否,以此倘未結婚既足亦卜早晚繞俟之西廂在先須俟行時方受此禮今欲留之關内,而賢一媽淮上之行以殺五書之刻然黃斧缺乏末卜早曉繞俟嗣音悉之九十二字。

與潘次耕
見文集卷四,題
作與次耕書。

一旦為音樂之雄, 殘稿一上有而字。
才華累之也 殘稿既巳不可謙矣。
自今以往, 殘稿作昔日欲糊口四方非術其才華不可今日十六字。
虛鈍守拙 殘稿鈍作䥥。
孝標葉事無俟博聞 二句殘稿無。
明遠為文, 殘稿明處作臨照。
庶幾免於今之世矣, 殘稿作則不至為羣生之夭夭年矣。
若夫不登權門, 殘稿登作入。
不涉利議, 殘稿作不居間公事。
是又不待老夫之謰謱也。 殘稿下有吾之行止悉如前札所言,今已盡取安德書裝,西入轘口,吾弟見人不妨譁吾
將至都下,蓋此時撰事不得不以逆旅為家,而義中亦逆旅之,一非有所干也,若塊處園中必為當局所招致,而要其

籠絡又豈能全志其誠。今在晉中國為口舌口舌兩之反，一發耳九十餘字。

與陳次耕札 見文集卷四，題作與次耕書。

原韻來札， 殘稿韻作誦。

以六十有七之人， 殘稿此句上有吾今年六十有七字。

又當年季涇蜀之事， 殘稿涇韻作期。

追論朝廷之政也， 殘稿無此字下有往日對華感之言郡人士所共聞此十四字。

此不過邸報之二三也， 殘稿下有此札可與錫曾公麟觀之十字。

答李子德 見文集卷四，題作答子德書。

老夫雖上介伯之章 殘稿我作吾。

以我度之 殘稿此句前有載鳳同接二札甚懇懇所寄曲周書倫未到可遣人察之王中翰名鄭字文益

凡三十一字。

允若知巳之發也 殘稿無此字下有梁洲晚村一代豪傑之胤枕人不敢比此也自洛上至壺口邇別駕李君家有人

北上附此申候既足與小兒衍生託允塞兄 晉生註，名弘輝，王山史弟。 迎管今山史巳歸可無西顧之虞目下將往汾陽借王中

翰郊圜度書距祁不里便干達人往來所論再入都門因薦屬未冷稍欲自重必不得巳乃為此行亦須借一名色容

俟續報次耕叮陪同事顧加排聲昨有札來問吾史事商以香港轉忘一切不記同榜之中相識義半其知契者愚山

附錄校勘記

五七

衍生註，荊州，馮嬡，鈍庵，汪琬，竹垞（原作詫，朱彝尊。）志伊，吳任，阮懷，高詠，蔡友蘗，龔翔麟，以目病不能多作字旅次又無人代筆，祈爲道念一百九十字。

與李中孚 見文集卷四

有殺身以成仁者， 殘稿脫成字。

而死之不足以成我仁者， 殘稿我作吾。

故復爲此忠告， 殘稿下有伏冀興圖之聽送彼至此下十一字。

別有札與懸尼， 殘稿別字作另當懸尼下有社兄二字。

鴻其懸望先生也， 殘稿下有不宣二字書末另行低一格有附今日所圖者不不廉之名他日所免者大不建之事二十字。

與原一公蕭兩楊 見文集卷三，題作答
原一公蕭兩楊書。

若至吳門便須五倍， 殘稿下有而書記知客亦須常設兩人十一字。

而日吾儕皆同聲氣同患難之人， 殘稿無同聲氣三字。

儻有鼎貴之甥可無挹注之誼， 殘稿作儻有鼎貴之親懒，便是同人之極品。

因弟貢亮， 殘稿舅下註云字即筌蹄之蹄。

亦所以善爲吾鴎地也， 殘稿下有幸爲鼎篆不憚再三往復十字。

附錄 校勘記

與三姬 見文集卷四

書後另行低一格有，附作書未竟念及定齋之子亦吾舊出古人舊館脫驂，一飯必報刎頸連肺腑少長周旋者乎可撫愛及之勿忽勿忽四十五字。

然吾亦須自買堡中書室一所。 殘稿下有堡地其貴一間之地價須六七金又須買十大字。

爲縈殘之計 殘稿下有而山右行囊五百金寄戴楓仲者爲其子繡去納敎諭之職以此捉襟見肘尚未有就緣三十四字。

寶與他省不同， 殘稿下有我在此靖候請至蘭州而未往川督周請至西安而亦未往華陰本邑令君 名澤溥，字太宓。 楊 名端本， 二紳爲之地主七十餘字。

我僅差人叩頭而已此皆得之閩中士大夫之指敎王李赴京復有劉 親來，

終日服飢， 殘稿飢作餓。

固不能久留於外也 殘稿下有淮上之行且胥後令關中惟涇陽三原兩縣人口爲楊州人聲氣不同，按此節字句疑有闕誤。

故南貨如澗筆之類多不可得耳聊 作此字與三姬共觀亦可與徐氏三甥之書互看語不重出也寄二第一詩并家報想已到今有嵩山二作附書于左八十餘字。

又 (與王山史) 見文集卷四，題作與王山史書。

撰爲楷辦可也 殘稿無可也二字。

庸盦小書

章樵古文苑序言：「古文苑者唐人所編，史傳所不載，文選所不錄之文也。歌詩賦頌書狀箴銘碑記雜文為體二十有一，為編二百六十有四。附入者七，始於周宣石鼓文，終於齊永明之倡和。」麥文苑一書別有款啟，對文述賫誅，章固晷言之耳。韓元吉言：「孫洙巨源於佛寺經龕中得唐人所藏古文章一編，莫知誰氏錄也。好事者因以古文苑目之。」韓氏僅謂唐人所藏，章氏因謂為唐人所編別蘦為二十卷，韓氏謂「好事者因以古文苑目之，今次為九卷」，則以文苑所錄文終於齋永明之際，與孔逭時代適合，原書固於百卷，實即章應即隋唐志著錄之文苑或後人傳鈔而謂之古文苑耳。隋唐志皆有孔逭文苑一百卷，孔逭撰隋志又有文苑鈔三十卷南史文學邱巨源傳稱「時又有會稽孔逭亦有文名道抗直有才藻者三吳決不傳卒於衞軍武陵王東曹掾」今古文苑所錄文無一為孔逭所撰，然則此書發所題撰以後誰氏不載文選所不取則以鈔者所見之文耳，巨源所得殊文苑鈔之殘本也。宋史藝文志有孔逭文苑十九卷，玉海藝文類中興書目孔逭集漢以後諸儒文章今存十九卷，賦頌攡銘誄吊書表論凡十圖目錄有舊寫校正皆更姓名題龍朔二年或大中十年書唐秘府所藏本也。曩儀十九卷而為類者亦不知謂集漢以後文章今巨源本有石鼓詛楚等皆為用文盡中興書目據多數言之耳章樵盲附入也玉海謂集漢以後文章今巨源本有出入則兩皆殘卷所關而存各不同十則亦有與巨源本之目與巨源本此而非古本也今源所得之稱此由玉海之偶機前之所言與巨源本論之知文苑鈔一書在唐分寫之本殊亦盛矣者七不知誰氏附之後文章皆附以補其數則更非巨源所得之稱此由玉海之所言與巨源本論之知文苑鈔一書在唐分寫之本殊亦盛矣

熹廟諒陰記事

顧亭林遺著

熹宗經天闡道敦孝篤友章文襄武靖穆勤恕皇帝，光宗皇帝長子，母曰孝和皇太后王氏，以萬曆三十三年十一月十四日生，四十八年八月命擇日立東宮，欽天監以九月癸未上許之。

九月乙亥朔，光宗崩。

英國公張惟賢、太子太保禮部尚書、兼文淵閣大學士方從哲等率諸臣入乾清宮哭臨畢，請見皇長子，良久乃出。羣臣叩頭畢，擁皇長子至文華殿，行五拜三叩頭禮，呼萬歲乃起。

特撰侍李氏在乾清宮，皇長子倘居慈慶宮。勸戚內閣部院大小九卿科道等官，并入內直宿從。

是日賜勳臣英國公張惟賢銀一百兩、紵絲四表裏，公一人，疑不止英國八十兩、紵絲四表裏。尚書周嘉謨、李汝華、採如游、黃嘉善、黃克纘各銀五十兩、紵絲四表裏。閣臣方從哲銀一百兩、紵絲四表裏、劉一燝、韓爌各銀五十兩、紵絲二表裏。鴻臚寺寺丞李可灼銀五十兩、紵絲二表裏，不及部御史抄失之也，更科都給事中苑濟世河南道御史顧慥各銀四十兩、紵絲二表裏。書吳張問達否。

丁丑戌時禮部請冊立長子以庚辰登極，許之。

先是光宗皇帝命冊封李氏為皇貴妃以庚辰日上會駕崩，令旨已允行矣。及擇登極日復用庚辰，因啟二禮難竝舉，命聖澤日冊封而爆侍在先帝特忭龍意，羣臣不欲封之也，因留乾清宮不去。

先一日吏部尚書周嘉謨等公啟請奉梓宮於仁智殿，擇侍移居後殿。御史左光斗又獨上言內廷之有乾清宮，猶外廷

之有崇極殿也，惟皇上御天居之，惟皇后配天得並居之，其餘妃嬪雖以次進御，遇有大故即移別殿，歷代相傳未之有改；今大行皇帝賓天，撰侍李氏既非嫡母，又非生母，儀衛絕居止位，而殿下乃居慈慶，不得守几筵行大禮，典制攸乖，名分倒置，臣竊惑之。且聞李氏侍先皇無脫簪鷄鳴之德，侍殿下又無撫摩鞠養之恩，此其人豈可以我聖朝者在皇祖時請不許即實妃之命，亦在先皇彌留之時，其意可知，且對泣之命行於先皇，將順行於殿下，則尊卑之稱亦斷有不可者，及今不早決斷，將愔愔撫養之名稱之實武后之禍復見於今，臣誠有不忍言者矣，乞殿下城同遺命仍令守禮待之職，或念先皇遺愛姑與以名稱，速移別殿，殿下仍同乾清宮守喪次而行大禮，則當禁清名位正宗社之靈實式憑之。疏未下。

初光宗大漸，廷臣咸集御藥房提督太監崔文昇用藥不效，及李可灼進丸時，上疾已不可為矣，次日遂崩，外廷亦未有言者，而令旨賞大臣銀幣並及可灼，於是人情憤益不平，御史王安舜劾可灼闖進內廷有主持之者，令旨奬許可灼俸一年，而御史鄭宗周劾文昇言態差之漢，擦權禁門，慾醞不測之禍，皇祖仁慈未征厥舉，故文昇今日尤可致之，其所由來漸矣，乞令三法司嚴鞫，有無謀使速情，率下司禮監。

戊寅，有旨答諸大臣及光斗，昆令擇日移宮。

己卯，兵科給事中楊漣迎上言登極已定明日，典膳局太監李進忠劉朝等擅開寶庫盜取珍玩宜以讒斷，速令出宮，韓言官聚集閣中與大臣爭之，從哲等乃具揭言殿下明日鴻成之後即當居乾清宮慾侍必須先移出照，大內仁壽殿規制宏敞，堪以久居，乞即傳示早令搬移，臣等及百官謹於宮門立候批發，漣等相率詣慈

廢涇前候旨司禮監太監王安者，事先帝東宮素不快於魏忠等內應陛上得旨即日移仁壽殿傳光斗諸臣赴闕而入，選侍與皇妹八公主倉皇定移去下劉璿等獄。

庚辰，皇長子即皇帝位以明年為天啟元年大赦天下其萬曆四十六年加派地畝錢糧逋免一年遼東軍民先年逃入虜中或近日被掠者兵部行文捍督鎮巡等官多方招徠有率眾來歸者酌量賞錄。

壬午，禮科左給事中亓詩教請以今年八月朔先帝即位之日為始迄十二月晦祿自元年其七月晦以前俱萬曆四十八年下禮部會議從之。

癸未，司禮監以崔文昇獄上上責文昇用藥不效降內宮監奉御。

甲申，上皇祖大行皇帝尊諡曰敦天合道哲肅敦簡光文章武安仁止孝顯皇帝廟號神宗。

工科給事中惠世揚劾從哲庇文昇及受李選進忠劉璿盜藏美珠主封貴妃罪當誅御史鄭宗周刑科給事中魏應嘉章劾之。從哲再疏自辯乞去不許。

御史馮三元上言李可灼陷先帝於食卒中外人心所共憤捕乃寶天未發旋蒙恩貸臣愚不知此賞為何名也及御史王安舜言之始令尉律臣愁又不知此爵為何名也一事而賞罰並行何以為準可灼不自安丙戌上疏引疾有旨令養病去故事帷九卿得旨養病切灼以小臣得此旨於是輿論益譁然不可解矣。

是日以經筵飭永平兵備山東按察司按察使袁應泰，（原作泰）為都察院右僉都御史巡撫遼東。

丁亥，二皇祖妣孝端皇后尊諡曰孝端顯恭莊惠仁明徽天佑聖顯皇后皇祖妣溫肅蕭端靖純懿皇貴妃尊諡曰孝靖溫

敕,敬議貝慈參天胤聖皇太后。

建言遼東拒兵官李如松遠東河東地,兵官李如楨下獄如柏自經死。

癸巳開京太常寺少卿曾珍上言先帝春秋鼎盛即涉長勇何至一月之間便淹殂落追路沸僞以為姦諂邪謀吳藥雜進伏思二十年忠臣義士受杖受誅以爭冊立者止以先帝故耳此屬久蓄異志必有一逞貪不意食葬之中竟售其計。

陛下先帝發子亦求一問先帝隨歿之辠以報地下之恨乎先是言官論文昇者猶爲頓出入其詞涉疏旋斥言之以爲有言擇侍自經八公主越井者。

十遊矣。

乙未,以西樵臣李起元奏黃河水清三日。

戊戌赤氣亘天。

御史買繼春上言閣臣以爲自古未有新君即位之初首勸主上以遠斥先帝邊遂庶母表裏交擁羅織不休如今日者。

先帝命諸臣輔皇上為堯舜天堯舜之道孝弟已矣父有愛妾其子終身敬之不忘旨孝宗皇帝於萬貴妃人言實付之不聞我大行皇帝之於鄭貴妃也三十餘年天下所共覩目之都而墨心曾無纖芥祖宗家法何不為皇上一頌之乎?先帝彌留之日溯問諸臣言選侍嘗產數貢有効女郎嚴情事草木楊感而況臣子乎受先帝恩禮不薄而玉體

未樂遂不能保一愛姬乎顧閣下委曲調護令撰侍得終天年皇幼女不虞意外則先帝含笑九原而皇上垂芳萬載矣。

左光斗亦上言當先帝上賓之後人心危疑臣隨公跪役有蕭褶宮禁一疏其時俱以安崇廟定社稷爲急不知其他今撰侍既已移宮自當存大體捐小過若復株連蔓引使宮闈不安則於國體不便亦大非臣等言初心也。

時內廷亦知不厭人意辛丑上諭內閣朕幼冲時皇考選侍李氏恃寵屢行毆詈皇母以致懷憤在心成疾崩逝使朕有顏口傳因選李氏毒瘴慈慶宮李氏不自安習居慈慶宮李氏又差至進忠傳每日章奏文書先奏我覽畢方與朕覽仍待

前皇考病〔原作瘴〕篤閣部大臣俱進內間宴撰侍李氏挾朕躬聲皇母以致懷憤封皇后復用手推朕向大臣觀

即日垂驚懼欽自御史有言李氏他日必爲武氏之禍者朕思祖宗家法其嚴從來有此規制各朕今寧養李氏於減

鸞宮月分例供給殘耀俱仰選皇考遺愛無不體恤外廷謀諶李黨喧實未知朕心尊敬李氏之不敢忘也其李進忠等皆係盜庫首犯職明證確自干慧典勿使媒賄嚆當車播弄脫罪卿可傳示該部院嚴行從哲等具揭封邊有旨李

氏遇黑多端未及盡悉朕意不伸泳言奕翩其卽行發抄使天下知之

從哲等上言選侍李氏平日怙勢張威得罪聖母不惟樂心含窺抱痛無以自伸臣等閒之亦不勝悲憤。但事抄宮闈不宜宣洩且皇上既仰體先帝遺愛牽養不缺尊敬有加傳之外廷誰不贊揚聖孝似不宜又暴其過黑以掩盛德,

讓也。臣等慈見如此故一時未敢抄發茲復蒙皇上面諭切實不勝悚懼除率旨傳示外廷并督抄外願異上始終以先帝垂愛曲賜保全皇五子並三位公主時時顧念務令得所則李慈兼盡聖德彌光矣。上曰卿等奏具見忠愛朕弟妹皆骨肉朕主豈豈不注念皇考撰侍李氏已移居噦鸞宮撫養所生八妹嬅侍李氏居噦鸞宮撫養皇五弟撰侍傳氏居昭

俯宮撫養所生朕六妹七妹俱有隨從宮眷各衙門月分年例養贍錢糧俱從優厚分給得所昭朕仰遵皇考填愛篤念

湔親之意特諭卿等知之。

先是,兵科給事中姚宗文閱視遼東還奏熊廷弼隳壞敗狀廷弼疏辯乞去御史馮三元劾廷弼辯言欺君庸才誤國下

九卿科道會議廷弼請勘御史張修德刑科給事中魏應嘉復劾之,命廷弼解任回籍聽勘。

冬十月,甲辰朔,乙巳兵部尚書黃嘉善罷。

丙午趙神宗顯皇帝孝端顯皇后於定陵。

辛亥以袁應泰(原作秦)為兵部右侍郎兼都察院右僉都御史經略遼東。

廷弼在遼東一年自負其無大失導速疏與言官相訐乞令馮三元張修德魏應嘉至遼行勘從之,兵科給事中楊漣御史吳應琦等奏以為自古無言事之人即勘所言之事者必更紛囂有傷政體不聽大學士方從哲等復言之改遣兵科給事中朱童蒙往。 勘日

甲寅命行人徵聘輔臣向高朱國祚史繼偕崔景榮入閣。

以廵撫遼東兵備山東布政司參政薛國用為都察院右僉都御史巡撫遼東。

添設兵部侍郎二員。

己未上皇考大行皇帝尊諡曰崇天契英睿恭純憲文顯仁懋孝貞皇帝廟號光宗。史諱在己丑,乃九月十五日。

辛酉申旨以禮部侍郎者孫如游兼東閣大學士入閣辦事以酬其山陵典禮之勞也御史賈繼春等吏科都給事中薛鳳

翔等合疏爭之，戶科給事中王繼曾復言中旨不可擬出不聽。

甲子免雲南貢金二千兩。

丁卯災變宮災，上諭內閣皇五弟、諸公主居易勤宮相隔甚遠，已差人守護噸譁宦官雖較選侍李氏暨皇八妹俱無恙。

特諭卿等知之。

南京御史傅宗皐上疏論崔文昇因言先帝長君踐阼鄭貴妃以皇祖煩御留止宮中不聞引避疑有隱謀請收侍御之

人下獄窮治不許。

以摠督宣府大同兵部右侍郎兼都察院右僉都御史崔景榮為兵部尚書。

十一月朔甲戌丙子上臺批元妃郭氏尊諡曰孝元昭懿哲惠章仁合天弼聖貞皇后皇妣才人王氏尊諡曰孝和恭獻溫

惠慈懿天翊堲皇太后。

自萬曆中年上深居大內不其省覽文書羣臣章奏往往不待旨即發抄其所彈劾大傑有不斥言職官姓名而微辭曲

指欲人尋思而得之者其意不必上聞也使受劾者自悟以激發之是時吏部尚書周嘉謨戶部尚書李汝華並以言

者所上目近日大臣紛紛求去厘旨慰留逼不遺承成何政體新政之妱方倚任老成目卿等侍先帝歷几言猶在耳

安可慊然大臣愛君體國豈當如是倘嚳周嘉謨李汝華可即出視事言官論人毋得過意訾毀以後章奏宜明白簡易

諫事直陳無得過為合糊爽或聽開申申犯灰山蒲河掠兵官資世賢拒却之

辛卯賜袁應口（當是泰字）尚方劍

熹廟諒陰記事

六七

贈故輔臣王家屏太保階一子尚寶司丞。

刑部以盜寶獄上有旨劉遷王永禧洮淮忠義昇鄭隱山等並斬餘發充軍尚書黃克纘執奏不聽。

是月南京單士揆賞政陳焚科臣晏文輝公署。

十二月，甲辰朔，丙午進司禮監太監盧受王安御用監太監王之元於京師順天等處司禮監太監李實內官（原作監本）監馬鑑於南京應天鳳陽淮安徐州河南等處選淑女。

工部請鑄泰昌通寶錢從之。

自移宮之後連光斗等自謂有功新主已而流言繼繼謂上以諒醫之初不能諮先帝一疾諭旨既宣其中語不無太甚，人益以為疑邃乃上疏自明乞加恩李氏并傳示中外以定人心上曰朕內登極務官事情不獨科臣所親見亦大小文武臣工所共見者歸奏甚愜朕心傾令昭示中外以釋羣疑楊漣當日竭力憤爭志安社稷忠直可嘉所請加恩已知悉三日遂論自官近日護言叢生猜度益甚必至以盜犯之酰傳為異日之實錄如科臣楊漣所奏者朕不得不申論遣官始末以釋羣疑九月初一日皇考賓天文武大臣科道等官進宮朕突臨無請朝見朕李選侍將朕阻於煖閣卿等再四奏請欲朝見朕不可得當時司禮監等官設法請朕出面見大臣李選侍許而復悔及朕出又使李進忠請間如此者再三不放出煖閣司禮監等官又奏大臣朝見畢即回選侍方許朕出大臣從前導選侍又使李進忠等將朕衣裾扯住不放若非司禮監奏請朕前進不可退又不能出見大臣矣及至前宮門選侍又差人數次要朕還宮不令朕御文華殿卿等詛見當日事勢安平危乎當遷宮乎不當遷宮乎前者刑部暨各衙門欲行庇護之私因借安攤侍

為題，自使是非混淆宜所不寧輔臣義在體國為朕分憂何不代朕傳諭片言屏息紛擾君臣大義何在又日朕自慈慶宮至乾清宮恭視皇考入殮（原作歛）選侍又阻朕於殿閣不妨出入司禮監王體乾等奏大臣在前窂閉恭候請畢間，選侍不聽王體乾等奏三四次方許朕出殿閣初二日朕至乾清宮朝見選侍畢恭接皇考梓宮於仁智殿縗絰行禮畢乘侍差人傳諭朕必欲再朝見選侍方許間慈慶宮從大臣科道等官皆所親見一朝不已至於再朝是咸挾朕貼欲垂廉聽政之意朕蒙皇考選侍照有朕不在假宮居住其飲膳衣服皆係呈祖皇考所賜與選侍無干只每日往選侍宮中行一拜三叩頭禮因不在假宮中住選更深探其侮慢陵虐不堪朕晝夜婦泣六七日此內臣宮眷共見而不忍言者皇考自知脈與李選侍為誤每日自來勸朕見朕婦泣不止使各官勸解朕惟每日往朝李選侍以選皇考之命福在手朕亦無如之何矣選侍因殿期朕聖母自知有罪使宮眷王講花等時來採聽不許朕與聖母下先任各官交一言如有舊人來問朕安去電處此朕葺蓍蓮外廷不能盡知朕今奉養李選侍皇八妹飲食衣服無項而不居者此於親賬自有分別選侍所行極奉極慘之事朕葺蓍諭閣臣不令發抄若選侍不早則選侍豈成列咸福俱從優厚且安享無恙各官何不為聖母之勢由選侍之殿各官奈何不為聖母只為選侍父母之誰不共戴天朕亦加選侍之封號以慰聖母在天之靈俸養選侍之優厚以遣皇考之遺意大小臣工何不深加體察乃至私於李選寶備朕貼欲出一嚴旨切責內臣執奏諸臣奉皇母之崩由選侍之殿各官奈何不為聖母只為選侍恩病而逝將用人以扺命乎將歸咎於朕乎堂堂天朝將人在冲齢外廷疑為中旨喧論不休且不深究即等可傳諭自官其務和衷以供乃心毋得背公禮黨自取罪戾太監閣，搆入朕在冲齢外廷疑為中旨喧論不休且不深究即等可傳諭自官其務和衷以供乃心毋得背公禮黨自取罪戾太監等不敢朕等之筆也。

部伺諧黃克纘上疏諫。上曰朕之傳諭本不得已卽非黨李氏之人而矯口偏執不願若父亦多有之其毌乃鳳勿多言。

御史王業烓上疏言鄴諭傳宣中閒述龔侍姶末及粉宮一事其中語意不無可酌伏祈頓更出明綸與中外共聽或暫以還前諭任閣臣等商定而後播傳夫龔侍貹爲寵嬪今則子爲一婦人耳當嬂鷟之火而無虞而皇上之所獨知也伏願皇上返乃極敦厚四舉朝何有頏言乃皇上之心亦甚覺有不安而閫論泄論一論再論者何居乎

思者一先帝育宮熹德仁孝凤聞一月當陽千古讃美何至以一女子而移著注之褥如論中瀆與照臨及嚴期等語天下萬世不察則先帝止慈御家之盛德豈無少損且睽人何必至此伏願皇上慎重者二天祚毋則起自䊷絀和懿德

商越后妃篤生聖嗣分素定何至以房闥之糾橫來批頰之咒在選侍即死有餘辜在聖毋則豈妃龍伏願皇上斟酌者三父毋之讎不共戴天凡在臣子咸切同仇之義而鄴諭主此且曲處如此則前此之簫消既末得鳶義之盤今此之傳厚亦未得爲仁之至皇上將何居爲且外廷臣工比肩共事一主討離問逆巳矣而皇上揩弉者四奏入不省。

方從哲以人言裹疏乞伏進中極殿大學士就第賜銀一百兩絑緞四表褢大紅紵絲坐蟒一龍藤一子何賓司司丞

壬戌御史焦源溥上言君臣父子夫婦謂之三綱光宗皇帝神宗皇帝之元子也爲元子者爲忠則爲福藩（播）（原作者非）

忠孝瑞孝靖神宗皇帝之后也爲二后者爲忠則爲李選侍者非此今日君臣父子夫婦之定案也當先帝御極之初忽傳浬祖封后之命及詢䡍不得加諡恣進矣張差之棍不中則投以臙色之劔崔文昇之藥不淹復此以李可灼之九

先帝欲諱言進御之事，遂甘蒙不白之冤，近見南寺臣升暹未明一疏，無不入痛哭流涕，豈非上獨不動念乎故臣以為鄭鳌性之都督必不可不奪也崔文昇必不可不殺也人臣無將將則必誅為司寇者豈不聞此大義而一疏再疏極為開釋若以縱放大逆為持法之平是張逆當廟食廡保劉成當追贈而先帝宜有此一揭之舉一朝之媯矣蓋肖神宗朝羣臣萠册立者多杖譴以去天下側目貴妃久矣諸人欲一旦而反之屬天子幼沖宮中多有嫌隙將興大獄以重外臣擁立之功及頒蟒上疏姑以三軍卒合為一至發揚先帝燕私而有所不顧於是三案之形成矣上曰此往事不必深論然以諸臣言之不已降文昇淨軍發往南京孝陵種菜。
兵科給事中楊漣先上疏自明被旨嚴譴過當人謂其純王安以取旨歎發者。工科給事中孫傑上疏言先帝賓天不幸有此宮闈之變人臣主不過存此忠藎之心願皇上慎勿歸臣下以功此之功也尤願皇上憫勿疑外廷此黨之名國家不可有之名此之功恐初緣於一事後遂曲借之以為朋愛憎之變翻覆因之而禍且中於國矣上亦內不自安乞歸疏再上許之。張鑑明兆於一言，或即陰操之以為朋愛憎之變翻覆因之而禍且中於國矣上亦內不自安乞歸疏再上許之。
刑部尚書黃克瓉疏辯上切責之。
辛未上諭百官朕自御極以來祗環皇考遺訓凤夜縈繫所頼內外臣工協力同心率公守職二三大僚忠君體國衰辭諸屬輔臣如游首聞何乃以浮言求退使朕不得任用一人倚眷嘉謨克贊一事小嫌何難消釋憤爭求勝之圖忘國厚恩顧朕幼沖賫以無人臣禮亦復何顏歲除在即三臣宜速出視事不得更有瀆陳朕又飭科道各官章奏併連求去國大臣爵位已極一去何難皇考顧命諸臣荃以佐朕新政豈兩朝置懷之餘遂為乞身自便之圖忘國厚恩顧朕幼沖賫以無人臣禮亦復何顏歲除在即三臣宜速出視事不得更有瀆陳朕又飭科道各官章奏持心

公平者固多意見偏私者不少，亦因大臣身家計重可以浮言搖動，以致國是溷淆，人心惶駭，朕奉祖宗法度不能坐視紛囂以亂朝政。特茲再加申飭，以後大臣進退取自上裁，小臣去留悉聽部議，如有不奉明旨擅自去職及挾私逞意顯興擠排者，下廷議治罪，朕無戲言，毋貽後悔。

如游九懇天恩允放流云，科臣楊漣語臣曰，漣多宮一箭，有疑交通於內者，更謂漣出吾師之門，疑特讒亦漣為之地，口克纉以同鄉張維樞陪推一事，與嘉謨有冒口，次年二月，以年例出孫國楨為僉事，王業浩亦以病乞歸。

昔年欲撰兩朝紀事先成此卷，所本者先大父當時手錄邸報，止紀大事，其餘逐月日多有未詳。別蹟天啟以來人家所藏報本，歲月相續幾於完備，尋為友人潘楫章借去，炎武既客遊，楫章遭禍以死，其報本亦遂失之，求諸四方不可復得，後之傳者日遠日譌，炎武自度衰老不能成是書，而此卷為熹宗初政三案之發端，具為復不可泯，因錄存之，名曰舊廟諛陵記事，始泰昌元年九月，終十二月。

膚淺小書

余前論韓非所言三墨以莊子稱鄧陵為南方之墨推之，則臣覽所謂東方之墨秦之墨合之莊子所言則三墨也，即談辯諸書從事為三派，惟於相里伯夫二家未定果孰為東墨孰為秦墨，今以莊韓二書究之，莊視韓有相里無伯夫，莊不應遺東墨不論，則相里伯夫自應為秦墨也，蓋伯夫為莊從事一派不重理論，不在誦墨經而倍譎不同之列，故莊書遺之，而韓則備詳流別故著之，或秦墨之起稍後非莊子所知，惟韓非較晚乃及言之耳，是相里為東墨伯夫為秦墨乃理之固然，無待別為論據也

重印周易變通解序

熊子真

易之為書廣大悉備所謂範圍天地之化而不過，曲成萬物而不遺是也。蓋嘗說易有三義。余初取漢易如秤在手不可與物易而變易是舉體成用於變易見不易是即用識體此義深談在新唯識論持此以抉擇梵歐玄學如秤在手不可與物低昂大哉易也孰得而違諸夫易至十翼而始備十翼義理則孔子所發明也故言作易者必歸之孔子微孔子則易猶滯於占卜而不焉得為哲學界獨步永頼之根本大典耶孔子既作易七十子後學派相傳述遂為儒者宗老聃得孔氏之旨而別有會心乃創立道家之幟以自異於儒故易自孔子後始分二派曰儒家之易此正統派也曰道家之易此別派也舊說孔老同時有老氏為孔子師今人多歎其說之不足據而謂老氏後於孔子但無謂老氏之學出於易者余謂老氏當獨後於孔子而前於孟子其學實本於易習略說見語要卷一答意大利人書中儒家體乾而貴剛健故說行健不息老氏法坤而守虛靜故曰綿綿若存此儒道二家所為異也道家之易其後薄微僅得王輔嗣為能衍柱下之神周元公則援道以入儒也儒家之易其疏甚廣綜陳大別勰分漢宋漢儒務守師說有保存古義之功後來學者每病其滯入晦周陰陽讖顧緯非讖比時有微言大義足資深究蓋十翼之支妍識則純為吾國天算大發明家而醖潜子嘗著太玄超然獨步張衡平子神解俊拔為誣安漢儒始易其思想盡有大部分溢入晦周陰陽緯人難論陰陽之事其崇信篤深可見顧子雲從數理闡易學者非通律曆則難讀其書玄經於後儒無甚影響是故出輔嗣神解草特獨出兩漢經師蹊徑之外乘智距而印玄闡堪與子雲異曲同工唐代義疏雖宗輔嗣鮮有發明爰及

宋儒風不變，濂洛關閩諸大師迭起，為學貴創獲而不以墨守傳注為實踐，而亟以馳遠虛玄為戒，故其治易也，一方面起脫漢師，一方面排斥輔嗣，其精神氣魄，不可不謂之偉大。唯然故人自成說家名為學，如周濂溪邵堯夫張橫渠程伊川朱漢上朱晦翁皆精思力踐各有獨到，夫漢世諸師，無弗雜陰陽家言者，迹其繁賾名相之排比與穿鑿，本旨可謂無闕。但間存古義，猶足珍貴。宋之諸師，其言皆根於踐履，雖復不無拘礙，要其大較歸本窮理盡性至命之旨，而證天地神化於人生日用之中。則十翼嫡嗣也，自宋迄明言易者大概無出周程諸賢之軌範，而易家自是有漢學宋學之分。晚明有王船山作易內外傳宗主橫渠而和會於濂溪伊川朱子之間，獨不滿於邵氏，其學生以箴砭明有以厚空無主勸以起頹廢，率性以一情欲論益恢宏矣。然其骨子裏自是宋學精神，非明者不辨也。其於漢師固一切排斥，不遺餘力也。當有明季世諸大儒并出，燕慎萬為學期諸溢有用，而亟懸王學末流空疏之弊，博以上及兩宋清儒繼起，本無晚明諸老精神，而徒以抨擊宋學為識志，用漢學高自標榜，則諸老所不及料也，於是治易者上稽漢師俯視宋明諸師，以謂非獨耳濂溪與邵氏之圖，尤受攻詆，蓋自恃以求學者尊漢抑朱之積習牢不可破。不獨於易學為然，其治羣經皆然風會騖變，一徃一復當其運變之勢已成而不可禦，乃若有大力者負之而趨也。非夫豪傑之士曠然能岸然拔出於時風眾會之外，自抒所見自行其是，而一無所鉗敝耶。同縣萬樹辰先生著有周易溪通解，不肯時聞先父其相公常讚揚先生濟德睿思，謂其治易不囿於當時風會，頗參稽漢宋而一證以已之所神悟獨得，未嘗騰於經悎者，此其命世獨立者乎。惜其書為當時漢學風氣所掩，罕行於世，鄉里後生或莫能舉其涯字，可慨也已。予小子聞而識之，不幸早失怙恃，流離四方，顧未得讀先生書。丁丑夏先生從曾孫耀煌武樵始重印先

周易變通解魏輔宸序

余以蜀人家居時嘗欲一觀來氏求變遺迹,未暇也。泊司鐸臨江,去求溪甚近,欲一觀遺迹,亦未暇也。時諸生以易問難義理則本諸程朱象數則取諸來氏以來說人久信從也及筮仕至楚與天下名流交言易者多崇來說矣。乙亥攜棨篆賭後置棨文局刊各經本取來說數條冠諸簡端示多士以玩象尋徑來子之易誠家喻而戶曉者矣。學博萬君樹辰贈所注易一部合餘讀之亦象數之言也來子以錯綜變互四者言象學博之注亦言錯言綜言互與來說同惟來子所謂之覆名不同而實同焉其大不同者來子不宗卦變學博則專主卦變且以變通解名其書學博之主卦變也引孔子鼎彖異而耳目聰明柔進而上行為鼎自巽來之據鼎有自來之卦卦各有自來之卦又可知也大約學博之注其要歸在以孔子之傳釋文王之經凡漢宋之說合此者從之不合者不從,所注雖近漢易而實無漢宋之見存諸胸中也。余潛謂漢人說經惟易得孔門傳授與他經不同而漢易又分兩路,

生易書於漢泉羅田王葆心先生為之序只印千冊余時讀學北庠亦未得見今冬武樵函余將再重印先生書於成都謂余不可無一序余追憶趨庭音旨忽忽五十餘年弦然不知娣之所自又念武樵以書生為當代名將能守其家學一再重印先生遺著昔船山幽晦曾公以鄉邦後學傳其書而先生更有賢裔視船山尤幸矣天之著斯道以無負明哲其所以酬之者謂可度哉余是以志其固陋而序之云爾

中華民國三十一年十二月十五日同縣後學熊十力序於陪都近區北碚實廬

西漢人專以氣言易，東漢人兼以象言易，氣者消息之說也，西漢之易至晉已亡，惟存孟氏數語孟謂易所言皆氣，而後以人事明之，即孟氏此語思之則施氏梁邱氏之說概可想見矣，夫易道廣矣大矣消息者其一端也，而孔子當日惟以此一端授受必以此一端授之至精者也至變者也至神者也。孔子曰若子何消息盈虛天行也果有體易者於其消息之意者損之益者剝之虛者復之自足範圍天地之化而不遺蓋窮神知化本聖人之實事，而消息之實功也，自漢人傳之徒以應候之風雨寒溫爲占驗之小數，夫豈孔子傳授之本心乎？此卷於易之言消息者仍以消息注之，坤四文言注之天地變化草木蕃天地閉賢人隱獨以壯觀二卦消息言之誠能決經之心候卦向謂冬至起中孚注獨闢易緯之誣從虞成荀虞之說謂中孚爲消卦之終復爲息卦之始不又爲古今之言消息者決一大疑案哉學博爲余言易中莽寒解蠱斯實諸卦皆思之數年然後下筆其矣注易之難也此注語語從心得其尤著者若參伍錯綜之義他書以圓圖了之者此獨探筮法以明之離卦不反對之卦他書以錯誤疑之者此獨探義圖以辨之義皆確實可據蓋此書精處在以孔子之傳釋文王之經乃以經注經者也夫此體製亦創自漢人也昔費直以象彖繫辭文言解說上下經及荀爽性易又惟以十篇之文詮證經義費荀在漢豈胸無積卷哉夫亦謂三代以下之言諸子百家之說不明大道不足引以解易故上下經義惟證以十翼今學博之注復與古合則根據之確莫善於此將見此書之行亦與來子之易家喩而戶曉者相等惟來子以二十九年之功上休國恩餉以清秩蒙以厚清稽古之榮干載僅見今學博垂老閒曹甚寒署冷姓名不出於鄉邦論說祇行乎庠序撫今視昔榮瘁殊焉而余又自慚卑下不能使此書上之九重入之四庫與來說並傳臨文之下不禁感

七六

周易變通解萬澍辰自序

三十年前習科舉不能專心讀易，易象雖不通心知象有確義，非同詩之比與也。癸丑自都南旋適世變盜賊如毛，逃之深山以讀易爲事藉以釋憂也。一日玩泰蠱乃知象出揣變乃悟繫傳聖人設卦觀象繫辭焉而明吉凶剛柔相推而生變化斯言也聖人作易之本也剛柔相推著推而行之之道也而生變化者化而裁之之變也通則必變故大傳言變者多言通也易有一卦止取一卦通變者有一卦兼取數卦通變者所謂變之以盡利鼓之舞之以盡神也夫聖人作易不以本卦取象必以通變之卦取象者易以藏往知來惟通變始有往來且卦爻若無動幾則亦無象可觀無辭可繫聖人設通變之卦正所以求卦爻之動者也余曾謂之動傳曰推而行之謂之變在其中矣聖辭焉而命之動在其中矣此之謂也澹家自明代以來積卷頗富兵燹既與蠹字無存乙卯丙辰所注粗就深山中得虞氏易讀之私喜所見與盧說多同而九六之說則自仲翔啟之者也然是說也初囿於殊塗一致而百慮天下何思何慮者也爲以乾坤首之者元亨之義也以既濟定之者利貞之義也元亨者天道利貞者天道乾坤變化各正性命保合太和乃利貞各正性命者天道之利貞保合太和者聖人盡人以合天聖人之利貞也易於相錯兩卦凡陽息者一曰元亨利貞一曰元亨不日利貞蓋其陽卦貞

觀彖之矣。

為既濟則曰元亨利貞其陰卦變為未濟則曰元亨不曰利貞此義數千年從無發明之者讀易之久驚其言陰陽
消虛消息者皆本乎天其言方位則本後天古無所謂先後天古之消息卽所謂先天卦陰消息以其為日月為
消息之體消息十二辟卦先天六卦所重者伏羲十言乾坤震巽坎離艮兌消息讀先天一圖也而本朝先儒顧氏
炎武惠氏定宇謂先天圖宋人偽作易以道陰陽正以發明此圖徐使兩漢以來果無一人言此圖漢時原有又悟左氏
之說又烏從而證其非哉續取漢人易說讀之而荀氏慈明及九家已言先天卦位可見此圖漢時原有又悟左氏
風行而著於土山嶽則配天及川壅為澤震之離亦離之震皆以先後天卦位合言故撰此注多言先天又多以先
後天合言傳曰八卦成列者圖也易象出於卦圖離圖以言象象何所本乎先天一圖者聖人作
易之本也今人之言易不外錯綜變互四法而撰之注易獨言連變言貞九六言消息卦氣言先天義言先後天合用，
奧今人之言易不同然非一已之私也易所固有之義也此注詆於癸丑迄於癸酉揃凡六易注乃粗成不敢言所
注有當於易特以二十年研說之功不欲盡取經寫成卷藏諸家塾以為讀之易學如是已爾崇邑諸神勸以授梓，
且捐資以成其事此則諸神之羽翼聖經而通以彰饗之誠豳者也海內之大鴻儒正多若大人先生賜以披覽不
情鷙其迷而匡其謬則為此注之深幸而或且暮遇之也。

月令之淵原與其意義

蒙季甫

月令一書先儒蔡誼蔡伯喈撰撰明堂月令論謂「因天時制人事天子發號施令祀神受職每月異禮故謂之月令所以順陰陽奉四時効氣物行王政也成法具備各從時月藏之明堂所以示承祖考神明明不敢擅饗之義夏小正夏之月令也殷人無文及周而備宣周公之所著也案相臣不韋著書取月令為綱號淮南王亦畝以為第四篇改名曰時則故儒之徒或云月令臣不韋作或曰淮南皆非也」此尊月令以為周公之書者也鄭玄三禮目錄云「月令者以其記十二月政之所行也本臣氏春秋十二月紀之首章也以禮家好事抄合之後人因題之名曰禮記言周公所作其中官名時事不合周法此於別錄屬明堂陰陽記」此抑月令以為臣不韋作者也孔穎達正義申鄭義云「按臣不韋集諸儒士著為十二月紀合十餘萬言名為臣氏春秋篇首皆有月令與此文同是一證也又周無太尉唯秦官有太尉而此月令云乃命太尉此是官不合周法二證也又秦以十月建亥為歲首而月令云為來歲受朔日即是九月為歲終十月為授朔此是時不合周法三證也」孔氏後又自毀其說曰「然按秦始皇十二年臣不韋死二十六年并天下然後以十月為歲首歲用十月時臣不韋已死十五年而不韋不得以十月為正」又云「周當先有月令何得云臣不韋所造又月色此是事不合周法四證也」孔氏雖申鄭義而終不敢自堅其說故兩疑之也今考月令一書求原實古而綜合三種以上之書而成今之月令則當在周秦之際明堂政怡照想歲祭并天下立郡何得云諸侯又秦以好兵殺嗜毒被天下何能布德施惠春不興兵」是孔氏雖申鄭義而終不敢自堅

一、月令之淵源

行之時難非出自不韋之手,亦當其時儒者發舒其政治思想之書也茲分述之於下:

古者必有以星象紀課候之書故詩「風」云「七月流火,九月授衣」傳云「九月霜始降婦功成可以授冬衣矣」桓五年左氏傳曰「龍見而雩」又莊二十九年左氏傳曰「凡土功龍見而畢務戒事也火見而致用水昏正而栽日至而畢」又昭四年左氏傳申豐曰「古者日在北陸而藏冰西陸朝覿而出之火出而畢賦」昭十七年有星孛於大辰公羊傳「大火為大辰伐為大辰北辰亦為大辰」國語周語號文公曰「農祥晨正日月底於天廟土乃脈發」單子曰「夫辰角見而雨畢天根見而水涸本見而草木節解駟見而隕霜火見而清風戒寒故先王之教曰雨畢而除道水涸而成梁草木節解而備藏隕霜而修城郭宮室故夏令曰九月除道十月成梁其時儆曰收而場功待而畚挶營室之中土功其始火之初見期於司里」凡此皆因天時制人事者也其日先王之教曰夏令日時儆則必為以星象紀課候之書也其書今已不傳莫見其制惟大戴禮夏小正一篇可略見其影響。

按夏小正一書朱紫陽疑為迂儒之筆非孔子所見夏時本文戴震書補傳云「堯典曰中星火星虛星昴此列宿之舉目可見千百年乃覺其大差隨時為書以示民者也二者相為經緯唐虞變者也星為星火星虛星昴此列宿之舉目可見千百年乃覺其大差隨時為書以示民者也二者相為經緯唐虞時變者也」今日所見夏小正與堯典多合其孟春日在營仲春在胃季春在參夏小正三月參則伏以日所躔故伏而不見也稽諸古籍惟夏小正與堯典多合其時未其相遠至周則恆星東移已及一次春分日躔降婁月令仲春日在奎昏弧中周末然也今則又移一次矣據守

堯典星象爲首，二萬五千四百餘年乃復此象。夏小正四月初昏南門正，閏兩大星橫亢下，爲星次也，開門正則謂星正值午位矣，五月初昏大火中大火心，中夏夏至日躔鶉火，故房心畢中夏夏至日躔鶉首，周初日在柳月令仲夏日在東井昏亢中夏小正其象合，至仲夏與詩合夏小正初日在柳月令仲夏日在東井昏亢中夏小正其象合，至仲夏與詩合夏小正八月辰則伏九月辰繫於日心爲大辰秋分以後日所躔之宿也與堯典合周初日在氐月令仲秋日在角昏牽牛中周末傳玄謂秋正十月織女恆降囊値子星紀必値卯所在之次也仲冬日在玄枵昏婁中也唐虞時冬至日躔星紀周初日在牽牛月令也十一月則日在玄枵昏營室中周末然也鄘風七月流火則因大月昏火中矣月令言於季夏與詩合夏小正也。臣氏春秋古樂云「黃帝又命伶倫與榮將鑄十二鐘以和五音以施英䪫以仲春之月乙卯之日日在奎始奏之命之曰咸池。」夫堯之時仲春日在胃鄘不應黃帝時反在奎此以秦時之天象而說上古之天象之誤也凡漢魏儒者見月令中星不同堯典皆曲爲之說云「堯典蓋見星房虛昴居四方七宿之中故曰中星」者二孔與王肅通也。元史天文志云「天之分常有餘分太弱爲作乾象術減歲餘分二千五百爲二千四百六十二至賈逵善何承天祖沖之洪姤減當有差因立歲差之法其法損歲餘益天周使歲餘䆮弱周䆮強爾相減因得日躔歲退之差」是歲差之法創自晉宋間非秦漢迂儒所能僞作晝如僞作自亦當如呂氏春秋以之法創自晉宋間非秦漢迂儒所能及知則堯典夏小正決非秦漢迂儒所能僞作

月令之淵原與其意義

八一

秦之天象說上古也故大衍術謂夏小正爲羲和遺跡誠不爲誣而朱子疑之謬矣。

凡夏小正十二月所記除星象外則爲應時之農事如正月有農緯厥耒農率均田豐及雪澤初服於公田二月則往耰黍禪糵菫采蘩時有見稊始收三月則攝桑妾子始蠶祈麥實四月則采荼五月則乃瓜啓灌藍蓼賣梅菽糜六月則煮桃七月則灌荼八月則剝瓜剝棗栗零十二月則納卵蒜是也亦兼及王事如九月王始裘十一月王狩是也亦及宣事二月綏多士女丁亥萬用入學二月頒冰八月鹿人從九月主夫出火十一月齊人不從十二月虞人入梁是也而大體以農事爲主其他則紀自然界所表見之時候如雁飛雄雉鞫榮桃華之類絕無一句及於陰陽五行之方色氣臭及天子諸侯之祭祀狩獵者蓋小正乃古歷官授時之書固不及於此也今以小正所記按之月令雖不盡合而大體則悉備於月令之中是月令有取古以星象紀課候之書如夏小正之類也逸周書時訓惠以自然界所表見之時候紀二十四氣之目不具見於古書即月令亦偷未具而時訓且又周書解云一仲冬昏卯畢見。所言星象與堯典合蓋可疑也。大約時訓成書必不甚早）祗具時候不旁及五行陰陽明堂政事猶不失古課候之面目也。

白虎通五行篇以金水木火土配四時五方以十二律配十二月，有五色五音五帝五神五味五臭之屬茲具表於下。

春 東方	正月	少陽見於寅 律中太簇 其日甲乙，其色青，其音角，其帝太皞，其神句芒，其精青龍，其味酸，其臭羶。
	二月	壯於卯 律中夾鍾
	三月	衰於辰 律中姑洗
夏 南方	四月	太陽見於巳 律中仲呂 其日丙丁，其色赤，其音徵，其帝炎帝，其神祝融，其精爲鳥，其味苦，其臭焦。
	五月	壯於午 律中蕤賓
	六月	衰於未 律中林鐘

秋 西方 七月 八月 九月 少陰見於申 壯於酉 衰於戌 律中夷則 律中南呂 律中無射 其日庚辛，其色白，其音商，其帝少皞，其神蓐收，其精白虎，其味辛，其臭腥。

冬 北方 十月 十一月 十二月 太陰見於亥 壯於子 衰於丑 律中應鐘 律中黃鐘 律中大呂 其日壬癸，其音羽，其帝顓頊，其神玄冥，其精玄武，其味鹹，其臭朽。（按此當有其色黑一句）

土為中宮 其色戊己，其音宮，其帝黃帝，其神后土，其味甘，其臭香。（按此亦當有其色黃一句）

按此惟紀方色與味聲音精神而不及時候政事，此陰陽五行之說起因陰陽之大順亦古人之大事也。月令取以分系於十二月之首，每一時凡三見，知月令此類之文，則取之於陰陽五行者也。

春秋繁露治水五行篇紀四時之政令，茲表之於左。

日冬至七十二日木用事其氣燥濁而清

行梁惠 挺羣禁

至於立春出輕繫 去稽留 除桎梏 開閉闔 通障塞 存幼孤 矜寡獨 無伐木

七十二日火用事其氣慘陽而赤

正封疆 循田疇

至於立夏舉賢良 封有德 賞有功 出使四方 無縱火

月令之淵原與其意義

八三

七十二日土用事其氣溫潤而黃

養長老　存幼孤　矜寡獨　賜孝悌　施恩澤　無興土功

七十二日金用事其氣慘淡而白

修城郭　繕牆垣　審羣禁　飭甲兵　警百官　誅不法　存長老　無揉金石

七十二日水用事其氣清寒而黑

閉門閭　大搜索　斷刑罰　執當罪　飭關梁　禁外徒　無決池隄

又五行順逆篤亦與此大同則具體而未備茲亦表之於左。

未者眷生之性農之本也。

勸農事無奪民時使民之力歲不過三日行什一之稅，進經術之士，挺羣禁　出輕繫　去稽留　除梗楛

通障塞開門閭（當作閭）

如人君出入不時去狗試馬馳騁不反宮室好淫榮飲酒沈湎縱恣不顧政治事多發役以奪民時作謀增稅以奪民財民病疥搔為體民胕痈。

濟漢書五行志注引倚書大傳琪範傳云田獵不宿飲食不享出入不節奪民農時及有姦謀則木不曲直。

書五行志曰若迺田獵馳騁不反宮室飲食沈湎不顧法度妄興繇役以奪民時作為姦謀以傷民財則木矢其性矣皆與此同。

火者夏成長本朝也。

舉賢良通茂材官得其能任得其力，賞有功，封有德，出實賙，振困乏，正封疆

如人君惑於讒邪內離骨肉外疏忠臣至殺世子誅殺不辜逐忠臣以妾為妻棄法令婦言是用政賜予不當則民病血壅腫目不明。

《漢書》五行志注引倚書大傳供範傳云棄法律逐功臣殺太子以妾為妻則火不炎上漢書五行志曰若過

僭道不篤或爐虛儒讒大昌邪勝正則火失其性矣皆與此同。

《漢書》五行志引倚書大傳供範傳曰治宮室，飾臺榭，內淫亂，犯親戚，侮父兄，則稼穡不成漢書

五行志曰苦週奢淫驕慢則土失其性皆與此同。

土者夏中成熟百穀君之官。

惰宮室之制　謹夫婦之別　加親戚之恩

如人君好淫泆　妻妾過度犯親戚侮父兄歉罔百姓大為臺榭五色成光雕文刻鏤則民屑心腹宛黃舌爛蒲。

命者秋殺氣之始也

建立旗鼓杖抑旄鉞以誅賊殘禁暴虐安集（脫二字）故勸衆與師必應義理，出則祠兵入則振旅以閑習之，因於搜狩存不忘亡字不忘危　修城郭　繕牆垣　審辜禁　飭甲兵　擊百官　誅不法

如人君好戰侵陵諸侯貪城邑之縣輕百姓之命則民病喉欬嗽筋攣鼻塞。

八五

圖書集刊

續漢書五行志注引倘書大傳洪範傳曰好攻戰輕百姓飾城郭侵邊境則金不從革漢書五行志曰若逆含然怠睢務立威勝不重民命則金失其性皆與此同。

水者冬藏至陰也。

崇廟祭祀之始敬四時之祭袷昭穆之序天子祭天諸侯祭土　閉門閭　大搜索　斷刑罰　執當罪　飾關

梁　禁外徙

如人君簡宗廟不禱祀廢祭祀執法不順逆天時則民病流腫水張溲痺孔竅不通。

續漢書五行志注引倘書大傳云簡宗廟不禱祠廢祭祀逆天時則水不潤下。漢書五行志云若迺不敬鬼神致令逆時則水失其性皆與此同。

據上列二篇五行順逆篇之令大體悉具於治水五行篇中惟治水五行篇不言禁耳可推知其爲一本之論凡五行順逆篇所具每時之禁悉與洪範傳同可知此二篇爲本之洪第五行者也今以治水五行篇爲主按之月令十得其九雖所繫時月不盡合而大體同如此春令之行柔惠即月令孟春之月行慶施惠下及來民是也此之誅撻挺緩也寬此月令仲夏之月挺其囚益其食此以鑒言也此出經繋在春月令此除桎梏月令在仲春作去桎梏此開閉閭月令在仲夏作門閭無閉此通障塞月令在季春作修利隄防導達溝瀆開通道路無有障塞此存幼孤月令在孟冬作恤寡獨此無伐木月令在孟春有禁止伐木在孟夏有無伐大樹令在仲春作蕃幼少存諸孤此於寡獨月令在仲夏作修利隄防導達溝瀆開通道路，此開閉閭月令在仲夏作門閭無閉此通障塞月令在季春作修利隄防導達溝瀆開通道路無有障塞此存幼孤月令在孟冬作恤寡獨此無伐大樹月此在仲春令在月令惟去擇留一令未見耳又如此夏令之正封疆循田疇月令在孟春作修封疆審端經術此舉賢良月

《月令》之淵源與其意義

令在孟夏作贊傑遂賢良舉長大此封有德賞有功月令孟夏行賞出祿必當其位此卹使四方月令在季春作周天下勉諸侯按勉諸侯淮南子時則訓作使諸侯是也此無繼火月令仲夏無用火南方凡此夏令七皆在月令之中又此季夏令養長老月令在仲夏驚衰老淮南子時則訓在季夏有存視長老一條淮南本呂氏春秋而作呂氏春秋與月令同應據淮南以補月令（下更有顯證之證。）又此下更有存幼孤矜寡獨已見春令必有一為重複不然則春秋皆行此令也亦猶月令仲春有養幼少存諸孤而孟冬又有恤孤寡此令則土功亦有不可以與土功凡此季夏六令在月令中惟賜季弟施恩澤二令不可耆耳又此秋令修城郭繕牆垣月令孟秋作附體補城郭此審羣禁月令仲秋有申嚴百刑又孟春有令有司修法制繕囹圄其極謹蔡止姦慝罪邪揚執命理瞻傷察創視折審斷決獄訟戮有罪嚴斷刑皆審羣禁之意也一令言之耳此飭甲兵誅不法犬月令孟秋命將帥選士厲兵以征不義詰誅暴慢此存長老月令在仲秋作養衰老淮南子在季夏作存視長老凡秋八令在月令惟警百官與無奬金石二令不可耆而已又此冬令閉門閭大搜索禁外徒三令月令皆不見惟淮南子時則訓孟冬之月有令有司臺蔡（此即治水五行之審羣蔡）禁外徒（此即治水五行之蔡外徒順遞亦作禁外徒。）閉門閭大搜客（即治水五行之大搜索客即索字之誤）斷罰刑殺當罪阿上亂法者誅一段今月令與呂紀皆祇有察阿上亂法者誅之二句必有脫佚宜以淮南子補足之又此斷刑罰執當罪二令見上淮南子又月令季秋乃趣獄刑無留有罪亦即此意。又此無決地隄月令仲春無竭川澤無漉陂池或即此意此冬令七皆見於月令然則月令又有取於洪範五行者也。

以上諸書或紀星象時候或言陰陽五行或本洪範言天地大法皆具月令一篇之中惟此諸書皆不言明堂而月令每

月令之淵原與其意義

八七

月有王居某某云者惟尚書大傳有之疑此同出自王居明堂禮佚禮有王居明堂禮，凡月令及禮經鄭注大義疏別引尚書大傳自東方之極云云至君子說小人樂一節陳壽祺輯校謂「其文頗不類伏書又時與伏書相牴牾他書亦無稱引者惟皇覽輯逸禮與此大同皆可疑也。」皮錫瑞疏證云「淮南時則訓鄭注月令引王居明堂禮皆與傳文若合符節，蓋同據古禮為說也。」蔡月令鄭注季春之月引王居明堂禮云季春出疫於郊以禳春氣尚書大傳云季春礦禮出疫於郊以禳春氣又仲秋之月引王居明堂禮云仲秋令庶民畢入於室以禦其災尚書大傳云仲秋之月乃令民畝醵庶畝畢入於室曰時殺將至毋罹其菑又季秋之月引王居明堂禮云季秋除道致梁以利農夫畢趨聚收牛馬尚書大傳季冬大傳季秋之月除道成梁以利農夫又季冬之月引王居明堂禮云季冬命國為酒以合三族君子說小人樂尚書大傳季冬之月畢頒聚賦又季冬之月命國為酒以合三族君子說小人樂凡以上所舉不惟事同且詞又同故皮氏云若合符節也然亦有出大傳之外而華又不甚合者如孟春出十五里迎歲中春會以鳥獻禮之祿下其子必得天材孟秋九門磔攘以發陳氣禦止疾疫是此故皮云「蓋同據古禮為說也」按古人用書不必全同各有取舍尚書大傳之取舍王居明堂禮蓋無可疑今據尚書大傳以想象古之王居明堂禮蓋必如月令之茍天子居某云以下也其成書或比月令少前故其書不如今月令篇大傳以想象古之王居明堂禮蓋必如月令之茍天子居某云以下也其成書或比月令少前故其書不如今月令篇詳備今即以尚書大傳為主而考其每月之令禁孟春之月令曰挺群禁開閉圜達鹽築禁無伐林木洽水五行作使四方惠曉水五行亦有之孟夏之朔令曰爵有德賞有功惠賢良洽水五行作事之朔令曰撫四方洽水五行作使四方惠曉水五行亦有之孟夏之朔令曰爵有德賞有功惠賢良洽水五行篇有之仲夏之朔令曰惠孤寡洽水五行作存劬孤洽寡獨出大祿行大賞或即洽水五行之施恩澤季秋之朔令

月陳兵甲，戒百官，誅不法治水五行作節甲兵，警百官孟冬之朔令曰申嚴禁治水五行作審罣禁仲冬之墐外徒治水五行作禁外徒而其每時之禁具與續漢書五行志注所引同此陳壽祺所謂重複者恣在五行順逆篇中已見前表然則王居明堂或亦有本之洪範五行者與茲具表列之而徵之於月令。

尚書大傳孟春之月

朔令　挺羣禁月令仲春之月命有省囹圄去桎梏無肆掠止獄訟開閉闔　通鬱堙月令季春之月聘名士禮賢者達障塞月令季春之月開通道路無有障塞待優游　禁無伐林木月令孟春之月禁止伐木

尚書大傳仲春之月

朔令　棄怒惡　輕殺罪　免僕遣　休罰刑　閉關梁

禁　田獵不宿　飲食不享　出入不節　奪民農時月令仲春之月無作大事以妨農事

尚書大傳季春之月

朔令　宣庫財　和外怨　撫四方　行柔惠月令季春之月天子布德行惠命有司發倉廩賜貧窮振乏絕開府庫出幣帛周天下勉諸侯即此上四令之意也止剛強　九門磔禳出疫於郊以禳春氣月令季春之月國人儺九門磔禳以畢春氣

月令之淵原與其意義

月令孟夏之月

朔令　爵有德　賞有功　惠賢良月令孟夏之月賢俊傑達賢良舉長大行爵出祿必當其位又行賞封諸

八九

候虞賜是以上三令之意也。舉力農月令孟夏之月命野虞出行田原勞農勸民無或失時。禁無關防月

令孟夏之月無有壞隳

尚書大傳仲夏之月

朔令 振貧窮月令季春之月賜貧窮恵孤寡月令在孟冬淮南子時則訓仲夏有存䘏㷀寡振死事令虞休疾

出大禄 行大賞月令孟夏之月行賞封諸侯即大禄大賞也

禁 棄法律 逐功臣 殺太子 以妾爲妻案以上四禁乃國家之大防非時警也故月令不具乃令民

死閉疾存視長老即此恤惡疾意也

尚書大傳中央之極土王之日

零月令

仲夏之月乃命百縣雩祭百辟卿士

尚書大傳季夏之月

朔令 起毀宗 立無後 封廢國 立實輔 凶喪疾此月五令月令皆無之惟淮南時則訓有行恵令用

爲民祈福月令季夏之月命四監大夫羞鶩牲命民咸出其力以供皇天上帝山名大川四方之神以祀宗廟

社稷之靈爲民祈福命世婦治服章𢑚令季夏之月命婦官染采。令民口虐

禁 治濱室 飾臺榭月令季夏之月不可以興土功即上二禁之意也。內淫亂 犯親戚 侮父兄案以

《月令》之淵原與其意義

上三蔡亦國之大防也

尚書大傳孟秋之月

朔令 審用法月令孟秋之月命理審斷訟淮南時則訓有審決獄平詞訟備盜賊月令孟秋之月附牆垣補城郭即此意也蔡姦邪出月令孟秋之月禁止姦慝飭羣收月令孟秋之月專任有功以征不義詰誅暴慢以明好惡巡彼遠方謹聚月令仲秋之月多積聚禁無弛戎備月令孟秋之月天子教於田獵以習五戎。

尚書大傳仲秋之月

朔令 謹功築月令孟秋之月修宮室過薄溝月令孟秋之月完隄防謹壅塞修囷倉月令仲秋之月穿竇窌修囷倉決刑獄月令孟秋之月決獄訟戮有罪嚴斷刑趣收斂月令仲秋之月命有司趣民收斂禁好攻戰 輕百姓 飾城郭 侵邊境 乃令民畋獵庶蛰畢入於室曰特殺將至無種其災。

尚書大傳季秋之月

朔令 除道路月令季春之月有開通道路淮南子特則訓季秋之月有通路除道從境始至國而後已季春亦有或一歲季春季秋兩除道而月令脫此文當依淮南子增字所聞月令孟冬之月戒門閭修楗閉慎關籥陳兵甲 戒百官 誅不法月令孟秋之月天子命將帥選士厲兵以征不義即此陳兵甲誅不法意也除道成梁以利農夫見上除路道

尚書大傳孟冬之月

月令之淵原與其意義

九一

朔令　申墨禁月令本月無此令淮南時則訓有之作修塗禁修障塞月令孟冬之月完要塞畢積聚月令孟冬之月命司徒循行積聚無有不斂聚牛馬月令仲冬之月農有不收藏積聚者馬牛畜獸有放佚者取之不詰收澤賦月令孟冬之月命水虞漁師收水泉池澤之賦禁無作淫巧月令孟冬之月工師效功陳祭器按度程無或作為淫巧以蕩上心。

尚書大傳仲冬之月

朔令　擥外徙月令無此令按此外徙即外從淮南子孟冬之月有禁外徙或即此令止夜樂　誅詐偽月令無此令淮南子仲冬之月農有不收藏積聚者馬牛畜獸有放佚者取之不詰禁簡宗廟　不禱祠　廢祭祀　逆天時以上四禁亦國之大防也令民罷土功月令仲冬之月有司曰土事無作。

尚書大傳季冬之月

朔令　省脏桎月令仲秋之月命宰祝巡行犧牲視全具案芻豢瞻肥瘠察物色必比類量小大視長短皆中度修農器月令季冬之月命農計耦耕事修耒耜具田器收秸薪月令季冬之月命四監收秩薪柴樂園圃月令仲冬之月樂園圃謹蓋藏月令仲冬之月無發蓋藏乃大儺以辟疾月令季冬之月命有司大儺旁磔出土牛命國為酒以合三族君子說小人樂月令孟冬之日大飲蒸……勞農以休息之或即此意也。

觀上表凡尚書大傳之令蔡其不見於月令者甚少或月令文有脫佚如以淮南子時則訓相較即可知又或名實牛不易推尋或假分此合檢校不易或名目合渾不得其義如孟春之待優游仲春之免優恩是也而大體則備於月令

之中，是月令之有取於王居明堂禮者也。

二月令之意義

古有告朔之禮周禮太史頒告朔於邦國鄭玄云「天子頒朔於諸侯諸侯藏之祖廟至朔朝於廟告而受行之」近人衛聚賢氏以為告朔即頒曆是也疑古所頒告朔即與夷小正之類故周官太史正歲年以序事頒之於官府及都鄙鄭注云「中數曰歲朔數曰年中朔大小不齊正之以閏若今時作曆日以定四時以次敘授民時之事」是也其後儒家之明堂思想勃興凡國之大政則合議之於明堂其國之常政則制成憲章亦藏之明堂仿告朔之禮天子每案成法而奉行之於是天子乃可無為而治惟此憲章之寫成不能不有所因故除夏小正之外旁及陰陽五行及洪範九疇大地之大法皆古奉若天道之政治思想也而各家所寫想非一本故有王居明堂陰陽明堂陰陽月令等等非一而月令為尤備故蔡邕之賀月令以為「因天時制人事天子發號施令祀神受職所以順陰陽奉四時勁氣物行王政若人者照而明之禮而用之耳無逆聽令無逆政所以奉乎大順陰陽和年穀豐太平洽符瑞由此而全矣」而杜預之賀告朔以為「人君者設官分職以為民極遠細事以全委任之責總諸下以盡知力之用總成敢以效能否執八柄以明誅賞故目非機事皆委任焉誠情足以相感事實盡而不撓故位居職者思效忠善日夜自盡而無所顧忌也天下之細事無數一日二日萬端人君之明有所不照人君之力有所不堪則不得不借閒近習有時而用之如此則六鄉六遂之長雖躬履此事躬進此官當皆移聽於內官向心於左右政之批亂常必由此坐正位會羣吏更而聽大政者其所行而決其煩疑非徒韜將於此乃所以者已然又惡其番亂之亂公也故煩於以斷之

月令之淵原與其意義

九三

摘錄「儒家政治思想之變遷」論明堂說之來源與意義

勞榦甫

是以上下交泰官人以理萬民以察天下以治也」蔡邕杜之論，皆與太史所舉為不同，而列其一種政治精神盡當其時行朔之禮。其廢已久元凱所兌皆已採合明堂制度政所論實明堂政治思想之大體也。

今推源月令之成書及與明堂思想雜合之痕跡，（參看拙著儒家政治思想之變遷）以明月令為儒家明堂思想之憲章，則月令當別為一書（劉向列錄屬明堂陰陽）臣不单分之以作十二紀劉安取之以作時則訓小戴珠之以入禮記皆非自撰者也鄭玄不察以為呂不韋所作固謬即蔡邕尊之以為周公所作亦未得其實也。

明堂有議事之制凡朝覲諸侯行饗燕貢食命將即議征取廢不於明堂，公卿諸侯大夫在為國之懸繋在為集天下之衆智迨上下之應譯求其根核實乃合明堂辟雍太廟路寢而為一而參之以月令乃懸朔之義路寢立朝之所太廟覲諸侯之地辟雍以養老教學行軍出征有受成之義明堂大朝之宮皆大典之所存合而納諸明堂故儼然最高之政府為其制盡王專制之權而移其無上之聲威於政府也請許說之古之明堂以朝諸侯故秦山之下有古明堂齊宣王所欲毁者也荀子所謂，「雖築明堂於基上而朝單于可也」是也其制甚簡武帝時濟南人公玉帶上黃帝時明堂圖中有一殿四面無壁以茅盖通水水圜宫垣為複道上有樓從西南入名曰崑崙以禮拜上帝寅帝之說帝時明堂圖故孝經亦謂「宗祀文王於明堂以配上帝」明古之明堂以朝諸侯其祀止上帝改一殿而足矣其後無稽要亦克制故孝經亦謂「宗祀文王於明堂以配上帝」明古之明堂以朝諸侯其祀止上帝改一殿而足矣其後五天帝之說與明堂復改祀五天帝尚書帝命驗曰帝者承天立五府唐虞謂之五府夏謂之世室殷謂之重屋周謂之明堂皆祀五帝之所也」而明堂乃有五室之制故工記「明堂五室凡室二莚」是也而青陽總章諸名亦因之以興

蒙季甫 《月令》之淵原與其意義

其後十二月令之說入於明堂，乃更有左个右个十二明堂之制。六藝疏別引尚書大傳云：「自冬日至數四十六日，迎春於東堂，距邦八里，堂高八尺，堂階八等。孟春之月，御青陽左个。仲春之月，御青陽正室。季春之月，御青陽右个。自春分數四十六日，迎夏於南堂，距邦七里，堂高七尺，堂階七等。孟夏之月，御明堂左个。仲夏之月，御明堂正室。季夏之月，御明堂右个。自夏日至數四十六日，迎秋於西堂，距邦九里堂高九尺堂階九等。孟秋之月，御總章左个。仲秋之月，御總章正室。季秋之月，御總章右个。自秋分數四十六日，迎冬於北堂距邦六里堂高六尺堂階六等。孟冬之月，御玄堂左个。仲冬之月，御玄堂正室。季冬之月，御玄堂右个。」大戴盛德篇亦云：「明堂有九室十二堂」是也。而月令亦由此邍屛入明堂之名，如明堂月令、王居明堂禮是也。禁月令之禮，本自聽朔之政。周官：「大史頒告朔于邦國」，穀梁傳「天子告朔於諸侯，諸侯受於禰廟禮也」，五經異議：「諸侯歲遣大臣之京師受十二月之朔政，還藏於祖廟」，是聽朔之禮有十二月朔之政，其來自久，夏小正一篇已略備月令之體逸周書亦有時令，他如管子幼官時令皆為月令之羣祖。故杜君即以月令為出於虞子。蓋先有其禮次有其文。夏小正令辭等皆其文也。不辜蓋本以上諸書加以損益耳，非創作也。亦如時則訓之不同於呂氏春秋，而鄭注所引之今月令進亦復有出入也。劉歆云「不韋鳩合儒者尋於聖王月令之事而記之，不韋安能獨為此記」，此可見古昔實有此月令之政，非徒具文也。其後儒者復引月令以入明堂御覽引含文嘉注云「天子孟春上辛於南郊總受十二月之政還

月令之淵原與其意義

九五

藏於祖廟月取一政頒于明堂」蔡邕明堂月令論曰「古者朝正於天子受月令以歸而藏諸廟中天子藏之于明堂，每月告朔朝廟出而行之」又月令明堂篇名曰「因天時制人事天子發號施令祀神受職每月異禮故謂之月令所以順陰陽奉四時效氣物行士止也成故具備各從時月藏之朝之所以示亦尊祖考神明明不敢褻瀆之義故以明堂知月令」明堂本為二事月令既入明堂而明堂乃為政治之樞機以伺書大傳觀之五堂猶非一處其後儒者欲尊崇明堂乃復合太廟路寢明堂辟雍而為一大戴記云「此天子之路寢也不齋不居其室待朝在其南宮揖朝出其南門」明堂位曰「古周禮孝經說，明堂者文王之廟也」魏文侯孝經傳曰「太學者中學明堂之位也」禮記照義篇曰「太廟天子曰明堂」盛德篇「明堂者文王之廟也」左氏舊說及賈逵應祖蔡邕服虔等皆以祖廟與明堂爲一蔡邕明堂月令論曰「明堂者天子之太廟所以崇禮其祖以配上帝者也夏后氏曰世室殷人曰重屋周人曰明堂東曰青陽南曰明堂西曰總章北曰玄堂中央曰太室易曰離也者明也南方之卦也聖人南而聽天下鄉明而治人君之位莫正於此爲故雖有五名而實皆曰太廟」又云「取其宗祀之貌則曰清廟取其正室之貌則曰太室取其堂則曰明堂取其四門之學則曰太學取其四面周水圜如璧則曰辟雍異名而同事其實一也」四者合而爲一五府併爲一宮於是明堂有宗廟之尊太學之盛路寢之治廳然最高之政府焉故蔡邕明堂月令論曰「謹承天隨時之令昭令德宗祀之禮明前功百辟之勞起尊老敬長之議顯改幼稚之學朝諸侯擇造士於其中以明制度生者榮其能而至死者論其功而祭故爲大教之宮而四學具焉，宜司備焉譬如北辰居其所而衆星拱之萬象翼之政教之所由生變化之所自來明一統也故言明堂事之大議之諸

也〕曰譬如北辰日明一統其尊榮爲何如，日政教所由生蕃化所自來非政府而何，事之大義之深，則其理想之爲可知也西漢之世逎羅王莽欲立明堂而身不自保，至乎東漢光武之世明堂之制乃始確立明帝即位躬行其禮宗祀光武於明堂養三老五更於辟雍威儀盛美單于入侍敢乎西京已有賓文之別矣然以樓之明堂思想之初意猶有間，則以追於專制積威之下不得暢行其說之故與，東漢以降則更備物而已可不惜哉。（見史學季刊第一期）

余論今文家明堂之義源於周人外朝之法有似後來之國會從弟季甫更鳩合羣籍以證明古之王居明堂禮儀然後承之憲法深有助於拙論故附錄卷末以究未盡之義雖然西方服從多數之說之自序中已論其非是故以明堂爲議政之宮則可以今之代議制則不可。至月令所陳原爲政治之綱要而非始權之規定至爲顯著蓋君民權云者乃政治敵對之謂君主專制誠不足道而議會專制之弊不亞於多數之固不得爲世界最理想之政治也夫以夫子百工之各有其職，即各有其權力的限制乃政治制亦頗謀所以張羅之誠以中國之法治權分繫於各級之職司實非專繫之上層或下層蓋中國固未嘗言政治之規定而非權力之規定誠以中國之法治權分繫於各級之職司實非專繫之上層或下層蓋中國固未嘗言政治法之獨立然以張繫之持法言之以石虎之持於法言之則又未嘗非獨立亦未嘗言考銓之獨立然以考銓之政復誰得而干涉之慢亂之豈惟司法考銓之制凡百司之守莫不皆然由用官唐六典而下歷歲守之規定尸祝不得越俎而代庖而法者正所以持百工之正使上下各盡其職不相陵犯此中國之大法與西方之大法迥然異趣者也權固非專之於庸衆而與獨裁於一夫者尤爲不同五權分立之義殆庶乎得之而猶未之蓋世凡中於明堂爲議政之宮

國政治之理論與制度，每難以西方之選舉衡之，即以唐言天寶開元以前謂之集權可也茶巢而非專更以三省制言之則西方所謂君主專制者類非吾國之所有惟申不害言「有天下而不恣睢是之謂以天下為極桎」義於似之而求諸歷代之政治究未嘗依此理論以表見於行事漢唐而下朝廷集議與御史之制乃中國憲政之胚正胎襲於明堂之制將於他日讀論之恐讀者疑於季甫之意因略陳之如此。

文通附記

庸淺小書

商君書言金一兩生於境內穀十二石死於境外金一兩死於境外穀十二石生於境內知於時金

一兩與穀十石相值漢書食貨志言李悝為魏文侯作盡地力之教一夫治田百畝歲收畝一石半

餘四十五石五三十為錢千三百五十如以李悝所云計商金穀之價十二石為錢三百

大十此六國時金一兩之價出而金一斤之價為錢五千七百六十抱朴子云古秤金一斤於今為

二斤率不過值三十許萬此晉時之值惟權量比竇先後不同然今價之增高可概見出

新序校注補正

張白珩

新序校注付印既竟,又別有所見不及追改,復承鍾若佛操代假得殷若孟倫所藏倭人武井驥新序纂註匆匆比讀一過,其蒐搜訂頗備,副繕頗詳,惜無斷制剪裁之功,失於破碎冗雜。顧十里所謂下鑿不休,徒增蕪累,有誠不能無譏焉至於疏理考辨則允嫌末逮矣。然亦有十餘事可補余之疏者。其所據破明吳勉學本朝鮮本今均罕見,文字同異略可比勘,茲並取著於篇以誌余過。二十三年長夏張國銓識於成都。

曾鞏序

故人善其私智家惜其私學者蠭起於中國,倭本從吳勉學本朝鮮本不疊學字。

雜事第一

孔子在州里,按以下似當另起。

禹之興也以塗山,至待正闕雖,語本史記外戚世家。

置戶北堂於我足矣,吳本我作是。

則邊境侵,侵下御覽四百五十七有三者不使則難保八字。

故人君不聞其非及聞而不改者亡,武井驥曰或云此十四字當移置上文蠭蠭而直下。

文侯大怒,吳本朝鮮本無大字。

九九

則詛亦將為損世亡矣。曠曰御覽六日二十七無世亡二字七月二十六無琪世二二字按世亡二字衍。

夫劍產於越，倭本於作于。按春秋定五年經曰於越入吳范寧曰舊說於越夷言也。

將腹背之羊羞也。吳本有毛字。

雜事弟二

何政當王若道為，吳本朝鮮本君作之。按此本君下當脫之字，吳本朝鮮本之上當脫君子耳。

迷不知所出，御覽八百三十二出作為。

君不敬社稷，貞觀政要政體篇引君下有不尊天不事地六字。

歸遇藥武子，御覽九百六作藥貞子。

扁鵲見齊桓侯，立有間。曠曰立恐屈字誤莊古文居字。

在骨髓司命之所無奈何也。史記天官書曰文昌六星四日司命主知死生。

居五日桓侯體病，曠曰居五日後五日也居何月居何年同見國語注

侍甘露而飲之，侍倭本作時非。

膠絲竽加之乎四例之上，御覽四百五十七絃作竹。

蔡侯之事猶其小者也。吳本無此九字。

吾王成王也。曠曰成人之成成王言全德之王也按成疑誠之訛。

靖郭君欲城薛條，文又見韓非說林下淮南人間訓。

激弗能率，倭本弗作不。

銜家不售 俗本家作嫁。

宣王方置酒於漸臺，顧成玗列女傳考證曰顏即古郊祀志注漸浸也，至在池中爲水所浸故曰漸臺，按漸臺漢書凡

屢見王文考魯靈光殿賦亦云漸臺臨池本水中臺之通名非專目。

揚激楚之遺風，漢書司馬相如傳郤繚紛激楚結風佐郭璞云激楚歌曲也土尤謙曰激楚歌舞曲名楚辭宮庭震

驚發激楚些注用子揚激楚之淮樂結激楚之遺風以鄭衛激楚到文又選嘯賦收激楚之哀玩註以激

楚北里到文皆與郭說激歌曲合唐衢孤及詩赴舞激楚歌朱蓮到舉元激楚爲歌舞曲名之明證。

言未卒忽然不見矣。 曠曰忽然不見卒爾歸去也非隱形下文可以見。

觸之者龐雍而退耳 朝鮮本龐作龍。

雜事第三

華成王臨武君曰謹問士者之兵孫卿曰將舉者末事也臣請列王者之事君人之兵， 曠曰諺間以下二十六字可

劍不然則此下宜以荀子補之。

有以千金求千里馬者， 吳本求作書。

田單爲卽墨令恐樂毅重用兵田單不能詐也， 下田單二字疑衍。

新序校注補正

敢諡其願，倭本願下有爲字，注云鹽本願下空一格，今據吳本補爲字。
臣恐侍御者親左右之說，左右宋明本倭本並作交此同史策。
太白蝕昴，蝕宋明本倭本並作食。
豈韓室於朝，室明本作官吳本朝鮮本同。

濉事第四

進退閒習臣不如廉朋，驥曰習下當有則字。
有司讀事於齊相公，韓非難二篇作齊相公之時，晉客至，有司讀禮。
晉平公閒於叔向曰條，略同韓非難二篇。
廉朋善侚緣賓臀無等純緣，二人韓非互易。
爲踐土之會溫之盟，驥曰會盟二字當互易。
昔者趙之中牟叛條，又見淮南子道應訓。
孟不穿反不蠱不出四方，倭本注引岡井彤曰乃倒語不出於四方則孟不穿皮不蠱也。
惠王之後蛭出，史記倉公傳曰迴風之狀飲食下嗌輒後之徐廣曰如厠。
金玉是賤，人爲寶，按人疑亡。
夫執國之柄履民之上，驥曰履荅音舰又凶下文履字而誤。

天下無兵革者九年，驪月九年似當云八年趙武以襄十二十五年始爲政，以迄元年卒其間凡八年矣。昨日爲會市加睹之 倭本注引蒲坂圃目舍適往也。

雜事第五

此皆聖王之所學也 吳本王作人。

周文王作靈臺條 又見賈子論誠篇。

文公擁彗而總之曰里絶須耶 里宋明本倭本亞作吾倭本注曰或云吾當作里。倭本注引太田周曰以恐何字盡目草體誤。倭本課朝子句絶亞学句絶注曰敢子不德盡與巳

若猶肯以面目加復見我乎 倭注引太田周曰以恐何字盡目草體誤。

恐其有以小惡忘人之大美 十四子吳本作患人之小惡亡人之大美十字非。

桓公其以之矣 以吳本朝鮮本作恤非

人主用之則進在本朝置而不用則退編自姓而敢必為順下矣。倭本注引蒲坂圃目舍適往也。

雖對者順下也。

其名尤甚不榮 吳本尤作人。

秦二世胡亥之爲公子也條 見賈子春秋篇。

胡亥下增視羣臣陳履狀善者因行踐敗而去藉子閒見之者，賈子狀作杖是踐作蹂予作候非。

棄予如遺 予倭本作我。

新序校注補正

恐懼而辟悼，倭本掉作悼。

故書曰黃髮之言則罔所愆，周書秦誓篇今書文作詢茲黃髮則罔所愆。

獻之荊屬王，曠曰楚無屬王盡熊駒蚡冒。

武王巍共王即位　曠曰共王去武王凡一百一年矣然固寓言不須深辯也。

刺奢第六　倭本奢作驕。

四牡驕兮，倭本驕作驕。

伊尹知天命之去　去倭本作至按伺書大傳伊尹又曰覺兮戲兮若大命倣兮倣至也韓詩外傳本大傳作知大命之將至以作至者是也天命之至就湯而言

桀拍然而作，曠曰作當從外傳作抔士逸曰聲手曰拊。

故伊尹去夏入殷　倭本夏作官。

云待時者教我無奪農時也　曠曰云待時者，御覽引簽下有之葵瓜瓠之食大字。

食我以糗餐者等豈不能具五味哉　曠曰御覽引簽四百五十七作敦曰不特者是。

士尹池為刑使於宋　倭本士作工汪曰臣覓召類扁舉校云，御覽引作工尹池汪項云，工尹楚官舉百工之官營本工作士非。

惟有二士曰顏闔茲無鹽者，曠曰茲無復姓僞有大夫茲無還賞詒云魯孟獻子有關臣五人孟子云蓋獻子有友五

人為樂正發敖仲其三人則予忘之矣顧間茲無鹽盡此類。

周諺曰鹽漏貯中　驥曰雖漏不外出也。

節士第七

春秋曰五帝不告誓信厚也，穀梁隱八年傳文作誥誓不及五帝。

子臧見負芻之當主也　朝鮮本主作立。

怨宜公者鄫文公之子也條　按此條本穀梁宣十七年傳。

故春秋美而貴之，春秋宣十七年冬十有一月壬午公弟叔肸卒穀梁曰其曰公弟叔肸賢之也其賢之何也宜

非之也非之則曷爲不去也曰兄弟也何去而之與之財則曰我足矣織屨而食終身不食宜公之食君子以是爲通

恩也以取貴乎春秋。

蔡大夫于滿子虎，倭本滿作蒲。

死者二人其弟又嗣復晉之，按左傳曰其弟嗣書曰死者二人杜預云并前有二人死此云二人似不詳左傳之詮。

大車無輗小車無軏，吳本朝鮮本兩軏字均作輗。

祉襟則附見，倭本祉作振。

子陽令官遺之粟數十乘，乘倭本據呂覽改秉。

更事世之嗛嗛者哉，世之二字吳本作伎伎。

圖 書 集 刊

族目不食而死誰之主也，吳本朝鮮本乎作正。

陳恒弒簡公而盟盟者曾玩其家，吳本朝鮮本不重盟字。故雖盟不以父母之死不如退而自殺以禮其君乃自殺。驥曰宋板御覽四白十八作刀盟以死父母死而自殺以禮其君。

義勇第八

使吾無此二者與何稱於子，御覽四白二十七與下有子字按有者是。

指不至盟者死，倭本盟作血是。

一人舉而萬夫悅首，驥曰而疑而之誤。

吾聞士立義不爭行死不鄙，驥曰行死猶臨死也。

芊尹文者誅，驥曰左傳襄三十年云，芈無宇杜預云無宇芊尹無宇文盡一人昭七年云，楚丁之為令尹也為士班以田芊尹無宇斷之曰一國兩君其誰堪之疑與此一事。

善謀第九

臣料虞君中智以下也，倭本以作之。

蔡項嚴暴而亡，朝鮮本項作皇

而韓人來侵奉蔡惠士欲先伐韓，驥曰下蔡字似衍。

一〇六

周自知不敵，九鼎實然必出，吳本敷上有能與史記同。

挾戰功之心。吳本作細攻取之心。

迎風馳指而請備。倭本備作櫝是。

善謀第十

今楚易取而漢反却自奪其便，自奪其便吳本作自守便。

夫草木之中霜雾，駿日霧恐露誤。

附苗離明先生新序校注題語

劉向雜采傳記行事著新序說苑兩不過助當時屏主之乙覽，而多識前言往行君子猶可資以省稽於後世新序本與說苑相表裏，其事實年歲人地間或兩歧則以所據戴籍有異故耳古之傳記往往傳聞異辭劉向類次成書未加抉擇裁斷又未注所出讀者病之張君白珩為馬瀛翁先生高第弟子明習義理亦善校讎之學新序十卷皆有校注考其所本識其異同既視舊校為詳末附佚文五十一條更刪補輯之類重舛誤者而補其闕漏其用力可謂勤矣傑復取說苑而校之注之與新序並行，則其有功於子政而嘉惠士林者當更非淺鮮也是書甫刊成予得先讀瓶忻然為識數語於此以俟專家論定焉三十二年七月黃建中。

膚淺小書

當西晉之初范氏王林邑扶南已最強併國十餘且擾及中國隋書記林邑男女皆蹲踞至水次盥洗而止歸則不哭每七日然香散花復哭盡七七而能至百日三年亦如之七七百日之俗中國所無斯原出林邑扶南自西南有強國西南民族蠻氏獠蠻之屬相率入中國而西南之俗亦因之傳播於匯夏獠齊之際君臣之間已習行七七百日之禮至於今不改晉書李雄傳與袞居獏中以鬼道教百姓賨人敎信巫覡多往奉之李雄傳雄以范長生求道鑒志欲迎立為君而臣之生固辭張魯范長生並天師道寘爲賨人所敎信急以五斗米號米賊而李流紀承嘉三年五斗與郝索聚眾數千爲亂賨皆西南吳族知五斗米天師道原爲西南之教天師道而爲一而七七百日之習亦隨道教以俱行彿爲外來之敎後之道教亦巨外族來也抱朴子至理盲吳越有禁呪之法能禁虎豹及蛇蜂皆令伏不能起以於禁金瘡血亦能漸管連筋昔吳遣賀將軍討山賊賊中有善禁者每當交戰官軍刀劍皆不得拔已遣射矢皆還向此為釜慕討山越嚴白虎事足知天師道禁呪之法亦見於山越斯亦南方民族之事所後傳播於中國也

圖書集刊 第七期

校理老子成玄英疏

敍錄 ………… 蒙文通

道教徵略 上中二卷
………… 劉咸炘未刊稿

四川省立圖書館編輯
中華民國卅五年十月出版

校理老子成玄英疏敍錄

蒙文通

成玄英並疏老莊，莊疏明時僅唐伯虎猶藏北宋本，以傳於錢曾王，後不可得見，道藏中幸尚有之，黎純齋於海東得南宋莊疏殘帙，補以道藏本，（據楊惺吾說，森立之謂據坊本補非是，）稱爲海內之珍璧，至老疏則道藏未之見，海東未之聞，知其絕迹於天壤者久矣，彭耜鶴林述道德經集注於雜說卷上言「董道藏書志云『唐道士張道相集注道德經七卷，凡三十家，』按志稱道相集注四卷，而董所收乃有七卷，恐後人之所增也，我朝崇寧中再校定道藏經典，此書藏中已不復見，其餘諸家僅玄宗河上公嚴遵陸希聲四注，及傅奕古本耳，外李榮李約買清夷各有注說，王顧等奉命撰疏，杜光庭廣聖義亦皆唐人，并見藏室，」由彭所論則成公老疏宋世已鮮存者，（焦氏老子翼引前文，意不可通，故此詳記之）今存正統道藏，老子騫疏有二，一爲強思齊玄德纂疏，一爲顧歡注疏，阮元云。「顧歡齊時人，唐書藝文志有道德經義疏四卷，老子騫疏不特書名卷數均與此不合，不應齊時人而先引及陶宏景成玄英諸人，惟晁公武讀書志王應麟玉海有岷山道士張君相三十家道德經集解，今以其言考之，頗與是書合，則爲君相所集無疑，至書中彙有引唐玄宗御疏（爲注非疏）又爲後人所廁入，而稱陳日榮曰者，殆杜光庭所云仟翼子陳榮也，」（言陳榮誤）自阮氏之說出，言者殆皆以顧歡書爲君相書也，然君相集解四卷，今書卷數益爲不合也，劉承幹謂「君相集解三十家，今本只有十五家，又有缺佚也，」然就宋李霖道德經取善集言之，則引張君相曰凡十數條，殆君相集解文也，今顧歡十四松靈仙十五裴處恩十六杜弼十七節解十八張憑二十六劉進喜二十七蔡子晃二十八成玄英二十九車二顧歡十四松靈仙十五裴處恩十六杜弼十七節解十八張憑二十六劉進喜二十七蔡子晃二十八成玄英二十九車顯非君相集解，更以晁氏所稱君相書三十家考之，其云「一河公二嚴遵四何晏五郭象七孫登九羅什十盧裕十

校理老子成玄英疏敍錄

一

惠卿」凡十七家，此見於顧疏者也。其云「三王弼六鍾會八羊祜十一劉仁會十三陶宏景十九張嗣二十戊玄靜二十一大孟二十二小孟二十三竇略二十四宋文明二十五裴楚」并張君相自爲一家，凡十三家，顧疏鄧縣其說，若如劉氏說爲佚誠，則不應佚者若是之多，幾及其半。復就顧疏所引二十一家考之，內御曰則關元所注也，有想爾則張道陵也。有陳曰則陳嗣古也，有王曰非王弼注而皆爲解河上公注者，則杜光庭所謂道士王玄辯作河上公釋義十卷者也。有榮曰以強疏所引李榮注校之。皆能符合，則李榮也，此溢出張氏者凡五家，則不可如阮氏徒以後人羼入爲解也。知阮劉說均未確，此蓋別一家書，不得謂即君相書也。凡顧書所徵引皆擧姓氏或書名，獨李榮之說稱爲榮之所作也。唐志有李榮集解四卷，注二卷，則顧書顯爲李榮集解即非張若相也。今李注殘卷存道藏中，不分章，顧疏亦不分章，是同爲一家之作無疑，惟書名卷數。仍不能合，謂顧書爲張書固非，若徑謂即李書，亦覺未洽也，豈今之顧書，爲後之道家故李榮之集解以爲注，而更取成玄英之義疏以爲疏，盧照鄰有贈道士李榮詩「敷誠踵帝闕，應詔在明君，」語意正合，知盧所稱即此李榮也言「狸以拽腫之性，再奉澳汗之言，遂得擁玉柄於紫庭，聽令章於丹陛，」與李榮上道德經注表自大唐新語卷十三諧謔稱「總章中與善寺爲火災所焚，尊像蕩盡，東明觀道士李榮詠之曰，道濟何曾善，與遠不興，如來燒亦盡，唯有一羣僧，然聲稱從此而滅，」總章爲唐高宗年號，亦見李正與盧同時也，唐齊儒學傳言「羅道琮與太學助教康國安道士李榮等講論，爲時所稱，」又言道琮「於貞觀上書忤旨，」明觀道士爲異，當是住二觀先後不同，或是劉氏傳聞之誤，固無礙其爲一人也，是李在總章先已聲稱早著，高宗末官至太學博士，」時亦相當，正卽一人，所謂任眞子李榮者也，惟李榮舊題元天觀題元天觀上，遂應詔赴闕，知其成書，更在以前，未必能下及開元，並取御注，固不能無疑也。唐書藝文志有陳庭玉老子疏，無卷數，自注云「開元二十年上，授校書郎，」唐疏之傳於後者，強御杜三家外，僅陳氏一疏，宋明之間，猶廢見著錄，王堯臣文獻通考，尙著有是書，知明世猶有存者，此之顧疏，亦

校理老子成玄英疏敍錄

道藏中唐疏僅存之一，應顧疏即陳庭玉疏，常收入道藏之際，誤繫之顧歡耳，馬夷初先生以爲顧疏即是成所論，然終有未諦，以強疏考之，凡顧書刪成疏處，每以與集解他家義複，尤以與河上義複則刪成疏爲最顯，足明顧書爲有取成疏而作，安得謂即是成書也，唐書藝文志云「成玄英隱居東海，貞觀五年召見，永徽中流郁州，」唐選舉志言「開元七年注老子道德經成詔天下藏其書，」是貞觀之初，成公之疏已就，故得刊入道藏，又，開元之初，諒已遷化，今顧疏備採御註，且顧本正文與成公出入亦多，安得以顧本即是成本，唯謝顧疏即是陳庭玉疏，成於開元二十年，故得收及御註，庶幾近之耳，是顧歡注疏者亦或可定爲買彭氏所言至宋猶存各家，有買消夷，宜即買大隱，買有述義十一卷，亦疏類也，此書雖採衆家之注，究以河上之注成公之疏爲最備，而文皆不見於顧書，則亦未必爲氏之舊。但海東古籍有瀧川君山本老子，欄外雜引諸書，每徵買大隱述義，實頗伸河上之說，杜光庭列六十家箋注，別爲五道五賈作也要之此書之作，應自有故，成公之疏，亦爲有唐一代之魁製，然致之顧氏遺文，實頗伸河上之說，杜光庭列六十家箋注，別爲五道五宗。曰「陶隱居顧歡皆明理身之道，」又曰「顧歡以無爲爲宗，」宜此書編者，稱爲梁朝道士，顧爲南齊人。宏之中特題顧歡等著，編著未敢自名，於是徒留顧之注疏亦無不可，隋唐道宗之盜，源於二孟，誠以景怡所造之宏爲景怡之作乎，則仍舊稱爲顧之注疏而作，宜孟氏之傳，出於顧氏，而道士之傳此爲最早，源於二孟，誠以景怡所造之宏明集者，其以此畎，顧書所採，凡二十餘家，劉承幹君云十五家，亦不審之言也。強陳兩疏，皆據或疏而作，徒有纂輯之功，未嘗附以已意，編輯之際，復未精析文義，故排比多未適當，往往經文居後，而疏反居前，兩書皆然，唐代原爲疏自單行，故疏首皆先牒經文，次伸疏說，強陳皆匯經於疏

三

，於疏首牒文，每刊削不盡，適為冗累，而強本尤甚，以是知此陳兩氏，皆出以粗疎，編次之際，強光草草，於同一疏之文，又不免重出，猶為非是，然即以此故，成疏原來面目，藉以保全，採掇之際，兩家於此疏雖各有所遺，所未收者，皆不過百之一耳，而陳所刊落，儀在強者，強之所遺，亦陳書舉具，相互補足，頓還舊觀，其有誤倒羨奪，參相校正，亦待文從理順，煥若神明；其偶有強本有疑，又迴為陳書所遺，無從校正者，殆亦僅矣。要不過白璧微瑕，益增其美矣，況此沉埋千載舊籍，一旦忽顯，欲其無一字之疑，豈可得哉，近世敦煌重出舊籍、羅叔言氏編為古籍叢殘，中有老子義疏一種，余校錄或疏既竟，復因方叔軒氏假得鳴沙影本校之，原既強半損失，始六十章治大國若烹小腥盡八十一章至卷終，幸有完善，羅氏不考，疑為梁道士孟智周疏，及細讀之，竟是成疏原峽之僅存者。亞以與余從錄本相照，則余從顧強兩本校錄者，知其不佚一字，而唐寫之奪誤乃緊緊不勝數也，每有疏文全句亦奪者，僅小腥疏河公本作小鮮一事，為陳強所遺，蓋成疏原多校語，強本多遺之。而賴顧本以補其缺，至顧頗所仔校語不見於鳴沙本者。但以成疏河公本作小鮮計之，鳴沙所存猶過五之一以相截校，僅佚此一事，而強頗所仔校語不見於鳴沙本者。如百仞之高，河公作千里，備眾人之所過，鳴沙所存校語，強本多遺之。笑作肖，乃有三事，奪句奪字又復累見，則不能謂鳴沙影本校之，原敦強半損失九皆同，唯願本文句多淵雅，仰後之傳者致誤耶，強本具載序次科文，治大國章科文即與鳴沙同，登成公先後本原有殊耶，今則定其是者用之，錄中仍用顧本為主，至與強本異同，作道德真經收善集，中採成疏十數條，亦大同究疏，而小有出入，顧同強本與陳本稍遠，僅佳兵章疏多出陳，知傳本固不同也。今亦概不引用，強兩本「吉謂朝禮，凶謂喪禮」二句，他復有絕異者二條，復一條中而異其後半，餘則文或為李所刪改，知便徵引，今亦概不引用，亦唯於校記中存之，凡李霖鳴沙二本，皆於強書為近，尤以鳴沙奪誤每與強同，

校理老子成玄英疏敍錄

其顯為出於一系，皆賴有陳本以正之，余既疑顧書出於陳氏，陳書成於開元，文能古絜，殆傳寫既廣，同異滋多，不可遽珍奇文，改此完帙也。強書作於乾德，以陳本衡之，或失之冗近，以知鳴沙寫本，不得以治字缺筆，遽依羅氏定為高宗時寫本也。元甃明寫，每任宋代諱，豈可依以定為宋代舊物耶？論傳本先後，義有進於缺筆者，不得泥於膠柱刻舟之說也。成疏云，聖人亦不傷人，顧本疏云，諸本作亦字，張係及陸先生本作之字，強引疏作張係師，甄鸞笑道論云，「張陵子衡為係師，衡子魯為嗣師，」知係師即嗣師張魯，亦僅師作係天，殆以涉天師字而誤，則寫本不足據明矣。陸先生謂陸修靜也，或謂陸德明誤，姑附及之。唐譽藝文志載，「道士成玄英注老子道德經二卷，開題序訣義疏七卷，玄英字子實陝州人」，壮光庭言道士成玄英作講疏六卷，知成公經疏序訣二卷，其一卷則所謂開題序訣者也。隋書經籍志有葛洪老子道德經序訣二卷，侯康補三國藝文志稱，「初學記二十三，御覽八十七引道德經序訣，」檢初學記引序訣文云，「周時復託神李母剖左腋而生，生即皓然，號曰老子，」許文全符葛玄河上公註老子序之第一節，杜光庭廣聖義引葛仙公序訣云，「河上公者，莫知其姓名也，漢孝文皇帝時，結草為菴於河之濱，」御覽引敍訣云，「尹喜知紫氣西邁，齋戒想見道真，」此全符葛序之第二節，自世德堂諸本，已佚去第二節，僅存前一節耳，此文唯道藏中道德真經集註所載，葛玄序之第三節，典此文符，則三節皆序訣也。僅四家集註本，備有此文，他本皆佚之，集註四家，惟有梁迥序，蔣錫昌君定為文如海作，然杜光庭書引文如海說，不能攸及王雰，今不從其說。煌本有考子序訣，即此三節文字，知此葛玄三序，即序訣文也，序訣第二節文中有「余註是經以來，千七百餘年，凡傳三人，迄于四矣。」知成書稱序訣云者，當依葛氏序訣為稱，杜引成釋三人，即序訣成疏之佚文也。唐志言葛洪序訣二卷，

校理老子成玄英疏敍錄

五

洪或玄之誤，以第三節末，有道士鄭思遠卽云云一段，鄭思遠卽鄭隱，爲玄之弟子，師嘗作傳而弟子繫辭於後，爲事之常，倘爲葛洪之書，不應洪書而師反附文於後，又不應爲葛洪徵引師書，而序言道士，蕭洪於抱朴子內篇，言必稱先師鄭君，如彼嚴敬，故知言葛洪撰者，唐志之誤也。又備載此三文，不應書有二卷，考隋志引梁錄有老子序次一卷葛仙公撰，今強本每章之下，皆言相次之義，如是之序卦，則訣原名序次，備言八十一章相次之義，每一章中，又開爲數別，所謂顧本不尚賢章，佛心不亂下，引成疏有衍文，「獨顯聖人曉懷利物」八字，以強本校之，乃下段序訣科文也。又人之生也章，顧本脫疏行一辦其勝劣」四字，以強本校之，亦下節序訣科文也。乃知強本仍爲成疏舊式，顧本脫落不盡，幸得相同。李翹亦謂顧本卽是成本，見疏行中云，「其以強成本原不分章，至爲疏略，蓋成本具載序訣，章復開數別，何委曲玄旨，具在開題義中，」是開題別自爲書，道藏中有薛致元開題子及書之事義，若周易孔疏首之八論，杜光庭廣聖義籛首亦如此，知成疏稱開題，卽杜薛二家文所中仿，惟以文旣全佚，莫可考耳，其舊宜別有一卷，而序訣原爲二卷，則以散人各章，不復自爲卷也。強本每章之首，皆有懼文以譔全章宏旨，不知爲誰氏所爲，殆隋志所著道德經章門也，鳴沙寫本滅之，則不可定爲成公之作，茲亦別鐵其文，顧其爲唐人舊章，與葛公三序，別爲一卷，而七卷六卷之說，止昔六卷爲經疏，一卷爲開題，茲則一卷爲章門也，今鳴沙寫本於末卷云卷五者，諒必鈔者筆誤，或後來分卷，略有改易，羅氏翻據誤文，謂符孟疏卷佚，良非允論。惜葛序疏文及開題所論意不可考，杜氏貞聖義，宋史藝文志並云成疏六卷，豈首卷之佚，更又早耶？圖書集成以葛玄序首節爲葛氏節解序，未知何據，至又載河上公自序一篇，則益不可信，惟其文已見於歸震川評注本，姑附卷首之末，以博異聞，考之金樓子立言篇，實引河上公序，是河

校理老子成玄英疏敍錄

公固自有序，特以校歸本之序，文各不同，終未可信也。強本道可道章第一「名可名非常名句」疏文，「思與希微通」後，下多出九十餘字，首再牒經文「非常名」三字，次爲解釋，於義爲複，校之李榮涇本，全與相同，則此原爲李注，誤入成疏也。強本道可道章第一「名可名非常名句」疏文，「思與希微通」後，下多出九十餘字，首再牒經文「非常名」三字，次爲解釋，於義爲複，校之李榮涇本，全與相同，則此原爲李注，誤入成疏也。強本天下有道章第四十六「戎馬生於郊句」疏文，「故云生郊也」下，重牒經文「天下無道戎馬生於郊」，復引爲之釋，凡百二十餘字，文不類成疏，當是強氏別引節解之文，以強引節解者凡有多處，此釋全爲節解一家之義，固有可言。第四十五章「大成若缺句」疏後，校寫脫節解之名，而誤入成疏也，下有謂目光也，以視之也。又視之視徑删之。又視之視徑删之。下有謂目光也，以強引凡二十二字，亦當爲節解，而非成疏，文與義省不類，此三事省義之顯者。不可不删，故徑删之。而強書經疏於道可道句下引御第十四故混而爲一，疏云「又解此眞應兩身，作三乘義釋，具在開題卷中」而強書經疏於道可道句下引御疏，下有「法師臧宗道又用三一爲聖人應身」云云，殆三百言，正言眞應兩身之義，文非開元御疏所有，殆即成疏開題卷中之文，強公姑附之御疏耳，強本道可道成疏自「夫道者何也始」，至「奚死生之能累乎已也」殆五百四十言，爲顧本成疏所無，與疏首段文義亦不貫，顧本已刪序訣所云「境智相會，故稱道德，其委曲玄旨，具在開題義中」者也，而儒錄其文於後，以俟讀者有所考正。佳兵章第三十一殺人衆多，以悲哀泣之句疏，後「一解殺謂敵人疏，下云「法師臧宗道又用三一爲聖人應身」云云，殆三百言，正言眞應兩身之義，文非開元御疏所有，殆即成疏開題卷中之文，強公姑附之御疏耳，強本道可道成疏自「夫道者何也始」，至「奚死生之能累乎已也」殆五百四十言，爲顧本成疏所無，與疏首段文義亦不貫，顧本已刪序訣所云「境智相會，故稱道德，其委曲玄旨，具在開題義中」者也，而儒錄其文於後，以俟讀者有所考正。佳兵章第三十一殺人衆多，以悲哀泣之句疏，後「一解殺謂敵人」云云，凡三十八字，其爲成疏與否不敢定，則姑仍舊存之。序訣謂「上卷三十七章大分三別」，第一章，標道宗致，第三二十五章，廣明道法，下經一卷，四十四章，大分三別，第一章，正開德宗，第二四十二章，廣明德義，第三十一章，總結前旨」顧本已刪序訣，文無可徵，強本備任序訣於正開德宗，第二四十二章，廣明德義，第三十一章，總結前旨」顧本已刪序訣，文無可徵，強本備任序訣於小注中，不免因致佚缺，今考究全書，上經僅存道常章，序訣云「此一章即是第三大段文，正明結會」則存「昔之章即是第二大段文，標道宗致，」次補「天下章即是第二大段佚者亦三事，依其體例，上卷應補「道可道章即是第一大段文，標道宗致，」

文第一章，正廣明道法，」下卷應補「上德章即是第一大段文，正開德宗，」此關全書大體，事有可徵，不可不補，茲徑補之，俾綱紀秩然，以便觀省。載營魄章第十明白四達而無爲句疏，後隔一墨圍，出「又解云四達者達三界及清境」，成公每於疏覺，別出又解，更伸一義，校考於此衍一墨圍，遂若又解爲他家之文，茲謹刪去墨圍，仍合又解於成公之疏，亦記之於此。又有物渾成章第三十五先天地生句，疏云渾成之道，在天地先生，還是不先先，不生生義也，疑本作不先之先，不生之生義也，應是奪兩之字，以無別本可據，不徑刪之，「天下有始以爲天下母」依疏文應刪下「天下」二字，以無他本可據，亦不徑刪之。「兵者不祥之器」疏「致上疑奪二字，消生一生二疏「有三才，」有上疑奪一字，皆以無別本可據，皆空格缺之。「守柔曰強，」他之敦煌本中「守」有作「用」字者，成疏正作「用」字，不依以改正者，以例不依此敦煌一本以校成書，或亦成疏以[用]釋[守]，不可徑改也。「上善若水章」疏云「善有二種，」強本誤[善]爲[水，]顧本無徵，諒是涉上[水]字面誤，致義不可通，雖無他本可依，謹以文義定之，徑改之，「有文尸三解，」文尸三解，義不可通，疑是閒思修三解，以爲據義改正者，亦僅箸之。善行無轍迹章第二十七，善結無繩約而不可解者，本可據，亦不敢徑改，有文尸三解，」成疏正作「用」字，不依以改「就伏心文，」成疏中以文義誤，諒和近而誤，然無他本可據，本視顧本爲備，此三章乃徵少卷是，所錄成疏，凡二十三條，完全無缺，強本此七條中，即有二條，與顧本成者智三十三章大滿汜今三十四章三章，殆強所據成疏中，已先有缺佚也，在全部顧強所錄成疏中，此最爲特異，以他之疏文疏洞殊，即前舉「衣被萬物」「萬物歸之」二句疏文也，有一二彼此刪損不同者，未有疏文全不相似，皆兩相符會，僅文字小有出入，亦豈強本取他家之說，而校者不愼，誤以爲成疏耶？其文義亦不全可解，或又殘佚之餘，後來者以意補之耳，知其不足據也。初校成疏，以強爲藍本，以顧校之，故於此二條，皆仍強本，而備存顧文以俟考，三復校訂，知仍

應從顧本，而姑別存強本所收成疏中有異文三條，以強顧兩本相校，此三處文字，皆強顧相同，獨李本為異，則又李書誤以他家注說而冒以成名也，顧本始天地不仁第三章至挫而盈之第九章凡五章，徒有經文，諸家注說全缺，亦後人據他本補之，以顧書原為損字本，後人據不曉，誤據不損本補之，此其顯然可察者，乃顧本之缺者，強本成疏適不鈔，以強氏所據成疏之已缺者，又適在顧書不缺之中，是成書之得不終為殘佚之餘，倖而獲全者，誠亦僅矣，顧書之缺，在強氏之先，益知西華一疏，在宋崇寧中已無存，千餘年後，茲乃再顯，且經文疏文，字字從唐本出，非有鬼物呵護，安能致此。唐人義疏之作，實有多家，陸德明經典釋文，復為華經及老莊書並作音義，今西華莊疏猶在，予因之有迹求老疏之事，茲考老氏成疏，佚而復得，而唐人經語，茍論語，苟爾雅，問象得之，此亦事之至奇，可偶而不可恆者耶？將亦神為之助，固有非人力者在而非余之所克致也。

三校成疏，錄成清本，以巴黎所藏敦煌卷子，頗有老子無姓氏者注及疏義，思以影片致之，悱得四校，期成定本，道遠不可驟待，乃以餘暇，芳求西華所用經本之舊，完成一家之學，以老書傳本，同異滋多，吾友蔣君錫昌先子治老二十餘年，為老子校詁一書，既精既博，所收各本，都八十四家，唐人石刻凡有其五，乃無一同者，其惑繁可概見也。茲校成疏，據顧強兩本，疏首先騰經文，強本猶仔過半，未經刪落，依此騰文，以勘強顧之經，皆不能合，是知成疏雖存，而成疏所依之經，不可復覩，言顧書即為成疏者，益證其不得為確論也。反覆疏及騰文，求之蔣校，再三考索，始決成疏之經，與唐遂州龍興觀道德經碑十同八九，最為相近，遂州代今蜀之遂寧，碑已久佚，惟道藏中道德經次解，據以為訓，頗詳論之。杜光庭言「唐朝道士張惠超黎元與肯明重玄之道，」又言「藏陶顧孟，霞舉於南朝，任黎二張，星羅於西蜀，」稽杜所敍箋注六十餘家，則有成都道士黎元興，作注義四卷，道士張惠超，作志玄疏二卷，通義郡道士任太玄，作注

校理老子成玄英疏敍錄

九

二卷，岷山道士張君相作集解四卷，此所謂星羅西蜀之四家也，通義郡爲今蜀之眉山，天寶初曰通義郡，乾元初復曰眉州，知任爲眉山人，在天寶之後，而乾元之前也。重玄一宗，創發於江東，入唐後猶餘響於西蜀，遂州本獨與西華合者，一宗之傳，淵源固有自也。遂州本與成疏偶異者，尙十之一二，殆亦任眞本與西華本之比，則又知成疏牒經之文，愛依次解遂州本，而以成疏牒經異者改之，成疏無明文可決者，則一仍遂本，則又知成疏牒經之文，亦頗有後人誤改，足驗牒文之失，以就顧強二本者，非傳寫之誤，卽校勘者誤據顧強以改成，則一仍遂本，尋繹疏義，自可依疏以正之，往往還與遂州本合，則又校舊之一快也，亦有牒文與遂州本合，而疏則又經誤改，以就顧強之本者，則徑改疏文，俾仍與遂州本合，其又有牒文疏說自相同而皆與遂州本異者，而別求諸他家之本，合於西華者用之，以經易遂本，乃知唐易州龍興觀道德經碑，大同正華遂州二本，凡西華之與遂州異者，皆得與易州本合，足爲據驗。蔣君之校自勤，其又校舊有同不詳注家立義，漏此一例，猶爲千慮之一失耶？復就羅氏敦煌影本覈之，則茲校爲例之得失，亦自可見，而益知所以求近眞之方，蓋以易州輔遂州之不足，而於成疏皆可合也，於是西華一疏之舊，隱然若可見者，惟遂州易州敦煌，亦未免於脫誤，仍當斷以疏義，叅之衆家，考論碑本，左右采獲而尋統之，經交止於五千，雖視疏約，而校事之難，乃倍於疏也，是又安敢言取舍改易，一一之悉當乎，既以遂州本爲主以校成書，而後知前之疑疏文尙有三數處佚奪，不可復補者，證之遂本皆經無此句，爲第二章「生而不有」第三十章「大軍之後，必有凶年，」而無憾也。凡遂州本刪輯者計有十事，第六十一章「以靜爲下」六十三章「夫唯病病，是以不病，」七十一章「是以聖人猶難之，」凡此六事，皆西華無疏，而校之遂州本，皆經無其句，他本同遂州本者，惟易州本，亦無大軍之後及是以聖人猶難之二事，此則易州本略近遂本之迹也，惟易州本，亦無大軍之後及是以聖人猶難之二事，此則易州本略近遂本之迹也，他若遂州本無二十一章「其精甚眞，」五十五章「知常曰明，」及七十八章「是以聖人」此三事雖遂本所無，而西華則存疏，

明成公經自有此句，校之易州本亦有此句，與成疏同。第三章爲無爲則無不治，遂有「爲無爲」句，而成疏謄文無之，校以易州本亦無之，此易州能輔遂州之不應存而所以求合於西華者也。三十四章「遂本無」「常無欲」三字，易州本有，成恐無考，則徑從遂州，以茲校原主遂州，不輕以易州改遂州也。十四章「是謂惚恍，」次解經文有此句，而後附道經異同字，擊不同者六十九處而言，所列則無此句，此顯屬次解之誤，自爲矛盾，老子翼云龍與碑皆此句，當是據所刻不同六十九處而言，蔣君錫昌云「於解此句寶有」而焦氏謂無者，諱視未審之故，不足據也。」蓋蔣依次解經本，焦依後附碑而，不能相非，惟成疏寶有此句，遂州本既不可定，易州固有之，足爲考定成本之據，此亦以易州輔遂州之例也。其他文字同異多少，皆依此爲例，以求合於西華之舊，相於字字有據，倘所劃不中不違者乎。蓋自張係師本出，删損經字，以求合於五十之數，嗇益諸誤。句讀爲難，因有删字本及不删本之殊，而刻零苟流，寶多依損字本爲說，遂州易州西華皆是，茲之所校，但以求復西華面目，若云柱下之舊，誠所未邀論也。晉唐注老其選說獨可考見者三十餘家，既思別輯緯纂，以輔成疏立義之未識，而各本文字同異，亦將於補注中擇要存之，以待言老者之自擇。以復其舊，蓋既任別家之安，而爲治西華疏者之一助，字本者，擬再依不損本章益其句，咸塞足匡或號經本所求安，不得不兼存別家之經，經注相狀將於補注中擇要存之，以待言老者之自擇。凡有删字本及不删本之殊，而刻零苟流，寶多依損字本爲說，家，既思別輯緯纂，以輔成疏立義之未識，而各本文字同異，亦，而義始有歸也。凡所補易，令則橫以篤守家法爲末，未敢有所放論也。茲理成疏，疏依顧氏，經依遂州，而校以易州，凡屬是正，未必皆睿，缺學字皆從唐本出，而心力所及，亦止於是也。今唐人九經之本，引貫之論，陸氏音義，皆與顏監定本消異，愛有八行本十行本注疏注本原非一源，故一曹之間，矛盾迭出。今茲推求成經，於事既繁，於集注亦並著各家經文異同，爲工尤拙，然比於宋世校經之草率，庶鮮貽誚於將來。

校理老子成玄英疏叙錄

成疏惟出經文，不牒注說，知不據注爲疏，與其作莊子疏同，六朝唐宋難主河上者多，然成疏多遵河義，又每顯駁河公之本，不肯曲從其說，亦不符於王義，知亦不據輔嗣，唐志成公自有道德經註二卷，殆於古人皆不欲依之也，至其持義，則有可言，六代註老顯有二派，王弼則專研玄理，河上即偏言仙道，成則總此二派，不偏一隅，每疏文義竟，復起內解，內解皆仙術也，考隋唐兩志陸杜兩序均有節解，或云尹喜所撰，或云河上公作，唯宋志謂葛玄作，常得其實，或復稱內節解者，按節解遺文，皆屬仙法，成稱內解者，殆承葛氏之緒，蓋葛等爲內，王等爲外也。河上公注究爲何氏所爲亦有可尋，由葛玄節解言之，最爲近似，考之嵇康高士傳云，「河上丈人者，不知何國人也，明老子之術，自匿姓名，居河之湄，著老子章句，故世號曰河上丈人，隱身修道，老而不虧，傳業於安期生，明老子章業。」而皇甫謐高士傳云，「河上公不知何許人也。河上公注爲道家之宗焉。」嵇傳之河上丈人，隱德無言，是明不見有老子章句，皇甫仙傳謂其著老子章句，是爲待謂無言耶？宜河上章句爲出於叔夜之後，而在皇氏之先，故葛仙公得序其書也，仙公序論河上公事，稚川卽依之以爲神仙傳，殆由左元放而來，仙道以葛氏爲一大派，正始之風既盛，神仙家不願老子獨爲玄宗所奪，因託史遷之河上公書，正以抑人揚己耳。序訣末道士鄭思遠曰，「余家師葛仙公，受太極眞人徐來勤道德經上下二卷，仙公驪者所好，加親見眞人，教以口訣，云此大道之祖宗也，諷詠萬遍，夷心注玄者，皆必昇仙，尤尊是書，日夕朝拜，」所云教以口訣，所云尤會是書，顯指河上章句者，魏晉間方士徐來勤之所作也。雲笈七籤每稱徐來勤，勤勤自係字誤，誠不得爲周漢之作，其出於魏晉殆無疑也。斯則徐王兩人，葛稱太極左仙公，殆皆仙者也，知河上章句者，徐稱太極體注，對壘抗行，成疏倂此二家，聯駢并轡，匯於一帙。又成氏之疏，每別伸義云，「治身者，」考杜光庭以「嚴君平等爲明理國之道，孫登兩歡等爲明理身之道，羅什圖澄明事理因果，何晏鍾會明虛極無爲，賦靜玄明

校理老子成玄英疏敍錄

重玄之道，梁武帝以非有非無爲宗，「知成重言『治身』者，以疏『理國』之義已竟，而又別伸治身之義也。或並言治身治國，則又合嚴遵顧歡輩於一轍也。疏中嘗稱臧公或臧上人固以同主重玄，然又未嘗不屢言即事即理，非有非無，則亦旁取羅公，參之蕭老，是其搜羅宏富，兼該者多，六代勝言，猶寄於此。今以顧書所存，李霖所採，六朝舊注核之，成書若自爲疏，而實多襲魏晉以來之說，是則熊皇孔賈，疏經舊輪，自爲一家之書，而實綜羣儒之說，尤精保存，致精於玄宗，義近於王弼，葛玄顧歡張氏王玄辯，彙朋仙道，說朋於河上，顧王之疏，成公即斯其較著者也。羅什圖澄皆注老子，其信否未可知，而惠琳惠觀惠嚴皆有老子注，陸紋稱爲宋世沙門，則釋氏注老，先有其爭，故老家亦沿而用釋，觀嚴兩師，隋唐道士劉進喜蔡子晁之屬，稽之晉唐注家，鍾會何晏羊祐郭象之徒四句百非爲說，以暢重玄三一之義，接踵釋氏，重玄一宗，於是極盛，率六代之英耆，亦其流也。成公之疏，不舍仙家之術，更參釋氏之文，上承臧孟，近接車轂，以下逮成李，此李榮集解，所中徑題顧氏者也，重玄之論，即暢於此，源遠流長，自爲足貴。盧裕劉仁會徒襲魏晉之餘風，李約陸希聲但爲宋元之前響，皆不顧注田甚難云「內明道業不修，丹田荒蕪，」則彙綜王葛二派，並取羅公，以下閒二孟，則顧氏之業。疑二孟之業，即出顧氏，以釋言玄，斯爲最著，此李榮集解，所中徑題顧氏者也，重玄之論，即暢於此，源遠流長，自爲足貴。李榮在高宗朝廳略後於成公，綜六代之奧論，疏成而道士王元慶邀文學賈鼎，以其管誠爲不可，而西華一疏，更集重玄之大成，蓋李之爲說亦多取六朝舊訓，入已註中，亦成公法也。惟李氏之玄爲重，即西華一疏，更集重玄之大成，蓋李之爲說亦多取六朝舊訓，入已註中，亦成公法也。惟李氏之纂疏，以二家義說，最爲相近，文亦每同，俾唐初勝義，幸足研尋，至陳希聲李約之聲之著，僅存其半，獨賴強峽，猶可補其佚缺，因非校之，義自別出，希聲李約二家爲近，與仕真西華之宗遠矣，不復及之。目白雲齋混此爲唐作，但殊類唲趙說經，

一三

李榮於宋之李息殆嘉謀，殊爲遠誤，嘉謀別有先天道德經注，見於道藏，自號息齋，不容相混，以題譌者衆，聊復陳之。雲笈七籤卷六，三洞經教部，「第二太平者三一爲宗云，太平洞極之經一百四十四卷，自宋梁以來，求者不得，陳祚開基，至寶帝立，乃命太平周法師讀智，響往以此經，故號法師爲太平法師，即臧靖法師孟智周，而誤爲周智耳，是臧靜實從孟智周稟業，即其傳承之所稟業也，」此臧靖法師孟智周裏業者，此其傳承之僅可考者也。又「第三太玄者重玄爲宗云，太玄道經二百七十卷，既說有三時，玄靖法師開爲三部，」知孟臧於道宗證逃之宏也。雲笈七籤卷五，貞觀九年勅潤州於茅山置太平觀，「王遠知曇首之子，入華陽傳知白先生，（陶宏景）又從宗道先生臧治，傳諸秘訣，云「臧矜」者，即是臧靖，孟臧學術無往不同，故知周智響氏謂「孟智周臧玄靜智明重玄之道，」孟臧玄靜以道德爲宗，」孟臧學術無往不同，故知周智響之決是孟智周之誤文。成玄英獨畢就靖說，辭之曰臧上人或臧公，宜成爲臧之弟子，與王遠知同顯於貞觀之初。若李榮者倘又成公之徒，而華書謂，「有欲之人，唯滯於有，又滯於無，故說一玄，以遣反復軍玄之言，即識又玄爲說，更祛後病，既而非但不滯於有，無欲之士，亦滯於無，此則遣之又遣，故雙執，又恐學者滯於此，今說又玄，借玄以遣有無，玄亦自喪，故曰又玄，又玄者三翻不足，言曰之又玄。」任眞子曰「定名曰玄，虛通不礙。」尋二家之文，重玄之襄，不外乎此也。詳究羅什之解，「損之又損，」謂「損之者無麤而不遣，損之至乎忘惡，然後無細而不去，去之至乎忘善，惡者非也，善者是也，既損其非，又損其是，故無不爲也，」究乎注老之家，雙遣二邊之訓，莫先於羅什，雖未必即爲羅什之書，要所宗實不離其義，軍玄之妙，雖肇平孫登，而三翻之式，實始乎羅什，言者之別開一面，之自爲，故無不爲也，」杜氏稱「梁寶略

校理老子成玄英疏敍録

注四卷，與武帝羅什所宗無異，」又稱，「梁武帝以非有非無爲宗，」梁武之言，無所考見，由非有非無之義以論，蓋與羅什之説不殊，釋氏之解入於貊流大倡其風也，成氏疏中每言即事即理，非有非無，殆其緒也。顧歡之説，遵文尚多，其釋「唯恍唯惚，」謂「欲言定有，而無聲無色，欲言定無，而有精有信，以其體不可定，故云恍惚，」是亦雜什梁武之朋，非遁異也，其釋「有之以爲利，無之以爲用，」謂「轂中有軸，器中有食，室中有人，身中有神，皆爲物致用，明道非有非無，道若全無，無能致用，利物在有，致用在無，無謂清虛，有謂神明，而俗學未達，皆師老君全無之道，於是可見其概，孫盛以來疑問反訊之作，景怡可謂能塞其難也，斯亦重玄之教也。杜氏説，「孟智周臧玄靜以道德爲宗，」廣聖義五云，「道者通物，德者不失，以有爲功：道無則能道物有累不一，二而不二，一而不一，由二故一，不可説言有體無體，有用無用，盖是無體爲體，無用爲用，然則無一德非其體，無一用非其功。尋其體也，離之離有，非之非陽，視聽不得，搏觸莫辨，尋其用也，能樞能實，可左可右，以小容大，以大容小，體既無已，故不可思議，用又無功，故隨方示見」，此以道德爲宗之大較，正亦不越乎重玄之旨。至嚴君平之以虛玄爲宗者，唯以君平一家，無統何王之徒其。自王弼何晏，及於君平，陳羲虚薄，空穴來風，致招訏難，齊梁之徒，以重玄爲説，始盆深遠也。尋諸雙遣之説，雖賽於釋氏，而究之呂覽之論圓道，淮南之稱無爲，知重玄之説最符老氏古義，而王何清談，翻成戲論，孟臧勝義，方協宝言，固呂覽淮南之舊軌，何嫌梁釋氏之借範也。孫盛老子疑問反訊諸道德經云，「此兩者同出而異名，同謂之玄，舊説及土弼解，妙謂始，徼而終，夫觀始

校理老子成玄英疏敍録

一五

要終，覩物知著，達人之鑒也，既已欲澄神昭其妙始，何以復須有欲得其終乎，若然以往，復何獨貴於無欲乎，」此正正始虛無之說，而安國力排之者，亦王何之徒，所難置答之啟者也，孫盛爲孫統之從弟，而登則統之子也，是知重玄之說，實由「有欲俱出妙門」之難詰而起也，此疑問反訊之作，翻有以暢道家之精情，適爲攻錯之他山者也。杜光庭言，「河上公云，道者空也，王輔嗣云，道者虛無之謂也，惑者或謂常道乃至上德，實是虛無，今明「是以有德，」此則除其無病，故經云「亦冥中有精，」此是一往相翻，執病都盡，乃契重玄，方爲雙絕，有，斯則無有無無，」是證重玄之道，即對虛無之談，此正孫盛所由與難希聲曰，「王弼以爲聖人與道合體，老氏未能體道，故孫登以來，」李榮言，「魏晉英儒，滯玄通於有無之際，失惠氏之說出，而流於虛放誕，皆老氏之罪人也，」而後老以盆尊，其所繫之巨如此，由杜陸之言，益見齊梁羽流之說，與魏晉白衣之論，迥爲賴重玄之說出，而後老以益尊，其所繫之巨如此，由杜陸之言，益見齊梁羽流之說，與魏晉白衣之論，迥爲殊致也，重玄之說，倡於孫登，陸序「孫登集注二卷，字仲山，太原中都人，東晉尚書郎，」杜以孫登爲隱士字公和，魏文明二帝時人，此涉與嵇阮同時前一孫登而致誤者也。

西華疏中，每言三一，知此一系，以重玄爲道，以三一爲歸，成於疏希夷微，舉咸公三一解云，「夫言希夷徵者，所謂精神氣也，精者靈智之名，鳴者不測之用，氣者形相之目，總此三法，爲一聖人，不見是精，不聞是神，不待是氣，既不見不聞不得，即應云無色無學無形，何爲乃言希夷微耶？明至道雖言無色，不見是精，不色無形，故云希夷微也，所謂三一者也無，亦絕無者，逐同太虛，即成斷見，今即不色而已，不聲而聲，不形而形，不一不異，故不可致詰，此異應兩身，二又云照而應，即散一以爲三，應而照，即混三以爲一，一三三一，不四不二者，以言作三乘義釋，」此三一義之大較也，雲笈七籤玄門大論三一訣稱孟法師云，「言三言一，

善一即成三也，今謂三義雖異，不可定分，一體雖同，不容定混，混亦不混，故義別成三，分不定分，故體混爲一，混三爲一，三不成三，分一爲三，不一則不一，不三而三，一是不三之三，一是不一之一，不三之三，非直非三，亦非非三，不一之一，非止非一，亦非非一，此合重玄之致也。」又稱出體之義，略有四家，一者大孟法師解云，「三之法以妙有爲體，有而未形，故謂之妙，柱理以勤，故言爲一，經云道生一，又云布氣生長，裁成廳素，彙三爲用，即一爲本●」此大孟法師者，孟安期也，前所謂孟法師者，小孟孟智周也，皆見杜光庭序，御覽六百六十六卷，引道學傳云，「梁武帝天監二年置大小道正，平昌孟景翼時爲大正」同卷又言，「孟道養平昌人。劉綏戴 相造研論玄理，各歎伏以爲邁絕。」此二孟皆平昌人，應即大小二孟，即安期智周也●二者宋法解云，「有總有別，總體者三一，即精神氣也，別體者精有三智，謂道寶樞，神有三宮，謂上中下，氣有三別，謂玄元始，」杜序作宗文明，疑杜誤。三者徐素法師云「是妙極之理，大智慧源「宋文同字文明，吳郡人，梁簡文時，」此所謂徐素者，未知與杜所稱徐邈，爲一人否？徐邈即徐道邈也。四者玄靖法師解云，「夫妙一之體，絕乎言相，非質非空，且廳且寂」，此玄靖者，應即減玄靜也，」又稱孟法師云，「用則分三，本則常一」又孟法師云，「涉學所宗，三一爲本，故七部九結疏云法師誡宗道（杜作道宗，即玄靖字也，）又用三一爲聖人應身，所言三一者，一精二神三氣，總此三法，皆有圖術，」及所謂「義有九條，用有五迹」者，皆廣如七籤所列，重玄三一，一宗勝諦，略備於斯，纂疏云法師誡宗道（杜作道宗，即玄靖字也，）又用三一爲聖人應身，所言三一者，一精二神三氣，總此三法，爲一聖體，此三者不可致詰，故混而爲一也，但老君法體，以三一爲身，自有應眞之別，而解者義有三家，第一散一以爲三，是聖人眞，第二云，「三之與一俱是應，非三非一乃是眞」，爲第三云，「豈有名散之外，別有無名散之眞耶？即此三一爲一，是聖人應，混三以歸一，是聖人眞，第三云，「三一非三一是眞，三一而非三一之應，此應是眞應，三一而非三一之眞，此眞是應眞，應眞之眞，不可定言眞，三爲一（疑脫而三一）之應，非三一俱是名數」，第三云，

校理老子成玄英疏敍錄

一七

眞應之應，不可定言應。而應而眞，此則而華所謂「又解此順照兩身，作三乘義釋」者也，蓋以聖人之㫖，示入教之行，任眞子曰，「希夷微三者，俱非聲色，並絕形名，有雖不足詰，長短莫能議，寄名爲一，一不自一，由三故一，三不自三，由一故三，三是一三，由三故一，一是三一，一不戚三，故三不戚三，惟其三不戚三，一不戚一則無三，一不戚一則無一，翻滯玄通之教也，」皆廣辯三一，以合重玄之致，前經言「恍惚中有物，惚恍中有象，窈冥中有精，執一，實非虛假，於三一之中，偏重舉精者，欲明精是氣色神用之本也，」戚公三一之說，用之以說希夷微非色，而爲色爲象，故是氣也，言道不物而物，不象而象也，中有精卽精智也，神功不測，眞精無雜，實非虛假，於三一之中，偏重舉精者，欲明精是氣色神用之本也，」戚公復用之以說恍惚窈冥，此固相承之道，雲笈七籤廣說有三一九宮法，三一服氣法等，而事益宏矣，然三一之說雖盛，而義更有進者，何晏之釋，「復命曰常」云，「復命當使不死，是道之所常，」是長生不死之說，非但河上章句仙公節解，尋以此爲言，卽正始名士如平叔，竹林名士如叔夜，肯亦游心於此，而羅什之註，亦有是言，其註「以其無死地，」固曰「以其始不敢生無生，」是羅公亦未始廢長生之義，惟松靈仙之註，「知常曰明，」曰「進心虛淡，不敢貪染則長生，」是羅公亦未始廢長生之義，惟松靈仙之註，則曰「知止不殆，」曰智慧日明也，」松靈無名氏年代，不可具論，而重玄宗之勝流，於此則有彰著之論，蔡子晃之釋「往而不害安平泰，」曰「若能知止於有名之末，復歸無名之本，此則不死不生，所謂不危殆，」日「若往於生死，有累懸悲，斯則有害，此卽不死不樂，」此則無害，而言安平泰者，不爲生死所遷名爲安，諸法不二名爲平，無爲安樂名爲泰，」李榮之釋「天下之物生於有，有生於無，」曰「迷者失道，不識本元，聖人垂敎，明於祖始，若能歸道，超生死而出有無，必其昏俗，淪有無而繫生死，形神合而見相，故言生於有，形神散而無體，故言生於無。」戚公闡發此義

校理老子成玄英疏叙録

，更為黑見，其疏「侔我介倈有知，行於大道，唯施是畏」云「夫至道虛通，妙絕分別，在假不真，實假性齊，死生一貫，入九幽而不昧，出三界而不明，」皆陳義深淵，以為道超死生之外，而徹存亡之中，此重玄一宗，所以超越魏晉，而抗衡儒釋者也，唐以來道家名德，皆不言白日飛昇，明長生之非形軀，其義豈無由耶？

杜氏廣聖義言「梁朝道士孟智周，臧玄靜，陳朝道士諸㮰，隋朝道士劉進喜，唐朝道士成玄英蔡子晃黃玄頤李榮車玄弼張惠超黎元興，皆明重玄之道，何晏鍾會杜元凱王輔嗣張嗣羊祜盧裕劉仁會，皆明虛極無為，理家理國之道，」此知說老之家，義有多途，玫其大校，二宗而已，正始已還，玄風盛於江左，梁陳以降，清談漸息，竟不可振者，正以重玄一倡，卑視魏晉，迦公輔嗣，並遭譏彈，孟臧之宗既張，遂奪何王之席，駕而上之也，此宗悉屬羽流，惟蔡子晃車玄弼二家，頗有佚文可見，李榮取善集蔡說八事，車說五事，顧歡注疏，實自成玄英李榮集解，中徹蔡曰者十事，車曰者二事，是一家並在李榮之前，宜與成公俱為並時也，史記老子列傳正義，引張君相云「老子者號斯竟，老寄也。子葦也，考校（原作教依廣聖義校改）衆理，達成聖孳，乃葦生萬物，善化濟物無遺也，」（杜光庭言「者者以考校衆聖為名，子葦以葦生萬物為義，」即據張說）正義序云「於開元二十四年，殺青斯竟」則君相書成，應在開元以上，泉氏讀書志意張為天寶以後人，未必然也，張為三十家集解，二十六劉進喜，二十七蔡子晃，二十八成玄英，二十九車惠弼，是蔡車又更在張氏前也，杜序言劉為隋朝道士，大唐新語十一言「高祖幸國學，命道士劉進嘉講老子」喜疑嘉字之誤，足知重玄之盛，並在唐初，吳筠為注，在開元間，雖下至杜弦，猶不廢重玄之義，而比之陳隋之風，則已替矣，杜氏以盧景裕劉仁會同於王何之流，固知北朝解老，猶習魏晉之遺，重玄雖盛，不過江東，未嘗行於河北，此宗始於梁陳，廢於唐初，若是而已，天寶以後，流風餘韻，僅存於蜀中，任太玄黎元興之流是

校理老子成玄英疏敘錄

一九

昇玄經「仙人寶子明問法師三一之談，嘗復云何，既爲一而復言三，法師曰雖三常一，故名三一，三一者向瀉初門，未入眞境，得見一分，是未離三，雖未離三，少能見一，故名三一，子明曰，此一者何所有也，答曰無所有而有，」蜀中廣記言，「寶子明江油人，入巋山學道，故名寶巋山，」是又三一重玄之緒，皆流播兩川也，至淵源重玄一派而注訓老經者，亦有可言，千遠知從宗道先生戒於裹業，茅山志正作戒於，常卽戒玄靜，以玄靜字宗道也。遠知門下有徐道邈，杜序所稱道士徐邈作老子注四卷是也，與徐同門者，又有潘師正，潘門下有吳筠，亦作老子玄綱論，所謂宗元先生也，與吳同門者有李含光，亦說老子，見新唐藝文志，有學記有義略也，白薛而下次田虛應，次馮惟良，次應夷節，劉處辭撰靈寶三師記，卽田馮應三八，杜光庭爲應氏弟子，撰道德經廣聖義，號廣成先生，杜序玄德纂疏言，「弘農強思齊字默起，卽田歲侍先師京金仙觀，講論大德，」是亦應氏之徒，賜號玄德大師，故書稱道德經纂疏也，杜序所稱重玄宗杜別作洞淵神咒經序，則稱苦氏而下次韋善俊，次葉法善，次尹愔，則又杜序所稱蕭明觀主尹愔作老子新義十五卷者也，此並庸之道士詮解老書，其學術淵源，有關重玄者或否，杜氏多不繫之於重玄派，倘旨義不定相同也，此若劉海蟾一系，其爲書或存或否，杜氏多不繫之於重玄派，倘旨義不定相同也，此若劉海蟾一系，其爲書或存或否，杜氏多不繫之於重玄楠灰白玉蟾，作道德經寶章，授彭耜，此亦淵源甚久，次張伯端，次石泰，次陳夢，號鴻濛子，作道德經集註，師承有自者也，至若陳搏有弟子張無疏五卷，及手抄二卷，祖述陳氏，號碧虛子，作道德藏室纂微，以著其師說，次有薛致玄藏室纂微開題科文繫至鉅，又若蔣宗瑛爲司馬承禎二十六傳，其弟子有杜道堅，作道德玄經原旨，趙松雪嘗師之，自杜氏面下，遂入於元，次張德戀，次趙嗣棨，次周德方，此皆源於重玄而流播較久，變，於上來諸家述作，其義皆可考而知也。

附論嚴君平道德經指歸

道德經指歸一書，文高義奧，唐宋道家，頗取爲說，其地位之重，僅次河公，然在近世，各有疑信，而終無定說，由其陳義衡之，成書之故，蓋有可求者，賦悱論之，漢書王貢兩襲傳稱「君平依老子周之指，著書十餘萬言，」是君平固曾有書，隋志陸序，皆言君平有老子指歸十四卷，唐宋藝文志亦皆著之，明曹學佺元翎外編序乃云「近刻嚴君平道德指歸論，夫一闕著錄十三卷，乃吳中所偽作，」四庫提要遂援爲口實，而指歸遂不得爲唐宋以來之舊籍也。考今之指歸，宋李霖取善集亦頗引之，而道藏以後，僅存七卷以下，已佚其前半，然強思齊玄德纂疏引君平說百二十餘事，宋李霖取善集亦頗引之，而道藏以後，僅存七卷以下，已佚其前半，然強思齊玄德纂疏引君平說百二十餘事，獨存古義，爲晉唐解家所不及，則曹氏今本指歸符合，至程以濟引君平說雖僅三事，而萬物芻狗一條，亦皆下經之說，實不攻自破，強引文多刪節，如於道可道下引君平說，將五百言，末二句正同強引，知張君房取之群，強氏收之略，但仍七籤開卷即徽老君指歸，考今本指歸也，強引嚴說復有數處，校之今本，乃谷神子注文，非君平說，又知是一書，無足疑者，皆即今本指歸也，谷神子者，亦唐時人也，谷神子爲裴鏗，有道生旨一篇，見雲笈七籤，自晁公武以獨鄒亦有道德指歸，谷神子爲馮鄒，後人多沿之誤也，唐百川前輩據劉昭續漢書祭祀志引莊子曰「易姓而王，封於泰山，禪於梁父，七十有二代，其有形兆垠埒，因謂谷神子引莊語，自宋以來困學紀聞之倫，每以嚴書言莊子，斯爲言莊子之宗，進而論之，指歸之名，已稱於常氏書，而在晉世，已先有「君平專精大易，就於老莊，著指歸爲道書之宗，」則指歸即不必爲班氏所稱之書，而梁時劉昭之所見反謂君平引莊語，何以皆爲佚文，漢書司馬遷傳注徵晉灼注稱老子曰「覷覶秉明，倚依太之，尚不始梁代，常氏書終於永和三年，宜指歸已出於永和之前也。漢書司馬遷傳注徵晉灼注稱老子曰「覷覶秉明，倚依太，「善閉者無關楗，」嚴君平曰「折關破楗，使姦者自止，」又徽晉灼注稱嚴君平曰「折關破楗，

校理老子成玄英疏敘錄

二一

索，反本歸真，則理得而海內鈞也，」折關破楗二語，即見今本指歸卷七中，決晉灼所引嚴曰，即指歸文也，顏監漢書序例云，「至典午中朝，爰有晉灼，屬永嘉喪亂，令行播遷，此書雖存，不至江左，」晉灼既永嘉前人，知指歸實永嘉前書也，皇甫士安高士傳惟言「嚴遵閉肆下簾，以著書爲事」，不言著指歸，士安爲晉武時人，知其固未見指歸之書，是此書固出於士安晉武之前也，今考指歸之文，其釋長短相形曰，「長短相空，本無實相，」釋高下相傾曰，「如彼世間名位，遞爲臣妾。」其釋道沖而用之或不盈曰，「中和之道，固不盈不虧，非有非無，有無既非，盈虧亦非，借彼中道之藥，以破兩邊之病，病破藥謝，偏去中忘，都無所有，」審茲義句，原本浮屠，足開重玄之先河，故見重於後代，亦不得上躋當塗之世，百川唐氏必論其眞爲君平之書，又未必然也，至其書究爲何人之作，亦有可言，宋史藝文志有谷神子諸家道德經疏，自注云，「集河上公葛仙公鄭思遠唐睿宗玄宗疏，」前於強思齊嘗知谷神子裴鉶爲強氏以前人，此集疏收及玄宗，又知裴氏爲開元天寶以後人也，隋唐志不言葛氏注老，獨宋志以節解爲葛氏作，隋唐志亦無之，而裴氏除注指歸外，別無他書獨知爲葛作者，即襲所謂鄭思遠書知之也，世不知有葛鄭書，自裴書行而僅知之，宜指歸者，即襲所謂鄭思遠書也。谷神爲神仙家，於節解出葛作而非尹喜，指歸之爲鄭作，而非君平，他人不知者，裴固能知之，無足疑者，鄭爲仙公弟子，葛仙公書託之尹喜，鄭思遠書託之君平，而當正始之後，故晉灼能徵引之，於事亦合，徐來勤書序次而是正之，尤爲學源於葛之顯證，抱朴外篇遐覽言，「昔者幸遇明師鄭君，指歸序即爲仿序次而是正，葛仙公書託之尹喜，鄭思遠書託之河上，葛仙公書託之尹喜，鄭思遠書託之君平，其意一也。仙公有序次一卷，而嚴氏十，髪鬢斑白顏色豐悅，能引強弩射百步，步行日數百里，飲酒二斗不醉，性解音律，善鼓琴，鄭君本大儒士也，晚而好道，猶以禮記尚書教授不絕，其體望高亮，風格方整，接見之者，皆肅然不敢輕銳也

校理老子成玄英疏敍錄

，」知鄭公固為經行高介之醇儒，遠過徐葛章句節解之部穢，以鄭君之學，固高於師門之傳也，今傳指歸本以唐刻為最善，唐氏得明姚舜咨抄本，劉之怡蘭堂叢書，所採佚文僅三條，惟取雲笈七籤二條，唐寫修文御覽一條而已，今從知疏採百二十餘條，從程疏採四條，幸稍多於唐輯，惟道生之章（五十一章）強引嚴說四條，皆與指歸文不類，以序次考之，應在今本存卷內，顧今本亦無之，未知為強氏之誤歟？陸序隋志並有嚴注老子二卷，此四事者，豈為所謂君平注老之文歟？顧歡書中亦有嚴顧等曰一條，亦與指歸文不類，皆附存卷中，以俟方聞之士，論而定之。

余既略研老子，因發現成玄英疏之可重，以成書尚可整理，幸其書出有突過前賢處，然漏失亦時有之，謝無量深於老易，以李榮注與成疏相輔，亦並校鈔，遂得二書，二書固有突過前賢處，然漏失亦時有之，謝無量深於老易，囑宜略輯古注，以見源流，且補成書之不足，於是以顧歡本所收舊注即是李榮集解，以強氏纂疏所採益之，並以自宋以下如李霖取善集等所引六代唐人之說，錄出以為補注，並及唐人佚說者，以顧本強疏皆取唐人說也，李約陸希聲傅弈杜光庭開元御注御疏六書不取者，以原書具在，自易檢尋，無俟更出，河上公注為各家所宗，且顧歡王玄辯二氏，寶依河公為說，故並校之，以顧本強疏影宋本天祿琳瑯影宋本世德堂本，詳為校記附之，嚴遵指歸今存者僅其後半，然校以唐宋人所徵引，悉在其間，知舊書，非明代人妄作也，因採輯所徵引者以見其缺卷之梗概，其視見今本者亦僅存之，以資校理，別為嚴氏指歸拾遺二卷，王輔嗣注，以宋明以往，乾道問熊克再刻之，正統道藏本亦懷熊刻，張之象又刻熊本，近所行者，但此本耳，茲取上各本再以武英殿聚珍本校之，以其原出永樂大典，備取王注，亦宋本也，并據以讎校，俾王注有善本，陸氏音義本據王注而作，並校音義附之，成疏老子文大同逐州本，乃逐州本復有譌奪，近委量夫君所得巴黎藏敦煌寫老子，與逐本同源，足資校正，復作逐州本老子校文一卷，以與成疏相輔，從

二三

雖疏別輯老子章門一卷，並存於後，老子一書舊解聘義。略具於此也，俾世之沆瀣家言蓋，得以覽觀焉，凡得將共八種、次第刊之，以就正於博物君子。

老子成玄英疏六卷
老子李榮注四卷
老子古注補八卷
老子指歸拾遺二卷
老子河上公章句校本四卷
老子王弼注附音義校正二卷
遂州本老子校文一卷
老子章門一卷

民國三十四年十二月蒙文通識於四川省立圖書館

成疏李注所據經本，原無章次，遂州本亦然，茲校印各籍，謹注章次於書眉，以便檢閱，未敢闌入文中，致淆舊貫，後日復印，當改注章次於書耳，以從宋人刻書之式。

三十五年五月　文通又識

道教徵略序

先師劉宥齋先生平生著述率先具匡郭續乃修補完發道教徵略為其草創之稿凡分上中下三冊屢欲往觀全藏以修補之卒未果而歿今因交通先生命以付印爰約同學數人悉心讎校凡稿中行葉之處疑俟增潤暨前後節次偶為移動者謹加案語識之又所引用諸書間有異文非關宏旨者悉依原文不復贅注乙酉十二月校者謹識

道教無史，傳記紛多面移於靈異，略於派別。書目則古目無存，今存明人目錄，雜亂無理。傳記以仙為名，本未安隱，三洞四輔，亦非著錄之例。儒者鄙棄道書，以為非老莊之本，劉釋氏之餘，不復措意，偶一涉及，率多強不知以為知，動成謬誤。至於黃冠之流，則如葛稚川所言「淵博洽聞者寡，而意斷妄證者多」。其本家典故，亦不詳悉。蓋道術本內修之事，託足者多棲遯之流，成已而已，逃名自甘。又以其術本不特書，各以已傳為寶，而排異己，故遂無條別源流群允可據之書。週不如四庫釋藏之明白。無傳記則獻不足徵，無目錄則文不足徵，此學者之憾也。不揣其陋，竊欲表徵，以史傳校讎之法整理之，惜未能觀全藏，僅就所知見，旁攷四庫，疏忽大略，亦已歷歷可尋。夫史異於子，非可以一家之愛憎為去取。自來史家目錄家，沿宋儒之說，不詳二教，實為偏謬。至其是非，固當俟專家論斷，亦非概排二氏之空言所能了也。吾今之攷，盡史學校讎之務而已，故記述群而論斷略焉。甲子十月劉咸炘

道教徵略序

二五

道教徵略上

劉鑑泉遺稿

道教之遠源，古之巫醫陰陽家道家也。即今之道教，無過內修養氣冥通。內修養氣醫也，冥通事神巫也，特非如後世巫醫之淺褊耳。儒者多辨道教與古道家之異，夫老莊以還，楊朱慎到申不害計然之倫，漢世黃老家，魏晉玄學，其流至於宋明儒，或專言治術，或通論人生，是誠與道教殊異。然謂絕無關於內修，則非也。養氣之旨，老莊寶言之，吾已詳辨於養氣之篇。白居易詩曰：「玄元聖祖五千言，不言藥，不言仙，不言白日昇青天」。此所以糾當時道士之謬耳。道教諸名師（體基等謹案此五字疑衍）。唐以還道教諸名師，皆明藥之非草，長生之非形軀，不言白日昇天矣。陰陽家與道家本近，以其同主順天，而所言宇宙又同也。鄒衍陰陽家也，而有重道延命方，見漢書劉向傳。別錄載其吹律黍谷事，亦近方士之為，而鄒衍見禮於燕齊，淘上董仲舒請禱圖，至於齋醮科儀所說鬼神位序，無不以道家一氣，陰陽下行為根據，尤顯然也。隋書經籍志有董仲舒之徒由此興。怪迁之徒由此興，而其外害有雜技異方及害自之術，三家之相連可見矣。

馬端臨曰：「道家之術，雜而多端。蓋清淨一說也，煉養一說也，服食又一說也，符籙又一說也，經典科教又一說也。黃帝老子列禦寇莊周之書所言者，清淨無為而已，而略及煉養之事，服食以下，所不道也。至赤松子魏伯陽之徒，則言煉養而不言清淨。盧生李少君欒大之徒，則言服食而不言煉養。張道陵寇謙之之徒，則專言經典科教，所謂符籙者，特其教中一事」。按自來言道書者，惟此簡明，（王禕青岩叢錄沿之）。然多謬誤。清淨煉養，初非二事，服食本煉養之一端，老莊重本輕末，故不貴也。伯陽不言清淨，自以經子已詳。符籙有為煉養之資者，有本煉養以為

用者，豈有專言符籙者哉，特有所偏重耳。張氏傳太清丹經，何云不言煉養。六朝時已盛行經籙，何謂杜光庭始專重。儒者不考道教源流，故輒成謬。要之內修之事，自古聖至末世本同一流，冥通之術，古本在於巫祝，巫祝既亡，其遺乃存於道家，故至漢始顯耳。

道家之術，以丹訣符法為專門，內修重訣，而亦資符，冥通重符，而亦本於訣，故六朝以前，皆兼修之。抱朴子金丹篇曰：「余所披涉篇卷以千計，莫不皆以還丹金液為大要者焉」，此即內修冥通重之證也。又曰：「余問諸道士，以神丹金液之事，及三皇文、召天神地祇之法」，此即内修復通重之證也。

馬端臨曰：「二氏互相仿效者也，理致之見於經典者，釋氏為優，道家強欲效之，則祇見其敷淺無味。祈禱之具於科教者，道家為優，釋氏強欲效之，則祇見其荒誕不切。蓋人生於天地，稟氣於陰陽五行，則夫疾痛而呼籲，厄難而叩訴，首過雪怨，祈恩請福，乃古今異宜，禮亦因時而以義起。雖曰道經中所謂『天地神祇皆領之國家之祠官，今士庶莫不事其高曾，古者支子不祭，今無有不祀其先者。且夫臣庶之家，苟有災危而為之祈頌天地，禱明旌服，露香叩首，達其誠悃，乃古者祝史巫覡之遺意。蓋理之所有，而人情之所不能免也。按儒者之疑道家，不可以言廢也。然金丹之事，猥多信其效者，惟齋醮則多不經，而論有所見，故錄之。

道家之授人口實者，由言丹法者多近於利欲，言符法者多涉於戲弄，此自諸大師亦不能免也。至於媚主惑民，懇權恃寵，則尤儒者所深詆。不幸道門之高者，多不顯於時，而貴顯者大都敗類，論者遂一例譏之，而失於辨別，魏之寇謙之，唐之趙歸眞，明之陶仲文，固不足道，若開元宜和時之以術進者，則非可概譏也。羅公遠戲弄，葉法善則無之，林靈素戲弄，王沖和張虛靖則無之，靈素冊說干進，沖和引身而去，虛靖道書，

圖 書 集 刊

亦諷以知機歸隱。（見語錄）。後人動以張玉孃傳于羅林，是蕭仲舒輟周儕於孫宏兒寬矣。夫利欲玄怪，道釋二家之所同有，佛圖澄之流，未嘗無歲弄，猶勝於道士，史迹具在，不可掩也。邱長春之箴規成吉思汗，豈如佛圖澄之送迎石虎，論者於釋則別白而恕之，於道乃混而苛議之，得爲平乎。

凡考學術源流，尤資傳記之書。故考經論宗門者，必讓三高僧傳，而道藏傳記，則淡不如釋藏之明確，此亦道家衰競之一因也。夫真仙之事，本不可以年代求，鈌傳鑣開宗，則固多生存之人，始終可考也。將道成眞不限何類，高人隱士，往往有異迹，然開山關館，固有授受之系也。徵傳記者，徒以靈迹詫人，察忽始終授受，於是一篇之中，大半不可考證，收羅愈雜，宗派愈晦矣。劉向列仙傳，葛洪神仙傳，只有古仙。隱夫玉朗疑仙傳，沈汾續仙傳，及王松年仙苑編珠，陳葆光三洞羣仙錄諸書，皆有上述之弊。若李滌謙終南祖庭內傳，甘水仙源錄，離羣實近只限一派。其餘依拙而記，若沈庭瑞華仙事實少類，蓋多附會無派。總覽道藏，惟元趙道一歷世眞仙體道通鑑，搜采晨博，雖亦爲體不純，而唐宋談師事迹，皆記載其詳，惜又無單行之本，是可慨也。宋徽宗重和元年，用蔡京言集古今道教事爲紀志，既名道史，不敢質定爲仙矣。故隱夫玉簡名其書爲疑仙傳也。夫儒家傳記乃在以仙爲名，既以仙爲名，則最近之道流，不云高僧，止云高道，不云聖賢，佛家傳記，止云菩薩。且佛家傳記，附會古初，廣探神鬼，竟類搜神集異之流，無復條紋流別之意。蕭其所紀志爲十五篇，傳分十類。又詔自漢至五代爲道史，本朝爲道典，即修道史。

道家傳記，侈陳靈異，而曰益蕪雜，不須殷紀，斷自天師始分，以三藩爲首，三皇而下，帝王之得道者，以世方先後列於道錄院，見修道史。

道家乃以道士及俗間男女之得道者，混爲一編，何怪源流授受之不明乎。六朝有道學傳一書，其名以該俗間男女，不直名仙。甚爲隱晦。倘盧道學之混於儒，則宋買善翔高道傳，仿高僧之名，亦可用也。或曰，劉子

政葛稚川之書，皆以仙名。豈都謬邪，曰彼時道士未有宗派，但述古仙之事，以勸人信，猶儒之述聖賢，僧之述佛菩薩也，豈可援乎。

列仙神仙諸傳，載古仙事，皆簡略，其被疑爲妄誕者，多由後來附會。如孔安國，不言官階及儒學，遂妄譔祕王諡道士諸事矣。儒者疑抱朴所引孔安國祕記爲妄，乃誤謬爲經師耳。尹軌神仙傳不言喜弟，後終南道士謂是關尹從弟，遂妄譔祕王諡道士諸事矣。

明嗣天師張字初書劉眞空傳後曰：「吾道之傳，晦於誕逸，其高節苦行，雖縉紳之辨，介胄之勇，所不能逮，而卒無所紀焉，豈不深足慨哉」。元杜仁傑眞靜崔先生傳曰，「夫古之隱者，深山窮谷中，恬然委蛻，千載而下，不知幾千百人，不幸不爲世所知，至於泯滅而無所聞，幸而爲好事者紀錄，而又過神其事，使後世不能盡信，情哉。吾揣隱者之心，恐不如是汲汲於駭一時之觀聽之。」按此二論極當，神仙亦只隱士耳。後世道流揚其先輩，不於實德求之，而務新其變怪，集仙傳，(廣記引)，六朝彙傳，惟列仙神仙二傳存，所謂過神其事，使人不信者也。

唐志云，馬樞撰，御覽引)。均有逸文。

御覽道部，多引古傳記，六百六十六道士類，尤多六朝道士，可輯出以補史闕。然御覽此數卷中，所標又曰者，多非即上段所引之書，考覈文，顯而易見。蓋由文多顛倒。今已無從校正，其所謂又曰者，多不能定其何書，是可惜也，肌論之，大氐是道敎傳耳。

宋賈善翔高道傳十卷(見宋史藝文志，三洞羣仙錄多引其佚文)。蓋專述道士。魏周唐及宋初道士多在，說郊中有之。

道家自述派別多妄謬，蓋自唐始，七籤載雲臺治中內錄，言太上傳授，四十一代相承，六代爲王子喬，張天師承老君再下授法，爲第六代，授張申，申授李春仲，仲春授李少君，魏伯陽，少君授欒巴，巴授陰長生，

體基等謹案原稿此處有空頁。

為十一代，十四代嚴光，十六代左慈，顛倒可笑，不知是何派說也。

七略雜占類，人鬼精物，六畜變怪，變怪諮答，及執不群，勃鬼物，請官除妖祥，禳祀天文，請禱致福，請雨止雨，諧齋，即巫祝之遺。其神仙家則收煉養之說，神仙家序曰：「神仙考所以保性命之真，而游求於其外著也，聊以盪意平心，同死生之域。（按此上句，似道家宗旨，謂無異去神仙千里。唐梁蕭神仙傳論，即謂道家齊死生，道教長生，明二者不同。然長生之說，實出老子，道教言長生不死，乃謂形死神生，死而猶生，亦可謂同死生也。）孔子曰：「索隱行怪，後世有述焉，吾不為之矣。」此段論惟首二句近似，以下皆不足盡神仙家之宗旨，此蓋就當時方士言之耳。其所收乃步引黃冶之術，有必戲雜子道，黃帝步引按摩芝菌，神農技道，泰壹黃冶等，「伏羲得道以襲氣母」為證。皆不必為確證。然諸子方術之託於古帝王者，非無端依託，必有所受之，此則論子術者所共證也。

沈欽韓引莊子大宗師，抱朴引古丹書皆不言撰人。列仙傳神仙傳載古仙多無著述派別，惟神仙傳載天門子馬班書載方士皆不著書。抱朴引古丹書皆不言撰人。王臚麟引列子天瑞篇，引黃帝書，「谷神不死，是謂玄牝，」為證。王綱，玉子章震，九靈子皇化，北極子陰恆，絕洞子李修，皆有經，且略引其文，是漢前方士著書，有主名之僅見者。

道教東漢始萌，范書立方術傳，固已包之。今按傳中所錄，若萇獼曉遁甲而能役便鬼神，折像通京氏易，好黃老言，而自知亡日，其餘多通圖讖。是知圖讖術數，與道巫之說，本相通也。故晉書記鮑靚猶云，「明河洛書，」若郭憲王喬，及冷壽光以下，皆有異迹，其中劉根撰墨子枕中五行記，左慈傳葛玄一派，皆經錄家宗祖也。

神仙傳稱左慈傳役使鬼神，得金液經。劉根教王珍守一行氣，存神坐，三綱六紀，謝過上名之法，是亦兼內修復通也。其後孫博封衡皆宗墨子。

荀悅申鑒，亦言養生之術，知當時道教之盛。

范書方術傳中多蜀人，如任文公，楊由，李郃，段翳，折像，樊志，張董扶，郭玉。而華陽國志載諸儒通圖識術數者亦多。

晉以上古仙，雖有師傳，而紛雜無統。周義山傳述其遍遊諸山，皆遇古仙，各有所授，幾至百數，殆誇大之詞耳。

又有馬君陰君內傳，（唐志題趙昇，通志題孫思邈，似誤。）略見七籤中，敍馬鳴生陰長生授受，亦漢時一成派者。

體基等謹案 此處有空員

六朝以前，重經籙傳授，唐宋人重丹家訣法，猶漢學家法，與宋學宗旨之殊也。六朝諸派傳經，譬之漢儒，南北二宗傳訣，譬之宋儒。故派別亦惟二者為明白可指數焉。

六朝以前，七部經之傳授分四派。

最古為太平。漢安順時，琅邪于吉得太平經，傳其同郡宮崇，襄楷亦信之，事見後漢書楷傳，而此派後無傳。（老君內傳云，「成帝河平時授。」其說出唐人，蓋不可據。真仙通鑑吉傳間，而宮嵩傳又云，「元帝時，齊人甘忠可，詐造天官歷，包元太平經十二卷，言天帝使赤精子下教我此道。」按漢書李尋傳，言「成帝時，齊人甘忠可，詐造天官歷，包元太平經十二卷，言天帝使赤精子下教我此道。」此乃又一事，忠可名不見諸仙傳，然抱朴子所舉有包元經。）

第二為正一派。（隋志有天師內傳，混元聖紀尚引其文。）順帝漢安中，太上授張天師，太清太玄正一三部經，天師授受于家，後居龍虎山，其派系具詳于世家。

南朝時奉天師道者多，如郗愔，郗曇，王羲之，（郗氏措。）許詢，（愔傳言「俱有邁世之風，栖心絕穀。」）殷仲堪，沈僧昭。（南史云，「奉天師道，常離

一）王凝之，（晉書本傳言「世奉五斗米道凝之彌篤。」）于私室。」見沈攸之傳。）

晉時又有杜子恭一派，晉書孫恩傳云，「世奉五斗米道，恩叔父泰，字敬遠，師事錢唐杜子恭，子恭有秘術，死，泰傳其術，三吳士庶多從之。」沈約宋書自序曰，「子恭涌靈，有道術，師寧錢唐杜子恭，及京邑貴望，並事之為弟子，執在三之敬。」沈警累世事道，亦敬事子恭，恭死，門徒孫泰，泰弟子恩，傳其業，警復事之●

」南齊書孔稚珪傳曰，「父靈產於禹，井山立館，再道精篤，東出過錢塘北郭，輒於舟中遙拜杜子恭墓。」又杜京產傳曰，「子恭玄孫也，祖運，父道鞠，世傳之。」資治通鑑（廿二，）曰，「朴骨字叔恭，師餘杭陳文子，為正一弟子，又感張鎮南（即魯。）授法，典陽平治，證曰明師。嘗曰吾去世後，當有假吾法以破大道者，亦是小騙除也。」按詩品稱謝靈運初生，寄杜明師治，即謂子恭也。按孫恩作亂，世以此謗正一，然靈產在京產，則皆以儒逸顯者也。

餗其等謹按此處有空頁

第三為靈寶派。傳洞玄靈寶部經，吳赤烏中，太極真人徐來勒，降授葛玄，（字孝先。）玄又師左慈，受太清丹經，後授鄭隱，（字思遠。）及兄孝爰，孝爰俸子悌，悌子洪從思遠盟受，洪妻父鮑觀得三皇內文，五岳真形圖。洪亦受之。又得劉根所傳墨子五行之說。（靚洪晉書有傳。通鑑言思遠所受，即有正一法文，三皇內文，五岳真形圖，洞玄五符等。）

此派後來授受不明，雲笈七籤載靈寶略紀稱「葛洪去世，以經授授兄子海安君，至從孫巢甫，以隆安來傳道士任延慶，徐靈期等，世世系傳，支流分散。」（按南岳九真人傳中，有徐靈期。）

隋志所載葛仙公傳已亡。抱朴子不言徐來勒之傳，至唐始傳之，詳見後閣皁派下。

第四為上清派。漢時西城真人王遠傳清盧真人王襃，襃與天師同傳晉紫虛元君南岳夫人

魏華存。（後稱南真。）華存於晉興寧中降授楊羲，（字義和。）羲授許翽，（小名玉斧，字道翔。）翽伯父邁，本師鮑覯父謐，（小名穆。）亦先有所得。翽授子黃民，（字元文。）黃民付馬朗，朗及弟罕守之。宋明帝時，父季真啓遠私屛，簡寂先生陸修靜，（字元德。）立崇虛館，經盡歸館。修靜兼得靈寶經，後授齊興世館主孫遊嶽，遊嶽授梁貞白先生陶宏景，宏景授唐昇玄先生王遠知，遠知授體元先生潘師正，師正授貞一先生司馬承禎，（字子微。）承禎授玄靜先生李含光。此派傳系最明，詳見李渤真系傳。（載雲笈七籤中。）其經書源流，陶氏真誥末詳之。（後聖君有列紀一卷，今存。）

（魏夫人所撰清虛真人內傳，七籤有節。范邈所撰魏夫人傳，顏魯公仙壇碑載其略。楊許家事見真誥末。吳筠所撰簡寂先生碑，今存。陶翊撰隱居先生本起錄，在七籤中，賈嵩華陽隱居傳，亦具存。梁書有陶傳。潘李以下，多有碑志，詳劉大彬茅山志。此派後居茅山，傳系直至於元。唐柳識玄靜碑嘗云，「道門華陽，亦儒門洙泗，」茲據茅山志列其世系如下。

七傳真系

魏華存——（一）太師魏夫人——（二）玄師楊羲——（三）真師許穆謐一名——（四）宗師許翽——（五）保真先生馬朗——（六）堂輔正先生馬罕——（七）簡寂先生陸修靜——（八）興世朋德先生孫遊嶽——（九）貞白先生陶宏景——（十）昇玄先生王遠知——（十一）體玄先生潘師正——（十二）貞一先生司馬承禎——（十三）玄靜先生李含光——（十四）大洞貞元先生韋景昭皋授李方來韋碑亦言授皋——（十五）洞

紞——（王）晨大——皇天尊——玉晨大道君——後聖玄元上道君——上相青華小童大道君——上宰總真道君——王遠遊——小有清虛道君王褒

此傳惟習靈寶經法

王軌——包方廣——包法盤——包世榮

真先生黃洞元——（十六）明玄先生孫智清　李德裕　——（十七）希微先生吳法通——（十八）洞微元靜先生劉得常——（十九）貞素先生王棲霞鄧師䂝問政　啓遐——（二十）紫陽沖虛先生成延昭——（二十一）洞虛先生蔣元吉——（廿二）沖素先生萬保沖——（廿三）觀妙先生朱自英南唐師　朱元吉——（廿四）通真明元先生毛奉柔宋——（廿五）葆真觀妙沖和先生劉混康——（廿六）沖隱先生笪淨之——（廿七）養素觀妙先生徐希和——（廿八）

元觀先生蔣景徹——（廿九）崇德先生李景合——（三十）靖真先生李景映——（卅一）保寧沖妙先生徐守經——（卅二）明教先生秦汝達——（卅三）真應先生邢汝嘉——（卅四）沖玄明一先生薛汝積——（卅五）通庵至道先生任元阜　俞再世——（卅六）明微先生鮑志真——（卅七）靈寶先生湯志道——（卅八）沖妙先生蔣宗瑛——

傅希烈
俞希隱　城人青

劍授朱知常
志心爭印——（卅九）架岩先生景元範任之侍者非蔣弟子——（四十）元靜先生劉宗昶——（四一）一空真妙先生王志心宋臣私以印

明教真人王道孟師沈宗紹——（四二）觀妙先生翟志穎元——（四三）凝和宣靜真應法師許道杞蔣弟子——（四十四）養素通真　周大靜

陸氏門下，真系傳有李果之。——（四十五）洞觀行妙玄應真人劉大彬

孫氏門下，志有沈約，陸景眞，陳寶熾。
陶氏門下，志有周子良，賈傳有戴埴，吳敬游。
志載舊館壇碑，有陸逸冲，楊超遠，潘淵文，丁景遂，馮法明，許靈眞，潘文盛，褚仲儼。
又列王侯朝士剌史二千石，受經法者二十八，有齊武帝，明帝，始安王遙光，沈約，呂僧珍，伏曼容，梁武帝，臨川王，南平王，謝翠等。
又買傳謂「侯王公卿，從受業者數百八，一皆拒絕，惟徐勉，江祏，丘遲，范雲，江淹，任昉，蕭子雲，沈約，謝瀹，謝覽等，在世日早申擁篲之禮，絕迹之後，提引不已」。
太平御覽六百六十七，六百六十九，載有桓闓，王朗，孫韜，蔣負芻，任敦尚，錢妙眞。
按妙眞及孫文韜，眞仙通鑑有傳。任敦字子尚，乃晉時茅山道士，御覽疑誤。又御覽云，「握中訣惟傳桓闓孫韜」，廣記引神仙感遇傳，及今藏中桓眞人升仙記，則闓乃受法於華蓋山仙君李桓而飛昇。桓謂闓曰，「東南有異人，陶隱居有門弟子一千七百餘八，入室者三百八，得吾道者七八，謝錢汝其數也，子亦此君之弟子」。又言「潛神二門，好禪悅，非太上所取。又有三是四非。三是者，有孝道心，紹述眞風，苦心精修。四非者 注藥餌方書 殺禽魚蟲獸，好算星度，窮究天機，種植花木，耕鋤山林，槩想太重，便望升仙」。
王潘司馬，每見唐書，又與潘同隱者，劉道合。與司馬同師潘者，吳筠，權德輿作傳。
李舍光有碑。

道教徵略 上

王氏門下，眞系傳有徐道邈，陳羽東古錄曰有徐頎。
潘氏門下，眞系傳有韓法昭，郭崇眞，志有韓文禮。
司馬門下 眞系傳有焦靜眞，通鑑有汪萐，所謂火師者，不知確否。

三五

李氏門下，真系傳有孟滌然志有胡紫陽，顏真卿撰碑，有殷淑，韋渠牟，則俗人也。

王帆弟子，志有戴慧恭，吳德偉，王元暐，祁行則，丁玄亮。

韋崇略，有陸長源所作碑。

韋氏門下，志有韋學詢，朱惠明。

王棲霞門下，志有朱懷德，孫仲之，劉德光，王可德，陳希聲。

劉混康門下，志有王筌，湯用明，湯友成，盧必強，馮太中，王景山。

蔣宗瑛門下，志有林大敩。

又唐有昇玄先生劉從政，受學河內張通玄，中岳邢歸一，距楊羲十四世，敬宗嘗從受學，馮宿為作碑銘，真誥稱「葛玄正符不死，是地仙。」靈寶家云，「太極左仙公為妄，左慈仙品亦下，並是不聞三品高業。」

又呼張氏一派為太清家，亦外之詞，此上清派之自高也。

蕭子雲本見仙傳，其本師杜雲水也，殆是子恭之後。

晉時又傳漢時茅盈亦受法於西城真人，又蘇林授周義山，裴案與周友，所傳經籙，亦與上清派同。二家諸訣，皆載陶氏所撰登真隱訣中，蓋同派也。（周義山撰玄洲上卿蘇君傳。「隋志作蘇君記。」李遵撰東卿司命茅君內傳。周裴事，真誥亦有之）及鄧雲子撰清虛真人裴君內傳，均見隋志。七籤中藏節本

周義山自作（華僑所記紫陽真人周君傳，則全存。

司馬承禎，又傳南岳天台一派，多有名者，專見真仙通鑑。今依系圖之。

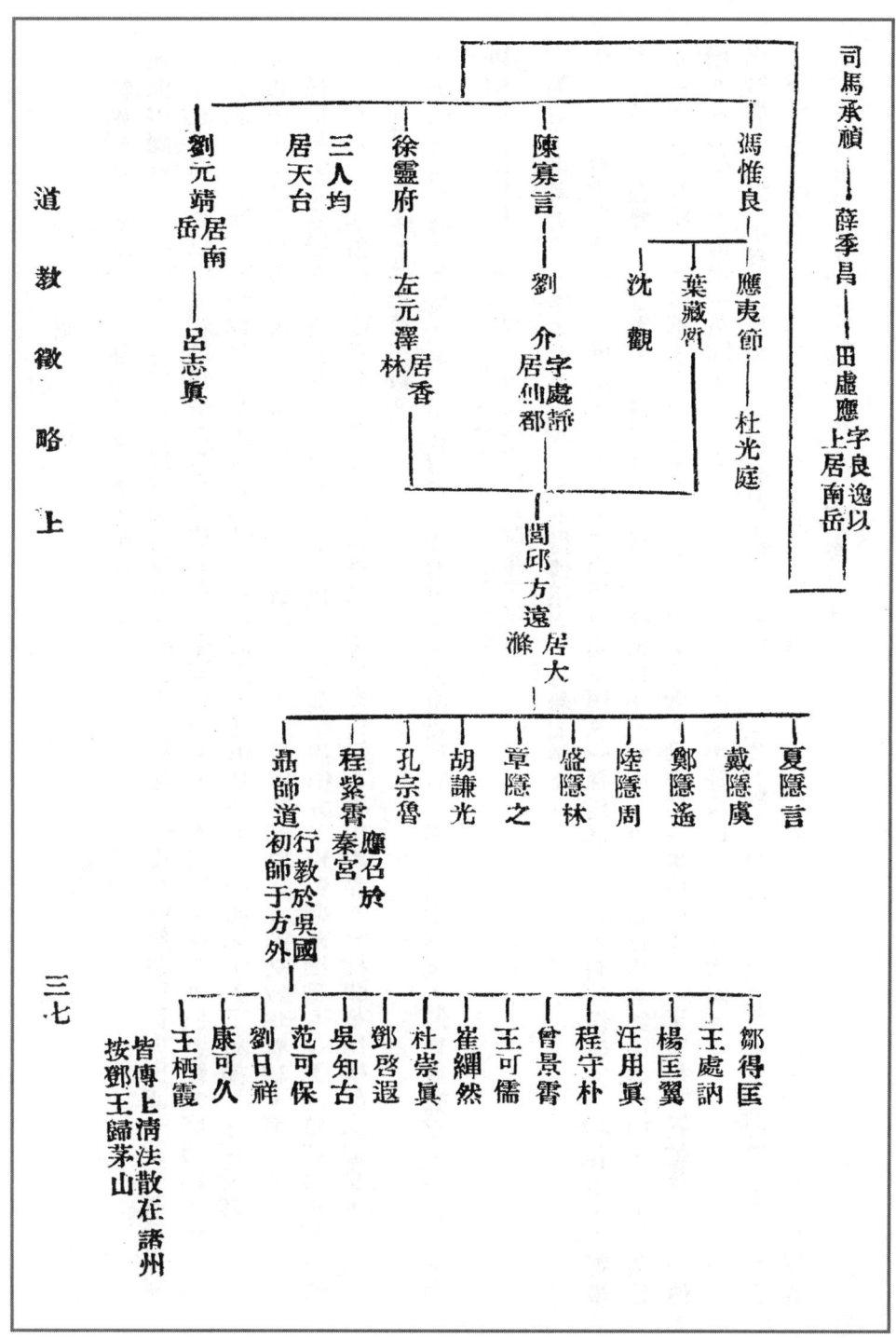

劉處靜撰靈寶三師記，卽田馮應三人，今具存。此派多隱遁，長于文理，方遠自言以葛陶爲師友。至杜光庭則更以齋醮符籙爲事，而家法益混矣。（銓太平經爲三十篇。）然應夷節亦受正一盟威都功等錄法科敎，自天師陸修靜撰集以來，歲月綿邈，幾將廢墜，逐考眞僞，條別始末，天下翕然，永遠受其賜一。茅山旁系，蔣宗瑛弟子有崇正眞人杜道堅，（號南谷子，趙文敏嘗師之。）趙文敏集有碑。其弟子有姚志恭，孫拱眞，張德懋。（張及其弟子趙嗣棋，嗣棋弟子廣莫子周德方，均黃金華撰碑。）又許道杞弟子周大靜，傅張雨。（字伯雨別號貞居，著有外史山世集，碧岩玄會錄，尋山志等。）杜張皆博學能文者也。

體基等謹案。此處有空頁。

六朝時有所謂南岳九眞人者，今有傳存，中有鄧郁，卽南史所載，與徐靈期爲友，似與靈寶派有淵源。又有鄧欲之，則鄧郁之異文耳。

尹道全受靈飛六甲十二事。張如珍受朗鏡洞鑑之道。

六朝道士可考者希，除茅山志所載，凡不得傳系者，均雜記於下。

張忠，（晉書隱逸傳。）單道開，王欽，（晉書藝術傳。）孫道胤，（宋書劉懷愼傳。）褚伯玉，（齊書高逸傳。）顧歡、孟景翼，（齊書顧歡傳附。）徐伯珍，樓惠明，（齊世祖曾爲立舘。）均同，（樓與杜京產陶貞白曾參。）徐則，（隋書隱逸傳。）又有徐陵撰碑。梁書稱其事周弘正，（卽傳附。）鄧郁，（南史。）黃頤，王希夷，（見北史。）朱僧標，鍾羲山，（均陶所參。）周智響，（得太平經。）臧靖，（師智響見七籖。）臧頤，（茅山志頤作矜，號宗道先生，王遠知師，見唐書。）宋文同，劉法先，（宋崇靈辟玉寶，宗超，張訛，陳景，曹寶，（善爲步虛。）徐師子，（陳時宗靈大觀主。）館主。）朱天賜，謝暄，（師天賜，以上均見御覽。）

芽山諸館主，志全藏之。

非道士而舉道者，郗愔等己見前，外如羊欣，（宋書，好黃老，嘗手自書章。）顧歡，劉虯，（齊書高逸傳。）孔稚珪，（師褚伯玉，見伯玉傳。）陳方慶，（得墨子五行，白虎七變之術，見其五世孫子昂集。）體基等諡箓，此處有空頁。

隋書經籍志，敍道家獨舉陶貞白，寇謙之，以南北道業之盛，始於二人也。寇氏事詳魏書釋老志，其言夸妄不近理，後來北方道士多沿之，其弟子惟見李皎，（李先傳。）傳授無可考。惟終南道士顗於周隋之際，至唐尤盛，是為樓觀一派。此派獨宗關尹，其傳記有關令內傳●（御覽多引之。）尹軌作樓觀本起傳一卷，（見崇文目）又云，尹喜本行記一卷，（見唐志。）韋節續之，尹文操又續之，共管三卷，名樓觀內傳。（見崇文目。）多妄造古事，稱周秦時已設道士，敍逸傳授，亦他無所見，有傳授考於下。其書稱「老子授尹喜，喜授從弟軌，軌與杜冲同學，冲授彭宗，又有宋倫感老子下降授馮長，長又感鄧真人及彭宗授。又有姚坦授周亮，又王探傳李翼時朱象先紀南說經台碑記，述里有傳授者於下。公。」（探授河上

此派傳三一法，尤重靈寶部經，亦秘傳三洞。而與上清太清皆不相接。當周唐時與僧徒相詬詈者，實此派也。故多鋪張化胡之說，尹文操為最著。（有碑，今存，員半千撰。文操雍右人，共受法於周法，高宗禮之，曾奉敕修玄元聖紀十卷，又有袪惑論四卷，消魔論三十卷。

```
                 ┌ 張法樂 ─ 張通
         ┌ 尹起 ┤
 ┌ 嚴 ─┤       └ 游菜 ─ 巨國珍
 │     └ 于章
─┤
 │     達 徽 史 道 樂 張 法 成 伏 滔 崇 共 號 田 谷 十 老
 └ 侯楷 與 王 延 于 章 蘇 道 標 程 法 明 周 化 生 王 真
```

[尹法興]

按六朝神仙家雜術，具詳於抱朴子內篇，其金丹篇，述諸家丹法甚詳，而以太清神丹為主。（出於老子之師元君。）至理篇，言禁呪行氣。仙藥篇，言服餌。雜應篇，言辟穀，不寒不熱，辟五兵，（用符。）坐在立亡，變化不病，知未來，（四規明鑑法。老君存思法。）堅齒聰耳明目，遠行不極，（龍橋經乘剛氣。）辟疫諸法，說五千文者，亦依靈寶。）故當時道士，多以善說老莊稱。至唐而孫知微，「體基等謹案疑是孫思邈之誤。」吳貞節，司馬子微皆和會莊佛，與葛陶之專言丹道者稍異焉，此全真之先河也。

六朝老莊之學固盛，其時隱士多棄治道術，正一派亦習五千文。隋志言「大業中道士以術進者甚眾，其所講經由以老子為本，次講莊子及靈寶昇玄之屬。」（御覽引太上經曰：「末世道士，講經說法，儀軌云何，若體基等謹案，此處有空行。）

陶氏受經籙，撰真誥以證冥通。撰登真隱訣，以明丹道。其學偏於丹道。寇氏則自言受雲中音誦科戒，及服氣導引法，與圖籙真經，劾召百神，其學偏於符法。

六朝道家，傳經受籙，修齋上章設醮之事，隋書經籍志已言其略，其詳則在著科儀中。以今所存攷之，上清

家則四極明科，靈寶家則明眞科，正一則太眞科也。三洞修道儀言「昇玄部受朝眞科，九眞亦上清家科也。」又有千眞科，則言葛仙公傳，亦靈寶家科也。」千眞科中言三乘云云，蓋是此朝靈寶家所傳。

六朝道士多立舘壇，其碑今仔十數篇，然皆類寶所引節文，不敍尊寶，無闗考證。今南方　觀，猶多其遺迹，可求之地志。

諸派至唐時，太平無傳，靈寶不見，正一亦微，惟茅山終南獨盛。其新立派者亦有數家。

吳猛事兒衍書，許旌陽專見搜神記，皆不詳，唐時始盛傳之，言孝道明王傳蘭公，又傳諶母，諶母以授許，許授吳，吳本師丁義方，鮑覩，許從受法，而覩又本得於諶母者也。許有弟子陳勳，周廣等十八，共稱十二眞君。唐中宗時，胡慧超爲之傳，（見崇文目，廣記引。）今亡，惟存唐前無名氏撰孝道吳許二眞君傳，及白海瓊撰逍遥山葦仙傳，是爲玉隆山一派。此派本傳勁治之術，亦有銅符，鐵券，言修鍊年。慧超自言許吳授之，又嘗佐陶宏景校經。其弟子顯者曰萬天師，蘭天師，黃花姑，萬振黃姑事見原仙通鑑，蘭則無攷。

（眞仙通鑑，又有浮霎山張惠感，慧超皆師之，又有葉千韶，亦此派。）校鄧光薦序眞仙通鑑，「江鄉間相傳旌陽尊迹　焜耀耳目，及考眞誥載諸許眞胄家世體系譚行，獨一睹不及旌陽，名不挂譜。眞誥作於梁，距東晉不遠，未應墮史之闕文。」按吳許本別派無足疑，惟吳師鮑覩，覩爲葛仙公門人，稚川婦翁，而抱朴子略不及，不知何故。

體基等護案，此處有空頁。

葛仙公事，抱朴子及神仙傳皆略，唐人始盛傳之，有別傳奢詳之。言「太上授仙公靈寶經三十六部，太極祭煉三籙七品齋法，又示以感應篇文。」仙公答吳主，特聘五穀文三皇內書，又授釋道徵以五岳眞形，方稱三

皇內文，大有妙經，金書玉光靈書紫文，大洞三十九章，太霄隱書。又仙公自云，「受五岳圖，及金丹經，於元放。受諸品符籙，洞真洞玄洞神經於徐來勒，流傳於閶阜福地」云云。是為閶阜山太極一派，無傳記可考。

按抱朴止言仙公受左元放傳，上清家言仙公受徐來勒傳亦止靈寶部經，而無大洞，安得言三洞，若感應篇文，抱朴子引作道戒，若仙公時已云感應篇，抱朴何應不知耶。

洞淵派者，晉末金懷馬跡山道士王靈得神授神咒經，治疫，詳杜光庭洞淵神咒經序。

洞淵派

黃元頤
趙元陽
韋善俊 ―― 葉法善
何子玉 ―― 劉玄和（居廬山）―― 范仙舟
　　　　　　　　　　　　　　　尹憕
　　　　　　　　　　　　　　暨齊物

體基等諱紊，原稿於上圖系後接唐道士傳經儀度階品四條，而原稿北帝派倏眉上，略有標識，今謹移於此。

北帝派者，唐道士有麻姑山鄧氏福唐，名紫陽，見重于玄宗。（鄧天師誦天蓬咒，感北帝授劍注，見通鑑。）紫陽子華封，名德誠，德誠從子名延康。（鄭畋作志銘。）其後有名啟霞者，居茆山，（徐鍇為碑。）受籙于龍虎天師，及何元通，王棲霞常問學。又有桃源黃洞元，其弟子竈童有異迹。（全唐文中記其事者數篇。）洞元授弟子何元通。

唐道士傳經儀度階品，略具五代時孫夷中三洞修道儀。「初欲學道，男號錄生弟子，女號南生弟子，（按錄指定錄君，南指南岳魏夫人，此是上清家法。）已稱夫婦者，男稱清真弟子，女稱清信弟子，出家稱智慧十

戒弟子。(此是靈寶戒。)次遷經法于十部大乘之內精一峽，(十部大乘，是北朝唐人始出之經。)業成授初眞戒，稱太上初眞弟子，號白簡道士。次後方參洞經，請受正一盟威籙，方可爲人章醮，稱正一盟威弟子，係天師(茱)治(茱)氣祭酒，赤天三五步綱，元命眞人。凡道士未受經法，通稱小兆，可也。自正一授金剛洞神籙，稱太上洞神法師。自修洞神有功後遷授太上高玄籙，稱太上紫虛高玄弟子，高玄法師遊玄先生。(此階參道德西昇，亦是北朝道士法。)自高玄部遷授太上昇玄籙，稱太上靈寶洞玄內教弟子，昇玄眞一帝籙，無上等等光明眞人。(昇玄亦北朝法。)自昇玄遷授中盟籙，稱太上靈寶洞玄弟子，昇玄法師，東嶽青帝眞人，昇玄先生。(此是葛氏一派法，彙傳三洞法。)自修洞玄部，遷授三洞寶籙，稱三洞法師，東嶽青帝眞人，昇玄先生。(此是上清派，彙爲得道者，應爲大洞上法，自修三洞法後，次參上清金闕清精選法，稱上清大洞三景弟子，無上三洞法師，東嶽眞人，道德●先生。(此是上清大洞本部法。)自此明棟所業，棄諸有爲，勸合眞妙，方遷大洞上法，名山修行。又有居山道士，各據所得，自稱幽寂，不救世入。洞淵道士，稱三昧法師，行洞淵三昧法。北帝太玄道士，稱上清北帝太玄弟子，授北帝籙，治六天鬼神，辟邪穢禍之事。(按此又別一派，今藏中有冠洞淵字之經。)女官部略同，惟號殊不具錄。」按此可見唐時道士，各派混而爲一，已不相非毀，以正一爲最下，靈寶次之，上清最高，凡知彼時更有洞淵北帝二派也。

唐六典，宗正寺屬崇玄署，掌京都諸觀之名數，道士之帳籍，與其齋醮之事。注云，北齊有昭元寺，掌釋道二教，道教置大統一人，後周有司元中士下士，掌道門之政。隋置崇玄署令丞，煬帝改道觀爲元壇，各置監丞。又尚書祠部，凡天下觀，每觀觀主一人，上座一人，監齋一人，共綱統衆事。而道士修行有三號，其一曰法師，其二曰威儀師，其三曰律師，其德高思精，謂之鍊師。

道教徵略 上

唐時道士多稱尊師，尤尊者曰天師。

唐高宗時，命道士史崇，及諸臣撰一切道經音義。并撰妙門由起六篇。體甚護葬，北帝派條原在此。

唐時傳丹訣者最多，紛雜無統，泊鍾呂施劉顯，而道始正矣。傳授圖之于下。

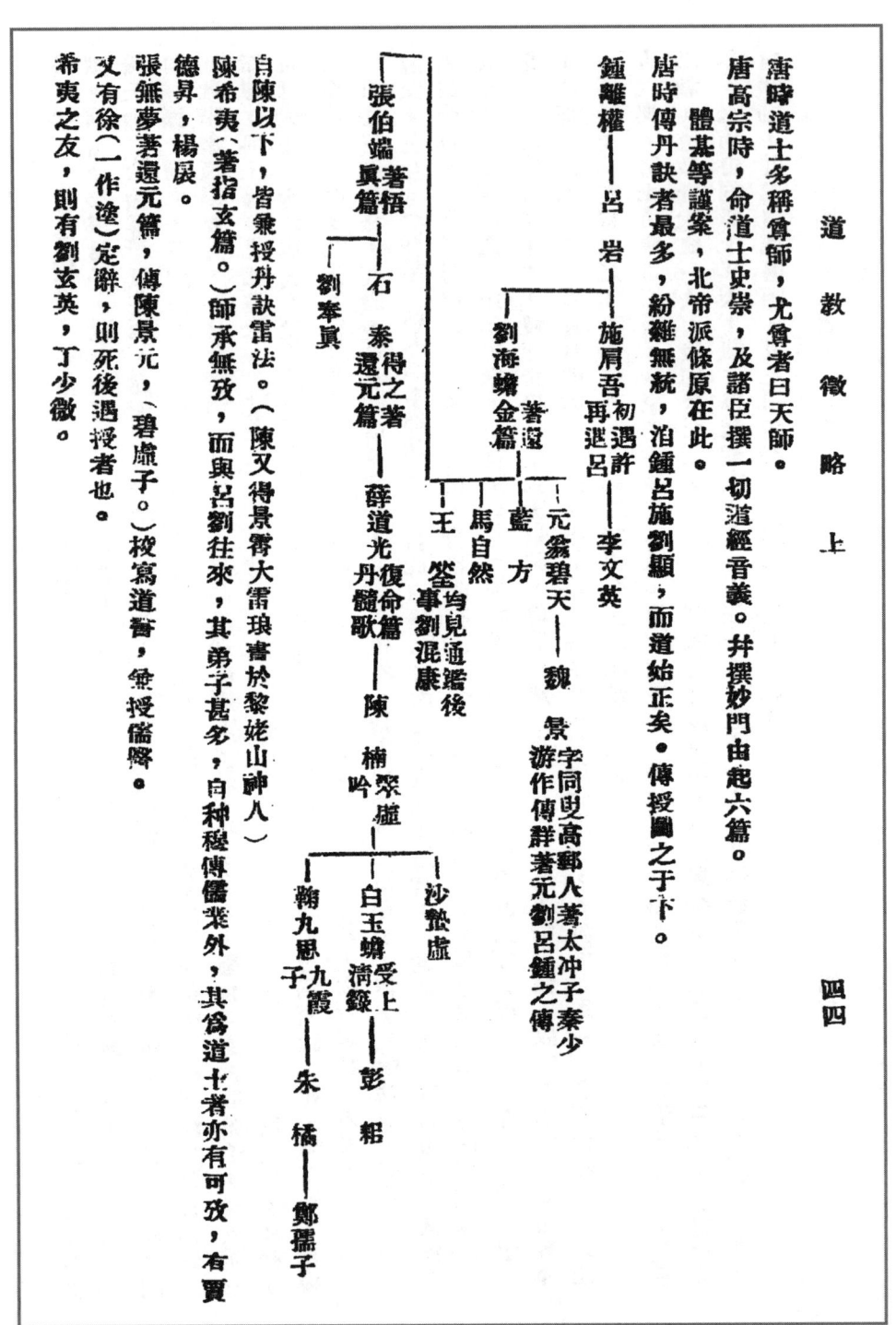

```
鍾離權──呂 岩──┬─施肩吾 初遇許 再遇呂
                │       李文英
                ├─元翁碧天──魏  景 字同叟髙鄺人著太冲子秦少
                │                游作傳群著元劉呂鍾之傳
                ├─劉海蟾金篇──馬自然──藍 方
                │                     王 筌 均見通鑑後事劉混康
                └─張伯端著悟眞篇─┬─石 泰 得之著還元篇──薛道光復命篇──陳 楠翠虛─┬─沙墼虛
                                 └─劉奉眞            丹髓歌                      ├─白玉蟾受上清籙──彭 耜
                                                                                 └─鞠九思子九霞──朱 橘──鄭孺子
```

自陳以下，皆彙授丹訣雷法。（陳又得景霄大雷琅書於黎姥山神人。）

陳希夷（著指玄篇。）師承無攷，而與呂劉往來，其弟子甚多，自种穆傳儒裘外，其為道士者亦有可攷，有賈德昇，楊展。

張無夢著還元篇，傳陳景元，（碧虛子。）校寫道書，盡授儒隱。

又有徐（一作逸）定辭，則死後遇授者也。

希夷之友，則有劉玄英，丁少微。

體基等護案，此處有空行。

續資治通鑑，宋真宗詔天下並建慶觀，時罕習道教，惟江西劍南人素崇重，及是天下始徧有道像所矣。

體基等護案，此處有空頁。

張契真，（預校道書，手鈔經史子集五百卷。張無夢，（博通古今百家之學。）朱自英，（思三茅道闕偽，乃游瀨鄉，校讎太清古本。）劉從善，（嘗撰集齋科，及拜章式。）陳景元，（凡道書皆手自校寫，有高士傳百卷。）劉元道。（宋徽宗時，校定經書。）

體基等護案，此處有空行。

北宋之末，符籙大盛，徽宗好道，所好者符籙也。其時自稱獨得異傳，別開宗派者甚多。（徽宗時侍宸九人，林靈素，王允誠，徐知常，董南運，李得柔，王沖道，回若愚，王文卿，張虛白。（太一宮）茅山志載黃澄專曰，「初三山經籙，龍虎正一閤皁靈寶茅山大洞各嗣其本宗，先生請混一之，今龍虎閤皁之傳上清畢法，蓋始於此。

南唐書譚紫霄傳曰，「道士陳守元，得張氏符籙，授紫霄，盡通之，遂自言得張氏天心正法，今言天心正法者祖之，」此一派也，託之正一。（真仙鑑，紫霄傳，謂「遇異人授以魁罡斗極觀燈飛符之術，又講莊列，糅合老佛。

體基等護案。原稿於上條後，接林靈素，而唐時末條眉上有移前二字，今審其文義，敬移於此。

唐時末夔州瞿法言，字乾祐，遇真人傳三將軍秘術，紫盧祕術，正一盟威祕法。又有鎖元策靈書，云得之宋冲元，冲元得之葛仙公。乾祐以授舒盧寂，舒授向道榮，向授任可居，絕不復傳，此又一派，託之葛氏。

又有佯狂道士灰袋者，亦翟氏弟子。）

林靈素事，詳見耿延禧所撰傳，在賓退錄卷一中。又近代其鄉人李象坤作林侍宸傳記，自序頗致辨霧，曰，

道教徵略 上

「靈素當日亦祇以小術對忖庸主，不逮徐福欒大諸人之荒誕，煉汞，房中媟褻之術。而稽首元祐黨碑，遺巨憝喙逐，奉身勇退，即其受喙為建議遷都，亦似預識有北轅之驚者，即非真仙，自是哲幾之士。」與林靈素俱傳雷書，（曾為侍宸。）冲和子王文卿，授歸命風雷之書。」虞道園集有文卿碑，則云所遇乃火師汪華，詳。）二人與張虛靖同授薩西河，林氏傳不顯，而王氏之傳特盛。今據真仙通鑑，及虞碑，宋景濂莫月鼎碑錄其派系。（白紫清亦傳雷書，不得其師承。）

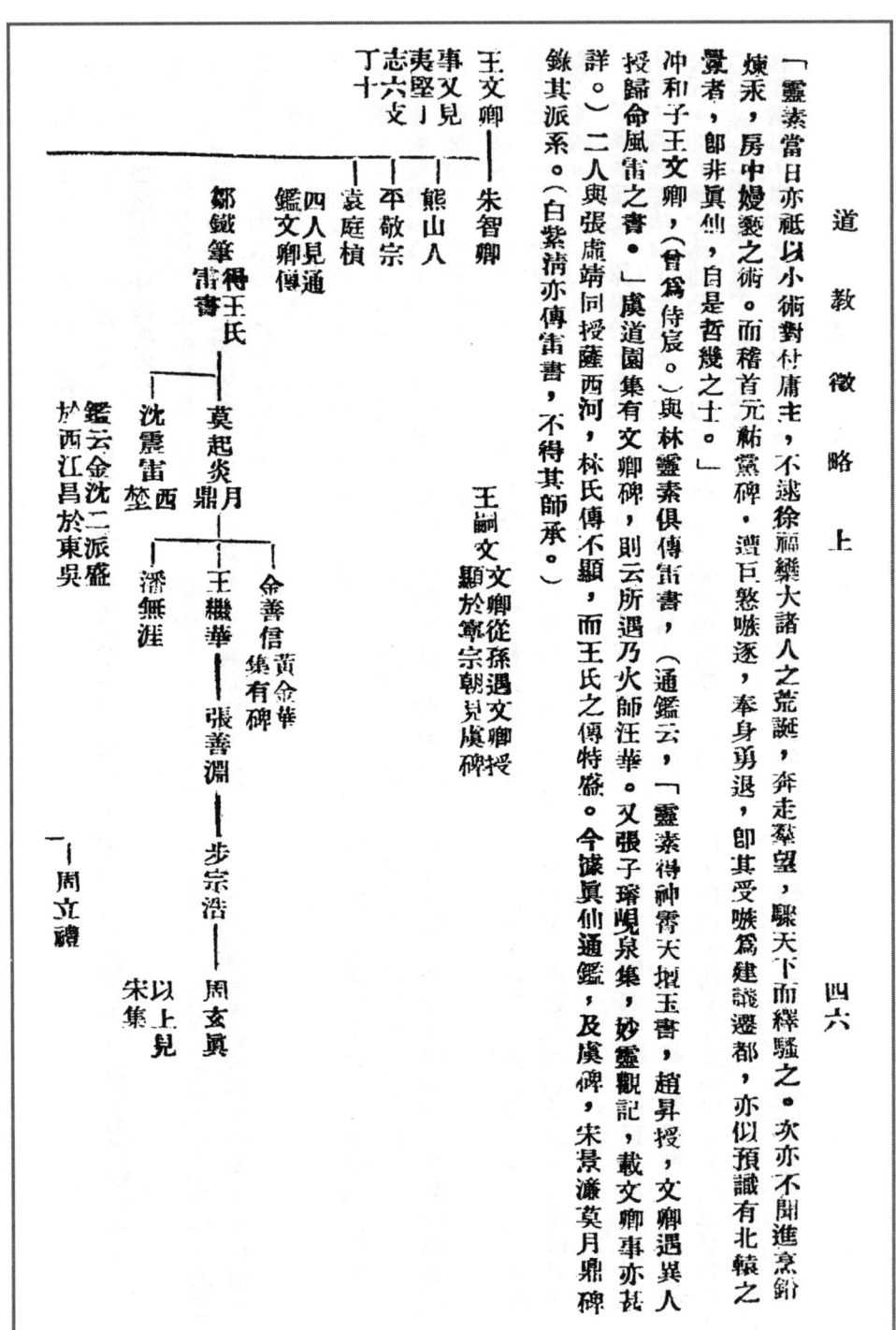

王文卿 ── 朱智卿
事又見
夷堅
志六
丁十

鄒鐵筆雷書
鑑文卿傳
四人見通
袁庭楨
平敬宗
熊山人

俞善信 黃金華
集有碑
王機華 ── 張善淵 ── 步宗浩 ── 周玄真
莫起炎月鼎西
沈震雷墊
潘無涯
鑑云金沈二派盛
於西江昌於東吳
以上見
宋集

王嗣文卿從孫遇文卿授
顯於寧宗朝見虞碑

─ 周立禮

―高子羽――徐次舉――聶天錫――譚悟眞――羅虛舟――蕭雨軒――胡道元

―鄭　某　見夷堅丙志十四　　　　　　　　　　　　　　　　以上見庚集

―上官口見記見張

茅山志載宣和中楊希眞事，云「進九靈玉嬰神變等經：及靈虛祕旨童初之法，遂顯於世。」此又一派也。

體基等謹案，唐時末條原在此。

薩西河事甚多，夷堅戊志一，言「蜀薩先生寓於泉州，以道術著名，從之遊者數百輩，」殆卽是也。

體基等謹案，此處有空行。

通鑑又有劉從善，云師王太和，仁宗時進咒食法，咒食之科自此始。

夾江道士皇甫坦，（善醫，宋史有傳。）自言遇朱桃椎（妙通眞人）受法，傳曹彌深，謝守灝。（號觀復，有文學。）

體基等謹案，此處有空行。

嘉定時有雷時中云，得混元六天如意法，咸辛天君降，云「此法乃祖師路眞君昔遇太上得之」其教專以度人經爲主，而博采儒釋，混歸一致。所謂路眞君者，言是漢末路火安，通鑑有傳，蓋卽此派所傳。傳云：「以混元錄傳丁義，以混元經傳郭璞，以混元法傳許旌陽，以混元針灸傳朱桃椎。」是則妄造事實，將以蓋諸家耳。鑑又云，「弟子分東南西蜀二派，盧李二師行於蜀，南康查泰宇行於東南，混元之教大行。」方勺泊宅編曰，「朝散郎路時中，行天心正法，於驅邪尤有功，俗稱路眞官。」按時中字當可，事又見張氏可書，夷堅乙志七，丙志十三，丁志十八，志補五。

圖書集刊

四七

道教徵略 上

宋末又有所謂清微派者，元建安陳采清微仙譜，言「道教啓於元始、二之爲玉晨與老君，又一傳衍而爲眞元。太華，闓令，正一，之四派，十傳至清微侍元昭凝元君，復合於一，元君寧陵女子也。繼是八傳至混隱眞人南公，南公役鬼神，致雷雨，晚見雷困黃先生，悉以其書傳焉，黃授於朱。」令錄其譜於下。

清微道宗

元始上帝　王宸道君　清微眞元妙化天帝名迹恭（秦時降邾國。）

九天洞明元君許齡卿（秦時降劍州。）——玉堂天山眞人朱軒（秦東京人，避亂入閩州。）——九天妙道眞蓮元君楊徵（秦時降河中。）

青惠始化扶桑眞君卜翼（秦隨州人。）——昭凝神耀保天道化元君廣容（秦鄠州人。）——明清道華元君辰沐（漢初蒭州人。）——秦明淸惠眞人師復　淸微洞光寶衡紫華元和明道太一神景元君王宏　通妙元化太一冲和元君謝晉剛　淸微茂晨保運金明元君彭涵原　西華通惠元君廬悄道（顯漢神霄，寓綿竹庚除治。）後化身爲太和伊玄元君宋益誠　靈妙和澄元君霈東（東漢彭州人。）高明大使至道玄鹽神功妙濟眞君許遜南陵浮光天宮朗期（唐降西京。）　護明元妃玄光聖母朱燧（唐昭宗時，在桂楊宣汇潦石上，授金闕昭凝君龍汲又化身爲靑微靈和元君霄靜卿又化身爲靈光聖母王說（字泱，降於唐時。）後化身爲靑微眞機元靈祖元君。

上淸啓圖

上淸高玄玉宸大道君　紫宸太華大天帝——金闕帝宸太平後聖玄元上道君]太華西眞萬燕祖母元君]——金闕上相方諸東華司侖木公靑帝道君　金闕上傅白山宮玉仙滑淵太素元君李口（咸陽人。）　金闕上宰西城總眞人王遠（字方平。）小有天王淸虛眞人王襃（諸眞授。）——金闕上保高元紫虛元君魏華存化身爲淸微樞元皇元君李謙　照靈光惠冲應元君宇文汲（內諱淸淵。）東華上佐司命眞人楊義和　東華上相上淸仙翁許翽　上淸元君西華聖母乃黃堂靖譏母也（受於孝道明王。）——九州都仙太史高明大使許遜——太淸泰玄

體基等謹案，此處有空頁。

元君文慊（唐八，授之祖元君。）

靈寶宗旨

玉晨道君靈寶天尊三清會真元炁化生萬有天尊——太玄玄一真人玉清妙道青陽天君鬱羅翹　太玄玄二真人上清妙九丹化大若九妙音　太玄玄三真人太清妙咸紫陽天君定光（號廬三洞。）　太極真人徐來勒——太極內相上清冲應牟佑真若左宮仙公葛玄（咸三真人下授，出葛仙起居注。）——太極慶融北靈內輔真人鄭思遠——抱扑小仙翁葛洪——文慊

道德正宗

金闕玄元老君道德天尊——文始先生　太玄真人趙隆　天山真人洪賓　玄上真人魯惠　自周迄唐，已逾千年，三真八師賫接踵，故文慊承流於後。

正一淵源

太玄上元老君——三天聖師泰玄上相正一真君張道陵——┬長子張衡
　　　　　　　　　　　　　　　　　　　　　　　　　├次子張魯
　　　　　　　　　　　　　　　　　　　　　　　　　├女師君長文姬（陵王妃）
　　　　　　　　　　　　　　　　　　　　　　　　　├次文光
　　　　　　　　　　　　　　　　　　　　　　　　　├三賢（燕王妃）
　　　　　　　　　　　　　　　　　　　　　　　　　└四芝　俱授文慊

會道

清微侍元上宸玄都總真九炁元靈夫人太皇景明洞陽金闕昭凝妙道保仙元君祖舒（一名遼道，降唐昭宗時，

道教徵略 上

廣西零陵郡人。）後化身爲清微察令昭化元君休端——瓊室內應洞清元君郭玉隆（京師人）——紫光曜眞福和元君傅央焴（鄧州人。）——龍光道明元君姚莊（西京人。）——祥源紫英玉惠元君高奭（生於燕地，華清虛眞人華英（鳳翔人。）——青城通惠眞人朱洞元（成都人。）——雲山保一眞人李少徵（房州保峯一水八。）——眉山混隱眞人南畢道（本覆姓東南名珪，丙辰生於眉山，嘗悴湖右，後佐理宗數諫不從。）——碧水雷困眞人黃舜申（閩中世家，名應炎，甲申生，侍父爲廣漕幕，寶祐中，出爲檢閱，所謂關令者，即終南也。——趙孟端師事之，理宗召見，御書雷困眞人，至元丙戌詔赴闕廷，嘗序雷霆綱目）。眞仙通鑑，續編五，稱「舜申之傳者，武當洞淵張眞人，行於北，西山眞息熊眞人行於南，傳之安城彭汝勵，彭傳安福曾塵外，曾傳淡儀趙元賜。」此譜妄爲牽引，甚易見也，四庫提要，謂「所序四派，傳授不甚明了，大概今所出云眞者，乃關令派，張道陵者，乃正一派，四派皆可以有清徵之名。」此尤不知而妄說。按其所謂眞元者，前此略無所見，所謂太華者，即上清，所謂關令者，即終南也。

又詔諸路監司，每路通選宮觀道士十八，遣駮上京，赴左右街道錄院，講習科道聲讚規儀，候習熟禮六等。——貞和元年八月，詔學道之士，許入州縣學教養，所習經以黃帝內經，道德經，爲大經，莊子，列子還。——小經外，兼通儒書，俾合爲一道，大經周易，小經孟子，其在學中選人，增置士名，分入官品，元士，高士，上士，良士，方士，居士，隱士，逸士，志士。——十月置道官二十六等，道職八等，有諸殿侍晨，校籍授經，以擬待侗修撰直閣之名。

南宋時鍾呂之迹大顯，六朝經籙唐人外丹之說，逐漸衰徵矣。

南宋如白紫清，（自撰日用記，最足見其生平，言與豪俠少年游，喜談兵，喜縱橫。）亦重符籙，實和會諸家

五〇

之傳。（按海瑗集中有三十二代天師贊，張石諸師贊，王侍宸林靈素許旌陽黃風子諸贊。又撰許真君，及逍遙山心遠堂羣仙傳。又有玉隆會仙閣記，閣皁崇真宮記。）他文教道士，亦以徐來勒，魏伯陽，陰長生，張平叔，陸修靜，陶貞白，張法都，杜廣成，同書。又上章自稱泰玄都正一平炁係天師，清徽天化炁南嶽先生，赤帝真人，神霄玉府，五雷副使，上清大洞經籙弟子。

元時道教派別最多，除南方茅山閣皁玉隆而外，北方亦多別派，而以全真正一為最盛。青崖叢錄云，「今鍊養服食，其術具在，而全真之教，彙而用之，全真之名，昉於金世，有南北二宗，南宗先性，北宗先命。（按南宗不稱全真，二宗皆不言服食，全真之教，亦非以性命，此說非也。）至於符籙科教，其有其書，正一之家，寶掌其業。而今正一又有天師宗師，分掌南北教事。而江南龍虎閣皁茅山三宗符籙，又各有不同。」據王渾南集中蕭公墓表，侯公墓碣，言「太一之教，與於金朝，天眷間衞郡蕭真八，（元史釋老傳云，名抱珍。）靈異之迹，上動至尊，賜觀名太一萬壽，凡法嗣皆從蕭氏，三代為蕭志冲，（本姓王。）四代為蕭輔道。」（輔道及其徒李居壽事，見釋老傳。）

虞道園集中，真大道教第八代崇元廣化真人岳公碑，叙「真大道教者，以言節危行為要，不忘求於人，不苟侈于於己，創立於洞明真君劉德仁，弟子嗣守其業，治大都南，城天寶宮，郡置道官一人，與全真正一之流參立。五代師為大元鄜希成真人，六代頤真人李得和真人，七代岳德文，八代頤真人，九代張清忠，（傳云志清，其道行記，吳草廬撰。）西出關隴，至于蜀，東望齊魯，至於海濱，南極江淮之表，皆有奉其教戒者。」宋景濂集有劉德仁傳，載其教義九條，謂自德仁至張清志為九祖。

元史釋老傳，道家分四段。一為全真，從邱真紋起。二為正一天師，從宗演起，并張留孫吳全節。三為真大

道教徵略 上

道。四爲太一。即據虞氏王氏之文，條理甚明，然於南方殊略。宋景濂撰莫月鼎傳碑，輒嘗列入釋老傳而未果也。

體基等謹案，此處有空頁。

七祖庖禪，乃佛之別，正一分天師宗師者，蕭嗣師靈南方。（元史張與林傳，大德五年授正一教主，主領三山符籙。）而張留孫吳全節之類，所謂玄教大宗師者，掌北方也。

又考虞道園黃元吉墓誌，言「初入玉隆事王翛師，曾師沒後，西山中有劉玉眞，有神人之遇，謂許公千年龍沙之記，今及其時，而劉則八百仙人之首，其說以本心淨明爲要，而制行必以忠孝爲貫，元吉受之，設三壇以授徒。」按此則玉隆之變，今傳有許君淨明忠孝錄，藏中經籙，多有冠淨明之稱者，皆不見於宋人目錄，殆即劉氏一派所傳也。

袁清容野月觀記曰：「養生說有二焉，北祖全眞，其學首以耐勞苦，力耕作，故凡居處服食，非其所自爲不敢享，蓬垢疏糲，絕髪患羡，人所不堪者能安之，調伏攝持，將以復其性，死生壽夭，泊然無繫念，髡髪乎竺乾氏之學矣。東南師魏伯陽，以不死爲宗，本於黃帝，韜精鍊形，御六氣以游夫萬物之表，其嗇命益長者謂之仙，而所傳確有派繫，先儒深有取焉。」

辛愿靈虛觀記曰：「全眞家其教遜似儒，其堅苦似墨，其修寂似禪，其塊然無譽又似夫爲混沌氏之術者。」

王予州蚨王重陽碑云：「其說頗類禪而稍亂，獨可以破服金石事鉛汞之誤人，與符籙之怪誕，而其徒不盡爾也。軍陽得無師智，似六祖，其懸記似誌公，顯迹又似萬迴，異哉。」

王渾靈虛觀碑曰：「全眞爲教，始以修眞絕俗，遠引高蹈，滅景山林，果哉末之難矣。終之混迹人間，蟬蛻泥滓，以拯善濟物，爲日用之方。」

全眞一派，有劉元素金蓮正宗仙源像傳，樗櫟道人金蓮正宗記，李道謙七眞年譜，終南祖庭內傳，甘水仙源

錄等書，今之羽流，皆此派也，故不具錄其系。

元世南方諸山宮觀，多置官度弟子，甲乙相授受，江浙爲多。虞道園，袁清容，黃金華集中多可考，如虞州少微山，縉雲仙都山。

體基等謹案，此條語氣未完，原稿並有空頁。

張留孫事見史傳，虞文靖撰墓誌，袁清容撰家傳，（具述其弟子姓名。）其弟子稱眞人者七八，多有碑志，吳全節，（見元史張宗演傳。）夏文泳，（第三代金華集碑。）毛穎達，王壽衍，（虞集碑。）余以誠，孫益謙，陳日新。（虞集碑。）元末金蓬頭，（名志陽，號野菴，顯於武夷。）亦甚著，（峴泉集有傳，云「師李月溪，月溪師白紫清。」）弟子甚多，（方方壺亦其弟子）事傳者趙原陽，（金弟子張天全，馮蒲衣之弟子，峴泉集有志。）李弘範，峴泉集有志。）汪道一。峴泉甘露雷壇記，與李皆管事金。）

體基等謹案，原稿於上條後接明陸容菽園雜記條，而上條眉首有加一頁在後三頁語，今審其文義，敬移明初嗣師條於此。

明初嗣師張子璿（字初。）玄問篇曰，「以宰之有所隸焉，是隆經籙以訓之，符法以閫之，而其傳尤著者，漢天師，茅眞君，許旌陽，葛仙翁，邱眞君也。曰三洞，四輔，淸微，靈寶，鄭岳者，洞輔之品，經籙是也。淸微始于元始，而宗主眞元闡之，次而南岳魏君，祖宏四派之緒，倡其宗者，朱洞元，李少微，南畢道，黃雷淵，李虛極，而張許葉熊而下，派益衍矣。靈寶始於玉宸，本之度人經法，而玄一三眞人闡之，次而太虛徐君，朱陽鄭君，簡寂陸君，田紫極，寗洞微，杜達眞，項德謙，王淸佃，金允中，高紫元，杜光庭，寇謙之，劉沖靖，而趙林白陳而下，派益衍矣，是有東華南昌之異焉。神霄則雷霆諸派，始於玉淸眞王，而火師汪眞君闡之，西河薩君，伏魔李君，樞相許君，倡其宗者林靈素，徐神翁，劉混康，雷默菴，萬五雷，方貧樂，鄧鐵崖，而上官徐譚楊陳唐莫

道教徵略 上

而下,派益衍矣。鄧岳則朱熙明,鄭知微,盧養浩,葉法善,僧其宗者,左鄭潘李,而派益衍矣。」按此節前舉著者五人,即正一,上清,淨明,太極,全真,五派。後畢清微,靈寶,神霄,鄧岳,四派,皆錄法。清微神霄已詳上,而此所說者,前所考多未備。然觀其數杜光庭,寇謙之,葉法善等,時代多顛倒,亦似隨意數說,非可據爲系譜也。

明陸容菽園雜記曰:「朱祥興二年己卯,元主忽必烈滅宋,大興彼教,任番僧拊迁等滅道教,十月二十日,盡焚道藏經書,是日火焚其廟憫忠等寺二十三處,其徒被火焚死者八十三人,及張伯淳王磐等五人。北方奉彼教者以非時雷震,爲懼,每年至是日拜天謝過,出歲時病紀。」此事容儻有之,神異甚矣。但恐是道家者流,附會之說。

明末南昌萬國樞,嗣薩西河法,錢謙益爲作傳,記其驗迹甚詳。

明史職官志曰:「龍虎山正一眞人一人,法官贊教掌書各二人,閣皂三茅山各靈官一人。」又曰,「道凡二等,曰全真,曰正一。」按閣皂三茅,尚有官,則上清靈寶二派猶傳歟。

唐以後史書所載道士。

唐書有孫知微,(體基等按,疑是孫思邈之誤。)張果,葉法善,(師趙元陽,韋善俊,均舊唐書方技傳。)王希夷,王遠知,潘師正,劉道合(事孟詵。)司馬承禎,吳筠,(均舊唐書隱逸傳。)尹愔。(新唐書儒學傳附。)

宋史舊有釋老志,今史并入方技傳,有蘇澄隱,丁少微,趙自然,賀蘭棲真,柴通玄,甄棲真,王老志,王仔昔,林靈素。

天師有傳,始於元史,明史續之,并附書長奉眞人劉淵然。

體基等謹案,明嗣天師條原在此。

黃梨洲萬祖繩墓誌曰，「近日爲釋氏牢籠，從老氏之學者寥寥矣，而貪夫狡獪，借鉛汞之術，託名老氏者，多於麻竹，大江以南，施良生以符籙鳴，郎堯生以元功著，君獨死心於堯生，爲永年之學，則亦全眞之流亞也。」王龍溪之調息，林龍江之艮背，儒者未嘗不假途於是也。」列朝詩集，張眞人宇初小傳曰，「唐宋以來，釋道二家並重，有元末高道，如吳全節，薛曦之流，皆顯於朝廷。國初名僧輩出，而道家之有文者，獨宇初一人，厥後益寥寥矣。二氏盛衰之略如此，識之以俟傳方枝者。」

詩集所載，「明道流有席應珍，傳授僧衍以兵法，周思得行靈官法，彭幼朔傳服氣法。」

鄭景望蒙齋筆談，言「晁文元迴早從劉海蟾遊，得長生之術，六十後兼言佛理，以分別名相爲主，將以儒釋道通爲一。」按文元之，本學傳唐世文人之風。

宋王湜易學一卷，見在通志堂經解中，提要曰，「書中首論太極兩儀，四象八卦，而以夜半日中，心腎升降之氣明之，又有取于莊子肅肅出乎天，赫赫發乎地之語，全本乎道家之說，」其自序則稱於陳搏，穆修，李之才，劉牧之書，兼而思之，是亦先天之學，出于爐火之證。

袁清容高一清醫書十事序曰，「予幼聞諸老言葛天民，曾景建，以神仙說遊公卿，清言玉雪，苦窶冰蘗，見者憐而欲成之，後卒不就。」

宋景濂嘗爲道士，號元眞子，嘗著五牙元精經，仿黃庭，王華川爲之跋。又集中有大還龍虎丹贊，協晨中寥詞，調息解，述玄，諸篇。

道教徵略上終

男　　　極藝　　　敬校
　　　板基
弟子　羅體昌霖
　　　夏華鑫
　　　陳永元
　　　萬

五五

道教徵略中

世所疑于道書者有二。一則曰事實荒謬。釋明概對傅奕語云，「請問道士後出之經，為是天尊，更說為是老子前陳，縱使說經，應有處所行為，是何帝何時何年何月」。按靈寶諸經，誠多誕不近埋，如言元始天尊姓樂，名辭信，太上大道君寄孕洪氏，名曰器度，字上開元，此本鄙淺不足論，若年代則本不可泥，仙家之事，或駐世長年，或化形顯迹，或冥通靈會，古經大氏傳之神人，處所不明，又何足怪，豈可以攷證法繩之耶。施肩吾元和進士，而受道鍾呂，猶剽舟而求劍也。至于赤朋龍漢之號，開劫度人之事，本屬寓言，後人誤認為實，甄鸞遂以為笑謬也。抱朴子自序曰，「考覽奇書，既不少矣，率多隱語，難可卒解，自非至精，不能尋究，自非篤勤，不能悉見，道士淵洽閑者寡，而意斷妄說者衆。」此論篤矣。一則曰剽竊佛書。釋道安二教論曰，「黃庭元陽采撮法華，以道換佛，改用尤拙，魏書釋老志云，「道書又稱劫數頤類佛經。」（廣弘明集引改類字為竊，）朱子曰，「真誥末道授篇，是竊佛四十二章經為之，非特此也，至如地獄託生妄誕之說，皆是竊他佛教中至鄙至陋者為之。」黃伯思東觀餘論則謂「真誥衆靈教戒條後方圓諸條，皆與佛四十二章經同，後人所附。」按朱子謂佛家教理，竊諸老莊，已為謬誤，又謂道家濟度之事，竊諸佛家，彌為值矣。佛教未入，已有祠祀之事矣。至於沿用佛書名詞，此自無關價值，其義茍同，沿用何害。況沿用者只北朝唐人以後晚出之書，晉以前及南朝所傳之古經，固無佛書名詞，真誥中所有，自屬附益，黃氏之論是也。

體某謹按此處有空行

葛稚川蓋道家之有問學者，其自序曰，「其至妙者不得宣之於翰墨」，釋瀚篇曰，「真人口口相傳，本不書也。玄素子都容成公彭祖之屬，蓋載其麗事，終不以至要者著之紙上。」又曰，「道書之出于黃老者，蓋少

許耳,蓋後世之好事者各以所知見而滋長,遂令篇卷,至於山積,古人質樸,又多無才,其所謂物理,既不周悉,其所證按,又不著明,皆闕所要而難解,解之又不深遠,不足以開示勸進也,徒誦之萬遍,殊無可得也,雖欲博涉,然擇其善者而後留意,至於不要之道齊,不足尋繹也」。此兩段論最爲明確,本不泥于文字,古言又多渾略,儒者欲以考證之法斷其有無,固不免誤用方法之譏矣。

體基等謹按此處有空行

通考引宋三朝國史志曰,「東漢後道家始著,而眞仙經誥別出焉。」又引李壁四十九章經序曰「大洞諸經所言諸天奧密神仙隱祕事,自晉始傳人閒,由隋歷唐,方技符籙,其說益以散漫。」(杜光庭有道經降代傳授年載記見通志,今亡。)

宋景濂度人經跋云,「道家諸書,多寇謙之吳筠杜光庭王欽若之徒所撰,文多鄙俚,獨度人經號爲雅馴。」釋明槩對傅奕云,「太玄經楊雄所造,洞玄經王褒所製,指歸經嚴君平所製,開天經沣所造,化胡經王浮所製,或取盤古之傳,或取諸子之篇,假認俗書,以爲道教。」辨偽錄又云,「張道陵造靈寶經,葛孝先造上清經,齊陳顯明造六十四眞步虛經,陶宏景造太清經。」按吳筠撰論,欽若編書,無造經之證。寇杜容有之:乃言罪福,且止少數,豈得并末殺古經耶,景濂肌略言之,殊欠分別。明概所言,亦殊模糊,太玄指歸,本末嘗尊之與三洞並也。若以張沣王浮而概疑道經,則僧流亦嘗僞造經文將疑三藏都無一眞乎。鮑覬乃傳三皇內文之師,王褒乃傳靈寶部經之師,若出于何人,便定爲某人造,亦是不考。陶傳上清,葛傳靈寶,顛倒妄說,亦是不考。

青岩叢錄曰,「其書皆肪于漢桓帝之時,今其經典以爲天師永壽年間受于老君是也,世傳太平經最古且多,今不復存,然其所言與國廣嗣之術,殆不過房中鄴褻之談,若大洞等經,大率六朝以來文士之所造,雖文采可觀,而往往淺陋,無甚高論。」按始于桓帝,惟正一一派爲然,太平言廣嗣,非房中大洞誠出六朝,然安

道 教 徵 略 中

得遼部爲淺陋耶。姚榮誠子孫曰：「道士本以玄牝爲宗，而無識者藉佛家之有利，約佛家而爲業。」胡致堂（寅）謂經論科儀，依仿佛氏而不及者，自杜光庭爲之。按此皆指言罪福者，北朝所傳靈寶諸經已多有，不自杜氏始也。唐時道士多注釋古經，訓詁不苟，猶之儒者之治經也。四庫提要謂「以丹道說老子始于白紫清之道德寶章，以丹道說陰符始于夏雲峯。」元鼎）按宋任照一沈亞夫兩陰符注，已說丹道，在夏氏前，六朝時，經訣服餌燒鍊，多託名老子矣。宋後丹家則專祖金碧參同，（朱子謂金碧乃竊參同以爲之。）止守訣書，不注經籙。著冥通之事者始于陶宏景。宋後丹家則專祖金碧參同，言靈應之驗者始於杜光庭。冥通則深，靈應則淺矣。

體基等謹按此處有空行

甄鸞笑道論曰，「道士所上經目，陸修靜目中，見有經書，藥方，符圖，止有一千二百二十八卷，本無雜書諸子之名，而道士今列二千餘卷者，乃取漢藝文志目八百八十四卷爲道之經論，據如此狀，理有可疑，何者，至如韓子孟子淮南之徒，並不言道事，又有八老黃白之方，陶朱變化之術，翻天倒地之符，辟兵殺鬼之法，及藥方呪厭，得爲道書者，可須引來，未知運山歸藏易林太玄黃帝金匱太公六韜，何以不在道書之例乎，修靜目中，本無諸子，今乃乘安，不知何據，若以諸子爲道書者，人中諸子，悉須追取，何得遺之。」

唐釋法琳辨正論云，「檢玄都觀經目，稱道家傳記符圖論等總有六千三百六十三卷，其二千四十卷見其本，其一千一百五十六卷是諸子論，其八百八十四卷是經傳及符圖，其目及本。今並未見。」

檢道士陸修靜答宋明帝所上經目錄，其目及本。今並未見。

養生經卜卷（彭祖修撰）

列仙傳十卷（劉向修撰）

莊子十七卷（莊周所出葛洪修撰）

神仙傳十卷（抱朴子葛洪修撰）

夷夏論五卷（道士顧歡修撰）

抱朴子廿卷（葛洪撰）

廣成子四卷（商洛公修撰）
淮南子廿卷（漢淮南王劉安撰）
列子八卷（列禦寇所撰）
崔文子七卷（崔文子撰）
服食禁忌經五卷
治棘五石八卷
興利宅舍法五卷
紫摩經一卷
治病經一卷
崔文子肘後經一卷
彭祖經一卷
定心經一卷
師曠為西宮子授藥經一卷
道引圖十卷
芝草圖經一卷
鄒陽子經一卷
道德玄義卅三卷（孟智周修撰）
榮隱論一卷
歸根論一卷

尹文子二卷（劉歆修撰）
文子十一卷（文陽所撰）
抱朴子服食方四卷（葛洪撰錄）
鬼谷子十三卷（鬼谷先生撰）
黃帝龍首經五卷（玄女皇人等說）
怪異志十二卷
太元鏡經一卷
說陰陽經一卷
日月明鏡經一卷
陶朱變化術經一卷（陶朱公撰）
養性經一卷（彭祖等雜出）
鬼谷先生變化類經一卷
九宮蓍龜序經一卷
河圖文九卷（何承天等修撰）
芝草圖六卷
江都王思聖二卷
必然論一卷
逐通論一卷
明法論一卷

道教徵略 中

自然因緣論一卷

五符論一卷

三門論一卷右八論陸修靜撰

辨正論曰，「崇玄都觀道士等所上一切經目，云「取宋人陸修靜所撰之者，依而寫法」，檢修靜舊目注上清經有一百八十八卷，其一百一十七卷，已行於世，從始清已下有四十部，合六十九卷，未行於世，」檢今經目，並云見在，修靜經目又云，「洞玄經有三十六卷，其二十一卷已行於世，其大小劫已下有十一部合一十五卷，猶隱天宮未出」，檢今經目，並注云見在，陸修靜以太始七年因勅上此經目，從此以來，二百餘年，不聞天人下降，又不見道士昇天，不知此經何因而來。」

體甚等謹按此條原仕按四庫提要篇後審其意脈似宜移此

按四庫提要謂「道藏濫收易類地理、儒、雜、小說、醫家、術數、別集、諸書、舊無以為道家言。」今觀甄論，則北魏時已濫矣。然此非皆濫也，諸子本有屬道家者，固不當全取，抑豈得全不取。淮南內篇是道，外篇是術，提要所舉陶宏吳筠，皆本道流，安得云非道家言耶。易家術數醫家，本與丹法相通，今之道家，本諸漢志劾治祈禳之術，諸術七略本附雜占，因記仙迹，自當涉及地理小說。責其濫可也，若謂皆不當涉，豈通論乎。

道藏目錄，分之洞四輔。三洞者，一大洞真部，二靈寶洞玄部，三太上洞神部。四輔者，一太玄，二太平，三太清，四正一。合為七部。雲笈七籤曰，「天寶君說十二部經為洞真教主，靈寶君說十二部經為洞玄教主，神寶君說十二部經為洞神教主，故三洞合成三十六部真經。洞真教九聖大乘，洞玄教九真中乘，洞神教九仙小乘。太玄輔洞真，太平輔洞玄，三輔合成三十六部。正一盟威通貫，故曰，「三洞尊文，七部玄教。」又從七部，汛開三十六部。其三十六部者，第一本文，第二神符，第三玉訣，第四靈圖，第五譜錄，第六戒律，第七威儀，第八方法，第九眾術，第十傳記，第十一讚誦，第十二表奏，右三洞各十二部

，合成三十六部。」

雲笈七籤說三洞四輔十二部分別之義，依仿佛家說經科判之法，煩碎無理，似深實淺，今撮錄其大要。曰「一洞眞以不雜爲義，洞玄以不滯爲用，太清者太一爲宗，太玄者重玄爲宗，正一者眞一爲宗。」正一經圖科戒品云，太清經輔洞神部金丹以下仙業，太平經輔洞玄部甲乙十部以下眞業，太玄輔洞眞部九千文以下聖業，正一法文，宗道德，崇三洞，遍陳三乘。又釋十二部義曰，「本文者三元八會之書，長行元起之文，神符者龍章鳳篆之文。靈跡符書之字，玉訣者如河上釋柱下之文，玉訣解金書之例，靈圖者如含景五帝之像，圖局三一之形，立本所陳五帝，戒律者如六情十惡之例，威儀者如齋法典戒，諸經軌儀之例，方法者如存三守一，制魄拘魂之例，衆術者如變丹鍊石，化形隱景之例，記傳者如道君本業，皇人往行之例，表奏者如六齋啓願，三會謁請之例。」

按上所說，多不明晰。三洞本以三派所傳各部而分，符圖玉訣譜錄傳記皆是各部中書，三洞不皆具十二部也。若後出之經及符訣譜傳，本與三派無關，何以分屬之乎。若四輔則太平太玄皆經甚少，而不成派，本無所統攝，尤不可入後出之書也。（三清本與三洞不同，不可以相配。如元始稱玉清洞眞則孫上清，本非預立整齊以統一切之法，何可沿耶。十二部以體分，差爲明晰，然已不備。蓋十二部乃就三洞部中諸書而分，本不相蒙也。）唐宋目何以分隸，明目則大謬固顯然。即如玉訣一門，沿河上注老子之文，遂全收經傳，譜錄本指三竹五帝，其文費重，故次符圖，今不可考。若四輔部則幷十二部之分，略爲次序，亦與十二部不同，又冊乃表略耶。要之三洞四輔，本止一時之稱，後來之書，不止於十二類，今之藏目，於本分三洞者混，其目不與傳記相次，而所收則與傳記無別，何以爲說耶。方法衆術，蓋以本末而分，後世符書官法輔，皆名爲訣，三者杶溢，尤難排矣。

亂其次，而於後出之不屬三洞者，則強分屬之，太清之書，雜處洞神部中，洞真之經，反聚正一部末，太平則廣收淨明派之經，太玄則雜湊他部之籍，一人所作，而散於七部，同一地記，而分歸三洞，周秦諸子，皆入太玄太清，北宗文集，統歸太平一類，凡此種種，皆極無理，固由明世編目者之陋，亦七部法之不適用有以致之也。

按晁公武郡齋讀書志，載宋鄧自和道藏書目一卷，分大洞真靈寶洞玄太上洞神太真太平正一六部。又大洞真經下所數道藏六部，則又云太真太清正一，殆有誤脫也。

六朝經此分品不分乘，凡言大乘小乘者，皆唐人依仿佛家為之。其所謂大乘，多談空有，乃六朝所無。七籤引八素真經綜三洞品格，今按悉是洞真部書，許陶所傳，非三洞之全也。今鈔于下。

體基等護按此處有空頁

太上之道有三

上真之道有七

中真之道有六

太上之道有三
　神虎大符
　上真之道有七
　太上結璘奔月章
　太微帝君飛行天綱上經
　金闕靈書紫文上經
　中真之道有六
　方諸洞房玉字上經六甲靈飛符
　三天正法鳳真之文九真昇玄文
　青要紫書出素訣詞三五順行經

　玉清隱書
　金虎真符
　太上鬱儀奔日月
　太上八素奔晨隱書
　高上大洞真經三十九章
　黃老八道九真中經
　太丹隱書朝真上經玉帝神符
　三元布經四真之章太上金策
　靈寶祕符三皇內文天文大字

下真之道有八
丹景道精隱地八術
神州七變七轉洞經
絳綠黃道玉目龍書乘文
五帝玉女上元五書

上清九化十變三九素語
天關三圖赤皇王書
紫度中方石精玉馬水母經
素奏中章五行秘符

體基等謹按此處有空頁

笑道論引玄都經目分經傳記符圖，諸子論，甚為明白，不知隋志何故不用。隋志分經戒，餌服，房中，符錄，符籙四類，亦簡明，但不及科戒威儀，亦屬漏略。鄭氏通志分老子，莊子，諸子，陰符，黃庭，參同，目錄，傳，記，論，書，經，（律在內）科儀，符籙，吐納，胎息，內視，導引，辟穀，內丹，外丹，金石藥，服餌，房中，修養，凡廿五類，亦未合。書一類乃不能歸諸類者之逋逃藪，律不當附經，胎息導引吐納實可并辟穀亦列為一，則禁呪諸法多矣，安可備列耶。

體基等謹按此處有空行

統論道書，應分經類，一曰經錄，二曰五籙，三曰科儀，四曰戒律，五曰論訣，而傳記文集不與焉。經約可分四類。一則西晉以前，抱朴子所舉靈寶諸經大都止是術訣，又師說前皆名為經，與術數家同。此類今存無多，如黃庭中黃（均抱朴舉）之類，多是七言韻語，與參同契同，真晉前作也。二則南朝時楊許諸人所得洞真部諸經。（抱朴時已有，但不多。）其與第一類不同者，牛陳真靈之事，又皆仙真所說，其用亦牛在術訣，半與符闕同，又與籙為通稱。此類或冠上清字，或冠洞真字，如七籤所釋，今尚多存，其文或為濃麗駢偶之文，（如玉篇真文首段，）或為五言詩，（如大洞經，生神章，）與真誥所載諸作同，真六朝作也。

道教徵略 中

三則北朝唐時所出。亦是天尊所說，其異於第一類者，多談虛無之理，少喻形神之名，彙有七略道家之意，不專如七略之神仙家，其談空有者，多類佛經，其異於第二類者，文多淡白，多佛教名詞，此類今亦尚多，如常清靜經，（通志著錄，有唐人注，）五廚經（崇文目有，）之類，與坐忘論同。（北朝所說，昇玄經亦此類，唐人稱此類爲大乘，）四則唐以後始出，多陳罪福，半述眞靈，而術訣更少，如資禪延壽消災拔苦之類，皆天尊所說，即後儒所詆誣桑門者，其用專在讀誦斯禱，同於科儀。此類今藏最多，其文間雜俚詞。昔人謂杜光庭僞撰，蓋即指此，然今所存，皆不見唐宋目也。

符圖本與籙法相連，其用本以役召鬼神，當分古近二類。古符多單行，又多發資修鍊之用，如抱朴所舉，今皆不仔，惟其書所載，與靈寶諸經中所載，爲最古矣，又葛氏極稱三皇內文，五岳眞形圖之要，而眞誥注巳言今三皇內文非眞本，蓋所謂雲篆琅蚪三元八會之書，皆詭異，葛稚川言，「字不可讀，誤不可覺」，陶氏亦言描摹之難，傳寫至今，益復不能校正矣。今所傳符籙，多是正一天心諸派所傳，（通志巳有天心正法，）散在籙法書中，不別標目，圖則更少，正一籙法今藏甚多，而唐前諸目皆無之，殆正一與靈寶分門，藏於張氏，世所罕見，至元乃發之歟。

科儀本巫祝之文，七略雜占所載禳禱法，今獨董仲舒請雨止雨法太略猶存耳。六朝唐人之科儀，多修道授籙之事，少祈禳之文、祈禳盛於杜廣成。懺亦儀類，其字本出佛書，亦起於唐。然崇文目載齋醮，儀及懺文僅三四種，且僅有黃籙，今藏標杜名者亦止三數部，標靈寶者少，而正一儀多，又有金玉二籙，與黃鼎立焉。

戒律居前所傳猶仔，今道流所授三眞戒，則全眞家所定。

論訣當分五類。六朝唐人之作凡三類。一燒鍊金石。二服餌草木。三導養神氣，鄭氏所分，繁碎不當。唐前非無知眞丹訣者，但甚少耳，服餌燒煉相連，然服餌寶先衰。四則唐人專言養心，和合禪家，若坐忘之類，

但亦不多。五則二宗以後明眞丹之作。眞丹既明，燒煉服餌，遂皆衰微，故唐宋目所載丹訣，今十不存五，而二宗之訣，乃愈出愈多焉。

今依雲笈七籤，略考七部之目。

一洞眞部。　上清洞眞經，西城王君傳至楊許陸陶以下。中有七元六紀飛步天罡靈飛六甲玉珮金璫。（此諸種今均冠洞眞上清字，大洞眞經三十九章，乃此部之首，故晁氏讀書志云「道藏書六部，李氏道書四類，皆以大洞眞經爲首，今反在第五，」此部經卽眞誥所聚，七籤所釋，今猶多存者，在正一部末，他部多有冠洞眞上清字者。）

二洞玄部。　洞玄靈寶經，徐來勒傳葛鄭以下，天師亦得五符，中有玉篇眞文靈寶五符大小劫經中山神咒八威召龍等經，（此諸種今均冠洞玄靈寶字，惟五符小劫八威在此部，實以赤書玉篇爲主，而反在洞眞部。抱朴子所舉多此部經，而今藏中冠洞玄靈寶者甚多，如度人昇玄等，皆抱朴所未舉，其文多談空有，格式類佛經，似是北朝道士所出，非羅先所受之舊。）通志載陸修靜靈寶經目序一卷，今略存七籤中，亦辨俗本之譌，謂多割取上清太清派之文，則此部之多雜竄久矣，惜陸目已無存，無從證訂。

三洞神部。　洞神經，鮑覯傳葛洪，又陸修靜別得一本，天師亦有所得。中有三皇內文禁虎豹術。（今內文反在洞神部方法類，上冠太清二字。此部經本少，今藏洞神部僅數種，正一部後亦有冠洞神字者，他部有冠太上字者。

體基等謹按此處有空頁

皆依此諸目，重編目錄，又依三洞四品之法，條別古經，各歸部次，則道藏目錄，庶有眉目矣。

眞系傳稱洞眞部眞僞混淆，陸修靜刊正之，今其目不存。七籤載上清源統經目注序，疑卽陸氏文。

道教徵略 上

太上授天師，左葛亦傳丹經，正一經云，太清金液天文地理之經，所明多是金丹之要，又著緯候之儀，（今太清金液經，及冠太清字諸丹訣反在洞神部方訣類，而本部絕無，盡收諸子●）

五太平部。于吉所傳，陳周智響得之海隅山。

甲乙十部。（百七十卷，今不全，此部本止此一經，今在部首，餘多洞玄及元時淨明派經，他部亦無冠太平字，又正一經亦言太平洞極經，乃天師所得。）

六太玄部。太上授天師。 正一經云太玄道經。 中有道德五千文素書。（今道德五千文，反在洞神部，而此部中絕無冠太玄字者，純是雜采，他部亦無冠太玄字者。按混元聖紀云。王欽若請以道德陰符，自四輔部升入洞真，今陰符在洞真，而道德則在洞神，不知又是何人所移。）

七正一部。 太上授天師。 正一經法文盟威妙經。（今盟威法文均在本部，而洞神部多有正一經儀。）

體基等護按此處有空頁

劉師培讀道藏記序曰，「西晉以前，道書篇目，略見抱朴子遐覽篇，次則甄鸞笑道論頗事甄引，均屬漢魏六朝古籍，晚近所存，什无二三，即崇文總目中與書目所著錄，亦復十亡其六，今之道藏，刊于明正德間，經錄符圖，牢屬晚出，然地志傳記，旁逮醫藥占卜之書，采錄轉衆，匪惟諸子家言也。」

按今藏目來以來書居大半，唐以前書僅居小半。據笑道論稱陸修靜目千餘卷，北魏時目二千餘，據文獻通考引三朝史志稱唐開元目三千餘，宋大中祥符中四千餘，崇觀間五千餘。然今以古目核之，抱朴所載，御覽引用目，及崇文目，無其大半。二目所有，今又無其半。數日增而古書日減，可慨也。元至元間嘗燬道經，廣道圍撰張留孫神道碑，言留孫嘗啓裕宗，擇存其天下訪求道教燬經，增入者當不少。元至元間嘗燬道經不可燬者。其去取如何，今無由考矣。（凡不言卷數者，皆一卷，一抱朴子內篇遐覽所引道書目。酉陽雜俎玉格篇錄道書名十九與抱朴同，似即

從抱朴鈔出，今并注其異同。

三皇內文天地人三卷（今存，三皇內祕文三卷今存洞神部）

元文上中下三卷

玄錄二卷

二十四生經

靈卜仙經

九變經（今存洞真部）

墨子枕中五行記五卷（抱朴云劉安鈔出一卷）

溫寶經

自然經（今問洞玄部不知是否）

養生書一百五卷

九敬經（敬一作都）

青龍經

太清經，按抱朴子金丹篇云，太清丹經，金液丹經，九鼎神經，按金液丹經，今存洞神部。

按摩經

今存道引養生經一卷

元陽子經

素女經

混成經二卷

九生經

九仙經（雜俎有，存洞真部云真龍虎九仙經）

十二化經（雜俎春二誤作上）

老君玉歷真部

中黃經（雜俎作中黃丈人經今存洞神部）

甲乙經

太平經五十卷（今存）

陰陽經

息民經

通明經

道引經十卷

洞神部

玄女經

彭祖經

陳敕經
張虛經
容成經
內寶經（按四規明鑑術詳抱朴子雜應篇）
日月臨鏡經
柱中經（雜俎有五柱中經）
龍蹻經（今存正一部按三蹻術見抱朴子雜應篇）
平衡經
鹿盧蹻經（雜俎有）
菌芝圖（雜俎作園芝圖）
石芝圖
觀天圖
觀臥引圖（雜俎無觀字）
守形圖
五嶽經五卷（抱朴盛稱五岳真形圖之要今存又在七籤七十九卷）
隱守記（雜俎作隱首經）
虛元經
玉彌記（雜俎作玉珍記此譌）

子都經
天門子經
入山經（山當作內）
四規經（今存太平部亡四規明鑑經雜俎云四規明鑑
明鏡經（正一部有明鑑經）
五言經
靈寶皇子心經
正機經
飛龜振經（雜俎有飛龜袂）
蹻形記
坐亡圖
含景圖（雜俎有）
木芝圖（雜俎有）
肉芝圖
大魄雜芝圖（雜俎作大隗新芝圖）
東井圖
牽牛中經（雜俎作牽牛經）
臘成記（雜俎作獵成記）

六安記
平都記
龜文經
玉策記（雜俎有玉筴記）
入室經（見唐志）
昇天儀九奇經
四袊經十卷
食六氣經
胎息經（今存洞眞部）
勝中經十卷
丹壺經（壺一作臺雜俎亦一作丹臺經注曰記）
魏伯陽內經（似即參同契）
步三罡六紀經雜俎云三綱六紀經即金簡玉字經今存正一部
入軍經（雜俎有）
四君要用經
三十六水經（雜俎有）
七轉七變舞天經
黄白要經
天師神器經（器一作氣疑即太清金液神氣經今存洞神部）

鶴鳴記
寇心記
山陽記
八史圖
左右契玉歷經
更生經
食日月精經
丹一經
行氣治病經
百字攞提經（雜俎連爲一曰勝中有首攞提經）
岷山經
日月厨食經（雜俎有）
六陰玉女經（雜俎有）
金雁經
白虎七變經（雜俎有其術見抱朴子今正一部有
道家地行仙經
八公黄白經

道教徵略 中

枕中黃白經五卷（今有枕中經止一卷正一部末）
白子變化經（白一作帛雜俎有亦作白）
厭禍經
文人經
崔文子肘後經（肘後一作時候）
水仙經
尸解經
李君包天經
黃庭經（今存洞玄部）
太素經（今存正一部末）
行廚經
內視經
歷藏延年經
協龍子記七卷（雜俎有云協龍子鹿臺經）
三五中經
節解經
玄洞經十卷
箕山經十卷
小儻經

移災經
中黃經（重出）
涓子天地人經
神光占方來經（光一作仙）
中遁經
包元經
淵體經
華蓋經
徵言三卷
文始先生經（今文始經乃偽關尹子非此書）
南闕記（闕一作闋）
九宮五卷
宣常經
鄒陽子經
玄示經十卷
鹿臺經（雜俎有）
河洛內記七卷洛

翠形道成經五卷（道一作通）
見鬼記
宮氏經（雜俎有）
道根經
反胎胞經
幻化經
金華山經（金一作今）
召命經
鬼谷經（今洞神部有見谷子天髓）
去丘子黃山公記
小餌經
鄭生延命經
皇道經
雜集書錄
金板經
原都經
玄元經
渾戒經
呼身神治百病經

道機經五卷（金丹篇云此是魏軍督王圖撰不知丹還）
無極經（今正一部有變化無極經）
真人玉胎經（雜俎有無真人二字）
候命圖
枕中消記
詢化經
鳳網經（雜俎有作鳳綱）
保神記
凌霄子安神記
王子五行要真經（王一作玉）
鴻寶經
安魂記
九陰經
銀函玉匱記
黃老仙錄
日精經
三尸集
攸山鬼老魅治邪精經三卷

道教徵略 中

八五毒中記
休糧經三卷
登名山渡江海勅地神法三卷
入温氣疫病火禁七卷（人當作入大一作太）
收治百鬼召五岳丞太山主者記三卷
與利宮宅官舍法五卷
召百里蟲蛇記
王喬養性治身經三卷（崇文總目有此書云常公撰）
服食禁忌經
道士奪算律三卷
鬼兵法
練形記五卷
角里先生長生集
樊英石壁文三卷（今存太清石壁記洞神部）
思靈經三卷
荆山記
李先生口訣肘後二卷
雜組又有雌一玉檢（今存）
金樓經

採神藥治作秘法三卷
趙太白囊中要五卷
斷虎狼禁山林記
萬畢喬丘先生法三卷
少君道意十卷
郄公道要
立亡術
移門子記
立功益算經
龍首經
孔安仙淵赤斧子大覽七卷（今存乃六壬書洞真部）
董君地仙卻老要記
飛黃子經
泉樞經

赤甲經
自求符
太玄符三卷
五精符
玉策符
小童符
六君符
黃帝符
延命神符
四十九興符
青龍符
朱雀符
朱胎符
九天發兵符
老經符
大捍危符
武孝經燕君龍虎三籙辟兵符
包元符
禹蹻符

金剛八疊錄（一曰經）
金光符
通天符
石寶符
枕中符
九靈符
玄都符
少千三十六將軍符
天水神符
天水符
白虎符
元武符
七機符
九天符
七符
玄子符
沈羲符
消災符

道教徵略 中

八卦符
雷電符
八威五勝符
巨勝筮符
玄精符
白臺符
枕中符
厭怪符九卷
九臺符九卷
六陰行廚，龍胎石室，三金五木防終符，合五百卷
軍火召治符
鹽輪符
萬畢符
威喜符
媒女符
玉歷符
陰陽大鎮符
治百病符十卷
塋公符二十卷
六甲通靈符十卷（今佚洞真部）
玉笄符十卷

抱朴所舉，乃是洞玄洞神部及太清丹經，古方士書也，今多不存。抱朴自言得觀諸書甚難，多得之其師鄭君處邊。葛玄所受靈寶部經，以赤書玉篇生神諸經爲重，抱朴皆不言，不知何故。太極葛仙翁傳所載太上授仙翁上清三籙七品齋法，則後來附益也。諸經符功用，多見抱朴子內篇，又云「符皆出于考君。」登涉篇末附載老君入山，及陳安世辟虎狼符數十通，此目無有。他篇言案術用案符者，其名多見此目，殆原本亦附圖，而後來亡之邪。唐釋道世表引葛氏神仙傳云，「老教所有度世消災之法，凡九百三十卷，符書等七十卷。」

混元聖紀引天師內傳載太上所授書目。

太清中篇經目九卷　　　金液丹經三十六卷（今存）

太清中經室中秘要三十四卷
玄女秘妙經
九鼎變化鍊真玄洞之法開明大經
玉策山紀圖錄
河洛圖讖
內外太清玉策幽經
天銳地鏡朗銳山銳等經
合景內視經
九天元洞九真中經（今存）
丹簡墨錄
太一金液經
三元中胎紫籙中經
洞玄真經
宣化思道成敗觀戒
遁甲山岡
鬼臟諸法

素真金始隆經

山海大戒
內外黃庭（今存）
五行精微東井沐浴經
變景經
九天元譜
五老寶經
上下齋品戒文
真一守玄經
金闕帝君齊彙內經
三皇內文（今存）
三五飛步魁罡玄經
明禁地錄

凡九百二十卷符文七十卷合一千卷
天師本定太清止一三部經文，兼有靈寶洞神之籍
二陶氏真誥甄命授篇中所舉道經目。（所舉與七籤所釋合，蓋皆籙寶經，七籤即收靈寶經家之說耳。今于七

七五

道教徵略 中

籤釋而今存者㊇記之，釋而今不存者△記之。

八素真經太上之隱書也（在世㊇）

九真中經老君之秘言也（在世㊇）

太清上經變化七十四方（在世㊇）

除六天之文三天正法（在世㊇）（疑是四十四方之訛㊇）

黃氣陽精藏天隱月（即三逕順行經㊇）

三元布經道真之圖（㊇）

黃書亦界長生之要（後文云三一經消子所說）

赤丹金精石景水母

玉清真訣三九素語△

丹景道精隱地八術（㊇）

紫度炎光夜照神燭（㊇）

此省道之經也

飛步七元大綱之經（在世今有步天罡飛地紀金簡玉字經抱朴舉步三罡六紀經）

七變神法七轉之經（㊇即儛天經）

大丹隱書八稟十訣（㊇）

九丹變化胎精中記（㊇）

金液神丹太極隱芝（今存有金液神丹經）

五行秘符呼魂召魄

黃素神方四十四訣

青要紫書金根衆文（㊇）

石精金光藏景錄形（在世㊇）

白簡素籙得道之名

大洞真經三十九篇（在世㊇）

天關三圖七星移度（㊇）

九赤班符封山墜海（即五帝內真㊇）

曲素決辭以招六天之鬼（在世七籤連五行秘符爲一△）

七六

天皇炁符以合元洞（原注在紫文中　今有紫文丹章正一部）

三皇內文以召天地神靈（原注在世中雖有而非真本　今有）

玉珮金璫以登太極（今有　玉珮金璫經△）

神虎之符以威六天（乂）

素奏丹符以召六甲

飛行之羽以超盧攝空（今有飛行羽經）

白羽紫蓋以遊五嶽

流金之鈴以攝鬼神

金真玉光以映天下

又真誥他篇散見經目原文有說及注者並錄之

寶神經（是裴清靈錦囊中書，一名七玄隱書，協昌期篇有大略，今有寶神起居經，在正一部，即鈔協昌期篇闕入，非寶神經諸條而倒亂之。）

上清邅晨歸童日暉中玄經（上二目皆九華真妃授　以上見運題象篇）

九真中經

太素傳

劍經（二名見注中）

大洞（神州有三山三山有七宮七宮有七變七變有七……

上清玉霞紫映內觀隱書

太素丹景經（未出世，是下真品目）

太上真人撰所施行祕要（全載協昌期篇中，俱采經……

飛步經

經（以上見甄命授篇）

二十四神經（今存）

文，原注甚詳，今已為一經，存藏中正一部

大洞真經精景按摩篇（亦未出世，非三品目。）

消魔上靈經（亦未出世，非三品目，應是智慧七卷中事。）

太上籙浮渡華經（亦未出世，非三品目。）

丹字紫書三五順行經（中真品目，御覽引）

道教徵略 中

石景赤字經（非三品目）

紫度炎光內視中方（下真品目，已見前。）

經均未出世，已見前。

大智慧經（應是消魔智慧七篇之限消魔今存）

北帝祝（今有北帝紫微神咒經）

五神經

紫文仙相

青牙始生法（世未見經今有經在正一部）（以上見握真輔篇注中）

陶氏所舉，乃洞真部經，故與抱朴所舉金殊，今多存者。

體基等謹按此處有空行

按周義山傳所受諸經書，皆與上清派合，惟稱遍參諸仙，各授一種耳。今錄傳中目錄于下。

金闕帝君守三元真一法東海小童傳涓子涓子傳蘇子蘇子傳周子

尋變先生龍蹻經於蒙山大洞黃庭之中遇衍門子受龍蹻經

并三皇內文（在黃庭之中）

（在王屋山中）

天關三經（下真品目，云天關三圖，疑關圖字，四）

泰清正一平炁經

大洞真經高上首章（亦未出世）

上清真人馮延壽口章（全錄）

養性禁忌口訣（全錄 以上見協昌期篇）

紫文玄闕（按此均紫文篇目）

趙他子芝圖十六首五行祕符（在王屋洞門丹室中）

王先生黃素神方五帝六甲左右靈飛之書及二十四訣

上魏君太素傳左乙混洞東蒙之籙右庚琳殺之律（在嶓冢山中）

太和玉女大有妙經太上蘂靈經（在丹城銅之內）

沙野昂先生泰清上經（在白雲山中）

甯先生大丹隱書八稟十訣（在峨嵋山金匱府中）

隱先生九赤斑符（在岷山中）

淮南子成天綱三圖（在梁山中）

李氏幽神經（在九嶽山中）

陽安君液丹經九鼎神圖（在鶴鳴山中）

司命君經命青圖上皇籍（在大騩山中）

青精先生八裘黃素傳（在猛山中）

渲伯玄三九素語（在峨嵋山中）

墨翟子受紫度炎光內視中方（在烏鼠山中）

太帝候夜神童金根之經（在曜氣山中）

司馬季主石精金光藏景化形法（在委羽山中）

劉子先七變神法（在大庭山中）

木山中）

南嶽赤松子上元眞書（在太華山中）

皇人八裘眞經太上隱書（在合黎山中）

萬先生九眞中經（在景山黃臺中）

羽野）

騂仲陽仙忌眞記（在朱火丹陵之室）

茅山志卷九道山册所載目錄。

咸延甫憂樂鼎紫訣辭（在坡山中）

張子房泰清眞經（在牛首山中）

高丘子全方二十七首（在鍾山中）

李子耳隱地八術（在陸渾山潛入伊川洞室中）

幼陽君丹字紫書三五順行（在陽洛山中）

谷希子黃氣之法泰空之術陽精三道之要（在都廣建

王子喬葵葵丹符（在桐柏山中）

九老仙都君黃水月華四眞法（在太冥山中）

玉蕋子十八九氣丈人得白羽紫蓋黃水月華（在玄龍

青眞小童君金眞秘字（在扶廣山中）

中央黃老君大洞眞經三十九篇（在常山中受）

道德五千文。（按登眞隱訣隱居云，老子道德經有玄師楊眞人手書張鎭南古本，鎭南卽系師諱，系師內諱

圖書集刊

七九

（有四千九百九十九字，由來闕一，是作卅幅曆作三十幅，蕭從易省文耳，非正體也，宗門真蹟不存。）

上清大洞寶經篇目。

上清大洞高上三十九章經
上清九真中經
上清七十四方經
上清青要內文經
上清三九素語經
上清丹景上道經
上清九赤班符經
上清白羽黑翮經
上清龜山元籙經
上清太霄琅書經
上清韜落七元經
上清神虎真符經
上清五辰晨金華經
上清步虛九晨玉章經
上清太上九晨經
上清紫精洞房經
上清素靈章丹經

上清金真玉光經
上清金根玉經
上清三天正法經
上清黃無陽精經
上清紫度炎光經
上清三元玉檢經
上清神洲經
上清消魔智慧經
上清素奏丹符經
上清玄紀九靈經
上清石景水母經
上清洞玄大有經
上清高上曲素經
上清金玄羽章經
上清玉景太元經
上清元始鳳文經
上清三五元籙經

上清八素真經
上清躡行七元經
上清四十四方經
上清曲素訣辭經
上清三圖經
上清石精金光經
上清太微黃書經
上清金虎真符經
上清丹章綠字經
上清帝君九陰經
上清黃書高上經
上清玉景金真經
上清五帝鬱冥經
上清太上龍蹻經

上清法誡玉章經
上清太陽七精經
上清日月精華經
上清靈素上篇經
上清太丹洞房經
上清高上五老經
上清解胞胎上經
上清太真求仙經
上清四真內神經
上清九丹上化經
上清道君玉注經
上清太微金簡經
上清無上真藏經
上清黃庭養神經
上清道君守三元真一經
上清皇人守三元真一經
上清大洞寶籙篇目
上清羽章籙
上清上元籙

上清金母求仙經
上清四極明科經
上清赤書玉訣經
上清大乘妙林經
上清黃老迴元經
上清朝禮上仙經
上清鎮五臟上經
上清大洞守一經
上清六陰洞微經
上清洞神經
上清太上始青經
上清三天正法經
上清八素大丹經
上清玉京山妙經
上清道君守丹元上經
上清太極籙景經
上清二十四高真玉籙
上清洞真籙
上清中元籙

上清三元浩篇經
上清五老真文經
上清洞景金元經
上清金房度命經
上清高元真法經
上清玉晨五老經
上清太帝大有經
上清三洞混化經
上清元始歷化經
上清步罡經
上清智慧消魔經
上清太上迴元經
上清黃庭二景經
上清太極祕要經
上清命闕守三元真一經
上清青芽始生經
上清曲素訣辭籙
上清元始譜籙
上清下元籙

道教徵略 中

上清玉檢籙
上清素奏丹符籙
上清五帝籙
上清八景晨圖籙
上清龜山元命大
上清召龍籙
上清太玄籙
上清迴風合景籙
眾真所著經論篇目
太微天帝君紀
總真主錄紀
清虛真人王君內傳（弟子南嶽魏夫人撰）
魏夫人傳
仙人許遠游傳・李遵撰
華陽隱居陶先生本起錄從（子翊字木羽撰）
梁茅山貞白先生傳（唐李渤撰）
玉晨觀石本加句天童經（宋大觀三年道者梁悟真受）
崇壽觀註本清靜經（宋宣和進士常州戴叔獻註）
學苑一百卷（以下隱居在世所著書）

上清神虎真符籙
上清瓊宮秘符籙
上清三天正法籙
上清洞真八景籙
上清龜山真符籙
上清攝山精圖籙
上清流金火鈴籙
上清三籙蓬萊板禮高上真書
元始天王紀
三天列紀

上清金虎真符籙
上清內思上法籙
上清黃書八素籙
上清洞真元
上清八威籙
上清七元上符籙
上清迴東畢道籙
上清大洞寶籙請法詞
上清高聖太上玉晨大道君紀
青童道君紀
太元真人茅君內傳（弟子中候仙人李遵字安林撰）
楊真人傳
蓬萊都水監陶真人內傳（經蘿孺子賈蒿撰）
陶先生小傳（吳興謝瀹永明十年撰）
周真人傳（隱居撰弟子良事行）
許真人傳

孝經論語集註并自立意十二卷

三禮序並註共一卷
註尚書手詩序一卷
抱朴子註二十卷
世語闕字二卷
卜筮要略一卷
竿牘藝術雜事一卷
真誥十卷
草堂法師傳一卷
藥總訣二卷
效驗施用方十卷
夢記一卷
靈奇秘奧一卷
太清玉石丹藥集要三卷
服雲母諸石方一卷
陶先生內集十五卷
隱居集一卷（昭臺弟子傅霄編江總序）
易總十五卷（王法主撰）
修真秘旨十二篇（以下司馬真人所著書）
天隱子八篇

老子內外集註並自立意四卷
續世說一卷
三國志讚述一卷
古今州郡記三卷
登真隱訣二十四卷（以下隱居在山所著書）
本草集註七卷
肘後百一方三卷
合丹節度四卷
鍊化雜術一卷
太清諸草木方集要三卷
服餌方三卷
消除三尸諸要法一卷
陶先生文集三十卷
周氏玄通記四卷（隱居集進弟子周良感降事）
坐忘論一卷
周易義略三篇（以下玄靜先生所著書）

道教徵略 中

老莊學記三篇
本草音義二卷
道學傳二十卷

右道山冊一卷古文真經相傳品目如上雜蕪等書采之隋唐經籍志悉無有本

鄭樵通志藝文略茅山道書目

道德經雜說一卷
殷御五芽導引元精經一卷
靈寶步虛辟一卷
道德經注四卷
上清握中訣三卷
金丹訣三卷
太清諸石變化神仙方一卷
達靈經一卷
養生訣一卷
周易林一卷
易髓三卷
星經五卷
三命鈔略二卷
名醫別錄三卷

內學記二篇
三玄異同論
道覺論（隱士馬樞撰員）

靈寶經目序一卷
昇元步虛章一卷
步虛洞章一卷
黃庭集訣一卷
真人水鑑十卷
養性延命集二卷
經食草木法一卷
鍊服雲母法一卷
導引圖一卷
易林體三卷
天儀說要一卷
三命立成算經一卷
三命殺曆一卷
古今刀劍錄一卷

（以上陸簡寂真人所撰）

（以上陶貞白真人所撰）

甄鸞笑道論所引

修真秘旨事目歷一卷
靈寶五嶽名山朝儀經一卷（以上司馬真人所撰）
金籙經二卷（茅君撰）
紫虛元君魏夫人內傳一卷（項宗撰）
潘尊師傳一卷（唐武后時人撰）
三茅處士王潘傳一卷（無名氏）
茅山新小記一卷（並無名氏）

修真養氣訣一卷
授茅君歌一卷（晉太康時人蘇元明撰）
仙人許遠游傳一卷（王羲之撰）
體璇逃一卷（溫造撰大曆八年昇仙）
茅山記一卷

甄鸞笑道論所引

太上老君造立天地初記（又云造立天地記造天地經）
三天正法混沌經（今仔三天正法經正一部）
太上三元品
文始傳
玄妙篇（亦云經）
女青文
書五字洞真部
度人妙經（今存洞真部）
洞神三皇經（即三皇內文）
九天生神章（今仔洞玄部）
五府經、府疑是符之誤

老子化胡經
靈寶罪報品
度人本行經（今存）
廣說品
五練經
諸天內音八字文（第三宗飄天今存諸天內音金
濟苦經（今仔洞玄部）
五符經（今仔洞玄部名靈寶五符）
南極真人間事品
大有經（今仔正一部）
玄中精經

道教徵略 中

智慧罪根品
靈寶經
十戒十四持身經（今存洞玄部）
洞玄東方肯帝頌
神仙金液經（今存金液神丹經金液神氣經均洞神部）
玄中經
敕齋經
真人內朝律
老子化胡歌
三張之徙畏鬼科
道律

觀身大戒（今存正一部末）
老子百八十戒重律
三元大戒
老子消冰經
度命妙經一卷（今存洞真部少）
妙真偈
度王品（又名度國王品）
自然經（今存洞玄部有天地運度自然妙經）
靈寶三十三天大梵隱語（今存度人經大梵隱語）
化胡消冰經
玄妙內篇
無量人得道戒
玄子

甄鸞所見盡止北朝之經，無洞真部經。

四 太平御覽引用道書目

太上三洞寶經（似即三十六部尊經）
太上黃素經（今洞玄部有黃素書）
太上五三順行經（三五疑是三道之誤）
太上玄一真人經（今洞玄部存玄一真說勸誡法輪經）
太上五帝內真經（今存正一部）
太上四明玉經
太上正法經（今存正一部）

太上飛行羽經（今存正一部）
太上三元經（三元經多不知是何種）
太上玄真經
太上倉元經（今有倉元錄正一部）
上清經（今正一部有上清內經）
上清紫晨經
上清洞真文玉經
上清洞真玉經
上清八景飛經（今存正一部）
太乙帝君經
太元真經
三元品戒經
三元布經（即玉檢）
三元真一經（今存洞真部）
太素玉經（今存太素經正一部）
太霄經
太微經（洞神部有太微玉經）
黃庭內景經（今存洞玄部）
高玄經

太上四靈經
太上智慧經（即消魔經）
太上真科經（太真科今存）
太上經
上清變化經（今正一部有老君變化無極經）
上清九真中經（今有混元八景經洞神部）
上清八景經（今存正一部）
上清隱書龍文經
太清洞真經
太乙洞真經
太元上上經（今存洞真部）
三元玉檢經（今存洞真部）
三元品經（疑重）
太清中經（今太清部有太上老君中經）
太極隱注寶訣經（今存洞玄部）
太微黃書經（今洞真部二部）
九真中經（重出）
黃庭經（重出）
昇玄經（今存洞玄部）

八七

道教徵略 中

諸天內音經（即金書玉字）
三皇經（即三皇內文）
大洞經（重出）
大洞玉經（今存洞眞部）
玄眞經（重出）
三光經
荜曜經
九幽經
洞景金光經
內音玉字經（今存洞眞部）
靈書紫文上經（今存洞神部涵芬樓本無上字）
道基經
北帝經（洞眞有北帝紫微神咒經）
外國放品經（今存正一部）
金玄羽章經（今存正一部）
隱元內文經
無爲經
金根經

天眞白龜山經
天眞皇人經
上元寶經
大洞眞經（今存洞眞部）
空洞靈章經（重出）
洞玄經
大洞玉經（重出）
五符經（今存靈寶五符洞玄部）
法輪經（今存洞玄部二部洞眞部一部）
八素眞經（今存洞玄部正一部有八素經訣數種）
四十二章經（洞眞部有四十九章經）
無量經
秘要經（今存正一部）
黃籙齋文經
洞眞經（疑重出）
仙經
寶玄經（今存洞玄部）
五帝內眞經（重出）
大有經（今存正一部）

金根下經（今存金根衆經上下卷正一部）
老子歷藏中經
聖紀經（今存正一部又尹文操撰混元聖紀經見通志略）
大劫經（今存小劫經）
海空經
戒文經
飛行三界經（今存太平部）
自然玉字經（內音玉字亦稱自然）
定興玉籙經（重出）
導引三光經
三華寶曜內真上經（今洞真部有二部一曰九變一曰寶真）
神仙衆真戒經
神仙書經
鳳赤書經
移度經（重出）
消魔經（今存正一部）
道德經
本際經（今存太平部）
山西經

赤城玉訣經
白羽經
洞天經
金房上經（今有金房內經）
囧天九霄經（今存正一部）
赤書玉訣上經（今存洞玄部）
受玄丹玉經
三五順行經（重出）
三一經（今太玄部有三五氣經）
神仙中經
寶劍上經（見七籤）
雌一五老經（今存正一部）
太平經（今存太平部）
指教經
靈書經（疑重出）
威儀經
敷齋經

道教徵略 中

靈書紫文經（重出）
洞景金玄經（疑即洞景金光重出）
五寶經
金書玉字上經（今存洞神部）
後大洞經
金液經（今洞神部有二種）
道經
神仙服食經（重出）
養生經（今存導引養生經洞神部
天交上經
五廚經（今存洞神部）
玉訣經（疑重）
紫度炎光經（今存正一部）
妙眞經
崆峒經
傳授經
靈寶眞一自然經
法輪經（重出）
司命傳

法輪經（重出）
金紐玉字經（今存正一部）
飛行羽經（重出）
本行經
玉光八景經
九鍊經
養性經
變化經（重出）
天戒經
玉鈐經
吐納經
神農經
黃老經
玄示經
玉珮金璫經（今洞眞部有玉珮金璫太極金書）
四極明科經（今存洞眞部）
靈寶大戒經（今存洞玄部）
東卿司命經（當是司命茅君傳之誤隋志即誤作東鄉
玄母八門經

金真玉光經
紫書金根經（重出）
眾篇經
內音玉字經（重出）
令羽玄章經
金鑰簡文經（重出）
神祝經
玉清經（今存正一部）
七星祕度經（今存正一部）
仙公請問經（見辨正論引）
道學傳
南真傳（即范邈撰魏夫人傳）
劉向列仙傳（今存）
裴君傳（見隋志今存七籤中）
西城真人傳
東海青童傳
紫虛南岳夫人傳
南岳夫人內傳（疑重）（見隋志）
馬明生內傳（見隋志今存）

鹽飛六甲經（今存符洞真部）
天地綱紀經（似即金簡玉字）
道跡經
三道順存經（今存洞真部）
靈寶經
神洲七轉七變經（今存洞玄部）
定志經（今存正一部）
玉京仙山經
玉晨明鏡經
真人傳
魏夫人傳（重出）
葛洪神仙傳（今存）
茅君傳（今存七籤中）
道安傳
金闕聖君傳
桂陽列仙傳
文始內傳
無上真人內傳
清虛真人玉君內傳（見隋志今存七籤中）

道教徵略 中

真人周君內傳
太元真人茅盈內傳（即茅君傳耳）
道典（今太平部有道典論）
太極金書（即玉珮金璫今存洞真部）
上清金闕靈書　靈寶隱書
太丹隱書（今存正一部）
定真玉籙（今存正一部）
太上紫璧籙
上清元籙
玉皇譜籙
集仙籙
明真科（今存正一部）
四明科（疑重出）
玄妙內篇
登真隱訣（今存洞玄部）
六紀籙（疑即步三綱六紀經）
大洞雌一篇（疑即雌一玉檢）
八素奔辰訣
飛龍隱訣（疑重出）

太清真人內傳
葛仙翁別傳
雜道書
太上太霄琅書（今存正一部）
靈寶赤書（原即玉篇真文）
玉清隱書（今正一部有四種）
太上丹簡墨籙
上真元籙
上皇玉籙
皇民譜籙（即是定真籙）
太上太真科（今存玉清上宮科太真文正一部）
四極明科（西常作四重出）
西極明科（疑重出）
靈寶真一訣
瓊文四紀篇
墨籙上篇
上清九真中經內訣（今存洞神部）
龍飛赤素隱訣（今存正一部）
道德經序訣（殆是葛仙公所撰河上本序）

太洞玉訣（今存洞真部）
陶淵明道戒
洞冥記（明疑笈譜）
空洞靈章（亦出度人經）
上清列紀（即下書）
老氏聖紀
太上丹簡（重出）
天仙品
真誥（今存太玄部）
修真入道秘言
元始序
南真說
養生要術
養生要略
三九素語（今存正一部）
洞真七聖玄記
郭季產集異記

景林真人訣
玉簡記
十洲記（今存）
仙誌
後聖九玄道君列紀（今存洞玄部）
三洞珠囊（今存太平部）
葛玄五千文（即道德經序也）
像天地品
太上真人秘要（全在真誥中）
陰君自序（單篇今存七籤中）
三元玉檢（重出）
老子養生要訣（今存洞神部）
養生要集
修真雜訣
吉伯陽九仙法
玉帝七聖玄記
遊仙記

太平御覽，本承修文御覽，文思博要之集。所載道經，彙包諸部，朱世已不盡存。今核之多重出，足知引用書目乃後來所輯，非編書時所錄。前後稱名，繁簡不同，因兩列之耳。今就可知者錄之，當尚有重出者

道教徵略 坤

，今本名繁而所引名簡，固不可盡考也。此目中今無者，崇文目尚多有之。

舊唐書經籍志載目。（本毋睽開元四部目）
（體基等謹按此處有衍頁）

老子西升經一卷（今存）
老子探真經一卷
老子宣時誡一卷
老子華蓋觀天訣一卷
老子神策一卷
養生要集十卷（張湛）
玄書通義十卷（張機）
登真隱訣二十五卷（今存）
太清神丹中經三卷（冲和子）
太清璿璣文七卷（冲和子）
神仙服食經十二卷（均京里先生今存）
太清諸丹要錄集四卷
神仙服食方十卷
太清鐵胤神丹方三卷（蘇遊）

老子黃庭經一卷（今存）
老君科律一卷
老子入室經一卷
老子消冰經一卷
無上秘要七十二卷（今存）
道奘三十卷
金匱仙藥錄三卷
太清神仙服食經五卷（又一卷抱朴子）
神仙藥食經一卷
神仙服食藥方十卷
太清玉石丹藥要集三卷（陶宏景）

（以上道家）

（以上醫術）

開元時道書凡三千餘，目已一卷，（見通志，）而冊府僅收此，蓋沿隋志不收經籙之例。（體基等籤按此處有空頁）

六釋明概決對傅弈引道經目

法輪經（今存）

靈寶太上秘要經

消魔智慧經（今存）

法琳破邪論引

法輪經

老子昇玄經

老子西昇經（今存）

化胡經

老子大權菩薩經

仙公起居注

辨正論引

玄妙及中台朱韜玉札等經

出塞記

大霄隱書無上真書（今存正一部）

靈書經

黃氣陽精經（今存）

靈寶洞玄真一經

靈寶智慧上品十戒（今存）

智慧本願大戒上品經（今存）

道士張陵別傳

智慧觀力大戒經（今存）

靈寶消魔安志經（今存）

仙公請問眾聖難經

昇玄內教經（並多尊佛）

九天生神章（今存）

五岳圖

諸天內音（今存）

上清經

道教徵略 中

唐末孫夷中三洞修道儀載各階所受經籙
（體甚等謹按此處有空頁）
二人皆唐初人所引多是靈寶部經

養生服氣經

初真弟子于十部大乘之內精一帙（下文云十部大乘者多述罪福宛對說有說空凡一千卷）

正一弟子受正一盟威籙二十四品

正一法文經一百二十卷

小章一千二百通

修真要十卷

指要三卷

禁咒文五卷

修元命真文一千字

灑洞神部叁洞神十二部經

灑高玄部叁究道德經

玉歷經

寶光經

存思神圖

節解內解

道德威儀一百五十條

大章三百六十通

朝天礁儀三百座

玉經三卷

太靈陰陽推遷歷六十卷

按摩通精文三卷

禹步星綱一卷

西昇經

妙真經

枕中經

太上文

自然齋法儀

道德律五百條

道德戒一百八十三科

遷昇玄部叅授昇玄籙一卷

明真科三卷

昇天券一道　昇玄朝禮儀一卷　昇玄誓戒三百條

玉匱律三卷　昇玄經十卷　金馬驛程　法帝解形　自然　大明　三皇水

遷中盟洞玄部授中盟籙九卷計三十六階九券（其目曰思微定志

官解七祖　昇天　解地根）叅靈寶洞玄十二部

遷三洞部授三洞寶籙二十四階計二十四卷券亦二十四道

授三洞經教九真科法

遷大洞部叅上清金闕清精選法

斷地根券

五帝大魔合保畢券

飛步諸法

洞淵部道士行洞淵三昧法

北帝太玄道士授北帝籙二卷

天蓬經十卷

飛玄羽章經十卷

北帝雷公法一卷

傳鬼策三卷

北帝朝儀一卷

授三官解祖考契

昇天券

三十二天帝君讖功券

金丹大訣

伏魔經三卷

北帝禁咒經三卷

北帝降靈召魂經三卷

酆都獎籙三卷

北帝三部符一卷

道教徵略 中

此所引，今多不存，崇文目御覽亦無有。

（體基等謹按譏此處有空行）

唐僧徒所詆斥道士僞造經文者，覺列於下。

法琳辯正論云，「方等經兩卷，是魏世道士張鶱所撰，偽佛家大方等經彌多羅尼子名也」。

又曰「文成詐言王母命至，名妙法彌多子經，而齊庭元陽，以餳換佛。鮑靜學三皇經，當時事露而誅」。（按此所說皆謬。）張陵銅造靈寶，以吳赤烏之年始出。其上清始於

時西京善觀道士郭行眞等，東明觀李榮、姚義玄、劉道合、會聖觀田仁惠、郭蓋宗等，將歷沒道書，重更修改，私竊佛經，改換文句，人法名數，並僞安道經，并改長安經爲太上靈寶元陽經，號勝牟尼經，元釋念常佛祖通載云，「武后

沙門道世表聞，以獲眞僞，其略曰，「前漢王褒造洞玄經，後漢張陵造靈寶經，及章醮等二十四卷，吳葛孝先造上清經，晉世王浮造化胡經，又鮑靖造三皇經，齊朝陳顯明造六十四眞步虛經，梁陶宏景造太清經，及衆醮儀十卷，周武時張賓之焦子順馬翼李運挑口佛經一千餘卷，隋輔惠祥改涅槃爲長安經」。玄嶷甄正論云，「本際五卷，乃是隋道士劉進喜造，道士李仲卿續成十卷，並模寫佛經，潛偽罪福橋架因果，登亂佛法，自唐以來，即有益州道士黎興澧州道士方長，共造海空經十卷，將穎罪福報應，自餘非大部帙，偽者不可勝計。」

士劉無待，又造大獻經，以擬盂蘭盆，并造九幽經，乞殃降施行，并從之」。

（體基等謹按此處有空頁）

續資治通鑑，「宋徽宗重和元年四月，道錄院上看詳釋經六千餘卷，內詆謗道儒二教，惡談毀詞，分爲九卷，乞取索焚棄，仍存此本，永作證驗。又林靈素上釋經詆諲道教議一卷，乞殛降施行，并從之」。

（體基等謹按此處有空行）

崇文總目道書等凡九節，鄭樵稱其「九節相屬，而無雜糅，開舊目不勝冗濫及視崇文九節，正所謂大熱而濯以

清風也。」今按其次第亦復未盡明白，似欲分而未能分，第一二節尤雜亂，且又重複甚多（如玄綱眞綱，皮者已畢，未舉者猶甚多，）鄭氏通志，鈔合羣書，不見本書，故以多複遭訶，崇文目乃按警而編，不知何故乃有此弊。今所存者，固非元本，而校釋者又本不熟道藏，彌多訛謬。（如道樞一卷，錢輯本補釋爲曾慥撰，不悟慥乃南宋人。）惟道家古專目已亡，目錄家多不收經籙，其收者惟此目最古，唐代之書，賴此以考見，但校以御覽，則此收不及大半，於經籙仍未備也。

新唐書藝文志僅取崇文目，無所增多。

通志金錄崇文目及唐志，增者不及十二，重複最多。

原陳二家所錄，頗有崇文通志所未收，而今猶存者，每書有解題，極資考據。

唐代北宋之書，以上諸目備矣。諸目所載，今藏所無者，雲笈七籤中尚有存者。道經名目繁冗，著錄者節錄其名，所取不同，因而殊異，且時有改易，故今不可考者，非必已佚也。

南北二宗以後之書，史志不詳。

道教徵略 中

圖書集刊 第八期

輯校老子李榮注跋……蒙文通
道教徵略下……劉咸炘未刊稿
道德指歸論佚文……嚴君平
陰符發秘序（附校後記）……謝无量
自牧道人別傳……楊潤六
陳碧虛與陳摶學派……蒙文通
王介甫老子注佚文……馮璧如

【補白】玄言新記明老部……敦煌卷子
道家三考……坐忘論考……楊朱學派考……晚周僊道分三派考……蒙文通

四川省立圖書館編印
中華民國三十七年六月出版

輯校老子李榮註跋

蒙文通

正統道藏有傳道士強思齊道德經玄德纂疏，又有顧歡道德經註疏，兩書中引成玄英疏頗富，合而鈔之，此無彼有，互當補正，成疏之亡殆千年，至是疑有完編也。自餘李霖道德經取善集，范應元道德經集註，皆徵引成疏，悉取以相雠校，亦畔得異同。敦煌秘籍之出，於今數十年，每有殘卷佚篇，莫知作者，取羅叔言影印老子義疏問之，定羅所印固成疏也。以寫本校輯本，然後知茲之所輯，確為完書。凡寫本之誤奪，皆可一一以輯本補正。至羅氏疑此殘卷為孟智周疏，或又疑為劉進喜疏者，茲皆不必論也。因校輯成疏之故，見凡引成疏諸籍，皆引李榮註，因并聚之。李榮老子註見於唐宋志，今惟正統道藏中有李註殘卷，僅道經而又不完，且多義奪誤字，德經則久佚也。發以輯本道經之註，校之正統殘本，凡改四十六字，補五十七字，刪十一字，而李註條然可誦矣。倘又得一完書也。今敦煌寫本老疏羅氏所影印者，余既考知為成公之書。則敦煌他之寫本，斫為無名氏註老子者凡四種，今敦煌寫本而已，其間仍多疑誤，無可據以是正，固皆此書之憾也。因念成李二家，名重唐代，以故徵引皆多，今敦煌寫本老疏羅氏所影印者，余既考知為成公之書。則敦煌他之寫本，斫為無名氏舊館所藏敦煌本。旋得余君復奮，謂果如子所懸想，確為李註，且九代為鈔寄。而巴黎所贈敦煌影本全部適至，無名氏註三種在焉。以此敦煌本校予所輯李註，擇善取之，凡改二十四字，補八字，刪一字，而敦煌調文奪句，或且并經註皆奪之，其誤則不可枚數也。乃正統殘本所佚第三十七章經註全文，皆存於此本下經之末，於是佚亡已將千歲之李註，遂亦為完璧，固

可異耶？昔孫淵如校晏子春秋，以章計之，知闕其一，後於御覽所引中得之。茲校李註，事殆又奇，孫氏求可獨傲於前也。於時北平圖書館所藏李註亦鈔成寄至，而適爲德經李註之前卷，復校取其長，補三十九字，刪八字，改十四字，於是先所疑者，皆渙然冰釋。自餘李森取善集顧歡註疏焦竑老子翼，於李註皆有徵引，一皆取校，惟無多益耳。竊怪正統敦煌所存，一爲道經，一爲德經，巴黎北平所寄，一爲德經註卷，一爲德經後卷，事之巧合，乃至於此，正統所闕上經一章，敦煌於下經之末補出之，宇宙間之詭奇，非鬼物呵護，曷克臻此。前校成疏既竟，以得敦煌本而後知疏爲完疏，茲校李註，又以得敦煌本而後定註爲完註。凡敦煌本之舛誤，曾可由輯本正之。敦煌寫卷舊皆不知作者，由今論之，一爲成氏，一爲李氏，皆鑿鑿不待論，此固爲古今之一快耶？羅氏所印敦煌本成疏，僅存全書五分之一，而李註則巴黎北平所寄敦煌本，巳及全舊之半，則校李註之幸，又遠過成疏也。前校成疏，於成公之經，致力摸索，僅乃成之。茲校李註，以道經有敦煌本，經文皆具，即有誤奪，而正統本李註經文，以校予所定成公之經，頗能符合，殆一系之傳，固不相遠。德經有敦煌本，經文皆具，尚無大失，而正統本李註經文，則爲後之棧野忍流，妄依他本改易者，亦更足驗前定成公之經，得與註合，蓋亦事之不可不然者。凡經之與註，皆有明據，其去取皆斟酌數四乃得定，當別爲校記，備著異同，或得或失。考董思靖讚德經集解稱「劉歆七略云『劉向定著二篇八十一章』，而葛洪等又加增益，故下經五九四十五章，通應九九之數」。此所云葛等又加損益，敦煌卷子張係師五千文本，故上經四九三十六章，前芥太極左仙公葛玄名。刪損之本，後人託之張葛，此五九四九之說，云「葛等損益」當亦後人之所託也。惟四九五九之分，不可具知。今本上經三十七章，下經四十四章，亦可符於葛氏之說，李註上經末闕一章，致煌寫本於下經之末出之，此事最奇，詳其所以，或未敢意爲之說也。後於唐杜光庭道德經註本，宜常無爲而無不爲一章，原移下經之末，即以此耶？以無確據，固未敢意爲之說也。

蒙文通 《輯校〈老子〉李榮注》跋

聖義卷三十見杜光庭云「或有移上經末章居下卷之末，以取上卷四九三十六章法陽，下卷五九四十五章亦後人妄為，其意蓋鑿，將為非失玄聖之旨也」。依此則唐代李註傳本，真所謂後人妄為者也。廣聖德玄綱書「開元二十一年，敕下其所分別上卷四九三十六章夏秋冬，下卷五九四十五章法金知四九五九之說，出於開元，則李本之改易，當在開元後人移之也也。董思靖本，雖巳見於登真隱訣，遠在梁世，而唐時所寫五千文本，究無移上經末章於下此末者，是董思靖究為開元後人託之為此耳。惟開元敕下之本，仍與移一章本不同，董迫識書志云「唐玄宗既註老子章句，為道德經，凡言道者類之上卷，言德者類之下卷。刻石渦口老子願中」。是開元之本，悉亂僅一章，如李註本者。江表言「昔於藏肯家見方文老子，次序先後，與今篇章不倫，疑後人析之也即開元本也。唐嘗司馬承禎傳言「帝命以三體寫老子，刊正文句」。此宜江表所見方文老子所自出云「四九五九之說」者，固即司馬承禎之所舊也。董思靖言「司馬子微三體寫本，有五千三百八十字」五千文本，次第皆無改易，知復為二本。開元以前有五千文本，次本，四九五九之說，肇於開元，後人更依其說，乃移卜經末章於下經之末，又非開元之舊，故仍以第三十七章次註，還之上經之末，庶乎任真之舊實也。

正統殘本卷首有李榮演德經序「篇」，蓋李榮上經註表耳。易袞為序，倘條野流為之。序中稱雜字，或鈔胥之失也。經「弱其志強其骨」句，註云「將成仙骨自強」。尋其文義，得應飽字之譌，惟殘本強疏引肯作得，亦未敢徑改。經「後其身而身先」句，註「惟聖人能知能行此行」。字為是。經「六親不和有孝慈」句，註「彼此相須」強引須作混為長，去何若」句。註「夫進智以徇美，與飾偽以從惡，事雖不同，

輯校老子李榮註跋 三

此

無爲章，註「至理符語不宣」。蕭審不動二字，下又複非爲二字，蕭衍文也。以此章之註，僅有敦煌寫本，無所據正，亦未徑改。經「如眾登臺」。註「我獨怕兮未兆」。註「我澹泊於無爲之適」。知怕應作泊，惟正統殘藏淡泊多作憺怕，亦姑仍之。經「大滿若沖，其用不窮」。註「四達有是而俱照」。即李經應作春臺，以古經多有作泊者，始亦有所經引。經「失道而後德」句。註「愛則有不同」。敦煌作四達是方途騁，但文句兩皆引者，姑仍強精」句。註精眞並釋，知註宜繫「其精甚眞」句下，以殘本及強疏帖文皆如而未改者也。經「夫唯道善貸生」。註「善貸且成」。倘李榮之經原如此耶？分」。註「懸見非一」。正統殘本隱原作影，實誤字，徑改之。經「子孫祭祀不輟無輕於玄風」。授下疑奪受字，護空一字，響原誤作墮，徑原誤作墮，徑改之。經「此三者不可致詰，故混而爲註「一是三」」，鈔背不察，致奮之耳。茲經補一句以足。但殘本於「三是一三」重句，蕭舊爲於重文重句，皆傳作奮此一句也。經「信不足有不信」。註殘本作「同於道者道得之，信於德者德得之」。強作「同之，信於道道信人」。兩本皆誤，竅皆不可通，思維經年，不得定。後念成李之書，及凡唐人之註朝舊解，愛憾得鍾會註，知李註全襲鍾註，強本爲删兩者字，又誤之爲人字。殘本即妄改下兩道字妄改下信字作得，致文蔫而義不得暢。此足徵校書之難，亦固梭舊之快。所賴鍾註倘存佚文，得有尤幸中之幸耶？

「名與身熟親」句。李霖取善集引李榮註作「身形是成道之本，故傷親。名聞是虛假之法，故人不能爲身以損名，只實名以損身」。與強本敦煌本李註皆不同，倘異家之註，取善集誤爲任註耳。又「是以聖人執左契而不責於人」句。取善集引李榮註文皆同惟此末多「是故不聞不責，何怨何和」。

蒙文通 《輯校〈老子〉李榮注》跋

輯校老子李榮註跋

十字。據本敦煌本皆無之，蓋是李榮因任真之註，繫已當黃後耳，今并不錄入，而附識於此。又「多言數窮」註「是因窮縱」。印時誤寫作窮因，以此摺於即成後三復重校，改印二十五頁之食量已多，此二字之倒，尚無大礙，憚於重印，姑仍之，亦附識於此，他日再版當爲改正。於李註輯校殆致力尚勤。而於經文校勘，覺未盡當，以有正統及敦煌兩本足據耳。兩本之誤，多依違之。亦當於再版時竭力精校，以彌此憾也。

李榮時地，亦略可考。唐志有謝德經集解二卷任真子註。杜光庭廣聖義云「任真子李榮註道德經上下二卷」。註均爲唐李榮爲唐何時人，其郡望亦不著。廣聖義又云「唐朝道士成玄英蜀子黃玄賾李榮車惠弼皆明重玄之道」。是榮之時代，僅次於成公。玉海曰「張君相道德經三十家集解。第二十七蜀子晃，二十八成玄英，二十九車惠弼」所曾略與杜同。張守節史記正義老子列傳引張君相云「老子是號非名云」。而正義自序言「於開元二十四年，毅青斯竟」。阿張君相必在開元以前，而李車諸八，又在張君相前也。郡齋讀書志意張爲天寳以後人誤也。求之於道家言李榮之可知者如此。舊睿儒學傳稱「羅洪嶸任與太學助教康國安，道士李榮等講論，爲時所稱」。又曰「道標於貞觀上壽忤旨，高宗末冒至大學博士」。宜李榮即高宗時人。大唐新語十三諧謔解「師京僧道常爭二教優劣，遞相非斥，總章中興蕃寺爲火所災，尊像湯盡，東明觀道士李榮詠之曰，道善何曾善，云與遂不與，如來燒亦盡，故與道惊國安爲時所稱」。是李榮先後住二觀不同。今正統藏本李榮消德經註殘卷，首題元天觀道士，與此稱東明觀道士不合。當是李榮先後住二觀不同。惟明白雲霽道藏目錄群註於道德經義解下註云「榮字嘉謀，宋時人」。丁丙善本書室藏書志言道德經義解四卷，息齋道人解，即徵藏目爲說，云「榮字嘉謀，宋時人，行事無所考」。此興匯訛襲謬之說，元天觀道士爲唐之李榮，而息齋道人爲宋之李嘉謀，二人固不相涉，

誤混為一，則自白雲齋書為始。道家記述每誤，若此之屬，弄特一事，不足深論也。
李榮行事更於初唐人集部中究之，盧照鄰幽憂子集有贈道士李榮詩，云「勤誠歸帝闕應詔佐明君」，此舉榮之應徵入長安也。李榮上道德經註表云「濃以擁腫之性，再牽渙汗之言，遂將揮玉柄於紫庭，聘金章於丹陛」。復於駱賓王集得代女道士王靈妃贈道士李榮詩，輕麗綺旎，此與盧集之李榮應是一人，即為此老子註者，皆一代重名。與盧贈詩語意正合，是李之交遊，盧駱賓王靈妃，詩有云「不能京兆畫蛾眉，翻向成都騁騎引」又云「為想三春斜邪路，莫辭九折邛關道」。是任興子李榮者，始蜀人也。何意昔人諧戲之作，翻足為今日考證之資。又云「獨有南冠客，耿耿泣離羣」。觀盧照鄰幽憂子集中頗多梓州綿州之作，或即為在蜀中之作，故詩云「蜀地佳人，皆其遊蜀之證。至李榮為蜀何地人，則不可知，徧檢志乘，於梓州益州益州李長史宅序，又有憶蜀地佳人，皆其遊蜀之證。至李榮為蜀何地人，則不可知，徧檢志乘，於梓州益州綿州求之尤力，旋於綿陽縣志中見云「舊志載唐騶馬蔣曜登富樂山別李道士榮詩云『珠闕崛山遠，銀宮漲海懸，送君從此路，城郭幾千年」云云，此詩全唐詩失載，志又據鄭樵通志藝文略有李榮道德經註，云「當即新都尉，軼滿婆娑蜀中，放曠詩酒」。則李榮者綿州人也。惟蔣曜義傳「又二子係，仲，係子曜耀之，咸通末由進士第官至起居郎」。蔣仲始宜宗，固為曜之末備。惟唐書蔣義傳「不可考。唐會要記載唐室上人姓名無蔣曜者，則以唐之寶錄，落不完，固為曜之末備。惟唐書蔣義傳「不可考。唐會要記載唐室上人姓名無蔣曜者，則以唐之寶錄，此八」。則李榮者綿州人也。惟蔣曜耀之此。俱以世族，宜尚主者，曜之世族，宜尚主者，曜以世族，宜尚主者，傳稱曜以黃巢之難，絕意仕進，隱居沈痛，中和二年表請為道士許之」。若相宜宗，曜以世族，宜尚主者，傳稱曜以黃巢之難，絕意仕進，隱居沈痛，中和二年表請為道士許之」。及求之唐詩紀事十三言「薛曜蔣曜即此蔣曜之」。而唐會要六紀公主事云「太宗二十一女，城陽公主初降杜荷」。亦不言薛曜，「薛曜尚城陽公主」。即綿陽志云唐駙馬薛曜者，始薛曜之誤文歟？檢唐書薛收傳云「元超子曜，亦以文學尚城陽公主」。即綿陽志云唐駙馬薛曜者，始薛曜之誤文歟？檢唐書薛收傳云「元超子曜，亦以文學知名，望歷中修三獻珠英，官至正諫大夫」。新舊宰相世系表云「元超相高宗，子曜字昇華，給事中，襲汾

輯校老子李榮註跋

唐志原有李榮老子集解四卷，今不可見，正統藏有顧歡老子註疏。阮元云「顧歡齊時人，唐志有義疏四卷，不特舊名卷數，均與不合，不應顧為齊時人，而先引及陶宏景成玄英諸人。惟晁公武讀書志王鴻作河上公釋義十卷」者也。有陳曰，宜榮曰，以李榮註校之，一一能合，則任賢子也。溢出張氏三十家。則不可如阮氏以後人羼入為解也。其與君相書之異同，若是其邃，安得定為即君相書。乃無一見於顧書中者，是顧書之非張氏集解又審也。今顧氏書中徵引各家，皆舉姓氏或書名，

輯校老子李榮註跋

相集解文也。

唐志原有李榮老子集解四卷，今不可見，不特舊名卷數，均與不合。有于曰，非王弼，而為解河上公註者，則杜光庭所謂「道士王玄辯作河上公釋義十卷」者也。有陳曰，宜榮曰，以李榮註校之，一一能合，則任賢子也。溢出張氏三十家。李榮道德經取善集中外者凡五家。則不可如阮氏以後人羼入為解也。其與君相書之異同，若是其邃，安得定為即君相書。乃無一見於顧書中者，是顧書之非張氏集解又審也。今顧氏書中徵引各家，皆舉姓氏或書名，

山道士張君相三十家道德經集解，今以其書考之，顧與是書合，則為君相所集無疑。至書中彙引有唐玄崇御註，又為後人所羼入〕。自阮氏之論出，言者始皆以顧書得君相註，又為缺佚也〕。然就顧書論之，晁氏所稱三十家，今本只有十五家，又有闕佚者幾及其半。復別有御曰，則開元也。有顆爾，則張道陵也。有陳嗣古也。其不可見者十三家，是關佚者幾及其半。陳嗣古也。其不可見者十三家，是關佚者幾及其半。

唐詩所云，必有所本，惟未知所據耳。全唐詩亦記僧法軌與李榮丘誰云「法軌形容短小，屏幛時李榮與論議柱復敷番，軌有舊作詩詠榮，於高座上誦云「榮巴西人也」與此考正合。全尺半，頭毛禮未生。四座欲罄捷」。於此遺事，合前詩觀之，亦足見筆之風趣。至榮所著書別有莊子註。其佚文已不可考。又有西昇經註，宋碧虛子陳景元西昇經集註中頗引其文，惟非全帙，知榮誠富於著述者也。

於全唐詩第十三函第八冊諸誰中得李榮與善寺詩，即大唐新語所著，而註云「榮巴西人也」與此考正合。全唐詩所云，必有所本，惟未知所據耳。全唐詩亦記僧法軌與李榮丘誰云「法軌形容短小，屏幛時李榮與論議柱復敷番，軌有舊作詩詠榮，於高座上誦云「榮巴西人也」與此考正合。

陪男」。登壟為武后年號，薛曜同與盧駱同時。王子安集有秋夜於綿州軍官席別薛昇華序，知昇華邁官綿州，其事正合。則蔣隴決薛之誤，而登富樂山贈別之李榮，宜即盧駱集中之李榮，無足疑者。是與子任華盛云少孳亦之綿煩人也。余於秋成疏鈔缺中論重玄後多在蜀，茲又知李榮亦即蜀中之爲重玄論者也。友人鄧君少孳亦

七

獨任眞之說釋榮曰。知是書爲李榮之作，乃李之集解，非張之集解。李霖嘗旣取張君相說，所集晉唐人註凡二十餘家，宜亦探之張氏。則求張嘗宜於李霖之取善集。以校顧歡之書，而君相任眞兩家，畢同可立見也。惟李榮書不能下及開元御註，倘後之羽流以李榮之集解爲註，竊意成疏御註李註，旣有全書，則宜別出，任其別行。顧本始天地不仁至持而盈之凡五章徒有經文，註說全缺。是李榮集解，久非完書。李張皆唐初人，一爲綿州道士，一釋岷山道士，景宜取張氏集解之存於取善集者，錄出以附於任眞之嘗。宋之范應元古本集註，亦存晉唐人說二十許家。褚伯秀嘗引范爲蜀之順廉人。乃老經古註之存，專亦足嘗。因以余所散見晉唐舊註，擧以附之，都四十餘家，欲自託於驥尾之附，凡所增益，悉謂之補，以別於原書，而各註其所出，以資考按，於治老子嘗者，或有裨焉。

民國三十六年七月二十日　文通識於四川省立圖書館

道教徵略下

劉鑑泉遺稿

朱彝尊輯彙刻書目道藏下云，「道藏亦有南北二本，北藏係宋人舊帙，未經後人羼入他書，華陰道院有之，燬後不知尚在否，南藏乃爾初金陵某道觀重編，配隸或有未安，門目或有改易，嘉靖間繙經廠取以重刻，今世所通行即此也」。正統十年重輯有天至英，萬曆，今藏骯雜亂，四輔尤甚，亦有類聚顯然者，今記其略。續編杜亞纓，竝今目乃止齊字。

洞真部，本文類古經甚少。玉訣類收後世丹訣甚嚴，只陰長生崔希範呂邱悟真篆數部，何故在此部，亦無義也。靈圖類收易圖數部。威儀類多燈儀。方法類多宋後丹訣，又有古經數部。衆術類有六壬占卜書。

洞玄部。本文類古經亦少，罪福經最多，雜冠洞玄靈寶之文，實非太極所傳也。玉訣類皆古經注。威儀類最多，自林靈素酒度金書以降。金玉黃三籙皆在，懺亦多。方法類皆淨明派法訣及天心法，無丹訣。衆術類亦多，自杯靈素酒度金書以降。

洞神部，本文類唐時法訣經類多，罪福經少。玉訣類皆經注。威儀類正一最多。方法類後半法訣多古書，翻半及衆術類，皆唐前各派訣論，崇文通志所錄。記傳類多碑銘。

太玄部，首皆古經，次爲參同素問諸書，末爲唐世子單論，及全真派丹訣類書。

太平部，太平經止一部，餘多淨明派晚出之經，次爲道門科籙類書亦多，末爲余元八史集，又收千金方。

太清部「書最少，經鑑部外，止收周秦漢晉古子，而靈寶畢法終之。以上三部皆雜亂。

正一部，首亦有古經，次爲正一諸籙，靈寶諸法，道門規範，古科儀後又有諸訣法訣相雜，末爲鑑書。自玉清經以下，皆是古經籙，楊許所傳，七籤所釋，殆是後得，故附末耶，間有聲時孤及罪福孤爲儀皆少。

圖 書 集 刊

續編在白氏目錄後，蓋明末所入。密鑰數十部，多異罪福經，然中乃有古醫二種，不知何故。今藏以度人經為首，實非也，此經有南齊嚴東注，魏甄鸞笑道論亦引其文，固是六朝古籍，然宋人傳者，如陳上陽序注，謂于吉天師為艾萬洪皆受此前諜也，于吉此傳太平甲乙經，此經乃靈寶部，與太平無干，二為謬陽序性，而抱樸子所舉經實無此書，天師雖集傳靈寶，而內傳混元聖紀引傳靈寶，而抱樸子所舉經實無此書，葛玄所傳靈寶部經，抱樸同未全舉，然此部實以赤書玉篇靈寶五符為最重，此特其次耳，況靈寶部經安得冠於洞真部乎，三洞以洞真為首，洞真實以大洞真經三十九章得名，故七籤專釋洞真部經，以三十九章為首，黑民讀書卷亦言「宋初目錄若氏道藏皆以三十九章為首」，不知何時乃以此經冠前，觀陳上陽注有「是經為三洞之冠」之語，蓋元時已然矣。又此經本一卷，古註本四卷，宋註本三卷，其六十一卷者，乃元明人所衍，今乃以六十一卷冠首，又非此密之得。至快元始靈書上篇下篇及龍文鳳篆皆古注所無，宋始有之，陳上陽序乃謂「我萬玄加中篇，授蔣洪加上下篇」，彌不足辨矣。

傳大洞三十九章經者，凡有三派，一萬孝先，二魏紫虛，稱大洞真經，蒙諭授楊許，是為上清派，洞真部典籍大洞玉經，首有康熙時紫虛降序，三文昌，稱大洞仙經，又有一文帝本以元時衛琪注為最古。按廣文靖蓬瀛昔會化形授茅君，乃安註也。

州相如縣文昌萬纍賓記云，「寶案之祠，乃南平葵江等處軍民長官衙君班所作，衙氏之先有曰幹者，好治祠宇，子孫世守之，幹二子，最幼者既死，為神里中，班幼妍淨術，能嗣行文昌之法，事神君者多師之」，云云。按今蘷中文昌害不少，大抵降鸞之作，疑文昌降鸞之事，即由衙氏所與，亦道教中一派也。

鴻茗學蓬蓬笑此道有空行

許志言「大業中道士講經，老莊以後，即及靈寶昇玄」。御覽及破邪論均引昇玄經。孫氏三洞修道儀敘唐時道士第五階即為昇玄部，受昇玄內教經一卷，昇玄經十卷，與明真科並授。通志亦錄昇玄經十卷。而求之今藏，則輒所謂昇玄經者，僅有昇玄消災護命經，簡稱消災經，有司馬子微頌，而今猶流功課，且必誦之。諺言人不可無年，四曰和尚飯能，亦要念消災經，殆即是書，誤道士為和尚耳，定爲功課，疑即沿隋唐以來之舊，然其文僅一卷，僅二百餘字，無十卷也，諸書所引，亦不在內，豈此乃十卷之一耶，惜唐時昇玄目已不存，無由效定。此一卷文智言空有，如云「無空有空，無色有色，無無有無，有有無有」。大旨盡于末一偈云，「視不見我，聽不得聞，離種種邊，名爲妙道」。顯是佛家三論宗說，此經爲靈寶部重經，而此類靈寶經，多仿佛經，大氐出北朝，非葛陸等所傳，此蓋北魏時三論宗盛行之時道士所爲，隋唐道教多沿襲齊，故此種經特直耳，道藏經文首經爾時元始天尊云云者，大氐此類也。

今藏洞真部首之經，自度人大洞外，又有內秘真藏經及三十六部尊經，敓三十六部洞真部上品之經。今目具存，不止十二，葛氏所傳洞玄靈寶諸經、張氏鮑氏所傳洞神部經，又不足十二，古師謂十二乃天上部之經，未嘗出世也，今乃有此三十六篇尊經，其文繁皆昇玄之類，不知所從來，可怪夫。其總目見於內秘真藏經，云「一者上清，二者妙真，三者太一，四者妙林，五者開化，六者仙人，七者黃林，八者上真，九者道教，十者上妙功德，十一者上妙功德，十二者道德，此十二部經，蘊在大洞玉清境中。一者洞玄，二者元陽，三者上籙，四者大劫，五者上開，六者內音，七者練生，八者靈秘，九者旨魔，十者無量，十一者按摩，十二者上通，此十二部經，在上清境藏中，一者太清，二者徹視，三者集仙，四者洞淵，五者內秘，六者真一，七者集靈，八者中精，九者無量意，十者集宮，十一者黃庭，十二者小劫，此十二部經屬太清境真中」。按此經目極多訛誤，此以三清分，而各部冠首一經，仍用

藏書樓刊

舊來三洞上清洞玄之名，又加一太清，不悟太清不在三洞中也，道德乃太玄一部，均非大洞部，大劫小劫，皆靈寶部經，不應分屬，此數經及消魔智慧內音玉字黃庭諸篇，今皆具存，各有源流，而此三十六部中所收，又非彼文，蓋不知何人妄取各部名目，造三十六部之目，又不知何人不考三洞，因此目而造此經耳，殁唐末杜滿修科戒律鈔已引此目，且明標出真藏經，則真藏經出自唐前，其三十六部之文，則不知出何時也。又有大乘妙林經者，道流亦甚重之，其文亦昇玄之類，真藏經之玉清第四，蓋即指此，而三十六部中之妙林，父別是一種，愈知造文者出造目之後矣。三洞修道儀中「洞神弟子參洞神十二部經，中盟弟子參洞玄經十二部」，即是唐時洞神洞玄本有十二部之品目，今已不可攷，然斷非此三十六部中之文，則可決也。

體基等謹按，此處有空行

儒者不知道家掌故，如朱元晦謂度人經，生神章，皆出光庭偽撰。

體基等謹按，此處有空行

天竟護命經，見夷堅志，韓椿年于父枕中得之，云「梁先生所授」，與今所傳本有異文。

體基等謹按，此處有空行

今傳太上感應篇，見抱樸子，引易內戒赤松子經，疑即今藏及河圖記命符。

〈此行不空〉

今傳文昌功過格，在藏中，有金時又元子序，言「大定辛卯仲春，夢遊紫府，朝禮太微仙君，得授功過之格，忽然夢覺，遽思功過條目，歷歷朋了，尋乃披衣正坐，走筆書之，不時而畢，皆出于無思，斯功格三十六條，過律三十九條，各分四門云云」。

體基等謹按，此處有空頁。

道樞

世傳至游子二卷，二十五篇，乃丹書也，家藏一本，有先大父師語，中有數篇，頗許為當，其書不著名氏，首有明嘉靖閒姚汝循序，略云，「傳一抄本，其言養生之理甚詳，蓋網羅羣籍，撮其要領而為之，所稱引廣博，不易窮究云云」。檢四庫全書總目道家類，則此書在存目中，提要云「宋付愷號至游子，愷嘗作集仙傳，蓋亦好為道家言者，則似乎當為愷作，然玉芝篇首引朝元子，注曰，陳舉寰，元八，則明人所撰矣，疑即汝循所為託也，云云」。初以為無可攷矣，甲子九月既望，偶翻書錄解題神仙類，見有道樞二十卷，解云，「曾愷端伯撰，愷自號至游子，采諸家金丹大藥之旨，為百二十二篇，無所發明云云」。詫舊與至游子書體例相同，因檢道藏，則所謂至游子者，即道樞之前二十餘篇耳，姚氏所傳，缺後數卷，不知考求，館臣又不詳翻道藏故耳，寶元者，宋仁宗年號，陳舉著玉芝書，見晁氏讀書志，館臣乃誤讀舉為簪名，遂肌誣姚氏以作偽，其可笑也，徐時棟煙嶼樓讀書志已糾之矣，四庫總目道家類僅取諸軍行本著錄，未嘗詳攷道藏，故其疏略，若此之類，尚不知凡幾。道樞者，蓋摹書治要意林之流，本由采輯前說，非其自撰，故顧氏以為無所發明，若不直載，而刪寶以成，文體例來齊，不如魏馬之書，然篇名者取其名，又多明著名號，登互求之，蹤透可尋，間非據為已有，且丹書與諸子不同，諸子義多廣博，裁意撫句，難聚其綱要，丹書則說法無多，采撫北宋以上丹家之說甚多，其中為今所不傳者不少，固要緒也。道家典籍，以經錄語論為重，經錄世多斥為偽膠，疑其荒誕，固與程朱諸子，印土諸菩薩，同為教宗，人文燦然可考，豈得一例末殺之哉，消家始盛于六朝，下至宋世，紫陽重陽未出以前，薈述不少，比之儒家，若漢唐諸子，其文多簡，非如後世丹醬之浮冗，其醬著存若亡，不如玉鼎七異之金集旋行，遺文僅存，可不貴乎？今列其篇目，以今藏及史志崇文目通志略及晁陳

一三

一家目考注之，疑著者亦記之，不可考者，亦著其所稱名號。
考得之書，今存者記△，不存舊記△。

玄軸（雜引不止一書）。

△五化（譚子化書，今存）。

△坐忘上中下（上篇司馬承禎坐忘論，今存，中篇天隱子，今存，下篇劉虛谷本一篇，亦坐忘論）。

△集要（晁迥道院集要，今存）。

容成（自作，關內丹）。

△西升（西升經，今存）。

內德（太上曰，今藏有太上枕中內德神咒經，不知是否，似是內觀經）。

玄綱（吳筠玄綱論，今存宗元先生集中，又有單行本）。

△玉芝（宋陳舉玉芝書三卷，見吳志宋志）。

黃帝問（黃帝問天眞皇人）。

百問（純陽子問正陽子，紫附奇玄內有金丹百問，今藏有金液還丹百問訣一卷，李光玄集，不知是否）。

△虛白問（桑楊谷授濟志，見焦志）。

△黃庭（黃庭內景經××註）。

火候（自作）。

坎離（自作）。

△真誥（陶氏真誥，今存）。

服霧（束華玉妃告張微子，似出真誥）。

▲崐崙（桓凱受道于仙君李桓，桓真人升仙記今存）。

軒轅問（軒轅問子崔子）。

周天（自作）。

△陰符（李筌陰符玄機，今存，中引煙蘿子）。

△碎金（晁迥洙藏碎金，今存）。

太極（東陽子）。

水火（自作）。

甲庚（自作）。

服氣（自作）。

▲內景（黃庭內景經今存，此不知是何人說）。

△外景（黃庭外景經今存，同上）。

國生（雜采十八人說，今藏有劉詞混俗頤生錄，不知是否）。

平都（中嶽眞君餘子玄，疑即抱樸所謂平都配）。

純陽

觀天（太上所論，沖虛子注釋，抱樸子金丹篇引太上觀天經）。

觀空（希夷先生）。

金丹（莿君，通志略有莿君金藏經二卷，今藏有莿君修行指迷訣，未知是否）。

泥金

還元（海蟾子元英還金篇一卷，見唐志崇文目宋志）。

還元上下

△大丹（宋彭仲堪易成子大丹訣，見晁志）。

指玄（純陽子，通志略有希夷指玄篇，未知是否，崇文目有指玄篇，不著撰人，席上腐談又有鍾離寂道指玄三十九章）。

△歸根（天隱子後序口訣）。

呼吸（自作）。

內想（滑子，通志略有涓子傳黃元經，未知是否）。

心鏡（玄和子，今藏有大還心鏡，又張元德丹論訣旨心鑑一卷，未知是否）。

胎息偈（唐邊化胎息祕訣，見晁志宋志，唐志作菩提達摩胎息訣，今藏有胎息祕要歌訣，不知是否）。

聖胎（紫微太一）。

沖景（陳攄有鹽壇金鐵許景內經，不知是否）。

煉精（孫眞人）。

華陽（華陽逊純陽說）。

太淸

△金碧（皇元眞人紫陽金碧經，見崇文目晁志宋志）。

玉壼（中條子）。

△鴻濛（鴻濛子張無夢還元篇一卷，見宋志）。

△枕中（孫眞人枕中素響一卷，見唐書藝文志）。

元氣

血脈（陳錄有呂眞人血脈論，未知是否）。

調氣（李奉時嵩山太無先生氣經，見崇文目通志，今存）。

靈源（何仙姑，席上腐談有曾先生靈源歌）。

▲中黃（九仙君中黃經，一名胎臟論，見抱樸子崇文目晁志陳錄，今存）。 中源

運火（陰眞君，今藏有陰眞君還丹歌，通志略有陰眞君五精論，陰君金木火丹缺，註金丹訣，未知是否，七籤七十三有陰眞君古龍虎歌）。

混元（混元眞君）。

契眞（含光子范德昭，通志略有含光子修眞指微訣，似是）。

修眞（自作）。

洞眞（于眞人）。

返眞（盧谷子劉烈還丹盧谷篇）。

眞一內丹（晁志有眞一子還丹金鑰，在七籤七十卷，今藏有眞一金丹訣，未知孰是）。

還丹參同

大還金丹

修眞要訣（王庭揚）。

△金液還丹內（元陽子還丹歌，今存）。

金玄八素（今藏有上清太上八素眞經，未知是否）。

▲金碧龍虎（劉眞人金碧潛通，見崇文目晁志，宋志作河閒眞人劉演金碧秘訣，又載七籤七十三中

九轉金丹（九龍子段昊）。 △肘後三成（純陽子肘後三成篇，見陳錄）。

悟眞（張紫陽悟眞篇，今存）。

崇眞（崇眞子晉濱成）。

修眞指玄（華陽眞人施肩吾）。

金丹明鏡（玄一）。

金書玉鑑

修鍊金丹（今藏有修鍊金丹要訣，未知是否）。

金丹泥金

淮易繁詞（宋張抱貞）。

九真玉書（純陽子）。

△太白還丹（唐清虛子太白山人王元正太白還丹篇，見晁志）。

太清養生上下（赤松子寧先生太清養生上下篇，見陳錄，今存，名太清導引養生經）。

上清金碧（煙蘿子上清金碧篇，見陳錄）。

體某等謹按今藏道藏無此目陳錄有

△金虎鉛汞（元君金虎鉛汞篇，見陳錄有）。

真一（自作）。

二關（高尚先生，席上腐談有劉高尚法語，似即此）。

三元（太白真人）。

四神

五行（自作）。

八瓊

△九仙（葉法善羅公遠一行三人注天真皇人九仙經，見晁志宋志，今存，名真龍虎九仙經）。

△七返（衡嶽真人陳少微七返靈砂論，在七鑑中，今藏有陳少微大洞鍊真寶經及修伏丹砂妙訣）。

卷同契上中下（不知所用何注，子還丹祕訣，下篇標元陽子說，似即元陽

樂妙（雜采兼說）

大還丹（元君，今藏有逍陽子大還丹金虎白龍論一卷，未知是否）。

金液龍虎（任象過天真子張中孚）。

日月玄樞（唐劉知古日月玄樞論，見唐書晁志）。

△鉛汞五行（探元子鉛采五行篇，見陳錄）。

正一（正一真人）。

△三住（施肩吾三住銘，見通志略，今在集中）。

五戒（純陽子）。

△七神（內經素問一節）。

圖書集刊

△入藥鏡上中（崔希範入藥鏡，今存）。
△會真（華陽子施肩吾西山華仙會真記，今存，宋志作西山群仙會真記）。
△傳道上中下（施肩君鍾呂傳道記，今存，宋志作真仙傳道集二卷）。
△靈寶（正陽帝君靈寶畢法，今存，通志略著錄）。

共百十八篇，破陳氏錄少四篇。

禮基等謹按，除上清金碧一篇祗百十七篇，則較陳錄少五篇矣此處有空頁王弇州韻疊後曰，「許真君石函記，不類晉人語，蓋自張紫陽而後，陳泥丸白紫清繼之，俱以無礙之辨才，發性命之宗旨，一時門弟子摹仿為之，乃至所為醉思仙歌，亦託之真君，大還丹歌，託之英猛，鉛汞歌，託之嚴君平，龍虎歌，託之陰長生，破迷正道遠斤歌，託之鍾離雲房，錦頭坯諸歌，託之呂洞賓，還丹破迷至真歌，託之劉海蟾之鄙俚冗蹐，不能脫沿街鼓簡氣，其中有一二精至語，不妨作摩天偈例敢之。」禮基等謹案，此處有空頁。

唐六典尚書祠部條載「齋有七名，其一曰金籙大齋，原注調和陰陽，消炎災害為帝王國主延祚隆福，其二曰黃籙齋，拔度先祖，其三曰明真齋，學者自齋，齊先緣，其四曰三元齋，元，正月十五日天官為上元，七月十五日地官為中元，十月十五水官為下元，皆法身自懺響罪為，求仙之，其六曰塗炭齋，通濟一切急難，其七曰自然齋，普為一切，而顧謝復三事，其一曰章，其二曰醮真三曰瑁沙」。

按正一派言「太上傳天師歲六齋月十齋法，正月三月五月七月九月十一月者，歲六齋也，上三天合天帝太一使者與三官司察天下人罪福。月十齋者，一日北斗下，八日北斗司殺下，十四日天帝及三官俱下，十八日天一下，二十三日太一入神使者下，二十四日北辰下，二十八日下太一下，二十九日半九節中

木一下，三十日上本一下，俱周行天界，檢察善惡。又甲子日太一簡閱神祇，庚申日三尸言人罪過，本命日計人功行。又八節日有八神記人善惡。又有三元齋，三官考校罪福，當沐浴齋戒，作元都大獻，省錄契合以正月七日名舉遷賞會，七月七日名慶生中會，十月十五日名建功大會，此三日三官考駁功過，受符籙職法者，宜呈章祈福。又五臘日者，正月一日名天臘，五月五日名地臘，七月七日名道德臘，十月一日名民歲臘，十二月臘日名王侯臘，此五日當祭祀先亡」。太極派青「太上授葛仙公上清齋二法，一絕葷獨宜靜氣遣形冥心之齋，二清壇肅侶，依太真之儀，先拔九祖，後謝己身也」。靈寶齋有六法，「一者金籙，調和陰陽，保鎮國祚，二者玉籙，保佑后妃公侯貴族，三者黃籙，卿相牧伯拔度九祖罪原，四者盟真，超度祖先，解諸冤對，五者八節，自謝犯戒之罪，六者八節，謝七祖及已身之過，又自然齋者，普為億姓愛及已身請福謝罪也，洞神齋者，以糠麩為首，旨教齋者以清素為貴，塗炭齋者以苦節為功」。一本云「靈寶三籙七品，三籙者金玉黃，七品者明真自然三元八節洞神指教塗炭」，無太一面多玉籙。

體基等謹按，一本云「廬山道士黃可立之言曰，寇謙之之醮籙，不如杜光庭之科範，何則，漸近自然」。

體基等謹案此目所列，前卷已多采取（台灣卓時隨手抄錄，以備參檢者歟，元陸友仁研北雜志曰，而多玉籙四字似有誤，此處有空頁

體基等謹按，此處有空頁。

真仙通鑑目錄

（獻上）（一）黃帝（二）玄中大法師至郭叔子（三）赤松子至玄伯（此卷擴列仙傳），（四）天真皇人至黃安（獻下）（五）資初平至少君（六）木公至李少君（七）董仲君至張巨君（八）尹喜──尹軌（九）杜冲──彭宗　宋倫　鵰長　姚坦　周亮　尹澄王探　李翼（以上二卷乃樓觀傳

文），（十）李八百　匡續　玉子　離明至唐建威（河上）（十一）劉
諷至河上公　（十三）安期生　陰長生　馬明生　陰伯陽（十四）周義山　王褒（均據本傳），梅福（十二）
山事實，（十五）裴君（受支元子傳蔣先生服食法及經符），（變巴至介象（十六）董
奉至徐彎　茅盈（師西城王君，據本傳），韓崇　（十七）馮良至劉少翁（十八）王
長纘昇　張衡　張魯至可大　（廿）于吉──宮崇　王道興　王玄甫（東海人，師曰雲上眞得道，一號華陽
眞人，詩一章載混成集，乃七言，薊子訓至鍾離簡（與弟櫃）　朱庫至元藏幾（廿一）路大
安　王眞至蓬球　飽靚　許邁。　屈謙　（廿二）杜㫺　許黃民　陸修靜　王叡　（廿）王少道
（廿）主葛仙公　（廿四）鄭思遠　葛洪　黃野人　楊羲　許翽　孫游嶽　陶宏景　（廿五）
王遠知　于軌　潘師正　司馬承禎　李含光（廿六）許太史（淡下）（廿七）吳猛　封衡（至）王可交至王廓
蜀），　旨亨　時荷　甘戰　施岑　彭抗　肝烈　鍾離嘉　黃仁覽（均許弟子），　蘭公　許大　胡惠趜
（廿八）王纂（胥居馬跡山，咸太上受眞唐平蹄化神咒二經），單道開　王嘉　孟欽　郭志生郭璞至韓越
嚴東（注度人經），王靈興（至）垣閭（廿九）寇謙之──李晈　韋節──田仕文　徐則　岐暉　孫思邈　胡
隱遙　劉渚合　（卅）梁諶　孫徹　　　馬儉──尹通

牛文侯　王道義──陳寶熾

　　　　王延
　　　　李順興
　　　　侯楷──嚴達　于章　張法樂　巨國珍（卅c）鍾離櫂　劉綱歪徐啓玄　萬振　曹德休　杜曇水──蕭

子雲（杜傳文願絜）　丁玄眞至王守一　（卅二）何尊師　劉知古（傳諶虎眞奔）至袁九　歸上　（卅三）顧與明（南岳九眞人，徽宗時封），尹澄全（傳靈飛十二符），施存　丁然子　鄧欲之　徐靈珝　鄧郁之（二人爲友），陳惠度　張墨要　張如珍　廖卭　由吾道榮至柳寶　（卅四）陳法明（以上均南岳志），王十八孫登至趙郎　（卅五）王履冰至施無疾　（卅六）宋愚　韋善俊　雙惠感　張志和至賀自眞　（卅七）鄧去奢至李白　（卅八）劉玄和至譚峭岩　（峭下）　（卅九）柔法善至羅公遠（葉師章善炎趙元陽）　薛幽棲　王柯至譚峭眞—任可居　程太虛　俞靈璝　聞邱方遠　（卌）馮師道張氳至趙惠宗　瞿法青舒盧寂　（卌二）向道榮　（朱封妙通盛應眞人），鄭遨　趙知微　劉道平　嵩紹元（師高朗照）　　　　　　　　薛幽棲　王柯至譚峭（卌七）薛季昌至呂志眞　杜光庭　　　　（卌一）馮師道張氳至趙惠宗　瞿法青舒盧寂　（卌二）向道，韋老　（潛上）　（卌四）盧生至司馬郊　（卌五）呂宦　施肩吾　　　　黃損至卓古　伴狂道士　（卌三）朱桃椎至李眞　朱封妙通盛應眞人　鄭遨　李守微　程曉（改姓彭）　　　徐潤至應靖　徐佐卿至臞歸眞　（卌六）王仙君至黃萬誰（卌七）陳撰至陳花子　（卌八）張契眞至張無夢（契眞受文，受正一法於大元獎先生），程仙嵩　陳景元　劉郭上竈　趙抱一　武抱一　朱自英　李仙人　劉從善　藍芳（潛下）　（卌九）侯先生至安昌期　陳景元　劉玄英　張伯端　馬自然　石泰　薛道光　陳楠　白玉蟾　彰和　朱橘　與希夷友），（五十）楊晨至水江子　（五十一）張虛白至黃南運　王霁文　劉烈（均廬山道士）　藍喬至邢仙翁　賈善翔　周史卿　劉大頭　（五十二）劉混康　王籥至魏二翁　王老志（師鍾離），李思廣至莫道人　（五十三）林靈噩　王文卿（羽上）續五卷均七眞事權泛三有皇甫坦　羅婞（閩中人），（五十四）薩守堅（舊得旋陽石函記），趙廣友至張宗元　（五十五）張道清（開闢九宮山），謝守灝　祖舒（清微派之祖，汪拏　黃雷淵　雷時中（生宋嘉定），莫月鼎　金蓬頭）李眞常再傳）。
　　體基等謹按，此處有空頁。

圖書編刊

男 恆蓺
弟子 羅體基
夏昌霖 敬校
陳華鑫
萬永元

蒙文通　《嚴君平〈道德指歸論〉佚文》序

嚴君平道德指歸論佚文序

嚴君平道德指歸論佚文序

道德經指歸一書，文高義奧，唐宋諸家，頗取為說。其地位之重，僅次河公，然在近世，各有疑信，而終無定說。由今論之，其成書之改，蓋有可求者。蒼頡十餘萬言。」是君平周聲有晉。隋志陸序皆言君平有老子指歸十四卷。唐宋藝文志亦皆著之。明曹侅玄扣外編序乃云「近刻嚴君平註德指歸論，乃吳中所偽作」。四庫之指歸，天一閣著錄十三卷，是倘有全書。而正統道藏僅存七卷以下，已佚其前半，然強思齊《德纂疏引君平說百二十餘事，宋陳景元道德經藏室纂微引君平說殆五十事，李霖取善集粹以寧集注德亦頗引之。是刻者，皆與今本指歸符合。而雲笈七籤開卷即徽老君指歸將五百言，末二句正同強引。知張君房取之詳，強氏取之略，陳景元引文亦詳。皆此一書，無足疑者。即今本指歸也。強引戲說，復有數處無注，乃谷神子注文，非君平說，又知谷神子者，亦唐時人也。谷神子為裴鉶，有道生旨一篇，見雲笈七籤，自「道德意非自然，功名顯非真素」。則雲笈之說，實不攻自破。弦引文多删節，如於道可道下，引君平說云「凡粹下經者，皆與今本指歸符合。而正統道藏僅存七卷以下，已佚其前半，然強思齊德纂疏引君平說百二十餘事，宋陳景元道德經藏室纂微引君平說殆五十事，李霖取善集粹以寧集注德亦頗引之。」臣遂援笈口實，而指歸遂不得一唐宋以來之舊籍也。考今晁公武以為酈亦有道德經指歸，因謂谷神子為馮翊，後人多沿之，誤也。即谷神子為裴鉶，誤也。唐百川節菴詔劉昭讀漢書祭祀志注引莊子曰「易娙而王，封於泰山，禪於梁父，七十有二代」其有形兆根據，數語在指歸第七卷中，足知今之指歸，即梁時劉昭之所見」。自宋以來。困學紀聞之倫，每以為曹言扯子篇漆園之佚文。將書。華陽國志言「君平專精大易，乾於老莊，著指歸為道曰之宗。」則指歸即老莊子之指歸，即君平之自謂。而或者反謂君平引莊語，何以皆為佚文，斯為大失也。迎而論之，指歸之名，已經於常道晉世已先有之，倘不始於染代，常氏書終於永和三年，宜指歸已出於永和之前也。漢書司馬遷傳注徵晉灼注

七七一

經老子曰「善閉者無關楗」。嚴君平曰「折關破楗，使姦者自止」。又徵曾灼釋嚴君平曰「歸聽棄明，佯依太素，反本歸眞，則理得而海內鈞也」。斯關破楗二語，即見今本指歸卷七中。決曾灼所引嚴曰，即指歸之文也。顏監漢審序例云「至典午中朝，愛有晉灼，爲永嘉喪亂，金行播遷，舊審雖存，不盡江左。」晉灼爲晉前人。知指歸寶永嘉前舊也，皇甫士安高士傳惟書「嚴遵閉肆下廉，以著書爲事」，不曾著指歸。宋史唐氏必論其眞爲君平之書，殆未必然。至其晉究爲何人之作，亦有可言。宋史藝文志有谷神子諸家道德經疏，自注云「集河上公，葛仙公，鄭思遠，唐容宗玄宗疏」。前於強思齊審，知谷神子裴鉶爲強氏以前人，此集疏取及玄宗，又知裴氏爲開元天寶以後人也。隋唐志不言葛氏注老，獨宋志以節解爲葛玄作。隋唐志則係之尹喜河上。宋志獨知爲葛作者，倘正由裴氏書知之耶？裴獨有鄭思遠晉知之。前有鄭審，自裴晉行而僅知之，則裴注指歸，宜指歸者，即裴所謂鄭思遠書也。世不知有葛鄭審，他人不知者，裴固能知之，別無他害，理或然歟？谷神子爲仙家，於節解之爲葛作而非若平。他八不知者，裴固能知之，無足疑者。鄭爲仙公弟子？兩葛洪之師，正值永嘉之先，而常晉武之後。故晉灼能援引之，於事亦合。徐來勤舊託之河上，葛仙公晉託之尹喜，鄭思遠晉託之君平，其意一也。抱朴外篇遐覽言「昔者幸遇明師鄭君，時年出八十，髮鬢斑白，顏色豐悅。能引強弩射百步，步行日數百里，飲酒二斗不醉，性解音律善鼓琴。鄭君深大儒士也，晚乃好道，猶以禮記尚書教授不絕。其體望高亮，風格方整，接見之者，皆肅然不敢輕銳也。」知鄭於爲閩儒經竹禧介爲仿序次而是正之，尤爲學源於葛之顯證。抱朴遐覽亦言「鄭君書太僑士也，晚斷好道，遠過徐章句節解之鄙稜。以鄭君之華，固高於此氏之醇儒。故指歸文能宏深，尤之招頒堂鸞響。所採佚文僅二條，雙取景笈七籤二條，唐寫怪文御覽一條爲最善。唐氏得明姚經答抄本，劊之招頒堂鸞響，從餘蒙判二十五條後李霖集採十有二條從程所採四條，劉惟永晉一條幸相爲面已。今從選疏得百二十餘條，從除判二十五條後李霖集採十有二條從程所採四條，劉惟永晉一條幸相

蒙文通 《嚴君平〈道德指歸論〉佚文》序

嚴君平道德指歸論佚文序

多於唐輯。憾道生之第五十一章强引嚴說四條，皆與指歸文不類，道生章在今本存卷內，顧今本亦無之。求知爲强氏之誤歟？陸序隋志並有嚴注老子二卷，此四事者，豈爲所謂君平注老之文歟？歆書中亦有嚴顧等曰一條，亦與指歸文不類，皆附存卷中，以俟考論，程以寧於經其獨纂籤乎下，引君平說一事案其文義，則上經之序，以惟存此一條，亦謹附論中，不別出之。前究嚴論，於道冲而用之或不盈不廬云云，凡四十餘字，以爲義本浮屠，旋考知此實李榮老子注文，非君平之說。强思齊書誤繫君平說後，乃正統道藏本之誤也。兹剔出之，其釋長短相形高下相傾之說，殆表注語，强引書注綱謂之嚴也。或亦即所謂君平注老之文歟？董思靖言嚴遵以陽九陰八相乘爲七十二，上四十章，下三十二章，與河上之爲八十一章者不同。今姚抄本下經皆存，而爲四十章，與河上公分章目，與河上同。知嚴書分章，與董同。董思靖三十二之說亦不合。豈董說爲上下二字誤倒歟？今以姚本嚴論與河上其政問不合，文與董同。兹剔出之，其繫於以正治國章之末爲一問章人之迷其日固久以上，繫於以正治國章之末爲一章。又昔之得一章，合下反者道之動章共爲一章。此下經河嚴二本分章之圓異也。至上經惟郡齋讀書志稱殷「以曲則全章末十七字爲後章首。」知亦分此一章，合於上下之二章。此下和大怨必有餘怨章共爲一章。又天下莫柔弱於水章，合下和大怨必有餘怨章共爲一章。又天下莫柔弱於水章，合下天下皆謂我大似不肖章，下右之善爲士者不武章爲一章。此下經河嚴二本皆不同。今正統道藏嚴論之經，與陳范齋書志稱殷今本文字同異，陳景元范應元二書多引之，與河上王弼本皆不同。今正統道藏嚴論之經，與陳范二家所引嚴經皆不能合。知道藏本已經後人誤改。蓋道藏各家老經，悉爲後之樸野羽流，妄依河上章句本改之，非但嚴書而已。至嚴經佚文，以具載友人蔣錫昌兄老子校詁中，兹不備錄。今之所輯，重在嚴論佚文，自嚴經同異，以與陳范諸家書輯此佚文，則亦惟依諸家之體，分繫論文於各經當句之下，賊非指歸原製，以文既本之强陳諸家亦惟用諸家之法而已，覽是編者，幸能諒之。蒙文通識

嚴書之體，原爲經文居前，而論則繫各章之後，自爲一篇。此之所輯，本之强陳名家所引，而各家皆摘取論文，分繫各經句下。固非嚴書之舊。然今既從强陳諸家書輯此佚文，則亦惟依諸家之體，分繫論文於各經當

二五

嚴君平道德指歸論佚文

道可道非常道名可名非常名

太上之象莫高乎道德其次莫大乎神明其次莫大乎太和其次莫衆乎陰陽其次莫著乎天地其次莫明乎大聖夫道德所以可道而不可原也神明所以可存而不可伸也太和所以可體而不可化也天地所以可行而不可宜也陰陽所以可用而不可傳也大聖所以可觀而不可言也故度之所度者知而數之所數者淺而知之所知者薄之至衆之所能數而至大之六不可度微妙窮理非知之所能測大成之至非為之所能得天地之間禍亂患咎非事之所能克也故不道之為不德之德之政之元也是故王者有為也天下有欲去醇而離厚清化淖而濁開人耳目示以聲色養以五味說以功德教以仁義導以禮節民如寢覺出於冥室登丘陵而眄八方望驚辰而見日月眩化可陳而名可別是以知放流湯邪偽作德澤蔽神明隔絕百殘萌生太和消魂天下皇皇迷惑馳騁失其自然之節精神至化于萬物憔悴驚服憂患滿腹不安其生不樂其俗喪其天年皆傷暴是以君臣相顧而營營父子相念而戀戀兄弟相憂而懷懷身慘相結死不旋踵受患禍也父子繼戀兄弟懷懷畔定晨省出辭入面愈天傷也臣見其君五色無主疾趨力拜俯首促肘稽首膝行以嚴其上者為不相規也故可道之道滂德彰而非道也可名之名功名顯而非素真也（張）
也今之行者盡不操燭為日明也月明者不道之滂常也操燭者，可道之滂彰也夫若於竹帛鑠於金石可傳於人者可道之道也者乃可傳而不可受可得而不可見自本自根未有天地自古以固存神鬼神帝生天生地者無道之道也（陳）

無名天地之始

無名無朕與神合體天下特之莫知所以覆於虛無為天地始者也此體道（陳）

有名萬物之母

有名者之為化也尊道德貴神明師太和則天地故為萬物母者此用道（陳）

有名非道也無名非道也有為非道也無為非道也無名而無所不名無為而無所不為（劉）

常無欲以觀其妙

心如金石形如枯木默默闇闇志如駒犢者無欲之人復其性命之本也有欲之人貪逐境物亡其坦夷之道但見邈小

之微迷而不返喪失其原（陳）

無欲者妙無望觀其妙者（鑑）

天下皆知美之為美斯惡已皆知善之為善斯不善已

人之聰明可絕而不可散人之情欲可逆而不可順飭人之容傅人之性養人之欲損人之命世人所謂美善者非至美

至善也夫至美非世所能見至善非世所能知也（強）

昭昭不常存冥冥不常然榮華扶疏始於仲春薺麥陽物生於歲分多至之日萬物滋溢夏至之日萬物愁悲謝晝盛

必有衰美必有惡陰陽倚伏爾孔於人乎（陳）

有無相生難易相成長短相形高下相傾音聲相和先後相隨

無無相形難以易顯易以難彰寸以尺短尺以寸長山以谿谷以山傾音以聲別聲以音尊先以後見後以

先明敬無無則無以見有無有則無以知無無難無以知易無易難以知難難易之名俱息以知短無短無以

知長短相空本無無山無以知谷無以知山如彼世間名位遞爲無音無以知聲無聲無先無以知後
實相故云空也　　　無谷無以知山臣妾故無定位也
無後無以知先凡此數者天地之驗陳列暴慢然否輒隨終始反覆不可別離聰明不能遁陰陽不能違（陳）

夫唯不居是以不去

夫唯不敢寧居而增修其德者則忘功而功存故不居而不去化與道均不望其功德與天齊不求其報遁功逃名深隱
宣域雖欲不居是以不去也（強）

不尚賢使民不爭不貴難得之貨使民不盜不見可欲使心不亂

盛者爲主微劣爲臣貴者不萬一豈人不世出（陳）
譬如使驚馬驟驅並馳於夷道鴻鵠鷟鷚雙翼於青雲則不肯可知矣（陳）
世尚禮義則人爭而不遠則爲僞藏珠寶玉則人求而不贍則爲盜發揚三五則人悅悅而不窮則邪亂（強）
世不尚賢則民不趨不趨則不爭不爭則不爲亂世不貴貨則民不欲不欲則不求不求則不爲盜世絕三五則民無喜
無喜則無樂無樂則不淫亂此自然（陳）
之數也

是以聖人之治虛其心實其腹弱其志強其骨
虛心以靜氣專精以積神寂然無爲泊然無治（強）

爲無爲則無不治矣

無爵祿以勸之而孝慈自起無刑罰以禁之而姦邪自止反與復素歸於元始世主無爲天人交市朝翔自然物物而治
也（強）

道冲而用之或不盈

淵以至虛故動能至冲德以至無故動而至和萬物得之莫有不通冲和者將德之用神明之常天地所尊陰陽所宗事

為冲者不冲而者不和不為冲和乃得冲和也以虛為宅和者無為家能虛能無至冲有餘能無能盛常與和俱（陳）

錘其銳解其紛

有遠而無銳有心而無思設無設之設圖無圖之圖也（強）

天地不仁以萬物為芻狗聖人不仁以百姓為芻狗

天高而清明地厚而順寧陰陽交通和氣流行怕然無為萬物自生焉天地非傾心移意勞精神務有事悽悽惻惻流愛

加利布恩施厚成遂萬物而有以為也此所謂天地不仁也以萬物為芻狗也

明王聖主秉統和清靜不改一以變化神明歐達與道開饒天下應之萬物自化聖人非竭智盡能擾心清志損精費

神不釋思慮皇皇顯顯仁生事利領理萬民而有以為也此所謂聖人不仁（陳）

百姓為芻狗也

天地之間其猶橐籥乎虛而不屈動而愈出

天地釋虛無而事愛利則變化不通物不盡生聖人釋虛無而事愛利則德澤不普海內不並恩不下究萬不盡成 何則

之為病也有分而物類之仰化也無窮操有分之制（陳）

襄籥釋虛口而釋愛口則中外隔閉氣息不依 何則仁愛

以授無窮之勢其不相贍由川竭而益之沍也

強）

蟣蝨動於毛髮門寐為之不安蚊蝱著於皮膚則精神飄動思慮不逮外傷蜂蠆之毒則中心為之慘痛山求害於耳目而百節⬜之不用此言變則存亡留中豈得無屈（陳）

囊籥虛而不屈者由其神也故次之以谷神（程）

名言數窮不如守中

天地不言以其虛無得物之中生物不為聖人不言法令體而合物則天獄空而無蠶虫神證而無為天下蕩滌不識不知而大治也（強）

是謂玄牝

太和妙氣妙物若神空虛為家寂泊為常出入無竅往來無間動無不遂靜無不歲化化而不化生生而不生也（強）

谷神不死

牝以雌柔斷能生玄猶遠而不見雖于物如母覩視其形（強）

玄牝之門是謂天地根

太和之所以生而不死始而不終開導神明為天地之根元（強）

綿綿若存用之不勤

動靜玄妙若亡若存成物遂事無所不然光而不滅用之不勤者以其生不生之生體無形之形也（強）

是以聖人後其身而先外其身而身存

望人威震八表聽明四達來虛於無欲歸計於不為卑身以從天後已以安人故不為而成不言而信人願為主故先人

逆身以順遂外己以安人功大無外面不可見德禹如菩而不可聞化象神明通流壽與山川為常存（強）

夫唯不爭故無尤

人者體柔守弱去高處下受辱如堪含垢如海背顧入心身在人後人之所惡常獨處之悟君暨心善君無已戰罪無私

與道浼此去已任肉真過於水帝玉體之用之爲治其德微妙有何尤矣（強）

持而盈之不如其已

汙樂趣時以致財貨財貨重神明愈耗財貨累積以生患咎不如未窮而止者矣（強）

作殖而銳之閴積其財寶也（陳）

富貴之於我猶登山而長與也名勢之於我猶奔電之叙過也（陳）

揣而銳之不可長保

金玉滿堂莫之能守

祇心銳志運籌策奮智能儔算名達身遇神去安可長保也（強）

金玉之與身而名勢之與神若冰菁炭熱不俱存放名者神之穢也利者身之害也薏神之穢積身之害損我之所成而

蓋我之所敗得之以爲利失之以爲害則彼思慮迷而趣舍悖也 上二十字依陳補 財利日益生疾日盡莫之能守（強）

富貴日驕自遺其咎

富貴而不驕易言而難行身愈尊貴志愈高遠富貴而驕猶炬得火舉明愈大炬明愈盡可不懼乎（強）

蓋我貨者損我名者殺我身患生於我不由於人禍生於我不由於天（陳）

生之畜之生而不有爲而不恃長而不宰是謂玄德

不有不恃不以不幸變化冥冥天地自理去華離末歸初反始禍絕於我亂亡於彼禍起於天德生於地衆默晩晩萬

物齊共均其德之芚莫之見聞也（強）

三十輻共一轂當其無有車之用

太古聖人之牧民也因天地之所資不事乎智巧飲明用瓢食即用手萬物齊均無有高下及至王者有為賦重役煩百姓罷極上求不厭貢獻逐遠男女貧戴不勝其任故智者作為推轂駕馬服牛負重致遠解綏民勞後世相承巧作滋生雕琢斑瑴飾以金銀加以翠璣一車之費足以老民傷創作之害遺德而為善之生贓亂故舉車器室三事說有無利用之相資因以垂戒云（陳云君平以謂）

挺埴以為器當其無有器之用

道德衰廢之時憂患攻其內陰陽賊其外民人薄弱羸瘦多疾是故水火齊起五味燎形生熟不別乾溼不分故智者挺土為器以鎔酸鹹遂至田獵奢淫殘賊羣生割胎殺殼以順君心剶琢珠玉以為盃盤模散為器一至於斯（陳云君平以謂）

鑿戶牖以為室當其無有室之用

人心既變萬物經恨蟲蛇起蟲蠹作禽獸害人於是巖穴之中不足以禦患難全性命終天年故智者為作居室上棟下宇窟穿候望堅關固閉開闔疾利蜂蠆不得入禽獸不得至而後遂至華臺危閣阿房之殿大闕守險築城為固守土卒疲倦死者無數然而上世以為治後世以禮亂者此乃有無利用之樂蓋在乎人爾（陳云君平以謂）

五色令人目盲五音令人耳聾五味令人口爽馳騁田獵令人心發狂難得之貨令人行妨

五色令人目盲五音令人耳聾五味令人口爽馳騁田獵與而天下狂珠玉貴而天下勞幣帛通而天下傾是故淫於

五色重面天下盲五音鬪而天下瞶五味和而天下瘖田獵興而天下狂珠玉貴而天下勞幣帛通而天下傾是故淫於

五色之覽者觀不見關關之形 依強補 上十四字

五色之覽者聽不聞吉凶之聲 依強補 上十五字 五音者審

耳之權也美於五味之饗者口不中是非之情 依強補 上十五字 室睬者斬古之鈇也與於田禋之覽者思不免於狂惑字候勝

嚴君平《道德指歸論》佚文

田獵者狂惑之師也貪於貨財之變者慮不免於邪僞財貨者害本之物炎字依強補利遠方之貨天下之所以遘也貴難成之物天下之所以微也凡此數者變而相生不可窮極辯明而易滅難得而易失也殃禍之間危亡之室也求之以自賊居之以自殺也（陳）

是以聖人爲腹不目故去彼取此

夫貴人者服無色之色聽無聲之聲味無味之味馳騁無垠之域經歷無界之方發無形之網獵道德之心矣（強）

及吾無身吾有何患

休心道德託志神明和爲中主澹若不生無計之計經營天地無慮之慮翱翔混冥存忘變化不以爲異尊寵卑賤無所

少多貴大亡於此故大患不能得天網不能取也（強）

視之不見名曰夷聽之不聞名曰希摶之不得名曰微此三者不可致詰故混而爲一

夫鴻之未成剖其卵而視之非鴻也然其形聲首尾皆已具存此是無鴻之鴻也而況乎來有鴻卵之時而澄化爲之者哉此觀之太極之原天地之先索有形聲緒而不可見聞亦明矣不以視視者能見之不以聽聽者能聞之不以循循者能得之不以言言者能歸之是故無形之形天地以生謂之夷無聲之聲五音以始謂之希無緒之緒萬端以起謂之微此皆先賢舉其進普之方也若夫能忘其視聽冥其循搏之混一都無則至矣盡矣不可以加矣（陳）

繩繩不可名循歸於無物

沉沉汎汎復歸虛空曲成萬物曾得以存窮微極妙盡得以然周流上下莫睹其無也（強）

是謂無狀之狀無物之象是謂恍惚

無狀之狀無所不狀無象之象無所不象光於恍惚無所不顯大而若小存而若亡也（強）

能知古始是謂道紀

景執古之然以御於今不為夷狄變則不為中國改容一以知始一以知終仰制於道物無不繫無所不主無所不臨其職

濩大無所不然為虛綱紀天地祖宗也（強）

古之善為士者微妙玄通深不可識

儼若客澳若冰將釋

上通道德之宣下達神明之心乘天地之常挾陰陽之變猶以隱匿形容絕滅端緒作事由反不可識知（強）

無留凝鬬客著因應而不創順道從天常如儼客不為主人易堂宇改妻妾爾冰者常陰而不陽靜而不譁隨事變化與

物推移柔弱潤滑翩所不可猶多積為冰春釋為水天順時也（強）

致虛極守靜篤

道德虛無故能稟授大地清靜故能變化陰陽反覆故能生殺日月進退故能光曜四時始終故能育成釋虛無則道德

不能以然去清靜則天地不能以存往而不反則陰陽不能以通進而不退則日月不能以明終而不始則萬物不能以

生是故有面反無實而歸虛心無斷載志無所彰無為如寒不憂如狂抱直履縈捐棄聰明不知為首空虛為常則神明

極而自然寫矣兩作反身思虛復神藏我於無心載形於無身不便生者不以役志不利天者不以滑神事易而神不變

內流而外不化覺觀反聽與神推移上與天遊下與世交神守不擾生氣不勞趣捨屈伸正得中蓲（陳）

萬物並作吾以觀其復

始於無為動於無形發於時和以遂成功也（強）

歸根曰靜靜曰復命

天地反覆故能久長人復寢寐故能聰明飛鳥復集故能高翔走獸復止故能遠騰龍蛇復蟄故能章章草本復故能

青青化復則神明潛位與淪無通魂休魄息各得所安志寧氣順血脈和平此省暫爾復靜猶能（強）註依陳補

至道者乎

不知常妄作凶

失道之人嚴棄經常事其聰明經其志欲妄作凶行故知以受謂明以避殃深藁以死博辯以亡夫何故哉不反元始不復本根勔與道乖靜與神殊存故不能存也然故不能然也（強）

道乃沒身不殆

遊心於虛靜結志於微妙委慮於無欲歸指於無為故能達生延命與道為久（張）

其次親之其次畏之

人樂為主曰帝也嗟之嘆之故䝱之王（強）

絕學無憂

俗學則尊辯責如靈屈黈議吉人得之以従凶人得之以損天地之內吉人筭而凶人眾故學之為利也淺而為害也深夫凶人之為學也猶虎之得於羽翼翱翔遊於四海擇肉而食聖人絕之天下休息不教而自化不令而自伏也（強）

少則得

所約者寡所得者眾猶為寡少而物自得眾矣（強）

多則惑

信已思慮不取於人多言多知則狂亂矣（強）

曲則全

侯王雖惡獨以為曲任百官而理其德則全也（強）

不自見故明

聖人不自矜見其明任天下之目以視天下故離婁不得齊其明矣（強）

不自伐故有功

伐猶攻伐也因天下之怒以伏天下故黃帝不能與並威因天下之力以戰天下故湯武不能與之賽功是以普天之下可任諸侯之後可臣也（強）

故天下莫能與之爭

夫影之隨形響之應聲旣不與物爭誰爭之（強）

同於濟者濟亦得之同於德者德亦得之同於失者失亦得之

事從於道道從於事事從於德德從於事事從於失失從於事（強）

信不足有不信

信不足謂吾身也有不信謂天人也（強）

自伐者無功

萬人來動天下未應思之起兵失君之道爲兵之道失君之機萬民怨恨天心不平宗廟危殆結身無功也（強）

城中有四大而王居其一焉

功德同也（強）

輕則失臣躁則失君

失臣作失言君好輕躁如樹之根上而滋動根茲動則枝木枯而橋矣人主不靜則百姓撓騫宗廟傾危則失其國君之位也（強）

知其雄守其雌復爲天下谿爲天下谿常德不離復歸於嬰兒

於嬰兒復歸於志於嬰兒蠢餘而無所知也（強）

知其白守其黑爲天下式爲天下式常德不忒復歸於無極

反於未生復於求始與道覺常歸於無極天（強）

知其榮守其辱爲天下谷爲天下谷意德乃足復歸於朴

道德是祐神明是助道充德足則萬物大淳朴矣（強）

將欲取天下而爲之吾見其不得已

天下者神靈所成太和所逢神器所察聖智所不能及而威力之所不能制（強）

是以聖人去甚去奢去泰

其有爲也者不中知也泰爲大也故去之也（強）

君子居則貴左用兵則貴右

君子者有士之君也貴左者尚生長也（強）

知人者智自知者明勝人者有力自勝者強知足者富強行者有志不失其所者久死而不亡者壽

不知人則無以通事不通事則無以交故不自知則無以幽未然不勝人則無以在上不在上則無以爲王不自勝則無以自得不自得則無以順人不知足則無以止欲不強行則無以順道不順道則無以得意動作非任無以得和不得知門無以久生不久生則無以濟精神精神不瀆無以得壽（陳補）

以上依故立身經世

與利除害接物通便莫賢乎知人護聽畜明建國子民達道之意知天之心莫大乎自知柄政膺民建法立禁毀化施令正海內臣諸侯莫貴乎勝人其道德順神明承天地和陰陽動靜進退曲得人心莫崇乎自勝治家守國使民佚樂處順非護慈孝畏密莫尚乎知足游神明於昭昭之間恬惔安寧尊顯榮華莫善乎得意任官奉職軍上臨下成人之業繼人之後施之萬民莫過乎可久天地所貴羣生所恃居之不厭樂之不止萬物並興羣與爭寵莫美乎壽功用備成不名已有（陳）上八字依李補

執大象天下往往而不害安平泰

嚴君平道德指歸論佚文

三七

道無形故天地資之以生道無有故陰陽資之以始道無法故四時資之以往故大象無象大無不有不有為生於不生故不否故道無為而天地成德無事而萬物處夫何為哉不無不有不為不否道自得於此而萬物自得於彼矣斯所謂天德而已矣使道變化特有為而後然則其所然者豈矣待有事而後施功則萬物所蒙者鮮矣（陳）

將欲歙之必固張之將欲弱之必固強之將欲廢之必固興之將欲奪之必固與之是謂微明道德所經神明所紀天地所化陰陽所理寶者反虛明者反晦盛者反衰張者反弛有者反亡生者反死此物之性而自然之理也故后屈仰之利道以側天下以倒人君人君以制臣臣以制民含氣之類皆以活身虎豹欲擒反匿其爪對狠將食不見其爪聖人去意以順道智者反世以順民忠言逆耳以含其正邪臣將起務順其君知此而用之則天地之間六合之內皆爲也不知此而用之則閨門之內骨肉之間皆賊也故子之與弟時為虎狼仇之與離時為父兄讎中有否否中有然一否一然或亡或存故非忠雖親不可信非善雖近不可親此賢人之所嘆歎而聖智之所留心也（一強陳）

新校張清夜陰符發秘序

謝无量

吾友文通，近治道家書，既裒集隋唐道士成玄英李榮二家老子註義，校而行之，又得清自牧道人張清夜所著陰符發秘，並考其年譜，將刻以行世。文通之用力於此勤矣。因論鸞諸為中國自成之佛學，而宋人之理學因之，道家之全真教又熱禪宗及理學而起，此真能深邁三教之流別，吾不能易其言也。自牧道人晚出，宜不能無取於全真教。僩莊宜賓玄解嗣發秘而作，其序則問「自牧道人居為，素明南宮之術，卻於內丹戚道。」蓋宋以後諸家分南北二宗，北宗流為全真派，而南宗則未必然，發秘所釋天人合發，曆稱參同契張紫陽之書，皆南宗所奉為圭臬者也。是自牧道人之學，不可專以全真派目之。玄解持論則又似偏於南宗。要之道家自黃老以後，每隆愈卑，張紫陽雖近禪，然其徒所論修習火第，不免志在沖舉，故南北二宗，實皆方術，非方之所謂道術也。夫入於術，則其運用不離乎離色形氣之閒，或拘於陰陽廣數之末，術愈歧而道愈小矣。此道家之變也。然自牧道人之學，固有所受之，而發之於陰符，其響甚為警世所重，又烏可忽乎哉？因序發秘，略述余意，非暫諸文通。時民國三十五年十二月謝无量序。

附陰符發秘校後記

友人鄧君少琴，得自牧州人張子濤著陰符發秘，於東川舊書敗紙堆中以示余，清人住蜀青羊宮數十年，善書翰，兼工詩，相傳尸解去。所著皆舊抄到本，此鈔蝴蝶裝工，而訛奪甚多，象以家官無學，字句承誤有

新校張清夜陰符發秘序

三九

增損，可憾也。道藏輯要中有瀋陽范宜賓陰符玄解一編，其序云「得自牧道人所著陰符發秘一冊，其中秘密，遺人已流露於前，則鹽而未發之義，不得不解之於後，以成上下符合，名曰玄解。」則范解實踵此注而作。今范書存於道藏，乃此編反沈薶塵壞百餘年，世鮮知者，非少琴之勤於搜討，烏能得之。遺人所為注，皆靜中體認，會心自得之言，固非泛爾詮釋文句之比。余嘗論禪宗為中國唐後自成之佛學。於陰符此注，益為唐以後更有深關之儒學。全真教則為繼禪宗理學而起，其文較下上，與范解序語義合，因取范文補之，以其為說淵源同有同也，而字數乃適相當，稍有殘缺，審其文義下上，與范解序語義合，因取范文補之，以其為說淵源同有同也，而字數乃適相當，道人序遂有完篇，事亦至奇。仲氏文敦，旋得羅妙齋梁珍本，頗足是正，以校羅范文所補竟能合。洵足快也。羅本注文亦每有奪誤，幸抄本可以正之。抄本之失，則從羅本，其可兩從者，不徑改也。書後有玄門戒白一篇，仍其舊而校而存之。「愚人以天地文理聖」句眉注云「六句乃伯陽詞。百字之數太溢，電為訂正，別出百四十二字以為傳文。」是道人謂傳為歧伯之作。而駐經時仍未予刊落，僅於卷後詳分剔之，猶乎考異之作，則道人之慎也。而羅氏本佚之，誠棄所不當棄者也。稍蠹比世行列，仍附卷末，則幸此抄本之存，而道人書尚得為全璧。又考李筌序書「陰符三百言，百言演道，百言演法，百言演術，」此三百言之數也。然李本所有。朱子語錄間邱次孟謂「陰符經自然之道靜歟歟，聽六經之言無以加。」適足三百。舊為註者，多止於此。後溢百一十二言，固非李本所有。朱子語錄間邱次孟謂「陰符經非李本，而閭邱所言非李傳，則其經傳，別發必矜，精生於身，不同也。不審道人何以從李氏三百言之說，而用非李氏三百言之本，乃獨自出心裁，別其經傳，精發必矜，精生於身，所能知也。唐吳筠守神實引陰符經曰「經多之草，覆之不死，露之見傷，火生於木，禍發必剋，精生於身，稍賜面死。」今傳陰符惟火生於木二句，餘為不見。則即閭邱之本，亦復少於吳筠所見者，追論李氏，則陰

附陰符通說校發記

符異本多矣。而道人所云「閒人頗知此經，作精生於飛，情動必潰。」乃與吳筠引合，亦足異哉？道人求必讀吳筠書，而閒人所誦，則固古本陰符也。山谷云「陰符經舊筌之作。」清代四庫館臣以為口實，亦未必然。以吳筠固非後於李筌者也，而本復不同。神仙感遇傳言「李筌號達觀子，居少室山，至嵩山得黃帝陰符本經，開元中為江陵節度副使，御史中丞，作太白陰經十卷，又作中台志十卷。」此明著筌為開元間人，四庫館臣始未考耳。集仙傳言「筌仕至荊南節度副使仙州刺史，」正與感遇傳合。今傳太白陰經前有筌自敘及進書長，並有結銜，與仙傳殊異。中台志十卷，見郡齋讀書志，敦煌卷子本又有闕外春秋十卷殘本，前有天寶二年筌自上表，又自稱少室山布衣，而本作李荃筌為隸變之差，仕隱亦先後之別，固自燦然，乃或疑之，是李筌其人既多姿邊之辭，而陰符之舊復多不同之本，此論古之所以多誤解者也。夏宗禹言「三閥藏教，凡得入樂鏡七本，文各不同。」陰符諒亦猶是歟？即事之難明者，固未可強為索解者，乃或題之，益滋異說，是李筌既多姿遷之辭，而陰符之舊復多不同之本，此論古之所以多誤解者也。抄本後復有達廬胎息經，亦為羅氏所無，後附道人跋文，並存卷末，以道人文傳者未多，不以複仍舊存之。別有青羊宮刻陰符經碑，後附道人跋文，與自序義亦合，並存卷末，以道人文傳者未多，不以複為嫌也。陳清覺張清夜碎清風三人者，皆承自武當，今蜀之道冠，皆三家之法嗣。而自牧道人重開武候祠青羊宮兩道場，其迹更偉。茲既得其書，三復校正，劉丈豫公謂宜付二仙菴刻之，收入道藏。因錄出清本。鋼其傳者，得有以究其旨義，考索文獻者，固將有取於是也。

　　　　　　　　　　　　歲在丙戌九月十八蒙文通謹識

自牧道人別傳

楊潤六

張清夜字子還，號自牧道人。初名尊，江南長洲人，養生於清之康熙十五年丙辰歲。少為諸生，博學工詩，書法顏魯公、東吳名士也。嘗遊歷四方，浩然有物外想。至武當太子坡，遂從余太源真人為黃冠，雍正元年癸卯時道人年四十有八。溯汀入蜀，遍覽峨眉青城之勝，見山水之險異，察人事之變遷，厲上書請事，未蒙朝允，輒係戚愛之。道人傳觀容垣臨汀寺借字寫，一掌一榻，蕭然自得。先是寓撫懋德，情事昢台有無無之微妙。先後屬寓數字，更葵事遂得行。蜀撫大器之。欲其出仕不肯。乃謁主武侯祠事。以上聞諸劉道人豫波先生為道人於雍正七年歲在巳酉五十秋，移住武侯祠，謝絕塵俗，涵習韜廬，暇惟展玩陰符。復以餘力培園嶧，植松竹，殿宇垣墙，煥然一新。祠之別院有池荷，道人所手種也。有軒曰鶼帆，緬緬逍所為道院，蔣顏曰臧密。再南即紫陽洞，最物幽遂，去故啟新，皆道人之力。人張清夜，考為夏歸漳人理動羊宮在乾隆八年，是時道人年按乾隆四年巳未道人六十四所撰青羊宮祖塔碑記，自題重用武侯祠長洲道門題云乾隆七年歲生戌年時道人年六十七。翌年亥時道人年六十八。據成都夏陵廟志邢異年道人旋歸江南藥二親舉。不覺身世兩忘，儵然懸解，時年六十七矣。

耳。

献，重道人之心歟，以青羊宮圖珊皆。道人曰此擴貧教胤也，為吾公內事，然吾老無能為也。鄢守文公志舊時

成都知府爲又譚譚懇辭，不克固辭，邀令其徒汪一萊任之。道人亦時往來於青羊宮貳侯洞之間。乾隆二年，乾王時雍，成都歲在乙丑卽於青羊宮創懸鍾板，接待十方，一時道衆聞聲雲集，清規復振，儼然一大叢林矣。乾隆十年歲在乙丑卽於青羊宮創懸鍾板，接待十方，一時道衆聞聲雲集，清規復振，儼然一大叢林矣。乾隆八年七十
一年丙寅時道人年七十有一道人因念邈縣之盧，日夕兢惕，以勒方來，作玄門孤白。辛未時道人七十六住持王來通以陰符勒石，道人觀爲善之，並爲其後。甲戌時乾隆十九年道人作陰符發秘成，題曰八十老叟。
按壘時道人若谷沈裕雲爲之序。巳卯時乾隆二十四年青羊宮增飾殿閣，次第告成，先後已歷十一載。勒宜建實年七十九，巳卯時道人年八十四。乾隆二十八年歲次癸未，道人無疾而逝，世壽蓋八十有八。道人鶴髮蕭疏，吐青羊宮碑，安洪鐸爲釋碑文。乾隆二十八年歲次癸未，道人無疾而逝，世壽蓋八十有八。道人鶴髮蕭疏，吐韻清妙，工書，著有潭東草。厥後蒲陽范宜賓於乾隆壬辰三十七年曾得道人發秘，重賓紹嵩山先生之傳。見道人秘訣，同出一途，實中秘密，消人已洩露於前，卽隱而求發之義，不得不解之於後，遂更作陰符玄解。其序云「道人秉明南宮之術，却於內丹成道，惜巳尸解而去，不得面扣爲憾耳。」
謹按民國二十一年青羊宮住持劉敦賓重建道人墓碣，其文頗略，成都志亦復不詳。友人蒙文通擴安碑知乾隆乙卯，道人年八十四，因考各序記，將推論道人之年世生平如此。正芳因取以爲別傳，於尋道家統緒者，倘有裨焉。

陳碧虛與陳摶學派

陳景元老子莊子註校記

蒙文通

唐代道家，頗重成李。而宋代則重陳景元。於徵引著者，可以概見。考宋史藝文志有陳景元道德經註二卷。正統道藏有藏室纂微篇凡十卷。逆藏每開析卷帙，以爲誇炫，自不足論。惟此十卷者文尚義豐，而劉惟永老子集義所徵陳說，竟視藏本爲稍繁。劉引諸家，一仍舊貫。惜劉書殘闕不完，僅存道經十一章，不獨見劉據陳書之全璧。彭粗老子集註引陳說頗富，然校知與劉書同出一本，即其節引文字言之，亦頗出此十卷本外。宋李霖老子取善集，亦每徵做，文字異同，亦符劉本。薛致玄子鈔引陳註亦同劉李，合彭李劉辭四家求之，寶見別有一纂微篇。惟溢出之詞，多非精卓，文稍傷蔓。而此約十卷頗列各家文句同異，故宋志云然。以劉彭諸本外，無此約本纂微，治從節本出，後乃加以剪裁耳。是陳舊本。景元自序言「依師授之旨，略纂昔賢之微。」此則名曾之意。枏仲庚序曰「碧虛子陳君景元，師事天台張無夢，得老氏心印，有道德經藏室纂微，撫諳奈之精華，而參以師傳之秘。」薛致玄曰「陳景元字太初，號碧虛子，家世建昌。慶歷二年卽高郵天慶觀禮崇道大師韓知止爲師，試經度爲道士。十八負笈遊名山，抵天台，遇高士張無夢，得老莊旨。闊三洞經，……所藏內外書數千卷，皆索所校正，又親扎三百卷，蓋小楷，深得褚歐法。凡詩篇雜文，得陶萬體。」豈碧虛所上實原名老子註，李霖所引皆稱

纂微，爲先賾之作，欲後刊正，遽罹註耶？劉惟永集義謂「碧虛乙未道所」實當仁宗至和二年，碧虛年三十一。(乙未屬已未之誤，已未爲神宗元豐二年，碧虛年四十五。)熙寧五年進書，歲在壬子，碧虛當已四十八。劉李同出一本，李稱纂微，已未爲先成之書。熙寧五年進書稱註，則註爲後定之本奔矣。正統藏中鈔本，宜以釋莊爲允。是宋志分列二書倘非大失，至不知爲一人之作，則誠誤矣。景元復有莊子章句音義，亦存藏中。而褚伯秀南華纂徵則引陳景元注。云「景元熙寧間主中太一宮，召對，進道德南華二經解，頒行入藏。」

陳碧虛與陳摶學派

褚引之他，推釋大義，與章句之訓詁者爲例各別，按碧虛老注既兩見於宋志，無之。通志略有莊子餘事一卷，注陳景元。元誤作先又南華總章一卷，碧虛南華總章二卷，章句七卷。元誤不知亦屬南華之學否？亦不言有餘事。薛致玄開題科文疏和碧虛所著有「南華經章句七卷，總章三卷，抄義三卷，」不知義不知亦屬南華事。今正統道藏所存有章句有餘事書，後義不存。今正統道藏所存有章句有餘事書，抄義者，乃宋志通志薛疏皆未言及。道家記述不詳，自其恆事。茲余碧虛老莊兩著論之，其述舊體例，殆如陳注。余既考老子注爲後定之本，後定本備校文字異同，復陳大義，而纂微先成之稿無之。此宜別有老子餘事書，而後合之耶？老注之既詳訓詁，餘事則固一末完成之作耶？既有莊子餘事以貫校勘，而今存校勘三事以爲書，莊注則三事別爲書，未爲合一，則餘事章句，又已合而爲一也。依褚氏義海纂微序言「陳景元注卷首序云『莊子師章句卷中凡校文皆在焉，是其徵，著書十餘歲言，目曰南華論。』兩篇三字課題者，滅寶元年詔册莊子官依舊號曰南華眞長桑公子，受其微旨，目日南華論。今於寶元年詔册莊子官依舊號曰南華眞通計正文止存六萬五千九百餘字，唐開元十九年侍中裴光廷請册四子經，義取離明英華，發揮微妙也。」云云，褚所云與碧虛莊子序中，開疑章句序即注序，非有二也。章句序云「今於三十三篇之內，分作二百五十五章，隨指命題立號曰章句。逐章之下，音

家解義釋說事類，標為章義，書成云云」則陳壽章句之下，復有章義。今章句後無章義，豈褚氏所引者即章義歟？然則通志辭疏所云餘事章句總義、總章始即章義也。薛疏五又稱南華經章句解義，則章義解義一也。豈章句總章原為二，始至此遂合於一耶？章句序作於元豐甲子歲，為元豐七年，碧虛當年巳六十，則書成巳晚，非與老注同進可知。褚氏蓋約舉其事言之耳。序云「別疏闕誤一卷，以辨疑謬。」而今本闕誤巳合於章句，則今本又在碧虛年六十以後，而序則仍前。碧虛書之稱注，必仍六十以後，以序言「標為章義」則固不名注。褚稱之注，諒為後定。序言「所謂注者，殆合三者為一。」而今本又在碧虛年六十以後，而序則仍前。碧虛書之稱注，必仍六十以後，以序言「標為章義」則固不名注。褚稱之注，諒為後定。序言「所謂注者，殆合三者為一。褚氏所引，合於章句。今之章句，巳合於章句，而無章句。世傳章句而又不見章義。豈後人徒取菁華之故，而入藏之注，其體製亦可思也。余既於褚氏書中所引碧虛注文，悉念徒注不可以無經，而章句例同陸氏釋文，經亦不備，於紬繹殊不便，今注既為新輯，仍依褚書之式，行小注於當句之下，而陳注之文，則正行低格，錄於各章之後，不嫌重為編次，因為補入經文。章句昔義，則變三書體製，亦自分明。至餘事雜錄，則謹附之全書之末。而音訓校勘義理三者，逐蔑於一編，或於舉者為便。雖變異因創而不錄。此考尋真逸晉體例，勤事有可知者也。章句音義原缺天地天道天運秋水四篇，所幸原書，倘固碧虛之意歟？陳壽蓋次顧異郭本，皆不為改正。原書首為分章篇目，析四篇為四十一章。陳壽蓋次顧異郭本，皆不為改正。餘事之首，章名備在，今尊諸經文，一依分章篇目，三者合而稱注，則碧虛老莊二者，於奉進之際，皆名為注。仍存其舊，俾讀碧虛書者校輪之。而褚氏之書，後定進呈之本稱景元。三者合而稱注，注固其後定之舊也。宋志邊志或稱景蓋據頒行入藏者晉之。或稱碧虛，為例不一。正其先成之箇稱碧虛，元，或稱碧虛，為例不一。正其先成之箇稱碧虛，而二志因之耳。兹合陳氏壬圖末為完成之書，以求合於進呈後定之本，殆亦事之不能巳者耶？至薛疏僮晉

選老子注，不言莊子，與諸說異。終辭據纂發寶定本胃之乩。且宋知陳氏後定本胃之莊子。殘莊子之書，又在其後，則不能懷辭說以疑稽也。褚懷入議者言之，胙之爲注，今仍依以爲據。於此新輯重編之本，仍以莊子注名之。正統多奪誤，然碑伯秀書，四庫有傳鈔本，明朱得之莊子通義，實取褚書，亦有劉本。將徐求校之。余既合劉彭李薛四本以校老注，兹復重編莊注，庶足據以爲硏討之資，亦可以無所於憾也歟？

彭鶴林道德經集註引高道傳「鴻濛子張無夢字靈隱，好清虛，窮老易，入華山與劉海蟾种放結方外友，事陳希夷先生，無夢多得微旨。久之入天台山。眞宗召對，問以長生之第。無夢曰臣野人也，於山中醋酬老子周昌而已，不知其他也。」於是始知碧虛之學，源於希夷。昔人僅論濂溪康節之學源於陳氏，劉牧河圖洛書之學，亦出希夷，而皆以象數爲學。又自附於濡家。今碧虛圖道士之談老莊者，求搏之學，碧虛倘觀三家爲更得其眞邪？無夢事不多見，王珄穎文獻通考，說郛，曾憶集仙傳，及天台縣志，圖晉集成引頗晉無夢事，視彭晉稍具，亦足有神觀省。此還元大旨也。激對詳明，眞宗大悅，賜處士先生號~亦不受。宸翰特賜以詩，寵其遊山。蓋張無夢鳳翔盩厔人字鑒臒，號鴻濛子，永嘉開元觀道士。幼入華山與仲放劉海搏，多得微冒。久之遊天台、廬於瓊臺，博通古今百家之學。眞宗召對，講易謙卦，上聞曰獨說謙卦何也，對曰當大有之時，守之以謙，復命講還元篇，答曰國猶身也，心無爲則氣和，氣和則萬寶結。有爲則氣亂，氣亂則英華散。此還元大旨也。後終於金陵，有瓊臺集行於世。矢台志云幼入華山恐失辭，除校晉郎，年九十死。〕始傳聞之師希夷，固不得云幼也。又中山詩話云「道人張無夢在眞宗朝以處士見〉除校晉郎，年九十死。〕始傳聞之辭又異。陳搏事則自宋史外雜道尤多，茲不詳爲論列，至遊元駕戩，至遊子道樞采之較備，附錄於下。

陳搏子白圓猶心也，心無爲則氣和，氣和則萬寶結奕。必有爲則氣亂，氣亂則英華散矣。遊玄牝之

門，訪赤水之珠者，必放曠天倪，囚千邪，翦萬異，躋乎抱朴守靜、靜之復靜，以至於一。一者道之用也。道者一之體也。一之興道，蓋自然而然者焉。是以至神無方，至道無體，無爲而無不爲，斯合於理矣。故觀其道者見澄化之功，闖鬼神之妙而無所不變焉。龔蠹變蟬，腐草變螢，雀入水變蛤，雉入水變蜃，田鼠變鴽，魚龍此其小者耳。其大者，人可以變仙也。吾嘗觀天地變化，草木蕃蔍，風雲卷舒，日月遷轉，水火相激，陰陽相摩，仰觀俯察，遠取諸物，近取諸身，著運元時百篇云云。

伊洛之學，得統於濂溪。而周子之書，僅通乎太極而已。及讀碧虛之註，而象數圖書之學，碧虛嘗殆已有之。

跡。其有淵家首而宋儒求鸞抉去，翻為理學之累者，亦可得而論。皆足見二程之於濂溪，其提面命之間，將有超乎通書太極者在。二程之學以有語錄之作，故龍閩發鸞致，最以上探希夷之說，其端緒聞者可尋，而象數圖書者，將其餘事也。是二程之於濂溪，頗可以見學術蛻變演遞之

余於碧虛之書，益僧伊洛淵源之有自，校其同異，而希夷之卓絕淵微，更有足驚者。此正寇謙之陸修靜之徒所有事，若爲希夷之門所不道者。

博通浩瀚之學，而察理淵徵，皆不可以方外少之。碧虛之自序曰「若九丹八石，玉體金液，存眞守元，思神歷藏，行氣練形，消災辟惡，治鬼養性，絕穀變化，厭固教戒，役使鬼魅，皆老子常所經歷救世之術、非至至之者也。」則省鄙而棄之。此正寇謙之陸修靜之徒所有事，若爲希夷之門所不道者。彭耜言「秦漢方術之生，所謂丹灶奇技，符籙小數，壺驟而歸之道家，此道之緣餘士苴者耳。」正興碧虛之旨合。觀於喬嵩鴻濛受詔翻對之際，正其宗風所在，視林靈素輩之俯，非能之而不肯，殆有不屑爲者。呂寅箓獨於宋文鑑、收希夷取龍圖序一篇，此正宋之道家，深研盤於圖書象數，此又新舊黨流之一大限也。就高道傳背之，刻海蟾正出於希夷，始斷謂南宗之祖？後乃易以異於隋唐符籙丹鼎之傳者，故東案取之耳。而五胍萬長庚影鴻林家，若皆無系於希夷，且又就希夷而系之於鐵品。今異既盛之以趙呂傅道無稽之呢。而

後，而重陽北七眞出於鍾呂之說義與。陳摶之事，者作潛亡，而鍾呂傳達之說大盛，鍾呂釋氏之有惠能，要爲唐宋新舊道教之一大限，而前乎實爲希夷，安有摒闢鍾呂之實，有足以見之者。碧虛之書附於蕭牆首ӧ以葛次仲之老子論，以明孔老之爲一，此宜亦希夷以來之旨，亦周邵所由入於儒家者也。是亦不異於重玄之風，特唐人闡發之精，未至於是。希夷既爲有開來之功，邵伯溫竟有大志之种放霅其有皇帝王霸之學，皆足見其體量之奇偉非徒枯稿山林者也。觀其流風所被，甄陶豪傑，更足驗進。因並考其學脈所及，覽而存之，凡所裒見五十餘人。邵周之徒，以學案旣之詳，皆削而不錄，因亦偉矣。

附陳圖南學譜

朱震漢上經筵奏云「陳摶以先天圖傳种放，放傳穆修，修傳李之才，之才傳邵雍。放以河圖洛書傳李溉，旣傳許堅，堅傳范諤昌，諤昌傳劉牧。穆修以太極圖傳周敦頤，敦頤傳程顥，程頤。」此三宗最顯，周邵之傳備於宋元學案，茲非論也。

邵伯溫易學辨惑云「陳希好讀易，以數學授穆修，修授李之才，之才授邵雍堯夫。以象學授种放，放授廬江許堅，堅授范諤昌，此一枝傳於南方也。」

邵博又云「穆修師事陳圖南，而傳其學。其後尹源（子漸）尹洙（師魯）兄弟始從之學古文。又傳其春秋學。」

又云「李之才挺之簽書澤州判官廳公事，澤人劉羲叟晚出其門，受曆法爲名士。」宋史云「蘇舜卿祖無擇蔡州人，少從穆伯長爲古文。」即穆氏之傳有尹源尹洙蘇舜卿祖無擇，曾雍於文，而挺之門有劉羲叟，此皆世罕能言者也。

陳碧虛與陳摶學派

南都軍略云「高弁從种放學於終南山。」宋元學案云劉顏學於高弁，而顏之門下有張洞，曹起，皆見宋元學

案。直齋書錄有易證墜簡。言「毗陵從事范諤昌撰，天膳中人。」又言其「得於盈浦李處約。李得於廬山許堅。」此亦視邵之說為詳。直齋書錄有易解十四卷，言「尚書右丞皇甫泌撰，曰逃開，曰隱訣，曰補解，泌嘗寺海陵，治平以前人。」宋元學案記劉牧門下有黃黎獻，吳秘。言「黎獻所著有續鉤隱國一卷，略義例一卷，室中記師隱訣一卷。秘所著有周易通神一卷，今世所稱長民周易新注十卷，蓋合黎獻之三卷，及秘通神一卷精微，曰師說，曰明義。晁氏作其學得於常山抱犢山人。而莆陽游中傳之。山人不知名，蕭隱者也。泌嘗寺辨道辨道者也。其記師說一卷，指歸一卷，精微一卷，又不知何人所作。蓋亦門人之筆。」全氏祖望云「皇甫泌易書中有記師說一卷，精微一卷，當即此十卷之二也。泌嘗受之常山抱犢山人，三衢亦有常山。即長民也。郡齋讀書志言「姚嗣宗請劉牧特故諱之，以神其說耳。」知劉氏之徒，黃吳外又有皇甫泌，泌之徒有游中。之學，授之吳秘，秘授之鄭夬，志有鄭楊庭周易傳十三卷。」邵伯溫易學辨惑詆之，謂夬竊王天悅書以為己學。天悅從康節問易者也。

彭鶴林老子集注引高道傳言「張無夢與劉海蟾神放結方外友，事陳希夷先生。」劉健余道致徵略，圖劉海蟾門下有藍方，馬自然，王筌，元翁碧天，張伯端。碧天下有魏景。伯端下有石泰，劉奉真。泰下有薛道光。道光下有陳楠，楠下有沙蟄虛，白玉蟾，鞠九思。玉蟾下有彭粗。九思下有朱橘。橘下有鄭彌子。健全先生系劉氏於鍾呂傳道，懸意不若據彭鶴林言繫之希夷為得其實，以彭固海蟾紫陽之徒也。劉書於希夷之門，但言「独稳傳儒業外，其為道士者有賈德昇，楊展。」於陳氏之徒，多所撮略。謹依彭說，以劉張之傳繫之。

龍眉子金液還丹印證圖後識云「余師若一子嘗曰，曾聞我師無名子翁先生云，吾師乃廣益順理子劉真人，於紹興戊午，劉遇悟真得其道。」無名子翁葆光也，字淵明，順理子劉真人，豈即劉奉真耶？若一體眉，皆未

可考。治通修真叙等冊稱劉海蟾弟子王廷揚。而集要碑金二篇皆為晁文元說。鄭景望蒙齋筆談則言，晁文元過，早從劉海蟾游，得長生之術，六十後舉貢佛理。」曾惜集仙傳亦著文元。王圻續通考言「伯端舊悟眞篇，授致玄手抄言『陳景元度門弟子許修眞而下四十八。』凡此皆劉圖之闕，所宜敍及者也。陳摶事見續通鑑長篇雍熙元年。東都事略亦有傳。晁「摶少年舉進士不第，遂不樂仕，有大志，隱居武當山，好讀書，自號扶搖子。」宋史言「摶長讀經史百家之言。」知希夷固優於學術，於其傳授之衆，足考見其藝能之博，固奇逸之士耶。神明逸立碑敍希夷之學曰「明皇帝王霸之遺。」則又不僅多能也。東軒筆錄言「圖南有經世之才。」青瑣集言「陳摶負經綸之才，歷五季亂離，每聞一朝革命，變蹙數日。」聞見前錄言「摶長與中迪士，游四方，有大志。常乘白騾從惡少年數百欲入汴州，中途聞藝祖登極，遂入華山爲道士」。易學辨惑亦言「其游圜方，志不遂，入武當。」邵氏之學，導源於陳，其言固可信，殆郇一雄偉曉傑人也。壑壝蕞書「宋太祖鑒唐末藩鎮跋扈，盡收諸鎮之兵，或云陳希夷之策。」則圖南不徒為高隱，而實博學多能。不從爲書生，而固有雄武之略。眞人中之龍耶？方其高臥三峯，而兩宋之道德文章，已萃於一身。羣書多記陳摶事，如湘水燕談，東軒筆錄，玉壺清話，倦遊雜錄，湘山野錄，兩朝寶訓，五朝名臣言行錄，談苑，之類，凡其逸事瑣聞，何可勝記。復有龐覺希夷先生傳，茲皆不遑探，惟取可以想見其人者，以見一代學術之淵源，非奇豪傑出之才，未易爲之倡也。

唐才子傳卷十陳摶傳言「洛陽潘閬逍遙，河南种放明逸，錢塘林逋君復，鉅鹿魏野仲先，青州李之才挺之，天水穆修伯長，皆從學先生，一流高士，俱有詩名大節。」此以潘林魏三人皆學於希夷，羣書未有言之者。始李文房誤讀宋人史傳，以陳摶潘种林魏李穆相次，因疑皆圖南之弟子也。茲未敢從，謹附識於後。

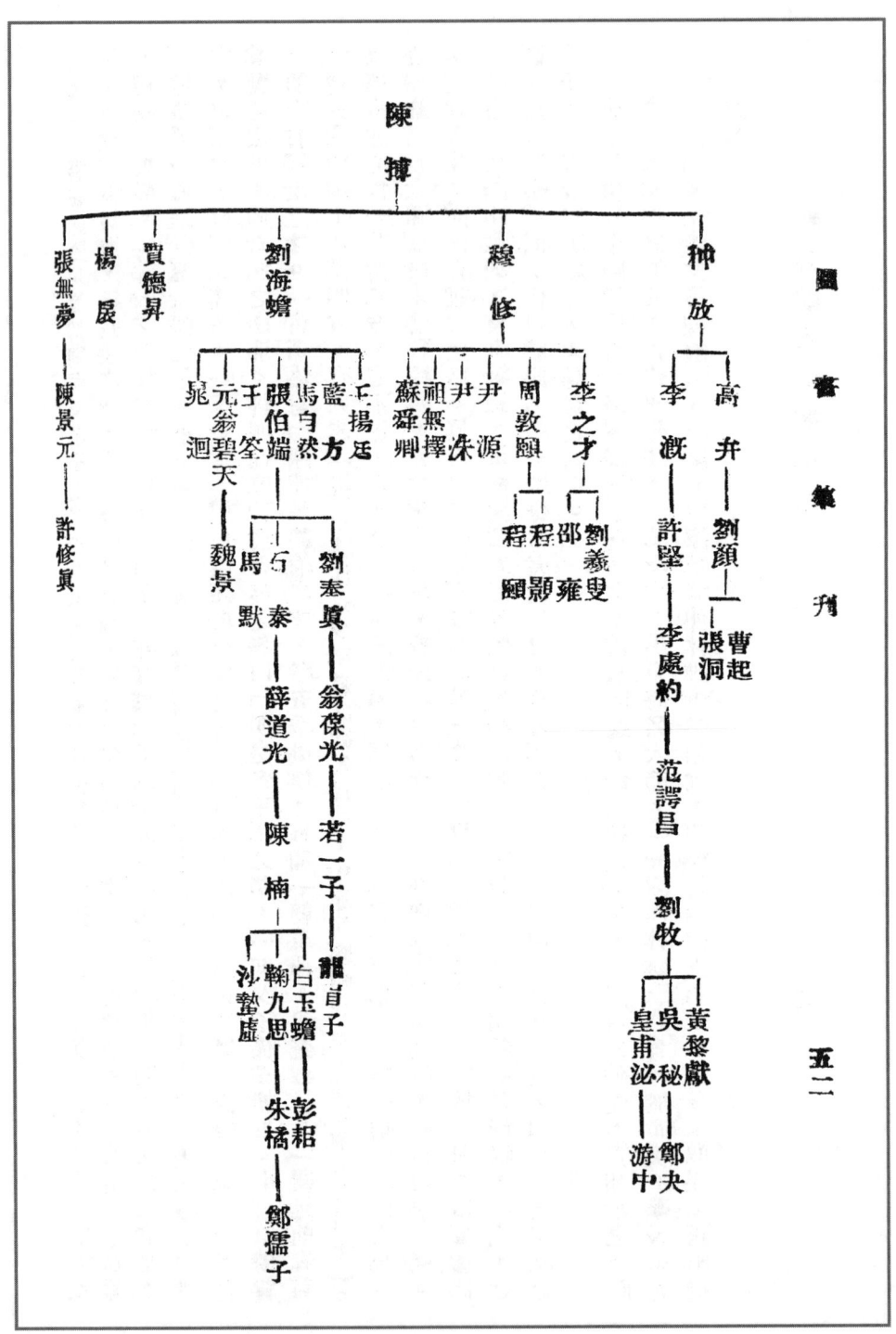

王介甫老子註佚文

馮璧如

介甫老子注不見於宋史藝文志，本傳亦未敘及。惟彭耜粗老子集注序錄有之，不雲卷數。劉惟承老子集義序稱宋荊國公作注。惟宋元舉集實荊公書有老注二卷，而未知所據。補宋史藝文志者亦失於考論。其書久佚，惟李霖取老子取善集，及彭劉二家書頗徵引之。劉氏集義例收全文，惟到書自十二章以後已佚。故荊公原注之存，亦僅十一章而已。彭李兩家書於所收舊註，多所刪芟，故荊老注自十二章後惟有碎句佚文己耳。北宋之學三家，蘇穎濱司馬涑水二家老註尚存，悟荊公之書不傳。蘇註宋人註老者尚多徵之，司馬之注則僅有引用者，知此二註於宋代學者影響極微。而荊公之書，即宗之者多，如當時稱為崇寧五註者，皆宗荊公者也。今呂惠卿王元澤之註尚存，而荊公之註絕爲沈沒，尋其術流變者，將何以闡揚絕學。茲特就三書所引萃爲一編，亦足以見梗概。館中年承於老註多有楗述，咸玄英李榮二家，唐之名著也，已輯得完璧，先後印行，以嘉惠學林。王弼河上公二註則校勘精勤，頗多是正。宋代道家者流，多宗陳景元。館中於陳氏老莊二註，皆輯校成書，雖辛勤累年，幸已蔚成大觀，足以闡揚絕學。與與輯錄之事，於茲已久，心竊快之。以介甫之註，亦一代宗匠也，失得與蘇馬兩註並顯，殊以爲憾。不辭淺陋，僅輯所見，以彌此缺。劉惟承集義引王註中別有雜說新說全義字說，足見介甫原書之體製，而王雱注中有丞相新說一條，知亦介甫舊佚文，亦錄入焉。李霖書中介甫註外有字說，有雜說，知皆介甫書也，亦併取之。於纂輯之事，每有疑惑，皆就蒙文通先生請賢焉，承多所審正，得以蕆事。誤失之處，倘猶未能免，海內賢達，幸垂教之。

道德經註

王安石

道可道，非常道。

常者莊子謂無古無今，無終無始也。道本不可道，若其可道，則是其迹也。有其迹則非吾之常道也。

名可名，非常名。

道本無名，道有可名，則卻吾之常名。蓋名生於義，故有所名也。

無名天地之始，有名萬物之母。

無所以名，則天地之始，有所以名其終，故曰生於義，故有所名也。自太初至於太始，自太始至於太極，此名萬物之母，母者生之謂也。

故常無欲以觀其妙，常有欲以觀其徼。

字觀于音曰末屆西北為无，蓋乾位西北，萬物於是乎資始。洋之本出於無，故常無所以自觀其妙。道少用常歸於有，故常有欲以觀其徼。

此兩者，同出而異名，同謂之玄，玄之又玄，眾妙之門。

蓋不能常無也，無以觀其妙，不能常有也，無以觀其徼。能觀其妙，又觀其徼，則知夫有無者同出之玄矣。全識道之也，而為說有二，所謂徼妙者也。有則道之末，無則道之本。是二者其為道一也。而指之蔽者，常以異何也。夫無若名天地之始，有若名萬物之母，此所以致而不能自全也，而言形名度數者，常存乎有。有無不能以並存，此所以無若東西之相反，而不可以相無，故非有則無以見無，而非無則無以知有。有無之變，更出迭入，而未嘗不相為用也。蓋有無者若東西之相反，而不可以相無也。故非有則無以見無，而非無則無以知有。有無之變，更出迭入，而未嘗不相為用也。

爲焉也，淡然不動，感而遂通天下之故，此之謂也。蓋昔之達人常以其無思無爲以觀世妙，當以感而遂通天下之故以觀其徼。徼妙並得，而無所偏取也。則非至神其孰能與於此哉，然則聖人之貴，動可見矣。觀其妙所以窮神，觀其徼所以知化，窮神知化，則天地之道，有復加乎？

此兩者同出而異名，同謂之玄。

兩者有無之道，而同出於道也。書有無之體用，皆出於道。世之學者，常以無爲精者爲粗，不知二者皆出於道，故云同謂之玄。此兩者同出而異名者，同出乎神，而異者：有無之名也。異也。聖人能體是故神明其德，故存乎無則足以見其妙，存乎有，則足以知其徼。兩者其上有以知天地之妾，下焉足以應萬物之治者，凡以此。字說玄而從入之者玄也。故云從玄從入。兩者同謂之玄，兩者閒有無也。玄又爲黑而有赤色，北方黑爲陰，玄爲陽，故易曰坤，於地爲黑，又曰天玄而地黃。怪曰玄德，而聖人之在下者，玄德書乎其幽也。

玄之又玄，衆妙之門。

天下皆知善之爲美斯惡矣，皆知善之爲善斯不善已。

夫美者惡之對，善者不善之反，此物理之常，惟聖人乃無對於萬物，自非聖人之所爲，皆有對矣。

故有無相生，難易相成，是短相形，高下相傾，音聲相知，前後相隨。

有之興無，難之興易，高之興下，故之興聲，前之興後，是皆不免有所對。唯能兼忘此六者，則可以入神。入神則無對於天地之間矣。

是以聖人處無爲之事，行不言之教。

聖人旣有之有對，於是處無爲之事，行不言之教，蓋言出於不言。

生而不有，爲而不恃，成功不居，夫惟不居，是以不去。

生之而不有其生，爲之而不恃其爲，功成而不居其功，此三者，皆出於無我。然後不失已。非惟不失已，而又不失人。不知無我而常爲於有我

道　德　經　註

五五

，則不憚失已。非憚不失已，而又不失人，功成則居，居則與去徐等。聖人者居上之三者，翛然樂鵬，知於我而不去也。

耕說此言美惡善不善相逐，而愛者溺於善，不如有惡與不善也。唯聖人超然樂鵬，

美之有惡，善之有不善，未嘗有所溺也。故有無相生逆相隨，離潛而我，我即有彼，彼我既分，體類為二

矣。此六對者物之所以不齊，而喜怒哀樂生死之體更出迭入，而不能自此者也。凡此皆不寞夫陰陽之分，可以理推，

而隨其末流，自性分别，以妄為常故耳。此篇第二與莊子齊物論相似，篇有篇敘，故事以之

濟，教以之行，而吾寂然未始有書為之累，而天下亦因得以覩而復朴也。夫憚無累，故雖吝倫陰陽之間

，而體化不能移，彼六對者，惡能為之哉，萬物作而不辭，萬物莋作聖人各盡其性而無所辭，以吾心寂然

無去取故也。苟寞去取之慮，則物之萬態萬善惡多矣。為能不辭哉？生而不有，為而不恃，故充為無外，而未嘗有物。應接萬變

，無本伐謝。惟洋無體，則莫能濟。聖人體道，故充為無外，居則寞有物。應接萬變

，未嘗有心，形多已耳。是則豈以適繞之事，懶以為功，而固有之哉？夫然後離六對之境，絕美惡之名，越生死

流盡，常住法也，特此心以涉世，則勁名體雷，豈有元瀦之累乎？

不尚賢，便民不爭。

所謂不尚賢者，聖人之心，未嘗欲以賢服天下，而所以感下照者，未嘗不以賢也。夫

下之民，役於下之物，而質之不尚，則何特而治哉？夫已於桔褓之中，而有姜之性，不得數而樂之教。華夫

不足以明天下之善。善飲明忠已，則覺有與而不眠哉？故賢之法度存，猶足以維持世之亂。使之尚於天下

，則民其有爭乎？求彼之宜，是欲天下之人，盡明惟善，而不知寞之可尚。雖然天之於民，不如是之齊也

。而死尚賢之決廢，則人不必能明天下之善也。噫，彼賢不能養不肖之敵，孰知夫能便天下中心悅而誠服

之賢哉？齊桓公圖於管仲，則黑乎屬圖，桓必賢易牙，而仲以食易易於己不第者，曰仲不幸而至於不可諫，

，不止數之，無若隰朋者，上忘而下畔，愧不若黃帝，而哀不已。若夫便其得上忘下畔之人而薦之於上，

馮璧如　王介甫《老子注》佚文

因執有尚賢之弊哉？或曰賞豈不關是耶，特以弊關體之耳。

不貴難得之貨，使民不為盜。不見可欲，使心不亂。尚賢則爭興，貨難得則民為盜，此二者皆起於心之所

欲也。故聖人在上，不使人不尚賢，不貴難得之貨不見可欲，此二者則能使心不亂而已矣。尚賢則善也，不

貴難得之貨，為盜惡也。二者皆起於心之所惡也，蓋善者對惡之謂善也。有善則必有其惡，耳之於聲，目之於色，

言欲者有二焉，有可欲之欲，有不可欲之欲。若孟子謂可欲之謂善，能受面能體惡不足者欲也；老子曰不尚賢使民不爭，不

是不可欲之欲也。字說谷能受也，欠者不足也。此老子不諱不偏，一曲之言也。蓋先王不尚賢，不

貴難得之貨使民不為盜，不見可欲使心不亂。此老子不該不偏，一曲之言也。

不貴難得之貨，亦非不見可欲，亦非不見可欲。嚴然老子之所言，形而上者也。不尚賢

則不累於為善，不貴難得之貨則不累於為利。惟其如此，故能不見可欲。孟子曰可欲之謂善。未嘗諱而充

之至於神，及其至於神，而不見欲矣。

是以聖人之治，虛其心，實其腹。夫虛其心，所以明不尚賢。實其腹，所以不貴難得之

貨。強其骨，所以明不見可欲。夫人之心，皆有賢不肖之別，尚賢，不肖則有所爭矣。故虛其心，則無賢

不肖之辨。而所以不尚賢也。能納物者也。能納物則貴難惡之貨矣。貴難得之貨，則民為盜矣。腹既

實，則雖有難得之貨，亦財聲色而已。凡所可欲者為欲，弱其志，所以鑠求。強其骨，所以有立。惟其

無求也，故不見可欲而有立矣。無所求而有所立，君子之所貴也。惟其能貴於此，則無不治矣。

常使民無知無欲。虛其心，弱其志，無所求而有所立，實其腹，強其骨，使民無欲也。

使夫知者不敢為也。民貪其覺皆無知無欲，雖有知者，亦不敢也。

為無為，則無不為。有為無所為，無為無不為。聖人為無為，則無不治矣。

道沖而用之，或不盈。道有體有用。體者元氣之不動，用者沖氣運行於天地之間。其沖氣至虛而一，在天

道德經註

壹七

則為天五，在地則為地六，蓋冲氣絪縕之所生，既至虛而一，則或如不盈。字說冲氣以天一為主，故從水。天地之中也，而從中。又水平而中，不盈而平者冲也。

淵兮，似萬物之宗。淵深也，道之為物，淵深而能萬物，不應於物，而的自特以生。又能供萬物之求，故曰似萬物之宗。

挫其銳。解其紛。和其光。同其塵。鍛者火之形。紛者絲之形。挫其銳則成也。解實紛靜一也。和其光不嚴於上，同其塵不昧於下。

湛兮，似或存。湛靜也，言其道湛靜，雖不見其迹，然又似或存。

吾不知其誰之子，象帝之先。吾不知道是誰所生之子。象帝之先、象者有形之始也。帝者生物之祖也。故繫辭曰見乃謂之象。帝出乎震，其道乃在天地之先也。

天地不仁，以萬物為芻狗。天地之於萬物，聖人之不愛也，物理之常也。

聖人不仁，以百姓為芻狗。且聖人之於百姓，以仁義及天下，如其仁愛。及乎八事有終始之變，此物理之常也。此亦物理之常，非聖人之所固愛也。此非前愛而後忍，蓋理之適然耳。

天地之間，其猶橐籥乎？虛而不屈，動而愈出。道無體也，無方也，以冲和之氣鼓動於天地之間，而生養萬物。如橐籥通面不屈，動而愈出。

多言數窮，不如守中。出言即有方有體。大言則以明瀆也。有實則有指，指則不能無過。故多言數窮，

故不如守中，以應萬變。

新說曰聖人不仁，以百姓為芻狗。靜而不汙，濁而不堙，其祭配足以隱通圓成非芻狗勁之為物也，始之將用，則被之以文繡，盛之以篋衍。及其已用，不勝其所愛，不泥其所有。通則用之，過則棄之。與物從之，而天地聖人之仁，豈離乎此哉？蓋天之體不能生生。而生生者真君也，而真君未嘗生。地之隱不能化化。而化化者真宰也，而真宰未嘗化，故凡在天地之間，形物聲色也，皆制於我，而物不得以陳。及夫已生已化，則又面貌諸用，故物育之類，有彙各以附離，而忘於我，有於於親。而物不得以離。是故體顯以為仁，而其出也，同吉凶之患，故凡聖人之於天地，又豈以仁變易其心者歟？故物之出，與之人不與之同愛，故泯迹實心，而視物以異。鳴呼聖人之於天地聖人之道，其仁豈離乎此哉？出而不辭，物之入，奧之入而不拒。生而不有，為而不恃，長而不宰，功成不居。萬物有以持，亦有以憾。而老子所謂天地不仁，故為人則失於兼愛，為已則失於無我，又豈知聖人乎失已，亦不失人歟？凡聖者真子子之仁，而忘古人之大體，故猶橐籥乎？故動而愈出，則己而己。聖人不仁以百姓為芻狗，可以一背而盡矣。轉，而天地之間，其實豈離乎此哉？亦不失人歟？奧時推移，奧物運己而奧我者，所以咸物，而非所以感物。

谷神不死。是謂玄牝。 谷者能虛也，能容也，能啟也，能應也。有此四德，不知所以然，故謂之神。神則不死，死則不生，不生故能生生而不見其跡。牝取生物之意，生物而不見其跡，故謂之玄。

玄牝之門，是謂天地根。 玄牝之門則天地所由生之本也。謂之有，則若存而已。

綿綿若存，用之不勤。 綿綿者遠而不絕之辭。天道之體，離綿綿者存，故聖人用其道，未嘗勤於力也。而皆出於自然。蓋聖人以無為用天下之有為，以有餘用天下之不足故也。

道德經註

天長地久。天地所以能長且久者，以其不自生，故能長生。長者言其遠也。久者言其恆也。天地所以長久者，以其不自生，任萬物之所生。既任萬物之所生，乃能長生萬物而無生之累也。又曰於天言長，於地言久，則重於久可知也。

是以聖人後其身而身先。聖人無我也。有我則與物構，而物敵我相仇矣，萬物敵我也。吾不與之敵。故後之。外其身而身存。萬物莫不累我也。吾不與之累，故外之也。故曰外其身而身存。非以其無私耶？故能成其私。字說韻非曰自營爲私。背公爲私。夫自營者未有能成其私者也。故其字爲自營而不周之形。故老子曰夫以無私也，故能成其私。私代禾從厶。厶自營也。人不能不自營，然自營而不害於利物，則無經於私矣。

上善若水。善者可以譬道，而未足以盡道。故上善之人若水矣。水善利萬物而不爭。衆人之所惡。故幾於道。水之性善利萬物，萬物因朱而生，緣水之性至柔而弱，故曰不爭。衆人好高而惡卑。虛乘人之所惡。而水處衆人之所惡也。

居善地。居善地下也。

心善淵。淵靜也。

與善仁。施而不束報也。

言善信。萬折必東也。

政善治。至柔勝天下之至剛。

事善能。遇方則方，遇圓則圓。

動善時。旱則滂也。冬則凝也。

夫惟不爭故無尤。

持而盈之，不如其已。抱持其器之盈者必易複。

揣而銳之，不可長保。揣摩其物之銳者，不可長保。

金玉滿堂，莫之能守。堂者虛而受物者也。金玉滿之，則是实矣，故不能守。

富貴而驕，自遺其咎。夫富貴不期於驕，而驕自至。所以遺咎患也。

功成名遂身退，天之道。夫聖人功既成矣，名既遂，則全其天守矣。誉又曰谦受益满招损之谓也。

載營魄。營止也。載乘也。魂者陽之輔，魄者陰之配，亦陽之賊。蓋魂魄之動，至於止，故使魂常載於魄，而陽常勝於陰，則全其天守之道。

抱一能無離乎？一者精也。魂魄既具則体生。精生而神從之。

專氣致柔，能如嬰兒乎？嬰兒筋骨柔弱也。夫專氣致柔，何也？老子乃謂專氣致柔之极也。柔者立本者也。老子原本者也，终所以为美？

滌除玄覽，能無疵乎？覽視妙也。玄覽滌妙幽。如月之明。砛琛瑩。能無疵乎？

愛民治國，能無為乎？愛民者以不愛愛之乃長。治國者以不治治之乃長。惟實不愛而愛，而曰愛民治國者何也？蓋老子欲言其厚本。而曰愛民以此洗心退藏於密。吉凶與民同患也。易曰聖人以此洗心退藏於密。吉凶與民同患是也。

天門開闔，能無雌乎？凡右之聖人皆如此也。夫萬物內是而出，亦是而入，故謂之天門。有開闔則有動靜，有動靜則有雌雄。惟

六一

其守雌以勝雄，守靜以勝動，故曰天門開闔，能為雌乎？生之畜之。生之道也。畜之德也。是謂玄德。

三者歸於無我，故謂之玄德。

道有本末，本者萬物之所以生也。末者萬物之所以成也。末者不假人之力而萬物以成。故非聖人之所能無貫也無為也。至乎有待於人力而萬物以成，則是聖人之力，而以為萬物已任者，必制四術焉。禮樂刑政是也。所以成萬物者也。故聖人惟務修其成萬物之能無貫也無為也。本者出之自然，不假乎人之力，而萬物以生。鑿戶牖以為室，當其無有室之用。三十輻共一轂，當其無有車之用。故有之以為利。無之以為用。

生之畜之。畜之德也。

三十輻共一轂，當其無有車之用，鑿埴以為器，當其無有器之用。

人可以無貫也，無為也。至乎有待於人力而萬物以成，則是聖人之力，而以為萬物已任者，必制四術焉。禮樂刑政是也。所以成萬物者也。蓋生者尸之於自然，非人力之所與矣。老子者獨不然，以為涉乎形器者，皆不足言也，不足為也。故大抵去禮樂刑政，而惟道之稱焉。是不察於理而務高之過也。夫道之自然者，又何預乎？惟其涉乎形器，是以必待於人之為也。人之為也。其曰三十輻共一轂，當其無有車之用。今之治車者，固在於車之無用。然而車以成者，蓋轂輻具，則無必用矣。如其知無之為用，而不治轂輻，固巳陋矣。

工之斲創，未嘗及於無。然而斲者，蓋不知所以為用也。故無之所以為車用者，以其有轂輻也。無之所以為天下用者，以有禮樂刑政也。如其廢轂輻於車，廢禮樂刑政於天下，而坐求無之為用也，則近於愚矣。此章依臨川集校改。以上劉集義。

寵辱若驚。寵之所以為辱者，以其若驚也。（李）

得之若驚，失之若驚，是謂寵辱若驚。

得失若驚，此服之所以為辱也。（彭）

古之善為士者，微妙玄通，深不可識。

士者事道之名。始乎為士，則未離乎事道者也。終乎為聖人，則與

道德經註

篤一。專道不足以言之。與讀為一，則所謂得其妙者也，深不可識者已。(李)

豫兮者多涉川。猶兮者畏四鄰。儼兮者客。渙者冰將釋。敦兮其若樸。儼者客也。故曠兮其若谷。曠兮其若谷。渾兮其若濁。

可不反諸本也。故敦兮其若樸，而守之以察也。夫豫兮猶也。以至於渾而其若濁也。

別也。故渾兮其若濁而已矣。此所謂養為士者也。曠兮其若谷，谷者虛而能應者也。然而其道亦不可得而

為之容也。(彭) 字說曰兵而散為渙。夫水本無冰，過寒則疑。性本無礙，有物則結。有道之士，悠然

大悟，萬事銷亡，如春冰頓粹。(李)

萬物並作，吾以觀其復。 復者本也。萬物並作，吾能觀其復，非致虛極守靜篤者，不能與於此。(彭)

歸根曰靜。靜曰復命。 命者自無始以來，未嘗生，未嘗死者也。故物之歸根曰靜，靜則復於命也。(彭)

知常曰明。 常者乃無始已來，不變之稱也。知其常，則謂之明也。(李)

沒身不殆。 新說曰天之所法者道也。故曰天乃道。道則無古無今。故曰道乃久。夫道於久而可以沒身不殆

公乃王。 背私則為公。盡制則為王。公者德也。王者業也。以德則隱而內，以業則顯而外。公與王合，內

王乃天。 王者人道之極也。人道極則至於天消矣。(彭)

天乃道。 天與道合而為一。(彭)

外之道也。(李)

。其孰能致於此哉？

國家昏亂有忠臣。 道隱於無形，名生於不足。道隱於無形，則無大小之分。名生於不足，則有仁義智慧差

等之別。仁者有所愛也。義者有所別也。以其有愛有別，此大道所以廢也。智者知也，慧者察也，以其有

知有察，此大偽所以生也。孝者各親其親，慈者各子其子，此六親所以不和也。忠者忠於己之君謂之忠，

忠於他人謂之叛。(李)

絕盈棄智，民利百倍。所以返樸也。（彭）

見素抱樸，少私寡欲。不事守素而言見素，不言反樸而言抱樸，不言無私而言少私，不言無欲而言寡欲。蓋見素然後可以守素，抱樸然後可以反樸，少私然後可以無私，寡欲然後致於不見所欲也。（李彭）

絕學無憂。學之荒大，而孰知畔岸。（彭）

唯之與阿，相去幾何。乘乘兮若無所歸。以其遊心於無何有之鄉。（彭）

眾人熙熙，如享太牢，如春登臺。我獨怕兮其未兆，如嬰兒之未孩。孔子之容，惟體是從。

孔德之容，惟道是從。盡惟道是從，則孔德之容也。（彭）

道之為物，惟恍惟惚。恍惚是也。（彭）

道非物也，然明□滿門有物矣。

曲則全，枉則直，窪則盈，弊則新，少則得，多則惑。方則易挫，曲以廓之，此所以能全也。直則易折，故枉以待之，此所以能直也。□□常□於卑，而為百川之所委，故窪則盈。無春夏之榮華，秋冬之凋謝，故弊則新。少則復本則得矣。多者有為則惑矣。（彭）

是以聖人抱一為天下式。不自見故明，不自是故彰，不自伐故有功，不自矜故長。夫惟不爭，故天下莫能與之爭。不自見，乃無所不見，故常明。不自是，乃無所不是，故常彰。不自伐，乃無所不伐，故有功。不自矜，乃無所不矜，則不有能，故能可久矣。夫惟不爭，故天下莫能與之爭。（彭）

古之所謂曲則全者，豈虛言哉。誠全而歸之，以其遊心於無何有之鄉。

希言自然。不言而自然。（彭）

飄風不終朝，驟雨不終日。名言威鷂，故希言自然。

自見者不明。自見者不明，故前所謂不自見者乃能無所不見。（李）

寂兮寥兮。寂者此也。寥者遼也。

大曰逝。大者雖六合之外，而不能遺其編，毫末之小，不能遺其綱，故大曰逝。（李）

逝曰遠。逝之極則反於樸矣。故逝曰遠。反者反於本也。用之彌滿彌虛，故曰遠。折則不離己身，故曰反。

遠曰反。

道者因於無爲之外不爲者，道在其已，人不見之。（李）

人法地，地法天。天法道，道法自然。人法地，王者大愚也。地法天，地大愚也。天法道，道大愚也。道法自然，義自然者獨免乎有因有緣矣。非因非緣，亦非自然。然道之自然，自舉者觀之，則所謂妙矣。由老子觀之，則未脫乎因緣矣。然老子非不貴妙之妙，貴其言曰以盡法爲法。故曰道法自然。（李）

重爲輕根，靜爲躁君。輕者必以重爲依。躁者必以靜爲主。（彭）

輕則失臣，躁則失君。臣者佐也。君者主也。靜爲動之主。重爲輕之佐。輕而不知歸於重，則失於佐矣。動而不知反於靜，則失於主矣。（李）

善行無轍迹。善言無瑕謫。善計不用籌算。善閉無關楗而不可開。善結無繩約而不可解。萬物有常性，固有戾其性而梏之者。萬物有正命，固有違其命而絕之者。聖人惻然於是。悃其所寶。慈以濟之。因其悖於理也。發其塞而通之。因其害而若之。除其害而若之。因其害而若之。無其絕而復之。（李）

是以聖人常善救人，故無棄人。常善救物，故無棄物。故無瑕謫。善閉無關楗而不可開。六合之內，萬物之間，不能逃其數，故不用籌算。萬物不得其門而入，故無關楗而不可開。（彭）

故善人不善人之師，不善人善人之資。善人教不善人者也。故善人不善人之師。無不善則不知善之爲善，故不善人善人之資。

不貴其師，不愛其資，雖智大迷，是謂要妙。

知其榮守其辱，爲天下谷。知其榮守其辱，則守之以謙。虛而善應，故爲天下之谷。（李）

去甚，去奢，去泰。安於所安，則能去甚。以儉爲寶，則能去奢。以不足自處，則能去泰矣。（彭）

以道佐人主者，不以兵強天下。其事好還。陰則人報之，兩則天報之，殺人之父，人亦殺其父。殺人之兄，人亦殺其兄。人報之也。師之所處，荊棘生焉，大軍之後，必有凶年者，天報之也。（彭）

道　德　經　註

六五

故善者果而已矣。不敢以取強焉。用兵者不過勝而已。故曰善者果而已。果者勝之辭也。(彭)

物或惡之，故有道者不處。佳兵者堅甲利兵也。兵凶器也，所以為不祥之器，前篇言之已詳，萬物無有不

被其凶害者，非君子之器，不得已而用之。恬淡為上，故不美也。芳美必樂之。樂之者是樂殺人也。樂殺

人者，不可得志於天下矣。夫戰非得已也，非得已則雖勝猶不足以為善，勝而為善者，樂致人於死矣。此

所以不嗜殺人者能一之旨也。故惡之。有道者以慈為心，故不處。(李)

道常無名，天下莫能臣。樸雖小，天下莫能臣。(彭) 道常無名矣，名者強名之也。樸者道之本而未散者也。小者至微而不可

見者也。樸才散，則雖小足以為物之君。樸散則為器，器則雖聖人足以為官長而已。故曰樸雖小，天下莫

能臣。(彭)

始制有名，名亦既有，夫亦將知止。知止所以不殆。名者非道之本也，以其始有所制，則於是有名矣。論

語堯曰滌滌乎民無能名焉。以其有所制也。故民隨之。故曰夫亦將知止。知止所以不殆。

有時而始。故堯而難攝也。故曰夫亦將知止。知止所以不殆。

強行者有志。故堯老而難攝也。

上士聞道，勤而行之，故強行者有志。(彭)

死而不亡者壽。聖人死而不亡者，無異於生。故曰死而不亡者壽。(彭)

萬物恃之以生而不辭，功成不居。萬物之資貸以生，則亦恃之而不辭矣。功成而不居，巍巍乎其有成功，

蕩蕩乎民無能名是也。(彭)

執大象，天下往。往而不害，安平泰。大象者道之喻，執其大則為萬物之所歸向。吾能順性命之理，受之

而不逆，故往而不害。能安則能平，能平則能泰。善安然後至於平，平然後至於泰也。(彭)

樂與餌，過客止。道之出言，淡乎其無味。視之不足見，聽之不足聞，用之不可既。夫五味之於口，五聲

之於耳，世昏沈溺而不知反者，以耳悅之？口耳之間也。雖道之於口，則非味而常淡然耳。惜其不悅於味，而視道之無味。不悅於聲，而視道之無聲。則視之不足見，聽之不足聞，而其用不可盡矣。(彭)
將欲歙之，必固張之。將欲弱之，必固強之。天下之人，常為陰陽轉徙，而不知反。故欲張者必歙，欲強者必弱。知雄之為動，而當守其雌。知白之為明，而當守其黑。故虛之以歙，則天下之張者皆歸之，而不為彼之所弱。(彭)
弱之勝強，持之以弱，則天下之強皆歸之，而不為
是謂微明。
魚不可脫於淵，國之利器，不可以示人。(彭)
利器，常隱於微妙，而不可離於樸也。
非見鱗者，不能與於此。魚之為吻，深潛逃伏，而不可脫於淵。聖人之化而欲作。化而裁之謂之變，言化欲作，作則動而已。(李)
道一無為，而無不為。前言道常無名，肯道之主。此章言道常無為，肯道之變。(李)
上仁為之，而無以為。仁者有所愛，有所親也。
上義為之，而有以為。雜說曰上德無為，而無以為。義皇之下德也。或曰湯武大聖人也，謂之下德可乎？曰聖人之所同者心也。德之所以有上下者時也。渴武也。上義為之而有以為者，上義下德也。
上禮為之，而莫之應，則攘臂而仍之。指我亦勝我。則風之行乎太虛，可謂弱矣。然無一物不在所鼓舞，無一形不在所披拂，即水之託於淵潭，決諸東方則東流，決諸西方則西流，則水之用在乎弱也。大聖人者，易地則皆然。(李)
然藏於人之所易，而攻堅強者莫之能先，則永之用在乎弱也。弱非所以為弱，然有所謂強者，弱則能勝也。雖然言反而不言靜，言弱而不言強，言動則知反之

為靜。書弱則知用之為強。天下之物生於有，有生於無，亦若此而已矣。（李）

中士聞道，若存若亡。　中士者知道之為美，而不知所以為道也。知道之為美，故若存。大音不入俚耳。（李）

建言有之。　孔子常曰述而不作，竊比於我老彭。甕老子稱古之建言者，古之人嘗有此三者之言，故老子述之而已。（李）（疑奪故若亡三字）

夫唯道，善貸且成。　善貸者，萬物資貸而不匱是也。然復歸於所自生，故曰且成。（李）

萬物負陰而抱陽，冲氣以為和。　字說冲氣以天一為主，故從水。天地之中也，故從中。（彭）

故物或損之而益，益之而損。　天道虧盈而益謙。唯其虧盈，故能損謙，乃所以為損。然則王公所稱，乃所以致益而威貴高之道。（李）

強梁者不得其死。　字說曰屋梁兩端乘實加之。物之強者，莫如梁。所謂強梁者，如梁之強。人之強者，死之徒也。子路好勇，不得其死。羿善射奡盪舟，俱不得其死然。是皆失柔弱之義也。（李）

故知足之足，常足矣。　萬物始乎是，終乎是，是大成也。所謂不足者，以其知足也。得道者安居乎。我無足心也。非無足財也。故曰知足之足，常足也。（李）

為學日益。　為道日損。　損之又得，則天下之理無不得。　天下之理宜存之於無，故曰日損。窮理盡性，必至於復命，故損之又損之，以至於消之復之，然後至於命。故曰損之又損之，以至於無為也。然無為也，亦未嘗不為，故曰無為而無不為。（彭）

為學者頻珈也。為道者盡性也。性在物謂之理。損之又損之，以至於無為者，復命也。以至於無為也，故命曰無為而無不為。（彭）

聖人無常心。以百姓心為心。　聖人無心。故無思無為。蠢然無思也，未嘗不思。無為也，未嘗不為。以與民同患故也。（彭）

生之徒十有三。死之徒十有三。民之生動之死地亦十有三。有求生以厚滅者，生之徒十有三是也。有求滅以厚生者，死之徒十有三是也。有生無異於死者，動之死地亦十有三是也。以不勝輸遁。故曰生之徒十有三。死之徒十有三。動之死地亦十有三。（彭）

蓋聞善攝生者。陸行不遇兕虎。入軍不被甲兵。兕無所投其角，虎無所措其爪，兵無所容其刃。惟善攝生者，則能無我。無我則不害於物，而物亦不能害之矣。（李）

蓋聞善攝生者。陸行不遇兕虎。入軍不被甲兵。兕無所投其角，虎無所措其爪，兵無所容其刃。惟其不恃興滅冥生，是以不勝

天下有始，以為天下母。既得其母，以知其子，復守其母，沒身不殆。道者天也。萬物之所自生。故為天下母。夫物芸芸。各歸其根。歸根曰靜。靜曰復命。則得以返其本也。故曰復守其母也。（彭）

之中有沖氣。沖氣生於道。道者天也。萬物之所自生。故為天下母。夫物芸芸。各歸其根。歸根曰靜。靜

者，則能無我。無我則不害於物，而物亦不能害之矣。

生而不有。為而不恃。長而不宰。是謂玄德。此三者皆出於無我。故謂之玄德。（彭）

沒身不殆。開其兌。濟其事。終身不救。故曰復守其母也。（李）

矣。濟其事則門之不閉可知矣。（李）

沒者存之對。終者始之對。以事對門者，閉其門則事之不入可知

見小曰朗。守柔曰強。用其光復歸其明。無遺身殃。是謂襲常。見小曰明者，微而見之，則可謂之明。見

然大，則不足以謂之明。至柔馳騁天下之至堅也。故曰守柔曰強。用其光復歸其明者，蓋

光者明之用，明者光之體。實強則知柔之為體。言明則知光之為用。唯其能用其光復歸其明，則終身不至

於有咎，而能密合常久之道。故曰無遺身殃。是謂襲常。（彭）

朝甚除。田甚蕪。倉甚虛。朝甚除抬也。其田反至於蕪。其倉反至於虛。倉本也。

是中人藥大道而趨邪徑也。（此逐末也四字從彭補）（李）

善建者不拔。善抱者不脫。子孫以祭祀不輟。善建者德建也。能德建則不拔矣。善抱者抱一也。抱一而不

離，則不脫炎。能建德抱一，則德之盛，故盛德百世祭祀。祭祀者見於遼遠而不忘。故曰子孫祭祀不輟。

道德經注

六九

（彭）何人知天下之然哉？以此。身有身之道，故以身觀身。家有家之道，故以家觀家。以至於鄉國天下，再何以知天下之然哉以此者，蓋以此道觀之也。言以此者，此則同於道，彼則異於道。同則取之，異則去之。

（彭）含德之厚。比於赤子。赤子者天守全而陽不散。故含德之厚。比於赤子。（彭）毒蟲不螫。猛獸不據。攫鳥不搏。赤子之心，非有害物也。無害物則物亦莫能害。（彭）終日號而嗌不嗄。和之至也。終日號而聲不嗄，乃和之至。蓋和者主於氣也。（彭）知和曰常。和之為用，則常而不變。故曰知和曰常。（李）知常曰明。不明則不足以知常。（李）益生曰祥。夫生不可益。而人常求益於生。則有凶祥。心使氣曰強。氣者常專氣致柔。今反為心之所使，不能專守於內，則為暴矣。故曰心使氣曰強。書曰作善降之百祥。上章曰守柔曰強。此祥者非行善之祥，乃災異之祥。此強者非守柔之強，乃強梁之強。夫豈豈一端而已，各有所當也。（彭）

物壯則老。惟道則光於天地而不為壯。長於上古而不為老。（彭）挫其銳。解其紛。和其光。同其塵。挫其銳同其塵，此文兩見，蓋道德莫不皆知此。（彭）以無事取天下。雜說曰正可以治一國而已。奇可以用五兵而已。唯其無事者，然後可以取天下。故曰取天下常以無事。及其有事，不足以取天下。然而湯武放伐，亦可以無事乎？曰然則湯武者，順乎天，應乎人。其放伐也，猶放伐一夫爾。求聞有事也。（李）法令滋彰。盜賊多有。法令者禁之非。因其禁非，所以起偽。蓋法出姦生。令下詐起。故曰法令滋彰

○其政悶悶。(李)

其政悶悶。其民淳淳。其政察察。其民缺缺。悶悶者無所分別，唯其無所分別，則常使民無知無欲。故其民淳淳。察察者有所分別也。有所分別，則其民不能無知無欲矣。故其正復為奇。善復為祅。民之迷也。其日固已久矣。種種分別。遂生忘想。(彭)

是以聖人方而不割。廉而不劌。直而不肆。光而不耀。聖人無方無隅，故方而不割。崖崖而不畏，故廉而不劌。大直若屈，故直而不肆。用其光復歸其明，故光而不耀。(彭)

治人事天莫如嗇。夫惟嗇，是以早復。夫人莫不有視聽思。目之能視，耳之能聽，心之能思，皆天也。然能嗇之而不使至於太勞太用，則能盡性。盡性則至於命。早復者復歸其命也。(彭)

育國之母。可以長久。國者皆出於道也。故以道為母。如此則殁身不殆也。(李)

大國者下流。大國下流者，如眾人之所惡也。交者眾人之會。能處眾人之所惡，則天下之勳，莫不歸之矣。故曰可以長久。(李)

天下之交牝。牝常以靜勝牡。以靜為下。交者眾人之所惡。非君子惡居之下流也。蓋牝常以靜勝牡。以靜為下。故靜為者而常處於下，則足以勝牡矣。故曰以靜勝牡，以靜為下。(彭)

故大者宜為下。蓋以小事大者人之易。以大事小者人之難。唯其人之所難，故老子以大者宜為下。(李)

道之奧。善人之寶。不善人之所保。莫非道也。善人求之，足以至於道。不善而求之，則足以免於罪。(彭)

故立天子置三公，雖有拱璧以先駟馬，不如坐進此道。立天子置三公，雖有合拱之璧，先乘駟馬，足以迎賢者之來。而不如坐進此道而已。(李)(彭)

古之所以貴此道者何。不曰以求得。有罪以免耶。故為天下貴。

道德經註

七一

民之難治。以其多智。夫聖智者，國家之利器也。言古之華民道者，不以聖智示人。欲使人無知無欲，而

憂之也。故莊子曰上誠好智而無道，則天下大亂矣。何以知其然？夫弓弩畢弋機變之智多，則鳥亂於上矣。鈎餌罔罟罾笱之智多，則魚亂於水矣。削格羅落罝罘之智多，則獸亂於澤矣。智詐漸毒頡滑堅白解垢同異之變多，則俗惑於辯矣。故天下每每大亂，罪在於好智。(李)

新說曰桀跖之智，在於不徧物，禹之智，在於行其所無事，不徧，物則不察物以為明。行無所事，則不鑒物以為利。則可謂善用智者也。若夫老子所謂不以智治國者，則在於存之，然後民利百倍。(李)

不以智治國，國之福。

天下皆謂我道大，似不肖。夫惟大，故似不肖。若肖，久矣其細也夫。 夫道之大則不可以名，故似不肖。小則可以名，故若肖。故曰若肖久矣其細也夫。(彭)

捨其慈且勇。捨其儉且廣。捨其後且先。死矣。 慈則能柔，柔則能勝天下之至堅。故能勇。儉則知足，知足則能廣。不敢為天下先，則物莫為之先，故能成其器長。勇廣先至者，人之所共疾也。為衆所疾，故常近於死。(彭)

中士聞道，若存若亡。下士聞道，則大笑之。 惟其大笑，故知我者稀。惟其希，知我者稀。則我貴矣。

勇於敢則殺。勇於不敢則活。 莊子曰聖人以必不必故無兵，衆人以不必必之故多兵，故多兵而殺。勇於不敢，以必不必故無兵而活。(李)

不召而自來。 陰陽代謝，四時往來，日月盈虛，與時偕行，故不召自來。

坦然而善謀。 以其知陰故善謀。(彭)

木強則共。 以其常易故坦然。以其不順之辭。故曰木強則共。(彭)

以其無以易之也。 天下之物，能小而不能大，能方而不能圓。水則不然。因地而為小大，隨形而為方圓。

不失其常。故曰無以易。（彭）

無德司徹。司徹通於事，則不能無責於人。不能無責於人，則不能使人之無德。此其所以謂無德也。（李）

（彭）

使有什伯之器而不用。夫民之寡，則吾之用亦狹矣。故小國寡民，雖有什伯之器不用矣。（李）

雖有舟輿，無所乘之。雖有甲兵，無所陳之。民自足於性分之內，則無遠遊夸戰之患。（彭）

鄰國相望，雞犬之聲相聞。使民至老死不相與往來。夫轡之被於民，及其極也，則能使民無知無欲。憔

知耕而食，鑿而衣，而不知所以然。（彭）

信言不美。信者性也，言近於性，則極天下之至順。故實之信者不美。夫治天下至於甘其食美其服安其居樂其俗老死而不相往來，則治之極。復收斂而歸於道，故次之以信言不美。（李）

美言不信。言之美，則不能近於性矣。故美言不信。（李）

道德經注

七三

敦煌本玄言新記明老部

太極隱訣　顏監注　秘書監上護軍琅耶縣開國子顏佩字師古

老子姓李名耳字聃又字伯陽聘者晉其耳無輪廓也伯陽者言應太之數而生家於楚國陳郡苦力縣厲鄉瀨鄉或云曲仁里

人也皇甫謐云在渦水之陰謂真人也河上公序云當周時李氏女妊之八十一歲剖左腋而生平王時出關關令尹喜從求著書因作上下二篇仍之流沙莫知所終今題稱老子自有兩義一者約形相爲言二者據義訓爲釋形相解者言生而白首有衰皓之容故謂之老實自新生故謂之子義訓釋老之言考子之言孳孳以其考聚真理故能孳孳化物乃曰老子

道者理也通也王弼易論云譔之子也道者通物者也今經題釋道對德以立名道是真境之理纔是至人之智理境無擁故謂之通體通於德亦是

即彼之纔能得於德即謂之通所以有道而無德以紊其德欲問道德相資則境智冥會通題經者是待緯之名經者常也法以其理無遷變故謂爲常可軌模乃稱爲法備此二義故謂爲經道經象天所以冒下王弼字輔嗣山陽人官至尚書郎魏正始十年時二十四尋古本直云王弼論下釋注道德二篇謂象陽數極九以九

爲經限故有八十一章以爲二卷上卷所明總說常道治身治國言治國者夫域有四大千居其一所以射山之卜寄說帝堯洛水之濱寶宗子慱五千之教誠道被黔黎萬乘之君亦厠周勤殖事理相符故談其義曰常道所尙以無爲將道之器道亦不離於身卽身之道

所貴以無爲爲本故下文云我無爲而民自化明治身者一身爲將道之器道亦不離於身卽身之道則是無名無爲卻擯之身則最有有則有累大愚所以見空之士不有其身下文云及吾無身吾有何患尋累之所生生於

貪欲貪欲息則衆累自止前文云故常無欲以觀其妙知是消身治國莫不貴於無欲無爲此略擧一篇之大宜也

道家三考

蒙文通

坐忘論攷

玉潤雜誌言「司馬子微作坐忘論七篇，一曰敬信，二曰斷緣，三曰收心，四曰簡事，五曰真觀，六曰泰定，七曰得道」，又爲樞一篇以總其要，而別爲三戒曰簡緣、無欲、靜心。且謂「得道者心有五時，身有七候」云云。今存坐忘論七條無缺，獨所謂樞一篇三戒五時七條則不可見。是仍不可謂無缺也。吳筠玄綱論今亦猶存，此皆唐世道家言之足貴者，而碧虛晁引玄綱論云「功欲陰遇欲陽，功陰則能全，過陽則易改也」語致玄疏謂爲玄綱論立功改過章，備引此文殆百言。今玄綱論中道成疏中覽入五百餘言，首尾皆爲玄綱論，而中一段不可知者，殆亦玄門論之依文也。是玄綱論亦多缺文。玄德纂疏中道可道成疏中篇，其中篇則天隱子語也。其上下篇皆子微坐忘論，知爲樞一篇之文。而下篇有「定心之上，豁然無礙，定心之下，空然無甚，」驗之玉潤所記則亦樞一篇之文也。然則上下二篇之文，莫善乎正「。(司馬子微)先生曰吾近得見道士者，殆皆爲樞一篇之文也。趙堅造坐忘論七篇，其事廣，其文繁，其意簡，其辭辨。」是坐忘論有三，天隱趙堅正「三家也。通志復有吳筠坐忘論一卷，而文無所徵見，豈鄭氏之誤歟？天隱書今存遊藏，而文有脫佚，翻不如諸子彙函之完整。趙論不可得見。道藏中有韓志堅道德經疏六卷而不完，廣聖義記箋注六十家有法師趙堅作箋疏六卷，則志堅即趙堅也。或以趙志堅爲宋人者誤也。志堅之疏云。

坐忘論攷

觀有多法，今略言三。一者有觀，二者空觀、三者真觀。一有觀者，河上公云以修道身觀不修道身，執存執亡，鄉國天下例然。但以存亡有迹，觀迹以知修與不修，故云有觀。二空觀者，觀身虛幻，無真有

處，定志經云要訣賞知三界之中，三代皆空，雖有我身，皆喻歸空，故云空觀。三冥觀者，則依此經為觀，營觀此身，因何而有，從何而來，是誰之子，四肢百體，以何為質，氣命精神，以誰為主，尋經觀理，從遺流來，初經一氣，大涉陰陽，道為精神，元和為氣命，陰陽為留緒，大道為都匠，總此數物，陶冶成身，心是陰陽之精，而為氣命之主，一身之用，無不因矣。諸緣共聚，各有精麤，精者為賢聖，麤者為愚懇，及諸鳥獸，皆遇然耳。此謂初生，從七已後，即以形相生，有識無情，蓬惡漸起，繢以成業，草木無情，種性不易，人獸有識，隨業流轉，以此交遷，次第齋觀，曆歷分明，知道為母，道即是母，已即道子，識母知子，應早歸母，故文云天下有始，以為天下母，既得其母，以知其子，既知其子，復守其母，此誠真理，非明慧本知，故云真觀。以是常須自愛自惜，不墜道風，專心事母，竭誠孝養，不可縱情貧染，輕入死地，將道種性，淪沒三塗。既知有母，不可安然，有宜蕁求，先須知母所在，作何相貌。且常觀母之為物，不可以相貌求，出彼空有，不可以方所定。迎不見首，隨不見後，恍惚如失，不知無所適。離諸色象。觀母既知神妙莫測，實可尊貴，深憶深思，勤行法則。法則之要，事須退俗。不得住有，不得住無，空無所憶，孤然不動，久而又久，不覺恰然如有所得，向心叶母，安措之安，玄珠已得，萬事畢矣。餘何所求，身既無，奧一和同，道至神冶，故如有得，心冥此地，則是弱喪至家，玄珠已得，萬事畢矣。餘何所求，身既昇經云道非獨在我，萬物皆有之，上從興聖，下及蚑蟲，同母共氣，一法性耳。凡儕兄弟，未獨公觀。如是，次觀家國，乃至天下，萬物皆有之，以身觀身，要在於此。此听云三觀，正是天台宗三觀之法。司馬子微坐忘論不可見，然觀於此，而其大要可知也。玉澗雜霅言「道釋二氏，本相矛盾，子微之舉，乃全本於釋氏，大抵以戒定慧為宗，觀七籤敘可見」，而樞所載尤簡徑明白，「夫欲修道，先去邪僻之行，外事都絕，無以干心，然後端坐內觀，正

覺一念起即須除滅，隨起隨滅，務令滅盡心，不與有心，而心常住，定心之上，豁然無覆，定心之下，曠然無基。」又云「善巧方便，惟能入定，慧遲慧速，則事乖於定，爭求慧，則傷於定，傷定則無慧，定而慧生，此真慧也。此真與釋家所謂此觀，實相殆無平微中年懼天台玉碧家，蓋智者所居，知其源流有自也」。然則坐忘之旨，出於天台，貴人已先言之。亞潤所記，略見曾愷齊，而名有詳略，合而觀之，則樞一轄之交亦可得其大較也。

張右史（耒）送固始山人張螺序曰「至柔教余以養性之妙，其言曰大道甚簡，惟得之所能測，言之所能盡，惟得知之。虛氣來降，則百疾除而靜一之極，則玄通四達，氣實應之。茲非蒼之所能測，言之所能盡，惟得知之。虛氣來降，則百疾除巳。老子曰虛其心，實其腹，弱其志，強其骨，心虛志弱，而顏自瑩骨內強矣。是道也，智者得之為此觀，司馬子微得之而為坐忘，皆一道也。此皆與真人修身之要，而今人忽之，乃苦其形骸，妄想繼怪，吞餌金石，去道遠矣。」斯則宗子徹之論者，其言亦與玉潤雜符合，則坐忘與天台同出審笑。

范咇元道德經集注釋朱真人桃椎曰「道齊氣也，道體者虛無也。自然者無然也。無為者心不動也。內外安靜，則外境不入。內心不動，則神定氣和，神宗氣凱，則元氣自正。元氣自正，則五臟流通，問精液上廳，精液上廳，則不思五味，五味已絕，則飢渴不生，飢渴不生，則三田自盛於前蠶堅骨寶，返老還元，勿此修養，則真道成矣。」此其為訣，與張玉柔所言養性之妙，最為符合。朱桃椎唐初人，不聞有書。范甯宋人，於何得之。宋史賢「皇甫坦，蜀之夾江人，高宗召見，問何以修身，曰心無為則身安，日自言過柴桃椎受法，人主然則范所引朱真人說，當即坦之所傳耶？諸伯秀言「苟厲元鈞之順慶人。」坦為蜀之夾江人。官范氏所稱，

復問天下治。宋史賢「皇甫坦，蜀之夾江人，高宗召見，問何以修身，曰心無為則身安，日自言過柴桃椎受法，人主…………

然得之元曰「惟空明者內覺其身心空，外覺其萬物空，於懸諸相既破，無可執無可爭矣。諸有者幻夢也。吾嘗

晃文元曰「惟空明者內覺其身心空，外覺其萬物空，於懸諸相既破，無可執無可爭矣。諸有者幻夢也。吾嘗得之皇甫之傳，皆坐忘之旨趣也。

坐忘論攷

七七

坐至堂見藥入沒水，吾觀空純熟，自無全人，觀汲水營惟一塊之空，自西而東，豈非在幻知幻乎。故曰本無一物。學道者必先止念，念起即知之。故不畏念起，惟畏覺之遲也。覺遠止速，此其妙用歟。吾當門心息相依，息調即靜，念起即覺，覺之即無，此最道之體與也。夫未能無念，即用觀空，未能頓空，即用對待，三策次第用之，達磨壁觀，始學甯不能知也。鄭景望嘗見鴻劉海蟾之徒，莊子坐忘，豈劉亦以坐忘為教哉？劉健泉先生曰「唐以還道教諸名師，皆明藥之非草，長生之非形軀，不言白日昇天。」由今觀之，蕭家自齊梁而後，已受佛法影響，以不生不死言長生。顧與漢魏之傳殊致。濫鋠子先生論儒家易道與太極經，皆主積善之家必有餘慶，積不善之家必有餘殃，是以作業為子孫受報，佛法主三世輪迴，作業為自身受報。韓之家必有餘殃，皆信輪迴之說，不以形軀即身成道為旨要，以不生不死言長生，此余所知於唐宋道家之說也。隨唐道教以還遊教話即，而歸於神與道合。神與道合則不死不生，此余所知於唐宋道家之說也。隨唐道家以三一為宗，司馬子微後遠於兩宋，道家所取於佛法者為智者之天台宗。不言白日飛昇，為體唐道教之又一變也。宋之演教凡鍾呂傳道所謂鶯近於陳圖南之傳。遠紹子微，而經籙外丹之說以衰，此道教之又一變也。余於陝攷元老子注陰文中已稍言之。至全真教出，殆又不同，李道純中和集中全真活法一篇，可以概見。其言曰。

全真道人，當行全真之道。所謂全真者，全其本真也。全精全氣全神，方謂之全真。才有欠缺，便不以全也。才有點污，便不真也。全精可以保身。欲全其精，先要身安定，安定則無欲，故精可養心，欲全其氣，先要心清淨，清淨則無念，故氣可全也。金神可返虛，欲全其神，先要意誠，意誠則心身合而返虛也。是故精氣神為三元藥物，身心意為三元至要，才必多為，但臨精氣神三寶為丹頭，三寶會於中宮，金丹成矣。豈不易知，豈為難行，驟知者邪說惑爾。

弇州續稿書中初集後，謂「此書於一切內外丹藥吐納伸經之術，皆指以當傍門小道，而究其大旨，多州禪門。」此數語者直足以抉金真之秘要。蓋北宋南宋，道家進庭之迹，亦依此三宗。宋之道家，因有異於唐，金元道家，亦復異於宋。儒道二家皆衰。雖茅山正一之流，其傳不絕，要為已陳之芻狗。大昌之餘昔，不足昌也。惟自明以後，釋道二家始至南方，為武當一派。而武當派自張濬貴張守清後，其教頗行於兩湖江浙演蜀，而亦兼修正一清微之法，而正一與南北二宗，遂多通而為一。王圻綸文獻通考曰「黃房公姓宋名有道，字德芳，號黃房公，時號紫雲真人。遇丹陽（馬鈺）授以金丹火候秘訣。」授以金丹之道，後以逆授綠督子。綠友欽字綠督，得紫瓊授以金丹大鎛，號紫瓊真人，太虛真人（李珏）授以金丹之道。上陽子姓陳（名致虛）字觀吾，得賴反欽金丹妙道，精於其術，有金丹大要行世。上陽子所自述，為南宗要籍。流布最廣。而自云出宋徽宗之際，即出於金丹大要綠旨篇，為上陽所自迹，致虛注參同契，為南宗要籍。要，導源丹陽。果披雲即黃房公，豈此一系兼兩宗之混，固己久耶？蓋劉尧生未見綠涵考耳，故於玆特詳論之。道教略詐於授受淵源，而於上陽一家，源流既遠，乃忽而不餘。至偽說先秦諸子之書，亦末可忽。凡見於隋志而不見於漢志之書，多屬疑偽。然華普治要中六籍醫子鵬冠尉繚三略之傳，所存文字，皆與今世傳本大同，則此顧古籍，以為先秦之書同非，然又為得不謂宗隋前之作也。朴胞子釋滯曰「五千文難出老子，然皆泛論較略耳。至於文子莊子關尹子列子關尹之書，更出抱朴之前，論魏晉道家之旨者，又烏可忽諸。關葛之書，正足以見一時議論。若雲笈七籤之論六朝與唐，皆慓道樞之論唐宋，搜奇拾腔，附益為多。以下接於南北宗專籍，演以稽道家之學，於此可窺其大致也。

坐 忘 論 考

十九

注，尤為要籍。由今之所存，以推見所亡，大要先秦道家思想之變，無不可於老經之注求之者。苟從事於此，略有遺略，殆亦寡矣。

膚淺小書

老子王弼注近代無善本以浙江書局刊行二十二子本為最通行浙刻翻從華亭張氏本書明萬曆閒張之象也乃校其文字則直從聚珍版出而又非武英殿原本所據者浙覆刻聚珍也浙覆視原本奪誤頗多廿二子本一一與之符合於晤局中校者如黃式三諸前輩頗多頗率通才不知何以疎失如此四庫本提要謂從張氏三經晉註錄出故浙局從四庫分徑關依華亭張氏本殆不見本書否四庫本有熊克跋熊又從宋晁氏本出而其奪誤同於正統道藏本實有晁熊二跋豈張在直從道藏出以晁跋故致後人疑為出於南宋不歐憺道藏但分章皆同於正統道藏本奪誤字然足以正浙本之不足于本之數惟誤誤如許則不可復數改正偏於書眉故知強從正統出四庫館臣又言雖亦有義奪誤字然足以校後仍奪誤如許則傅奕古本亦不足于本之數惟誤誤校以永樂大典則可解就文之王弼本耶絕不可見謝守灝寶思賢言王弼本作某者直近世通行之本焉夢不辭殊可笑也凡王弼本老子攷究其義所訓知王注往往同於他家經本今王註之經決非舊其到可決也以道藏各經皆為鈔學羽溿妄依他經擅改故王氏注多不相應其甚者又愼依經以改注致經既非舊而注又不辭殊可笑也凡王弼本作某者直從近世通行之本奧夢也疑王氏原有章名者由巴黎國民圖書館所贈敦煌老子跋義卷子影片攷之知唐時王注亦有章名之舊其文字為名之說亦非居今日而欲一校明彰 書友無錫蔣君巴辯之荀本取章首文字為名之說亦非居今日而欲一校老子攷其義吾友無錫蔣君巴辯之荀由釋大昌忘諭之則宋時王注以海東覆刻浙本並據從唐人五經文字等碑華子疏義卷子影片攷之知唐時王注亦有章名之舊其文字欲一校嗣嗣注直同暗中摸索至黎純齋古逸叢書所謂唐卷子本則以海東覆刻浙本並據從唐人五經文字等碑華總其字以關契異說寫古雅翻神校事更為下關余因校王註已久茲猶求有定也

楊朱學派考

孟子稱「楊墨之言盈天下。天下不歸楊則歸墨」。而楊氏之言不多見，後之流裔亦不可考，不如墨氏之顯，則安見其言之盈天下。然以「為我」之旨貫之，則後來之傳，猶有可尋。呂氏問曰「楚王問為國於詹子，詹子對曰何聞為身，不聞為國」。莊子讓王稱詹子之答中山公子牟曰「不能自勝而強不從者，此之謂重傷，重傷之人，無壽類也」。此詹子應即詹何。孟子謂「楊子為我，拔一毛而利天下不為」。呂氏審分覽言「楊生貴己」。淮南氾論言「全性保真。不以物累形。楊子之所立也」。而孟子非之」是瞻何為楊朱之徒，於尊生之義益深也。子華子殆亦貴己之徒。呂氏春秋貴生稱子華子言「全生為上，虧生次之，死次之，迫生為下」。所謂全生、六欲皆得其宜也。所謂虧生，六欲分得其宜也。虧生則於其尊之者薄矣。其虧彌甚，其尊彌薄。所謂死者，無有所以知，復其未生也。所謂迫生者，六欲莫得其宜也。皆獲其所甚惡者。服辱是也。辱莫大於不義。故不義，迫生也。而迫生非獨也。故曰迫生不若死」。所謂全生之義，殆與楊氏之說不殊。呂氏春秋季春紀盡數言「流水不腐，戶樞不蠹」，辨萬物之利以便生，故精神安乎形，而年壽得長焉。是也。皆也活非短面續之也。畢其數也。聖人察陰陽之宜，知萬物之利以便生，故精神安乎形，而年壽得長焉。長也者非短而續之也。畢其數也。聖人之務，在乎去害」。呂氏孟春紀重己言「世之人主貴人，無賢不肖，莫不欲長生久視，而日逆其生，欲之何益。凡生之長也，順之也。使生不順者欲也。故聖人必先適欲。……所以養性也」。至仲夏紀適音之說而義益高。其論曰「樂之務在於和心。和心在於行適。夫樂有適，心亦有適。人之情欲壽而惡夭，欲安而惡危，欲榮而惡辱，欲逸而惡勞。四欲得，四惡除，則心適矣。心欲之得也，在於勝理。勝理以治身則生全。生全則壽長之術，

楊朱學派攷

八一

於珉辟。與子華子「屢莫大於不義，迫生迫生也」之說，尤為表裏，而義終於孟子所謂舍生而取義。則又安取乎長生久視不死之事哉？則儜何楊朱子華呂氏之流，持論若一貫，其淵源宜有自也。呂書嘗為「子華子見昭釐侯，曰今使天下書銘於居之前，曰左手攫之則右手廢，右手攫之則左手廢。今之所爭者，其輕於韓又遠。君固愁然傷生以憂之，戚不得也」。此子華顯為楊朱之義。呂覽誣徒又稱子華子曰「王者樂其所以王，亡者亦樂其所以亡。故烹獸不足盡獸，嗜其脯則變矣。知子華子貴生而亦貴義。故有不義不者死之論。長肯史楊墨，並為仁義。知楊朱亦為仁義，與子華子同。孟子斥楊墨為「邪說誣民，充塞仁義」。正以楊墨與孔孟同言仁義而亂其實。知楊朱亦為仁義，故澹絕之耳。莊子佐籙嘗言「削曾史之行，鉗楊墨之口，攘棄仁義，而天下之德始玄同也」。是肯史楊墨，並為仁義也。秋水篇胃、孫龍問於魏牟曰「龍少學先王之道，長而明仁義之行，合同異，離堅白，然不然，可不可，困百家之知，窮衆口之辯，駢拇言「駢於辯者，纍瓦結繩，竄句游心於堅白同異之間，而敝跬譽無用之言，非乎？」而楊墨亦。墨子俱為仁義，為辯者。蓋仁義為三古以來之敎，楊墨孟荀公孫龍告子之徒皆歸本於仁義，而義各不同，孟子必辭而闢之者，蓋以其近似之足以亂真也。故曰「有虞氏招仁義以撓天下，天下莫不奔命於仁義」。也楊首尊生而貴義，而非莊老屏棄仁義之徒。凡本生重已貴生諸篇，也楊貲尊生，也楊貲尊人之心」。又曰「昔者黃帝始以仁義攖人之心」。故呂覽適晉各篇，固本之子華楊朱者也。則之墨」。楊氏之言，彼乃少所概見，鮮詹何子華之說而附益之，而後此宗之學，者可識也。孟子言「楊朱墨翟之言盈天下」。又曰「今天下不之楊，則之墨」。楊氏之言，彼乃少所概見，鮮詹何子華之說而附益之，而後此宗之學，者可識也。

楊朱學派攷

管子審立政九敗曰「寑兵之說勝，則險阻不守。兼愛之說勝，則士卒不戰。全生之說勝，則廉恥不立。私議自貴之說勝，則上令不行」。「寑兵」「兼愛」爲墨家言。「全生」「自貴」，爲楊子言。管書蓋並攻楊墨，此九敗之四也。而管書立政九敗解重釋全生之弊曰「人君唯好全生，則群臣皆欲全其生。而養父養何也？曰滋味也，聲色也，然後爲養生。然則從欲妄行，男女無別？反於禽獸。然則禮義廉恥不立，人君無以自守也」。依此以言，知它所謂魏牟，亦以合它黑生，是它黑魏牟也。而管書立政九敗解重釋自貴之弊曰「富不與貧期而貧至，富不與梁肉期而梁肉至，驕奢不與死亡期而死亡至。猶孟子『無父無君』，謂之禽獸行，其失而富至，富不以利天下之說。荀氏所論，正有合於管書全生之說。則楊朱魏牟不足以合交通治言，前世坐此者多矣」。趙策者公子牟應侯曰「夫貴不與富期而富至，富不與梁肉期而梁肉至」。是亦不以富貴黑生，不拔一毛以利天下之說。盜跖固一篇之意，亦何嘗以死利東陵爲惡。莊子讓王稱公子牟謂瞻子曰「身在江海之上，心居魏闕之下，奈何？」瞻子曰「重生。重生則輕利。公子牟曰雖知之，未能自勝」。夫能自勝而強不從者，此之謂重傷之人，無壽類矣。魏牟萬乘之公子也，其隱崖穴也，難爲於布衣之士也。瞻子軍傷自貴，或近於縱情性，安恣睢。前論儋何子華爲楊朱之學，豈魏牟又儋何之徒歟？九敗解重釋自貴之弊曰「私議自貴，隱伏窟穴就山，非世間而上輕爵祿，而賤有司。然則令不行，禁不止一」。則知陳仲史鱸，亦爲楊朱自貴之學者也。齊策言趙威后周齊使曰「於陵仲子尚存乎？是其爲人，上不臣於王，下不治其家，中不索交於諸侯。此率民而出於無用者。何爲至今不殺乎」？韓非外儲說右曰「齊有居士田仲者。宋人屈穀見之，曰先生之義，不恃人而食，然亦無益人之國，亦堅瓠之類也」。此伏窟穴輕世間之事也。孟子言「仲子齊之世家也。以兄之祿爲不義之祿而不食也。以兄之室爲不義之室而不居也。

八三

避兄離母，處於於陵。身織屨，妻辟纑。三日不食。耳無聞，目無見也。」知陳仲亦持仁義之說。處於於陵，三日不食，正所謂「忍情性」。荀卿非十二子言「忍情性，綦谿利跂，苟以分異人為高。不足以合大眾，明大分。是陳仲史鰌也。」殆二子亦楊朱之學者也。荀卿書言「盜名不苟篡言，蓋谿利跂，苟以分異人為高，不如盜也。」然則盜跖一篇所謂，豈唐何魏牟之徒譏陳仲輩死名之所為乎？讓王一篇純為伸仲不拔一毛而利天下之義，以至生為主，與紛紛無益於人之圖。殿之以督光盧水，夷齊首陽之事，則迫生不若死之說。然以出於「無用」言之，則蓋遠於墨氏。韓氏外傳有虎丘户諫遽伯玉事，無益人國之議，亦未必然。孟子曰「仲子不義更之齊國而弗受，人皆信之。」知仲子義不義之辨嚴，堅瓠之聲。說苑政理「楊朱見梁王言治天下如運諸掌。」然則無君之譏，亦為戲詞。是楊朱一家，顯有縱情性忍情性之二派。猶之儒分為八，墨離為三。楊即墨相攻，是知莊老方之道家，詎濟仁義如蘆土。曰「分異為高。」曰「反於衡獸。」皆推極其弊之論，不必能為事實。與莊老殊致。則不得謂為道家宋流分派，亦為致詞。
校書者不能辨血誤入之非，譏與道家者每有之。惟其不細仁義，後師之誤也。
莊子田駢之倫，皆以道家名目之，譏與莊老同術者，後師之誤也。
提子曰畔？等止二。天下篇以莊子接一上與造物者遊，而下與外生死無終始者為友。」故又曰「死與生與？天地並與？神明往與？」是鬼子一書，以外生死為主。列寇纓性至樂諸篇乃為其義，然則以全形保生為義者，非莊子之說也。澄以天下篇而可決也。試群言之。
莊子盜跖篇以荄齊　焦申徒狄介之推皆「離（罹）名」輕死，不念本養詳」者也。而言「人之情目欲觀色」，耳欲聽聲，口欲察味，志氣欲盈。人上壽百歲，中壽八十，下壽六十。除病瘦死喪憂患，其中開口而笑者，一月之中，不過四五日而已也。……不能說其志意，養其壽命者，皆非通道者也。」此與縱情性安恣雎禽獸行者之言。次以子張滿苟得之問答，無足知和之問答，

義亦同是，滿苟得之言曰：「小人殉財，君子殉名，貴所以變其情、易其性則異矣。乃至於棄其所為、而殉其所不為，則一也。」此亦體情性之說。而子張之言曰：「盡不為行。」正以其禽獸行也，無足以長之言曰「夫見下貴乎，體不待象迦安之。夫欲惡避就，固不待師，所以長生安體樂竄之道也。且夫聲色滋味權勢之於人，心不待學而樂之，惡不待象迦安之，固不待師，此人之性也。天下雖非我，孰能辭之。……必持其名，苦體絕甘（約養以持生），則亦久病長陀而不死者也。」此繼情性安態唯資也。而一皆歸於長生養壽。故曰此楊朱之徒，於纏情性者之說也。」子州支伯曰予適有幽愛之病，方且治之，未暇治天下也。夫天下至重也，而不以害其生，又況他物乎？……子州支父曰我適有幽愛之病，方且治之，未暇治天下也。故天下大器也，而不以易生。……若夫貪生者，雖貧不以利累形。……卞隨曰吾生乎亂世，而無道之人，再來漫我以其辱行，乃自投稠水而死。……瞀光曰非其義也，不受其祿，無道之世，不踐其土，況尊我乎？乃自投清冷之淵。……卞隨務光完身。由此觀之，則亦楊朱之徒也。……讓王篇中卞隨之流，正讓王之所美。是數子者，皆以忍情性，損嗜欲為主，而一皆歸乎產生完身。故曰道之真以治身，其緒餘以為國家，其土苴以治天下也。此皆以忍情性，因自投楇水而死。……伯夷叔齊曰今天下闇，周德衰，不如避之，以絜吾行。北至於首陽，遂餓而死。」此固迫生不如死之說，而以忍情性薹黎利跗者也。盜跖比夷齊鮑焦介之推於「磔犬流豕，詆諆仲尼。而讓王篇中卞隨之流，絕棄仁義，亦許孔子。此二者之大別。盜跖之徒，要合於陳仲，而子華之徒，要合於陳仲，亦於楊朱為近。讓王之所陳義，竟高於盜跖也。以莊楊朱末流，相攻之事亦劇。盜跖比夷齊鮑焦介之推於「磔犬流豕，詆諆仲尼。」殉財殉名之說，先後一貫，非其貴乎？騈拇馬蹄胠篋在宥諸篇，於魏牟一派為合「無為君子，無為小人。」其體歟？而天地天道天運諸篇，於陳仲一派為近。彼或瞩笑仲尼，此則譽之，亦於是顯分。而皆不離衛生

楊朱學派攷

八五

生之說。至刻意繕性至樂諸篇，又鄰乎長生之說，此正莊周之旨，而異乎楊朱者也。若達生山木諸篇，皆以生爲貴，不譽孔子，而實於孔爲遠。視天道諸篇，雖譽孔而實於孔爲近者又殊。天道諸篇皆陳仁義之本，故於其間推而知也。至達生諸篇，亦源於楊朱之說，則莊子一編，固道家者流，一大叢書。各家異義，皆略可於下章論之。至田駢愼到之流，亦源於黃老之術。崔東壁謂黃老即楊朱一派，義近之也。蓋田駢愼到之流，而亦儕何魏牟金生養年之徒，故漢志并係之道家。而道家要以北人爲多。荀以仁義之說衡之。北方之道家，楊朱之徒，廢仁義，說與老莊大同，斯爲正宗。而莊周南方之學，翻爲支派也。此固北方之學也。田駢接予之屬皆齊人，漢志列之道家，此固北方之道家。齊策言「齊人見田駢，曰聞先生高義，設爲不宜，而顧爲役。」呂覽執一言，田駢以道術說齊王，曰博言之，豈獨齊國之政哉？變化應求，而皆有章。因性任物，而莫不宜當。彭祖以壽，三代以昌，五帝以昭，神農以鴻。」是田駢亦儕何魏牟金生養年之道，正所謂因循之義也。司馬談論六家要指，以爲道家「以虛熊爲本，以因循爲用。」其曰「虛者道之常，因者君之綱。」蓋虛無者，莊周一流之所同。而因循者，田駢一流之所異也。其曰「有法無法，因時爲業。有度無度，因物與合。」正荀卿所譏，「尚法而無法，下修而好作。上則取聽於上，下則取從於俗。終日言成典文，反紃察之，則倜然無所歸宿。不可以經國定分，是愼到也。」所訐者形也。形神離則死。神者生之本也。形者生之具也。不先定其神，而曰我有以治天下，何由哉？」斯皆金生尊生之旨也。田愼因循之說，有法無法之義，始可以流而爲申韓之苗術。然則法家源於道德之說，謂田愼莊老之遺無也。呂氏春秋序意釋文信侯曰「嘗先。」此因循之義也。又謂愼子「藏於法而不知實。」此正法之源於田愼也。又謂愼子因循，非謂莊老之遺無也。呂氏春秋序意釋文信侯曰「嘗有見於後無見於

八六

有大物在上,大短在下。考之曩世,是法天地。所以列禦寇亡甚在上跂之天,下驗之地,中審之人。若此則是非可不可無所遁矣。三者皆私說也,行私者右莽理也。土民其理,平其私。夫私視慎目宜,私聽使耳聾,私慮使心狂。」斯亦田駢之學,若莊周者,則又惡乎可,惡乎不可,而舍是與非也。知呂氏以下所謂言黃老意者,皆指田子之徒,而非謂莊生之義也。天下篇之譽彭蒙田慎,得司馬呂氏言而旨益顯,以不離因循者為主。其曰「公而不黨,易而無私,決然無主,趣物而不兩。不顧於慮,不謀於知,於物無擇,與之俱往。」此正任物因性之說。「不師智慮,不知前後,魏然而已矣。推而後行,曳而後往,若飄風之還,若羽之旋,冷汰於物,與物宛轉。」此皆因物循理之說也。故生乎「棄知去已,而緣不得已」,冷汰於物,以為道理。」「芴乎無形,變化無常。」「是胥徒知腐之徒,未解因循之義。北方之學,善以此為中心,於論稿最高。推而徒行,芴飄風之還,若羽之旋。司馬談言雜家「使人精神專一,動合無形,瞻足萬物。其為術也,因陰陽之大順,采儒墨之要,撮名法之善,與時遷移,應物變化,立俗施事,無所不宜。指約而易操,事少而功多」,聯莊周之旨,於此區以別也。」其解曰「因也者,舍已而以物為法者也。感而後應,非所設也。此皆田駢慎到之術,而非莊周之旨,乃足以當之。李耳作曹,並申子言術而亦取之。則晚周以來,若老大雖此皆田駢慎到之善。出今觀之,猶舊藉然。心術曰「恬愉無雜家者起,匯九流而一之,正田駢慎到,竄管書之有取於慎子。餘前撰論,以管子書心術內業、正義合於慎到,義合於慎到者,寡管書之有取於慎子。其虛也非所設也。其靜也非所取也。過在自用,罪在變化。是故有道之君,其處也若無知。其應物也若偶之,言至適也。」此正慎到之「棄知去已,而緣不得已,冷汰於物,以為,去智與故。其應也非所設也。其靜也非所取也。過在自用,罪在變化。變化則為生,為生則亂矣。君子之處也若無知,言至適也。其應物也若偶之,言時適也。」此正慎到之「棄知去已,而緣不得已,冷汰於物,以

為道遲。」「無建己之患，無用知之累，動靜不離於理。」此慎所謂「塊不失道，魏然而已」者也。又曰「聖人之道，若存若亡。與時變而不化。應物而不移。日用之而不化。」此正所謂「因時為業，因物與合」者也。六帖十一御覽七百六十八引慎子「行海者坐而至越，知呂氏貴因之文，卽本之慎到。其曰「三代所寶莫知也。安坐而者械也。」行陸者立而至秦，有車也。秦越遠途也，安坐而至者械也。禹通三江五湖，決伊闕，溝迴陸，注之東海，因水之力也。如秦者立而至有車也，適越者坐而至有舟也，秦越遠途也，因則無敵。禹受授之禪位，因人之心也。湯武遭亂世，臨蒸民，揚其義，成其功因也。禹之裸國，裸入衣出因也。故因則功，專則拙，錦衣吹笙因也。孔子道因之義。然管雷所作因循之說亦精，而呂覽所徵貴因之文稍淺薄，無深致也。貴因之次篇為察今，其言「夫不敢議法者衆庶也。以死守法者有司也。因時變法者賢主也。」此篇，亦取之慎子。知荀卿法後王之義，亦有取於慎子也。非子舉其說從而伸之，則貴勢者，慎到老義也。呂氏書慎勢一篇卽徵慎子「人，而桀爲天子能亂天下。」韓非難勢一篇，舉慎子之言「夫知四時因也。推歷者視月行而知晦朔因也。因時變法者賢主也。以死守法者衆庶也。故因則無敵。」慎勢一篇之本於慎到又審矣。其曰「湯武之賢，而猶知乎勢，又況不及湯武者乎?」與韓非所舉之說，旨義相符。慎勢一篇之末附見慎到也。推歷者視月行而知晦朔因也。則武王固知其無與爲敵也。因其所用，何敵之有矣。夫蓄天者察列星而知四時因也。推歷者視月行而知晦朔因也。則武王固知其無與爲敵也。因其所用，何敵之有矣。夫蓄天者察列星而免走，百人逐之。讀免滿市，行者不顧。」其曰「湯武之賢，而猶知乎勢，又況不及湯武者乎?」與韓非所舉之免走，百人逐之。慎勢一篇之本於慎到又審矣。其曰「君服性命之情，夫愛惡之心，用慮無爲本，以鶺有用之言，謂之朝。……上服性命之情，則理義之士至矣。法則之用植矣。柱胼邪橈之人退矣。貪仁忘仁，面不詔?去想去靈，靜虛以待。」故治天下之要，存乎知性命。」其前慎有任數一篇，言「至智棄智，至仁忘仁，道。治强之要，存乎知性命。」其前慎有任數一篇，言「至智棄智，至仁忘仁，朝。……上服性命之情，則理義之士至矣。

之理，清靜公素而正始卒焉。無唱有和，無先有隨。古之王者，其所爲少，其所因多，因者君術也，爲者臣道矣。因則帑矣。因多爲寬，因寡爲急，君笑事哉？」然則密分覽諧篇，皆依愼子之義，合因循竊無爲一說，因精於貴因篇也。靜因之旨，誠田駢愼到實學之根荄，於義爲最精者也。管書言「因也者，舍己而以物爲法者也。感而後應，非所設也。緣理而動，非所取也。過在自用。自用則不處。不虛則忤於物也。」此釋「去智與故」而「靜因之道」也。今前以爲此與明濟之言若合符，斯其精義之不可者。明道言「自私則不能以有爲爲應迹。用智則不能以明覺爲自然。」此之類，聖人之喜怒不繫於心，而繫於物矣。是則聖人豈不應於物哉？」莊子之喜怒，以物之當喜之怒，以物之當怒。是聖人之喜怒不繫於心，而繫於物矣。是則聖人豈不應於物哉？」莊子庚桑楚言「出怒不怒，則怒出於不怒矣。出爲無爲，則爲出於無爲。」此之爲義，而符於宋人之所論。欲靜則平氣，欲神則順心。有爲也，欲當則緣於不得已。不得已之類，聖人之道。」此「其臚物無任。」此說爲不宜之行也。是陳仲之事也。又何取於大聖。與之俱往。」「縱脫無行。」此縱欲妄行，縱情性之說也。是魏牟之事也。又何取於大聖，與之俱往。」所謂齊萬物以爲首。此田子貴均貴齊之擧觀之，則安有所謂「禮義廉恥不立。」乃正其所以治國也。又烏有所謂設設爲不宜。不扳一毛以利天下也。淮南氾論言「墨子之所立而楊子非之。楊子之所立而孟子非之。」墨子摩頂放踵以利天下，而楊子不扳一毛，其相非固事之駭。然以自心論之，其言曰不爲一物杆其時。天行其所行而萬物被其利。是以聖人之治也。靜身以待之，物至而名自治之。全乎行備則聖人無事，隨變而事也。知時以爲度也。」董聖人行其行而百姓被其利。靜身以待，物至自治。安用扳毛以利之。拔毛以利，適不利也。心術篇之

楊朱學派考

八九

言曰「聖人若天然，無私覆也。若地然，無私載也。私者亂天下者名而來，聖人因而裁之，而天下治。實不傷不亂於天下者也，適以亂之。不亂天下，天下原自治也。」又曰「無爲之道因也，因也者，無益無損也。」楊子之說，得心術白心之言而義益彰。

天下如運諸掌乎？」物至自治，聖人無事，慎到田駢之徒，而言「孰能法無法乎？始無始乎？終無終乎？弱無弱乎？柔弱勝剛強者也。」此之謂運諸掌也。拔毛利之，則益之也。適亂之也。楊子之說，原自心之言而義益彰。

慎墨並舉。知慎子之學，於當時之寶，尚法而不尚賢之旨，蓋倡於慎到。故曰白心心術者，慎到之書，而足以發楊朱之蘊也。苟子儒效言「慎墨不得進其談。」以下開申韓。今管子一書，正符慎到此旨。言管書多取之慎氏不其然耶？知儒家之取法家者，取諸慎氏之流，而非申韓之流。法殷法夏者，法慎法墨也。儒家心性之論，亦以蒹取道家而益精。以心術內業言，則又顯取之慎子耳。

田駢接予並爲道家，而皆齊人。莊子則陽稱「季眞之莫爲，接子之或使，」而莊書並譏之。「莫爲」者，謂「莫之爲而爲。」「或使」者，謂「若或使之。」莊子主「天機」「自然」之說，故於二家皆薄之。而白心一篇，竄或使之義爲備，以爲因循之本。其言謂「天或維之，地或載之，天莫之維，地莫之載，孰維而載之？夫不能自捉者，則地以沉矣。夫天不墜地不沉，孰維而載之也。夫或者何？若然者也。視之則不見，聽之則不聞，灑乎天下滿。……故曰其惡者，言其薄者，不發於名聲，疑於體色，此可諭者也。不發於名聲，

上聖之人，口無虛習也，手無虛指也。物至而命之耳。發於名聲，疑於體色，此可諭者也。不發於名聲，耳無虛聽也，目有視也，口無虛習也，手有指也，足有履也，事物有所比也；若然者也。視之則不見，聽之則不聞，灑乎天下滿。……故曰其惡者，言其薄者，

髮於體色，此不可論者也。及至於至者，教存可也。……教亡可也。……源微言，斯可以免。故曰知何知乎？謀何謀乎？……知苟適可，爲天下王。……内固之一，可以爲長久。……能不夫風與波乎？唯其所欲適。故子而代其父曰義也。論而用之，可以爲長久。故曰孰能去辯與巧，而邊與衆人同道。臣而代其君篡也。篡何能歌，武王是也。故曰孰能去辯與聲，耳爲聽，目有視，手有指，足有履，事物有所此，就此言之，宇宙萬象，皆若或使。口爲損益，正所謂良知上加不得絲毫。復何事拔毛以利之。莫非自然，能有不得已者存。即又安用損益，於至者，教存可也，教亡可也。」所謂「著無知之物，無用智之累」者也。曰「孰能去辯與巧，而邊與衆人同道。」曰「知何知乎？謀何謀乎？」所謂「著無知之物，無用智之累」者也。曰「孰能去夫風與波乎？唯其所欲適。」則無用損益也。「至邊，若羽之旋」者也。其言「爲物無擇，與之俱佳」者也。曰「私者亂天下者也。」此「公而不黨，易而無私」之所謂「道則無遺。」「於物無擇」。「與之俱佳」。曰「私者亂天下者也。」此「公而不黨，易而無私」之說也。曰「物物歸之，美惡乃自見。」即呂氏所謂「是非可不可無所遁」也。乃言「爲物歸之。」「於物無擇。美惡乃自見。」即呂氏所謂「是非可不可無所遁」也。性之甄，接予或使之義，亦於此闡發益明。而爲慎子言勢之根據。凡荀莊所論田慎之說，皆於此數篇中得其義。若田駢因乃形」者也。曰「舍是與非，苟可以免。」則過也。其卒上專意於全生之旨。又於此闡發益明。而爲慎子言勢之根據。凡荀莊所論田慎之說，皆於此數篇中得其義。若田駢因術下合。又曰「其卒上專意於全生之旨。」又曰「養生。」亦於此闡發益明。而爲慎子言勢之根據。凡荀莊所論田慎之說，皆於此數篇中得其義。若田駢因曰「既知行憒，乃知養生。」又曰「飽則疾動，飢則廣思。」斯皆其養生之經也。循我相通，則黃屬之楊朱致。」又曰「飽則疾動，飢則廣思。」斯皆其養生之經也。循我相通，則黃屬之楊朱乃徒。其辭而闢之，以楊墨之實本於仁義以爲說，接於楊者皆謂之歸楊，近於墨者皆謂之歸墨，逐若其言爲天下之徒。其辭而闢之，以楊墨之實本於仁義以爲說，接於楊者皆謂之歸楊，近於墨者皆謂之歸墨，逐若其言爲天下也，墨之學至於朱鈃尹文，楊之學至於田駢慎到，而義益精。倘又所謂冰寒於水，而青出於藍者耶？

今誠子僞五篇而又不完，殆由唐人掇輯而成，皆不能出羣書指要、治要凡七篇，此唐初所傳本也。義尚文
殼，與晚周所徵論者相發，次爲愼氏之書。今所謂懋賞本者，掇輯稍富，而雜取墨孟韓莊凡覽國策禮記國
語諸家之文，徒增篇幅，於義無當，誠僞作也。今以治要文論之，其威德曰「天有明不愛人之闕也。地有
財不愛人之脊也，伐木刈草必取已富焉，則地無事矣。天雖不愛人之利也，闕戶牖必取已明焉，則天無事
人之貪也，伐木刈草必取已富焉，則地無害也。天雖不愛人之危也。聖人有德不愛人之關也。地雖不愛
聖人無事矣。聖人在上能無害已富也，不能使人無害已也。聖人在上能無事已也，非便聖人養已也。則
也。百姓於聖人也，養之也。聖人雖不愛人少之危也，百姓除其害矣。則聖人無事矣。」此之謂因。因循者實道家之大用。心術言「人之可殺，
用聖人之利天下哉？其因循篇曰「天道因則大，化則細。因也者，因人之情也。人莫不自爲也，化而使之爲
我，即莫可得而用矣。是故先王不受祿者不臣，祿不厚者不與入難。人不得其所以自爲也，則上不取用焉。
用人之自爲，不用人之爲我，則莫可得而用也。」義與此同。尹文子聖人篇引田子曰「人皆自爲，而不能爲人。故人
君者之使人，便其可不利，以其好利也。」此心術「不亂於天下而天下治」之說也。白心「天行其所而萬物被其利，聖人
以其惡死也。其可不利，以其好利也。」此心術「不亂於天下而天下治」之說也。白心「天行其所而萬物被其利，聖人
私愛於已，此願忠於已。而居官者必能，臨陣者必勇，祿賞之所勸，名法之所宜慎也。」此徵田子言，宜卽田駢。因
身。語曰祿薄者不可與經亂。而不使我用。稷（原作竊誤）下先生曰善哉？田子之言。古者君之使臣，求不
循之論最合。而云稷下先生者，步知的指何人。劉向別錄言「尹文與宋鈃俱遊稷下。」宋中興書目言「尹文
齊人，劉向以其學本於黃老，居稷下。」漢志言「宋子十八篇，其言黃老意。田子二十五篇，游稷下。」孟
荀列傳言「愼到趙人，田駢接子齊人，環淵楚人，皆學黃老道德之術。」孟荀列傳又言「自如騶衍與齊之稷下
先生，如淳于髡愼到環淵接子田駢騶奭之徒，各著書言治亂之事。」鹽鐵論儒言「及潘王醫儒諫不從，各分

慎到接子亡法，用騈加辭，而孫卿譏楚。」此見黃老之言，起於稷下。用騈慎竹出於楊朱，宋鈃尹文本散。慎到、接子之說，曾衆於稷下，而黃老之論於是始倡。史記申不害傳言「申子之學，本於黃老，而主形名」。治要引申子大體言「凡因之道，身與公無事，無事而天下自極也。」此貴因之說，與田慎同。漢志於慎子云「名到先申韓，申韓稱之。」知子因在慎子之先，而申子之書，則出慎子之後。其學本黃老，殆亦源於稷下也。荀子言「申子蔽於勢而不知知。」由韓非難勢言之，勢襲慎子之言，而申子述之也。申子大體一篇言因，文同呂覽任敎之說，要亦申子襲之說。史記又言「韓非喜刑名法術之學，而歸本於黃老。」是非亦黃老之道家，又與莊門相異。且入尹文於名家，入慎到於法家，楊朱之傳，湮滅無說。入田騈於知六家九流之言，翻爲削足適履。辨章學術，夫豈易言哉？尹文所釋稷下先生，雖未能定爲何雖，因亦黃老形名之言，足與田慎之言爲表裏也。

慎子民雜篇言「民雜處而各有所能，所能者不同，此民之情也。大君者，太上畜下者也。下之所能不同，兩賢上之用也。是以大君因民之能爲，盡苞而畜之，無能去取爲。是故不設一方以求於人，故所求者無不足也。大君不擇其下，故足也。不擇其下，則易爲下矣。易爲下則下莫不容。莫不容故多下，多下之謂大上。」此彭蒙田騈齊萬物以爲首之意也。莊子釋其說謂「天能覆之而不能載之。地能載之而不能覆之。大道能包之而不能辯之。故曰選則不徧。敎則不至。」此所謂「賢不肖自分，黑白乃形。聖翟有言「可使治國者使治國，可使長官者使長官，不肯自任，非能轉而轉也。方者之自止使不得轉，何齊物之失分。故因賢者之有用，非能止而在所欲用之耳，何事不成。」圓者之自轉使不得止，不轉不止也。因愚者之無用，使不得不用。用與不用，皆非我也。因彼可用與不可用，而自得其用也。自得其用，使不得不用。

九三

實患物之亂也。」曰「選則不徧。」則貴智不必分。心術之言曰「蘇選著，所以應物也。慕慕然不亂，極煩而不煩，執一之君子。」心怖之說，與大體最合，是慎到尹文襲有進於田駢彭蒙者也。田駢嘗「教則不至。」而慎到言「至於若君，教存可也，教亡可也。」斯亦慎到尹文襲於田之義也。慕慕著自所以應物法之論也。大道篇又曰「爲善使人不得爲，爲巧使人不得巧，此獨善獨巧者也。故所貴聖人之治，不貴其能與衆共治學。所貴工倕之巧，不貴其獨巧，貴其與衆能之，此善之善者，巧之巧者也。今世之人，行欲獨賢，事欲獨能，辯欲出辯，勇欲絕衆。獨行之賢，不足以成化。獨能之事，不足以周務。出羣之辯，不可咸月說。絕衆之勇，不可與徵陣。凡此四者，亂之所以生，罄以望人任道以遍其儉，立法以理其差。使貪愚不相棄，能鄙不相遺，則能鄙齊功。實愚不相棄，則愚愚等冠。此自心所謂「執能去辯與巧，而遠與衆人同道。」此固荀氏所嘗「大儉約而漫差等」者也。經書治要引慎子知忠篇云「故廊廟之材，蓋非一木之枝也。粹白之狐，非一狐之皮也。當亂安危存亡榮辱之施，非人之力也。呂覽用衆曰「天下無粹白之狐，而有粹白之裘，取之衆白也。夫取於衆，此三皇五帝之所以大立功名也。凡君之所以立，出乎衆也。立已定而舍其衆，而失其本。得其末而失其本。故以衆勇無畏乎孟賁矣。以衆力無畏乎烏獲矣。以衆視無畏乎離婁矣。以衆知無畏乎堯舜矣。夫以衆者，此人君之大寶也。田駢謂齊王曰孟賁庶乎患術。此正田子貴齊之義，而呂之所歌則患。以衆約而漫差等」者也。「是非可不可無所遇」爲後師之義，盆目累。一則魏之王，辯昔不說，而境內已修備矣。兵士已修用矣，彼之衆之師也。」此正田子貴齊之義，而呂之所歌則患。以衆約而漫差等」爲後師之義，益日墨家之說也。「上勇用大儉約而漫差等，皆不足以容辨異縣君臣？是墨翟宋鈃也。」登田駢貴齊之論，爲日墨家用聖賢也。是亦見「吾是與非」爲先師之論？得諸彭蒙之師。「是非可不可無所遇」至「慕選而不徧。」由「教則不至」至「教存可也，教亡可也。」由「選則不徧。」來乎？由「教則不至」至「慕選而不徧。」

楊朱學派考

非。」至是非乃形。而齊物論者亦不立。則齊物論者於黃老爲慧廬，快莊周爲宗祖，此又二者之大異也。由馬記劉略言之，尹文宋鈃田駢慎到接子環淵，皆本於黃老游稷下，而黃老之說以興。實後來所稱黃老之學，始於稷下。凡稱黃老，皆出漢人書。蓋黃帝老子之舊皆晚出，以稷下此諸豪者，遂以黃老後來之名，被之商人。非此諸家之學，出於黃老也。老子之舊皆晚出代，蓋有可考者。劉略班志皆以老子書為李耳作。下至隋志亦然。遷言「老子之子名宗，為魏將」。汪容甫以為即魏世家安釐王四年之魏將段干崇。則魏安釐時，李耳倘猶睹然一老，則其人已鶯莊周之後，而在荀韓之前。余前論李耳作道德經，在莊子後。兹再就韓非書言之，韓非六反經「老聃有言曰知足不辱」。知止不殆。夫以辱始之故，而不求於足之外者老聃也。此諸圖難於其所易也。為大者於其所細也」。此二皆亦道德經之文也。韓非內儲說下云「權勢不可以假人，其說在老聃之言失魚也，其子產之謂矣」。難三又言「明君見小姦於微，故民無大謀。行小誅於細，故民無大亂。此皆道德經之文，故曰「勢重者人主之淵也，臣者勢重之魚也」。魚失於淵，而不可復得也。老子曰以賞罰者利器也，君操之以制臣，臣得之以蔽主。故日「國之利器，不可以示人」。此解老喻老二篇，亦疑明非子巳見老子之書。非子且以為老聃之說，則遵德之作，固在韓非之前。即無解老喻老二篇，亦疑明非子巳見老子之書。非子且以知治國，國之賊也，其子產之謂矣」。難三又言「明君見小姦於微，故民無大謀。行小誅於細，故民無大亂。史記樂毅傳書一樂瑕公學黃帝老子，其本師號曰河上丈人，不知其所出。河上丈人教安期生，安期生教毛翕公，毛翕公教樂瑕公，樂瑕公教樂臣公，樂臣公教蓋公」。以六經傳授世數比之，是河上丈人已宜直接李耳魏安釐王之世。道論於史遷為家學其言固有所本也。李耳之書，應本為道德經，發展已盛，文此義廣，皆下篇，言道德經之盧」。荀卿解蔽稱「道經曰人心之危，道心之微」。凡周秦學術作經以總之。故李氏亦為此經。由荀子言之，知道經作者已非一也。漢晉藝文志所載有老子鄰氏經傳四篇。

九五

老子傅氏經說三十七篇。老子徐氏經說六篇。是其稱經，原自西漢，不必加關澤所言漢景改子為經也。若黃帝之書，尚有可言。漢志道家有黃帝四經四篇。黃帝銘六篇。黃帝君臣十篇。自注云「起六國時，與老子相似者」。又雜黃帝五十八篇自注云「六國時賢者所作」。此四書皆在西騶駰冠之後，則自注云六國時，與老子相似者，蓋為最精者也。隋經籍志云「黃帝四篇，老子二篇，漫得深遠」。是黃帝之書多家，而實質老莊韓道德之亂賣也。與書徵黃帝之言者，莫先於呂覽，倘在老子成審後也。楊朱之學，遠乎田慎，義益遂而用益宏。自注云「六國時賢者所作」，各有一尊。

凡以鄒於法。莊學之派，未足揶其深廣也。田慎以海虛無為，以靜因之說論之，啓漢代之治者，固則有在。書莊子者，則由此出斯其明效區以別也。所謂道術為天下裂。田慎楊朱皆本之仁義，申韓老莊皆非薄仁義，此老莊中韓同傳？而略田慎之論，誠所謂道術為天下裂。田慎楊朱皆本之仁義，申韓老莊皆非薄仁義，斷略田慎之論，極端法術，皆得黃老之一偏而廢其全。老莊顯而田慎之書皆佚，魏晉之亂齋也。

張，黃老裂而為道法，知偏激之辭，獨為世費久矣。其曰「法令滋彰，盜賊多有」。「絕仁棄義，民復孝慈」。「民之飢，以其上食稅之多」，說，皆得大用而不得備。秦以慘刻亡。自晉以下，莊書顯而田慎之書皆佚，道德為能日老莊。老莊獨頗厚北方之論，存其大敵。莊則以庶學而營家國，則又帥守之罪也。

●凡書列禦寇曰「及放者為之，列子貴虛」。司馬談言「儒者道之家」。

尸子廣澤言「列子貴虛」。呂覽不二言「關尹貴清，列子貴虛」，以虛為貴，嘗取之列子之言也。班序道家言「及放者為之，曰獨任清虛，可以為治」。清虛者，關尹列子之言也。

●莊書列禦寇曰「伯昏瞀人曰巧者勞而知者憂，無能者無所求，飽食而遨遊，汎若不繫之舟，虛而遨遊者也」。此言盧之義也。莊達生曰「子列子問關尹曰至人潛行不窒，蹈火不熱，行乎萬物之上而不慄、請問何以至於此。關尹曰是純氣之守也。非智巧果致之列。居，予語汝。凡有貌象聲色者皆物也。物之造乎不形，而止乎無所化，夫得是而窮之者，物焉得面止焉。彼將處乎不泆足以至乎先。是色而已。則物之造乎不形，而止乎無所化，夫得是而窮之者，物焉得面止焉。彼將處乎不

楊朱學派考

淫之度,而幾乎葆端之紀,游乎萬物之所終始,壹其性,養其氣,合其德,以通乎物之所造。夫若是者其天守全,其神無卻,物奚自入焉」。此爲關明超乎列子之前。呂莊二書皆書子列子,蓋列子於黃老一宗,所保之重,宜奚自入乎。強爲蓋薆之言,實未可信。故天下篇叙關尹先老聃,殆列子之學,有得諸關尹者,而列又突過於前輩也。天下篇叙關尹之言曰「在已無居,形物自著,其動若水,其靜若鏡,其應若響。芴乎若亡,寂乎若清,同焉者和,得焉者失。未嘗先人,而常隨人」,則又靜因之道也。故曰「古之博大真人哉」?追索道家之根荄,殆在是耶?此關尹貴清貴虛爲輯慎愼到,而常隨人,楚人踏此鳥曰鵲。聞之鳥曰鵲,之鳥可乎?曰不可。今王之國,有柱國合尹司馬,乎?曰可,有鵲止於屋上者,楚人踏此鳥曰鵲。聞之鳥曰鵲,之鳥可乎?曰不可。今王之國,有柱國合尹司馬,任官置吏,必曰楚楚深勝任,而弗能禁,此盜賊公行,而莫之能禦。此莊子之書稱之白子列子乎?莊子讓列禦寇曰「夫瞀人特爲食藥之貨,老銓之蔵,其衆利如鮑也輕,而猶莠壺。其言「至人潛行不窒,蹈火不熱」。「壹其性,養其氣,合其德有「聖於天」,則全生之義也。列子生於楊朱,即楊氏之學,源於列圉寇,而下開黃老。莊雲言「駢於辯者,纍瓦結繩,竄句游心於堅白異同之間,而敝跬譽,無用之言非乎?而楊墨是已」。本列子正名之義回來耶?魏牟陳仲詹何子華田駢愼到,皆楊朱之流派,而列子書,殆又楊朱之遠源也。

九七

晚周僊道分三派攷

神僊之擧,已見於晚周。莊子天地篇言「夫聖人鶉居而鷇食,鳥行而無彰,天下有道,則與物皆昌,天下無道,則修德就閒,千歲厭世,去而上僊,乘彼白雲,至於帝鄉」。刻意古有神僊之道也。在宥篇稱廣成子曰「至道之精,窈窈冥冥,至道之極,昏昏默默,無視無聽,抱神以靜,形將自正。必靜必淸,無勞女形,無搖女精,乃可以長生。目無所見,耳無所聞,心無所知,女神將守形。形乃長生。愼女內,閉女外,多知爲敗。我爲女遂於大明之上矣,至彼至陽之原也。天地有官,陰陽有藏,愼守女身,物將自壯。我守其一,以處其和,故我修身千二百歲矣,吾形未常衰」。是於古有神僊之人也。屈原天問亦謂「黑水玄趾,三危安在,延年不死,壽何所止」。此亦神僊之說,屈原疑而問之。史記封禪書言「宋毋忌正伯僑充尚羨門子高最後皆燕人,爲方儒道,形解銷化,依於鬼神之事」。晚世爲其道者蓋多。由抱朴言之,知神僊之事,約有四家。其內篇微旨稱「知玄素之術者,則曰唯房中之術,可以度世。明吐納之道者,則曰唯行氣可以延年。知屈伸之訣者,則曰唯導引可以難老。知草木之方者,則曰唯藥餌可以無窮」。是四家各持一見,於術固不同也。南子齊俗言「今夫王喬赤誦子,吹呴呼吸,吐故納新,遺形去智,抱素反眞,以游玄眇,上通雲天。今欲學其道,不得其養氣處神,而放其一吐一吸,時詘時伸,其不能乘雲升假,(遐)亦明矣」。則王喬赤誦,於術固不同也。抱朴釋滯又言「行氣或可以治百病,…或可以延年命,其大要胎息而已」。谷永言「世有僊人,服食不終之藥,遙興輕擧,黃治變化,堅冰綽入山導引,輕擧假上也」。宜代王喬之術也。蔡喜每言益索,則釋彭祖。而秦邃之方士,每言入海求奇藥,見安期生食棗大如瓜而已。

九八

晚周僊道三分派攷

編，化色五倉之術」。此正斥秦皇漢武面脅，自萬審君於令，安期羨藥餌，亦自可見。是茲四人者，得僊之祖固孫，即分屬於葛洪之四派，有甚明也。莊子劉意篇言「吹呴呼吸，吐故納新，熊經鳥申，為壽而已矣。此導引之士，養形之人，彭祖壽考之所好也」。王子淵聖胤得賢臣頌言「齆仰詘僖若彭祖，呴噓呼吸如喬松」。是以彭鵬爲導引之稱。呼而出故，吸而入新。蠑蜻輕舉，乘雲遊霧，可謂養性矣」。又言「今夫遒者骸精於內，吸陰陽之和，食天地之精，噓吸胸中，邪氣無所留滯，四枝節族，毛蒸理泄，百脉九竅，莫不順比」。合莊書靜恬澹，謾謬胸中，邪氣無所留滯，四枝節族，毛蒸理泄，百脉九竅，莫不順比」。合莊書與淮南觀之，皆祇言行氣，而不及其餘。宜此一派，於古為最顯。萬畢金丹經言「余周旋徐豫荊襄徽州之間，即見城俗道士數百人矣，或有蒸閩其名。乃往異日之樂者，然率相似如一，不足以相傾也。所有方藥，略爲聞文，無一人不有道稱經，唯以此爲至秘。此復譽譽誤八之甚考也」。此見行氣之仙道，大別雲三，行氣藥餌寶精，三者而已也。

釋滯又言「房中之法十餘家，其大要在還精補腦之一事耳。萬氏雖之爲二，宜若不然。不作金丹之大藥，此戀之道矣」。是玄學一派，專事房中，而廢其餘，亦猶王圖之比。漢志方技略，房中凡八家，百八十六卷，別於神僊家外，宜在漢世，其傳亦殊。八家中其六皆曰陰道，有容成務光彧堯過殷陰道之稱。普寫依詫，固自無疑。藝文覽稱「湯閱世尹曰欲取天下苦何，伊之曰凡事之本，必先治其身，嗇其大寶，用其新，棄其陳，腠理遂通，精氣日新，邪氣盡去，反其天年，此之

九九

調真人」。雖驊不必任尹之言，倘即本此陰道之薔，既著於呂覽，早行於晚周，李漢而著鐵巳多，則其傳巳備。至若秦皇漢武所爲，曾主於求奇藥，巳不係草木之方，而爲黃冶之事，駕秦皇漢武之際，遂青黃金可戲，所不相戀。知所謂海藥者，巳不係草木之方，而爲黃冶之事。劉向得淮南枕中鴻寶萬畢，是此二派鼎足如秦漢之餘，著必於海上三山，此燕齊之術也。莊生所陽偽行氣而祖王喬之喬，王喬之喬，原不相戀。知所其不淹兮，突久留此故居，軒轅不可變援兮，吾將從王喬而感娛，漱六氣而飲沆瀣兮，漱正陽而含朝霞，保神明之消澄兮，精氣入而粗穢除」順凱風以怪遊兮，彼將自繇，騰氣之和德，濟無舊而自之先，不可僞，其小無垠，無滑而魂兮，至南巢而賣息，見千子而宿之兮，審壹氣之和德，濟無舊而自得，閒亦松之淵塵兮，顧順風乎遺則，燕休世之紛擾，與化去而不見兮，名聲蓋而日之方，略有千條焉。又曰「內惟省以端操兮，至正氣之所由，漢濟濟以悟愉兮，虚以待之兮，無爲遣乎？列仙傳言「黃山君修彭祖之術，百餘歲有少容，彭祖去，乃追論其言氣經」。而萬氏言書素以臥必曰彭祖之陽延」。正氏王喬赤松之術，萬書辭言「吳楚間行氣」事，是行氣一派，與彭祖爲殊。是誣彭祖於玄素者，黃山莊齋顱以彭祖爲行氣，後醬方技傳厲青容威御女術，是緊山對壽宋山之先，玄素一派祖容彼，非彭祖也。被志復有列蘿，有君也。後醬方技傳厲青容威御女術，曷嘗史教秦女鳳鳴之事，曷肩道史亦玄素之傳，而別籍秦中之懺黃冶，此藥餌也。明此數者，皆傳自漢以上。彌史教秦女鳳鳴之事，曷肩道史亦玄素之傳，而別籍秦中之懺道乎？葛氏又言「髓日行氣，而行氣有數法焉。離日房中，而房中之術，斫有百餘章焉。離日服藥，而服藥之方，略有千條焉。葛氏爲大別，其小異不可具論。蓋憶以左鄭爲宗，是亦滑圍所習之一賸仳也。淮南覽冥言「羿請不死之藥於西王母，姮娥竊之以奔月」。注云「羿未及服，姮娥盜食之將億，奔入月中爲月精」。必古之言藥師巳
其以藥物，不獻其餘，故姮娥有爲俿之說。葛氏離主服食，絡滓行氣寶精而一之，則又未必實期

抱朴子釋滯篇言「五千文雖出老子，然皆汎論較略耳。其中了不肯首尾全舉。但暗誦此經，而不得要道，與為徒勞耳。至於文子莊子關令尹喜之徒，其屬文華，雖祖述黃老，憲章玄虛，但演其大旨，永無至言。或復齊死生，謂無異以存活為徭役，以殂歿為休息，其去神僊，已千億里矣」。此見道家之說，於神僊之事，原相逕隔，故為晉誣之。至莊子譏斥長生，付不一事。葛洪所指，即莊子至樂諸篇義，其言曰「人之生也，與憂俱生，壽者惛惛，久憂不死，何之苦也」。莊子妻死，惠子弔之，莊子曰「察其始而本無生，非徒無生也，而本無形。非徒無形也，而本無氣。雜乎芒芴之間，變而有氣，氣變而有形，形變而有生，今又變而之死。是相與為春秋冬夏四時行也。人且偃然寢於巨室，而我嗷嗷然隨而哭之。自以為不通乎命，故止也」。刻意篇言「聖人之生也天行，其死也物化」。又曰「其生若浮，其死若休」「天地等亦言「萬物府」「死生同狀」。賈誼鵩賦之意，乃深得莊子之意者也。賈言「天地為鑪兮，造化為工，陰陽為炭兮，萬物為銅，合散消息兮，安有常則，千變萬化兮，未始有極，忽然為人兮，何足控摶，化為異物兮，又何足患」。此中死生為一之旨，其於神僊家言，相去誠千億里矣。二者固各有辨也。抱朴勸求言「老子以長生久視為業，而莊周貴於搖尾塗中，不為被繡之犧，被褐之牛，飢而求粟於河侯，以此知其不能齊生死，輕富貴也明。蒿雖斥莊而宗老，然稽之淮南謬應言「精神通於死生者，則物孰能惑之」。此正大戴釋黃帝三百歲之義，老壽之言，宜以此為宗。知貴生者，倘瞻何楊朱之徒有其事，而老子之即神僊，究為異轍，始猶之漆園之故也。

故老子曰「夫唯无以生為者，是賢於貴生焉」。而五千言末必以生為貴，其言「死而不亡者壽」，則物孰能惑之說，而又譏其未能齊生死，是謂家與神僊，幾同冰炭，於此益明。葛氏既斥齊死生之說，而非赤松王喬之說也。抱朴斥莊而宗老，然稽之淮南謬應言「精神通於死生者，則物孰能惑之」。

淮南之義，實高於精神篇，其言曰「夫遊化者之擾擾物也，豈猶閻人之挺壇也。其取之地而反以盆甕也，其生也天行，其死也物化」。此形生未得，死無所愛，雖莊子刻意篤之旨也。以生死爲一化，萬物爲一方，則莊子生物齊生死之旨也。其曰「是故與人之所游，若昒睹晦冥，吐故納新，熊經鳥申，鳧浴蝯躩，鴟視虎顧，是齊形之人也，不以滑心」。此正刻意之旨，卑觀蹇形之舉也。夫使木生者豈木也，青之去之也。夫使木生者未嘗能不化，故曰形有靡而神夫嘗化。猶充形宵之非慘也。其曰「化者復歸於無形也。不化者，與天地俱矣。化物者未嘗化也，其所化者未嘗能不化，而化物生生者未嘗化，而未始有極」。則生死者不過猶夢覺之代謝，其所化者未嘗能不化，千變萬抮。而未始有極」。則生步至，以生爲未可貴，而死亦所致其力也。賈生言「釋智遺形兮，超然自喪，寥廓忽荒兮，與道翺翔，乘流則逝兮，得坻則止，縱軀委命兮，不私與己，其生兮若浮，其死兮若休，澹乎若深淵之靜，泛乎若不繫之舟，不以生故自寶兮，養空而浮，達人無累兮，知命不憂」。是賈生雖以不知生而委命爲功，固未嘗知淮而生生者未嘗死生之義也。故曰形有靡而生生者未嘗死生之義也。莊子刻意曰「其生若浮，其死若休，不思慮，不豫謀」。貴，泛乎不繫之舟，不以生故自寶兮，養空而浮，達人無累兮，不私與已，殖華可止以義而不可劫以眾，殆非鵩賦之所能究也。薔生既不足子義死而不可以死亡恐也」。此則義過於賈生，尤非鵩賦之理。抱朴子勸求言「俗人見莊周有大夢之論，因復貴，而死生又無所致其功。莊書言「生也天行，死也物化，義者不可以死亡恐也」。此則義過於賈生，尤非鵩賦之理。抱朴子勤求言「俗人見莊周有大夢之論，因復則生，義死則死，死生不足念，所貴者義耳。故曰「不躭大義者，不知生之不足貪，不聞大言者，不知天下之不足利」。此淮南之彖義，死生不足念，誠非卑卑專神儒之說所及知。共議齊死生之論，共說道強達，腸作遠抑之言，不榮眞信，皆典籍而治子書，若不吐反涎之巧辯者，則罷之

朴野，非老莊之學」。是在為世清談名理之流，猶顯有不以聃儜所遺為家之事，小小所由葉慣井莊書面託之也。明讀家之與神儜，二者融區以別也。皇甫士安云「世人見其書云『谷神不死異門玄牝』，故解寓者遂假託老子，以談神儜，老子豈存道德尚清虛，然博賣六藝，垂文逃所之篇，及禮傳所載孔子應焉憲也。而今之學者，乃欢樂禮學，絕仁義，云獨任清虛，可以致治，其違老子親行之言」。是皇甫之所論，正稚川之所派，明讀集有劉飢減越論，則析之尤悉。言「道家立法，厥品有三，上則老子，大玻神儜，下雙張魚，太上為宗，尋性史嘉遯，實氣大賢，著書輪道，貴在無為，抱歸靜一，化本虛柔，尋邊而不能無良者，非出世之妙經也。若乃神儜小道，名為五通，福堂生天，隨叟飛騰，神通而未免有漏，鳶邊而不能無終，巧詐樂飢，隱沿橐修，脈睇姦方，理穢辭舛，皎然殊途，非可筆傳」。而左萬派，雜於符咒，開消陵為近，文與喬松異轍也。劉歆趕讚王充曹植楹旋向秀，所論變鳘，互為出入。兩漢魏晉以來，斷斷以爭考，用不暇枚數也。

膚淺小書

前考張鴻漢陳碧虛亭，史所遺缺，兹從輿仙通鑑得張陳兩傳，逑首尾較詳，錄之於此。

晚周德徽分三派考

張無夢李靈認，號鴻漢子。鳳翔盩厔人也，身長六尺，風格俊爽，居常好清閒，親老易，父鸽懌，肥逃不仕，有二子無夢即甚畏也。篤孝聞於鄉里，及彼以黃產委其弟，獨入華山，即神放劉海蟾結方外友，郭陳希夷先生，無夢多得徽旨，久之避天台，登亦城，廬於樂山觀，行赤松導引安期還丹之法。僅十餘歲閒，以修煉內事，形于吟詠，累成百首，題曰

還元篤，夏英公倅台州，入山見之，得此篇歸獻之，時王冀公執政，訪隱逸人，英公以還元篤獻之，夫幾以聞於上，宋興宗時召對，問以長久之策，無夢曰，臣野人也，但於山中耆謝老子周易而已，不知其他也，上令講易，即說謙卦，上問曰，獨說謙何也，曰方大有之時，宜守之以謙，上喜其說，除著作佐郎，無夢固辭曰陛下德如堯舜，山林中豈不容一巢父許由耶，因舍謙隆之翊聖院，復召辭還元篤，無夢曰，國獨身也，必無爲，一巢父許由耶，因舍謙隆之翊聖院，復召辭還元篤，無夢曰，國獨身也，必無爲，氣和則萬寶結矣，心有爲則氣亂，氣亂則英華散矣，此還元之大旨也，略說十數篇而退，遣使賜金帛皆不受，乞還山，復賜處士暢飲先生號，亦不受，上以歌闐賜行，其辭曰，混元総教含醇精，觀之不見聽無聲，惟有達人臻此理，逍遙物外自沈冥，浮雲舒卷絶常勢，流水方圓釀定形，乘興偶然辭潤谷，談眞俄爾謁王庭，順風已得聞宗旨，枕石還期適性情，玉帛簪纓非所願，長歌聊復寵歸程，冀公邀人私舘，意欲款延，無夢且辭矣，相公人臣，徒煩見留，明日遂行，有旨令台州給箸作郎俸以養老，至山亦不請，其始遣元総教舍醇精，秘而不書，居邊臺又十餘年，復隱於終南鶴池，久之遊嵩山，泛湘漢，抵金陵保寧壽寧佛舍，杜門不出，士人或有見而諸問者，則對之以醫，而後人事絶厭，然博通古今百家之學，至于圖經小史，記之歷歷無遺，有二經生待几案，久之因度爲道士，無夢年九十九終于金陵，經三日頂中有白氣勃勃欲出，高三尺餘，移時方散，乃就棺，肢體柔軟，指甲不青，心胸尙暖，史碧玉琪遣吏藏於悟空禪師塔前，有遺墨時集行於世，碧蕭子陳景元篤預弟子列，似老莊之深冒。陳景元觀眞靖，自稱碧虛子，建昌之南城人，……有注道德經二卷，老氏藏蜜纂微二卷，注莊子十卷，高士傳百卷，文等二十卷。○大洞經音義，集注靈寶度人經，傳於世。

圖書集刊 第九期

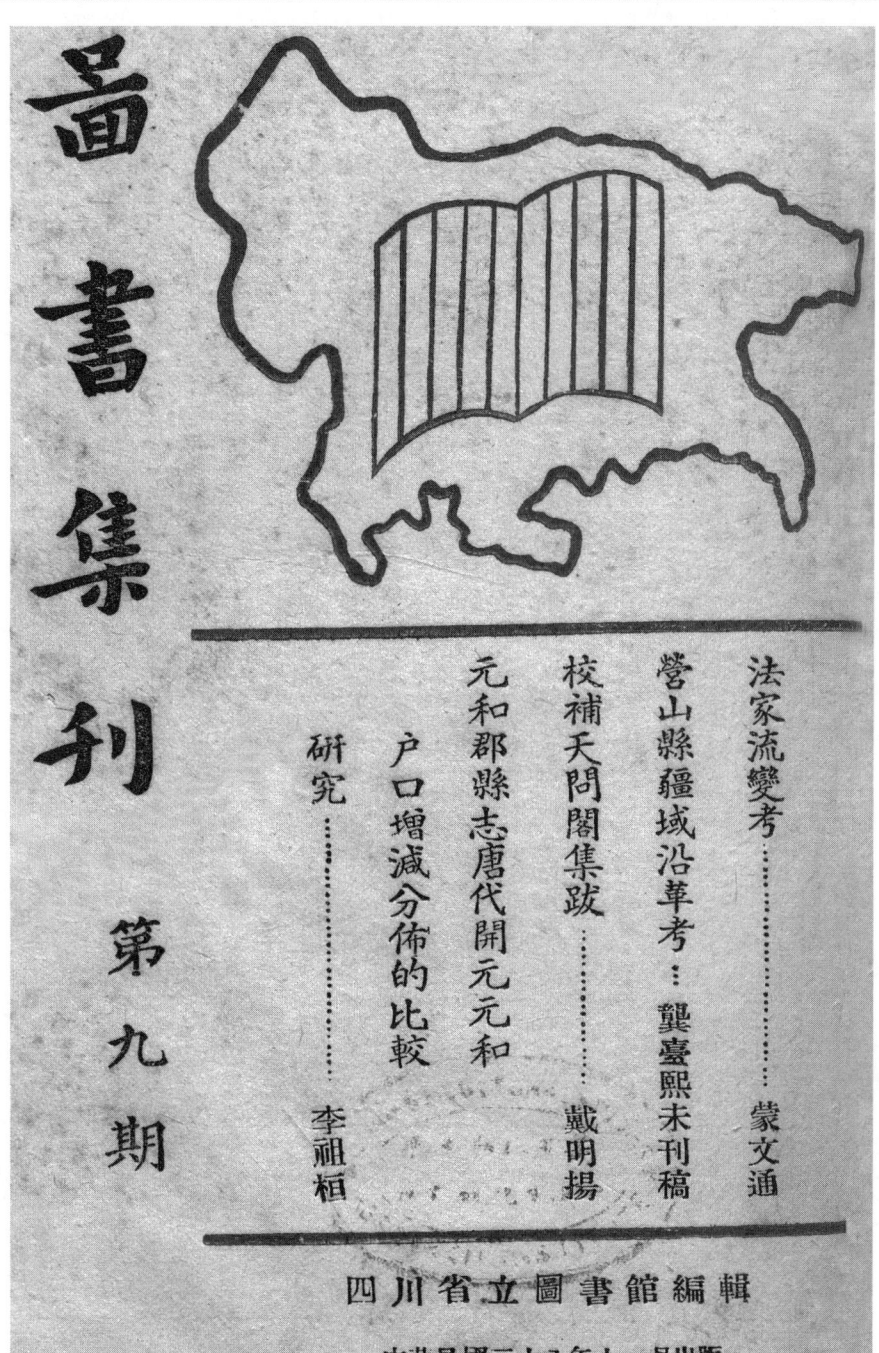

法家流變考……………蒙文通

營山縣疆域沿革考……龔臺熙未刊稿

校補天問閣集跋………戴明揚

元和郡縣志唐代開元元和戶口增減分佈的比較研究……李祖桓

四川省立圖書館編輯

中華民國三十八年十一月出版

法家流變考

蒙文通

兵農縱橫統為法家

漢書藝文志析法家農家兵家縱橫家為四，然後三家者殆皆法家之工具也，何以言之，晉書刑法志序：「文侯，撰次諸國法著法經，……商君受之以相秦」，漢書藝文志法家，有李子三十二篇注云「名悝相魏文侯，富國強兵」，又有商君二十九篇注云「名鞅相秦孝公」，昊悝與鞅固為法家也，史記孟荀傳云「魏有李悝，盡地力之教」，貨殖傳又稱「當魏文侯時，李克務盡地力」，同時同事，不當為二人，崔適以李悝、李克當即李悝也，漢志農家神農二十篇，注「六國時諸子疾時怠於農業，道耕農事詫之神農」師古引劉向別錄，云：「疑李悝商君所說」，然則所謂「盡地力之教」者，殆即此耶？然序「商君極身無二慮，盡公不顧私」，漢志所謂「富國」所謂「浴耕農事」也，則李悝商君農家歟，漢志刑法志「吳有孫武，齊有孫臏，魏有吳起，燕有樂毅，秦有商鞅，皆禽敵立勝，垂著篇籍」，荀子議兵亦言「秦之衛鞅，世之所謂善用兵者也」，是宜甘「浴耕農」也，則李悝商君兵家也，兵權謀家有李子十篇，漢志兵書略，兵權謀家載公孫鞅二十七篇，韓子內儲說上「李悝為魏文侯北地守，使民內急耕織之業以富國，外重戰伐之賞以勵戎士」，商鞅又兵家也，兵權謀家有李子十篇，沈欽韓以為即李悝也，商鞅又兵家也，兵權謀家載公孫鞅二十七篇，韓子內儲說上「李悝為魏文侯上地守，欲人之善射，令之射的，中之者勝，不中者負，而人皆疾習射，日夜不休，及與秦戰大敗之」，勵射善戰，官爵傳此十篇之嚳，所謂「強兵」時（孝公）商君佐之內立法度，務耕織，修守戰之備，外連衡而鬪諸侯，於是秦人拱手而取西河之外」，立法度所以為法也，務耕織所以為農也，修守戰所以為兵也，又外連衡而鬪諸侯，則商君得非亦縱橫之流耶，

1

蓋法家其不以富國強兵為寧，故非徒「不別親疏，不殊貴賤，一斷於法」而已也，又有其原成富強之工具為者，則農兵縱橫之術是也。農以致富，兵以致強，而縱橫則為外交術，皆法家之所宜有事者，齊贊蘇秦言「昔者魏王擁土千里，帶甲三十六萬，從十二諸侯，朝天子以西謀秦，秦王恐，衛鞅謀於秦王曰，夫魏氏其功大而行於天下，有十二諸侯而朝天子，故以一秦而敵大魏，恐不如，王何不使臣見魏王則臣請必北魏也。秦王許諾，衛鞅見魏王曰，今大王之所從十二諸侯，非宋衛也，則鄒魯陳蔡，此周大王之所以鞭箠便也，不足以王天下，大王不若北取燕，東伐齊，西敗秦南戎逆，則趙必從矣，火王有伐齊楚心而從天下之志，則王業見矣，大王不如先行王服，然後圖齊楚。魏王說於衛鞅之言，於是廣齊變，諸侯異齊，齊人伐魏殺其太子覆其十萬之軍，魏王大恐，跣行懷兵而東，夾於齊，然後天下乃舍之，當是時秦王垂拱受西河之外而不以德魏王，故曰衛鞅之始與秦王計也，謀成於堂上，而魏將以禽於齊矣，衝櫓未施而西河之外入於秦矣。」是商鞅既為一縱橫家，賈生過秦論所謂「外連衡而鬬諸侯」，事固有證，則兵農縱橫之悲腸於法家辦矣。

考之吳起之寧亦同所執，為魯卻齊，為魏守西河而秦兵不敢東鄉，相變則南平百越，北并陳蔡，卻三晉西伐秦，諸侯患楚之強，漢志兵權謀家有吳起四十八篇，司馬遷問「吳起兵法世多有」，起為兵家，固無疑者，而其治荊則當符於法家，呂氏春秋貴卒篇「吳起謂荊王曰，荊所有餘者地也，所不足者民也，今若王以所不足，益所有餘，臣不得而為也，於是令貴人實虛之地皆盡齊之」，韓非孫劫殺臣篇「吳起教楚悼王以楚國之俗曰太臣太重封君太眾，若此則上逼主而下虐民，此貧國翁兵之道也，不如使封君之子孫，世而收其爵祿，裁減百吏之祿秩，損不急之枝官，以奉選練之士」，蔡澤稱「吳起為悼王立法，卑減太臣之威重，罷無能，廢無用，損不急之官，塵公族疏遠者，以撫養戰門之士要在強兵」，楚國之俗，禁游客之民。精耕戰之士，南收揚越，北并陳蔡，破橫

散從，使馳說之士，無所開其口，朋黨以厲百姓，定楚國之政，兵震天下，威服諸侯」，創世族，立法令，勵耕戰，發游說，斥朋黨，杜私門，此皆獨家之所以為治，商君用以相秦者也，而起盡施於楚，則恐豈兵家而已哉，史遷謂「范雎蔡澤，世所謂一切辯士，游說諸侯」，再考其行事，周游說從橫之士也，而李斯諫逐客書，言「昭王得范雎，廢穰侯，逐華陽，彊公室，杜私門，蠶食諸侯，使秦成帝業」，則雎顧不得為法家耶，史記秦始皇本紀「大梁人尉繚來說秦王曰，以秦之強，諸侯譬如郡縣之臣，但恐諸侯合從，翕而出不意，此乃智伯夫差湣王之所以亡也，願大王毋愛財，賂其豪臣以亂其謀，不過三十萬金，則諸侯可盡」，刻策散從而帝秦，是亦連衡之士也，漢志兵形勢家有尉繚三十一篇，則繚亦法家也，故「秦王以為國尉」，而雜家復出尉繚經二十五篇，師古引劉向別錄，則繚固為兵家，晉法家者固嘗統此三繚之事，則知法家者，非徒務法而已，又多挾兵農縱橫三者以俱，者以為說也，白劉向校書裂而為四，後世不察別其農戰富強之術，縱橫外交之權，亦可惜也，校讎固當依書之種類，分別部居，不相雜廁，析之為四，本無足議，司馬談論晚周學術，錫晉陰陽儒墨名法道德六家，而不及兵農縱橫，則應說其統紀，而觀其全，方足論定，觀於商君之說魏惠王，范雎之說昭王，韓良有識也，蓋其禁游說者，惡其亂已也，而又不不資以為已用，觀其蘇游說之為相背乎，此說似是而非曹之初見秦說難凡李斯韓非之相譽離，豈不愍縱橫術者所能為乎，故縱橫之與游說固不背也。

法家學說著述及法經

據非定法言「申不害言術而公孫鞅為法，術者因任而授官，循名而責實，操殺生之柄，課群臣之能者也，此人主之所執也，法者憲令著於官府，刑罰必於民心，賞存乎慎法，而罰加乎姦令者也，此臣之所師也，君無

憍則弊於上，臣無法則亂於下，此不可一無，皆帝王之具也」，又曰「申不害雖虐磨術，而奸臣猶有所諉其辭，故託萬乘之勁韓而不至於霸王者，雖用術於上，法不勤飾於官之患也，公孫鞅治秦國富而兵強，而無術以知姦，則以其富強資人臣而已，故乘強秦之資而不至於帝王者，法雖勤飾於官，主無術於上之患也」，夫強剛而術柔，法顯而術隱，法以齊百姓而術以馭群臣，此其大較也，而慎到又言勢，韓非難勢，徵慎子曰，「賢人而詘於不肖者，權輕位卑也，不肖而能服於賢者，權重位尊也，堯為匹夫不能治三人，而桀為天子能亂天下，吾以是知勢位之足恃，而賢智之不足慕也，夫弩弱而矢高者，激於風也，身不肖而令行者，得助於眾也，堯教於隸屬而民不聽，至於南面而王天下，令則行，禁則止，由此觀之，賢智未足以服眾，而勢位足以詘賢者也」，此所謂蔽於法而不知賢者也。法術勢三者備而法家之義盡於此矣。荀子解蔽言「慎子蔽於勢而不知智」，知勢者頭子之所立而申子承之，申子亦言勢者也。解蔽又言「申子蔽於埶而不知誆」，法者商子之所立，而慎子承之，又益之以言術，韓非則直承申子而已。其書言術者大半，於法與勢亦略言之。法者本於事理之當然，細言者未必能可行之而有裨，則形勢略之故也。此毛掙安石之所由敗，法當繁而勢便，行之復有不致？之而害早伏，則不可無術以馭之。三者缺一不可。韓非之言始未能超於三家之外也，商慎二子之書其言具在，乃申不害之書，僅擊舊治要所引略具其概，其大體曰。
「夫一婦擅夫，眾媢皆亂，一臣擅君，羣臣皆蔽，故妒妻不難破家也，而亂臣不難破國也，是以明君使其臣，並進輻湊，莫得專君焉，今人君之所以高為城郭，而謹門閭之閉者，為寇戎盜賊之至也，今夫弒君而取國者，非必踰城郭之險而犯門閭之閉也，蔽君之明，塞君之聰，奪之政而專其令，有其民而取其國矣」。
「今使烏獲彭祖，負千鈞之重，而懷琬琰之羹，令孟賁成荊，帶干將之劍衛之，行乎幽道，而盜猶偷之

法家流變考

奐，今人君之力，非賢乎烏獲彭祖，而勇非賢乎孟賁成荊也，其所守者非特珷琈之礜千鈞之重也，而欲勿失其可得耶」。

由治要所存申子佚文，足證韓非所論申子之術，專以制馭重臣，說最扼要，反觀非子之書，首十數篇實專以制馭重臣爲說，則申子之書雖亡，而韓非之書實專以術爲說，韓雖言法言勢並著，而實以言術過半，則韓爲祖述申子者也，外儲稱「韓昭侯謂申子曰，法度甚不易行也，申子曰法者見功而與賞，因能而授官，今君設法度而聽左右之請，此所以難行也」，韓非所汲汲以論者，即述申子此等語也，自春秋以遂於戰國法家之說獨爲世重，而法家所亟論者，抑貴族而尊君權，此歷史以來之賞族廢，布衣卿相，盛於一世，而君權極矣，欲維護貴族勢力，與時背馳，其不爲世重，豈偶然哉。李斯稱申子曰「有天下而不恣睢，命之曰以天下爲桎梏」，此擴張君權之論造於極端者也，韓非亦稱申子曰「獨視者謂明，獨聽者謂聰，能獨斷者故可以爲天下王」，此非孔孟儒家所能爲之說也，「人無樂乎爲君，惟其言而莫予違也」，而孔子非之，此儒道之所由廢也，「貴威之卿反復之而不聽則易位」，而孟子持之，此儒者之與時乖也，凡西人之所謂君主專制君權神聖不負責任者，中國無此思想，謂無法律上之責任也，故中國文化不解專制之義，此意也，惟申非不害庶乎知之，即商鞅慎到韓非皆未臻此，晉作刑鼎而孔子譏之，此亦歷史之一大進步也，韓非書引申子曰主之，故法家之在戰國，獨能認識時代而他家皆不然，以尊君爲能事，誠淺薄之論也，「上明見，人備之，其不明見，人惑之，其知見？人飾之，其不知見，人匿之，其無欲見，人伺之，其有欲見，人餌之，故曰吾無從知之，惟無爲可以規之」，然則申子之言無從知者，亦備下之術也，故治要引申子言，「鼓不與於五音，而爲五音主，有道者不爲五官之事，而爲治主，君知其道也，臣知其事也，十言十當，百爲百當者，人臣之事也，非君人之道也」，於是申子之言，遂合於黃老之義，非商君以來之所能及也，

五

呂氏春秋數稱申不害聞之曰，………「無唱有和，無先有隨」，古之王者，其所為少其所因多，因者君術也，為者臣道也，為則擾矣，因則靜矣，故曰君道無知無為而實於有知有為，則得之矣，又曰「名自正也，事自定也，是以聖人貴名之正也，以其名賞之，以其名視之，以其名命之，鑑設精無為而美惡自備，衡設平無為而輕重自得，凡因之道身與公無事，無事而天下自極也」，正名孔子之所不廢，史公未足以盡申子也若商君韓非之皆備在，慎子太史公乃曰「申子卑卑施之於名實」，此獨逃申子而已。亦存大概，皆不具論，

商君書法而申不害言術，然二家之書皆非自作，殆崇其學者之所述也，商君書定分言，「御史置一法官及吏，丞相遣一法官」考之秦本紀，「初置丞相」，在武王二年，常商鞅死後且三十年也，徐民瞻言「今三晉不秦勝四世矣，自魏襄以來」，云云，秦自孝公而惠文王而武王而昭襄王此四世也，荀子強國晉「故四世有勝非幸也，數也」，荀卿入秦在昭襄之世，以秦之強，自孝公始，宜商君書定而商君書之作在昭襄時，徐民又稱「周軍之勝，華軍之勝，長平之勝」，其戰在昭襄之四十七年，華軍之戰在三十四年，為敗魏芒卯於華陽，周軍之戰在十四年，敗韓魏於伊闕，三戰皆曰起事，信商君書之作在昭襄之世，敗韓長平，上距商鞅佐秦且百年，故商君書者，史記以申不害相韓為韓昭侯，而漢志法家有慎子四商鞅佐秦且百年，慎到接子亡去」，而楚策言「故四世有勝二篇，註云「名到先申韓，申韓稱之」，而楚策言「襄王欲質於齊，懷王甍，襄王問其傅慎子」，懷王入強秦，矜功不休，其覺常秦召襄王之十一年，鹽鐵論言「滑王南舉楚淮，西摧三晉，卻秦不厚，其覺常秦召襄王之五年，申子魯稱慎到宜在慎子之後，」距韓昭侯亦百年，則三十八年伐宋宋王死於溫」，是慎子已嘗滑齊，申子魯稱慎到宜在慎子之後，」距韓昭侯亦百年，則其書亦祖述申不害學說者之所作也，商申之戚書皆在其身後百年，是同周秦人書之恆事，皆其後學著臨時多所附入也。

韩非子并言法术，其书亦未必尽为韩非所自作，其初见秦同于国策顿弱之言，其饰令篇同于商君之勒令，（八反作勒令）而弑臣劫之属惮于以后，韩诗外传战国策皆以为荀卿遗春申之言，说林有「一智伯索地于魏宣子、任章谏云乃予之」，十过作「智伯令人请地于魏，魏宣子欲勿与，赵葭谏曰云云」，二柄八奸以下皆颇言人主之纲重臣、说林同于魏策，是自相牴牾，韩非一书引事考此，非止一二，其不为一人之作无疑又泉，扬准一篇又显与主道一篇同言道家言，此申子言术之义也，而六反八经以下又反言所用非非所警之失而义又殊，扬准一篇又与主道一篇同言道家言，法家之意不显，而内储之所说林之后凡六篇为说最异，与韩非全书之旨相乖，用人篇言「故明主厉廉耻，招仁义」此於非书术端之论，皆不见于此数篇之书，大体篇言「守成理，因自然」似真子静因之义，荀卿所谓「慎子有见於后无见於先」者也，而所谓慎子篇一架为天子能制於天下，势重也，有势之兴无势也」，此难势一篇所言势之说也、其守道篇言「今天下无一伯夷，而奸人不绝世，故立法度，度量佰不得非」。此又荀卿所谓「慎子蔽於法而不知贤」者也。若解老喻老二篇，义又各别，喻老多本韩非子之旨，与他篇之义相同，而解老则无一涉於法家之义，岂偶然耶，寓一纯乎道家释老子之书，而误联於喻老者也，故释「天下有道却走马以粪，天下无道，戎马生於郊」，一无挥迴殊，故知，非书亦为丛书，而不得为一人之言也。

寓非海晨选者莫如内外储说六篇，此六篇明著为经，各经之后则为传，世称一曰者，则又曼於春秋之省矣，文何无大同小异，后师传闭而异辞也，六篇之经，皆文约义丰，决家大义略括於此，据为总匯，其为非子作否未可知，而传则决非非子所作，殆有可言者，其每经一日者，别家之传也，传或有直取子之后，愍於考扬朱书论周秦各家之学其发达已臻成熟之后，恒摘要约玄而为经，汜家有道德经墨家有墨子之后，感於考扬朱书论周秦各家之学其发达已臻成熟之后，恒摘要约玄而为经，汜家有道德经墨家有墨

法家流变考

七

皆足故也，法家亦有法經，則內外儲經固足以當之也，荀卿解蔽引道經，文不見於道德經，知作道經者又非一，韓非子有八經篇倘亦經也，而義則疎，管子經言亦八篇，不足爲經，若儲說六篇者，韵屬思想之主潮，而百家乃其餘波也，知兵農縱橫之俱爲法，而後知孟子書中多斥法家之論，而法家之義與東方之儒學相違也，孟子曰「今之事君者曰，我能爲君辟土地，充府庫，今之所謂良臣，古之所謂民賊也，君不鄉道不志於仁，而求爲之強戰是輔桀也」，辟土地對農而言，約與國對縱橫是補桀也」，辟土地對農而言，約與國對縱橫之術而求富國強兵之消爲說也，又曰「域郭不完，兵甲不多，非國之災也，田野不辟，貨財不聚，非國之害也，上無禮，下無學，賊民與，亡無日矣」，亦斥耕戰者也，又言「華戰者服上刑，連諸侯者次之，辟草萊任土地者又次之」，是並斥兵農縱橫也，孔子言政，首足食次足兵，實辟田萊亦爲儒者所重，則孟子不嘗非斥兵農縱橫而言，以其合兵戰縱橫而爲法家之政故也，史遷言，三晉多權變之士，漢志所載法術縱橫之士，俱爲北人，孟子歷歷對兵農縱橫而言，蓋卽對北方之學言之也，司
以當經而無憾也，桓譚新論言商君受李悝法經以相秦，得秦唐律皆言李悝集諸國刑典選法經六篇，而通典則謂之綱經，法經綱經皆六篇，網經亦得法經之名，而此內外儲經六篇，其深遠固非綱經賊法盜法六篇之比，桓譚法經，安知非此，僅二者皆不得爲惟作耳，各家之經具而各家之學亦巍然以盛，作經者固周秦學術發屬史上之一大斷限也，苟取商韓各家之言分屬各經常句之後以闡釋之，則見法家之義舉具於是而無遺也。

儒法爲周秦新舊思想之主幹

儒家之傳本於周，而法家之術大行於戰國而極於秦，則儒法之爭者爲新舊兩時代思想之爭，將二家爲一世新舊思想之主潮，而百家乃其餘波也，知兵農縱橫之俱爲法，而後知孟子書中多斥法家之論，而法家之義與東方之儒學相違也，孟子曰「今之事君者曰，我能爲君辟土地，充府庫，今之所謂良臣，古之所謂民賊也，君不鄉道不志於仁，而求爲之強戰是輔桀也」，辟土地對農而言，約與國對縱橫而言，戰必克對兵而言，此正對整個法家欲以耕戰縱橫之術而求富國強兵之消爲說也，又曰「域郭不完，兵甲不多，非國之災也，田野不辟，貨財不聚，非國之害也，上無禮，下無學，賊民與，亡無日矣」，亦斥耕戰者也，又言「華戰者服上刑，連諸侯者次之，辟草萊任土地者又次之」，是並斥兵農縱橫也，孔子言政，首足食次足兵，實辟田萊亦爲儒者所重，則孟子不嘗非斥兵農縱橫而言，以其合兵戰縱橫而爲法家之政故也，史遷言，三晉多權變之士，漢志所載法術縱橫之士，俱爲北人，孟子歷歷對兵農縱橫而言，蓋卽對北方之學言之也，司

馬談謂「法家不別親疏不殊貴賤，一斷於法。」新序謂商君「法令必行，內不私貴寵，外不偏疏遠。」桃應問孟子曰「舜爲天子皋陶爲士，瞽瞍殺人則如何？」「萬章曰：「象至不仁，封之有庳，有庳之人奚罪焉，仁人固如是乎？任他人則誅之，在弟則封之。」是據法家之義爲問也。韓非嘗引記曰「瞽見瞽瞍，其容造焉，孔子曰當是時也，危哉！天下岌岌，有道者，父固不得而子，君固不得而臣也」。師咸庁譽瞽瞍問孟子曰：「語云，盛德之士，君不得而臣，父不得而子，舜南面而立，堯率諸侯北面而朝之，瞽瞍亦北面而朝之，師咸庁譽瞽瞍，其容有蹙，孔子曰於斯時也，天下殆哉岌岌乎！」此正據法家之言爲說，故又曰「瞽既爲天子矣，敢問瞽瞍之非臣如何？」此皆依法家正君臣上下之分問之也。曾：「繁辯，亂之寶也。」「外人皆罪夫子好辯。」
好辯法乎」？韓非書「舉先王，言仁義者盈廷，而政不免於亂」，「儒服帶劍者衆，而耕戰之士寡」，皆疾游學也。孟子疾游學之士，正八都子曰「外人皆稱夫子好辯。
商君禁游學之民，法家疾游學之士，而彭更問曰：「後車數十乘，從者數百人，以傳食於諸侯，不以泰乎
」！此據法家之義難之也，故再曰「士無事而食不可也」。孟子曰：「伯夷聖之淸者也，有聞伯夷叔齊之
夫廉，儒夫有立志」，而韓非則曰：「古有伯夷叔齊者，武王讓以天下而弗受，二人餓死首陽之陵，不以秦乎
者不畏重誅，不利重賞，不可以罰禁也，不可以賞使也，此之謂無益之民，吾所少而去之也。」韓非以「伊
尹爲宰，百里奚爲虜。」「孟子曰：「不見諸侯，宜若小然。」「及孫所張儀，豈不
而直尊，宜若可爲也」，周霄問曰：「古之君子仕乎？」此皆以儒者爲文化之役冰炭，與北方法家之學不能相容。儒爲舊文化之蘭明
諶大丈夫哉！」則更直頗縱橫之不及法家者，殆以楊墨之害巳徧天下，而法家於是時徒見之行事，未有著書，故孟
世，法爲新政治之前驅。於孟子徒明闘楊墨不及法家者，殆以楊墨之害巳徧天下，而法家於是時徒見諸家之行事，未有著書，故孟
，乃孟子徒行車闘之而已。至荀卿則法家兵家縱橫二三所名師之，於老莊亦然，則亦見諸家之書後起，荀卿得
而辯之。各家之相互探獲了解，荀時亦較孟時爲進步，新舊思想相激相盪之故，於此亦足窺知其大概也。
子亦直使行車闘之而已。各家之相互探獲了解，荀時亦較孟時爲進步，新舊思想相激相盪之故，於此亦足窺知其大概也。

秦用法家其行事皆本法家之義，儒家從周，故儒皆推明周政之本由蜀秦之政治不同，而知儒法者兩種不同政治之說明也。仲尼祖述堯舜，憲章文武。孟子曰：「莫如師文王，師文王大國五年，小國七年，必爲政於天下矣。」故又曰：「遵先王之道而過者，未之有也。」而商君則曰「前世不同教，何古之法，帝王不相復，何禮之循。」韓非言「愚學不知治亂之情，讙誃多誦先古之書，以亂當世之治」。儒者言法先王，而法家圖便事，稱新聖，其立言之本固已大異矣。由周秦之政各殊，盆知儒法之異正閱時代之異也。孟子曰：「昔者文王之治岐也，耕者九一，仕者世祿，關市譏而不征，澤梁無禁。罪人不孥」。而商君之治秦也，班周言：「棄用商君，壞井田，開阡陌，急耕戰之賞，然干制遂滅，僭差無度」。則非周人百獸而徹九一之稅與孟子王政必自經界始，大異其趣矣。周公謂魯公曰：「君子不施其親，不使大臣怨乎不以，故舊無大故則不棄也。」孟子謂齊宣王曰：「所謂故國者，非謂有喬木之謂也，有世臣之謂也，王無親臣也，昔者所進，今日不知其亡矣。」又曰：「貴戚之卿君有過則諫，反覆之而不聽則易位。」而商君在秦，則日繩其貴公子，且令「有軍功者各以率受上爵，宗室非有軍功論，不得爲屬籍。」漢官儀言：「始皇滅諸侯爲郡縣，不世官，守相令長以他姓相代，去世卿與世祿易位之事見周秦儒法之又迥殊矣。商君書令云：「重關市之賦，則農惡商，商有疑惰之情，則草必墾矣。」漢宣言：「能令商賈技巧之人無繁，則欲國之無富不可得也。」是商君治秦以耕織爲本業，末利怠工商，又爲不可易之事實。而孟子釋者以耕織爲本業，末利怠工商，是秦制之抑工商，又豈不大相逕反乎！淮南氾論：「秦之時惰而貪者，舉以爲收孥。」周秦儒法豈不又大相逕反乎！鹽鐵論「商君相秦殷百倍之利，入粟蓴頭會箕歛，歸於少府。」漢書百官表「少府秦置，掌山海池澤之賦。」市廛而不征，法而不廛，又以秦之頸於攻戰，而收山澤之稅，國富兵強，器械充飾，蓄積有餘，是以擴地斥壞不賦百姓，而師以瞻。」以秦之頸於攻戰，而市矣，關譏而不征，則天下之旅皆悅而願出於其路矣。

法家流變考

鄰行之賦盡出於山澤之稅，其收入之巨可知矣，與東方「林麓山澤以時入而不禁」，固又大殊也。商君列傳「令民爲什伍，而相收司連坐」，班固言「秦用商君連相坐之法，造参夷之誅，罪及三族」與孟子所逃「罪人不孥」相去遠矣。文王先事窮民之無告者，而秦昭不發五苑之粟。凡孟子所言文王之治無一不與秦殊，周官小司寇「以八辟麗邦法，附刑罰，一日議親，二日議故，三日議賢，四日議能，五日議功，六日議勤，七日議賓，八日議賓。」此周人以貴賤親疏之分而刑法固不平等，楚莊王曰「子文無後，何以勸善」，晉祁奚曰「社稷之固，將十世宥之，以勸能者。」是楚晉者猶周室之舊軌也。新序言「商君法令必行，內不私貴寵，外不偏疏遠。」商君書刑賞篇言「所謂壹刑者，刑無等級，自卿相將軍以至大夫庶人，有不從王令犯國禁亂上制者，罪死不赦，有功於前，有敗於後不爲損刑，有善於前有敗於後不爲虧法」。直斜對八議而言此周秦之制又相異也。左氏昭二十九年傳云晉鑄刑鼎著范宣子所爲刑書，仲尼曰：「晉其亡乎，失其度矣。晉將守唐叔之所受法度以經緯其民，卿大夫以敘守之。民是以能尊其貴，貴是以能守其業，今棄是度也而爲刑鼎，民在鼎矣，何以尊貴，貴何業之守。」是周之刑法爲秘密，掌於貴族之手，若商君定分篇所言則「便天下之吏民無不知法者」。更別置司吏民法律顧問之「法官」，其與周制儒說不啻河漢。凡此儒法之異說，何莫非周秦之異政，周秦以民族之不同，其文物教化，自不能無別。儒者繼周之貴族，迹又至顯。而法家則一反之，夫周之政治爲封建政治貴族政治，於貴賤之辯至嚴，儒者繼周之貴族，其種族爲出乎戎狄，敘之鮮矣。進而論之，商君「爲刑法之實行者，前撰秦之社會，於秦治之爲法家，其勢是也。他如抑工商而厲公戰亦以私門爲私門，公戰則强在國，而欲踢力以抑貴族，壹刑法而立法官，以削奪貴族昔日之特權，至尚首功而去世卿，則更欲根本禁絕家族之發生也。他如抑工商而厲公戰亦以工商之利歸諸私門，而抑商賈則奪私門之富，而歸公室也，其禁私門而厲公戰亦以工商之利歸諸私門，而抑商賈則奪私門之富，而歸公室也。故「商君相秦十年，宗室貴戚多怨望者」，楚之貴戚昌私門之強爲公室之強耳，是法家無住而非打擊貴族。

盡欲害吳起，卒之商君車裂，吳起支解，亦其宜矣。故儒止二思想實卽周秦二時代二民族不同之反映而已，故雖謂儒法之爭爲新舊之爭夷夏之爭不爲過也。自秦以兵強天下，法家之術遂奇彌漫六合，而貴族日益沒落，布衣卿相大闢於秦人之來已一袼千丈，予前論周秦民族，君主不民中間之賞族階級既亡，改權乃集於君主一人之身，故法家又有尊主卑臣之義，爲而君主專制之說。及始皇帝一統宇內，盡用夷道焚詩書坑儒士，奠敎千年君主專制之基，其影響於後世可謂巨乎，然貴賤之級鍵泯，而貧富之級因之而起。「養閭首功，令富貴之家皆出於兵，五甲首而隸五家」，更除井田民得賣寳。」（蕫仲舒語），「尊獎築幷之人」（崔實政論），遂致「富者田連阡陌，貧者無立錐之地。」（蕫語）「上家累鉅億之貲，斥地侔封君之士，故下戶踦踞，無所時足，及父子低首，奴事富人，躬率妻孥，爲之服役」，而食富之極乃判然矣。自法家之興卽我國起之政治社會，前幾判若二人，故曰周秦之政旣殊，而儒法之言亦因之以異，是法家者卽一新時代之文化，亦卽源於異民族之文化也。

法家思想導源與秦民族

秦自妍謂之都，入居酆鄗周人之都，而曰「秦雜戎狄之俗」先暴戾俟仁義」，曰：「諸夏賓之，比於戎狄。」則關中文化於秦人之來已一袼千丈，予前論周秦民族，同知秦之爲戎狄也。法家之學，莫先於商鞅。商鞅治秦，若由文而退之野，是豈知商君之爲緣飾秦人戎狄之舊俗，而使漸逼於中國之文耶？凡商君之法多襲秦舊，而非商君之自我作古。班固言：「秦用商君連相坐之法，造參夷之誅」，軼傳言：「定變法令，令民爲什伍，相牧司連坐」，此以連坐之法。三族之誅，爲自商鞅始也。而始皇本紀言：「獻公十年爲戶籍相伍，」「春秋繁露言「梁内役民無己，使民比地爲伍，一家亡五家殺」。梁嬴姓國與秦同祖，則什伍連坐已在商君之前，爲豈姓國固有之法也。秦本紀「文公二十年初有誅三族罪，武公三年誅三父等夷三族。」則三族爲秦先有之罪，

亦不自商鞅始也。古史考言：「秦用商鞅計，制爵二十等，以戰獲首級者，計而受爵。」而左氏襄十一年傳，秦有庶長鮑庶長武，帥師伐晉，以救鄭，戰於櫟，襄十二年有庶長無地。秦本紀「懷公四年庶長晁與大臣圍懷公出子二年，庶長改迎靈公之子獻公於河西而立之。」則秦之庶長自春秋時已有之，亦不自商鞅始。左氏成十三年傳猶有「不更女父」，明秦之先有此爵級也。韓非子亦曰「商君之法斬一首者賜爵一級」，而秦本紀「獻公二十一年，與晉戰於石門，斬首六萬級。」事在商君前，爵既秦所先有，計首功亦秦所先有也。秦之文化爲獨立之文化，不同中夏，商君闓自依其舊制而增飾之耳。韓非子傳曰「鞅西入秦，見孝公說以帝道，其志不開悟矣，復說公以王道而未入矣，復說公以霸道，公與語不自知膝之前於席也，語數日不厭，鞅曰吾說君以帝王之道，比隆三代，而君曰久遠吾不能待，故吾以彊國之術說君，君大說之，然亦難以比德於殷周矣。」此或爲戰國之士稱國高深文明，必於其相同之條件下乃有可能，故商君之於秦，亦勢固然也。所謂「虞吾所能行爲之」者也。商君之於秦，而秦悅其術近己者，如曰「禮義廉恥國之四維」是皆商韓所欲閉乎！故管子非法家之舉也（班志列於道家）。是法家之說本之商鞅，而鞅襲之秦。誠源於西北異族之教者也。李斯書言「昭王得范雎，強公室，杜私門，使秦成帝業。」范雎於秦，猶商君之意也。韓非子言：「秦大饑，應侯請曰，五苑之草著蔬菜足以活民，請發之，昭襄王曰：」則范雎於秦法使民有功而受賞，有罪而受誅，猶商君之意也。李斯挾荀卿之術，其在秦之蔬草者，懷民有功與無功俱賞也，此亂之道也。」李斯書言：「秦昭王得范雎，豈皆以秦法治秦者也，三子先後皆一轍也。姓買牛而家爲王牆，壬曰夫非令而擅牆者，是愛寡人也，寡人亦且改法而心與之相循者，是法不立，亂亡之道也。

，不如入前二甲，而復興為治。」呂覽：「韓昭釐侯醉而寢，昭釐侯典冠者見君之寒也，故加衣於君之上，覺寢而說問曰，誰加衣者，左右對曰典冠，君因兼罪典衣與典冠，以為失其事也，其罪典衣，以為越其職也，非不惡寒也，以為侵官之害甚於寒也。」韓非二柄言：「韓昭侯醉而寢，典冠者見君之寒也，故加衣於君之上，覺寢而說問曰，誰加衣者，左右對曰典冠，君因兼罪典衣與典冠，其罪典衣，以為失其事也，其罪典冠，以為越其職也，非不惡寒也，以為侵官之害甚於寒也。」國策言「申子請仕其從兄，昭侯不許，有怨色，申子曰，非所以學於君也，君何以知之，君曰以其耳也。」韓昭侯酗而寢，昭侯自有其治，商君范雎從乎秦者也。韓昭自有其治，申子實不逮昭侯，韓魏皆戎狄之族，前於周秦民族史辭之也。知秦之自有其治，商君范雎從乎秦者也。趙威后之語齊便曰：「於陵子仲尚存乎：是其為人也，上不臣於王，下不治其家，中不索交於諸侯，此率民而出於無用者也，何為至今不殺乎！」李疵語趙武靈王曰：「其送死近幸臣妾從死者，以數十百人。」大宛傳言「匈奴破月氏王，以其頭為飲器。」此皆不見於周代，非戰時中國之俗也。秦本紀言「武公卒，初以人從死，從死者六十六人，繆公卒，從死者七十七人。」此戎狄之事見爾中國也。白秦趙入諸夏，趙策言「三晉分知氏：「趙襄子最怨知伯，而將其頭以為飲器。」此戎狄之事，而見於中國也。白秦趙入諸夏，遂統一中國，倘亦勢俗思想，悉入諸夏。法家之說遍於戰國，則中國戲化於夷，斯為逢君之欲、而缺亦何之必至者也。韓非言：「商君勸孝公，燔詩書而明法令。」卒之極於李斯之阬焚，斯為逢君之欲、而缺亦何獨不然。秦本紀言「戎人由余以詩書禮樂法度，為中國所以亂。」此見戎夏文化之不相容者已舊矣，又豈待商韓之徙而後賤仁義忠愛哉！法家之士多出於三晉，而與儒家之說相舊聲，若冰炭之不可同器，一若諸家之出於楚民族，則儒法之爭謂之新舊之爭，周秦之爭亦即夷夏之爭蓋亦可也。

儒者之治，主於以不忍人之心行不忍人之政，君子莫大乎與人為善，禮尚為稷已饑己溺之心，實于視民如傷之意。故主於「樂民之樂，憂民之憂。」而戒乎「好人之所惡，惡人之所好。」而法家之青則曰「嚴刑重罰者之所明者，乃管氏而已，商申楊端之論，賈晁來宣逃頭之。管子書漢志列之道家，然書頗申尚法而不尚賢之意，民之所顯也，而國之所以治，哀憐百姓輕刑罰者，民之所喜，而國之所以危也，聖人為法，爾者必逆於世意。申子曰：「有天下而不恣睢，命之曰以天下為桎梏。」此豈幾溺不忍之意乎？其曰：「以妻之近與子之親而猶不可信，則其餘無可信者也。」又曰：「父母於子也，產男則相賀，產女則殺之，慮其後便計之長利也，故父母於子體用計算之心以相待。」此豈無父母之澤乎？」則又何論於儒家「老吾老以及人之老，幼吾幼以及人之幼」也。韓子曰：「聖人之治國也，固有使人不得不愛我之道而不恃人之以愛為我也，故設利害之道以禁天下而已矣。」則又何論於與人為善。由儒家之說則人與人以愛相親；由法家之說則人與人以利相賊。其生心固已大異，無怪其教致之相胡越也。魏齊晉秦戎狄之俗「貪戾好利而無信，不識禮義德行，苟有利焉」。法家之學源出戎狄，其胄者此，正中於貪戾好利之民族。故的是而出之治術與之若合符，而於東方仁義之說，若水火之不相能也。

管子為法家與儒道兩家之調和

葉水心言「管子非一人之筆，亦非一時之書，而漢初學者，諸誼尤著，賈誼晁錯以為經本，故司馬遷謂讀管氏書，詳哉其言之也。」此誠達於學術流變者之言，殷巨山以與水心相間，賈晁來實逃頭之。管子書漢志列之道家，然書頗申尚法而不尚賢之意，故後人父入之法家。由令論之，其書乃儒家而採法家之長者也，儒法道關知之作也。晁錯請募民徒塞下書：「臣聞古之制邊縣以備敵也，使五家為伍，伍有長，十長一里，里有假士，四里一連，連有假五百，小連一邑

一五

，邑有假侯，故卒伍成於內，服習既成，勿令遷徙，幼同遊、長共事、夜戰聲相知則足以相欲、晝戰目相見，則足以相識，歡愛之心，足以相死。」此所謂古制，其編制之法，於費無徵，惟管子每小國與此同云：「制五家為軌，軌有長，十軌為里，里有司，四里為連，連有長，十連為鄉，鄉有良人。」以下所云小國亦有之，而文小異，齊語亦備有之，文亦小異，則錯之用管子朋也。賈誼綱「禮義廉恥，國之四維不張，國乃滅亡。」又稱「倉廩實而知禮節，衣食足而知榮辱」皆在今管子書。此與商韓之尊恃強兵者巳殊。儒之泊曰：「民之所好好之，民之所惡惡之。」而法家反是，以為「聖人為法必逆於世。」管子則同於儒而異於法，其牧民四順曰：「政之所興，在順民心。政之所廢，在逆民心。」民惡憂勞，我佚樂之。民惡貧賤，我富貴之。民惡危墜，我存安之。民惡滅絕，我生育之。能佚樂之，則民為之憂勞。能富貴之，則民為之貧賤。能安存之，則民為之危墜。能生育之，則民為之滅絕。故刑罰不足以畏其意，殺戮不足以服其心，故刑罰繁而意不恐，則令不行矣，殺戮眾而心不服，則上位危矣。故從其四欲則遠者自親，行其四惡則近者叛之故知與之為敢者政之寶也。」此與申韓之專恃威刑者又殊也。老氏曰：「民不畏死，奈何以死懼之」。又曰「將欲取之，必固予之。」管子既與抉家之既相遠，而又與道家之義相通。管子圖善篤又曰：「民予則喜，奪則怒，民情皆然，先王知其然，故見予之形，不見奪之理，故民愛可治於上也。」此皆反於法家，而同於儒家之黠也。牧民篇曰：「夫民必得其所欲，然後聽上，聽上然後政可善為也。」欲篤曰：「凡牧民者使僇無邪行，女無淫事。士無邪行敎也，女無淫事訓也，教訓成俗而刑罰省數也。」凡牧民者欲民之正也，則徹邪不可不禁也。微邪者大邪之所生。欲民之有禮，則小禮不可不飾。」牧民篇曰：「禮義廉恥，國之四維，四維不張，國乃滅亡。禮不踰節，義不自進，廉不避惡，恥不從枉。」管書之重教化而不特刑罰肯大

同於儒而反於法也，小稱篇曰「天下無常亂，無常治，不善人在則亂，善人在則治，所以感之也」，樞修篇曰「明智禮義以致之，上身服以先之，」君臣篇曰「舉德以就公，不類無德，舉能以就官，不類無能，」立政篇曰「德義未明於朝者，則不可加於尊位」管子「雖屢申而法山不尙賢之旨，而此則與儒墨問賢之說同也，」法濟兩家皆不尙寳，此違見管子之間於東方而異於北方也，齊語言「爲游士八十八乘之以車馬衣裘，多其貲幣，使周游於四方以號召天下之賢士，」此亦與法家禁游士之說相反。牧民篇曰「民之經在明鬼神，祇山川，敬宗廟，恭祖舊，」又曰「人與人相保，家與家相愛，祭祀相福，死喪相恤，禍福相憂，居處相樂，行作相和，」此與商君之敎，「秦國之俗，篤戰而趨利，苟有利焉，不顧親戚兄弟，父與中產一獸耳，」「其俗之相懸若是，」又曰「母遺忘老親，敬犬臣則不眩一之意同，而與孔子稱周公爲魯公之意同。其南宗子之牧民篇「以食從昆弟親親則諸焙其貳，」猶是儒家收族敬宗祖之意。故牧民篇敬宗廟，恭祖舊，而商君治秦「民有二男以上，不分異者倍其賦，」立秦八「家富子壯則出分，家貧子壯則出贅，」東方之敎始終爲一貫，管子書經取家，要本於齊而異泰之政法家之治爲有辨也，昔太公治齊勸以女功之業，通魚鹽之利，此又管平之重工商業也，商韓則皆擯抑工商業，此又管子由東方自有之政教而有之敎也，號爲冠帶衣履天下，此管平之電工商業也，商韓則皆擯抑工商業，此又管子曲東方自有設輕遺以富國，即鄰於法者亦未能太遠於儒，其者始出於法家盛行之後，牽家流敗法家之所長，而輔儒終不離東方固有之敎也，於苟卿見北方白有其特異之思想，雖習於儒而終覓能自放於於儒，後之諸明申商者亦因之而公於儒，自儒之能取於法，而法亦因之而公於儒，後之醫生最錯明申商者家之不是著之所爲也，自論之態取於法，而法亦因之而公於儒，論法家自託於從儒之自託於從息，至儒家並言法夏法殷，兼採法墨之長，各家相爭之迹絕，而恢宏卓絕之新儒學其始也，儒法相攻如寇讎，其卒也儒法相調和如昆季，而學術以漸入於統一，論法家自託於從儒猶墨家定於一尊也。

法家流變考

一七

秦漢之間偽書之作，管子尸子之類是也，惟南要而北各承政化舊之由，而旋興群不公之感，襲亦此時代之偽書，殆以秦人欲古之後，作者皆未敢以自鳴，而一一託之往哲，然大部以頁老為中心，實紛不外呂覽雨雨之旨，固此一時代學術之風氣略如是耳，凡呂覽尸子蓮子皆智盛道而宗學，而稍副之荀卿乃無之，荀卿之弟子隨正王及母悔之甲公已為明堂論之宗師晉尸諸子者皆從道明堂論者也，下及賢山至言所群稍為明堂之事也，其昌曰。

「文王之時武设之，」皆得端其旨，錫藝求所之八，皆得盡其力，此周之所以興也，古者墨王之則此任前，蓋過夫，工師箴諫，簿酬詩諫，公卿比諫，士傳言諫也，庶人謗於道，商旅議於，……過犬而改之，見義而遂之，所以永有天下也。天子之時，然而之三老於太學觀執醬眠餒，執酎而嗣任前，顧駛任後，公卿奉侍，大夫進履，舉此以自輔弼，求遂正王更直諫，故以天子之尊章整三老脫幸也，立輔弼之臣怨臧也，置諫之士盛下於制此過也，學問王於鈴藝有求苦無壓也，商人廉人謝謗之而改之，從善無不腐也，……

此篇所言黃老一椿，皆明堂之學也，明堂以受聲青為游也，而孟子之語曰「此而觀民生精代本，而親民生精代本，做曰此明堂也。賈誼當殿帥尚父曰「天下非一人之天下，天下之天下也，」華耤引周書之語曰，一家之有世，有運者之有也。」通處引太公「天下非一人之天下，天下之天下也，」夫民別而臨之則聲，合而總之則墓，雖身衛式之德乃合於而八之言，是以明和順八心而發於泰心之所聚，與民為一盡，又曰「察民所惡以自為成，黃帝立明堂之識者，上觀於國也，達有徇至之問者，下聽於八也，」自呂覽至公始曰此義，而太公之謀履舉之，其為一世所重者，自然之理也，究之太公袂文，凡嚴熟熊聖林間元汪宗沂三家之所輯者，合六韜觀之，此周西漢初孫本六韜文師有此語，發降亦有此語，是其為說遠於孟術，有蘧者之有也哉

尸子呂覽當辭言明堂事，做曰名噴罩之議，」對曰此一時之恩潮也，

顧以夏歲二小定明堂，游太學修先王之道」。

盛行之說，合儒法道德而一之，同於管子尹文子諸家之觀，而後知偽託之書，其見於漢志面儻引於賢誼以來之書者，曾奉漢間雄仕者之所爲，尤以明堂論及天下之爲古人也，若文子列子之屬，其不見於漢志而抱朴以爲徵之儲者隱，又以明堂論及天下之爲古人也，若文子列子之屬，其爲依託諸樂之邪，余成楊朱效及此篇後，略稱伏盧林及羣書治要者，皆緇舊回放達者之所爲也，烏可以其之所爲，倘本司馬談論六家要指面去取百家之書，則是又一家之呂覽鴻烈之之所爲，倘本司馬談論六家要指面去取百家之書，則是又一家之呂覽鴻烈之其始也道家面接受法家習非樂仁義，若效徑耶，而家者流意起而距之，日相攻伐也，道家面接受之作，此愚業之論也，辨其爲僞面竟業之，又智者之過也，關和之新儒學也，皆熊之書而幸道術之漸趨於一，又断以入於料深窣卓，而寫於精金義主，惜究其立胃之旨，而考其成書之年，以輔翰學者文獻之所不足，則衍悉化爲神奇，斷爾片扁背爲精金義主，先唐故書零落無幾，以其一部究漢初黃老雜家之言，以其一部究漢初黃老雜家之言，以其一部究鬻冥玄學所論述，先時之感嗜缺有間者，兹皆特而論究之，是非皆學者之大快乎，是所與海內賢豪之士共商之者也。

附論陰陽名雜分屬墨道二家

法家流變考

餘論北方兵縣縱橫之學亦可統之於墨，而雜家則可歸之於道，漢志所列凡餘論北方兵縣縱橫之學亦可統之於墨，而雜家則可歸之於道，漢志所列凡流及兵家實只儒道墨法四家而已，儒墨同法先王道仁義，誦詩書，因大同而小異者也，則所列四家又可以東北南三方分之，地域殊則性俗異，性俗異則爲說不同，先秦學術其大略開如是耳，墨家尚鬼而陰陽家舍人事

一九

而代鬼神，儒者則敬鬼神而遠之，陰陽固近墨而遠於儒矣，儒者重禮樂尚節儉，鄒衍燕論上乎仁義節儉，是固陰陽近於墨而遠於儒之質也，馬翰翰適巢曾多言災祥刑賞，「由咊燕陳符瑞」，因俠學墨子之術，隨巢墨子弟子，而官諸機祥符瑞，是陰陽術（一逸）之本，則陰陽家者即墨學之流也，莊子天運公孫龍問於魏牟曰，「龍少學先王之道，長而明仁義之行，合同異，離堅白然不然，可不可，困百家之知，窮衆口之辯，」是龍流先王言仁義，因爲東方之學者也，呂氏春秋應言篇言「趙惠文王朋公孫龍曰寡人事儒兵十年矣，而不成，兵可偃乎，龍對曰偃兵之意兼愛天下之心也，兼愛天下不可以虛名爲也，」是龍道先王而施龍之說，而公孫龍言之。淮應覽又言「趙惠文王朋公孫龍曰寡人事偃兵十餘年矣，而不成，兵可偃乎，龍對曰偃兵之意兼愛天下之心也，」是龍愛兼愛反應先王之道凌逆天下之心也（一造公孫龍即愛書聚愛而諷墨者也，莊子天下篇明愛兼愛」「氾愛萬物，天地一體也，」氾愛即兼愛也，）氾愛即兼愛也（天下篇謂墨子事亦愛兼愛禁耕而非鬥）韓非言「發議欲以離合於薬而以齊，越滿欲以魂合薺避出燕矣」，今又王齊，何其鈞也」荀子非十二子言墨翟來鈃「不俗約而慢差等」，去尊即慢差等，而施龍言堅白公孫龍言「雜者以堅白同異之辯相賀，」夫旣責州譽，則持說不同，墨絕言堅「去尊則慢差等」，而施龍言堅「公孫龍說燕者，」非子天下篇言「墨者以堅白同異之辯相賀，」此所謂相賀之說，實施龍之窩墨而說者乃名家道學者，墨家亦墨家者流也班志言「雜家者流出於議官兼儒墨合同異，經典辨同異而施龍合同異，此所謂相賀之說，實施龍之窩墨而說者乃名家道學者，墨家亦墨家者流也班志言「雜家者流出於議官兼儒墨合名法，」而司馬談論道家曰，「其爲術也，因陰陽之大順，采儒墨之善，撮名法之要，」是班志所謂雜家正是談所謂道德也，撰後雜家如呂覽淮南之屬，固道兼言也，而班志離而爲二，搜名此之類，」是班志甄做序中惟論曾之來源之儻機儻之旨大同而小異耳，三系哲學之揖論，有非其實者耶，古之甄論皆大同而小異耳，三系哲學之揖論，與三系起墨爲說，皆理趣皆息息今者觀之魏周哲學鄭此於三系，儒墨之舉亦此於三系，僑墨志離而爲二相通，信先渠文化其大宗蓋於三者，持此根葉而以柢若絞先後雜合出人之故，倘於魏周之學悶圓中矣。

營山縣疆域沿革考

龔熙臺未刊稿

自來地理家，咸以漢石鏡縣治，周今渠縣城，不知寰宇記明言「廢宕渠縣，本漢舊縣，梁於此置墾陽郡及宕渠縣，因縣治山為名，」今考梁宕渠縣，實在今營山縣東南鮮承坪，則漢宕渠治，即在今縣境，自可推知，因縣治山為名，又六朝梁二代起無地理志，故地理今釋附梁禮治宕渠縣，周禮蓬州，宋加釋文，（今釋凡此無地理志者均附釋文）。歷代沿革表，亦關宕渠梁州之建置，今擴唐宋載籍，敍述梁引二代郡建置歲月，及所屬所治，詳細證明，以期徵實，至唐時蓬州移治大寅，各書所在不一，地理今釋謂「在今儀隴縣東北六十里，」一統志謂「在蓬州北百里蓬池壩，」考之語曰，均有未合，今訂為縣境之天池場，非敢妄為附會，蓋實有所徵信云。

營山於周為巴國地，於秦為賨人所居，屬賨城國，（古之賨城國，不能確指為今之何地，當作營渠二縣之中，附之宕渠縣，在今廣安縣東北十二里，此乃後人附會之說，非古之賨城國地也）。水經注云「宕渠水即渝水潛水，」今校渝水潛水宕渠水，即渠縣，有渝水，夾大上下，皆賨民所居，華陽國志云，「渝水，賨民多居水左右，從尚帝定三秦，其人勇銳，賨歌舞」（風俗通曰「有賨八劉男，閬中八范目，說高祖募發賨人，定三秦」，華陽國志「賨人，初為漢前鋒，銳氣，善歌雄，所謂巴渝舞也，」）。又水經注云「宕渠水即渝水潛水，」今校渝水潛水宕渠水，即縣城之流江河，（詳水道考），流江河經流營渠二縣，其上下左右，皆為昔日賨人所居，今渠，營山，大竹，蓬安，即伊今營山縣之城域矣，前縣治，據地理今釋門「在今渠縣東北八十里，」考寰宇記「漢宕渠縣，即今安寧縣城，而其縣治，據地理今釋門「在今渠縣東北八十里，」考寰宇記「漢宕渠縣，即今儀隴，」所過安寧縣，而其縣治，據地理今釋門「在今渠縣東北八十里，」考寰宇記「漢宕渠縣，即今流江縣東北七十里，故城是也，又云「梁普通三年，於漢宕渠縣西南七十里置北宕渠郡，」又「梁大同中於

郡迎置巴州，通北周武威元年，改北石渠郡為渠州，治流江縣，」據今渠縣志「渠」字流江縣，在今縣城北十思，」故地必不在今縣境也。又考水經注「一宕渠水又東南流，逕宕渠縣，謂之宕渠水，」而流山又為古之宕渠水，且流江古城在今渠縣北十里，流江又經其東，足證漢宕渠縣，實在今流江河流城，今由渠縣流江河上溯八十里，其地當在今渠縣北八十里，與寰山拔舍之所述符，為漢代宕渠縣治，然古今里數，往往大小差殊，問不能定，又為寰宇記所指蓬州下云「廢宕渠縣宕渠縣入良山境」）。即漢時宕渠縣一寰宇記所指的廢宕渠縣（與地紀勝「榮太祖祀德三年，省即依漢石渠縣仙也，諸唐志云「宕渠縣，舊治長樂與山難陵水，」今其地巴瀘河，可知梁之宕渠縣，東南六十里有石仙山，」有古城遺址，城基尚存，遍湔山谷，今城距廟右并尚存，其地距靜逰守者，寰源寰字，距渠縣孤九十餘里，與寰字記所在一漢石渠縣即今蓬州下云「廢宕渠縣（興地紀勝「榮太祖祀德三年，省稍大，不足為異，又寰宇記名渠縣下云「梁人滑元年，於此置境陽郡及宕渠縣，以井內遺勝山何雜」，距渠縣之說竹合，今以鮮冢坳古城遺址，趙以里數山省，订為梁之宕渠縣，即漢之宕渠縣，寰和縣小尚島，上此古城遺址，並無他縣足以當此地區者，（所之宕渠縣渠故縣，九如縣微，地址今料既係城為能向漢宕渠縣在今渠縣東北八十里，而於所之宕渠縣，即渠縣之宕渠縣，此地址今并無辨誌時都縣，加南志石渠縣卜云「梁道，」故地堙今稱所釋隋之宕渠縣，即渠縣，區梁曰無此地也。此云「有今營山縣東北，」是顯與寰宇記之說相才盾，不足據也，後漢仍，，以宕渠縣，屬巴仙，宣澳、漢昌三縣，置宕渠郡，（華陽國志前「為名渠縣，屬已郡，蜀漢九年劃巴郡之名非，宣漢、漢昌三縣，置石渠郡，，主延熙中置，又以石渠，漢昌，宜漢二縣，置石渠郡，尋省，（十六國春秋作「李壽置宕渠郡，」」今據二國志補正）。依元和郡縣志「李壽

營山縣疆域沿革考

時，縣地夷獠雜處，不置郡縣，」今據與地紀勝作「乎延置」。李壽建興中，此地荒廢，夷獠雜居，不置郡縣，來置蹄化郡於付口（今巴中縣東南三十里）。以撫獠戶，無屬縣，（元和志巴州付口縣下云，「朱於此置蹄化郡，以撫獠戶，無屬縣，」寰宇記「朱末屬蹄化郡，」與經同）。南齊因之，（南齊州郡志，有蹄化郡注云「右一郡，縣邑卻亡，」）。梁大同元年，於縣地置安固縣，「安固縣，梁置，」與地紀勝引「元和志云，大同元年，分宕渠縣，置安固縣，」寰宇記同，並云「引元和志，「收安靜穀固為名」）。屬巴州伏虞郡，（隋志伏虞縣下云「梁置，曰宜漢，及置伏虞郡，」與地紀勝，大同元年置伏虞郡，領縣二，伏虞，安固）。天監元年，分閬中縣置大寅縣，（元和志，縣，因大寅他地以為名，」寰宇記同，並云「取縣西大寅山為名」）。屬南梁州隆城郡（隋志儀隴郡下云「分閬中縣下云「梁置並置隆城郡，」寰宇記「取漢縣名，治長樂山，後移羅樓水，」今營山縣東六十里青羊宮側舊家封，說詳後）・綏安（寰宇記「梁置宕渠縣，並置境陽郡，」鄭穆通志「梁置境陽郡，」縣東南置境陽郡屬宕渠縣（據志宕渠縣下云「太清元年置境陽郡，」寰宇記「天監元年置陸城郡，領縣二，儀隴大寅，」大寅在今縣北天池場，）。「太清元年置境陽郡，」今營山縣東六十里有境陽山，距青羊宮四十里）。行渠（舊蠻志云：「取漢縣名，治長樂山，後移羅樓水，說詳後）・綏安（寰宇記「天監六年置綏安縣，」）。天監六年於縣北三十里置朗池縣，屬梓潼郡，（寰宇記「本乾總二年廢，」今縣東北四十里少溪寺地，）。依今縣北四十里置朗池灘，其側有右幾豐鎮，有廢縣遺址。寰宇記「本漢宕縣，宋靜境臨縣地，梁大同中，於此置梓潼郡，」寰宇記「天監六年置梓潼郡，領縣二，相如，朗即古朝地縣治，（隋志相如縣下云「梁置，並置梓潼郡，在梁代有境陽郡所領之宕渠綏安二縣，伏虞郡所領之安固一縣，他」相如在今蓁安縣境，）。是營山一縣，在梁代有境陽郡所領之宕渠綏安二縣，伏虞郡所領之安固一縣，梓潼郡所領之大寅一縣，梁末地屬西魏，郡縣沿革未詳，惟廢梓潼縣及相如，朗池二縣，（與地紀勝「周武帝置相如縣屬梁來地屬西魏，一縣，梓潼郡斷領之大寅一縣，朗池二縣，

877

果州，《義寧唐志》「武德四年，割果州之相如縣，置朗池縣」按傳達中途相如朗池一縣，既直於梁時，何以使周從道相如縣，至唐武德復分相如為朗池，可知此一郡一縣，往也無的已概矣，）年，割巴州之伏虞郡，隆州之臨城郡，置蓬州，倚安固，宜漪，大寅諸縣，以安固為州治，（周地圖云「太和四年，割巴州之廣郡，隆州之臨城郡，置蓬州，因蓬山為」戰守記同，）其地在今營山縣東北一百里之興隆寺，考寰宇記「大蓬山，在今良山縣南二十里」宋之良山，郡北周之安固縣所改，蓬州，實在大蓬山之北。（惟柄三十里，稍有未合）。其地一，舊周志「蓬州，福治大蓬山，後被國壇口」，今與隆寺西二里，有斗子山，其證二，與地紀勝又云「孔雀洞，在此山縣東十里」，今與隆寺實在孔雀洞西十五里，其證二，寰宇記「消小河，自儀隴縣入，經此山東二里」，今考消小河，山儀隴，流經縣境，三元場，東台巴無祠，適距興隆寺東二里其證五，今寰隆寺，縱恆一三里土人往往能出階砌瓦礫，寶非今城遍祖，其証六，此與隆寺實在北周之蓬州，始終無疑戰。郡帝八泉元年，割梁州之閬陽郡，冰右周蓬州，（與地紀勝「北周蓬州」）雨有伏虞，隆城，境陽三郡，安固場，東台巴二州，其地紀勝「北周改蓬州」，不在今縣境，西果州之相如縣，隆城以南之閬陽二縣所治，所與之安城迎起，其改六，今此祖之地，唐改蓬州，由起此寅，隆城，境陽二縣供廢，（隋紅止二所初以伏虞祖之安固縣，隆城祖之戰隴，阑，宣漢，低姚，人寅，右祭，秘女六縣，悉赫蓬州，（隆紅止二所初以伏虞祖及隋皆地運志並同，）大寅三縣，廢敬女之官朕縣有祭，秘女二縣，殺女，郡池，）以開並祖二，廢郡六，唐改朗池，直隸蓬州」同，道漢，低姚，人寅，右祭，秘女六縣，改殺女縣為戎女縣，（隨紅二，肝左十有六，改其欲縣有伏虞縣，改殺女縣為戎女縣，殺女二地，割右蓬州，寅縣之南，不過隋郡如，如縣八地，縣庄十六，改其欲縣入為九，如縣八地，割屬蓬州，於安居伏虞二縣屬的化祖，以宕渠咸安二縣屬合梁郡，廢州利州，於安居伏虞二縣屬的化祖，以宕渠咸安二縣屬合梁郡，廢州利縣，區之隆江州，於安民伏虞二縣屬的化祖，以宕渠咸安二縣屬合梁郡，

營山縣疆域沿革考

（圖經隆池均同）。西巴西郡之相如縣地，仍有屬今縣境者，唐初改郡為州，清化、巴西，宕渠三郡悉廢，武德元年，以清化郡之安固、伏虞二縣，宕渠郡之儀隴大寅二縣，置蓬州，仍以安固為州治，（舊唐志「武德元年，於縣理，置蓬州。」又云「舊治斗子山，後移關壇口」寰宇記稱「武德七年，置蓬州，」）興舊唐志異，今從舊唐志。四年，劍南道大使竇軌奏割果州之相如縣、梓潼及相如縣，置朗池二縣，以臨古朗池為名，（見寰宇記）新唐書地理志，並同，梁時已置朗池縣，至西魏廢梓潼及相如縣，至此又復置，說見上文）。玄宗開元二十九年，自安固縣之關壇口，移蓬州治於大寅縣，即今縣北八十里之天池場（舊唐志，寰宇記，與地紀勝，並同，福唐志云，「舊志斗子山，後移關壇口，今移蓬池縣，」）。接朗元以前治之蓬州，儀隴所指，各有不同，儀隴縣志，謂「蓬池縣，在今儀隴縣東八十里，」一地理今輝從之，蓋州志，謂「在今蓬安縣北一百四十里之蓬池壩，」以上二說，證之今地，均有未合，寰宇記「大蓬山，在州東向六十里，」若以蓬池壩為蓬州，則距州東北，不當云在州東南，其不合一，與地紀勝云「伏虞縣，在州東南六十里，」若以蓬池壩為蓬州，則距伏虞百數十里，不當云在州東北六十里，其不合二，寰宇記「蓬山縣，在州東南九十里，」宕渠縣，在州東北一百里，若以儀隴縣東南六十里之地為蓬州，則距蓬山縣及儀隴縣東南六十里之地，僅七八十里，其不合三，寰宇記「伏虞縣，在州東北六十里，」與地紀勝「伏虞縣，在州東北八十里，」若以蓬池壩為蓬州，則距伏虞百數十里，其不合四，今攷縣北八十里之天池場，山上舊有天生池，其池址，雖不符合，今天池池水大蓮池，蔚然以有池為名，今池水激勵，並無池水激勵，並無池水激勵，其不合五，今攷縣北八十里之天池場，山上舊有天生池，其池址，雖不符合，今天池山，宕渠二縣，均不數十里，其不合四，元和郡縣志「大寅縣，以大寅水為名，」其不合六，元和郡縣志「大寅縣，以大寅水為名，」其不合六，元和郡縣志「大寅改蓬池，實由大寅池而得名，則蓬水大寅池，今攷縣北八十里之天池場，蔚然以有池為名，今大蓬山西之思鳳溪，即古之蓬水，發源於天池場之東，與寰宇記「大蓬山西二里」大寅改蓬池，實由大寅池而得名，則蓬水大寅池，今攷縣北八十里之天池場，蔚然以有池為名，今大蓬山西之思鳳溪，即古之蓬水，發源於天池場之東，與寰宇記地適在大蓬山之西北，伏虞縣之西南，東距斗子山三十里，按之地盡，里數，池址，均不符合，惟興福寺西二里，實由大寅池而得名，今攷縣北八十里之天池場，蔚然以有池為名，今大蓬山西之思鳳溪，即古之蓬水，發源於天池場之東，與寰宇記蓬池縣「以界內蓬水為名」之所相印證，尤為顯徵，蓋既稱蓬地，營與蓬山相接近，若以蓬池在儀隴蓬安境

圖書集刊

，間距遂山不遠，起天池蜥蝪關元遂州移於之遂池縣，始游疑鐵炎，玄宗天寶元年斲州篙郡，改遂州為威遠郡，故安固縣為良山縣，（寶字記，與地紀勝並同）。亞德二載，故咸安郡為遂山郡，故咸安縣為遂山縣，（與地紀勝「至德二載，故咸安縣為遂山縣，以界內山為名」）。乾元元年，復改遂山郡為遂州，始大商，蓬溪，伏廩，青渠，蓬山六縣，（舊唐書地理志，權隆城，伏廩二縣，不在今縣境）。處宗寶曆元年，銅梁州廢池縣，移屬遂州，（寶字記，銅梁舊池縣，移屬遂州）。廣德元年，改大寅縣曰蓬池縣，以界內蓬小山為名；大曆五年，狂城於池縣，自識櫃儘打縣，不立城垣，並同）。（寶字記，與地紀勝，興地紀勝，並同）。元年省與山縣入遂池縣，省朗池縣入相如縣，（新唐書地理志）。貞元元年，移朗池縣於營山歇西館，即今治也。（寶字記，興地紀勝）。大中中，復置良山宕渠二縣。（寶字記，新唐書地理志間）。以朗池縣入相如縣，（新唐書地理志）。宋乾德二年，營宕渠縣入良山縣，祥符五年，避翌祖諱，改朗池縣為營山縣，（與地紀勝）。熙寧三年，茗蓬山縣入營山縣，（興地紀勝）。張寧五年，撰州英奏廢良山縣為鎮，幷入伏廩縣，（興地紀勝）。淳祐四年余五年，復置良山縣，（興地紀勝）。南宋分利州路，為東西二路，遂州屬利州東路，（宋史）。淳祐四年余玢，（宋此「淳祐四年五月，余玢富利間城築大梂山，蓬州城雲山，渠州大良城，階德雲山城，移遂州來治，（宋此「淳祐四年五月，余玢富利間城築大梂山，蓬州城雲山，渠州大良城，階德雲山城，移遂州來治，瀘州城神臂山，蒲城工次第號猪。」元一統志「宋淳祐三年，嘉定城臨雲，瀘州城神臂山，蒲城工次第號猪。」元一統志「宋淳祐三年，設制便余玢，以蓬州舊治廢，移治於登山界之雲山」（按雲山，當時雲山，因在鶯南山縣境，（按雲山，一名披衣山，寶字記「披衣山任營山縣西六十里，天將雨，山上青雲山寺，今真地已入蓬安縣境）。以蓬池縣僑置之，元初，立郡元帥府於此，縱敝，（元史地理志）。元至元十二年，幷良山縣入蓬山縣，至元二十年，立蓬州路總管府，治相如，（今蓬安縣東南）。以蓬池縣僑入鐵隴縣，後改蓬州路為蓬州，領縣三，相如，營山，鐵隴，由是縣境有營山一縣及儀隴之東南境，屬順慶路，洪武中，以州治相如

營山縣疆域沿革考

，縣西八十里，領縣二，營山、儀隴，屬順慶府，縣之疆境與元代同，清代以營山直隸順慶府，屬川北道，以後隋東南之境割屬營山，由是鏡字稍廣。（姚瑩《撫州發，通鑑「北周天和二年，以檀文裘爲蓬州長史。」）胡注「蓬州，本獠宕渠縣也，李勢時獠所據，蕭齊立歸化郡，梁置安固縣，後周置蓬州，因山爲名也。」又「唐高宗上元九年，貶韓曠爲蓬州長史，」胡注「梁以獠宕渠縣升，置安固縣，後周置蓬州，隋廢蓬州，開皇中爲蓬州長史，宋曰，閬蓬州爲名，重京師二千三百六十里，東都二千五百八十二里。」輿者海中蓬縣，因以爲名，用名詠此」按山即大蓬山之始鏡也，元一統志「大蓬山，在廣安東南三十里，有水蓬山，相距二里。」方輿勝覽「大蓬山，在營山縣南十里，距營山縣八十里，」明一統志「在東北七十里。」今四川通志「蓬武德元年，復置蓬州，四年，又置朗池縣，屬果州，開元二十九年，移蓬州治大寅，改安固曰良山，以州治相如，縣省入，屬順慶府，本朝因之，」元至元十五年，移蓬州來治，省良山入營縣，隋開皇初，改朗池曰良山，通志又曰「今蓬州，本漢之安漢縣地，梁武德元年，改朗州曰蓬州，元至元二十年，省巴郡閬中縣地，梁置梓潼郡，西魏郡廢，隋屬巴西郡，唐武德四年，分屬果州，宋大中祥符五年，改朗池曰良山縣，屬蓬州，明因之，」通志又云「今蓬州，本漢之安漢縣地，梁置梓潼郡，西魏郡廢，隋屬巴西郡，唐武德初，仍屬蓬州，明因之，」寶祐六年，改曰蓬州，元至元十五年，移蓬州來治，後復爲蓬州，屬利州路，寶祐六年，改曰蓬州，省人，縣省入，東南有雲山，西有嘉陵江，省良山入營山，仍屬蓬州，唐武德初，仍屬蓬州，明洪武初，以州治相如，縣省入，屬順慶府，本朝因之，」此處又云「寶祐六年，移州治相如，後復爲蓬州，以二縣屬之」，通志「今蓬州，本漢之安漢縣地，隋開皇初，郡廢，以二縣屬巴西郡，唐武德初，仍屬蓬州，明開元二十九年，徙蓬州南，改大寅縣曰蓬池，天寶初，改州曰咸安郡，乾元初，復爲蓬州，開山南西道，廣德元年，改大寅縣曰蓬池，亓蓬池縣即之，」光至元二十年，併蓬池入儀隴，仍屬蓬州，明二載，又改爲蓬山郡，屬利州路，寶祐六年，移州治相如，元至元十五年，本朝因順慶路屬蓬州，明此「地理志云「順慶府，元屬順慶路，」國之，」撫邊志前云「寶祐六年，移州治相如，本朝因順慶路屬蓬州，明，洪武中省，領州一，六年，涪州治相如，縣，元至元十五年，粘蓬州來治，」萬明，此處又云「寶祐元八，西南距布政司六百里，蓬州，元屬順慶路，洪武中裁州路相如，縣省入，東南有雲山，西有嘉陵江，

營山縣疆域沿革考

二七

東北有巴江，西南距府百十里，領縣二，營山、儀隴，一名平江營山，在州東少北，洪武十年，省入蓬州，十三年復置，東北有大小蓬山，東南有巴江，瑩按今通志所云，監鈔諸會為營也，考舊唐書地理志云，「武德元年，劉巴州之安固伏虞、臨州之儀隴大寅、渠州之宕渠威安郡，置蓬州，因周舊名，洪武三年，以儀隴歸萬州，尋復來屬，天寶元年，改為咸安郡，乾德二年，渠州之宕渠隸焉，乾德元年，復為蓬州，嚮領縣六，」又云「良山，漢宕渠地，梁伏虞郡女固縣，後周改伏虞為蓬州，寰宇記為良山，開元初，蓬州移治大寅縣，元領縣七，」太宋樂史太平寰宇記云，「蓬州，元領縣七，」又六「蓬池縣，本漢宕渠地，蓬池、良山、儀隴，伏虞，嚮治斗子山，今為蓬州，」宋樂史太平寰宇記云，「蓬州，今理蓬池縣，」又云「良山縣，在蓬東七十二里，唐武德元年，置蓬州，敬邑西九寅山為名，屬蓬州，隋大業三年，廢蓬州，唐武德元年，廢蓬州，廣德元年，改曰蓬池，取邑西九寅山為名，屬蓬州，唐武德四年，割果州相如縣地置，以嶺右朗池，蓬池、良山、儀隴、伏虞、大蓬山在良山縣東南三十里，與小蓬山相去二里，」又云「朗池在蓬池南三十五里，本漢宕渠地，梁大同中於此置縣，唐武德元年，廢隴元年，為梁州，自此移理蓬池縣，貞元元年，移於營山縣東南三十里，即今縣邊也，以上，唐州理志及寰宇記，殷為明確，然則後周初置蓬州在小蓬山之下，唐武德元年，移州理大寅，後改大寅為蓬池，又往良山之西七十二里，乃移埋於相如縣西，蓋在大小蓬山之西，一百敵十里與，今之營山、唐爲朗也，已自果州之相如縣割置，今之蓬州治又在營山西兩六十里，康距大小蓬山益遠，此州治首東西之原委也，今通志朋云，「州治在蓬池，元至元十五年，始移蓬州球治相如縣地，授以今蓬州為售公留芳之於此，誤骨公為長此時，州治禮在蓬池，元順慶路，領州二，縣八，西南距布政司六百里，蓬州，登寅繢致，明史地理誌云「順慶府，元順慶路，洪武中為府，領州二，縣八，西南距布政司六百四十里，治，元屬順慶路，洪武中以州治相如縣，歸省入，東南有雲山，西有嘉陵江，東北有巴江，西南距府百四十里，

領縣二，營山、儀隴，」又云「營山，在州東少北，洪武十年五月，省入蓬州，十三年十一月，復體，東北大小蓬山，東有巴江，」據此，異明時蓬州顓為府屬，仍內傾營山、儀隴二縣也，今蓬州治在五鳳山之南麓，依山為城，而隨嘉陵江，隔江凸周子鎮，西南一百二十里為府治，東北六十里為營山縣治，懷今嘉陵江沿東北逶迤南側西南下府治，與明渝西有嘉陵江者猶異，遂今州城，又非明州城矣。

疆域沿革表

時代	州郡縣名	今地考	證
秦	賨國 宕渠秦有宕渠縣	今縣境	水經注宕渠縣「有賨城，縣有渝水，夾水上下，賨民所居，」華陽國志「渝水，賨民多居水左右，」今飭訂渝水為流江河，故賨民賓居今縣境也。
兩漢	巴郡	宕渠	同上，說見梁宕渠縣陽郡下。
蜀漢	宕渠郡	宕渠閬	地理今釋「漢宕渠縣，在今渠縣東北八十里，」今考梁而賨字紀韶「漢宕渠縣，即梁宕渠縣，在今營山縣東南，足知漢宕渠縣，實在今縣境也。蜀漢先主割巴郡之宕渠、宜漢、漢昌三縣置宕渠郡，延熙九年省。

營山縣疆域沿革考　二九

晉	巴西郡宕渠同上		譙周地理志「宕渠縣，」別屬巴西郡，李雄讓國建興中，此地荒廢，夷獠雜處，不置郡縣。
宋	歸化郡		元和志「宋於巴州首口置歸化郡，以撫獠戶，無屬縣，」寰宇記遼州下云，「宋末屬歸化郡。」
齊	同上		南齊州郡志有「歸化郡，」注云「右一郡，縣邑無亡。」
梁	宕渠郡宕渠	今縣東六十里鮮穀坝	寰宇記「大清元年置境陽郡，取界內山爲名，」又云「廢宕渠縣，在州東一百里齊羊宮山側鮮家坝，有古城遺趾。」按即今縣東六十里齊羊宮山側小蓬寺。
	間上 綏安	今縣東北小蓬寺	寰宇記「大同中，於綏宕渠縣地置綏安縣，屬境陽郡，」按即今縣東北五十里小蓬寺。
	巴州伏虞郡安固	今縣東北百里興福寺	輿地紀勝「引元和志，大同元年此同，並云「取安靜固爲名，」在縣東北百里興福寺，按安固廢縣，在今營山東北有舊縣遺址，地理今釋「爲同縣，」地理今釋「爲同縣，」

30

884

南梁 隆城郡	大寅	今縣北天池場	元和郡縣志「天監元年，於閬中縣地置大寅縣，閬大池池縣爲名」，寰宇記「廣德九年，改大寅縣曰蓬池縣，以蓬水爲名」，核其地在今縣北七十里天池場，證群本考。
果州梓潼郡	朗池	今縣北仙女石	寰宇記「本漢宕渠縣地，大同中，於此置朗池縣」，一坡今縣北五十里仙女石，下洗爲古義豐鎭，有古城遺趾。
後周 蓬州伏虞郡	安固	見上	周武帝天和四年，割巴州之伏虞郡，隆州之隆城郡，置蓬州，領縣四，安固，宜漢，儀隴，大寅，今地見蓬安固縣下。
同上 臨城郡	大寅	見上	
渠州 境陽郡	宕渠	見上	寰宇記「靜州大象元年，割渠州之境陽郡隷焉蓬州」，今地胖上。
同上 綏安	綏安		
果州梓潼郡	相如縣之北境	縣城附近	輿地紀勝「周武帝置相如縣，屬果州，」

營山縣疆域沿革考　　三一

隋開皇三年	蓬州 安固 見上	圖經云「隋初以伏虞郡之安固縣，隆城郡之儀隴，大寅二縣，廢義安郡之宣漢縣，廢魏陽郡之宕渠，綏安二縣，永屬蓬州，」今地見上。
	同上 大寅 見上	
	同上 宕渠 見上	
	同上 咸安 見上	開皇十八年，改綏安縣爲咸安縣。
	同上 相如縣之北境 見上	
大業以後	咸化郡安固 見上	大業三年，廢州爲郡，以安固伏虞二縣屬咸化郡。
	宕渠郡宕渠 見上	寰字記：「大業三年，以宕渠，咸安二縣屬宕渠郡。」
	同上 咸安 見上	

唐	巴西郡	同上	蓬州安固 大寅	寰宇記「以儀隴大寅二縣，屬巴西郡」
	鄧相如縣之北	大寅	見上	唐武德元年，改郡為州，清化，巴西，宕渠，三郡俱廢，改置蓬州。
		同上 宕渠	見上	
		同上 咸安	見上	
		同上 朗池	見上	寰宇記「劍南遣大使竇軌，奏果州之相如縣，置朗池縣，以臨大朗池為名」。
	果州朗池	見上		
天寶以後	咸安郡大寅	見上		寰宇記「天寶元年，廢州爲郡，改蓬州爲咸安郡」，「舊唐志」開元二十九年，自安固縣之關壩口，移蓬州治於大寅縣」

同上				蓬山郡			至德以後	
良山 見 上	宕渠 見 上	咸安 見 上	朗池 見 上	大寅 見 上	良山 見 上	宕渠 見 上	蓬山 見 上	朗池 見 上
與地紀勝「天寶元年，改安固縣為良山縣」。				寰宇記「至德二載，改咸安為蓬山郡。」			寰宇記「至德二年，改咸安縣為蓬山縣」。	

乾元以後					廣德元年	大曆五年	貞元元年
蓬州大寅 見上	良山 見上	宕渠 見上	蓬山 見上	朗池 見上	蓬州蓬池 今燭閒上大寅	蓬州朗池燬	蓬州朗池復 今營山縣治
舊唐書地理志「乾元元年，改蓬山郡為蓬州，領大寅，鹽城，伏虜，良山，宕渠，蓬山，朗池七縣」。					寰宇記「廣德元年，改大寅縣曰蓬池縣」。	寰宇記「大曆五年，狂賊焚朗池，自後櫃體行縣不立城壁」。	寰宇記「貞元元年，移朗池縣於營山歇馬館，即今治」。

寶曆元年	大中中	前後蜀
良山省宕渠省朗池省 宕渠入蓬山縣省朗池入相如縣」。 新唐書地理志「寶曆元年，省良山入蓬池縣，省	蓬州良山復宕渠復 新唐書「大中中，復置良山、宕渠二縣」。	蓬州蓬池見上 同上良山見上 同上宕渠見上 據十六國春秋地理志。

宋			
	蓬州	同上蓬池見上	朗池復縣，唐史不載，當係蜀中所復。
		同上朗池見上	
		良山見上	輿地紀勝「宋太祖乾德三年，省宕渠縣入良山縣」。
		蓬山見上	
熙寧三年		營山今營山縣治	輿地紀勝「縣太宗譚，改朗池為營山縣」。
		蓬山省	輿地紀勝「熙寧三年，省蓬山縣入營山縣」。
熙寧五年		良山省	輿地紀勝「熙寧五年，驅商英婆，廢良山為鎮，入伏虞縣」。

建炎三年		都元帥府蓬州	良山復	輿地紀勝「建炎三年，復置良山縣」。
元			蓬池見上	
			良山見上	
至元十二年			營山見上	
至元二十年			良山省	元史地理志「至元十二年，省良山縣，入營山縣」。
			蓬池省	元史地理志「至元二十年，省蓬池縣，入鐵隴縣」。
明		順慶府蓬州	營山今縣治	
清		順慶府	營山同上	

右表所列州郡縣治，當其地在今縣境域者，惟宋淳祐六本屬營山縣境，（寰宇記「披衣山在營山縣西南六十里」，天將雨，山上有雲山寺，有池」，橫披衣山即宋之雲山紫，今名雲山砦，有祠，與寰宇記之貌合，日有元代總蓬州城碑記，寰宇記釋「在營山西南六十里」，可知營時，兩在營山縣境，自額元二十年，蓬州移治相如縣，其後又作相如縣人州，而雲山以北三十里又劉歸蓬州，雲山遂不在今縣境，故我們於宋元移治之蓬州，並不列入，以示謹嚴，縣境自六朝以來，那顯複雜，既有更變，入宋以後，漸次合併，至元二十年，各縣廢罷巳盡，僅存今日之縣境，今參考唐宋載籍，依次時代，列為一表，俾求者有所考焉。

輯員地勢

營山縣城，北極，出地高三十一度零七分，北京中線偏西九度五十二分，距四川省城東北八十里，距順慶府東北一百八十里，廣安渠縣界八十里，西至蓬州界三十里，由界首至蓬安縣治三十里，東西距一百二十里，自西南至東北相距一百九十里，自東南至西北一百三十里，南北距一百二十里，由西南至蓬安縣治六十里，東南至渠縣界七十里，由界首至渠縣治九十里，東北至巴中縣界一百七十里，由界首至巴中縣治里，西北至儀隴縣界六十里，由界首至儀隴縣治三十里，北至儀隴縣界九十里，由界首至儀隴縣治三十里。

其地勢，北接小巴山之麓，由儀隴、蓬安迤邐斷續，延袤西北徑壇，西北之山，由西繞而南行，經縣境之南，價折而東南，復東南行，與西北遷南之山相接合，故營山一境，四而峯巒迴繚，寶岡複嶺，居民依山作業，惟駕險踞，惟水流江流域，中關平攘，山川秀麗，平原繡錯，

七曲匯斗坑諸地,與渠綵接,故其地,四方高而中窪,其形如盆如箕,如城壘,洵為原之坎埳,四塞之隩區也。

校補天問閣集跋

戴明揚

校補天問閣集跋

右天問閣集八卷，明李長祥撰。長祥達州人，（南疆逸史誤為遂寧人）字子發，號研齋。費此度輯蜀時載，其詩二首，題為李祥。註云：「祥字長發號硯齋。」名字微殊，或所聞之誤也。（費氏父子似未嘗與研齋相見）所著有易經參伍錯綜圖，（見嘉慶達縣志。集中與余欲虹書，謂使天假十年之活，於易可六七分。其言易在錯綜爻數，主來瞿塘。）杜詩編年敘，（集中有杜詩編年敘。楊倫杜詩鏡詮於鹿豆山艷瀕堆二詩，引有研齋評語。）皆不傳。今可見者，惟文集面已。其集在清乾隆時為禁燬之書。全謝山明待郎達州李公研齋行狀云：「天問閣集四卷，上中卷碑傳之文十二篇，下卷止崇禎遺事七條，餘與附錄十八篇皆闕。」今有仰鶴齋叢書本，上中下三卷，附錄一卷。間殘闕字蹟絕類張南漪，恐即謝山所見之本。又謂集實三卷，行狀稱四卷，乃分附錄為一卷，器名。趙撝叔間後段字蹟絕類張南漪，恐即謝山所見。即如行狀所敍僕婦文鴛事，必懷今集中已佚之文鴛傳也。）又有求恕齋刊本，乃據達縣祠堂藏板覆刊。共文一百五十五篇，（有全有闕）鴛為四卷。有光緒丙申劉士志（行道）先生後序。

（序云：「達縣本先生族孫進士淑刻於嘉慶中。所據草稿，巳非完帙。中涉忌諱字面，率以肌刓故。刻本板皮祠堂，歲久蹉磨，同治初發兵，益復憶失。」）又嘉慶達縣志藝錄天問閣文集，易經參伍錯綜圖。註云：「二書經流寇之亂，板刻殘破零落，不能成帙。」）又有民國三年達縣李氏補刊本，仍懷祠堂藏板補刊，（自史氏宗牒孥二曲鏡等補足數篇闕文）分為六冊。板口所題鴛目體類卷葉之字，或有或無，參差不一，蓋原刻如是也。有邑人張君廷靜序。（序云「是集舊藏李氏祠堂中。其刻於何時何地，以簡首無序，不可考。」）近劉君爾純語今綦如劉士志先生言則祠堂之板即嘉慶中李淑所刻者。序又云「近人董賓谷珍藏先生墨稿。」

予,嘗親詢於董,固無此物,蓋傳訛也。)此外選載畫文者,周櫟園賴古堂文選及尺牘翰鈔爲多,亦共七篇耳。細觀仰鶴齋本各篇,或經研齋重訂者,而祠堂之板,因仍初時草稿。故如甲申廷臣傳中,馬世奇劉理順汪偉皆有兩傳,而詳略不同。又王鑒彥等傳之文,較之仰鶴齋本,亦更爲簡質也。此板所據草稿既已不完,盡以嘉慶同治兩次兵寇,故殘破甚多。其刻板時臆改草稿之處,今不可知。闕字則求恕齋本及補刊本均有,而補刊本爲多。(闕字之處不必盡由忌諱)亦有補刊本則闕,而求齋恕反本闕者。其他不闕之處,字句亦多異同。原刻零章碎句,題目不備,及殘闕太甚,或重複者,求恕齋本皆去之,(仍於首尾不全者)補刊本則實存之,今之校補,即以補刊本爲主。計自仰鶴齋本補足首尾,以完成篇者:用申廷臣傳,(仰鶴齋本溪義退以下諸傳,及論文之大半,皆兩本所無。其孟兆祥傳,則求恕齋本所無,補刊本略,附)一般淵傳,(求恕齋本關楊嗣昌條)補刊本兩條均全。)毛鑛與通判唐知縣合傳一宜府巡撫宛平朱公廟碑,(求恕齋本無)崇頑遣舉,(仰鶴齋本關張獻忠條後半。求恕齋本關再通判唐知縣合傳。補刊本略。)荊軻論,建遵揭閣銘九篇,甲申曉者傳下,吳季子廟碑,開剛忠體親母志銘,(儘存韻諮。補刊本略存前半。)其毛惜惜墓記,附恕齋本舛誤頗多,其甚者:妙聰傳,閉劍軫體親母志銘,(儘存韻諮。補刊本略存前半。)其毛惜惜墓記,附中之文。凡六十字。王鑛專再通判唐知縣合傳,仰鶴齋本補刊本均同。而王傳及再傳前三行刻板已毀,遂分爲唐知縣傳丹公子傳兩單篇,而無王鑛事傳。連傳以傳後驗文之前半,列於崇頑遺寧第一條,最不倫類。又自賴古堂文選補足者:程源傳,禮都郎中渠縣李公傳,萬時駱傳,海氏傳,石井恕齋本外謬頗多,其甚者:妙聰傳,閉剛中廷臣傳中倪元璐傳「以仁義爲根本」,「根」下「本」上,寶入王家彥傳中之文。凡六十字。王鑛專再通判唐知縣合傳,仰鶴齋本補刊本均同。而王傳及再傳前三行刻板已毀,遂分爲唐知縣傳丹公子傳兩單篇,而無王鑛事傳。連傳以傳後驗文之前半,列於崇頑遺寧第一條,最不倫類。又或任意刪去首尾,加減字句,以成一篇,如般淵傳,冉丕子傳,溧陽此公墓表,與某公書(本爲與王雙白書)。閥篇首已闕,不得主名,遂加此題。)皆屬也。補刊本多於求恕齋本者:投壺記(中有闕文)與鄉山人書,代人祭宗嫂文,首尾全。又妙聰傳。宛平朱公廟碑,雲翳女子墓表,今亦補足。此外闕尾者:韓靳王廟碑

戴明揚 《校補〈天問閣集〉》跋

眉，（存二葉）海市記（存一葉）斷蛟橋記，（存二葉）與東坡祠記，（存二葉）六經繪，（存四葉）龔介
四十序。（存二葉）又雜著類一篇，題曰「穌」，首尾全。題旁小註「二」字，當為第二篇。別有兩葉，
板口有「穌三」「穌四」字，不知即屬第幾，又一篇題曰「墨子」闕尾，存二篇。無題闕首者：傳一篇
知為汾州府學宮碑。（汾志未載）墓表一篇，據仰鶴齋本目錄，知為密雲女子傳。碑一篇。（存二葉）板口有
誌一篇，（存一葉）板口有「連影」字。據文知為懷影閣記。論一篇，（存二葉）板口有「老四」「老
據）記一篇，（存一葉）板口有「文三」字。又一篇，（存三葉其中亦有闕文）據賴古堂文選及尺牘新鈔知為與王雙白
龍文集之序。板口有「朱長」字。又一篇，（存二葉）板口無尾。據文知為朱晟齋。
論佛書」。（存一葉）又一篇，（存一葉）板口字不可辨。雜著類一篇，（存一葉）板口有「淮陰」字。據文知為論韓信
民儒」。凡此均未能覓補也。仰鶴齋本下卷及附錄存目之文，見於補刊本者：劉忠毅公廟碑，為時輅傳，譚易臺
者。夏老姑傳篇。其無從覓補者，尚有朱羽南傳，太學生體士璜傳，章都督傳。（當即行狀所稱研齋前軍
自序，王子涼傳，劉恭人傳，（恭當為宮之譌）妙聰傳，密雲女子傳，墨池傳，海市記。見於涪陵縣志
章有功）文鶯傳，小桃源胡氏傳，打龍記，答曆海闓論佛書八篇。（又親集中有與董文友龔介眉書，及與賢
琅琊陳椒峯論古文選本書，知當時有文起文流之選 嘗録研辦之文。今此二書不見，未知所選録者為何文也

校補天問閣集跋

四三

○集中除董文友文集序外，尚有龔介眉文集序，（存四葉）李穸山文集序，（存二葉）均闕尾。今董氏正誼堂集，此存計改易等序四篇。龔集不知存否。李氏榮根堂集，予所見者，適闕首卷。均無從補。觀彙中有汪舟次詩序。今汪氏之集，阮亭愚山冀蓉諸序均存，研齋之序亦不載，想仍諱其人耶。則龔李二氏集中，亦未必定有其序與。今觀謝氏之集，見謝氏醉白堂集，知謝之文集，研齋嘗爲之序，而今亦已佚。（王鵬運跋謝集云「續集爲其孫泓宵所輯。康熙初，付一刻於刷中，龔介眉李研齋之序。久佚無存。）朱竹垞詩話閼研齋舊爲秦良玉辨誣。雨甃州李吉十長祥力辨其誣。䕫川撫營遣陸縣州逡之懐行諸營良玉冠帶飾佩刀出見，殷變禮。酒數巡，諭兵郏，遽之諛曳其袖，良玉引佩刀自斷之。其嚴肅若思。」案無名氏明亡述略亦敍逸之曳袖之事也。且云：「吳偉業於良玉多異詞，李晨祥辨之詳矣。」劉先後序謂憂雲亭記北巖鍾鼓記爲縣集外文，據縣志增入。（嘗賜乾隆志）就補刊本字體觀之，似補刊時自題右堂尺牘補入者也。余更向金山纘草補入營辦草序一篇，（爲方爾止作）自頼右堂文雙補人山陰五聖廟募疏引一篇，自清暉閣贈貽尺牘補入與王石谷書一篇，自冒氏同人集補入像贊二篇。（冒巢民彙）合原有各篇，實爲籃定，以搜粗從，共成八卷。討傳三十篇。不全者一篇。（爲方爾此作）序引六篇。墓表六篇。不全者一篇。記三十三篇。不全者六篇。墓誌八篇。不全者二篇。論碑二十六篇，不全者六篇。序引六篇。不全者四篇。（朱羽南竹枝辭，求怨齋本補之。）曹二十九篇，不全者六篇。弔祭四篇。題贈二篇。雜著二十六篇，不全者四篇。贈序六篇。不全者一篇。（見謝氏再集與李研齋詩之言。）而平生所作，詩十之四，文十之六，（見謝氏再集與李研齋詩之言。）而今集中無詩。（墨池傳，與周櫟園瞽，偶見零句。海棠居初集中有聯語。）今自獨詩補入野他秋夜五律一首

校補天問閣集跋

，秋懷七律一首。（陳椒峯學文堂集有無名氏詩序，繫邑中某先生之書，擬迹夷齋，與集中鄧椒峯蕉及石井道士傳所言之意同。研齋居昆陵久，與椒峯頗密，不知此即實詩集否。）趙撝叔謂四卷本原題天問閣明季雜稿，行狀始稱天問閣集，今從其稱。研齋夫人姚淑，江寧人（達縣志誤雲毗陵人）字仲淑，號鍾山秀才。擅丹青，（陳年婦人集稱為香奩畫手中逸品第一）尤工墨竹。其海棠居初藁，原附天問閣集以行。集首有龔介眉序。（中闕二葉）又有研齋序。（求絜齋本兩序均無）予更自發雅堂集補入行所作序一篇。（文後有龔介眉評語）集中有「外舅唐大陶」一首。大陶即鑄萬，研齋之舅也夫。問閣集中有祭玉蘭花神文。醉其辭意暨姚淑之作，非研齋作也，今移入海棠居初集中。趙氏思得夾問閣集完帙，為之補刊。今之校補，雖未能完，恐亦難以更益矣。補刊本自賴古堂尺牘新鈔中附入行狀。今搜閱各書，復得梅杓司詩一首（「春日尋入謝良琦蒹葭莊看梅記」。（與研齋同遊（自鯖琦亭集附入方拱乾與李子德舊，自武進縣附李研杓司名磊，即螞山人。）陳其年一首，（贈李研齋）徐松之一首，（「李研齋滌居棄淮過訪有贈」）李研齋太史杜茶山人署中見過限韻不至返栔余獨至關上）方爾止一首，（「李研齋太史杜茶山人署中見過限韻」）曹秋岳一首，（「送李研齋遊太原。」）秋岳溥初臂備兵大同，此當即研齋時所贈•集中雲中古佛龕記，當亦作於此時）。徐健庵一首，（贈李太史）方坦庵一首，（研齋自昆陵來）蕭文友一首，（紹襲州口口口口口小飲醲中有贈）僧南田一首，（「月出歌和龔琅霞作」。詠研齋中繡毯花。）董閣石一首，（「李研齋前蘿遇訪」）謝石腥一首，（「寄懷李研齋」）文文七篇，（「與李研齋」「再與李研齋書」「桃源草堂記」「李研齋詩序」「書說二」記爲研齋作。「李巽田文一篇。（姚夫人畫竹記「）李巽田文一篇。（姚夫人畫竹記）墓文友文一篇，（鍾山秀才歌）黃文友贈詩刻板亦塗去姓名）又魏叔子文集有與李翰林書，詞意似屬研齋。朱長孺愈庵小集有與李太史論杜注書，刻板時將名塗去。研齋周實評杜，此或亦即研齋也。（黃文友贈詩刻板亦塗去姓名）

四五

研齋於崇禎癸酉鄉舉，壬午北上，癸未成進士，（見集中讀易臺自序。進士第三甲八十名，見歷科題名碑錄。仰鳴齋本題字以於八十二名。）選庶吉士。京師破，奔南都。改監察御史，巡浙鹽。南中潰，復奉魯王。明史無傳，故知之者鮮。其事迹略見於南疆逸史隱逸臣傳，而謝山行狀所紀特詳。（海東逸史遺民傳，南江釋史據浙東監國諸臣列傳，即攘錄行狀之文。）侮有可補正者：行狀云：「賊拔昌平，侍郎上疏，請急令大臣輔太子出鎮津門，以擢闖勤王兵。此疏見集中新編侯劉民豢傳。其意蓋知事無可為上，欲以此保全太子。「出鎮」云云，亦託詞耳，行狀云：「南中潰，起兵浙東。」監國加右僉都御史。督師西行，而七條沙之師又潰，干浮海。」侍郎以徐兆森結寨上虞之東山。監國四年，（順治六年。）爵干由闖返浙之時，寶研齋結寨以後。海東逸史云：「監國四年，七月，壬戌，王次健跳所。遣使者拜山寨餉官爵，授東山寨李長祥，四明寨干翊，寶研齋，黃梨洲海外痛哭記，記授官朱永祐軍弱，其加官至早亦不郡御史，實於此時。（見梨洲四明山寨記）管時山寨餽餉，研齋朝廷相同，而軍勢較軍弱，其加官至早亦不過此時。乙酉丙戌之間，剛即浙江巡撫御史也。（林時對荷插叢談云：「干於七月自臺至蠡城，以守道著為行宮。各官拜表賀位。」以李長祥等為各道御史。」又浙東紀略云：「官魏相臟，文武罵志。加王捷殿御史各官革職奪街，方橋定西伯旗鼓歷巡鹽御史李長祥於營上。牽以為常。」）航海遺聞云：「黃斌卿恢以降亂炫才能。」此皆得干初監國時，林氏開時官也。）行狀云：「待郎道至奉化，依平西伯于朝先。得其助，俱在座。」十二月，（見海外慟哭記）南疆逸史干翊傳云：「已丑奉，再破上復合眾於覽蕈山。山健跳歸翁洲，則入朝，見梨洲發紀年及海外慟哭記。）字耳。（朝先封平西伯，亦在巳北七月，顺治四年。）寧波，在丁亥（監國二年，顺治四年。）威。又云：「嘗是時，浙東山寨，平岡張煌言，上虞李長祥，日耕且屯，獨不擾民。」（蒼水於戊子年駐

兵平岡，見梨洲所爲墓誌銘）。則戊子己丑之間，上仍爲義師所窘，而不聞夏蓋山仍爲結盧寨之地。研齋敗後，收合餘衆，僭仍屯聚於此。己丑七月，加右僉都御史。十月，魯王田健跳移舟山，研齋始入朝拜侍郎。（海東逸史航海禮聞舡開以研齋爲秋鞫研齋拜侍郎在己丑，蒼水程庚寅）。又魯春秋云：「庚寅（監國五年）留李長祥東攝大學士，查伊璜魯春秋鞫研齋拜侍郎，曰：『吳三桂起兵，至湖廣，聘前剛少卿李長祥，朝少諮詢。國柱聞其有所變異，伺守稍急。研齋覺去。（續婺東見集中鑾他傳及董文友所作姚夫人舊竹記）以續婺爲聘姬。謝山行狀所紋本合，而其東王公神道闕銘。（繡埼亭集外編卷五）紋此事，復點混氏之誤，亦一時之疏矣。行狀但謂研齋遁去後，過歷西北，復南下北學，聞方略之屆大均處甚久之。而甲申朝事小記云：「吳三桂起兵，至湖廣，聘前剛少卿李長祥，延以賓禮，聞方略。長群曰：急改大明年號，以收拾人心，立後宗後裔，鼓舞忠義。桂以其會聞方獻廷胡國柱談，後父弒之，反勸大下之兵。今天下在王掌握，他日又置復宗後於何地。長祥知桂意，遂挪袖去」。故發山受三桂著官，爲撩察副便。甲寅乙卯，往來楚粵軍中。幾知其無成，丙辰春，爲謝事歸。研齋亦欲籍三桂復明，獨未受官耳。四王合傳皆稱心有說三桂立明後者，皆卽此事。此大節所關，而謝山失之，何哉。

南疆逸史云：「嘗以御史銜譜王入閩。閩陷，隨紹興山下。」按入閩之後，研齋求皆從。居三陸潤谷中，亦捕以後被事也。又按乙酉十月，閩中詔至紹興，張國維熊汝霖謂「不宜開讀，以阻軍氣」。朱大典錢肅樂則謂恐

校補天問閣集跋

四七

啓爭端。相持未下，而研齋與沿水疏助張熊，言圖有十亡而無一存。楚潘江干關詔，息同姓之爭，李長祥面加斥辱，七也。（見黃梨洲所作錢忠介公傳）又李天熺火錄凡例云：「野史載楚王益陽屯兵浙江，斥魯王不當監國，爲李長祥誅逐。」云云。不知所指何醬也。）查伊璜云：「閣部沈宸荃見嫉回官，長祥至諡以不道。」（見魯春秋）査氏以義帥起官，於錢沈爭爲厚。「諡以不道」，雖未必饒，然亦可見當時水火之荒矣。其後研齋入朝，讒舎王朝先，讒殺王朝先，聯絡沿海，以衛舟山。而張名振忌朝先，襲殺之，研齋僅以身免。（見集中萬時轄傳及謝山行狀。按朝先部將降消，盡洩虛實遠舟山之亡）前後在朝，皆與執政不相能，此其所以無功歟。舟山破時，研齋嘗已離去。（人傳云「辛卯二月，襲殺王朝先，九月，舟山破。」）乙未，（順治十二年）姚淑。（見墨池傳）乙亥（順治十六年人值在江寧。（朱羽南竹枝辭云：「己亥五月，同志遊秦淮。」）其遁去及遊西北在何時，不可知。其居常州也始壬寅。（康熙元年。唐辟二寶祠記云：「予以壬寅來毗陵。」又陳氏誥敕亭碑云：「今乙酉春，史臣李長祥來武進。」（康熙死年來管一至也。）甲辰（康熙三年）嘗至揚洲。（江都蓮子祠記云：「申辰春，予來江都。」閒弘光死年冬寄方坦庵先生書云：「適併齋李太史過江奉謁，冒昧附書。」又担庵有詩，題云：「研齋自毗陵來。」嘗在此時。）季秋客鎮江。（謝石腥甲辰北征記云：「予乙酉春，史臣來毗陵。」又云：「季秋念二十四日，自毗陵登舟。次日，至京口。時李研齋客京邑已半月，杜臥其處一日夜。」丙午（康熙五年）又五月，至揚州。（桐城方公墓誌銘云：「公卒江都，召門人李長祥於毗陵。」又云：「卒於丙午夏五月二十六日。」）十月，寓紅橋。（見紅橋燕集記）丁未（康熙六年）至高郵，（新樂候家傳云「今之丁未，余過秦郵。」）至杭州。（興癸夫友人書云「今丁未冬來臨安。」姚淑亦有送太史遊臨安詩。）自壬寅至戊申，（康熙七年）均居常州。（武進縣學石刻孔子像記即作於戊申）壬子居福州，（墨竹樓記云「壬子秋日

戴明揚 《校補〈天問閣集〉》跋

，變子任瀾州讀書一樓上。」又過延平弔謝石臞文云「時壬子之季夏」）次年，吳三桂起兵，研齋遊粵及說三桂，當在此兩年中。（姚淑有寄外詩，注云：「嶺南」。見蜀詩。其卒之時地不可知。集中與余飲虹齋云：「小兒渡江，忽記足下七十餘，僕六十餘」。又北嶽鐘鼓記云：「今之甲午，長祐弟視余眦睚。」甲午為順治十一年，時研齋方歸於江寧，此甲午當為康熙五十三年，則其壽當在八十以外矣。（案彭士望恥躬堂集山居感逝詩云：「一時僧隱流，落落羹南邦。」其自註中舉萬濤祺李長祥等二十二人。此詩作於戊戌臘月二十三日，附記死者之名，蓋客死者均未及研齋。則康熙五十七年，研齋或倘未死也。董閣石贈詩云：「削壑今萋落，風流閣尚存。」知其享年特高。又姚淑有長相思等詩，皆髮婦之詞，知其歿於淑前。其墓在今達縣。劉君爾綸云：研齋暮年，盛潛踪返蜀，終於故里也。」）

研齋論學，頗能懷疑。（如金縢等篇，又有懺遜庵論格物書。）又每不滿於朱子，且體具學宋專炭炭之時，而歸學之外絕無聞焉。（其序謝石臞文云：「遜庵格物之解，固多先儒所未發也。」）又末，見謝氏與研齋書。）其論文之焠，爭辯斷斷。大抵韓論文必先論學，八家僅為借逕，而以賞時之趙歐陽為病。（故與虞山太倉之議論不合。集中或隱或顯，於錢氏尤多指斥。而徵許朝宗。與姜函溪書云：「近歸總依生得其萌芽。」）時論謂懷宗用八不專任不久，研齋則力護之，惟知一不知當時何人可用，帝不用之。何人當用而不用，帝故蔽之。」）而歸咎於朝臣之無用，巡撫總兵之憒憒守城。（石井鐙士傳：過朝歌，作歌曰：一先君聖者，我無人焉。萬方一區，草乃茂焉。」）蓋於常日朝延之措施，流賊之情勢，皆灼然洞其癥結。他如袁崇煥之殺毛文龍，因王體乾冒而決。（其疑以陷陳新甲居山隱。又王朝先嘗隸毛文龍部，此又或得之朝先者也。）周延儒計盜手敕，諉馬紹愉以陷新甲。（此或得之紹愉者也。）李明睿議南遷。（毛西河集亦記明睿與冒南遷之議。謝山閒明睿偽為請南遷之疏以自夸炫誤也。）方坦庵拒證太子之偽。（坦庵以從賊被議，馬士英私之曰：「伹出一冒頒假，即以侍郎起用。」同時

校補天問閣集跋

四九

門人故舊麗逆案者，皆幸苅一起以得解。而坦庵入見太子，低首正立無一言，退而他去。研齋珎鬪之曰：「少年之爲士先生不肯猶甚。」縱太子眞僞，當時記載，谷異其詞。陸麗京織會則以爲眞。錢歆完所知錄曰：「東宮不可信，而信其次不容王之明也。」全謝山鮚埼亭集外編，記王之明事，謂「太子方至南都，亦不必於此事英所害，則以僞者录百官，」云。此觀庶幾近之。軒鍰出坦庵之門，所記非虛，且易代之後，亦不必於此廬橋憒狀也。坦庵本貪蒍之人，太子果僞，何反客於一言耶。然則以僞易眞，當在坦庵入見之憒矣。）及其餘所見所聞，足證桑海間事者，固甚多巳。又最顯逃輝，集中與熊魚山書，與王雙日書，（雙日與錢牧齋等以佛理相高，而屢篹於研齋。陳被擊王雙日六十壽序亦及其事。）與侯仲輅論孔子讚辭書，（被仲輅有文章不可荷作之論，見今文粹編。）答友人書，佛臉，罪人各篇，皆關佛之文，不憚辭費也。（熊魚山方密之金道隱等，國亡爲僧。而研齋與周櫟園書，謂諸人學問皆不眞。）推始疆，以其能拒胡也。（般淵傳云「爲淵計者，敗固可惜，勝亦不足喜。何也，又有以繼後者也。」）哭張執，以其能翼戴督室也。貶王祥孟宗，以其事二姓，徒獲孝名也。貶李渚水，謂闢闢滅而清兵又入關變忠名也。（四巡撫傳論云。）石井道士傳云：「從來喪敗八之國家者在亂賊，而賢人君子亦有然矣。」觀上黃石齋，知石齋不慊於陳王奇，而研齋右之。然四巡撫傳論於士奇則曰：「其用兵也，更如黃口小兒，巴酉七千里之生齒千萬億皆喪於其手，千東南之賢者猶侈宮其死，悲戡。」與齋與王朝先爲姻，時使入檐舟山，即以此爲釁名振所忌。然於萬時鉻傳則諸朝先暴殘，且逃其微時之惡，未嘗少諱。則立臉傾屬持平。而屢祖楊嗣昌陳新甲，則常時貫事本然，弗由憎僧也。（彭士望有多心詩，謂少詩攻言嗣昌，今乃自慚逐呎。）彭出黃石齋之門，而慚悔如此。故知嗣昌討賊，本有其才。全謝山評研齋云：「而賢人君子亦有然矣。」則猶循俗之說矣。）獨程源傳於源獎飾有加，謂其狗志不替，非徒然「犬節如侍郎，不以愛惜之偏持論證。」自辛卯以來，研齋流播夏虛，徬徨草澤，而恢復之念，無時或忘。甲申內官傳云：死，豈遴道傳聞之誤歟。

「若夫褰裳去之無論矣。過故宮之墟，覽黍離，望煤山遺弔焉，其亦知有中官哉。」褰裳去之，謂錢牧齋龔芝麓輩八。（案李雲田有祭龔太夫人文，鈌硏齋與雪廬母就養發怒之事。）睢陽廟碑云：「有咎在中，不敢告語。」曹溶贈硏齋詩云：「秋淒怒以至老死，遺民中之尤難者矣。（曹溶贈硏齋詩云：「老夫起鍾愎終夕，不待荒雞已白頭。蓋抱志以至老死，遺民中之尤難者矣。」姜宸英霜哺篇序云：「蜀有遺民李片崖祥符，善著書，多鳴咽之旨。予讀之窾勳，涕湲承頤。」同時諸人詩云，西溟躰「其集中亦不載）。謝山謂其於文不稱作家。（見行狀。而黎洲所言「生輙矯異者」。（見與姜西溟書。）至其爲文，霸氣未除，時或繼意不受約制，誠有如姜西溟所言「生輙矯異者」，乃罕其比。（見飲冰室集七十七卷）蓋硏齋著自貴之矣。（見行狀而黎洲所言「生輙矯異者」。），故集中碑傳僧錄之文，多有生氣，可誦讀，匪獨新樂候一傳也。雖然，硏齋之可稱，惟碑傳法度森然，明人之文，亦錢職甲申傳僧錄列從賊人名，硏齋蓋著僞州職。饑邦芭甲申忠佞紀事，戴原係庶吉士改外任者十八汙僞命，不當復玷班僊。」似硏齋曾受僞命者也。然野史所載，如北略裁從賊諸臣，於硏齋亦列硏齋名。明季北略云：「國變，人云庶常俱留用，無夾者。」明通鑑云：「南都有旨：新榜進士盡曰：「原官一云改外。」顧亭林所輯明季實錄，其中燕邸實鈔列受職之臣，有硏齋名。而新進士南歸口進實錄，從逆諸臣者，叛逆諸臣及賊授僞官考所列又無之。謝山行狀云：「沙氏國變離臣鈔，文秉烈皇小識，黃毓赫甲中北都覆沒遺聞等書，所載均無硏齋名。謝山行狀云：「京師潰，侍郎傳賊所縛，潰榜掠，乘閒南奔。」又謝山隨明崇頑十七年進士錄（鮚埼亭集外編二十九。案十六誤爲十七，當保刻集者之誤。）閏營得流賊所授降臣官簿一冊，與諸野史所記不同，三十六庶常，汙僞命者三十四，密得不預者二人，一即硏齋。又云：「其後間關戲行，屢起屢蹶，事改行遜，不知所終，最稱完節。」註云：「癸未科疑谿賊關，庶常迎拜滿天街。謝山陛語獨忠厚，獨雪西川李硯齋。」全謝山謂李長祥獨不

圖書集刊

頂，證以他書，亦不誤。」但丁氏所取證者野史，而謝山所據，固當時官簿也。行狀云：「予家浙東，乃侍郎從亡地，先太常公一門皆共事，故頗悉之。」則其於研齋出處必有所聞。借曰未知，亦嘗不偽造故實。如反謂其罔先人舊誼之故，特為研齋開脫，則以謝山之篤史，乃有此曲筆耶。野史所載，蓋當時降賊人名，刻單流傳，出入紙然，不盡可據。「故其後南來者亦紙然奏辯，各翼褒白。」（甲乙史云：「二十六日」選陞四品以下百餘人，詞林亦有其名。南都謂其自廚臣節，復撰偽書以亂是非，命遜之。（見南略）十二月，南都欽定逆案，舉朝大譁。（此書乃甲申三月自燕邸創記者）又如顧鉉罵賊，為閹所殺，（見研齋甲申廷臣傳）而國變雖臣鈔列之刑辱之臣。（密之有記雖詩）又如顧鉉罵賊，為閹所殺，（見研齋甲申廷臣傳）而國變雖臣鈔列之刑辱之臣。（此書乃甲申三月自燕邸創記者）又如顧鉉罵賊，為閹所殺，（見謝山跋彭仲謀流寇志）密之曾被囚二十日，其後充作賀榮儲，乘間脫走，初未嘗受偽命也。甲申北都復沒遺聞載三月二十四日，（甲乙史云二十五日）曰：「先皇無恙以亂是非，命遜之。」（見南略）十二月，南都欽定逆案，舉朝大譁。（此書乃甲申三月自燕邸創記者）又如顧鉉罵賊，為閹所殺，（見研齋甲申廷臣傳）而國變雖臣鈔列之刑辱之臣。者，其所記錄，亦或得之傳聞，非必信史也。馬阮之徒，幸而任南，故待肆意青眥，擇人而陷。未降賊者，可公然列之逆案，則「新進士盡汙偽命」之言，又可據信耶。不任而逃。（見幸免諸臣攷）或偽命已加，而未嘗受。如刑陪華園行政御史，命已下委迫，詐為將溪令，得逃。張家玉罵賊不屈，忽遜詞受官，或遭榜掠而得南奔。或偽命，鞏得脫身，如呉嚴授蒼溪令，詐為將溪令，得逃。張家玉罵賊不屈，忽遜詞受官，或遭榜掠而得南奔。或可謂其姑受偽命而逃。後皆抗義殉節，不以嘗受偽命掩也。然研齋身亦嘗受偽命者，復何顏品隱他人耶。故知研齋之先受偽命，必出於前二者無疑也。研齋嘗曰：「今之諭者必尚死，人臣之大戮自當如此。」（四巡撫傳）又曰：「事君之道，在生者逐準，死者遂遠。」（甲申宮人傳）彼之自處，即以志在恢復，故不即出於殉節。而研齋脫艱之後，更豈死灰，數十年間，終不改視而易步。志節如此，而謂其甘心從賊，必不然矣。

此篇昔嘗載北平圖書館刊，近年於原書略有所補，校補既竟，復見明事雜詠，関更考之如此。汗青無日，聊復存此。有能印行者，循此而輯之，易為功矣。民國丙戌冬臨昌戴明揚荔生甫識

五二

元和郡縣志唐代開元元和戶口增減份佈的比較研究

一、敘論
二、全國及各道戶口增減的比較研究
三、各州戶口增減的比較研究
四、各道及各州戶口分佈疏密的研究
五、戶口增減分佈原因的推測與影響
六、結論

一、敘論

元和郡縣志一書無疑的是研究唐代沿革地理的寶典雖然這書也有一些遺失但是以它作根據來研究唐代的人文地理的現象那是比較可靠的材料了

在這部書內有一種記載曾經引起我們最大的疑問那就是在這書內各道各州都有戶口數目的記載可是以所記載的開元和兩代的戶口數我們如此較的一下那就可以發現有一種很奇怪的現象那現象是什麼呢我們可以肯定的說那就是元和一代的戶口比較開元時代普遍減少僅有極少數的幾州是例外

想想看這不是很奇怪的事嗎我們知道開元是唐玄宗的年號元和是唐憲宗的年號中間經過了肅宗宗代順宗四代如以襲召南的歷代帝王年表上看來那麼開元至元和共計是經過了玄宗開元二十九年天寶十五載肅宗至德二載乾元二年上元二年寶應一年代宗廣德二年永泰一年大曆十四年德宗建中四年興元一年貞元二十一年順宗

永貞一年憲宗元和十五年但以通鑑二百三十七卷僅根據曾說李吉甫於元和二年上元和國計簿是此審成於元和二年故如自開元一年起至元和二年止那麼中經時間共有九十七年所以以時間論開元至元和差不多一百年若依照人口的止常增加數那就應該元和時代的戶口比開元時代可是我們比較研究的結果卻是開元的戶口數反多於一百年以後的元和時代這種反常的現象不是很奇怪的事嗎現在我們試看看二者間戶口數字多寡的比較吧

二、全國及各道戶口增減的比較研究

經過研究的結果我們知道元和郡縣志一書內共列有十道八府二百八十一州除開遺失了的州郡和沒有戶口數字記載的州郡及祇有開元戶口的數字一類的州郡以外我們以二者數字皆全記載得有的州郡來說統計起來共有一百六十六州其中計關內道有十四州河南道有十八州河北道有十四州山南道有十三州江南道有四十五州劍南道有二十一州嶺南道有二十三州淮南道的戶口數因為元和志本書上就早遺失了自然更無從去比較的不過就以上面有記載的一百六十六州來說它的面積雖然不是全部唐代的疆域但也足大半個唐代的領土了因此我們從這方面去研究唐代全國的戶口雖然不能窺其全豹至少也能略知大概了那麼我們現在就以一百六十六州的數字來作比較吧我們得到的數字當時唐代全國元和時有五九四一二三九戶元和時有二二六二六四戶二者相比較則元和時的全國戶口較之開元時的全國戶口少三三六七四九七五戶

換言之就是在開元時全國有五十九萬多幾延六十萬的戶口到了元和時就才二十多萬戶了經過了一百年的

李祖桓 《元和郡縣志》唐代開元元和戶口增減分布的比較研究

時間減少了三十多萬的戶口，也就是說一百年前與一百年後人口減少了一大半，這是什麼原因呢？豈不非常奇怪嗎？

其次我們再以各道分別來看，我們可以比較後來列成一表如下：

各道戶口多少比較表

開　元

1. 江南道　一四五七五四七
2. 河南道　一○三五八九一
3. 劍南道　一○二八六二二
4. 河北道　八三二三四○
5. 河東道　六三二一九
6. 關內道　五七八一六
7. 嶺南道　二○四二七四
8. 山南道　一七二四三六
9. 淮南道　缺
10. 隴右道　缺

元　和

1. 江南道　一○○六四五二
2. 關內道　二六七一○三
3. 河東道　二三九三七七
4. 山南道　二一三九一八
5. 劍南道　一五二三○七
6. 河南道　一四○○五四
7. 河北道　一二一四八九
8. 嶺南道　一一六七六四
9. 淮南道　缺
10. 隴右道　缺

由上表看來我們知道在開元時代各道戶口最多的是江南道，其次是河南道，再次是劍南道、河北、河東、關內、嶺南、山南各道。可是元和時代呢戶口多少的次序却改變了，道時的次序是第一還是江南道，第二却是開元時第八的山南道，在元和時代反一躍而居於第四位。開元時本居第三位的劍南道却又降居第五位，開元時第二位的河南道又降居第六位了，河北道在開元時是第四位可是元

和時即降為第七位嶺南道也由第七位降為第八位由這一表我們可以看得出除了江南道地位未變外其餘的戶口增減都非常大位置的高下在一百年間都變得很不同了但是各道的變動也分為兩類一類是在開元時地位反高些的一類是開元時地位尚高到了元和時降低了的其中屬於第一類的是河東關內山南河北三道屬第二類的是河南劍南河北嶺南四道至於第二類的除了嶺南道由七位降為八位降低甚少以外河南劍南河北三道都低落得很利害那麼自開元至元和這一百年內何以戶口減少在這三道內最利害這不是沒有理由的它的理由何從下面再解答好了

此外更有一現象是我們非常懷疑的那就是我們如以各道戶口比較一下就可以發現開元時代各道戶口普遍的較元和時代為多僅有山南道是例外

這裏我們也可以列表如下

各道戶口增加減少多寡比較表

減 少

1. 河南道 八九五七六七
2. 劍南道 八七七三一五
3. 河北道 七〇〇八一五
5. 河南道 四五一〇九四
5. 河東道 三九二六四二
6. 關內道 三一一一三
8. 嶺南道 八七七一〇

增 多

1. 山南道 四一四八二

由上表我們可以看出戶口減少最甚的河南道其次是劍南道再次是河北道江南道河東道嶺南道祇有山南一道是不但未減少而反增加了的這以上就是各道戶口的增多與減少的大概情形了

三、各州戶口增減的比較研究

其次我們如再以各州的戶口數來比較一下那麼更可以得到若干張表根據這些表就可以更能知道當時戶口變動的詳情了今列表如下

戶口在十萬以上者

開　元

1. 漢州　四〇二五〇〇
2. 京兆府　三六二九九九
3. 成都府　一三七〇四六
4. 河南府　一二六八四〇
5. 太原府　一二六八四〇
6. 魏州　一一七五七五
7. 越州　一〇七六四五
8. 宋州　一〇三〇〇〇

元　和

1. 蘇州　一〇〇八〇八
2. 太原府　一三四〇〇〇
3. 襄州　一〇七二〇七

戶口在九萬以上者

開　元

1. 婺州　九九四〇九
2. 滄州　九八五七
3. 常州　九六九七五

元　和

4. 冀州　九四二一〇
5. 潤州　九一六三五

元和郡縣志唐代開元元和戶口增減分佈的比較研究

五七

1. 洪州 九一一二九

由上面二表看來戶口在十萬以上的開元時計有八州元和時僅有四州了並且元和時所有的四州內面僅有京兆太原二府是開元時舊有的其餘的襄州和蘇州都是新起的在開元時這二州的戶口都沒有到十萬戶呢至於開元時擁有十萬戶以上的其餘六州到了元和時都減少到十萬以下了就由此一點看來也足見得開元時代戶口到元和時代減少得很可以了至於九萬戶以上的州數在開元時共有五州之多到了元和時不過僅洪州一州並且開元時的五州在元和時一州也不能保持舊有的戶口數目這也可見當時戶口減少的程度是如何的大啊以下我們再看九萬戶以下戶口的各表吧

戶口在八萬以上者

1. 宣州
   開元 八七二三一
2. 貝州 八四四〇〇
3. 杭州 八四二五二
4. 汴州
   元和 八二一九〇
   缺
5. 絳州 八一九八八

戶口在七萬以上者

1. 亳州
   開元 七〇七三二
2. 河中府 七〇二〇七

由以上二表可以知道在八萬以上的戶口開元時有宣貝杭沐絳五州元和時卻全低落了以至於一州皆無當時人口減少的現象是很可怕的至於七萬以上戶口的州數開元時還有亳州及河中府元和時二者皆不到七萬戶了在那南方遙遠的廣州卻反急速增加戶口竟超過了七萬以上我們可以想象得到當時中原戶口正在急減而邊遠地方卻反增加這一定是有原因的

1. 廣州　七四〇九九

戶口在六萬以上者

開　元

1. 蘇州　六八〇九三
2. 定州　六五四六〇
3. 鄭州　六四六一九
4. 潊州　六四二七六
5. 廣州　六四二五〇
6. 衢州　六二二八八
7. 德州　六一七七〇
8. 湖州　六一一三三
9. 晉州　六〇八五三

元　和

缺

戶口在五萬以上者

開　元

1. 許州　五九七一七
2. 刑州　五八八二〇
3. 陸州　五五一一六
4. 洪州　五四〇二五
5. 滑州　五三六二七
6. 汾州　五三〇七六
7. 陳州　五二六七二
8. 絳州　五一四八〇
9. 趙州　五一四三〇
10. 蔡州　五一二一〇
11. 彭州　五〇一二〇
12. 蜀州　五〇〇二六

再由上表看來六萬以上戶口在開元時代共有九州之多元和時就一州也沒有了五萬以上的呢開元時有十二州元和時也僅有四州了幷且所有的四州也都非開元時的各州因此我們也可以想見一百年閒戶口變動的利害了

戶口在四萬以上者

開　元

1. 徐　州　四九七〇二
4. 懷　州　四三一七五

1. 深　州　四二二一五

元　和

1. 婺　州　四八〇三六
4. 湖　州　四三四六七

戶口在三萬以上者

開　元

1. 鄧　州　三八六一一
4. 遂　州　三七三六七

1. 宜　州　五七三五〇
4. 杭　州　五一二七六

元　和

2. 潤　州　五五四〇〇

3. 常　州　五四七六七

2. 陝　州　四七三二二
5. 眉　州　四二八三六

2. 饒　州　四六一一六
5. 吉　州　四一〇二五

2. 溫　州　三七五五四
5. 易　州　三七二二七

3. 歧　州　四四五三三
6. 恆　州　四二六四四

3. 成都府　四六〇一〇
6. 唐　州　四〇七四〇

3. 博　州　三七四七〇
6. 襄　州　三六三五七

元和郡縣志唐代　兼元年和戶口增減分佈之比較研究

7. 桂　州　三六二六五	8. 吉　州　三四六四八一	9. 萬　州　三三二七八
10. 虔　州　三二八三七	11. 普　州　三二六〇八	12. 柳　州　三二一七六
13. 歙　州　三一九六一	14. 福　州　三二〇六七	15. 泉　州　三〇七五四
16. 衡　州　三〇六六六	17. 泗　州　三〇三五〇	18. 寧　州　三〇二二六
19. 鄜　州　三〇一八五		

元　和

1. 鄂　州　三八六一八
2. 泉　州　三五五七一

由上二表也可知開元元和二時代戶口變動的狀況常時四萬以上的戶口在開元時有七州元和時有六州但是二者間卻沒有一州是相同的卻是說沒有一州能在開元時保有四萬以上的戶口元和時也依然如故沒有變動的至於三萬戶以上的各州呢那在兩個時代就可大不相同了因為在四萬戶的各州內雖然二時代擁有四萬戶的完全不同但是二者的數目卻相差不遠元和時僅減少了一州能了可是三萬戶的各州呢就連數目也大大減了我們由上表可看見在開元時擁有三萬戶的州共有十九個之多元和時卻祗有兩州了而且祗是泉州一州是能保持在開元時地位的鄂州一州是後起的其餘在開元時的十八個州都沒落了戶口大量的減少在當時是很可驚的

戶口在二萬以上者

元和郡縣志唐代　兼元年和戶口增減分佈之比較研究

開　元		
1. 光　州　二九六九五	2. 穎　州　一八一七九	3. 永　州　二七五九〇
4. 道　州　二七四四〇	5. 蘄　州　二六八〇九	6. 汝　州　二六〇五二

六一

戶口在一萬以上者

開元

1. 邠州 一九四六一
4. 虢州 一八五八三
7. 涇州 一七七四二
10. 代州 一五○六七
13. 麓州 一四○六二
16. 衡州 一三五一三

2. 鄂州 一九一九○
5. 贇州 一八五○七
8. 瀘州 一六八一五
11. 坊州 一五七一二
14. 房州 一四四三二
17. 愛州 一四○五六
20. 臨州 一三二一六

3. 洋州 一八八九五
6. 陵州 一七九五五
9. 延州 一六三四五
12. 梓州 一五四七八
15. 忻州 一四三三七
18. 劍州 一三九七六
21. 黃州 一三○七三

1. 定州 二六八三二
4. 撫州 二四七六七
7. 越州 二○六八五

2. 虔州 二三三四九
5. 隰州 二二二四六
8. 貝州 二○一○二

3. 邛州 二五一七六
6. 濠州 二○七○二

1. 韶州 二○二六四
10. 中州 二一○二二
13. 安州 二二二二二
16. 江州 二二八六五
19. 棣州 二五四五

2. 撫州 二四九八八
11. 袁州 二二三三五
14. 潭州 二一八○○
17. 建州 二○八○○
20. 簡州 二○二三三

9. 嘉州 二二九一二
12. 澤州 二二三三五
15. 唐州 二一五九七
18. 滋州 二○五五二
21. 合州 二○○六七

《元和郡縣志》唐代開元元和戶口增減分佈的比較研究

元和

編號	州名	戶數
22	邛州	一三〇五二
23	丹州	一二四三三
24	邵州	一二三二〇
25	利州	一一八八一
26	慈州	一一二七五
27	連州	一〇八八〇
1.	河南府	一八七九九
2.	河中府	一九六〇〇
3.	福州	九四五五
4.	江州	一七九四五
5.	道州	一八三三八
6.	衡州	一八〇四七
7.	衢州	一七四三六
8.	滁州	一七八〇〇
9.	恆州	一七五八〇
10.	潭州	一七四六二
11.	袁州	一七二一六
12.	歙州	一六七五四
13.	蘄州	一六四六二
14.	柳州	一六四〇八
15.	鄧州	一五四八〇
16.	深州	一五四九七
17.	蜀州	一五九四四
18.	建州	一四二〇四
19.	潦州	一四〇九七
20.	鄭州	一三九四四
21.	汝州	一三〇七九
22.	随州	一二七一六
23.	穎州	一一五二九
24.	絳州	一一二七一
25.	鄧州	一一〇〇九
26.	蔡州	一〇二六三
27.	鄧州	一〇〇〇八

由上二表可以知道二萬以上戶口的州數在開元時有二十一州到了元和時祇有八州了而且在這八州中祇有撫州和滌州是開元時原有的其餘六州都是後起的也可以說在開元時的二十一州都不能保持原來的戶口數都大大的減少人口了至於一萬戶以上的各州以數目論二者相等都是二十七州但是以州名來說那歇大不相同了內邊除了衡州隨州和邵州這三州是兩者皆有的以外其他各州都不相同在開元時有一萬戶以上人口的其餘二十四州在元和時都不到一萬戶人口之在元和時擁有一萬戶人口以上的各州一致表示出開元時代人口多於元和州了同時我們還看得出來的就是在二萬戶人口以上的各州一致表示出開元時代人口多於元和時代人口的這張表才開始有見二者相等的現象了由這一點也可以知道這是元和時代人口大減的表示因為在二萬

元和郡縣志唐代開元元和戶口增減分佈之比較研究

戶以上的各州在元和竟自很少到一萬戶的數目時才勉強達到了與開元時相等的紀錄人口減少的傾向在當時是很明顯的何以曾減少得如此利害呢這待以後再說了這以下我們再來看千戶以上到九千戶的罷有各州的戶口在開元元和兩個時代的比較吧

戶口在九千以上者

開　　元

1. 岳州 九一六五
2. 循州 九五二五
3. 潮州 九三二七
4. 均州 九八五九
1. 彭州 九八八七
2. 安州 九八一九
3. 韶州 九六六四
4. 滄州 九五一四
5. 德州 九三五六
6. 睦州 九〇五四

戶口在八千以上者

1. 絞州 八七一五

元　　和

1. 冀州 八九六七
2. 懷州 八七四一
3. 陝州 八七二〇
4. 桂州 八六五〇
5. 溫州 八四八四
6. 汾州 八三〇四
7. 沐州 八二一八
8. 均州 八一八二
9. 趙州 八一五七
2. 嶠州 八一五二

《元和郡縣志》唐代開元元和戶口增減分布的比較研究

10 渭州 八〇五六

戶口在七千以上者

開　元
1. 鹽州 七九七五
1. 復州 七六九〇

元　和
1. 石州 七三六二
2. 岐州 七五八〇
3. 綿州 七二四八
8. 昭州 七〇〇三

戶口在六千以上者

開　元
1. 隴州 六〇八五
4. 雅州 六五八九
7. 階州 六〇八九
1. 涪州 六九〇九
4. 梓州 六九八五
2. 戎州 六七八七
5. 沁州 六五八〇
8. 朔州 六〇二〇
3. 驢州 六六四九
6. 夏州 六一三二

戶口在五千以上者

開　元
4. 遂州 六五〇二
2. 魏州 六九二〇
5. 嵐州 六三八二
9. 禪州 六五六七

元和郡縣志唐代開元元和戶口增減分布之比較研究

六五

1. 渝州 五九六二　2. 鄧州 五六九二　3. 汙州 五二八六
4. 同州 五六五二　5. 辰州 五三二〇　6. 封州 五六五三
7. 復州 五二三二

1. 棣州 五四四七　2. 愛州 五三七九　3. 許州 五二九一
4. 連州 五二七〇　5. 虢州 五三二六　6. 宋州 五二〇〇
7. 眉州 五〇八四　8. 黃州 五〇五四

戶口在四千以上者

1. 開元 四九四〇　2. 蔚州 四八八七　3. 檗州 四八〇七
4. 同州 四八六一　5. 房州 四四〇〇　3. 忻州 四二〇四
4. 陳州 四〇三八　5. 泗州 四〇一五

戶口在三千以上者

1. 黔州 三九六三　2. 鳳州 三八四九　3. 華州 三七八七
4. 峯州 三五六一　5. 施州 三四七六　6. 思州 三四八二

開元

六六

戶口在二千以上者

開元

1. 邢州 三六九三
2. 徐州 三八五八
3. 象州 三二九○
4. 梧州 二二○九
5. 劍州 二九○二
6. 衡州 二七七七
7. 費州 二四九九
8. 汚州 二六一
9. 澳州 二二一二

元和

1. 驩州 三八四二
2. 澤州 三五二七
3. 合州 一八九二
4. 賀州 二五三七
5. 興州 二○四五
6. 博州 二四三○
7. 洋州 二八九六
8. 邠州 二六七○
9. 簡州 二五二二
10. 茂州 二五四○
11. 沁州 二三二○
12. 代州 二一二○
13. 利州 二四四四
14. 循州 二○八九

戶口在一千以上者

開元

1. 陸州 一九三四
2. 文州 一七六九
3. 獎州 一七四○

元和郡縣志唐代開元元和戶口增減分佈之比較研究

六七

4. 嵐州 一七二六	5. 融州 一七〇七	6. 漳州 一六九〇
7. 蒙州 一六二七	8. 柳州 一三七四	9. 富州 一三二一
10. 嚴州 一一六〇		

六八

1. 涇州 一九九〇	2. 光州 一九九〇	3. 潮州 一九八五
4. 嘉州 一九七五	5. 虔州 一九六九	6. 陸州 一九五五
7. 慈州 一八七七	8. 梧州 一八七一	9. 吉州 一八四五
10. 坊州 一八四二	11. 塩州 一七九五	12. 敘州 一六五七
13. 普州 一六五二	14. 巘州 一六五一	15. 昭州 一五八八
16. 蔚州 一五六三	17. 岳州 一五三五	18. 岑州 一四八二
19. 雅州 一四五二	20. 蓉州 一三三七	21. 鳳州 一三五八
22. 漳州 一三四三	23. 戌州 一二九二	24. 柳州 一二七八
25. 辰州 一二一九	26. 黔州 一二一二	27. 寓州 一一〇七

由上面千戶至九千戶人口的各表看來，我們首先就發現了與一萬戶以上各表相反的一種現象，這現象叫什麼呢？我們可以說自九千戶以下開始我們發現開元比元和二時代自此起其戶口擁有州數的比例是開元反不如元和的多了也即是說任一萬戶以上的州數開元比元和時多一萬戶以下的州數元和比開元時多，到了元和時代戶口却是大大的減少——即以擁有九千戶的州來說開元時祇有四州元和時却有六州元和時超過了元開元時只有兩州元和時就有十州之多了實有七千戶的州數是二者相等六千戶的州數是開元元和少一州四千戶的少了二州三千戶的呢都就少得多了也許少了九州之多和算是例外至於五千戶的州開元較元和少一州

一千戶的就少到十七州之多了可見開元元和二時代的戶口前者是擁有萬戶以上的州多後者僅是擁有千戶以上的州多了當時人口大量減少的傾向是無疑的

此外還有鄰值得注意的就是這九張表內列的千戶至九千戶的各州在開元元和二時代所擁有的二者間絕對不同簡直沒有一州是在二者間共同有的也可以說在開元時代自一千戶至九千戶的各州在元和時代全不是擁有原來人口數目的州了反之在元和時代的呢也全不是開元時代的了這變化有多大前後不過才一百年的時間能了

這以下我們再來看看一千戶以下的各州的戶口比較表吧

戶口在九百以上者

開　元

1. 龍州　九一七

元　和

1. 興州　九五四
2. 延州　九三八

戶口在八百以上者

開　元

缺

元　和

1. 永州　八九四
2. 溪州　八八九
3. 榮州　八八一
4. 緩州　八四〇
5. 渝州　八三四
6. 丹州　八一九

元和郡縣志唐代開元元和戶口增減份佈的比較研究

六九

7. 封州 八一一

1. 巂州 七八四
   開元
   缺
   元和

2. 酈州 七五〇

3. 朔州 七二九

戶口在六百以上者

1. 茂州 六九〇
   開元
   缺
   元和

2. 申州 六一四

戶口在五百以上者

1. 易州 五六九
   開元
   缺
   元和

2. 石州 五二〇

戶口在四百以上者

開　元

1. 溪　州　四七九

元　和

1. 賀　州　四四九
2. 思　州　四二九

戶口在三百以上者

開　元　缺

元　和

1. 夔　州　三四九
4. 夏　州　三〇〇
2. 龍　州　三二五
3. 涪　州　三〇五

戶口在二百以上者

開　元　缺

元　和

1. 巂　州　二七六
2. 蒙　州　二七二
3. 寰　州　二四三

4. 融州 二四二　　5. 象州 二二三　　6. 陸州 二三三

7. 文州 二一八

戶口在一百以上者

開元　缺

1. 嚴州

元和　一一六

由上面各表潛咏在一千戶人口以下的各州開元元和二時代的不同就更明顯了在開元時千戶以下的州是幾乎少到無可再少了而元和時代却相反却擁有很多的千戶以下的州我們由各表比較下來可以知道祇有九百戶的州開元時代有一個此外八百七百六百五百三百二百一百等數目的就完全沒有了可是元和時代却全都有而且如像八百戶及二百戶等數目的州還擁有不少這種現象沒有什麼解釋就是元和時代因為人口大量減少的緣故所以本來擁有多數人口的州到了這時也不得不退減到了少數人口的州了因此在千戶以下的州數量比起開元時來就多得多這正是人口大量減少的鐵證因此我們可以總說一句就是開元元和二時代戶口數在前後一百年間是大大的減少了減少的數量并且是非常可驚的

由上各表我們可以確實知道了元和時代戶口數較之開元時代大量減少的事實這裏我們還得再看看各州在開元元和二時代戶口數量減少的程度大小的比較以見當時戶口減少的數字是到了如何可驚的地步我們說到各州在開元元和二時代本身戶口增減數量多少的比較這裏可以由各表內看得出各州戶口的盈虛消漲也可以知道那一些州減少得最利害和那一些州增加得最多現存我們就將各表排列如下

元和郡縣志唐代開元元和戶口增減分佈之比較研究

十萬以上戶口

1. 濮州 減少數 四〇〇三八八

4. 河南府 增加數 缺

1. 京兆府 一三二七九七

2. 魏州 二一〇六五五

九萬以上戶口

1. 宋州 減少數 缺

1. 增加數 九七八〇〇

2. 成都府 一〇三三六

八萬以上戶口

1. 滄州 減少數 八八〇四三

1. 增加數 缺

2. 越州 八六九六〇

3. 歙州 八五五三

七萬以上戶口

減少數

1. 汴州 七三九七二
2. 薛州 七〇七一七

增加數

1. 襄州 七〇四五〇

六萬以上戶口

減少數

1. 貝州 六四二九八
2. 亳州 六四二三〇

增加數

（無）

五萬以上戶口

減少數

1. 邢州 五五一二七
2. 許州 五四四二六
3. 鄭州 五〇六七五
4. 德州 五二四一四
5. 藝州 五一三七一
6. 晉州 五〇四二八五

增加數

7. 河中府 五〇六〇七

減

四萬以上戶口

減少數

1. 陳州 四六六三四	2. 陸州 四六四六二	3. 徐州 四五八四四
4. 滑州 四五五七一	5. 潞州 四五四七六	6. 衢州 四四八六二
7. 汾州 四四七七二	8. 絳州 四四三四二	9. 趙州 四三二七三
10. 常州 四二二〇八	11. 蔡州 四〇九四七	12. 彭州 四〇二三三

增加數 缺

三萬以上戶口

減少數

1. 定州 三八六二八	2. 陝州 三八五〇二	3. 眉州 三七七五二
4. 易州 三六五八八	5. 潤州 三六二三五	6. 岐州 三五九三三
7. 蜀州 三五五一八	8. 博州 三五〇四〇	9. 陵州 三四四三四
10. 遂州 三三五三一	11. 杭州 三二九七六	

增加數

1. 洪州 三四七二四
2. 蘇州 三二七一五
3. 饒州 三二〇五四

元和郡縣志唐 開元元和戶口增減分佈之比較研究　七五

二萬以上戶口

增加數

1. 宣州 二九八八一
4. 深州 二八一八
7. 柱州 二六一五
10. 恆州 二五一四
13. 嘉州 二〇九三七

缺

減少數

2. 寧州 二九一九
5. 磁州 二七八八九
8. 永州 二六九六
11. 鄧州 二四五〇七
14. 申州 二〇四〇六

3. 溫州 二九〇七〇
6. 曹州 二七七〇五
9. 泗州 二六三三五
12. 光州 二〇九五六
15. 棣州 二〇〇九八

一萬以上戶口

減少數

1. 澤州 一八七〇八
4. 洋州 一六七九一
7. 邠州 一五九九三
10. 延州 一五四〇七
13. 涇州 一三九六二
16. 虔州 一三五五二

2. 湖州 一七六六五
5. 潁州 一六九五〇
8. 陵州 一五九七〇
11. 歙州 一五二〇七
14. 代州 一三九五七
17. 汝州 一二九七三

3. 合州 一七一五
6. 貴州 一六〇三三
9. 彬州 一五七三九
12. 盧州 一四八三四
15. 坊州 一三八七三
18. 銳州 一二五〇六

九千以上戶口

增加數

19 安州 一二四〇三	20 廣州 一二六一二	21 丹州 一一六〇六
22 劍州 一〇七〇四	23 韶州 一〇六〇〇	24 鄧州 一〇三四七
25 忻州 一〇一三四		
1. 鄂州 一九四二八	2. 唐州 一九一四三	3. 邛州 一二二二四

九千以上戶口

減少數

1. 度州 九八四九　　2. 慈州 九三九八　　3. 道州 九一〇三
1. 利州 九四三七

增加數

1. 變州 八六七七　　2. 梓州 八四七三　　3. 貴州 八〇一九

缺

八千以上戶口

減少數

七千以上戶口

減少數

元和郡縣志唐代開元元和戶口增減分佈的比較研究

七七

圖書集刊

飲

增加數

1. 綏州 七八七五　　2. 岳州 七六三〇

六千以上戶口

減少數

1. 石州 六七四二　　2. 涪州 六六〇四　　3. 虔州 六五七七
4. 鹽州 六三五七　　5. 潭州 六三五六　　6. 徽州 六三二四

增加數

1. 吉州 六五四四

五千以上戶口

減少數

1. 夏州 五八三二　　2. 江州 五八二〇　　3. 連州 五六一〇
4. 隴州 五五三〇一　　5. 昭州 五四二五　　6. 融州 五三二〇
7. 戌州 五四九四　　8. 朔州 五二九一　　9. 雅州 五一三七
10. 渝州 五一三八　　11. 袞州 五一〇九

增加數

1. 鄂州 五三一〇

四千以上戶口

減少數

1. 封州 四八四二
2. 泉州 四八一七
3. 沁州 四三六〇
4. 辰州 四〇九一

增加數

1. 隰州 四七六六
2. 嵐州 四五六六
3. 衡州 四五三四

三千以上戶口

減少數

1. 榮州 三九二六
2. 巂州 三三二四
3. 鈸州 三二八三
4. 象州 三〇五七
5. 汚州 三〇二五
6. 恩州 三〇一三

增加數

缺

二千以上戶口

減少數

1. 鄘州 二四三五
2. 驩州 二八〇七
3. 黔州 二七五一
4. 眽州 二四九一
5. 循州 二四三六
6. 鄜州 二四三五
7. 華州 二三五〇
8. 邵州 二三一二
9. 龔州 二一四四

元和郡縣志唐代開元元和戶口增減佔佈的比較研究

七九

1. 一千以上戶口

1. 茂州 一八五〇	2. 簡州 一七七〇	3. 陸州 一七〇三	
4. 均州 一六七七	5. 施州 一六三一	6. 文州 一五五一	
7. 融州 一四六五	8. 獎州 一三九一	9. 渤州 一三七二	
10. 蒙州 一一三五	11. 輿州 一〇九一	12. 富州 一〇六八	
13. 殷州 一〇四四			

增加數

1. 賀州 二〇八八
10. 復州 二四五八
11. 峯州 二〇七九

減少數

缺

2. 七百以上戶口

增加數

1. 同州 七九八

減少數

缺

五百以上戶口

減少數

1. 龍州 五九二

增加數

缺

2. 隨州 五〇〇

四百以上戶口

減少數

缺

增加數

1. 溪州 四一〇

三百以上戶口

減少數

缺

增加數

1. 漳州 三四七

2. 梧州 三三八

一百以上戶口

減少數

八十以上戶口

1. 濠州 一五〇

  增加數 缺

1. 柳州 八七

  減少數

1. 撫州 一二一

  增加數

由上面各表看來減少戶口最多的州莫過於濠州了因為減少到十萬戶以上的不過四州但是濠州就列在第二位我們知道濠州在開元時依照前表共有四〇二五〇〇以上的戶口是列在當時戶口最多的第一位的但是到了元和時就一落千丈僅僅只有二一一二戶了由四十多萬全國第一的戶口一降而低落到祇有二千戶的戶口這是多大的變動論時間也不過才一百年罷了除此以外我們看見減少到十萬戶以上的還有京兆府魏州及河南府三個可是增加到十萬戶以上的却沒有一個這是人口減少的明證無可否認的事實這以下減少到九萬戶的有兩州增加的也沒有八萬戶的減少了三州祇有七萬戶的增加了一州減少了兩州六萬戶的呢也並無增加而反有兩州減少了七州之多四萬戶的增加了一州減少了到了這個數目減少到三萬戶才有三州增加到十一州都減少的却有十二州了到一萬戶以下減少的州數和增加二萬戶的有十五州同時增加了三州二十六萬戶的有二十六州增加的還是比的多如像九千戶的是三比一卽是減少了三州增加了一州八口的州數仍是不成比例的減少的比增加的

千戶的減少了三州七千戶的減少了兩州六千戶的減少了十一州增加了一州五千戶的減少了四州增加了三州三千戶的減少了六州二千戶的減少了十一州增加了一州一千戶的減少了十三州此外千戶下的也有減少到七百戶的有一州五百戶的有二州三百戶的有一州八十戶的有一州祇有四百戶的沒有減少反增加了一州一百戶的減少增加各有一州是例外

由上看來我們知道各表所表示出來的都是減少的多增加的少也就是說無論何處都是一致趨向於戶口減少而減少了一萬戶的州最多也就是以一萬戶這個數目爲頂點減少到這數目以上的州是數目越次州數越同少越減少到這個數目以下的州則是數目越小州數越少

又由上各表可以看得出戶口減少得最多的是澳州減少得最少的是柳州僅減少了八十七戶這以下我們可以再來比較成一表以見在開元元和二時代各州地位之高低的變動概況借此以知道各州的人口何者減少得最多何者次之何者最少

開元元和各州戶口增減數目次序比較表

開元		元和次序比較
1. 澳州	2. 京兆府	
3. 成都府	4. 河南府	
5. 襄州	6. 廬州	
5. 太原府	6. 魏州	
7. 洪州	8. 潤州	
7. 越州	8. 兗州	
9. 宜州	10. 滄州	
9. 婺州	10. 杭州	

開元		元和次序比較
1. 京兆府 一〇八二	2. 太原府 一五	
3. 襄州 一三	4. 河南府 三〇 二一	
5. 太原府 二	6. 廬州 七四 二五	
7. 越州 一五	8. 兗州 八三 一三	
9. 婺州 一一	10. 滄州 杭州 五七 一六	

11. 常州 九 三	12. 蘷州 九	12. 饒州 六〇 一〇四	
13. 潤州 一三	14. 宜州 二八		
15. 貝州 八六	16. 唐州 一〇 八二		
17. 吉州 六六	18. 泉州 二八 六三		
19. 氷州 一七 七六	20. 杭州 二〇 五八	20. 虔州 一五 八五	
21. 亳州 一九 四	22. 絳州 一八 二	22. 撫州 三四 二〇	
23. 蘇州 二一 九二	24. 河中府 一二 〇	24. 濠州 三六 一五	
25. 鄧州 二三 一〇	26. 衢州 二六 七	26. 冀州 二八 一四	
27. 廣州 二五 八	28. 湖州 二八 五九	28. 河中府 八〇 四	
29. 臨州 二七 七	30. 許州 三〇 六二	30. 衡州 三二 五九 一〇七	
31. 晉州 二九 〇 七一	32. 睦州 三二 七七	32. 河南道 八九 二一四	
33. 邢州 三一 九〇	34. 渭州 三四 七七	34. 潞州 三六 六九	
35. 洪州 三三 四七	36. 陳州 三六 四八	36. 衢州 三八 八九 一二六	
37. 汾州 三五 五 四七	38. 趙州 三八 七二	38. 歙州 四〇 六八 六一	
39. 絳州 三七 七二	40. 鄆州 四〇 五一	40. 郴州 四二 五四 八〇	
41. 蔡州 三九 五二	42. 彭州 四二 六八	42. 潭州 四四 七一 八一	
43. 蜀州 四一 四一	44. 徐州 四四 八一	44. 鄧州 四六 九二 四九二	
45. 陝州 四三 六二 四八	46. 岐州 四六 四八	46. 鄧州 四六 七二 二三	
47. 懷州 四五 六一 七三	48. 眉州 四八 八	48. 隨州 四八 五 一〇八	
47. 霞州 四七 三五			

李祖桓 《元和郡縣志》唐代開元元和戶口增減分布的比較研究

元和郡縣志唐代開元元和戶口增減併術的比較研究

序號	州名	數值	序號	州名	數值
49.	鄧州	四四 六九 一八	50.	絳州	六四 一八
51.	博州	一〇四 一三四	52.	遂州	九二 二九
53.	易州	一五一 一一二	54.	蔡州	三 四〇
55.	桂州	六三 八〇	56.	彭州	一五 八六
57.	處州	二七 一〇	58.	韶州	二〇 一二
59.	晉州	三八 三二	60.	德州	四〇 四三
61.	曹州	一八 三二	62.	虔州	二〇 五〇
63.	歙州	三八 三五	64.	吉州	二九 九
65.	泉州	九 三五	66.	衢州	一三六 一七
67.	泗州	一四七 一六	68.	福州	一二一 三八
69.	鄆州	四九 三四	70.	彬州	一三九 三九
71.	潁州	三四 四一	72.	寧州	七八 六
73.	道州	四一 一〇〇	74.	光州	四九 三七
75.	汝州	四七 二九	76.	永州	二〇 一九
77.	撫州	三二 二三	78.	邕州	三七 七四
79.	江州	三一 一五八	80.	棣州	五五 三〇
81.	潭州	九五 一〇五	82.	嘉州	一六 九五
83.	申州	四二 一一五	84.	建州	四一 四六
85.	濠州	一五〇 一〇九	86.	韶州	八五 一三六

939

87. 简州 一〇二	88. 合州 八六
89. 房州 一〇六	90. 忻州 九八 一〇三
91. 洋州 一〇三	92. 泗州 一〇七
93. 徐州 九二	94. 遂州 一一二
95. 陕州 一〇〇	96. 邢州 一二二
97. 泽州 一二七	98. 剑州 一一四
99. 衡州 一三八	100. 合州 一一〇六
101. 简州 一一九	102. 梓州 八七 八九
103. 利州 一八八	104. 房州 一二 五一
105. 泻州 七九	106. 镜州 九六 一二九
107. 循州 一〇二	108. 剑州 一〇六 九一
109. 光州 一〇一	110. 随州 一〇八 四一
111. 嘉州 一一四	112. 邵州 五三
113. 潮州 一〇三	114. 慈州 一一六
115. 梧州 八一	116. 均州 一一八 一四七
117. 坊州 一〇九	118. 施州 一一五
119. 绫州 一二六	120. 潮州 九四
121. 岳州 一二〇	122. 绫州 一五九
123. 石州 一二三	124. 昭州

《元和郡縣志》唐代開元元和戶口增減分佈的比較研究

編號	州名	數值	編號	州名	數值
125.	涪州	一五七	126.	戎州	一三一九
127.	驩州	九三	128.	雅州	一二八
129.	沁州	一〇六	130.	夏州	一五八一四
131.	隴州	一四六	132.	朔州	一二六
133.	渝州	一六〇	134.	郾州	一三七
135.	封州	一四五	136.	同州	八
137.	辰州	一三四	138.	甯州	一〇五
139.	復州	一二五	140.	敘州	一四九 六六
141.	蔚州	一二二	142.	榮州	一一〇
143.	黔州	一三三	144.	鳳州	一三一
145.	華州	一二九	146.	思州	一四九
147.	施州	一一八	148.	朔州	一五四 八三
149.	象州	一六三	150.	茂州	一二三
151.	賀州	一五三	152.	襲州	一五九 一四八
153.	梧州	一一七	154.	奧州	一五一
155.	陸州	一六四	156.	文州	一六五
157.	獎州	一五五	158.	嵐州	一四〇
159.	融州	一六二	160.	漳州	一二一
161.	蒙州	一六〇	162.	柳州	一五九

163. 富州 138　象州 161　一四九　敍州 164　陸州 166　一五五
165. 龍州 165　文州 一五六　一五六　166　溪州 169　嚴州 140　一六四

（註）

1. 上表次序係將該項為元和時之次序與開元各州比較之結果項則反之
2. 由上表可知該州在開元時位列之次序為第幾位至元和時位列之次序又為第幾比較觀之可以了反之亦然例如瀘州在開元時位列第一百零八京兆府元和時位列第一開元時位列第二以此類推知其餘

4. 各道及各州戶口分佈疏密的比較研究

由上面各表我們知道在開元元和二時代人口數目是前者多於後者的同時我們也知道各道中祇有山南道一道才是戶口數在元和時代越過開元的其餘的九道除了淮南道隴右道遺失無可查知外餘下的七道都是開元時戶口較元和時為多的脫到戶口分佈上來當然是戶口愈多的道人口分佈愈密反之則愈稀

現在我們先拿各道來說從各道戶口多少比較表看來可以知道開元時戶口分佈最密的是江南道有一四五
五四七戶之多最稀的是嶺南道祇有一一七二四三六戶在元和時代最多的還是江南道有一〇〇六四五二戶最少的卻不是山南道了而是嶺南道祇有一一六五四戶

此外我們再拿餘地理位置來看唐代的十道正與今日口內部各省區大略相同江南道相當今日之江蘇浙江安徽江西一帶河南道相當今日黃河以南河南山東一帶劍南道相當今日的四川省一帶河北道相當今日的河北省一帶關內道則相當今日的陝西甘肅二省嶺南道相當今日的廣東廣西二省山南道相當今日的湖北湖南一帶

我們以上面地區為根據看來在開元時的人口分佈是東邊的江浙分佈了一四五七五四七戶人口其次北邊的河南道分佈了一〇三五八九一戶人口再次是西邊的劍南道分佈了一〇二八六二二戶人口這以上三道都是擁有百萬以上戶口的道也可以說在開元時全國人口集中在東北西三大區內

次之的是河東關內三道各擁有河北八三二二三四〇戶河東六三二〇一九戶關內五七八二一六戶的人口這三區全是華北的地區人口屢次於前三道但是區域比較的窄小所以說人口的稠密也是不下於前三道的

最後祇有嶺南道二〇四二七四戶和山南道一七二四三六戶這二道算是人口最少的了因為他們比較偏僻在當時不算是最開化的區域人口較少是當然的這是開元時的情形到了元和時我們得到的現象是祇有江南一道可以保持原狀此外山南道戶變動的確是很大的所以到了十餘萬道戶變動以為例外的增加中開元時的一七二四三六戶增加到了元和時的二一一九一八戶除此之外都是減少的常時人口分佈的大概是這樣以江南道最多其次是關內道二六七一〇三戶河東道二三九三七戶山南道二一九一八戶為較多再次劍南道一五二三〇七戶河南道一四〇〇五四戶河北道一三二一四八九戶和嶺南道一一六五六四戶

元和郡縣志唐代開元元和戶口增減份佈的比較研究

八九

由此可以看出嶺南河南兩道是人口分佈變動最大的地方其次山南道也是人口分佈變動最大的地方不過前者是人口減少得最多的變動後者都是人口增加得最多的變動同樣的變動但一者卻相反能了下面我們來附兩幅地圖以見唐代開元元和二時代各道人口分佈的概況我們以點來代表人口數一點代表一萬戶這更可一目了然當時人口分佈究竟是如何的了

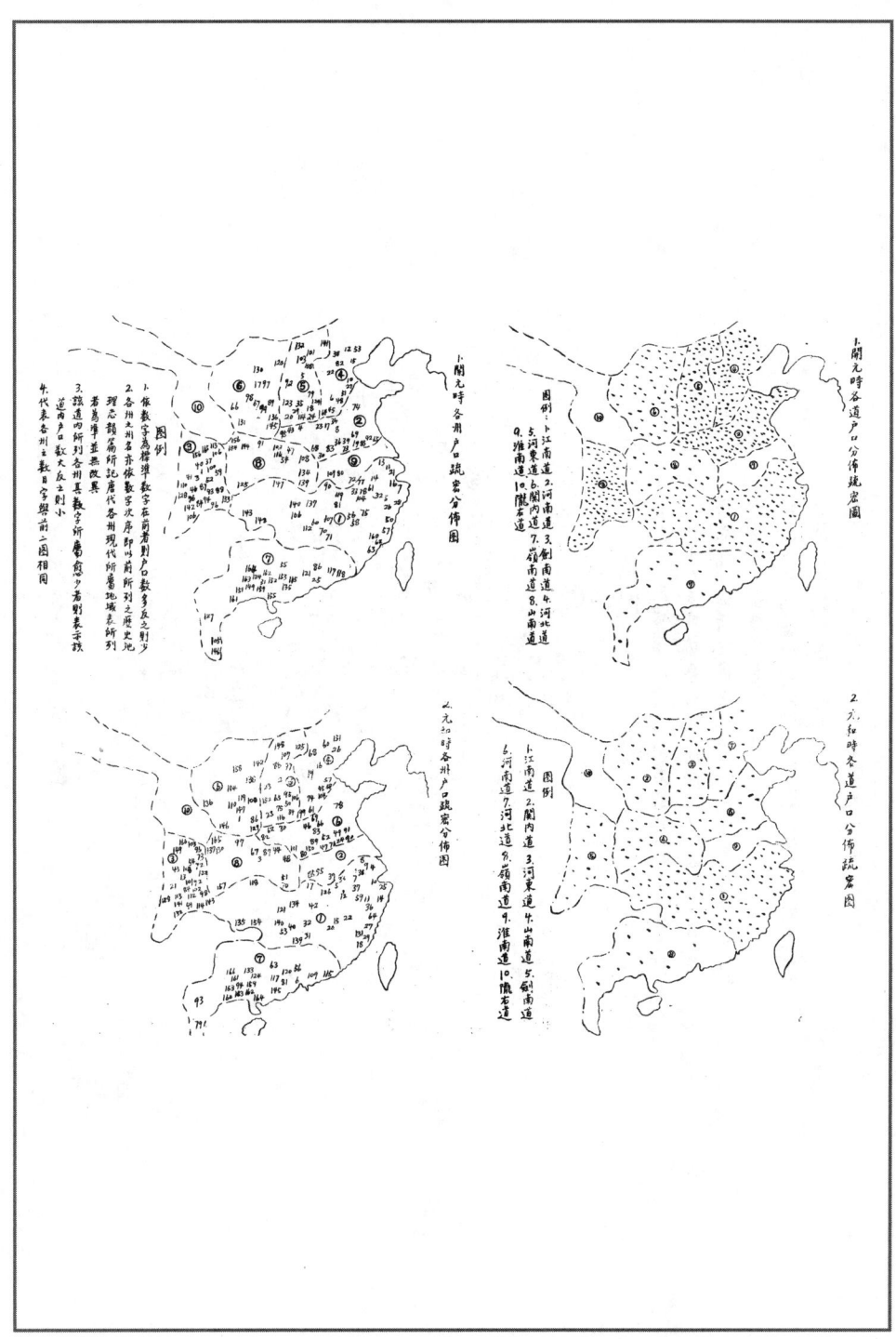

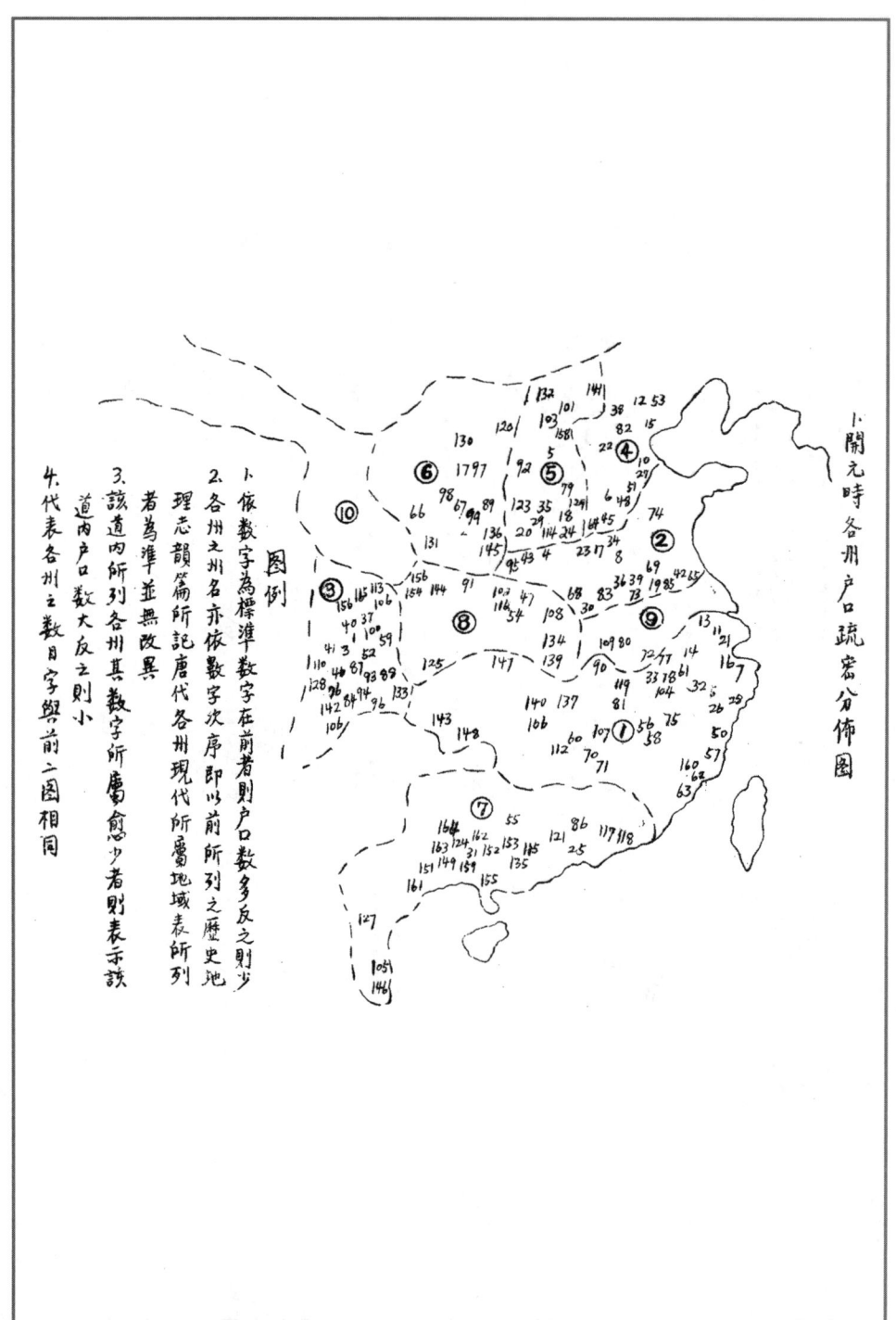

開元時各州戶口疏密分佈圖

開元時各道戶口分佈疏密圖

圖例：1.江南道 2.河南道 3.劍南道 4.河北道 5.河東道 6.關內道 7.嶺南道 8.山南道 9.淮南道 10.隴右道

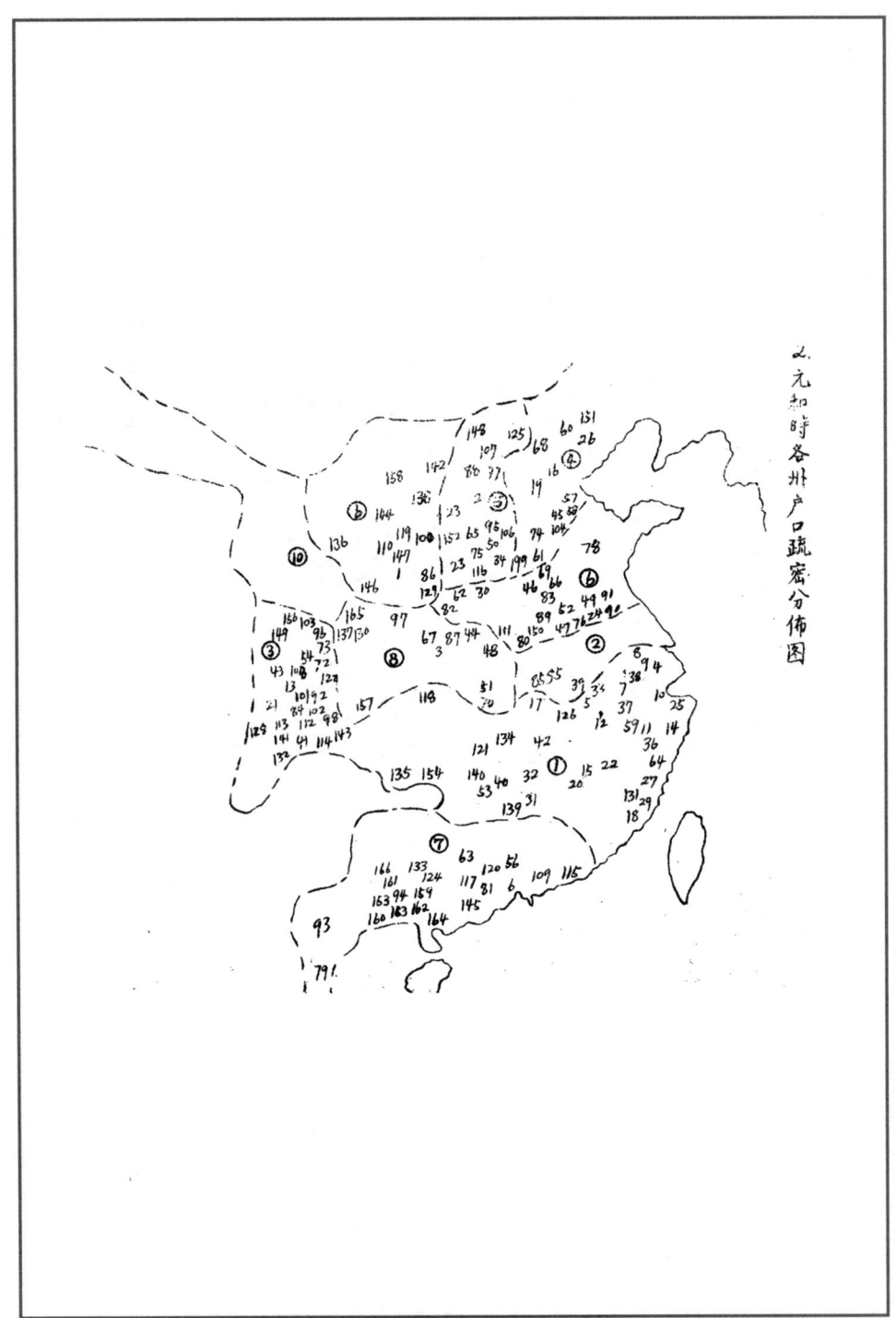

2. 元和時各道戶口分佈疏密圖

圖表如上

此外我們依據以上各表也可以知道各州在開元元和二時代人口分佈的狀況誰疏誰密是可以一目了然的這邊我們仍來一圖以見當時人口分佈的大略

這張圖上的地理位置係我們是根據李兆洛歷代地理志韻篇今釋來確定唐代各州是今日何地一切位置依這書為準由此我們可以大略得到唐代人口分佈狀況的一幅略圖再以開元元和二時代劃分之求各製一圖這就更可比較得唐代人口佈在一百年間的變動情形了

歷代地理志韻篇今釋所記唐代各州現代所屬地域表

1. 漢州廣州劍南道今四川成都府漢州治
2. 京兆府唐府關內道今陝西西安府長安縣治
3. 成都府唐府劍南道今四川成都府成都縣治
4. 河南府唐府河南道今河南府洛陽縣治
5. 太原府唐府河東道今山西太原府太原縣治
6. 魏州唐州河北道今直隸大名府元城縣東十
7. 杭州唐州江南道今浙江紹興府會稽縣治
8. 宋州唐州河南道今河南歸德府商丘縣東南
9. 婺州唐州江南道今浙江金華府金華縣治
10. 滄州唐州河北道今直隸天津府滄州東南十里
11. 常州唐州江南道今江蘇常州武進縣治
12. 冀州唐州河北道今直隸冀州治
13. 潤州唐州江南道今江蘇鎮江府丹徒縣治
14. 宣州唐州江南道今安徽寧國府宣城縣治
15. 貝州唐州河北道今直隸廣平府清河縣治
16. 杭州唐州江南道今浙江杭州府錢塘縣治
17. 汴州唐州河南道今河南開封府祥符縣治
18. 絳州唐州河南道今山西絳州絳縣東南
19. 亳州唐州河南道今安徽潁州府亳州治
20. 河中府唐府河東道今山西蒲州府永濟縣治

元和郡縣志唐代國元元和戶口增減分佈之比較研究

圖書集用

21. 蘇州唐州江南道今江蘇蘇州府吳縣治
22. 定州唐州河北道今直隸定州治
23. 鄭州唐州河南道今河南開封府鄭州治
24. 潞州唐州河東道今山西潞州府長治縣治
25. 廣州唐州嶺南道今廣東廣州府南海縣治
26. 衢州唐州江南道今浙江衢州府西安縣治
27. 德州唐州河北道今山東濟南府陵縣治
28. 湖州唐州江南道今浙江湖州府烏程縣治
29. 晉州唐州河東道今山西平陽府臨汾縣治
30. 許州唐州河南道今河南許州治
31. 邢州唐州河北道今山西平陽府臨汾縣治
32. 睦州唐州江南道今河南衛輝府滑縣東二十
33. 洪州唐州江南道今江西南昌府南昌縣治
34. 滑州唐州河南道今河南衛輝府滑縣東二十
35. 汾州唐州河東道今山西汾州府汾陽縣治
36. 潁州唐州河南道今河南陳州府淮寧縣治
37. 蘇州唐州劍南道今四川綿陽縣治
38. 荊州唐州河北道今直隸趙州治
39. 蔡州唐州河南道今河南汝寧府汝陽縣治
40. 彭州唐州劍南道今四川成都府彭縣治
41. 蜀州唐州劍南道今四川成都府崇慶州治
42. 徐州唐州河南道今江蘇徐州府銅山縣治
43. 陝州唐州河南道今河南陝州治
44. 岐州唐州（書上缺）
45. 懷州唐州河北道今河南懷慶府河內縣治
46. 屏州唐州河北道今四川眉州治
47. 恆州闕缺
48. 深州唐州河北道今直隸深州南二十五
49. 鄧州唐州山南道今河南南陽府鄧州東南
50. 溫州唐州江南道今浙江溫州府永嘉縣治
51. 博州唐州河北道今山東東昌府聊城縣西北十五
52. 遂州唐州劍南道今四川潼川府遂寧縣治
53. 易州唐州河北道今直隸易州治
54. 襄州唐州山南道今湖北襄陽府襄陽縣治
55. 桂州唐州嶺南道今廣西桂林府臨桂縣治
56. 吉州唐州江南道今江西吉安府廬陵縣治
57. 處州唐州江南道今浙江處州府麗水縣西二
58. 虔州唐州江南道今江西贛州府贛縣治

59. 青州唐州劍南道今四川省田府安岳縣治
61. 歙州唐州江南道今安徽歙縣治
63. 泉州唐州江南道今福建泉州府晉江縣治
65. 泗州唐州河南道今安徽泗縣盱眙縣北一里
67. 郇州唐州關內道今陝西郇州治
69. 穎州唐州河南道今安徽穎州府阜陽縣治
71. 道州唐州江南道今湖南永州府道州治
72. 鄧州唐州淮南道今湖北黃州府鄧州西北（元和志乃江南道）
73. 汝州唐州河南道今河南汝州治
75. 撫州唐州江南道今江西撫州府臨川縣治
77. 江州唐州江南道今江西九江府德化縣治
79. 澤州唐州河東道今山西澤州府鳳台縣治
80. 安州唐州淮南道今湖北德安府安陸縣治
81. 潭州唐州江南道今湖南長沙府長沙縣治
83. 申州唐州淮南道今河南汝寧府信陽州南四十（元和志乃河南道）
84. 建州唐州江南道今福建建寧府建安縣
86. 韶州唐州嶺南道今廣東韶州府曲江縣西一
88. 今州唐州劍南道今四川重慶府合州治

90. 郴州唐州江南道今湖南郴州治
62. 福州唐州江南道今福建福州府閩縣東北
64. 衢州唐州江南道今浙江衢州府西安縣治
66. 寧州唐州關內道今甘肅慶陽府寧州治
68. 光州唐州淮南道今河南光州治（元和志乃江南道）
70. 永州唐州江南道今湖南永州府零陵縣治
74. 棣州唐州河南道今山東武定府惠民縣南七十
76. 嘉州唐州劍南道今四川嘉定府樂山縣治
78. 袁州唐州江南道今江西袁州府宜春縣治
82. 唐州（唐縣河北道定州今直棣保定府唐縣八）
85. 濠州唐州淮南道今安徽鳳陽府東少北二十
87. 簡州唐州劍南道今四川成都府簡州東
89. 邠州唐州關內道今陝西邠州治

元和郡縣志唐代開元元和戶口增減佔依的比較研究

90. 鄂州唐州江南道今湖北武昌府江夏縣治
91. 洋州唐州山南道今陝西漢中府洋縣治
92. 隰州唐州河東道今山西隰州治
93. 資州唐州劍南道今四川資州北三
94. 陸州唐州劍南道今四川資州仁壽縣治
95. 虢州唐州河南道今河南陝州靈寶縣南四十
96. 瀘州唐州劍南道今四川瀘州治
97. 延州唐州關內道今陝西延安府膚施縣東
98. 涇州唐州關內道今甘肅涇州北五
99. 坊州唐州關內道今陝西鄜州中部縣治
100. 梓州唐州劍南道今四川潼川府三台縣治
101. 代州唐州河東道今山西代州治
102. 房州唐州山南道今湖北鄖陽府房縣治
103. 忻州唐州河東道今山西忻州治
104. 饒州唐州江南道今江西饒州府鄱陽縣治
105. 愛州唐州嶺南道今安南國交州府地
106. 劍州唐州劍南道今四川保寧府劍州治
107. 衡州唐州江南道今湖南衡州府衡陽縣治
108. 隨州唐州山南道今湖北德安府隨州治
109. 黃州唐州淮南道今湖北黃岡縣治（元和志乃江南道）
110. 邛州唐州劍南道今四川邛州治
111. 丹州唐州關內道今陝西延安府宜川縣治
112. 邵州唐州江南道今湖南寶慶府邵陽縣治
113. 利州唐州山南道今四川保寧府廣元縣治
114. 慈州唐州河東道今山西平陽府吉州治
115. 連州唐州嶺南道今廣東連州治
116. 均州唐州山南道今湖北襄陽府均州北
117. 循州唐州嶺南道今廣東惠州府歸善縣東北五
118. 潮州唐州嶺南道今廣東潮州府海陽縣治
119. 岳州唐州江南道今湖南岳州府巴陵縣治
120. 綏州唐州關內道今陝西綏德州治
121. 端州唐州嶺南道今廣東肇慶府高要縣治
122. 儒州唐州嶺南道（韻編缺）
123. 石州唐州河東道今山西汾州府永寧州治
124. 昭州唐州嶺南道今廣西平樂府平樂縣治
125. 涪州唐州山南郡今四川重慶府涪州治

126. 瀘州唐州劍南道今四川敍州府宜州
127. 巂州唐州嶺南道今安南國交州府地
128. 雅州唐州劍南道今四川雅安縣西
129. 沁州唐州河東道今山西沁州沁源縣治
130. 隰州唐州關內道今陝西榆林府懷遠縣西
131. 隴州唐州關內道今陝西鳳翔府隴州治
132. 朔州唐州河東道今山西朔平府朔州治
133. 溆州唐州劍南道今四川夔慶府巴縣治
134. 鄧州唐州山南道今湖北安陸府鍾祥縣治
135. 封州唐州嶺南道今廣東肇慶府封川縣治
136. 同州唐州關內道今陝西同州府大荔縣治
137. 辰州唐州江南道今湖南辰州府沅陵縣治
138. 沔州唐州江南道（體編缺唐代之沔州）
139. 復州唐州山南道今湖北澧陽府澧陽縣治
140. 敍州唐州江南道今湖南沅州府黔陽縣治
141. 蔚州唐州河東道今直隸宣化府蔚州治
142. 榮州唐州劍南道今四川嘉定府榮縣治
143. 黔州唐州江南道今四川酉陽州府彭水縣治
144. 鳳州唐州山南道今陝西漢中府鳳縣治
145. 龔州唐州關內道今陝西同州府華州治
146. 棻州唐州嶺南道今安南國交州府地（體編目錄作卷一上下二多作棻不知何者錯誤）
147. 施州唐州江南道今湖北施南府施恩縣治
148. 思州唐州江南道今貴州思南府安化縣北
150. 蒙州守州劍南道今四川茂州治
151. 賀州唐州嶺南道今廣西平樂府賀縣治
152. 襄州唐州山南道今陝西漢中府略陽縣
153. 陸州唐州嶺南道今廣東廉州府欽州西南界
154. 興州唐州嶺南道今廣西梧州府蒼梧縣治
155. 梧州唐州嶺南道今廣西梧州府蒼梧縣治
156. 夀州唐州山南道今甘肅階州北
157. 獎州唐州嶺南（韶編缺）
159. 融州唐州嶺南道今廣西柳州府融縣西
160. 漳州唐州江南道今福建漳州府龍溪縣治
161. 蒙州唐州嶺南道今廣西平樂府永安州南
162. 柳州唐州嶺南道今廣西柳州府馬平縣治

元和郡縣志唐代閏元和戶口增減分佈之比較研究

163. 宾州唐州嶺南道今廣西柳州府昭平縣治　164. 嚴州唐州嶺南道今廣西柳州府來賓縣治

165. 龍州唐州（劍南道今四川龍安府平武縣治）

166. 溪州龍編乃唐縣而非州江南道今湖南永順府永順縣西南

我們根據以上各條可以製成二圖以見唐代開元元和二時代各州戶口分佈的狀況同時在上表內我們又發現了幾條韻篇和元和志記載不同的地方今列寫在下面以待他日考證

a. 歧州——元和志有此州乃屬關內道鳳翔府韻篇則無此州
b. 恆州——元和志有此州乃屬河北道韻篇亦無
c. 光州——元和志乃江南道鴻篇乃淮南道
d. 鄭州——韻篇屬淮南道元和志乃劍南道
e. 安州——韻篇屬淮南道元和志乃屬江南道
f. 唐州——韻篇無元和志有
g. 申州——韻篇屬淮南道元和志乃屬河南道
h. 黃州——韻篇乃淮南道元和志乃屬江南道
i. 連州——韻篇屬嶺南道元和志乃屬江南道
j. 儋州——韻篇無元和志有乃屬河東道
k. 濱州——韻篇無元和志乃屬河南道
l. 沔州——韻篇乃屬山南鄉元和志有乃屬江南道
m. 萊州——韻篇月餘作荼也一七平二多作荼不知何者錯誤
n. 奨州——韻篇無元和志有乃屬江南道

o. 溪州——韶鶯乃唐縣而非州元和志乃州而非縣屬江南道

5. 戶口增減分佈原因的推測與影響

唐代開元元和戶口的增減在一百年間既是有如此大的變動那麼這變動的原因決不是偶然的現象一定有它應該變動的理由在不然的話就有變動也不會變得這樣大的但是使它變動的原因究是一些什麼事呢我們在這裏可以提出三四種可能使它變動的事來這些事如下

A. 因戰事兵亂的影響而變動
B. 因饑荒的影響而變動
C. 因疾病的影響而變動

以上三事可說是戶口變動的原因而其中最主要的原因還是戰亂即是人造成的人禍其影響戶口減少和因避兵災而遷移的力量是勝過於天災的

在這裏我們可以知道自開元後大寶中有唐代一大兵禍發生即所謂安史之亂是也這是玄宗時的事此後至代宗時又有吐蕃回紇之入寇連年用兵不絕再後至德宗時又有藩鎮之亂如淮西李希烈之平定即在德宗時因此連年兵禍人口死亡者多故戶敷大減此乃常熱之理故代宗永泰元年春正月癸巳制曰軍役屢興干戈未戢茫茫士庶斃于鋒鏑皇穹以朕爲子蒼生以朕爲父至德不能動天俾我生靈淪於塗蟲非朕之咎執之過歟（舊唐書卷十一代宗本紀）

由此可證常時兵禍的猛烈就是使平民戶口減少的主要原因了其次天災也是戶口減少的原因之一我們在唐書中蕭宗代宗德宗順宗四代本紀上歷歷看見水旱饑荒的記載天災最大的幾次在開元至元和一百年間根據舊唐書本紀我們知道有這幾次最大的災難如下

元和郡縣志唐代開元元和戶口增減份佈的比較研究

一〇五

圖書集刊

a. 應元年建議江東大疫死者過半──（舊唐書卷十一代宗本紀）

b. 廣德二年是秋蝗食用殆盡關輔尤甚米斗千錢──（舊唐書卷十一代宗本紀）

c. 永泰元年歲飢米斗千錢諸殺皆貴又是春大旱京師米貴斛至萬錢──（舊唐書卷十一代宗本紀）

d. 大曆六年是歲春旱米斛至萬錢──（舊唐書卷十一代宗本紀）

e. 貞元元年戊戌大風雪寒甚民餓凍死者踏於路二月河南河北饑米豆斗千錢夏四月關東大饑咸謂中饑民蒸蝗虫而食之五月癸卯分命朝臣禱羣神以祈雨蝗自海湄至飛蔽天徙下則草木及畜毛無復孑遺殺價騰踊又關中蝗食草木都盡旱甚瀰水將竭井多無水有司計度支錢穀纔可七旬──（舊唐書卷十二德宗本紀）

f. 貞元二年是時久饑因食新麥過多死者甚衆──（舊唐書卷十二德宗本紀）

由上面幾條看來可見代宗德宗時天災水旱的猛烈了當時的饑因而死的必是很多這當然也累使戶口大量減少的緣故

再次還有疾病也是當時戶口減少的一個原因上面所舉的寶應元年江東大疫死過半的一等可以概見其餘當時既死者過半那麼對戶口的損失減少的趨勢當是必然的現象戶口減少的原因自然又可因此得著一種解答了除了上間各種原因和列舉的事實而外我們又可以從舊唐書上歷年來戶部計算的數目字來加以比較道就更可以得着一明顯的當時戶口減少經過的現象現在也列舉這些數目字如下

a. 開元十四年戶部進計帳今年管戶七〇六九五六五管口四一四一九七二二──（舊唐書卷八玄宗本紀）

b. 開元二十年其年戶部計戶七八六一二三六口四五四三一二六五──（舊唐書卷八玄宗本紀）

c. 天寶元年其年戶部進計帳今年管戶八五二五七六三口四八九〇九八〇〇──（舊唐書卷八玄宗本紀）

一〇六

紀）

d. 天寶十三載戶部計今年見管戶九六一九二五四口五二八八○四八八——（舊唐書卷八玄宗本紀）

e. 廣德二年是歲戶部計帳管戶二九三三一二五口一六九二○三八六——（舊唐書卷十一代宗本紀）

f. 建中元年兵興以來四方州府不上計內外不朝會者二十有五年至此始復舊制是歲戶部計帳總三○八五○七六——（舊唐書卷十二德宗紀）

g. 元和二年十一月己卯史官李吉甫撰元和國計簿總計天下方鎮凡四八管州府二九五縣一四五三戶二四○二五四其鳳翔鄜坊邠寧振武涇原艱夏靈鹽河東易定魏博鎮冀范陽滄景淮西淄青十五道凡七一州不申戶口每歲賦入倚辦止於浙江東西宣歙淮南江西鄂岳福建湖南等八道合四十九州一百四十四萬戶以量天下兵仰給縣官者八十三萬然人比量天寶士馬則三分加一率以兩戶資一兵其他水旱損徵科發歛又在常役之外吉甫纂其軍政書十卷——（舊唐書卷十四憲宗本紀）

綜上各條史軍紀載可知自唐開元至元和一百年間戶口數字的變動是很大的我們如以它的昇降率為根據可列成一表如下

唐代開元至元和戶口率昇降表

1. 天寶十三載　戶九六一九二五四　口五二八八○四八八
2. 天寶元年　戶八五二五七六三　口四八九○九八○○
3. 開元二○年　戶七八五一二三六　口四五四三一二六五
4. 開元一四年　戶七○六九五六五　口四一四一九七一二
5. 建中元年　戶三○八五○七六

元和郡縣志唐代開元元和戶口增減份佈的比較研究

一○七

由上表我們知道自開元十四年至天寶十三載當時唐代的戶口是逐年的上昇着由七百多萬戶增加至九百多萬戶人口也由四千多萬增加到五千多萬了可是到了廣德二年一下就大量的減少其後到建中元年雖然較增加可是元和時又減少了因此我們可說由開元至元和一百年間的戶口是由開元逐年增加到天寶十三載時達到了頂點這以後又逐年降低中間雖在建中元年時一度略增但終是低落下去其間增減的數目如下

a. 由開元十四年至開元二十年增加了七八一六七一戶
b. 由開元二十年至天寶元年增加了六七四五二七戶
c. 由天寶元年至天寶十三載增加了一〇九三四九一戶
d. 由天寶十三載至廣德二年減少了六六八六一二九戶
e. 由廣德二年至建中元年增加了一五一九五一戶
f. 由建中元年至元和二年減少了六四四八二二戶

由上面各條看來可以知道由開元十四年至天寶十三載總共戶口增加了二五四九六八九戶可是一到了廣德二年一下就減少了六六八六一二九戶照這樣六百多萬戶的鉅大數字的減少幾乎已佔去了天寶十三載全國戶口最高額九百多萬戶的三分之二了這樣大數字的減少是很可驚的事雖然在天寶十三載以後各年戶口仍有增減的事但是都沒有這樣大量減少的事實因此我們可以說自開元十四年至天寶十三載唐代戶口祇有增加沒有減少但是由天寶十三載至元和二年道時期內却是戶口急速減少的時代也是戶口變動得最大的時代及後面減少的時代二者相較前者共是二十八年後者共是五十五年在二十八年內戶大時代其中前面增加的時代及後面減少的時代二者相較前者共是二十八年後者共是五十五年在二十八年內戶

6. 廣德二年　戶二九三三一二五　口一六九二〇三八六
7. 元和二年　戶二四〇二五四

口由七百多萬戶增加到九百多萬戶換言之即是增加了二百多萬戶即是由開元十四年起至開元二十年到天寶元年第一個六年中就增加了七十多萬戶到天寶元年再由天寶元年到天寶十三載第三個十三年中戶口就又增加了一百多萬戶可是自天寶十三載至廣德二年共十一年中戶口猛然減少了六百多萬戶平均起來每年減少了六十多萬戶這樣鉅烈的減少是很可驚的同時道時也是唐代兵禍最烈所謂安史之亂的時期這以後雖然每年戶口還在減少但是減少得不多不過五六十萬戶罷了沒有天寶十三歲至廣德二年那十一年間減少得利害元和一百年間戶口數量大大減少的原因安史之亂是最主要的原因由此就知道兵亂給與戶口的損害和影響有好大了

此外因為戶口大大的減少當然也得大減的收入這當然知道唐代開元天寶供稅之戶則四分有一天下兵戎仰給縣官者八十三萬然以量天寶則三分加一」就根據這一點也可知道戶口因兵亂後大量減少與國家賦稅財政上是有好大的影響和損害了

同時又因了兵亂的關係平民不得不逃避兵災由於人爲的災難使人民祇有向着兵亂較少的地方逃避因此江南山南嶺南等道在當時是受亂最少的地方人民當然大量的向那裏逃避其餘如河北河東關中河南等道都是當時兵亂最烈的地區中此也可以說明當時爲什麼到了元和時山南道的戶口反會增加汀南嶺南道的戶口也沒有多大的變化的原因那就是說經過了大兵災後全國戶口已經重新分佈了一次原來戶口最多最密的河北河東等道除了死亡者外必有一些逃避到了山南江南等道去避兵災因此及多戶口的地區會一旦疏落了起來沒有其他的原因主要的還是人爲的兵禍所使能了

6. 結論

我們根據元和郡縣志一書經比較作了這一個戶口的研究後至少我們發現了二項重大的理由可以解答這

元和郡縣志唐代開元元和戶口增減分佈之比較研究

一〇九

內戶口數何以元和時較之開元時大量減少的原因兵亂一人為的災難這是給與當時戶口莫大損害的一個主要的因素根據這一個研究由此類推我們也可以知道我國幾千年的歷史中戶口受着最大損害的主要原因還是我們自先自己造出來的人禍而不是大災固然大災也可以多少給我們以打擊但是影響究竟不算大人禍才是給人類以最大打擊的原因

說到這裏我們就想起了歷代以來曾經受了多少次兵禍而且兵禍這毒素直到今天仍然一樣的在毒害着我們自己所以我們要想減少自身的災難免去無謂的損失根絕戰亂是必要的條件

人類是最聰明的動物可是幾千年來却避免不了自相殘殺的把戲這是最可悲的事我們人類一定要想法去謀取長期的和平消滅了戰爭才好不然的話人類的悲劇是永久演不完的果真如此那就太可悲了聰明的人類不要自誤了我們要努力來消滅我們共同的敵人——戰爭

李祖桓 六，二七，一九四六，

國家社會科學基金重大項目"清末民國時期圖書館事業檔案整理與研究"（編號 15ZDB128）成果之一

圖書集刊

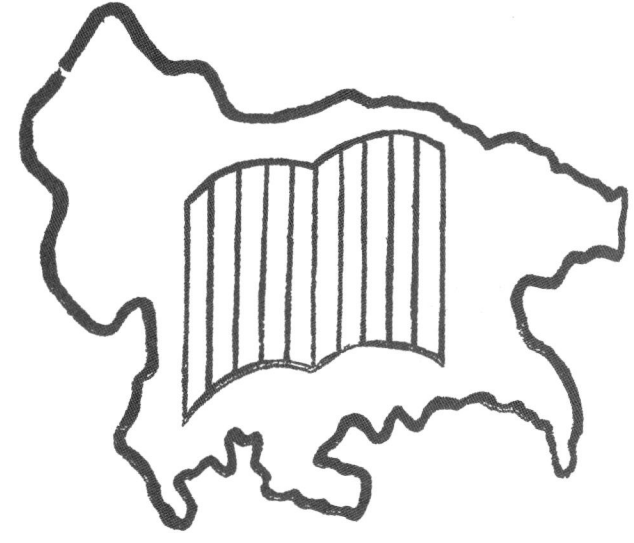

蒙文通 主編

王嘉陵 整理

上冊

圖書在版編目(CIP)數據

圖書集刊/蒙文通主編；王嘉陵整理.—成都：巴蜀書社，2020.4
ISBN 978-7-5531-1233-6

Ⅰ.①圖… Ⅱ.①蒙… ②王… Ⅲ.①學术思想—思想史—中國—文 Ⅳ.①B2-53

中國版本圖書館CIP數據核字(2019)第254153號

圖書集刊
TUSHU JIKAN

蒙文通　主編　　王嘉陵　整理

出 品 人	林　建　侯安國
策劃編輯	施　維
責任編輯	肖　静　張琳婉　馮征霞
封面設計	劉　俊
出　　版	巴蜀書社
	成都市槐樹街2號　郵編　610031
	總編室電話：(028)86259397
網　　址	www.bsbook.com
發　　行	巴蜀書社
	發行科電話：(028)86259422　86259423
經　　銷	新華書店
印　　刷	成都東江印務有限公司
版　　次	2020年4月第1版
印　　次	2020年4月第1次印刷
成品尺寸	185mm×260mm
印　　張	61
字　　數	500千字
書　　號	ISBN 978-7-5531-1233-6
定　　價	600.00元(全二册)

本書如有印裝質量問題，請與工廠調换

《圖書集刊》編委會

主任　　姚樂野　　何光倫

編委　　王嘉陵　　吴紅穎　　駱禮　龍瑶
　　　　劉　雲　　王思怡

整理　　王嘉陵

序

王嘉陵

20世紀40年代，四川省立圖書館辦了一份國學性質的期刊，即《圖書集刊》。此刊創刊前七八年，北平圖書館曾辦過一份《圖書季刊》，兩刊旨趣有相似之處，但《圖書集刊》創辦於戰時，更爲突出中國傳統學術和文獻學的研究。此刊創刊之時，正值抗日戰爭時期四川省立圖書館二次建館之初，蒙文通出任館長并擔任刊物主編。

四川省圖書館歷史上曾經兩次建館。第一次籌建於預備立憲期間的清宣統末年（1911），在成都少城公園西拓址建樓，於次年開館，清光緒舉人、内閣中書林山腴自請出任館長①。這是全國最早創建的十四所現代省立圖書館之一，也是四川省最早設立的公共圖書館，到1927年，因省款支絀轉由成都市政公所代管，以後成爲成都市立圖書館。至1936年，四川省重提設省立圖書館事，稍後得到雲集抗戰後方的一批學人和官員的響應，又經幾年籌備，以成都東大街前清城守衙門爲館址，於1940年4月開館。開館不足一年，初任館長曹祖彬辭職離任，省教育廳聘正在大學任教授職的蒙文通繼任館長②。蒙文通長館八年，同時兼任華西大學和四川大學教授，辦《圖書集刊》則是他在館長任上所做的一

---

① 參見四川省圖書館事業志編纂委員會編：《四川省圖書館事業志》，四川大學出版社1993年版，第5頁。
② 參見四川省圖書館事業志編輯部編：《四川省圖書館事業志大事記》，1991年，第22頁。

件要事。

　　蒙文通(1894—1968)，名爾達，字文通，以字行。出生於四川省鹽亭縣一儒學世家，五歲入私塾就讀，十五歲考入四川高等學堂附設中學，與王光祈、李劼人、郭沫若等爲同班同學。宣統末年(1911)，蒙氏十七歲時又考入存古學堂，這是當時四川通省最高國學學堂。翌年入學，受業於廖平、劉師培、吳之英、謝無量等大家。四年後，他因撰寫《孔氏古文説》得到廖平的嘉許。又六七年，因撰寫《近二十年漢學之評議》，再獲廖平贊，曰："文通文如桶底脱……後來必成大家。"①其時他正步入而立之年。

　　蒙文通在存古學堂學習四年，返回鹽亭繼續居家習經，之後教過成渝兩地的中學，又出門遊歷，曾向章太炎和歐陽竟無問學，結交湯用彤、王恩洋、錢穆等同輩學人②。這對他的學術生涯影響甚深。譬如錢穆後來入川仍和蒙文通保持聯繫，并爲《圖書集刊》撰稿。可以想見，這位有"通儒"之稱的史學家(余英時語)，應同蒙文通有學問上的交流。蒙文通一生，長於國史研究，以先秦史、宋史研究爲最。蒙文通有深厚的經學功底，由經入史，不僅從六經鈎沉史迹，印證史實，也以經學演進和變化的脉絡解讀歷史。同時，他又諳熟諸子和釋藏道藏，向歐陽竟無請教佛學時，曾撰成《中國禪學考》《唯識新羅學》；入職省圖以後組織人從道藏中校理久已失傳的成玄英《老子義疏》，爲《輯校〈老子〉李榮注》作跋，撰寫《法家流變考》等。涉獵廣博爲他治史奠定了堅實的基礎。蒙默整理父親的文稿時提到，蒙文通自19世紀30年代後期返蜀之後，喜讀漢譯社會經濟諸書，這應該影響到他對歷史研究的方法，其時，這位國史家已經開始關注史學的現代性和世界視野。

　　1927年，蒙文通作《古史甄微》，計十篇約六萬言，一掃三皇五帝之舊説，而

---

① 蒙默：《蒙文通先生學行簡譜》，載蒙文通著，蒙默編：《蒙文通全集》(六)，巴蜀書社2015年版，第240—242頁。
② 參見胡昭曦：《蒙文通先生國學研究的卓越貢獻——祝賀〈蒙文通全集〉出版》，《國學》2016年第1期，第492頁。

序

以傳說古帝之地域、經濟、姓氏等要素將先秦傳述古史分爲江漢、河洛、海岱三族①，分述其文明。此稿爲蒙文通的成名之作，當年即以此稿教於成都大學。爾後數十年間，蒙文通在北京大學、華西大學、四川大學等多所名校任教，不斷擴展歷史研究的範圍，皆以史和史學爲其主要教授内容。

1941年，四川省教育廳時任廳長郭有守，因主持設立教育科學館、圖書館、博物館，電請蒙文通到省城擔任圖書館館長。三年之前，郭有守初任教育廳廳長，即重申將重建省立圖書館舊案付諸實施，遂聘請蔣複聰、沈祖榮、向仙喬、蒙文通、顧頡剛、岳良木、曹祖彬等著名學人爲籌設委員會常委。蒙文通接到邀請時，正在遷至三台的東北大學任教，因與郭有守有舊，請辭不允，最終被郭有守力邀至成都。蒙文通創辦《圖書集刊》時，郭有守欣然爲創刊號作序。蒙文通到館之初，正是抗戰困難時期，圖書館除用作建築和購書的常年經費外，另有省府撥款三十萬元，作爲開辦經費，還有管理中英庚款董事會准予補助的三萬元，作爲專購西文書籍費用。蒙文通逐年在省立圖書館採集圖書，到他離任時，藏書已增至十一萬餘册。以今日眼光來看，當時圖書館的藏書規模是極爲有限的，社會服務也只能有限推進，其間辦一份國學刊物就成了圖書館（也是蒙文通）最好的選擇。這一時期，市、縣公共圖書館的數量緩慢增長，省立圖書館也負責指導基層圖書館的設立和開辦，并彙集通省圖書館的各類統計。

抗日戰爭時期，圖書館館藏的安全隨時可能被危及。連遠在大洋彼岸的美國國會圖書館都不遺餘力，把典籍攝製成縮微膠卷或膠片，做好準備以防珍貴圖籍被戰火毁滅。當時，國内媒體頻頻傳出消息：上海有圖書館被日機轟炸，重慶市立圖書館被轟炸，奉節縣通俗圖書館被轟炸殆盡，川西三台縣圖書館被轟炸……②引起各圖書館高度警惕。爲防空襲計，四川省立圖書館疏散到成都犀

---

① 參見蒙默：《蒙文通全集·前言》，載蒙文通著，蒙默編：《蒙文通全集》，巴蜀書社2015年版，第1頁。

② 參見四川省圖書館事業志編輯部編：《四川省圖書館事業志大事記》，1991年，第19—20頁。

· 3 ·

浦、灌縣(今都江堰市)和新都等地,國立四川大學圖書館隨校本部遷至峨眉山。與此同時,國民政府西遷,國立中央圖書館、國立北平圖書館、國立故宮博物院圖書館、浙江省立圖書館、山東省立圖書館以及國民黨中央黨部圖書館、立法院圖書館、教育部圖書館、交通部圖書館和經濟部圖書館等也隨之西遷。國立中央圖書館遷至重慶,遷出南京前,將貴重書籍攜出一百三十箱[①]。浙江的文瀾閣四庫全書於1938年遷移至貴陽,1945年初運至重慶青木關積存於教育部,次年7月運回杭州[②]。故宮所藏文淵閣四庫全書,也是從北平運至四川樂山,戰後運回南京,轉而又運至臺灣。存世的三部半四庫全書,有一部半(文瀾閣原書僅存半部,民國前期由浙江省立圖書館組織抄寫補齊)到過四川。而當日軍逼近濟南時,山東省立圖書館館長王獻唐自籌經費,將館藏宋元明珍本等打包三十餘箱,親自押送,輾轉運至四川樂山,藏於凌雲山大佛寺,親自安放守護,逾十載,勝利後返回[③]。西遷入川的高校計四十八所,主要分布於成渝兩地。抗戰勝利後,各校圖書館回遷,兩三年間基本將所有館藏珍籍運回原址。

《圖書集刊》創刊於國家危難之時,重視傳統學術的研究和傳播,其用意應與戰時重設四川省圖書館以及各圖書館專注於保護藏書的宗旨一致。《圖書集刊》發刊詞云,省立圖書館之設置,是因為"全蜀之土廣人殷,復為抗戰復興之根據地",需要"注力於智識資糧之供應";圖書館之設置"雖不汲汲於珍籍之求,而舊槧孤寫,亦絡繹而至",圖書館人"以勘研所積,欲共之於世","幻一册之善,以應多士之求,集衆本之長,以歸一定之是,此固司館職者之所應努力者"。《圖書集刊》創刊於1942年3月,當年即發刊三期(二、三期分別於6月和11月出刊),以後一年一期,一直到1949年11月第九期出版之後停刊,固守履職如"發刊詞"所言,不改初衷。

---

① 參見四川省圖書館事業志編纂委員會編:《四川省圖書館事業志》,四川大學出版社1993年版,第39—40頁。
② 參見吕洪年:《文瀾閣庫書抗日大轉移》,《世紀》2007年第5期,第24—27頁。
③ 參見李勇慧:《一代傳人王獻唐》,山東教育出版社2012年版,第58—69頁。

序

《圖書集刊》每期發表文章多則十數篇,少則四五篇,最少時甚至只有兩篇,但多爲名家力作。以蒙文通的號召力,爲此刊撰稿的人有謝無量、錢穆、熊十力、李源澄、蒙季甫等,蒙文通本人幾乎每期都刊出兩三篇稿件。除蒙文通之外,作者如李源澄、王樹椒等也是圖書館人。《圖書集刊》内容涉及經史子集各類,又以文獻考據爲主。蒙文通本人所發表文章,主要爲史學相關内容,此外於經學和代表了諸子百家的儒道墨法皆有專門文章。此刊還發表一些古今知名學者的重要遺文,創刊號刊載了戴東原未刊稿《孟子私淑錄》、廖幼平《六譯先生已刻未刻各書目錄表》,第二、三期載《章氏遺書》逸篇(章氏即章學誠是也),第五期載廖季平未刊稿《〈左傳〉杜氏五十凡駁例箋》和王存善遺著《宋拓〈絳帖〉目錄》,第六期載顧亭林遺著《蔣山傭殘稿》,第七、八期載劉鑑泉未刊稿《道教徵略》,第八期載嚴君平《道德指歸論》佚文,第九期載龔熙臺未刊稿《營山縣疆域沿革考》。這使得這些未刊、未刻的文章不至於隨歲月流逝而散佚,也能儘早地爲士人研究提供難得的文獻。

《圖書集刊》停刊於1949年11月第九期發刊之後,蒙文通正好於當年四月離職,此刊隨他而來,又隨他而去。蒙文通爲什麽這年離開省立圖書館?一説爲成都市市長喬誠當時已經看清社會的變局,爲了改變身份,商於有關方面來做這個館長。喬誠做省立圖書館館長是有檔案記録的①,但2005年喬誠逝世,享年一百零一歲,其履歷中并不曾記載此事,可見其在圖書館時間過於短暫,或本人并不願意提及這一短暫任職。

我在圖書館從業逾四十年之久,早年編纂《四川省圖書館志》時與蒙老之女蒙紹魯共過事,整理過蒙先生在做館長時親筆批閲的檔案,以後又結識蒙老的學生兼同事、川大圖書館前館長、歷史學家胡昭曦先生,形成亦師亦友的關係,因此於先賢風範與學問時有聽聞,景仰有加。將蒙文通先生主編的《圖書集刊》

---

① 參見四川省圖書館事業志編輯部編:《四川省圖書館事業志大事記》,1991年,第35頁。

編輯彙爲一書出版，是長久以來的願望。而如今，對我個人而言，除了表達對先館長的紀念，也想借此機會間接表達對剛去世的胡昭曦先生的悼念，他於上個月辭世，永久地離開了我們。很早就想請胡先生到四川省圖書館巴蜀文化講壇做一次"蒙文通的生平與學術"講座，這個願望一直因故未能實現，但胡先生生前把剛剛撰寫的概述蒙先生生平與學術的文章專程送給我，以這種方式還了願。於我而言，非在這裏寫上幾句不可表達此刻的心情。

《圖書集刊》出刊的年代距今已久，久欲將此刊歸攏彙爲一集印出，以使其完整傳世。恰好應姚樂野先生之邀加入"清末民國時期圖書館事業檔案整理與研究"課題，負責公共圖書館部分，便把此刊的搜集整理納入其中。編輯此彙刊本時，因四川省圖書館館史室曾遭失竊，只遺存了創刊號，後來通過在四川大學圖書館、北京大學圖書館和國家圖書館查閱、複製，才將全部九期彙齊。當初蒙文通主編此刊，正處於社會經濟衰敗、紙張匱乏之時，所用印刷紙薄而質劣，印刷裝訂質地也極差，墨色參差，還時有印錯字、印倒字等問題。比如第八期《陳碧虛與陳搏學派》一篇標題和正文中的"搏"字均誤作"搏"字，第九期的八七頁錯印作七七頁，倒印之字散見於各期，不一一列舉。今所幸還能把全九期集齊，把這一段由先館長蒙文通主持的文獻研究和整理的歷史還原出來，以饗學術研究人士和廣大讀者。

己亥歲末於成都天府廣場四川省圖書館

目　録

圖書集刊（創刊號）

發刊詞 …………………………………………… 郭有守（3）
從社會制度及政治制度論《周官》成書年代 …………… 蒙文通（5）
記鈔本戴東原《孟子私淑録》 …………………………… 錢穆（15）
孟子私淑録 …………………………………… （清）戴東原（21）
六譯先生已刻未刻各書目録表 ………………………… 廖幼平（46）
《商君書〈説民〉〈弱民〉》篇爲解説《去彊》篇刊正記 …… 蒙季甫（55）
館藏明蜀刻本《史通》初校記 …………………………… 張藴華（62）
宋蜀本《古今注》校記 …………………………………… 馮璧如（74）
跋《宋史全文續資治通鑑》 ……………………………… 蒙文通（83）
金陵叢書本《老子翼》校記 ……………………………… 范午（92）

圖書集刊（第二期）

《水經注》違失舉正 ……………………………………… 蒙文通（115）
記鈔本《章氏遺書》 ……………………………………… 錢穆（137）
《章氏遺書》逸篇 …………………………………… （清）章學誠（143）
西漢思想之發展 ………………………………………… 李源澄（167）
西晉禁軍考 ……………………………………………… 王樹椒（191）
跋陳御簡詩稿 …………………………………………… 蒙文通（209）

· 1 ·

論《周官》成書年代 …………………………… 熊子真（211）

論《宋史全文續通鑑》 ………………………… 金静庵（213）

圖書集刊（第三期）

論《國語》《家語》皆爲《春秋》 ……………… 蒙文通（217）

《章氏遺書》佚篇（續） ……………………（清）章實齋（225）

北周職官考 ……………………………………… 李源澄（257）

袁昂《古今書評》校記 ………………………… 馮璧如（285）

《清儒學案》序 ………………………………… 錢 穆（293）

論《墨子》書備三墨之學 ……………………… 蒙文通（315）

論墨學原始與《晏子》 ………………………… 蒙文通（319）

論墨學之微與儒墨合流 ………………………… 蒙文通（321）

圖書集刊（第四期）

由《禹貢》至《職方》時代之地理知識所見古今之變 …… 蒙文通（329）

五十凡駁例 ……………………………………… 廖季平（339）

《中國政治思想史參考資料》緒論 …………… 蕭公權（349）

漢代法吏與法律 ………………………………… 李源澄（405）

論《尚書》之傳寫 ……………………………… 蒙文通（411）

《國史大綱》校記 ……………………………… 繆鳳林（417）

《〈春秋繁露義證〉補釋》序 ………………… 曾宇康（423）

西漢三公九卿考 ………………………………… 王樹椒（424）

圖書集刊（第五期）

《周官》《左傳》中之商業 …………………… 蒙文通（431）

《左傳》杜氏五十凡駁例箋 …………………… 廖季平（445）

宋拓《絳帖》目錄 …………………………（清）王存善（463）

目録

記《白古通》《年運志》 …………………………… 王樹柟（471）
鄭注《周禮》易字舉例 …………………………… 李源澄（479）
漢官考 …………………………………………… 李源澄（483）
《列子》與張湛注 ………………………………… 李源澄（493）
館藏嘉靖汪刻《文心雕龍》校記書後 ……………… 蒙文通（503）
府兵制溯源并質陳寅恪先生 ……………………… 王樹柟（509）
釋古長江下游之交通 ……………………………… 蒙文通（515）
跋志古堂影刻題襟館本《華陽國志》 ……………… 張白珩（525）
涵芬樓影印弘治本《新語》略校 …………………… 馮璧如（529）

圖書集刊（第六期）

《儒學五論》自序 ………………………………… 蒙文通（537）
跋《漢代之經濟政策》 …………………………… 蒙文通（543）
跋《月令之意義》 ………………………………… 蒙文通（545）
蔣山傭殘稿 ………………………… （清）顧炎武著　華忱之校錄（547）
　蔣山傭殘稿·卷一 ………………… （清）顧炎武著　華忱之校錄（548）
　蔣山傭殘稿·卷二 ………………… （清）顧炎武著　華忱之校錄（558）
　蔣山傭殘稿·卷三 ………………… （清）顧炎武著　華忱之校錄（566）
　蔣山傭殘稿·附錄·校勘記 ……………………… 華忱之（577）
　蔣山傭殘稿·附錄·熹廟諒陰記事 ……………… （清）顧炎武（597）
重印《周易變通解》序 …………………………… 熊子真（609）
《周易變通解》魏輔宸序 ………………………………（611）
《周易變通解》萬澍辰自序 ……………………………（613）
《月令》之淵原與其意義 ………………………… 蒙季甫（615）
《新序校注》補正 ………………………………… 張白珩（635）

圖書集刊（第七期）

《校理〈老子〉成玄英疏》叙錄 …………………… 蒙文通（647）

道教徵略·序	劉咸炘（671）
道教徵略·上	劉咸炘（672）
道教徵略·中	劉咸炘（702）

圖書集刊（第八期）

《輯校〈老子〉李榮注》跋	蒙文通（749）
道教徵略·下	劉咸炘（757）
《嚴君平〈道德指歸論〉佚文》序	蒙文通（771）
嚴君平《道德指歸論》佚文	（774）
新校張清夜《陰符發秘》序	謝無量（787）
《陰符發秘》校後記	蒙文通（787）
自牧道人別傳	楊潤六（790）
陳碧虛與陳摶學派	蒙文通（792）
陳碧虛與陳摶學派·附陳圖南學譜	蒙文通（797）
王介甫《老子注》佚文	馮璧如（801）
敦煌本《玄言新記明老部》	（822）
道家三考·《坐忘論》考	蒙文通（823）
道家三考·楊朱學派考	蒙文通（829）
道家三考·晚周仙道分三派考	蒙文通（846）

圖書集刊（第九期）

法家流變考	蒙文通（855）
營山縣疆域沿革考	龔熙臺（875）
《校補〈天問閣集〉》跋	戴明揚（895）
《元和郡縣志》唐代開元元和户口增減分布的比較研究	李祖桓（907）

圖書集刊 創刊號

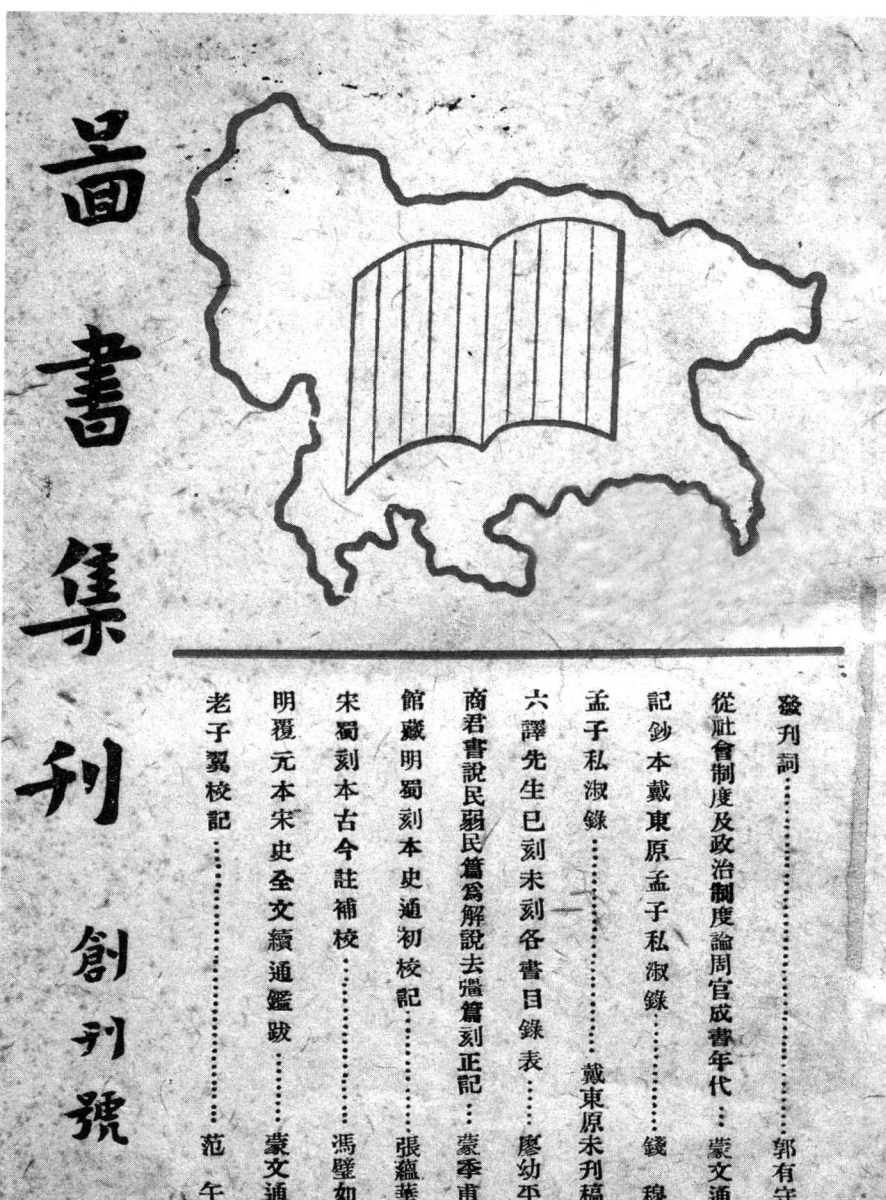

發刊詞 ………………………………………	郭有守
從社會制度及政治制度論周官成書年代 ……	蒙文通
記鈔本戴東原孟子私淑錄 ………………………	錢穆
孟子私淑錄 ………………………………………	戴東原未刊稿
六譯先生已刻未刻各書目錄表 …………………	廖幼平
商君書說民弱民篇為解說去彊篇刻正記 ……	蒙季甫
館藏明蜀刻本史通初校記 ………………………	張蘊華
宋蜀刻本古今註補校 ……………………………	馮璧如
明覆元本宋史全文續通鑑跋 ……………………	蒙文通
老子翼校記 ………………………………………	范午

四川省立圖書館編輯

中華民國三十一年三月出版

發刊詞

讀書之與藏書事相類而實不同。公家之藏與私家之藏事又各別蓋學貴專精一藝之能即可垂世博涉多通者學人之餘事也五技而窮書賢所戒自困之道夫何足言至若藏書之事則有不然固將貴於博收並蓄其取之也無方其用之也不匱克臻於是庶云不忝倘以讀書之道言藏書之道言讀書則業已荒疎義固各有辨也然公家之於私室藏書之道寧復等齊以公家之藏所以應衆人之求無高無下無雅無俗以讀之者非一途故應之者亦非一術。私家之藏所不必有者公家之藏或必不可無至如私家之所矜若精鈔若祕本若舊槧徒以罕爲珍者顧又非公家之所汲汲也夫書貴善本以鮮脫訛乃舊刊而精十不一二以云乎骨董則似之以資乎校讀則未也故公家收蓄誠不必與私室鬭富爭奇徒爲浪費但於善本勤事讐勘判其得失萃本之長以應學者之需俾有定本以駕乎舊刊之上此公家力之所能又私家之所往往而忽也故杜林所抱則西州漆書蔡邕所刊則蘭臺今字私家可因一人之愛憎事不厭奇公家必顧一世之需求要歸於當彼賢好玩而誇什襲此歸於教導以便尋覽事旣各別詎可等量而觀并爲一談耶？抑又有進者國家之所以培養人才殆爲修學以致用世之號碩學鉅儒如餘杭章氏以往皆學爲人師行爲世表乃其所讀曾非宋刻元刊湘鄉曾氏以往豐功偉烈昭於百世乃其所學亦非祕籍精鈔是知國家所以扶植人才固任此而在彼迄於季世藏書之事或屬於不讀書之人於以異論紛紜變怪百出斯亦書之一厄乎況圖書館之設當尤在一般智識之增高非特爲專門人才之參考又安得競競於祕笈孤本之求自以爲已盡其任也有守承乏

發刊詞

一

圖書集刊

輿華鄉邦之三年既次第創設教育科學館及科學儀器製造所，亦始立一二專科學校以應社會所需顧以全蜀之士，與人殷復為抗戰復興之根據地，乃會無省立之圖書館以注力於智識資糧之供應自深感愧若負所職爰籌畫款項，搜求典籍幸於民國紀元之二十九年圖書博物兩館先後成立以迄於茲存貯已五萬餘冊敢曰苟完而學人所需庶乎鮮闕雖不汲汲於珍籍之求而舊槧孤寫亦絡繹而至，館中執事諸君子以勘研所廣欲共之於世予當幻一冊之善，以應多士之求，集衆本之長以歸一定之是此固司館職者之所應努力者詎曰有裨學藝姑以見有責者之未荒於職司可也。

　　　　　　　　　　　　　　　　郭有守　三一、三、十五。

從社會制度及政治制度論周官成書年代

蒙文通

周官成書時代問題，疑信二千餘年不得決然一時代之制度，自有一時代之背景，以今日歷史研究之方法衡之，似六國陰謀劉歆偽作之說者皆不可信，雖未必即周公之書然必為西周主要制度，而非東遷以下之治有可斷言者周官之制階級最為不平不得謂爲美善自後儒釋周官不晰以爲致太平之書可以垂法無窮則惑矣齊晉霸制爲變西周以入戰國之漸易封建政治以入於王權擴張先後殊而治各有別君曰此六國陰謀則豈微不知戰國之社會亦未曉然於周官之制度也今文家何休之徒以其與博士之說相乖違而疑之誠不足異居今日而治西周戰國之變言之者歸獄王莽劉歆是則更不知漢之歷史時代而又惑於王莽之所以爲社會政策也今始以西周戰國之變言之晉以韓原之敗始作州兵作爰田杜預之徒妄以周官之制為之說此大誤也。春秋宣十五年「初稅畝。」公羊傳言「履畝而稅也。」釋者謂轅與爰同然則晉之作爰田即開仟伯宜井田之廢自晉始也。地理志「商君制轅田開阡陌。」若井田什一之稅魯矣必新為履畝之稅井田廢一夫不必限於百畝此魯之稅畝爲魯始廢井田耳魯邑廢井田於春秋之中何疑晉八廢井田於春秋之始後人開仟佰介民得賣買遂始於商君因謂廢井田必始於秦者俗儒之惑也服虔孔晁釋爰也亦易其疆畔固顯見其爲開仟佰苟釋爰田即周官之不易一易再易之田是則明爲井田之制商君制轅田誠若此則行井田自商君始也因後世不明周官井田之實際疑井田爲最善之法疑周世文物未盛不得有井田惜未曉然於周不得有井田則財產私有制已先於西周而確立是疑周之文物幼穉者番誤以周代文

從社會制度及政治制度論周官成書年代

一

化更已早為高度之發展也,孰明周代井田之制即一最不善之制哉！

井田之不善於晉作州兵而益足明之周官載師法引司馬法曰「王國百里為郊二百里為州三百里為野四百里為縣五百里為都」鄭司農云「百里內為六鄉外為六遂。」則百里者鄉遂之限也。管子揆度言「州者謂之遂。」是管作州兵者遂之人始為兵也若周官孟子所說井田出兵之事迥與此殊孟子謂「夏后氏五十而貢,殷人七十而助周人百畝而徹」。又曰「由此觀之雖周亦助也。」既曰殷助周徹又曰周亦助法孟子之說於是最為難解又曰「治地莫善於助。」又曰「請野九一而助國中什一使自賦。」此意彌復難知。夫滕壤地褊小絕長補短將五十里而孟子既謂治地莫善於助,其說云「乃經土地而井牧其田野」鄭氏注禮主以國中當鄉遂用貢而野當都鄙用助斯孟子周官之言造都鄙也小司徒經之其職並行也然又何以必別助徹為殷周大司徒之職曰「五州為鄉凡萬二千五百家凡六鄉與周官同周固助徹並行國野異制是果何說耶?若考之周官乃知其意符孟子周官之意軍法在小司徒之職曰「五師為軍軍萬二千五百人出於鄉家一人也六鄉而六軍大司馬之職所謂王六軍者也周官建學亦止於六鄉六遂者徹之所行即軍之所出又為建學以登庶於無他周既克殷軍法亦止於六鄉六遂者徹之所行不出兵不建學此無他周既克殷周人居國中而放逐殷人於野耳周世用徹法自公劉而徹田為糧於夏殷之世已然也。殷則世用助法既喪其國家退居於野尚仍其助法為入周而不改,此所以雖周亦助耶?又曰「將為君子焉,將為野人焉,無君子莫治野人莫養君子」君子為統治階級野人為被統治者也又曰「方里而井九百畝其中為公田公事畢然後敢治私事所以別野人也」是井田所在者為野人則徹法所行者為君子夫越有君子六千人者兵士也楚有都君子王馬之屬亦兵

士也，此何異禿髮高歡所謂鮮卑任戰伐，而漢人為汝作奴，夫為汝耕妻為汝織者乎？葉適言「六鄉於王畿為近，為君子故使之什一自賦，其粟則藏於倉人；六遂於王畿為遠而皆野人故使之九一而助，其粟則聚於旅師勘利敂里宰合稱於勘旅師掌聚野之勘粟。」勘即助字，助字惟見於六遂之官，是六遂用助法之明證，本師左庵以王莽用周官其制有六鄉六隊六遂，六鄉在長安六隊在洛陽六遂即周官之六遂，知周官舊說六遂在成周，正所以居殷頑者也，為助法之所行是助之所行為殷人又塞矣鄭氏注載師云「周稅輕近而重遠。」此即輕周而重殷耳管子治齊見諸國語者曰「參國五鄙」參國則士鄉十五以立三軍者也伍鄙不出軍而曰井疇均是亦五鄙用助而鄉用徹之進賢有三選之法而鄙無之，則所以別君子野人者事亦猶然此見周之舊度管子治齊未之或異也，自秦開阡陌急於富彊，荀卿言其五甲首而隸五家，韓非之所謂富貴皆出於兵也。於是有父子低首奴事富人，躬率妻孥為之服役者也。夫周則貴賤之縣殊秦則貧富之迥絕，而公羊家之言井田也則又異何休謂「一夫一婦受田百畝公田十畝八家而九頃，共為一井，十井共出兵車一乘，一里八十戶，中里為校室」包氏解論語云「千乘之國者百里之國也。」夫然則今文家所論井田通國皆助，通國出兵車亦通國立學而君子野人之隔泯矣。則今文家之論井田既以夷周人貴賤之殊亦以絕秦人貧富之辨，夫井田始為一盡善之制先儒不明周代事實之井田與今文家理想之井田絕不侔而謂為太平之治，乃又疑於周不得有井田皆未深究於史者之過也。
周之井田與今文說之井田又有其異者地官比長徙於國中及郊則從而授之若徙他邑則為之旌節而行之若無授無節過所則呵問繁之圖土圖土者獄城也此為周之農民不得自由離開土地地官鄉長亦云徙於他邑則從而授之。

然六遂之人不得徙，他邑遷徙而官爲管理之，否則收入獄中故周語曰「酒有散遷懈慢，而辜在司寇又言王則大徇糜櫝於是散遷有罰懈慢亦有禁也周語又言士不備襲辟在司寇又言王則大徇糜櫝是平有蠻夷之國有斧鉞刀墨之民。」亦如之民用莫不震動恪恭於農修其疆畔日服其鎛不解於時其監農之急也孟子曰「死徙無出鄉鄉田同井」惟農民不得離其土故爲農奴以土地與人民同爲領主之財產耳王者始起封諸父昆弟示與共財之義故可以共土也，故封建者分財之說也左氏定四年傳成王分魯公以殷民六族分康叔以殷民七族聃季授土陶叔授民以士與民皆所分之財也故人民不得離其地不得息其時禮王度記曰「有分土無分民也。」是非周初之制自晉魯開仟佰而後農奴巳變而爲自耕農淳于髡輩之說農民可自由與土地相離待離其土則非農奴，由西周以至戰國私有財產之制立土田可買賣，而舉國之人皆爲兵事變之亟，不可思議，若以周官之書爲戰國以下之事倘亦鄰於不辨黑白者也。

明乎周官之井田事至卑陋不足觀，而周公之處殷人事至慘刻不足取昔人以此爲致太平之書誠爲誣今人信此爲太平之迹不應爲周制更爲愚以愚誣之見衡周官之眞僞事之可笑寧過於斯由田制以觀兵制足明事之相因用田制兵制以明學校之制而事理之貫巧若合符今專就周官經文考之不取注說則周代學惟貴遊不及民庶烏有選士之制言選舉之義者省儒家之理想非周代之史迹二千餘載之經說眞長夜夢也地官師氏掌以媺詔王以三德教國子居虎門之左司王朝掌國得失之事以教國子弟凡國之貴遊子弟學焉保氏掌諫王惡而養國子以道乃教之六藝教之六儀鄭注「國子公卿大夫之子弟師氏教之而世子亦齒焉。」春官大司樂掌成均之法以治國之學政而合

四

國之子弟焉，凡有道者有德者使教焉，以樂德樂語樂舞教國子鄭注「國之子弟公卿大夫之子弟當學者謂之國子」此周官師保成均之教入學者以貴遊子弟為限也。至地官所言六鄉州黨之制，族凡百家黨有序，黨正書其德行道藝州長考其德行道藝鄉萬二千五百家鄉大夫三年大比考其德行道藝州二千五百家州長考其德行道藝之士黨正書之州長考之鄉大夫賓興之秦蕙田言「古者取士於鄉有二法一則由鄉而升司徒而升大學成然後用之王制所謂造士是也一則三年大比與其賢能直達於王不復令入國學周禮所謂賓興是也」。是周官州黨之序六鄉之士不得與之儔秦氏已明見及此也。至秦氏謂六鄉之學與鄉同則大不然地官言遂人掌邦之野由遂師遂大夫縣正鄙師鄧長無庠序之文無考校賓興之說皆言各掌其政令由鄉師鄉大夫州長黨正皆言各……掌其教治政令族師言掌其戒令政事則六遂與六鄉之族師以下皆不言教則其無學可知也六鄉大比則行誅賞，鄉遂二者治絕不同言六遂以下皆不言教則其無學可知也六鄉大比則行誅賞，鄉遂二者治絕不同言六遂以下有學者經師之過也劉敞言古者鄉學教庶人國學教國子鄉學所升不過用為鄉遂之吏國學所升則命為朝廷之官此鄉學國學教選之異所以為世家編戶之別，是其區辨世庶瞭然不惑而鄉遂之異則猶宋及論是說禮之不斷亦久矣既由兵制田制知周代君子與小人之殊由學制更見貴族與編民之別此周世襲然不平等之三階級，而其所以為封建社會者也謂為良法美意可乎？
於此論并田封建學校諸端已見周官所表見之時代決非戰國之社會至莊莽所行之政策與周官更已霄壤之殊，乃今世學者已知王莽之政治意義為社會政策而猶疑周官為莽欷之作者何耶葉水心馬端臨已言周官為封建時代

復社會制度及政治制度論周官成書年代

五

之治，決不可施之於秦漢以後郡縣之世，以難王安石豈今人之智反出葉馬之下耶？致世之究心於社會經濟史者於此一大豐富史料之寶藏得以疑僞之故屏棄而不取，言及周之社會制度者別采詩書影響附之文以立言東海學者雖能取用周官乃又困於二千餘年經師之舊說，不能明周官所表示之社會誠可惜也！然周官一書雖爲西周時代之主要制度，而書未必爲西周之舊作當改定於東遷以後惠王襄王之時，誠以卓大綱已非前事猶晉之東遷宋之南渡宏綱鉅典不能不權宜而更張，至於細節繁文尚存齲辛於廢紙茲已論周官之社會實況請再陳周代官制之更張。

十月之交詩曰「皇甫卿士番維司徒家伯維宰仲允膳夫聚子內史蹶維趣馬蹴維師氏」是屬宣幽之世家宰在司徒之下王度記曰「天子家宰一人爵祿如天子之大夫」雲漢之詩曰，「鞠哉庶正，疚哉冢宰趣馬師氏膳夫左右。」以其爲大夫故與膳夫趣馬爲列皆大夫也，常武之詩曰，「王命卿士，南仲太祖太師皇甫。」合十月之交觀之宣幽之世卿士最尊執政權家宰猶卑周語言「樊夷公好利爲屬王卿士」鄭語言「虢石夫好諂佞爲幽王卿士」左氏隱三年傳言「鄭武公莊公爲平王卿士王貳於虢鄭伯怨王」此自屬宣平幽以來皆卿士執政之證鄭伯亦卿士執政之八年虢公忌父始作卿士明屬幽以來皆卿士二人夾輔天子位居太師司徒之上而桓之五年傳言「宋公未奪政尚爲卿士而虢公已爲卿士明屬幽以來皆卿士而號公不朝自隱之八年至桓之五年凡九年間鄭伯政者也隱之八年虢公忌父始作卿士而鄭伯爲左卿士以來皆卿士則號公爲右卿士可知，此號公允卿士恆屬執政之確證無一不王鄭伯爲王左卿士以王命討之伐宋」鄭伯爲保周公爲師相成王爲左右」此周召二人輔政也陝以東周公治之陝以人執政之說也推西周言之書序言「召公爲保周公爲師相成王爲左右」此周召二人輔政也陝以東周公治之陝以

以西召公治之，故樂記言「周公既歿，命畢公保釐東郊，則畢公實繼周公之任。於顧命曰：『太保率西方諸侯入應門左，畢公率東方諸侯入應門右。』周公左召公右。」此召公畢公之二人輔政也。鎬周公召公相與和而修政知成康以降皆以二公輔政卿士輔政則周召二公為元老，尸虛崇及國難而元老暫再出，常武之詩則治定而卿士又秉國居太師之上也西周一代不聞有一人輔政之制，而家宰之說下及平桓，亦無此制也。公羊隱五年傳「天子三公何？天子之相也。天子三公自陝而東，周公主之自陝而西，召公主之一相處乎内」周召保乘二伯此所謂周公入為三公出為二伯也。一相處内自太師也金縢言「周乃召二公」亦見周初之為三公也願命乃同召太保奭芮伯彤伯畢公衛侯毛公召畢率東西諸侯以二伯兼三公毛公稱公此一相處内周初則太公任之實主兵故樂師也節南山之詩曰「尹氏太師，維周之氐秉國之鈞，天子是毗。」此太師之一相處内周初則太公任之實主兵故記言發揚蹈厲太公之志也武亂皆坐周召之治也。詩亦言「惟師尚父時惟鷹揚」而宣王之世王命卿士在先太師皇甫在下則卿士已躋太師之上則西周輔政雖周召相成王為左右若二人而實並太公為三人東遷前後卿士輔政為二人，家宰一人輔政周官之制其事又在後也。

春秋隱元年「天王使宰咺來歸惠公仲子之賵」杜注「此天子大夫」。桓四年「天王使宰渠伯糾來聘。」公羊傳言「天子之大夫也。」於時號鄭方為卿士執政則宰之不為卿士可知傳九年「公會宰周公于葵邱」公羊傳曰「宰周公天子之為政者也。」隱桓之世卿士為政而宰居其下僖之世宰已躋卿士之列拓為政桓五年「王奪鄭伯政，鄭伯不朝，王以諸侯伐鄭，王為中軍虢公林父將右軍周公黑肩將左軍。」知周公實繼鄭伯為卿士桓十八年「王殺

周公黑肩。」僖之五年「晉滅虢」僖之九年而宰周公見於經周襄王之元年也於時號公已滅卿士缺焉論語言「碧黻百官總己聽於冢宰三年」蓋宰孔當襄王諓陰之際以家宰司王闈之官天子之近臣代天子總百揆遂躋於卿士之列諓陰之後沿而不革僖之二十四年「太叔以狄師伐周獲周公忌父」僖之二十八年「朝王踐土王子虎盟諸侯於王庭」國語謂之太宰文公則繼宰周公忌父為政者王子虎也僖之三十年「王使宰周公閱來聘。」繼王子虎為政者又宰周公閱也周之盡王以前輔政者為二八宰居卿士之下不為崇官襄王之世皆宰為政而司徒三吏之屬皆出其下而王子虎以太宰為卿士遂為後冢宰一八輔政之始周官以家宰卿一人股肱天子其制實自宰孔以後則周官一書為襄王以後就舊文而改變之制戰國之世見於周策其執政者皆謂之相而變古官之沿革論之唐虞之際四岳最尊左右天子而四輔不在九官十二牧之列徒為天子近臣耳荷書?曰「欽四鄰」書傳曰「天子必有四鄰前曰疑後曰丞左曰輔右曰弼。」洛誥曰「亂為四輔」一即四鄰也文王世子曰「虞夏商周有師保有疑乃設四輔及三公。」此虞夏之四岳及周變為三公以卑近之臣乃躋於崇要之位商以卿士為卑近秋為政而三公為虛位坐而論道也襄之後家宰以大夫為政又躋於卿之列也視漢魏以後尚書中書以卑近之位而漸崇又虛位無實任,古今之變何先後之若一揆耶!周之執政由三公而卿士而家宰由三八而二八而一八即由公而卿而大夫就此蛻變之迹求之以周公致太平之書固不必然以為六國陰謀之書終亦未是謂寫定於春秋中葉殆近之邪以上二說驗之,知周官大綱為懸襄以後之制以西周時代家宰之位未崇而戰國所見又言相而非宰也周官之細節

决非爰田州兵以後之事猶是西周盛時所立於法於東遷後不過徒存此具文固未可以一概而論。昔賢衡此書者疑信雖不同其認周官爲美善之制則爲誤一也。能明乎此而後於周世先後之變或可得而言周之盛時六軍出於六鄉而金文中有王六師殷八師成周八師之文成周者六遂之所在殷人居之則六鄉六遂以外地於宣之中興,兵役已推及鄙遠,喪南國之師乃料民於太原。南國者唐固以爲南陽太原陽省六鄉六遂以外地於宣之中興,兵役已推及鄙遠,既固國家一時權宜之事仍未據以更周官之舊也其在國語言管仲治齊出兵仍限於國中而不及於鄙。去周猶未遠惟在體「諸侯三郊三遂,」三郊即三鄉,齊桓以三鄉爲十五鄉斯蓋人口增多,故別爲治法然周之軍萬二千五百人齊之軍爲萬人則變亦僅矣。及晉作州兵乃於遂邾南之會車四千乘殆晉之兵役術爲遂州有兵而遂有序則事本相因於是頓廢周官六鄉之外無學而記言「德有序,」鄭注釋入戰國則舉國皆兵布衣亦得以取卿相,貴族世臣之制於是頓廢周官六鄉之外無學而記言「德有序,」鄭注釋以勞心勞力爲君子野人之區分期復周之舊矩而當五百之期此固未嘗然於時務,無怪世以爲迂闊而儒亦不爲人師右師秉國亦周制之所無,然三卿五官之舊猶可蹤迹齊晉爲變益遠無復前規以中軍執政視齊之變益甚至秦重也。由周之變論之魯衛爲篤舊齊鄭宋則已稍變故各有六卿當國執政之名更爲特異左之庶長楚之令尹其於周度亦渺不相涉知變之烈莫後先已弱周官既爲惠襄以後之典章仍因循成康盛時之法度雖一人執政歸近昵,而三事大夫則確守前規此其所以政敗民罷而日即於亂亡者耶?則周官之制,雖曰徒存豐鎬之具文然即以爲春秋中葉王朝現行之法亦無不可殆比於魯衛之僞篤於保守固不必以齊晉霸

彊之法，而疑鄉鄔守舊之與也是周官者在西周不得爲良善之制在東周復爲致亡之書烏得謂爲太平之迹而崇之，謂爲精善之製又疑之，此誠苟鄉所謂官人百吏持以取祿秩者，殆至愚人之所傳也，而曰戰國哲人理想之所纂輯豈其然哉！

至考工記一書，亦有可言者，漢興得周官缺冬官一篇，河間獻王購之千金而不得乃取考工記以補之工記之於周官，本非一事，自後注者若二書之不可離則過也。由鄭子論官衡之五鳥爲天官五鳩則當於周官之職；五雉爲五工正九扈爲九農正，是官不盡於五鳩工正農正各其職，宜亦各有其書曲禮「天子建官先六大」此五鳥也曲禮「天子之五官」此五鳩也曲禮「天子之六府」又有「天子之六工」則五雉工正之官復有田正儻比於九扈農正之官然則考工記固爲工正之書而農正之書不幸燼爲無聞耳豈周世之官盡於此六篇而已乎曲禮「六工曰土工金工石工木工獸工草工，典制六材。」今考工記言凡攻木之工七，攻金之工六，攻皮之工五，設色之工五刮摩之工五搏埴之工二，則考工記與曲禮不同殆工正之書？王僧虔傳云「文惠太子鎮雍州，於楚王塚得古文考工記。」此篇豈楚人工尹之書耶凡考工記者儻又異國正工之書？而次第亦異是此記亦殘脫之餘乎其與周官同異之處溝洫之事誠不必論也。

官五篇之文不同固難強合爲一帙後之學者更論考工以冬官之目則其瞽亂殆又甚也今考工記又不能備序官之職，

記鈔本戴東原孟子私淑錄

錢 穆

戴東原緒言孟子字義疏證兩書先後異同，余之近三百年學術史論之已詳，最近又得照曠閣鈔本孟子私淑錄，題休寧戴震撰，書分三卷，卷上十一條，卷中四條，卷下八條，大體相當於緒言之上下二卷，私淑錄上中二卷即緒言之上卷，私淑錄卷下與緒言卷下略同，而缺緒言卷中各條，量其成書當在緒言之後，字義疏證之前，正為兩書中間之過渡作品也。

知私淑錄成書在緒言後者，緣兩書相同，其字句偶異，皆以私淑錄為審當，故知私淑錄乃緒言之改定本也，姑舉數例如下：

緒言卷上問朱子本程子性即理也一語條（本頁十三）安徽叢書近思錄程子云人生而靜以上不容說，纔說性時便已不是也，朱子云人生而靜以上是人物未生時只可謂之理，未可名為性，所謂在天曰命也，纔說性時便是人生以後，此理已墮在形氣之中《私淑錄無此作氣質》不全是性之本體矣，所謂在人曰性也，宋儒剖析至此，皆根於理氣之分以善歸理，以有惡歸形氣《二十三字然則孟子乃追溯人物未生之時而曰性善，若就名為性之時，已是人生以後，已墮在形氣之中，烏得斷之曰善，《私淑錄此下有小注一節：程子云孟子言性當隨文看，此性字為性之本，以告子生之謂性，不然者，此亦性也，被命受生以後，謂之性耳，後不同，繼之以犬之性猶牛之性，牛之性猶人之性與，然不害為一，若乃孟子之言善者，乃極本窮源之性也。》由是觀之，將天下古今惟上聖之性不失其性之本體，自上聖而下，語人之性皆不是性失其本體》皆《私淑錄作以不失其本體》孔子以不似性者言相近《私淑錄作以不全是性之本體者

記鈔本戴東原孟子私淑錄

言相近乃論性不論氣不明 此八字（私淑錄無） 孟子以未可名性者言性善乃論性不論氣不備 有於孔子不敢顯言（私淑錄無此八字）

不明而直斥孟子不備十六字下又增小注一節凡二百零七字）

又緒言卷上問知覺運動不可概人物而目為蠢然同條 本十六頁（安徽叢書

氣之自然潛運飛潛動植物皆同此生生之機原於天地者也而其本受之氣與所資以生之氣則不同 錄作私淑所

枳柳湛水之喻胥是物也其祁仁義視善不善歸之有思 作欲（私淑錄） 有為以後事而其保此性也主於無思無為

又緒言卷下問荀子之所謂性條 本頁一（安徽叢書

凡上所舉其小有異同處皆私淑錄下語較審當，故知私淑錄為緒言改定本復有證著字義疏證有仍緒言而微易其

文者，按之私淑錄亦然，故益知私淑錄應在緒言後，例如

緒言卷上問易曰形而上者謂之道條 本頁二（安徽叢書）

凡日謂之者以下所稱解上此六字疏證作以下所稱之名辨上之實十字私淑錄同疏證。

又易形而上者謂之道形而下者謂之器亦非為道器言之疏證亦作本私淑錄同。

又形而下猶曰形以梭句注詩下武維周鄭箋云下猶後也疏證引鄭箋上有如千載而上千載而下十字私淑錄亦同。

又六經孔孟之書，不聞理氣之分，而宋儒馭言之，又以道屬之理，實失道之名義也。疏證作遂以陰陽屬形而下，私淑錄同。

又：

緒言卷上問宋儒嘗反覆推究先有理抑先有氣條。（安徽叢書本頁五）

聖人而後盡乎人之理，非他人倫日用盡乎其必然而已矣。

語陰陽而精言其理猶語人而精言之至於聖人也，期於無憾無失之為必然乃要其後非原其先乃就一物而語其不可識議奈何以廋語夫不可識議指為一物與氣渾淪而語焉不察莫知其異於六經孔孟之言也。

私淑錄於語陰陽而精言其理句下改成

推而極於不可易之為必然，乃語其至非原其本宋。（疏證作後）儒從而過求，徒以語其至者之意言思議目為一物。（疏證作視如有物）謂與氣渾淪而成主宰樞紐其中。（疏證無此六字）聞之者因（疏證無因字）習

按緒言此條疏證無有，而私淑錄改定語則又見疏證卷上問自宋以來謂得於天而具於心條下。

又私淑錄卷上問朱子云道者事物當然之理為緒言所未有而其文有見於疏證者如

生於陸者入水而死生於水者離水而死，生於南者習於溫而不耐寒生於北者習於寒而不耐溫，此資之以為養者彼受之以害生天地之大德曰生物之不以生而以殺者豈天地之失德哉故語道於天地天道之實體即理之精

記鈔本戴東原孟子私淑錄

一三

微易言（此十一字疏證作舉其實體實事而道自見十字）一陰一陽之謂道立天之道曰陰與陽立地之道曰柔與剛是也質言之此道精言之即此理（疏證無此十一字此下一大節並見疏證卷下道字條）

此皆私淑錄一書在緒言字義疏證之間為其過渡作品之證也而比觀三書則私淑錄大體仍與緒言為近而與字義疏證為遠何者疏證卷上辨論諸條東原極自鄭重緒言私淑錄皆無之一也又

緒言卷中間孟子答公都子條 未頁九 安徽叢書

孟子所謂善者初非無等差之善 生而為堯舜也 淑錄語九 （一 私淑錄此處有非盡人

得謂非性有不同然存乎人者皆有仁義之心其趨於善也利而趨於不善也逆其性而不利所謂人無有不善水無有不下善乃人之性下乃水之性也 以 淑錄之於物八字 （私淑錄此處有而非

非逆是以利也。此一節乃並入問宋儒以氣為理條下

今按緒言此條疏證已散入別條中上引數語略見疏證卷中間論語言性相近條下其文曰

孟子道性善言必稱堯舜非謂盡人生而堯舜也 淑錄語 按此用私 自堯舜而下其等差凡幾則其氣稟固不齊豈得謂非性有不同 此下異 。 然人之心知於人倫日用隨在而知惻隱知羞惡知恭敬辭讓知是非端緒可舉此之謂性善於其知惻隱則擴而充之仁無不盡於其知羞惡

以上所舉緒言就人性之利逆言疏證則就端緒與擴充言此又私淑錄近緒言而與疏證為遠之證二也。

今按緒言草創在乾隆三十四年己丑完成在三十七年壬辰及四十一年丙申程易疇曾影寫之 詒讓既史證具是

錢穆　記鈔本戴東原《孟子私淑錄》

其時尚未有疏證亦當未有私淑錄,東原丙戌與段若膺書云:

僕自十七歲時有志聞道,謂非求之六經孔孟不得,非從事於字義制度名物,無由以通其語言,……為之卅餘年,灼然知古今治亂之源在是……觀近儒之言理炎聊舉一字言之關乎德行行事匪小,僕自上年三月初獲足疾,至今不能出戶,又目力大損,今夏纂修事似可畢定於七八月間乞假南旋就醫倘一書既糊口不復出矣竭數年之力勒成一書,明孔孟之道,餘力整其從前訂於字學經學者 安徽叢書所收東原遺墨。

此書在正月十四日據其暢論後儒以意見為理而生民受其禍以意見誤名之曰理而禍斯民故疏證不得不作。

僕生平論述最大者為孟子字義疏證一書,此正人心之要,今人無論邪正盡以意見誤名之曰理,而禍斯民故疏證不得不作。

是疏證成書應在正月至四月間。東原以疏證示彭尺木,尺木來書討論,東原復之,亦在四月,惟陸朗夫復東原書言理欲書則云:春杪接書舉近儒理欲之辨云云,不知其時疏證已有成書否,大抵疏證成書定在正月中旬與段若膺書之後,在四月杪再與段書之前,而私淑錄既未及理欲之辨則其書應在丁酉四月前在程易疇影鈔緒言後大抵在丙戌一年間,而惜不能的知其為何時也。

東原自言十七歲即有志聞道,求之卅餘年,考其著述,先原善三篇嗣擴大為三卷,又為緒言三卷,又刪並為私淑錄,

記鈔本戴東原孟子私淑錄

一五

三卷，又增訂為孟子字義疏證三卷，前後縣歷踰二十年，用心不可謂不深惜乎並世人徒詫其為轎夫之強力，而不能識其為轎中人之安坐而東原平日言談亦不免矜勝誇上，故惟章實齋能賞之，而復疑其人心術之不正，又以水經注一案招來身後誇議，雖雅重東原者不能為昭雪然就書論之，要為近世傑作乾嘉以來未有能駕出其右者縱言思之偏倚不免乎多瑕類而終自不掩其精光，若使東原得永其壽學與年進磨礱芒角蹈於中和被濯染習一臻平正其修辭立說必有異矣東原既成疏證私淑緒言私淑錄皆其所棄身後遂泯沒不顯緒言猶有程易疇影抄，並得刊於伍氏粵雅堂叢書中後世尚多知之私淑錄則更無道者余得此稿已值都淪陷方謀脫身遠行之資以書佔索價昂遂錄副藏行篋中攜之入湘邊海轉滇頃又挾而入蜀特為刊出以廣其傳庶於廣原晚年學思精進轉變之跡窺考有籍而為粗識其涯略如此。

膚淺小書

戰國第十四莫敖子華言吳與楚戰於柏舉三戰入郢君夭身出百姓離散蒙穀給鬭於宮唐之上舍鬭奔郢曰若有孤楚國社稷其庶幾乎遂入大宮負離次之典以浮於江逃於雲夢之中昭王反郢五官失法百姓昏亂蒙穀獻典五官得法而百姓大治此沼封之執田六百畛蒙穀怒曰穀非人臣社稷之臣遂自棄於歷山之中此離次之典者顯為五官之典楚左史倚相能讀三墳五典以楚事釋楚書則五典者正此五官之法也烏可云五帝之書哉

孟子私淑錄

戴東原未刊稿

問論語曰：「性相近也習相遠也」，朱子引程子云「此言氣質之性非言性之本也若言其本則性即是理理無不善，孟子之言性善是也何相近之有哉！」據此似論語所謂性與孟子所謂性者其指各殊孔子何以含性之本而指氣質為性且自程朱辨別，就言氣質就言理後人信其說以為各指一性豈性之名果有二歟？曰：性一而已矣孟子以闢先儒之道為已任其要在言性善使天下後世曉然於人無有不善斯不為異說所淆惑人物之生分於陰陽氣化據其限以所分謂之命據其為人物之本始謂之性後儒求其說而不得於是創言運氣之辨其於天道也先歧而二之苟知陰陽氣化之為天道則知性矣。

問何謂天道曰：古人稱名道也行也路也其義交互相通惟路字專屬途路詩三百篇多以行字當道之名義，於行尤近謂之氣者指其實體之名謂之道者指其流行之名道有天道人道天道以天地之化言也人道以人倫日用言也是故在天地則氣化流行生生不息是謂道在人物則人倫日用凡生生所有事亦如氣化之不可已是謂道易曰「一陰一陽之謂道」此言天道也中庸曰「率性之謂道」此言人道也。

問易曰：「形而上者謂之道形而下者謂之器」程子云「惟此語截得上下最分明元來只此是道要在人默而識之」朱子云「陰陽氣也形而下者也所以一陰一陽者理也形而上者也道即理之謂也。」朱子後儒言道多得之此」朱子云「陰陽氣也形而下者也所以一陰一陽者理也形而上者也道即理之謂也。」後儒言道多得之此言以道之稱惟理足以當之今但曰氣化流行生生不息非程朱所目為形而下者歟！曰氣化之於品物則形而上下言之形而上者謂之道形而下

孟子私淑錄　　　一七

分也，形乃品物之謂，非氣化之謂。易又有之：「立天之道曰陰與陽」，直舉陰陽而始可當道之稱，豈墼人立言皆辭不備哉？一陰一陽，流行不已，夫是之謂道而已，古人言辭之有異，凡曰之謂，以上所解下如中庸天命之謂性率性之謂道修道之謂敎，此爲性道敎之謂也，道也者天命之謂也，敎也者修道之謂也，易一陰一陽之謂道，則爲天道言之。若曰道也者，一陰一陽之謂也，以下所稱之名，辨上之實如中庸自誠明謂之性自明誠謂之敎，此非爲性敎區別自誠明自明誠二者耳。易形而上者謂之道形而下者謂之器本非爲道器區別其形而上形而下耳形謂已成形質形而上形而下猶曰形以後，如千歲而上，千歲而下，詩下曰形以後，陰陽之未成形質是謂形而上者也非形而下也明矣器言乎一成而不變武維周，鄭箋云：下猶後也。道言乎體物而不可遺不徒陰陽非形而下如五行水火木金土有實可見固形而下也，器也其五形之氣人物咸禀受於此則形而上者也易言一陰一陽洪範言初一曰五行中庸言鬼神之爲德舉陰陽卽賅五行賅鬼神舉五行亦賅陰陽賅鬼神而鬼神之體物而不可遺也由人物遡而上之至是止矣六經孔孟之書不闢理氣之辨而宋儒創言之遂以陰陽屬形而下寔失道之名義也。問宋儒論陰陽必推本太極云「無極而太極太極動而生陽動極而靜靜而生陰靜極復動，一動一靜，互爲其根，分陰分陽兩儀立焉」朱子云「太極生陰陽理生氣也，陰陽旣生則太極在其中理復在氣之內也」又云「太極形而上之道也，陰陽形而下之器也，雖形字借以指氣，洵有未協而上而下及之謂謂之，亦未詳審然太極兩儀出於孔子非卽理氣之辨歟曰後世儒者紛紛言太極言兩儀非孔子贊易太極兩儀之本指也，孔子曰「易有太極，是生兩儀，兩儀

生四象，四象生八卦。」曰儀曰象曰卦，皆據作易言之耳，非氣化之陰陽，得兩儀四象之名，易備於六十四，自八卦重之，故八卦者，易之小成，有天地山澤雷風水火之義焉，其未成卦畫，一奇以儀陽一偶以儀陰，故稱兩儀奇而遇奇已長也以象太陽奇而遇偶陰始生也以象少陰偶而遇奇陽始生也以象少陽偶而遇偶陰已長也以象太陰偶而遇奇陽始生也寔有見於天道一陰一陽為物之終始會歸乃畫奇偶兩者從而命曰易有太極是生兩儀，既有兩儀，而四象而八卦以次生矣，孔子以太極指氣化之陰陽，承上文明於天之道言之，即所云一陰一陽之謂道，萬品之流行，莫不會歸於此，極有會歸之義，太者，無以加乎其上之稱以兩儀四象八卦指易畫奇偶，不惟未備，抑且未精，而待後人補葺罅漏於理，豈其然乎，況易起卦畫，後儒復作圖於卦畫之前，是伏羲之畫奇偶，不惟未備，抑且未精，而待後人補葺罅漏矣。

問宋儒之言形而上下，言道器言太極兩儀；今據孔子贊易本文疏通證明之洵於文義未協，其見於理氣之辨也求之六經中無其文故借太極兩儀形而上下之語，以飾其說以取信學者歟？舍聖人立言之本指，而以已說為聖人所言是誣聖也借其語以飾吾之說以求取信是欺學者也誣聖欺學者程朱之賢不為也蓋見於陰陽氣化無非有迹可睹，遂以與品物流行同歸之粗而空言乎理，似超迹象以為其精，是以獨於形而上下之云太極兩儀之稱，恍然覺寤，氣之辨如是，不復詳審文義，學者轉相傳述於是易之本指其一區別陰陽之於品物其一言作易之推原天道是生卦畫者皆置不察矣。

孟子私淑錄
一九

問朱子云「道者日用事物當然之理，皆性之德而具於心」其於達道五舉孟子所言父子有親君臣有義夫婦有別，長幼有序朋友有信以實之又答呂子約書云「陰陽也君臣父子也皆事物也人之所行也形而下者也萬象紛羅者也，是數者各有當然之理，即所謂道也，當行之路也」其目之爲性，目之爲道者，已屬純粹以精故於修道不可以修爲舉君臣父子夫婦昆弟朋友之交，皆似語未備，且其目之爲性，目之爲道者，已屬純粹以精故於修道不可以修爲品節之而已，至修身以道修道以仁其身而不置解其身而不置解其言蓋天下之達道五也，在孟子稱教以人倫是親義序別信，明屬修道之教，既曰率性之謂道，又曰修道以仁，如後儒之云舉其仁之性，人水而死，生於水者，離水而死，生於南者習於溫而不耐寒，生於北者習於寒而不耐濕，此道之實體即理之可議也，如陰陽氣化之爲道也，據其實而言謂之事，以本諸身行之不可廢謂之道，天地無心而成化，非得理失理之可議也，生於陸者，人水而死，生於水者，離水而死，生於南者習於溫而不耐寒，生於北者習於寒而不耐濕，此道之實體即理之可議也，彼受之以害生天地之大德曰生，物之不以生而以殺者，豈天地之失德哉，故語道於天地之即此道人之知有明闇當言，陰一陽之謂道言立天之道曰陰與陽立地之道曰柔與剛是也實言之此道精言之此道精言之循而得理斯乃道之至所謂中節之爲達道所謂其明則不失，當其闇則有差謬之失，故語道於人人倫日用爲道之實事牽性之謂道，修身以道，天下之達道人之知有明闇當此所謂道不可不修者也及舉人修之以爲教是也，人倫日用之事實諸身觀其行事身之修不修不見故曰修身以道修道之責諸身往往易致差謬必協乎義協乎禮然後於道無憾故曰修道以仁，舉仁以賅義禮故曰修身以道道之責諸身往往易致差謬必協乎義協乎禮然後於道無憾故曰修道以仁，舉仁以賅義禮，便文從略，故下即詳反之。此道之寔事與理之精微，分而爲言質言之此道精言之循而得理斯乃道之至所謂中節之爲達道所謂

（清）戴東原　孟子私淑錄

君子之道聖人之道是也，中節之爲達道者，中正不失，推之天下而準也，君臣父子夫婦昆弟朋友之交，五者之爲達道但舉實事而已智仁勇以行之而後中正不失然而即謂之達道諸天下而不可廢也彼釋氏棄人倫以成其自私，不明乎此也，易列仁義以配天之陰陽，地之柔剛，在天地質言之，而在人必精言之，然則人倫日用固道之實事行之而得無非仁也無非義也行之而失猶謂之道不可也，古人言道恆賅理言理必要於中正不失而道理二字對舉或以道屬動理屬靜，如大戴禮記孔子之言曰君子動必以道靜必以理，道謂其心知之明行之乎人倫日用而不失理謂雖不見諸行事湛然有其心而不放或道生統理生分或道賅變理主常此皆虛以會之於事爲而非言夫實體也以君臣父子夫婦昆弟朋友之交五者爲形而下，爲萬象紛羅不謂之道，是顯指中庸天下之達道五而背之，而別求諸沖漠無朕不願牽天下之人同於禽獸者由不知此爲達道也。

棄人倫而不願牽天下之人同於禽獸者由不知此爲達道也。

問宋儒嘗反覆推究先有理抑先有氣，後有氣耶？後有理先有氣之說。朱子曰：「不消如此說，而今得他合下先有理後有氣邪？皆不可得而推究，然以意度之，則疑此氣是依傍道理行，及此氣之聚，則理亦在焉。蓋氣則能凝結作，理卻無情意無制度無造作，只此氣凝聚處，理便在其中，且如天地間，人物草木禽獸，其生也莫不有種，定不會無種了，只這箇是氣，若理則只是箇淨潔空闊底世界無形，他卻不會造作，氣則能醞釀凝聚生物也。」又譬之二物渾淪不害其各爲一物，決是二物，但在物上看，則二物渾淪，不可分開，各在一處，然亦不害二物之各爲一物也。」朱子云：「理與氣此決是二物，但在物上看，則雖未有物，而已有物之理，然亦但有其理而已，未嘗實有是物也。」又云：「二氣流行，萬物生生不窮不意不底爲男女萬物生生之本。」鐃仲元云：「一陰陽五行爲空氣以理爲之主宰，陳安卿云：「二氣流行，只是空氣，必有主宰之者，理是也。」

極者至極之義，樞紐根柢之名，聖人以陰陽五行爲圜闖不窮，而此理爲圜闖之主，男女萬物生生不息，布此理爲生生之本」。抑似竟有見者非歟？曰非也陰陽流行其自然

也,精言之,通乎其必然不可易,所謂理也,語陰陽而精言之曰聖人耳,聖人而後盡乎人之理,人之理非他人倫日用盡乎其必然而已,推而極於不可易之為必然乃語其至者之意言思議,目為一物與語氣渾淪而成,主宰樞紐其中閒之者因習焉不察,莫知其異於六經孔孟之言也。況氣之流行,既為生氣則生氣之靈,乃其主宰,如人之一身,必君乎耳目百體是也,豈待別求一物為陰陽五行之主宰樞紐下而就男女萬物言之則陰陽五行乃其根柢,乃其生生之本,亦豈待別求一物為之根柢,而陰陽五行不足生生哉。

問後儒言理與古聖賢言理異歟?曰然,凡天地人物事為,不聞無可言之禮者也,詩曰:「有物有則」是也,就天地人物事為求其不易之則是謂理,後儒舍大之不易之則,而轉曰理無不在以與氣分本末視之如一物然豈理也哉!就天地人物事為求其不易之則,以歸於必然至明顯也,謂理氣渾淪不害二物之各為一物,將使學者皓首茫然,求其物不得合諸古賢聖之言,牴牾不協,姑舍傳注還而體會六經論語孟子之書或庶幾矣。

問古人言天道天德天理天命何以別?曰一陰一陽流行不已生生不息主其流行言則曰道主其生生言則曰德道其實體也,德即於道見之者也,天地之大德曰生,天德不於此見乎其流行生生也,尋而求之,語大極於至鉅語小極於至細莫不各呈其條理失條理即能生生者未之有也,故舉條理即賤生生信而可徵曰德微而可辨曰理一也,孟子言孔子集大成不過曰始條理者智之事也,終條理者聖之事也,聖人之於天道至孔子而極其盛條理得也,知條理之說者其知理矣,天理不於此見乎!凡言命者受以為限制之稱,如命之東則不得而西,故理義以為之也。

(清)戴東原　孟子私淑錄

限制，而不敢踰謂之命，氣數以爲之限制，而不能踰亦謂之命矣人言天之所定或曰天明，或曰明命，蓋言乎昭示明顯曰命，言乎經常不易曰理，一也天命不於此見乎問理之名起於條理歟？曰：凡物之質皆有文理，亦呼文縷，語之轉耳。理縷粲然昭著曰文循而分之，端緒不亂曰理，故理又訓分是以謂之條理理字偏旁從玉玉之文理也蓋氣初生物順而融之以成質莫不具有分理得其分則有條理而不紊亦通曰理理字自根而達末又別於幹爲枝榖於枝成葉根接土壤肥沃以通地氣葉受風日雨露以通天氣地氣必上至乎葉天氣必下返諸根上下相貫榮而不瘁者循之於其理也以動物言呼吸通天氣飲食通地氣皆循經脈散布周溉一身血氣之所循流轉不阻者亦於其理也理字之本訓如是因而推之虛以明乎不易之則曰理所謂則者匪自我爲之求諸其物而已矣詩曰「天生烝民有物有則民之秉彛好是懿德」孔子曰作此詩者其知道乎孟子申之曰故有物必有則民之秉彛也故好是懿德也者天下之民無日不秉持爲經常者也是以民之秉彛凡言理與行得理之謂藝德得理非他言之而是行之而當爲得理言之而非行之而不當爲失理好其得理惡其失理於此見理者人心之同然也。

問理爲人心之同然其大致可得聞歟？曰孟子有言規矩方圓之至也聖人人倫之至也此可以察理矣夫大地之大人物之蕃事爲之條分委曲苟得其理矣如直者之中懸平者之中水圓者之中規方者之中矩夫然後推諸天下萬世而準易稱先天而天弗違後天而奉天時天且弗違而況於鬼神乎中庸稱考諸三王而不謬建諸天地而不悖質諸鬼神而無疑百世以俟聖人而不惑皆言乎天下之理得也惟其爲人心之同然故一人以爲不易天下萬世以爲不易也所

孟子私淑錄

二三

問朱儒以氣為理所湊泊附著人之靈也會其靈而謂聖人不足以當之可乎？以上卷一

以為同然著人心之明之所止也會是理而遂謂天地陰陽不足以當之必非，天地陰陽之理猶蛋人之靈也會其靈而謂聖人不足以當之可乎，

謂理為生物之本，物之具也。朱子云：理也者，形而上之道也，生物之本也，氣也者，形而下之器也，生

之為性也同而致疑於孟子，朱子云：孟子言人所以異於禽獸者幾希，不知人何故與禽獸異，又言犬之性

得語，須審說是形氣不同，故性亦少異始得，恐孟子見猶牛之性，牛之性猶人之性與，不知人何故與犬異，此兩處似欠中間一轉

人性同處，自是分曉直截，卻於這些子未甚察。今據易之文證明一陰一陽即天道之實體其為氣化來

為品物乃孔子所稱形而上及既為品物乃孔子所稱形而下然則古賢聖所謂性專就氣稟言之歟！曰氣化生人生物

以梭，各以類孳生久矣，然類之區別，千古如是也，循其故而已矣，在氣化分言之，曰陰陽，曰五行又分之則陰陽五

行，雜糅萬變是以及其流行不特品類不同而一類之中又復不同孔子曰「一陰一陽之謂道繼之者善也成之者性

也人物各成其性明乎性至不同也語於善咸與天地繼承不隔語於性則以類區別各如其所受六經中言性統舉人

物之全見於此人物之生本於天道陰陽五行，天道之實體也」大戴禮記曰「分於道謂之命，形於一謂之性」分於

道者分於陰陽五行也一言乎分則其所受有偏全厚薄清濁昏明之不齊不特品類不同而一類之中又復不同是也

各隨所分而形於一各成其性也中庸首言天命之謂性不曰天道而曰天命者人物咸本於天道而成性不同由分於

道不能齊也以限於所分故曰天命從而名其稟受之殊曰性因是日用事為皆由性起故曰率性之謂道身之動應無

非道也故曰不可須臾可離非道可離可如體物而不可遺之可君子不使其身動應或失故雖無事時亦如有事之戒懼

(清)戴東原　孟子私淑錄

恐懼，而不敢肆，事至庶幾少差謬也。然性雖不同，大致以類為之區別，故《論語》曰：「性相近也」，此就人與人相近言之者也。孟子曰：「凡同類者舉相似也」，何獨至於人而疑之，聖人與我同類者，言同類之相似，則異類之不相似明矣。故詰告子生之謂性曰：「然則犬之性猶牛之性，牛之性猶人之性與，明乎其必可混同言之也。」孟子遵性善而言必稱堯舜，以人皆可以為堯舜謂之性善非盡人生而堯舜也，自堯舜至於凡民，其等差不齊，豈謂非性有不同，然存乎人者皆有仁義之心，其趨於善也，利而趨於不善也，逆其性而不利，所謂人無有不善，水無有不下，故專言人之性善，且其所謂善者初非無等差之善即孔子所謂相近也，孟子所謂苟得其養無物不長，苟失其養無物不消，所謂求則得之，舍則失之，或相倍蓰而無算者，不能盡其才者也，即孔子所謂梏之反覆達禽獸不遠即孔子所云下愚之不移，宋儒未審其文義，遂彼此圜隔，在天道為陰陽五行，在人物分而有之以成性由成性各殊故材質各殊者性之所呈也離材質惡覩所謂性哉！人之材得於天獨全故物但能遂其自然人能明於必然孟子言聖人與我同類又言犬馬之不與我同類是孟子就人之材之美斷其性善明矣材與性之名一為體質一為本始所指各殊而可即材之美惡以知其性材於性無所增損故也合易論語孟子之書言性者如是咸就其分陰陽五行以成性為言奈何別求一泓泊附著者為性豈人物之生莫非二本哉！

問朱子本程子性即理也一語釋中庸天命之謂性申之云天以陰陽五行化生萬物，氣以成形而理亦賦焉猶命令也，

於是人物之生，因各得其所賦之理以為健順五常之德，所謂性也。其釋孟子云：「以氣言之，知覺運動人與物若不異也。以理言之，則仁義禮智之稟豈物之所得而全哉告子不知性之為理而以所謂氣者當之，蓋徒知知覺運動之蠢然者人與物同，而不知仁義禮智之粹然者人與物異也。」兩解似相闊隔，其作中庸或有問云：「雖鳥獸草木之生僅得形氣之偏而不能通貫乎全體，然其知覺運動榮悴開落亦皆循其性而各有自然之理焉，至於虎狼之父子蜂蟻之君臣豺獺之報本鵰鳩之有別，則其形氣之偏，又反有以存其義理之所得。」合觀朱子言性不出性即理也之云，故云告子不知性之為理，既以性屬之理，理即其所謂仁義禮智之稟，天地人物事為，不聞無可言之理，故釋中庸合人物言之，以物僅得形氣之偏，故釋孟子言豈物所得而全，言仁義禮智之粹然者人與物異。或問一條於兩注可謂融矣。程子云：「論性不論氣不備，論氣不論性不明。」故朱子言性專屬之理，而又及形氣之偏皆出於釋子也。程子之說謂理無不善，而形氣有不善，故以孟子道性善，歸之本原，以孔子言性相近下而及於荀子言性惡楊子言善惡混，韓子言三品悉歸氣質之性是荀楊韓者有合於孔子，朱子答門人云：「氣質之說，起於張程，孟子說性善，但不曾分明說是氣質之性耳。」又以告子之說為合於荀揚，程子云：「凡言性處，須看立說得本原處，下面不審說得氣質之性、性惡與善惡混，且如言人性善，性之本也，只論其所稟也，告子所云生之謂性，論其所稟也，周是為孟子問他，告他說便不是也。」使告子明云氣質之性孟子將不辨之歟？孔子言性相近亦未明云氣質之性，此宋儒之說雖極完備彌啟後人之疑近思錄。程子云：「人生而靜以上不容說，纔說性時，便已不是
荀子諸人同歟，此只是氣質之性，性急緩之類，言性者生之謂性也。」

性也。」朱子云：「人生而靜以上是人物未生時，只可謂之理，未可名爲性所謂在天曰命也，纔說性時便是人生以後，此理已墮在氣質中，不全是性之本體矣，所謂在人曰性也，然則孟子乃追遡人物未生時而曰性之時而曰性善，若就名爲性之時，已是人生以後，已墮在形氣之中，惡得斷之曰善。」程子云：「孟子言性當隨文看，本以告子生之謂性爲不然者，此亦性也，被命受生以後，謂之性耳，後不同，繼之以犬之性猶牛之性，牛之性猶人之性與，然不害爲一，若乃孟子之曰性善者，乃極本窮源之曰善。」由是言之，將天下古今惟上聖之性不失其性之本體，自上聖而下，論人之性皆失其本體，孔子以不全是性之本體者，言性相近孟子以未可名性者言性善於孔子不敢顯言不明，而直斥孟子不備。朱子云：「孟子說性，是論性不論氣，孟子終是未備，所以不能杜絕荀楊之口，然不備但少欠耳，不明則大害事。」陳器之云：「孟子時，諸子之言性，往往皆於氣質上有見，而遠指氣質之性，諸子方執於此，孟子所以不復言之，義禮，之故併二者而言之曰，論性不備氣，論氣不論性不明，正恐後學死執孟子之說，而遺失氣質之性，故程子之論，所以矯諸子之偏。」宋儒剖析至此，愈令人惑，學者習聞宋儒之說完備剖析，以孔子所言者一性任其閡隔，不復求通，茍還而體會易論語中庸孟子於傳注洵疑惑不解矣宋儒之所以失者安在曰性之名自古及今雖婦人孺子亦矢口舉之不謬者也。本盡人可知之通名也儒者轉過求失之，如飛潛動植，舉凡品物之性皆就其氣類別之人物分於陰陽五行以成性舍氣類更無性之名醫家用藥在精辨其氣類之殊不別其性則能殺人使曰此氣類之殊者已不是性，良醫信之乎！試觀之桃與杏，取其核而種之，萌芽甲坼，根幹枝葉，爲華爲實，形色臭味，桃非杏也杏非桃也無一不可區別，由性之不同，是以然也，其性存乎核中之白，即俗稱桃仁杏仁者。形色臭味無一或闕也凡殖禾稼卉木畜鳥獸蟲魚皆務知其性知其性者，知其氣類之殊，乃能使之碩大蕃滋也，何獨至於人，而指夫分於陰陽五行以成性者曰，

此巳不是性也豈其然哉天道陰陽五行而巳矣人物之性分於道而有之成其各殊者而巳矣其不同類者各殊也其同類者相似也孟子曰「如使口之於味也其性與人殊若犬馬之與我不同類也則天下何嗜皆從易牙之於味也」又言：「動心忍性」是孟子矢口言之，亦即別於氣類盡人而知之性，孟子言性，曷嘗自歧為二哉。於告子生之謂性必致辨者成則各殊，徒曰生而巳矣，將同人於犬牛，而不察其殊。告子聞孟子詰之不復曰然者非見於仁義禮智之粹然者人與物異。而語塞也，犬與牛之異，又豈屬仁義禮智之粹然者哉！況朱子言性之本物與人同至形氣之偏始物與人異是孟子又舍其理之同而就形氣以為言矣，且謂告子徒知知覺運動之蠢然者人與物同在告子既以知覺運動者為性何不直應之曰然斯以見告子亦窮於知覺運動不可騐人物而目為蠢然同也觀孟子以氣類之殊詰告子知孟子未嘗謂性之為理亦明矣。

問知覺運動不可騐人物而目為蠢然同，其異安在？曰凡有生即不隔於天地之氣化陰陽五行之運而不巳矣天地之氣化也人物之生本乎是由其分而有之不齊，是以成性各殊，知覺運動者統乎生之全言之也，由其成性各殊，故知覺運動者亦殊，氣之自然潛運，飛潛動植皆同，此生生之機原於天地之氣以及所資以之以生見乎知覺運動也亦殊，氣之自然潛運，飛潛動植皆同，此生生之機原於天地之氣以及所資以養者之氣則不同所資以養者之氣雖由外而入大致以本受之氣召之五行有生克遇其克之者傷甚則死此可知性之各殊矣本受之氣及頻資以養者之氣必相得而不相逆斯外內為一其得於天地之氣本一然後相得不相逆也氣運而形不動者，卉木是也凡有血氣者形能動者也由其成性各殊故形質各殊則其形質之動而為百體之用者利用不利用亦殊知覺云者如寐而寤曰覺心之所通曰知百體皆能覺而心之知覺為大凡相忘於習則不覺見異焉

乃覺，魚相忘於水其非生於水者，不能相忘於水也，則覺不覺亦有殊致矣。聞蟲鳥以為候，聞雞鳴以為辰，彼之感而覺，覺而聲應之，又覺之殊致有然焉，無非性使然也。若夫虎狼之父子，蜂蟻之君臣，其自然之知覺，合於人之所謂理義者矣，而各由性成人則無不全也，全而禮之無憾者，聖人也，知之極其量也，知覺運動者人物之所以異者，人物之殊致人則無不全也，故孟子曰「性善」言理之為性非言性之為理。人之生也分於陰陽五行以成性而其得之也全，聲色臭味之欲以養其生喜怒哀樂之情感而至乎物，美惡是非之知思而通於天地鬼神，凡日用事為皆性為之也，所謂人道之本而所謂人之原於陰陽五行，所謂天道也，言乎天地之化曰天德耳目百體之所欲，血氣資之以養者原於天地之化者也，故在天為天道，在人為性，而見於日用事為人道，仁義之心原於天地之中曰天德在人為性之德，然而非有二也。就天之化而於語無憾曰天地之中就日用事為而語無失曰仁義凡達諸天下而不可廢者，未有非性之然者也古人言性但以氣稟言理義為性蓋不待言而可知也且孟子時異說紛起以理義為聖人治天下之具設此一法以強之從害道人之言皆由外理義而生人但知其於聲目之於色鼻之於味之為性，而不知心之於理義，亦猶耳目鼻口之於聲色臭味也，故曰至於心獨無所同然乎，蓋就其所知以證其所不知，舉聲色臭味之歸之於耳目鼻口，舉理義之歸之心，省內也非外也比而合之，以解天下之惑俾曉然無疑於理義之為性，害道之言，庶幾可以息矣。孟子明人心之通於理，與耳目鼻口之通於聲色臭味，咸根諸性而非後起後儒見孟子言性則曰理義，則曰仁義禮智不得其說，遂謂孟子以理為性推而上之以理為生物之本匯徒於道於

性不得其實體，而於理之名亦失其起於天地人物事為不易之則，使人茫然求其物不得矣

問聲色臭味之欲亦宜根於心今專以理義之好為根於心於好是懿德固然矣抑聲色臭味之欲，徒根於耳目鼻口歟！

心君乎百體者也百體之能皆心之能也豈耳悅色目悅聲鼻悅臭口悅味非心悅之乎曰否心能使耳目鼻口不能代

耳目鼻口之能彼其能者各自具也，故不能相為人物受形於天地故恆與之相通盈天地之間有聲也有色也有臭也，

有味也舉聲色臭味則盈天地間者無或遺矣外內相通其開竅也是為耳鼻口，五行有生克則相得克則相逆血氣

之得其養失其養繫焉資於外足以養其內此省陰陽五行之所為外之盈天地五行之備於吾身外內相得無間而

養道備民之質矣。日用飲食，自古及今，以為道之經也血氣各資以養，而開竅於耳目鼻口以通之，既於是通故各成

其能而分職司之孔子曰「少之時血氣未定戒之在色及其長也血氣方剛戒之在鬥及其老也血氣既衰戒之在得

」血氣之所為不一舉凡身之嗜欲，根於血氣也孟子曰「理義之悅我心猶芻豢之悅我口」非喻

言也凡人行一事有當於理義其心氣必暢然自得悖於理義心氣必沮喪自失以此見心之於理義一同乎血氣之於

嗜欲皆性使然耳耳目鼻口之官臣道也心之官君道也臣效其能而君正其可否理義非他可否之而當是為理義聲

色臭味之欲察其可否皆有不易之則，故理義者，非心出一意以可否之，若心出一意以可否之，何異強制之乎因乎

其事察其不易之則，所謂有物必有則以其則正其物，如是而已矣。

問人物分於陰陽五行其成性各不同人之生也，稟天地之氣則亦宵乎天地之德，物之得於天者，非稟氣而生遺天地

之德也而孟子道性善但言人之異於禽獸幾希之獨人之性善其故安在曰耳目鼻口之官各有所司，而心獨無所司

（清）戴東原　孟子私淑錄

心之官統主乎上以便之，此凡血氣之屬皆然，其心能知覺，皆懷生畏死，因而趨利避害凡血氣之屬所同也，雖有不同，不過如此有明闇耳就其明闇以制可否不出乎懷生畏死者不在是禽獸知母而不私於父者一及於知覺也然愛其生之者及愛其所生與雌雄牝牡之相愛同類之不相噬習處之不相齧進乎懷生畏死矣。一私於身一及於身之所親，皆仁之屬也，私於身者仁其身也，及於身之所親者仁其所親也本天地生生之德發乎自然有如是，人之異於禽獸亦不在是人物分於氣化各成其性一陰一陽流行不已生生不息觀於生生可以言仁矣，在天爲氣化之生生在人爲其生生之心，是乃仁之爲德也非別有一物以與人而謂之仁，由其生生有自然之條理惟條理所以生生，觀於條理之秩然有序，可以言禮矣，失條理則生生之道絕，觀於條理之截然不可亂，可以言義而舉仁貴全乎禮義論語曰：「克謂之禮謂之義合而言之舉義可以該禮舉禮亦可以該義而舉仁亦非別有其物而已復禮爲仁」是也，若夫條理得於心爲心之濬然而條理則名曰智者異是。中庸言：「修道以仁」連舉義又連舉禮而不及智言以達德行達道舉智仁勇而不及禮義互文也禮義有愆，由於不智告子曰：「食色性也仁内也非外也義外也非内也。」即其生之謂性之說同人於犬牛而不察其殊也彼以自然者爲性使之然以義爲非自然使之強而相從老聃莊周告子及釋氏皆不出乎以自然爲宗惑於其說者以自然直與天地相似，夏無容他求，遂謂爲道之至高，宋之陸子靜明之王文成，及才質過人者，多蔽於此孟子何嘗以自然者非性使之然哉以義亦出於自然也故曰「惻隱之心人皆有之羞惡之心人皆有之恭敬之心人皆有之是非之心，人皆有之」孟子之言乎自然異於告子之言乎自然，蓋自然而歸於必然，必然者不易之則也，非制其自然使

孟子私淑錄

三一

35

之強而相從也,天下自然而無失者其惟聖人乎?孔子言「從心所欲不踰矩,」從心所欲者自然也,不踰矩者歸於必然也,必然之與自然,非二事也,就其自然,盡而無幾微之失,是其必然也,如是而後無憾,如是而後儻安,是乃所謂自然之極致。彼任其自然而失者,無論矣,貴其自然,靜以保之,而視問學為用心於外及乎勤應,如其材質所到,賢聖之所謂自然也。彼任其自然而失者,無論矣,貴其自然,靜以保之,而視問學為用心於外及乎勤應,如其材質所到,亦有自然不失之處,不過材質之美,偶中一二,若統計行事差謬多矣。且一以自然為宗而廢問學,其心之知覺有所止不復曰益差謬之多不求不思以此終其身而自曾大,是以君子惡其害道也,老聃莊周告子釋氏之說貴其自然同人於禽獸者也。聖人之教,使人明於必然所謂考諸三王而不謬建諸天地而不悖質諸鬼神而無疑百世以俟聖人而不惑斯為明之盡人與物咸有知覺,而物之知覺不足與於此人所稟受其氣清明遠於物之不可開通禮義者,心之所通也人以有禮義異於禽獸宜人物循乎自然人能明於必然此人物之異孟子以人皆可以為堯者,惟人性開通能不失其條理則生生之德因之至盛物循乎自然人能明於必然此人物之異孟子以人皆可以為堯舜斷其性善在是也。卷二以上

問荀子之所謂性亦孟子之所謂性孟子知性之全體,其餘皆不知性之全體,故惟孟子與孔子合,然指為性者塞古今所同謂之性,至告子所謂性,朱子謂一似荀子言性惡,一似揚子言善惡混,一似釋氏作用是性,今以荀揚不與釋氏同則告子不得與荀揚同矣豈獨與釋氏所謂性相似歟曰然,老聃莊周之書其所貴為者咸此也杞柳湍水之喻,是物也其視仁義視善不善歸之有欲有為以後事而其保此性也,主於無為自然即釋氏云不思善不思惡時認本來面目是也,寔一說而非有三說。

(清)戴東原　孟子私淑錄

問告子釋氏指何者為性曰神氣形色古賢聖一視之修其身期於言行無差謬而已矣故孟子曰：「形色天性也，惟聖人然後可以行踐行。人物成性不同，故形色各殊，人之形官器利用，大遠乎物，然而幾如物之蠢然是不踐行也於人之道無憾無失斯為踐行耳老聃莊周告子釋氏其立說似參差大致皆起於自私以自然為宗彼視一身之中具形氣以生而神為之主宰因貴此神以為形氣之本究之神與氣不可相離，故老子曰：「一生二，二生三，三生萬物，萬物負陰而抱陽沖氣以為和。」其言乎天地間也曰：「有物混成先天地生」從此而分陰陽可言有神存乎其有，而不可謂有又不可謂無然不離氣者也故曰沖氣，上之原於有物混成先天地生之道不離氣而別於氣故曰：「道之為物惟恍惟忽，忽分恍分其中有像，恍分忽分其中有物。」莊子言神之主宰於身，則曰若有真宰，而特不得其朕曰「其有真君存焉，如求得其情與不得無益損乎其真。」繼之曰「一受其成形不亡以待盡與物相刃相靡其行盡如馳而莫之能止不亦悲乎。」言此神受形而生則不去以待形化，而有血氣乃有情欲皆足以戕之趨於速敝也。又曰「人謂之不死奚益其形化其心與之然可不謂大哀乎」言人壽有修短雖不死之日不知其所歸，言求諸外者徒勞其神者也。又曰「終身役役而不見其成功，苶然疲役而不知其所歸，可不謂哀邪」言神受形而不亡以待盡與物物相刃相靡其行盡如馳而莫之能止人之說與莊子此條同老氏言長生久視釋氏言不生不滅，語似異而以死為返其真，視形體為假合，從而空之不過恐害其神之自然指歸不異也。告子同於釋氏，以神識為性，釋氏謂之曰真空，謂之曰作用，謂湛然常寂，謂用無方，用而常空，空而常用，問如何是佛？曰，「見性為佛」，如何是性曰，「作用為性」，如何是作用？曰，「在目曰見，在耳

孟子私淑錄

三三

曰聞，在鼻臭香，在口談論，在手執捉，在足運奔，徧見俱該法界，收攝在一微塵，識者知是佛性，不識喚作精魂，此皆生之謂性之說也，固無取乎善惡之分，其顯然道破處，不思善不思惡，時認本來面目，即老子所云：「上士聞道，勤而行之，中士聞道，若存若亡，下士聞道大笑之，不笑不足以為道。彼饑食困眠閒之即可大笑，此即致虛極，守靜篤，妙用無方」，老聃莊周告子釋氏立言不同，守而同出一轍如是。宋時亡也。」其說大都主於一切空之中。

如陸子靜、楊敬仲，及明王文成諸人，其言論皆如此。子靜之言曰，「當惻隱時，自然惻隱，當羞惡時，自然羞惡，何有闕之言曰，「目能視，所以能視者何物？」又曰，「口能嚐，所以能嚐者何物？耳能聽，所以能聽者何物？」又曰，「鼻能臭，所以能臭者何物？手能運用，足能步趨，心能思慮，所以能運用步趨思慮者何物？」王文成之言曰，「聖人致知之功，至誠無息，其真知之體，皦如明鏡，妍者妍，媸者媸，一過而不留，即是書，即無所住處。」佛氏嘗有是言，「不知邵子之學深得於老莊其書未嘗自諱以心為性之郛郭，謂人之神宅此郛郭之中也，朱子於其指神為道指神為性者，皆轉而以理當之，邵子之書有曰，道與一神之強名也」幾以道為不足當神之稱矣，其書又曰「神統於心，妍者妍，媸者媸，明鏡之應妍媸，亦是常惺惺，不留，本來面目。」文成釋氏之常惺惺，亦是常存他本來面目。

問邵子云「神無方而性有質。」又云「性者道之形體，心者性之郛郭。」又云，「人之神即天地之神」合其言觀之，所謂道者指天地之神無方也此老聃莊周所謂道所謂性而邵子亦言之何也？「邵子之學深得於老莊其書未嘗自諱以心為性之郛郭，謂人之神宅此郛郭之中也，朱子於其指神為道指神為性者，皆轉而以理當之，邵子之書有曰，道與一神之強名也」幾以道為不足當神之稱矣，其書又曰「神統於心，氣則養性，為性者，皆轉而以理當之，氣統於腎，形統於首，形氣交而神主乎其中三才之道也」此以神周乎一身而宅於心為之統會也又曰「氣則養性

性則乘氣，故氣存則性存性動則氣動也。此即導養之說，指神之熅熅而不昧者爲性性之絪縕，而不息者爲命，神乘乎氣而資氣以養也。王文成云，「夫良知一也，以其妙用而言謂之神，以其流行而言，謂之氣」立說亦同。

問張子云「由大虛有天之名由氣化有道之名合虛與氣，有性之名合性與知覺有心之名。」別性於知覺，其所謂性似同於程子云「性即理也。」與邵子指神爲性者有異。陳器之云，「仁義禮智者，義理之性也，有義理之性，而無氣質之性，則無異於枯死之物，有義理以行乎血氣之中，有血氣以受義理之體，合虛與氣而性全。」故「合虛與氣有性之名」，「然以虛指理，古賢聖未嘗有是稱不

幾猶釋氏，言空是性歟？」曰，「釋氏所謂空是性者，指神之本體又言作用是性則指神在形質之中而能知覺運動也。」張子云「神者大虛妙應之目是其所謂虛，亦未嘗不以爲神之本體而又曰天之不測謂神而有常謂天然則由太虛有天之名者，以神而有常爲言。釋氏有見於自然，故以神爲已足張子有見於必然之爲理故不徒曰神而曰神而有常此其所見近於孔孟而異於釋氏也然此其所見理爲如一物故其言理也求其物不得就陰陽不測之神以言理以是爲性之本源而目氣化生人生物曰游氣紛擾而合而成質者生人物之萬殊則其言合虛與氣指神而有常氣指游氣紛擾乃雜乎老釋之見未得性之寔體也性由氣化有道之名一語合於易言一陰一陽之謂道又曰「神天德化天道」道以化言是也德以神言非也彼釋氏自貴其神亦以爲足乎天德矣張子之書又有之曰「氣有陰陽推行有漸爲化，合一不測爲神聖人復起，不易斯言」邵子言形可分語可參觀以人物驗之耳目百體會歸於心者合一不測之神也如耳目鼻口之官是形可分也而統攝於心是神不可分也夫天地間有陰陽斯有人物於其摧行謂之化於其合一謂之神天道之自然也於其分用爲耳目百體於其合一則爲心生物之自然也是

故就天地言化其事也神其能也事能俱無憾天地之德也人之血氣本乎化人之心知配乎神血氣心知無失配乎天地之德無憾無失夫是之謂理而已矣由化以知神由化與神以知德天之生物也使之一本而以性專屬之神則目形體為假合以性專屬之理則為纔說性時已不是性皆二本故也。

間宋儒言稟理然後有性稟氣然後有形雖揣以為說謂理氣渾淪不害二物之各為一物毫求其物不得若老聃莊周告子釋氏之言夫性則確有指定不過區別於形氣之中言其主之者曰形曰氣曰神三者求之一身儼然如三物。

凡血氣之屬未有或闕者也荀子謂「性者天之就」雖專屬形氣之自然固不遺夫神而以為非天之就也其稱性也兼以惡槩之而仲其重學崇禮義之說何以論荀子則曰不知性之全體而已。論告子釋氏則斷為異說何也曰性者分於陰陽五行品物區以別焉各為之本始統其所有之事所具之能所全之德而名之曰性者「成之者性」是也其一身中分而為言曰形曰氣曰神者材也易言「精氣為物」是也心為形君耳目百體者從融而靈心者氣通而神告子貴其神者也其不動心神定而一無責為之為不動也性可以根祇言材可以純駁清濁言由其成性也殊則其材神亦殊成是性斯為是材神可以主宰樞紐言思可以敏鈍得失言知可以淺深精粗言皆根於性而存乎材者也理譬之中規中矩也氣通而神是以能思資於學以邃其思以極其知之量古賢聖之教也。

荀子不知性之全體而其說歪於重學崇禮義猶不失為聖人之徒特未聞道耳老聃莊周告子釋氏以自然為宗不知性之區別而徒貴其神去其情慾之能害是者即以為已足與古賢聖立教由博學審問慎思明辨以求無差謬者異是故斷之為異說不得同於荀子也。

(清)戴東原　孟子私淑錄

問周子通書有云「聖可學乎曰有要乎曰有」請問焉曰「一爲要，一者無欲也，無欲則靜虛動直，靜虛則明，明通，動直則公，公則溥，明通公溥庶矣哉」此與老氏「爲道日損」釋氏「六用不行眞空妙智」之說及陸子靜言「人心至靈，此理至明人皆有此心，心皆具是理」王文成言「聖人致知之功，至誠無息，其良知之體皦如明鏡」者，「立言不殊。」後儒於周子則以爲切要之指莫敢違議，於老釋陸王則非之何也？曰周子之學得於老釋者深，而其言渾然與孔孟相比附後儒莫能辨也。朱子以周子爲二程子所師，故信之篤，考其寔固不然。程叔子撰明道先生行狀言「自十五六時聞周茂叔論道遂厭科舉之業慨然有求道之志未知其要，泛濫於諸家，出入於老釋者幾十年，返求諸六經然後得之」其不得於周子明矣！且直字之曰周茂叔其未嘗師事亦明矣！見周茂叔乃出入於老釋，累年朱子年四十以前猶馳心空妙宋儒求道往往先以老釋爲借階雖終能覺寤老釋之非，而受其薇習於先入之言不察者亦不少周子論學聖人主於無欲王文成論致知主於良知之體皆以老釋廢學之意而論學害之大者也。

問程子朱子以性爲足於已，其語學則曰復其初，程子云，「聖賢論天德，蓋自家元是天然，完全自足之物，若無所汚壞，即當直而行之，若小有汚壞，即敬以治之，使復如舊。」朱子於論語首章，「學而時習之」，皆以復其初爲言。復其初之云出莊周書，莊子繕性篇曰，「繕性於俗學，以求復其初，滑欲於俗知，謂之蔽蒙之民。」無異釋氏所謂本來面目然孟子亦曰「大人者，不失其赤子之心者也」豈彼以神言此以理言不嫌於語同而指歸異歟？曰「孟子言性善非無等差之善不以性爲足於已也主擴而充之非復其初也人之形體與人之心性比而論之形體始乎幼小終於長大方其幼小非自有生之始即攖疾病小之也今論者，又曰，「文滅質，博溺心，然後民始感亂，無以返其性情，而復其初。」使復如舊明明德。」朱子於大學明明德，皆以復其初爲言。

孟子私淑錄

三七

心性折曰其初盡人而聖人自有生之始即不汙壞者鮮豈其然哉！形體之長大資於飲食之養，乃長日加益，非復其初心性之資於同學進而賢人聖人，非復其初明矣。形體無虧闕故可以長大而天傷者失其可長大者也亦予之心皆有仁義禮智之端可以擴充，而不充之者失其能充之心者也。人物分於陰陽五行以成性而人異於物者其性開通無不可以臚其昧而進於明，較其材質等差，凡幾古賢聖知人之得於天有等差，是以重問學貴擴充老聃莊周告子釋氏謂得之以性皆同其神與天地等量是以守已自足主於去情欲以勿害之不必問學以充之宋儒或出焉或入焉故習其說者不得所據多流於老釋讀古人書所慎尤在疑似此亦當辨之大端也。

問神為形氣之主宰，莊子謂「一受其成形不亡以待盡」釋氏人死為鬼復為人之說同此。在古人制祭祀之禮以人道事鬼神而傳稱鬼猶求食及伯有為厲又宇宙間怪見不一愚夫婦亦往往耳聞目見，不得不惑於釋氏所云而言仙者又能盜氣於天地間使其神離血氣之體以為有故其言性也即神之炯炯而不昧者其言命也即氣之綱縕而不息者，有所指塗也如是老聃莊周告子釋氏靜以為夫一身，見莫先於此莫貴於此，今以形氣神統歸之材而曰性可以根柢言神可以主宰樞紐言理則譬之中規中矩，不以神先形氣，不以理為主宰樞紐根抵老釋之說宋儒之說指歸不同而失同何也？曰「孔子言原始要終，故知死生之說精氣為物，游魂為變是故知鬼神之情狀人物分於陰陽五行以成性，成是性斯為是材以生可以原始而知也其生也精氣之融以有形體凡血氣之屬，有主則能運動能知覺，知覺者其精氣之秀也，能通乎天地之德，因行其所知底於無失斯無往非仁，無往非禮義矣。左氏春秋曰「人生始化曰魄既生魄陽曰魂魂魄非他，其精氣之能知覺運動也是以又

謂之神靈。」曾子言陽之精氣曰神,陰之精氣曰靈,是也;至於形敝而精氣猶凝,是謂游魂,言乎離血氣之體也,精氣為物者,氣之精而凝,品物流行之常也;游魂為變者,魂之游而存,其後之有敝有未敝也,變則不可窮詰矣,彼有見於游魂為變而主其一偏,昧其大常,遂以其盜天地生生之機者為已之本體,彼之以神為有天地無形氣,聖人所謂游魂為變中之一端耳。在老釋就一身分言之有形氣,有神識而以神識為本,推而上之以神為有天地之本體,遂求諸無形無象者為毫有而視有形有象為幻,在宋儒以形氣神識同為已之私,而理得於天推而上之於理氣截之分明,以理為無形無象之實,有而視有形有象為粗,天之生物也使之一本,荀子以禮義與性為二本,宋儒推崇理於聖人之敎不害也,不知性耳。老聃莊周告子釋氏以神與形體為二本然而荀子推崇禮義宋儒推崇理與氣質為二本老聃莊子告子釋氏守已自足,不惟不知性而已毫害聖人之敎者也。

問程叔子撰明道先生行狀云「泛濫於諸家,出入於老釋者幾十年,返求諸六經然後得之。」呂與叔撰橫渠先生行狀云「范文正公勸讀中庸,先生讀其書雖愛之猶以為未足,於是又訪諸釋老之書,累年盡究其說,知無所得反而求之六經。」朱子語類廖德明錄癸巳所聞云「先生言二三年前見得此事尚鶻突為他佛說得相似近年來方看得分曉。」四十四歲。朱子答汪尚書書云「熹於釋氏之說蓋嘗師其人尊其道求之亦切至矣然未能有得其後以先生之敎,校乎前後緩急之序,於是暫置其說而從事於吾學,其始蓋未嘗一日不往來於心也,以俟卒究吾說而後求之未為甚晚,而二三年來心獨有所自安雖未能即有諸已然欲復求之外學以遂其初心不可得矣」考朱子慕禪學在十五六時,年二十四見李愿中敎以看聖賢言語,而其後十餘年有答何京叔二書,意見乃與釋氏不殊,信彼為

孟子私淑錄　　　　　　　　　　　　三九

有毫得，此爲支離，反用聖賢言語指其所得於釋氏者，及五十內外所見漸定，不惑於釋氏合觀程子朱子張子皆先

人於老釋，鑒之能覺窮其非何也？考之六經，茫然不得性道之實體，則不求諸彼矣，求諸彼而其言道言性確有指實，且言夫體用一致也似神能廉不

周，如說性周法界，浮智圓妙，體自空寂。故朱子嘗馳心空妙，冀得之以爲衡，鑒事物之本極其致，所謂明心見性不過六用不行

彼所以還其神之本體者，即本體得矣，以爲如此，便沿無欠闕矣，寔動便差謬在彼以自然爲宗本不論差謬與否而

四君子求是之心欠之亦知其不可持以衡鑒事物，故終能覺窮其非也，夫人之異於物者，人能明於必然百物之生

道其自然也孔孟之異於老聃莊周告子釋氏者自吾學以至從心所欲不踰矩皆見夫天地人物事爲有不異之則，孟

爲必然而博文約禮，以漸致其功，彼謂致虛極守靜篤，爲道日損損之又損以至於無以至於道法自然，無以復加矣

子而後惟荀子見於禮義爲必然見於不可徒任自然而不知禮義即自然之極則宋儒亦見於理爲必然而以理爲太

極爲生陽生陰之本爲不離陰陽仍不離於人物爲本來面目朱子之辨釋氏也曰「

則也視理儼如一物加以主宰樞紐根柢之說一似理亦同乎老釋所指者之於人爲本來面目朱子之辨釋氏也曰「

儒者以理爲不生不滅，釋氏以神識爲不生不滅」就彼言神識者，轉之以言理，尊理而重學，遠於老聃莊周告子

釋氏矣。然以彼例此而不協乎此故指孔孟所謂道者非道所謂性者非性增一悞忽不可得而推究之主宰樞紐根柢

因視氣曰空氣視心曰性之郭郭是彼奉一自然者之神居此空氣之上郭郭之中此奉一必然之理居此空氣之上郭

郭之中也苟知有物必有則不以則與物二視之庶幾於孔孟之言道言性者始可通物者指其實體實事之名則者稱

(清)戴東原　孟子私淑錄

其純粹中正之名，實體實事固非自然而歸於必然，天地人物事為之理得矣自然之極則是謂理，宋儒借階故釋氏，是故失之也。凡習於先入之言往往受其蔽而不覺宋儒言道為氣之主宰樞紐如彼以神為氣之主宰樞紐也以理能生氣如彼以神能生氣也以理關在形氣之中變化氣質則復其初如彼以神受形氣而生不以形物欲累之則復其初也，皆改其所指為神識者以指理其終遠於老釋而近於孔孟則彼以自然為指歸，此以必然為指歸也。」以上卷三

膚淺小書

劉歆移太常博士書言孝成皇帝閔學殘文缺逌陳發秘藏得此三事以考學官所傳往者綴學之士猶欲保殘守缺挾恐見破之私意而無從善服義之公心抑此三學以尚書為備謂左氏為不傳春秋豈不哀哉華陽國志引春秋穀梁傳序云成帝時議立三事博士巴郡胥君安獨駁左氏不祖聖人則劉歆之所謂者正胥君安也

六譯先生已刻未刻各書目錄表

廖幼平

先君六譯先生著述極富目錄可考者殆數百種，除有目無書及遺稿散佚一時無法搜集外現有未刻者廿一種，已刻者九十七種。刊刻年月先後不一且非出自一八一二十年前經先君勒為六譯叢書書版並存古書局，嗣由四川大學接管。未經收入六譯叢書者，亦尚有數種。今將書名及成書刻書時間，分別考證列表於下：

書　名	卷數	成書時	刊刻時	刊刻者	備　考
爾雅舍人注考	一	光緒三年	同	成都尊經書局	在蜀秀集中
穀梁春秋經傳古義疏	十一	光緒十年	(一)光緒廿六年 (二)民國十九年 (三)民國十三年	渭南嚴穀孫 犍為張榮芳 湖南周文煥	此書有三本版各存其家
起起穀梁廢疾	一	光緒十年	光緒十一年	渭南嚴穀孫	附刻穀梁疏後
釋范	一	光緒十年	光緒十一年	仁壽蕭藩 渭南嚴穀孫	附刻穀梁疏後
今古學考	二	光緒十一年	光緒十二年	尊經書局	
經學初程	一	光緒十二年	光緒廿三年	尊經書局	
公羊解詁三十論	三	光緒十二年	光緒廿三年		十年成十論十一年成續十論十二年又成再續十論

書名		成書年	刊刻	備註
羣經凡例		光緒十二年	尊經書局	今本係十二年後改訂本
分撰兩戴記章句凡例		光緒十二年	尊經書局	
六書舊義	一	光緒十二年	仁壽蕭藩	
王制集說	一	光緒十二年	尊經書局	此書係十二年後改訂本
春秋圖表	一	光緒十二年	存古書局	
再箋左氏膏肓	二	光緒十二年	尊經書局	
知聖編	一	不詳	自刻	此書成於十二年二十七年又有修補
周禮刪劉	一	光緒十四年	綏定府中學堂	此書成於十四年二十七年改定
會試硃卷	一	光緒十五年	尊經書局	
游戲文	一	同上	不詳	
左傳杜氏集解辨正	二	光緒十八年	存古書局	
劉申綬左氏考證辨正	二	光緒十六年	自刻	此書成於十四年二十年又有增補

書名	卷數	撰年	刊行	備註
生行譜例言	一	光緒十九年	民國四年	存古書局
貞悔釋例		不　詳	民國二十六年	自　刻
古學考	一	光緒二十年	光緒二十三年	尊經書局
游峨日記	一	光緒廿二年	民國四年	存古書局
經話甲編	二	光緒廿二年	尊經書局	
尊經題目		光緒廿二年	尊經書局	
王制訂	一	光緒十一年	尊經書局	
經話乙編		光緒廿三年	(一)光緒廿四年 (二)光緒廿五年 (三)民國廿五年	尊經書局 新繁羅秀峯自刻 自刻	此書係將十四年所成之關劉編改訂
地球新義	一	光緒廿四年	資州藝風書院排印	
易經古本	一	光緒廿四年	存古書局	
周禮鄭注商榷	二	光緒廿五年	民國四年	存古書局
知聖續編	一	光緒廿七年	民國四年	綏定府中學堂
家學樹坊	二	光緒廿八年	民國四年	存古書局	子師慎纂
公羊補證	二	光緒廿九年	光緒卅二年	綏定府中學堂	只刊上卷

大統春秋條例	一	光緒廿九年	民國四年	綏定府中學堂 附公羊補證中
大同百目	一	光緒廿九年	民國四年	綏定府中學堂 附公羊補證中
羣經大義	一	光緒三十年	民國三年	存古書局
經學四變記	四		民國三年	存古書局 門人洪陳光補
羣經總義講義	二	光緒卅二年	光緒卅三年	不詳
周禮今證	四	光緒卅三年	民國三年	四川官班法政學堂
禮運三篇合解	一	不詳	民國四年	存古書局
容經訂本	一			尊經書局
莊子新解	一	光緒卅二年	民國廿四年	自 刻
楚辭新解	一	光緒卅二年	民國四年	自 刻
倫理約編	一	光緒卅二年	民國四年	存古書局
坊記新解	一	光緒卅二年	民國四年	存古書局
左氏古經說	十一	光緒卅四年	民國四年	成都府中學堂
尊孔編	一	宣統元年	（一）宣統元年 （二）民國三年	成都排印 存古書局
人寸診補證	二	民國三年	民國三年	存古書局 未收入六譯叢書

孔經哲學發微	一	民國二年	中華書局石印
四益館書目	一	民國二年	存古書局
診皮篇證	一	民國三年	存古書局
地理答問	一	民國三年	存古書局
詩諱新解	一	民國三年	同 上
漢志三統歷表	一	民國三年	存古書局
脈學輯要評	一	民國七年	存古書局
靈素五解編	一	民國三年	同 上
楚辭講義	一	民國三年	存古書局
高唐賦新釋	一	民國三年	存古書局
世界哲理箋釋	一	民國三年	存古書局
地理辨正補證	四	不詳	存古書局
撼龍經傳訂本注	一	不詳	存古書局
命理支中藏干釋例	一	不詳	存古書局
傷寒講義		民國四年	存古書局

四六　未收入六譯叢書

附釋人

此書係先生子師慎
原稿門人黃鎔補編

此書係先生孫宗澤
所輯

門人黃鎔箋釋

六譯先生已刻未刻各書目錄表

書名	卷數	年份	出版	備註
黃帝內經明堂		民國四年	存古書局	
診筋篇補證	一	民國五年	存古書局	
診骨篇補證	一	民國五年	存古書局	附中西骨格辨正
平脈篇	一	民國五年	存古書局	附十二筋病表
仲景三部九候診法	二	民國五年	存古書局	
營衛運行篇	一	民國五年	存古書局	
皇帝疆域圖	一	民國五年	存古書局	
難經經釋補證	一	民國五年	存古書局	
三部九候篇	一	民國五年	存古書局	附十二經動脈表
分方異宜篇	一	民國五年	存古書局	
診絡篇	一	民國五年	存古書局	
大學中庸衍義	一	民國五年	存古書局	此書係門人黃鎔就先生原稿補編
春秋三傳折中	一	民國六年	存古書局	此書係門人季邦俊就先生原稿補編
周禮訂本略注	二	民國六年	存古書局	先生原有周禮訂本黃鎔為之註
傷寒古本考	一	民國六年	存古書局	

書名		年代	出版
平脈法疨偽平議	一	民國六年	存古書局
傷寒平議	八	民國六年	存古書局
瘟病平議	一	民國六年	存古書局
傷寒總論	一	民國六年	存古書局
桂枝湯講議	一	民國六年	存古書局
尚書大統凡例	一	民國六年	存古書局
尚書宏道編	一	民國七年	存古書局
中候宏道編	一	民國七年	存古書局
禮記識	不詳	民國七年	存古書局
易說	一	不詳	存古書局
五變記	一	民國七年	存古書局
傷寒古本訂補	一	民國七年	存古書局
傷寒雜病論古本	一	民國七年	存古書局 以上二書係黃鎔堆本先生之說所成
文字源流考	一	民國十年	成都排印
詩經經釋	一	民國十九年 民國廿五年	自刻 未收入六譯叢書

易經經釋	一 民國廿一年	
六變記		民國廿五年 自刻
六譯館雜著		民國廿四年 自刻
六譯館文鈔		民國七年 存古書局
六譯館文鈔	二 民國十九年	民國九年 存古書局

未刻書目

詩經提要
詩本義
周禮皇帝治法考
春秋分國鈔四卷
左傳漢義補證十二卷
左傳三十論
左氏釋例一卷
左氏五十凡箋一卷
中庸新解一卷
論語徵言述

經典釋文考證
四益館經學叢書百種解題四卷
四益館經學穿鑿記一卷
列子新解一卷
古孝子傳三卷
六譯館文集

商君書說民弱民篇爲解說去彊篇刊正記

蒙季甫

商君書說民弱民二篇，與去彊篇文多重出，詳繹其義，乃知說民弱民二篇竝爲去彊一篇之注。弱民篇節目次第全同去彊，惟間有脫伕。說民篇承弱民篇之後節目次第亦太半與去彊篇同，間有異者，乃去彊篇錯簡正可據說民篇次第移改。蓋古者注與正文別行，若春秋之公穀易之彖象非如後世直系正文之下，故誤以爲別篇正文而又更立一篇耳。今本去彊第四說民第五，此猶可見古注必多附列正文之後，而弱民一篇則遠在二十，此又篇第之誤也。又去彊篇前半爲弱民篇所注釋者，即不復見於說民篇。說民篇所注釋者，亦不見於弱民篇。而凡爲說民篇所注釋者斬令必有之，且節目次第亦多相同。取韓非子飭令校斬令去其增多者，則固與說民篇所注釋之正文出入無幾也。疑去彊原爲兩篇，韓非子取說民所釋之一篇作飭令後世又取飭令斬令，而附商君書中故多複亂耳。今二篇別遠檢校不易，茲特以去彊篇爲正文弱民說民爲注釋，分節比附，一目瞭然，非好爲多舉正以明其相屬也。其諸字句譌誤當校改者具見本篇校讀，不復贅縷。至說民飭令斬令三篇同異，不及詳列也。

以強去強者弱以弱去強者強　去彊篇爲正文以下凡高二格者並同此例

民弱國彊民彊國弱故有道之國務在弱民樸則彊淫則弱弱則軌淫則越志弱則有用越志則彊故曰以彊去彊　弱民篇爲注文以下凡低二格者並同此例

者弱以弱去彊者彊

國爲善姦必多

商君書說民弱民篇爲解說去彊篇刊正記

五一

民善之則親利之用則和用則有任和用則匱有任乃富於政上舍法任民之所善故姦多

國富而貧治曰重富重富者強國貧而富治曰重貧重貧者弱民貧則力富力富則淫淫則有蟲故民富而不用則使民

以食出各必有力則農不偸農不偸六蝨無萌故國富而民治重疆 此節當有脫文

兵行敵之所不敢行疆事與敵所羞爲利

久處利勢必王故兵行敵之所不敢行疆事與敵所羞爲利

兵易弱難民樂生安佚死難正易之則疆事有羞多姦寡賞無失多姦疑敵失必利兵至疆威事無羞利用兵

主貴多變國貴少變

法有民安其次主變事能得齊國守安主操權利故主貴多變國貴少變

國多物削主少物彊千乘之國守千物者削

利出一孔則國多物出十孔則國少物守一者治守十者亂治則疆亂則弱疆則物來弱則物去故國致物者强去物者弱

戰事兵用曰疆戰亂兵息而國削

民辱則貴爵弱則尊官貧則重賞以刑治民則樂用以賞戰民則輕死故戰事兵用曰疆民有私榮則賤列卑官富

則輕賞治民羞辱以刑戰則民畏死事亂而戰故兵農息而國弱

農商官三者國之常官也三官者生蝨官者六曰歲曰食曰美曰好曰志曰行六者有樸必削三官之樸三八六官之樸

一八

農商官三者國之常食官也農關地商物官法民三官生蟲六曰歲曰食曰美曰好曰志曰行六者有樸必削農有餘食則薄燕於歲商有淫利有美好傷器官設而不用志行為卒六蟲成俗兵必大敗

以治法者彊以治政者削

法枉治亂任善言多治樂國亂言多兵弱法明治省任力言息治省國治言息兵彊

常官治者遷官　案弱民篇於此句無注釋說民篇有常官則治一句亦竟脫錯簡

治大國小治者小國大

故治大國小治小國大　案此上當有脫文

彊之重削弱之重彊

政作民之所惡民弱政作民之所樂民彊民弱國彊民彊國弱故民之所樂民彊而彊之兵重弱民之所

夫以彊攻彊者亡以弱攻彊者王

以彊政彊弱存以弱政彊去則弱彊去則主故以彊政弱削以弱政彊王也 自此以上皆釋去彊此下尚有明主之使其臣也以

彊民彊而弱之兵重彊故以彊重弱彊王

國彊而不戰毒輸於內禮樂蝨官生必削國遂戰毒輸於敵無禮樂蝨官必彊

至篇末二百七十八字則並不注釋去彊篇且文誼亦與上文不相屬今定以為錯法篇文詳見校讀中

商君書說民弱民篇為解說去彊篇刊正記　案此節弱民說民二篇均無注釋惟斬令篇云國貧而務戰毒生於敵無六蝨

五二

必強國富而不戰偷生於內有六蝨必弱與此節文意相同而此敬語
斬令篇與韓非于飭令篇同令檢韓非于飭令篇正無此數句明系別篇脫竄疑即弱民篇脫簡也

舉榮任功曰彊　案此句弱民說民二篇竝無注釋
蟲官生必削　案此句弱民說民二篇竝無注釋疑此句即上文國彊而不戰毒輸於內禮樂蝨官生必削之衍文
農少商多貴人貧商貧農貧三官貧必削　案此節弱民說民二篇竝無注釋
國有禮有樂有詩有書有善有修有孝有弟有廉有辯有慧國有十者上無使戰必削至亡國無十者上有使戰必興至王
辯慧亂之贊也禮樂淫佚之徵也慈仁過之母也任舉姦之鼠也亂有贊則行淫佚有徵則用過有母則生姦有鼠
則不止八者有羣民勝其政國弱政勝其民兵彊故國有八者上無以守戰必削
至亡國無八者上有以使戰必興至王

此曰自此以下凡低二格者竝是說民篇文亦去彊篇之注也案正文言十者而實八者其實八者竝是後人據文中所列之注也案正文言十者而實八者其實十二者非兵蓋戰為十二者而實以禮樂詩書修善孝弟誠信貞廉仁義非兵戰為十者斬令篇有博聞辯慧信廉禮樂修行羣黨任譽清濁不舉數目可見此諸名目竝有譌亂所舉數目竝非確也

國以善民治姦民者必亂至削以姦民治善民者必治至彊
用善則民親其親任姦則民親其制合而復者善也別而規者姦也章善則過匿任姦則罪誅過匿則民勝法罪誅
則法勝民民勝法國亂民勝法國治故曰以良民治必亂至削以姦民治必治至彊
國用詩書禮樂孝弟善修治者敵至必削國不至必貧國不用八者治敵不敢至雖至必郤　案此一節弱民說民二篇竝無注釋農戰篇有此數

語異文
略

蒙季甫 《商君書〈說民〉〈弱民〉》篇為解說《去彊》篇刊正記

興兵而伐必取取必能有之按兵而不攻必富〔案此節弱民說民二篇並無注釋靳令篇有此一節文全同農戰篇亦有之文略異〕

國好力日以難攻國好言日以難攻者起一得十以易攻者出十亡百

國以難攻起一取十國好力日以難攻國好言日以難攻民易為言難為用國法作民之所難

兵用民之所易而以力攻者起一得十國好言日以難攻者起一得十以易攻者出十必百

重罰輕賞則上愛民民死上重賞輕罰則上不愛民民不死上興國行罰民利且畏行賞民利且愛

罰重爵尊賞輕刑威民死上故興國行罰則民利用賞則上重賞〔案靳令篇去親賞行則民利韓非子飭令篇無〕

行刑重其輕者輕者不生重者不來此十八字舊本有嚴氏從秦本刪去非是又據說民篇此下當有行刑重輕刑去事成國彊重而輕輕則刑至而事生國削數句今本

法詳則刑繁法繁則刑省民治則亂亂而治之於其治則亂治之於其亂則治也治其事也

故行刑重其輕者輕者不生則重者無從至矣此行刑重其重者輕其輕者輕者不止則重者無

從止矣故輕之於其亂也故重輕則刑去事成國彊重而輕輕則刑至而事生國削

第說民脫濫在下當據說民篇移此斬令篇次與說民篇同可證當依說民篇為是

國無力而行知巧者必亡〔案此句弱民說民二篇均無注釋〕

怯民使以刑則勇勇民使以賞則死怯民勇勇民死國無敵者必王

者必王

民勇則賞之以其所欲民怯則殺之以其所惡故怯民使之以刑則勇勇民使之以賞則死怯民勇勇民死國無敵

商君書說民弱民篇為解說去彊篇刊正記

五五

貧者使以刑則富富者使以賞則貧治國能令貧者富富者貧則國多力多力者王

民貧則弱國富則淫淫則有蝨有蝨則弱故貧者益之以刑則富富者損之以賞則貧治國之舉貴能令貧者富富者貧國彊彊者必王　此數語當是因注釋去彊篇所引篇中正文而注釋則佚脫而去彊篇此數句又脫濫在下當依此移前

刑生力力生彊彊生威威生德德生於刑

王者刑九賞一彊國刑七賞三削國刑五賞五

故刑多則賞重賞少則刑重民之有欲有惡也欲有六淫惡有四難從六淫國弱行四難兵彊故王者刑於九而賞

國作壹一歲十歲彊作壹百歲千歲彊作壹百歲千歲彊者王

出一行於九則六淫止賞出一則四難行六淫止則國無姦四難行則兵無敵

威以一取十以聲取實故能為威者王　案此節弱民說民二篇並無注釋

民之所欲萬而利之所出一民非一無以致欲故作一則力摶力摶則彊

能生不能殺曰自攻之國必削能生能殺曰攻敵之國必彊彊而重彊故能生力能殺力曰攻敵之國必彊塞私道以窮其志啓一門以致其欲使民必先行其所要然後致其所欲故力多而不用則志窮志窮則有私有私則有弱故

能生力不能殺力曰自攻之國必削

故攻官攻力攻敵國用其二舍其一必彊令用三者威必王　案此節無正文必去彊篇文有佚脫

故曰王者國不蓄力家不積粟國不蓄力下用也家不積粟上藏也

蒙季甫 《商君書〈說民〉〈弱民〉》篇爲解說《去彊》篇刊正記

十里斷者國弱九里斷者國彊以日治者王以夜治者彊宿治者削
國治斷家王斷官彊斷君弱者輕刑去官則治省刑要保賞可倍也有姦必告之則民斷於心上令而民知所以應器
成於家而行於官則事斷於民用斷於家治明則同治闇則異同則行異則止行則治止則亂
治則家斷亂則君斷治國者賞下斷故以十里斷者弱以五里斷者彊家斷則有餘故曰日治者王官斷則不足故曰夜
治者彊君斷則亂故曰宿治者削故有道之國治不聽君民不從官

彊君斷則亂故曰宿治者削故有道之國治不聽君民不從官
案去彊篇自此以下尚有與民衆口數等二百九十一字其中除以刑去刑國治以刑致刑國亂故曰刑行刑重輕刑
去事成國彊重而輕輕刑至事生國削以力生彊彊生威威生惠惠生力力舉力以成勇戰戰以成知謀等六
十二字皆依說民斬令二篇移前其餘二百二十九字皆無注釋且
文意語法均不類似疑是別篇之文脫□考然以無佐證未敢武斷

膚淺小書

後漢書陳元傳諸儒以左氏之立論議譁譁目公卿以下數廷爭之」史通引東觀漢記云光武與
立左氏而桓譚衛宏並共誣訾故中道而廢此正元傳所謂李封卒因不復補者則諸儒譁譁公卿
廷爭者謂衛宏桓譚輩也桓衛並古文家而訾左氏又知謂左氏不傳春秋者東京之初今古兩家
皆同此說也

商君書說民弱民篇爲解說去彊篇刊正記　　五七

館藏明蜀刻本史通初校記

張蘊華

館藏史通一為陸深本每半葉九行行十八字墨精整為白棉紙印瑩潔如玉子玄書清代無宋刻永樂大典亦遺此編，陸本於明刻為最先陸刻即宋刻也。況是蜀地舊槧儼山所據亦宋代蜀刻豈以兩宋之世史學在蜀而史通亦獨重於蜀耶？陸本海內鮮見丁瞿記錄皆不知陸書云何他更無論惟士禮居曾見之亦不知流落何所是誠人間球寶於蜀更為足珍也。一為郭本亦鮮見於藏書家著錄是釋史通之最先者郭雖出二張之後但二張似源於別一宋本惟郭本符於陸刻則前世每以二張校正陸本之為愈也郭本每半葉九行行二十字評釋低一格小字單行竹紙初印字亦清勁二本皆首尾無缺篇頁完好無蟲鼠之害以今年春間先後入館藏陸郭並至詢足慶為珠聯璧合也展讀既竟方始校勘發記各家校釋源流如次：

（一）陸深——儼山在史館日嘗於崔氏獲見本寫本字多訛誤不能卒讀嘉靖甲午年王犀典以蜀刻本見貽，乃參互校觀誌其異同次年布政蜀中乃又訂其錯簡還其缺文以之付梓是為陸氏蜀刻本亦最早之明刻本也陸氏自言經其是正而史通始可讀高公詔跋陸本亦曰「辟光弱一號令子儀軍氣色益倍寒朗本反楚獄舉疑亡而多理出。」陸氏之功在子是矣。惜陸氏無別本可較故知者正之于其所不知蓋闕如也。

（二）張鼎思——持所藏抄本以校陸刻增更彌多于曲筆則增四百三十餘字于鑑識則增三百餘字而去其自它篇羼入者六十餘字因習上卷已亡刻中數行宜削者慎而弗削它無可據者則仍其舊焉。

（三）張之象——以陸文裕本訛舛倘多，乃據汝立藏宋刻本又參合衆本，相與證訂以宋本爲正，餘義通者，仍兩存之。刻於萬曆五年劉子玄書此獨完整無缺，卷終仍刻陸深識語。

（四）郭孔延——江右郭氏肆力詮釋，于人物則著其爵里，于史寔則爲之疏注釋史通者，此爲最先評則李維楨作，而郭續之。

（五）王維儉——因郭孔延所釋，重爲釐正，又以華亭張之象本參校刊定卷端有題識云，共校正二千一百四十二字孔延注本漏略，維儉所補引證較詳。

（六）黃叔琳——補王維儉註所未及浦起龍亦間據用黃本註釋雖不及起龍而不甚改竄猶屬謹嚴，於知幾原書亦頗有糾正。

（七）浦起龍——浦書作於郭王黃三家之後，斟酌損益，引據詳明，足稱該洽，惟輕於改竄古書，往往失其本旨。

（八）陳漢章——伯弢先生於近代最爲博洽，以膺南京大學之聘撰次史學通論，旁覽史通覺浦釋紀評猶未盡文弨獨歎其用字精覈凡作正字大書者皆宋本也殆就一偏評之耶？

得劉子玄言事所出或失其意爰據唐以前書補釋之，間或糾及本書成書最晚宜後來居上也又由柳翼謀先生密正，庶云無憾矣。

至於衆家校記則有孫酒夫馮已蒼錢遵王何義門而盧抱經顧抱冲成書晚，故所取者博近涵芬樓影印張鼎思本別采諸家校文爲札記亦可見其梗概茲不詳陳。

五九

宋世官書每非完帙見於通考及引證陳晁各家著錄累累皆是後合之民間傳本始慶獲全每有至明而後備者此抄本之所以足貴也史通蜀刻脫簡尚多二張各有補正郭延年稍後參校各本寔正文字蓋已臻完美也獨內篇十卷三十六篇而統體紕繆張弛三篇有目無書。唐書本傳云：「著史通內外四十九篇」核之目錄應爲五十二篇而唐書云十六篇而統體紕繆張弛三篇有目無書。唐書本傳云：「著史通內外四十九篇」核之目錄應爲五十二篇而唐書云云故說者謂三篇之佚當在宋子京之前也。然反覆子玄之書疑四十九篇本無闕佚以子玄之書文多複重諒先是隨時條記後綴集爲篇故多同一文句而諸篇皆見者蓋失於檢覈若此使先定篇章應乎撼意即徵事或同決無遺辭不異至於若此則子玄之先有條記後綴篇章必矣再求之外編雜說上中下三篇正其條記之存而無篇可隸者悉聚於此是蓋劉書屬稿之舊貫也其下篇雜記十條尤爲離異詳紬繹之其一二兩條殆即統體四五六七八各條殆即紕繆三九十各條殆即張弛豈此三篇者惟有條記而書固未成歟？是所缺各篇非亡於子京之前實未成於子玄之手則誦劉氏之書者謂之無所闕佚可也。
中國史籍之富並世諸國莫能與抗而究論作史之法亦以中國爲最先史通固其選也史通言夫史之有例猶國之有法國無法則上下靡定史無例則是非莫準昔孔子修經始發凡例左氏立傳顯其區域迄乎有晉年踰五百史不乏才而斯文終絕。唯令升先覺漢述丘明，重立凡例，勒成晉記鄧孫以下遂躡其踨史例中興於斯爲盛春秋以變文見義事不必論千孫以下乃有恆規此則史通之所由倣也千寶之釋五志也曰體國經野之言則書之用兵征伐之權則書之，忠臣烈士孝子貞婦之節則書之，文誥專對之辭則書之，才力技藝殊異則書之。蓋所謂審正得序而能袪史不勝史之弊此其所以當五百年史例中興之盛者耶？文心雕龍史傳篇曰春秋經傳舉例發凡自史漢以下莫有準的至

鄧粲晉紀始立條例又撮略漢魏憲章殷周雕湘川曲學亦有心典謨及安國孫盛立例乃鄧氏之規為則鄧氏亦言史例之偁也劉氏又曰杜預申以注釋干寶籍為師範。原注云，事具干寶晉紀中。知干之立例又本於杜之釋左杜氏春秋經傳集解序曰：故發傳之體有三，而為例之情有五。(一)曰微而顯，文見於此而起義在彼稱尊君命舍族尊夫人梁亡城緣陵之類是也。(二)曰志而晦，約言示制推以知例參會不地，與謀曰及之類是也。(三)曰婉而成章，曲從義順以示大順諸所譏摒壁假許田之類是也。(四)曰盡而不汙，直書其事具文見義丹楹刻桷，天王求車齊候獻捷之類是也。(五)曰懲惡而勸善求名而亡欲蓋而章，書齊豹盜三叛人名之類是也。然荀悅述漢紀其序曰夫立典有五志焉，一曰達道義，二曰彰法式三曰通古今四曰著功勳五曰表賢能於是天入之際事物之宜粲然顯著罔不備矣殆杜之釋左又因乎荀之述漢六代之史庶於編年固自荀氏首啟之也鄧孫之說既亡沈魏之書又略於校言史例者唯魏澹耳隋書著澹之史例云其一曰曲禮天子不言出諸侯不生名況天子乎若為太子父前子名禮之意也至如遷周之太子皆言名漢之儲兩沒其諱恐非其義班固范瞱陳壽王隱沈約參差不同寗卑失序至於魏收譚儲君之名書天子字過又甚焉其二曰三代之英賢聖相承莫過周室名器不及后稷追諡止於三王魏氏以前部落之長君耳太祖遠追二十八帝并稱崇高當須直筆裁而正之其三曰南巢桀亡牧野紂滅未嘗隱譚直筆審之。而太武獻文並命殺主害君莫知名姓逆臣賊子何所懼哉！兵交御坐而可隱沒乎。其四曰楚問九鼎，吳徵百牢無君之心實彰，夫子列經皆書曰卒，自晉德不競，宇宙分崩，聘使往來如敵國及其終也書之曰死便同庶人存沒殊今所撰諸國凡處華夏之地者皆書曰卒同之吳楚其五曰壼遂發問馬遷答之義已盡矣悛之述者仍未

圖書集刊

領悟。董仲舒司馬遷之意本云尚書者隆平之典春秋者撥亂之法與衰理異制作亦殊治定則直叙欽明世亂則辭旨顯晦故云周道廢春秋作薨舜盛尚書載之是也。漢興以來改正朔易服色臣力誦聖德仍不能盡余所謂述故事而君比之春秋謬哉。然則紀傳之體出自尚書不學春秋明矣。魏收云史旣修達者貽則子長自拘紀傳不存師表著泉流所由地非企及，雖復逐辭畏璽亦未思紀傳所由來也。史例之說至是已著復父別啓新塗以尚書述隆平而春秋為撥亂紀傳編年準此殊唐致迄北宋尚或述之至說尼父之經同商君之律儻亦自魏氏而啓歟？夫班之於例視馬為優劉子玄說蔚宗更謂班氏最有高名旣任情無例不可甲乙唯志可推耳博瞻可不及之整理未必愧也其睥睨孟堅自負已甚葉水心亦有蔚宗用律精深之歎，是三史相承，後則益葺蓋編年之家假春秋以啓其端作紀傳者從而鍾其成規而史例遂以益密飲水思源則循誦子玄之書而後知荀杜干孫肇造之功為不可沒也劉子玄謂:「陸機晉書直叙其事竟不編年旣不編何紀之有」而初學記引機之斷限議則曰「三祖實終為臣故書以三祖之情別乎往世創業傳此奇傑之謂也圖名同帝王故自帝王之籍不可以不稱紀則追王之義」則機於此書以三祖之事不可不如之君故其嘗崔本紀列傳之間李德林稱陸機見舜肆類上帝班瑞羣后便云「舜有天下不須格於文祖」此伸三祖帝王之籍所以稱紀也又稱陸機以列本著於虞書載黎見於商典以被晉朝正始嘉平之議此伸書為臣之事所以傳也是機之立義已明，而子玄譏之，未足云當又劉氏最稱袭子野王君懋書，而又薄之皆未足以執袭王之口子玄實因猾魏晉言史法者，菲衍以為書，惜尙未必盡得前修悶渺之情，專言史法之書始子玄而專言史法者固先於子玄也。

校記終

館藏明蜀刻本史通初校記

清代所見史通皆明刻各家著錄，胥無宋本永樂大典既遺是書類書徵引亦僅玉海而已。明刻以陸儼山深蜀刻本在嘉靖為最先。高公韶云，「儼山病蜀本史通難讀」彭汝寶云，「儼山左轄吾蜀謂史通漫漶不可讀而翻刻之，皆見史通原有蜀本儼山復整正重刻之儼山亦云王君舜與以左轄遷自川蜀之刻本，明年西來得因舊刻校之，」知王所熹本為蜀舊刻，陸本則劉新刻也。儼山據以訂錯還缺者，惟已漫漶故有待於「補殘刻繆訂其錯簡還其缺文。」儼山時宋刻既壞儼山先於崔子鍾家見史通抄本，知儼山刻本猶為崔氏寫本此張之象所謂吾鄉陸文裕公購得史通抄本及他刻本已而是正翻刻川蜀本也然儼山刻本自謂誤舛無別本可校逮萬曆中張鼎思睿父重刻陸本於豫章，鼎思云，「家有抄本又購求復得二三抄本各有舛譌參稽互證，庶幾可讀，陸氏本曲筆鑒識二篇，多所缺誤，睿父於曲筆篇為增四百三十餘字鑒識篇為增三百餘字而去其自他篇屢入者六十餘字此二篇乃為完書。」至陸本補注因習之缺誤張氏亦未之能補也張之象玄超得秦汝立家藏宋刻本以為字鏧句暢，大勝蜀刻陸本乃參合衆本大畋以宋為正鏤板流布。」於補注篇增陸本二百四十餘字因習篇增三百六十餘字而陸氏所恨缺誤者於此已成完書也。何義門云「張氏自謂曾得宋代刻本乃謂舛正待點勘何歟千里亦見張之象本乃何顧二家均不注重張本同異豈輕之耶盧召弓文弨影抄宋本云「史通下十卷無目錄而張之象有之張鼎思覆陸本均惟上十卷有目錄固與宋本序錄後即接目錄陸張二本亦然目錄第一第二為大字單行六家第一二體第二之例皆小字雙行如夾注陸張二本亦如此，一卷六家黃叔琳本尚書家春秋家俱各標一行宋

本無之今陸張於此亦同十二卷末別本有右說唐書四字召弓云，「宋無今陸張二本亦無之宋本史通卷二次行低格列二體載言本紀世家列傳各目錄，徐卷皆如此」此為宋本款式，陸張兩本亦同，則陸氏原於宋本無改舊貫於此更足見也張鼎思為據陸本重刻而張之象本亦仍刻陸深題為史通通語知張亦資陸本為參校。張之象所據宋本未知何如，而自卷一至卷二十均題唐鳳閣舍人彭城劉子玄撰已與盧召弓所見朱氏影鈔宋本不同至「參合眾本一語」尤未分明以明世宋本之外惟儼山一刻在玄超之前所云眾本者殆亦是抄本耳二張刻後郭延年孔延因張鼎思本作史通評釋為李維楨所作提要云，李維楨為隆慶進士孔延本末未詳」據王維儉序稱江右郭氏史通評釋何義門云「見萬曆中郭氏刻本」知郭為江右人書雖刻於張鼎思後亦在萬曆中也王維儉云「先讀郭本意多不合茲得華亭張之象本大善，有極快人者」盧召弓亦云「何氏鏜以朱氏影鈔宋本校張之象本知張本無大相乖舛者在郭本之上」依此二說似郭氏未見張玄超本補注因習二篇陸儼山張鼎思二本皆有缺誤惟張玄超本不缺今郭氏本亦不缺，苟郭未見張玄超刻，則其補此二篇，固又別有據耶？李維楨為隆慶進士為時略先於二張維楨作評釋其文義知李氏所見因習舊本郭氏繼陸李為書其無譌脫固玄超本外李氏別據一完本也補注篇為披覽旬郭附校語云劉本作搜宋本作披應李郭所據宋本也涌芽樓史通札記於疑識篇論才則同體引張本之象注云「劉本作體宋本作恥」而郭本無之疑郭未必襲之玄超又張鼎思本疑識篇中「夫史之曲筆誣書至盜憎主人之甚乎」一百九十九字郭氏本入之曲筆篇中，馮巳蒼本亦然疑馮即從郭本出何義門

浦二田並從之盧召弓云「何氏以影宋鈔本校張之象本無大乖誤在郭本之上惟曲筆篇中一段誤入鑒識篇中得郭本始得正其違錯是知二張皆與影宋本同惟郭本為異顧千里獨不以郭本二本為然影宋二張固自足為顧氏之據盧召弓於曲筆篇云「此下有一百九十九字脫在鑒識篇中陸儼山校本在此下」然按之陸本曲筆篇中曾無片辭隻字涉此一段文者盧氏固未見陸本即二張本亦未見不知何以此作語然以今推之召弓之說亦自有故陸本鑒識篇「妄施彈射炎下直接「夫以廢與時也」二張本此間有「夫史之曲筆誣書」一段百九十九字而陸本固無之則此自九十九字可能在曲筆篇中一也。依郭本此段入曲筆篇以考論陸本鑒識篇首起至不可同年止陸本無缺文錯簡接下郭本故知賣盲墨守起至受噬於拙目也止並劉注二字一正文計之凡三百一十六字陸之錯簡脫文適在此段接下如朝廷貴臣至情偽篇終無復譌漏是知陸所據本曲筆殘壞者一葉計三百一十六字必陸所據本夫史之曲筆一段在曲筆篇與郭本同乃能適合此數二也;則召弓之說雖略而最為有理郭氏異於二張而能遠符於陸所據祖本則其為別據宋刻自無疑也。更依陸所據宋本刻式宋本每葉尚不足八字者或每行字有大小故稍葉十八行行十八字計共三百二十四字當即依宋本刻式宋本行格事固可知今陸本為每有出入行或十七字十八字不等也再以五卷陸本脫文考之補注篇缺自以為補注起至篇終此計二百四十

館藏明蜀刻本史通初校記

六五

三字，以行十八字計應得十三行又九字爲十四行，因習篇題爲一行，凡十五行也因習篇缺舊首，至蜀人至今稱之計三百六十五字應得二十一行其不足十三字者每行或有止十七字者也適得三十六行亦爲二葉是，補注因習二篇之間合缺二葉蓋宋蜀本如是，而陸氏因之定爲行十八字此陸郭二氏所據之宋刻也張之象所據宋刻同朱氏影鈔此百九十九字在鑒識篇莫以爲是謂門盧召弓主之，浦二田亦以爲是謂「曲筆以恩怨廢興言鑒識以明暗異同言曲筆是史之書人鑒識是人之辨史，兩篇無一語相混，錯簡二百字。持此判之，張鼎思本非源於張之象然與朱氏影鈔宋本同以夫史之曲筆一段入鑒識篇原出於張玄超所祖宋本顧潤賞主之謂「此二百九十九字，不當入曲筆李百藥以魏收爲實錄，魏徵以王劭爲有慚正直，皆子玄所摘鑒識篇之謬者耳若曲筆者載事而失其實理，此事惟須推尋源流，固不必斷斷以爭曲直臺岳氏之校刻禮記並附與國于氏本之異同舊書如此者衆詩之齊韓殊字書之古今異文宜明其然不必強爲之決也。本書雜記下稅康撰高士傳一段後有蘇代所書至著斯而已也四十七字小字夾行，此即附存上段之別本異文也史官篇觀夫周秦以往一段增其壯觀句下亦附小字夾行云既而自歷行事毛功賞相副五十五字此亦附存上段別本異文也知歷唐至宋明傳本同異非一舊刻省存之以備觀省不輕爲取舍意美法善則持此例彼於陸郭二張曲筆鑒識同異無容軒輊也郭張同據宋刻何鐙必謂張本在郭本之上固未必然今校郭本，知郭氏固無大失且多郭同於朱氏影鈔宋本而張及他本反與影宋本異者召弓自

云「後見浦氏釋本，歎其精覈，雖並不言宋本，凡其作正字大書者皆宋本也。」實則召弓亦未見郭本蓋浦氏揚浦而抑郭任情甲乙豈足為定評歟？郭孔延云子家史通蜀本吳本再校之，而篇中校語稱宋本蜀本其吳本疑即宋本也。品藻篇「鬱為不朽，」郭嫂語云，「宛吳本作鬱」驗之陸本即作宛為不朽，此所云吳本既非張之象亦非張思鼎，自應是宋本郭氏據之以校陸張二刻又知郭所據確為吳刻所據宋本不同蓋郭所據固為別一陸前宋本。而又異於張之象所見宋本也。惟郭氏序言，張睿父再刻陸校史通，為增七百餘字，去六十餘字，而曲筆因習二篇增補缺略已成全書此則立言失檢殊滋疑誤睿父所增補為曲筆鑒識二篇而補注因習二篇缺文睿父固未常增訂也。四庫提要不察原書，亦徒據郭序為說，後來著錄家，或襲用之，提要尤無與提要又云「張氏增七百三十餘字復於曲筆因習二篇補其殘缺，實則張增七百餘字，即在曲筆鑒識篇中於因習補注因習二篇缺文睿父固未常增訂也。李維楨因張氏之本略乃立言也。張氏自云「家有抄本又得二三抄本」提要乃云「不知其所並未見張本，即有之，亦未於檢校後乃立言也。張氏自云「家有抄本又得二三抄本」提要乃云「不知其所增益」果據何本誠亦疏也。提要所據云內府所藏舊刻，未有注文，視諸家猶為近古，檢之天祿琳瑯所謂補注因習筆鑒識四篇殘脫疑誤者不解為何語而依羣書拾補所云「曲筆篇中之一百九十九字在於史通不見宋元舊槧，不曾一字及郭張之異。丁松生因未見陸儼山張睿父二本於敏求記沿浦氏之本導源於郭從未以張本校之，

館藏明蜀刻本史通初校記

六七

鑒識篇，因謂遼王所稱殘脫疑誤者大段不外是矣。」斯皆不詳為探究，悄恍立言，益滋人疑者也涵芬樓影印張思鼎本云張刪去儀齋兩跋今以陸張二本對看張於陸跋實無刪削札記徒據各家校語錄為一篇而未以各家所據底本以校張本異同如張本第一卷末云「蓋史之流品亦既久廢」郭本作「蓋史之流品亦窮之於此矣而朴散淳銷時移世異尚書等四家其體久廢」張本奪二十一字而增一既字以足文句如此之例倘徒錄眉校，而不覆勘底本，俾但見張本者無以知各本異同，若覓以為各本皆然，乘校如此其疑誤來學不更深歟？史通自陸刻後二張各有所補，外是則錢遼王藏有陸刻，自云「此本於脫簡處一一補錄完好又經前輩勘對精允凡標題行間者皆別出手眼覽之真有頭白汗青之感」而諱言補錄所據之本未知其於二張郭氏之外更有所出耶？然召弓羣書拾補云又得馮已蒼本何義門錢遼王本，乃書中只一條及錢本異同一卷，如昔春秋之昔云錢改法召弓自言未蓄郭本。而卷中言郭本乃六七見，此云錢改法者，校之郭本正作法，豈錢遼王本即據郭書以校張刻召弓先著錢本即郭本遂徑稱郭耶？抑義門稱馮已蒼本盧召弓亦有之乃二家校語中於馮本同異曾不數見考之曲筆鑒識二篇錯簡之說馮同於郭，豈馮亦自郭出耶，書志篇中行五桂樹黃雀馮校桂樹作梓薔家本惟郭本作梓柱是馮之出郭於此益明各家校語偶見馮說皆以意定耳非別有據也義門所云馮本評語者豈即錄自李郭二家耶？顧潤蒼得張鼎思重刻經孫潛夫用葉石君校定本對讀於脫簡處一一補錄完好錯誤處仍皆移正顧每歎其佳校混併於宜最可貴乃涵芬樓史通札記不出孫氏一家豈孫所資於葉者明時刻本固已先據之耶抑孫校混併於顧中未能抉

出之耶諸本中惟此最先最宜最貴也抱經所校最詳影鈔宋本，而義門次之，涵芬樓所校最詳張之象本何顧二家次之至稱鄧本者一家十九依於廬顧無甚足異則是陸張郭本之外惟影宋玄超二本為足貴校記則義門抱經潤嬻三家為足貴以此就正於儼山睿父於史通倘十得八九，餘本誠不必問也。孫潛夫本既在涵芬樓亟宜專挾出孫本異同俾葉校面目與世共見倘更在各家上未可知也曩在北平於廠肆天祿見校宋本一部即以浦氏通釋為底本逐頁簽校云宋本作某每簽皆有童聲小印疑即錄自擇書拾補未甚鋯意首卌為徐行可氏索去，未待一校，尋其原委文津閣本出自內府所藏舊刻未能定其即係張思鼎本否皆惟俟之異日耳王黃兩本諒無大異以皆出自郭本惟一校張之象本而已提要於王損仲史通訓故云卷端有維儼題識稱

「除增因習一篇及更定直筆曲筆二篇外共校正一千一百四十二字」然以二本相校惟曲筆增入一百一（應作九）十九字其因習直書二篇並與郭本相同無增入之語不知何以云然。」實則補注因習二篇之增補自郭而不自王曲筆篇一百九十九字之增入亦自郭而不自王損仲之說不審提要之語亦失於檢覈也自

陸深本後張思鼎補之而郭氏又校正之此為一系張之象別據宋本亦照對以陸氏本又別為一系至王維儉依郭本而校以張之象本始合二流於一是後黃氏浦氏並出於王雖各有校正然要無大出入也。

記文通附

館藏史通初校者為張蘊華女士三復詳校者為馮璧如田明謨兩女士茲撮其概要述為此篇深慚掠人之美謹誌於此以表謝意校稿全部藏館圖於他日再付刊行。　文通又識

館藏明蜀刻本史通初校記

宋蜀本古今註校記

馮璧如

涵芬樓影印宋本古今註，有李燾丁黼兩家題識。丁云，「李公守銅梁日刻古今註予在上饒得郡學本再三參訂故又刻之夔門。」知兩刻皆在蜀中相去不數十年同一地遂有兩刻斯誠言蜀本之盛事也頃於館中蒙文通先生案頭見舊鈔本古今註每半葉十行行十五字首尾皆有朱筆題記，因亟取涵芬影本校之行格並符惟鈔本李丁二跋後多方孝孺題記一篇知為明覆宋本時所增鈔本乃自明翻出也勘校二本點畫不殊虎賁中郎幾未易辨而涵芬影本上卷闕第三第四第七三葉下卷闕第三一葉後來寫配以校此鈔本非惟文句既殊而各節次亦異四葉以外曾無一字之殊是見明刻既精此鈔亦復不苟惜涵芬寫配不知出誰氏之手亦不言所補為據何本幾使人疑為宋本實然魚目明珠今乃幸發其覆宋蜀本節次固不同於他本補者誤據他本補之行格不合則又以意移置復增損其文以足其句讀遂至鈔本文字與他本同者而妄補本乃不得不獨異是知補者之為偽作而此依明刻鈔本乃真宋本也涵芬影本，菊翁校之綦詳惜誤以寫補者當宋刻今一仍菊翁之法先校節次之異後校文字之差海內嗜宋之家於此幸可以見宋本之全諒尤菊翁之所快歟顧氏文房所刊亦源於宋刻與此歧異未敢謂其就賢茲惟以祖丁李之補丁李之缺，蜀本之真待以有傳李所見別有冊府本丁所見又有上饒本皆各異此書在宋世固已多殊此不備論惟俟博物君子之審其從違可也。 璧如

一 記節次之歧異

從明刻鈔本	涵芬樓寫配本
卷上三頁	
五輅	五輅
車輻	車輻
殳	榮戟
信幡	信幡
四頁	
車耳	重耳
警蹕	唱上
伺風鳥	伺風鳥
華蓋	梜
曲蓋	白筆
七頁	兩漢京兆
	曲蓋

校	
白篝	五伯
伍伯	警蹕
貂蟬	華蓋
兩漢京兆	貂蟬
青囊	青囊
下卷三頁	
芡	芡
烏蓮	萬蓮
酒杯藤	酒杯藤
烏孫國	漆
	烏孫國
二　記文字之差別	
卷上三頁	
金雀者朱鳥也	雀作爵鳥作雀

鈴謂鑾也	無也字下多所謂和鑾也五字
禮云衡前朱雀或謂朱鳥者鸞鳥也	禮下有記字衡作行雀作鳥朱雀下無或謂朱鳥者五字
今謂鑾	此三字作鈴或為鑾或為鸞
黃金塗兩頭	頭作末
謂之金吾	之作為
縣長之例	例作類
以木為吾	無以字
謂之車幅也	無也字
故云車輻也	云作謂之
殳戟之遺象也	作棨戟殳之遺象也
後世澆偽	澆作滋
亦曰棨戟	曰作謂之
公王以下	作王公
以為前驅	無為字
故曰信幡	曰作謂

宋蜀本古今註校記

七三

則畫白虎也	畫下有爲字虎下無也字
威信之德	德下有也字
玄武幡	幡下多白虎幡三字
唯以白虎幡立正以詔四方	無句首七字四作五
詔東方郡國以青龍信	無詔字信作幡下四信字並異
朱雀	雀作鳥
上卷四頁	
書信幡用鳥隼	無上一畫字
疾而輕也	作輕疾也㽞而字
鴻雁疾燕鳦有來去之信也	句首有以字有作者
車耳	車作重耳下多者字
在車轓上	作在軍車藩上
故云重較	較下有耳字
秦制出軍者	制下有出警入蹕四字
皆蹕止也故云出警入蹕	無出警入蹕四字

至漢梁孝王亦出稱警	漢下有朝字亦作王
一等也	也作焉
所以從行徒也	徒作促
上鼓為行節也	為作而
戰於涿鹿	下多之野二字
花蘤之象	蘤作葩
作華蓋焉	焉作也
故因折蓋	無故字
而製曲蓋	蓋下有焉
戰國常以	常作嘗
上卷七頁	
魏武帝所製也	無也字
以軍中服之	作初以章身服之
作五色帢	帢作㡊
以表四方	方下有也字

宋蜀本古今註校記

古珥之遺象也腰帶劍首珥筆	作古珥筆中缺九字
文武之備焉	文上有有字
伍伯	伍作五
五長曰伯	曰作爲
故稱伍伯	無此四字
一戶一竈	無下一字
故云戶伯	無云字
以一竈之主	一下有爲字
古士服韋弁	士上有兵字
素裳缺弁	無裳字
古之遺爐也	無古字爐作法
取其有文	文下有采字
蟬者取其清虛識長也	無者字長作變
四人持角弓走者射之有乘高視者	人下有皆字走作違者下有則字視者作窺闚者
設角弓而不用焉	弓作弩無焉字

冯璧如　宋蜀本《古今注》校记

非奏劾者	者作曰
下卷三頁	
一名莈 羊捶反	莈作菱無小註三字
蠠蚏如沸	蚏作蛂
其肉如米	肉作中
烏蓮	作萬蓮
花細六葉	作花大者其
俗謂之仙人花	謂之作呼為
實成花堅	無成字堅下多皆字
來至藤下	無來字
仍以其實	無其字
入大宛得以還京師事 出張騫出關志	入作至得下有之字缺下半一字無漆樹二行二十二字
得清水則有酒味出如醇美好酒	缺此十三字
俄而成酒	酒下多味甚醇美四字
劉章時	少時字

宋蜀本古今註校記　　　　七七

二十八飲

一核所盛以復中飲　飲盛多之字

旋盡旋盛　無以中二字

久則苦不可飲　兩旋字皆作隨

名曰青田壺亦曰青田酒　久下多置字

　　　　　　　缺青田壺亦曰五字

膚淺小書

叔孫通傳二世召博士諸儒生問楚戍卒攻陳「博士諸生三十餘人前曰人臣無將將即反罪死無赦」臣瓚曰公羊傳曰君親無將將而必誅知臣瓚意前對者以公羊學為秦博士者也史記正義匯注引陳留風俗傳云園庾字宣明公羊春秋為秦博士園又作圈作轅豈轅固生之先歟是此博士三十餘人而對者蓋轅宣也即商山四皓之一具見史記索隱正義

跋宋史全文續資治通鑑

蒙文通

容有羅氏以所藏宋史全文續資治通鑑十五卷十二冊見示者曰「此蜀賢遺書為元刻本亟宜珍重」索值三千元，余允以一千二百元先將歸一閱閱後遂為跋而還之案此書見四庫提要卷四七七云：

「宋史全文三十六卷不著撰人名氏原本題曰續通鑑長編而以李燾進長編表冠之於前是直以為燾長編矣。案燾成書在孝宗時所錄止及北宋此本實載南宋一代之事其非出燾手明甚檢勘此書每卷標題皆有宋史全文四字而永樂大典宋字韻內亦多載宋史全文與長編截然二書又此本目錄前有坊間原題稱本堂得宋鑑善本乃名公所編前宋已盛行再付諸梓云云蓋本元人所編而坊賈假託燾名詭稱前宋盛行耳！惟永樂大典所收之書省載入文淵閣書目乃宋鑑多至六部獨不見宋史全文之名或亦楊士奇等編輯時因標題而致誤歟？」

此書諸家著錄皆書三十六卷附宋季朝事實二卷四庫目亦如此羅氏所藏僅十五卷止於北宋一代固非全書十五卷目錄後經剜補非原紙痕跡宛在殆書賈以殘帙冒完書而施此伎倆耳邵亭書目云「此書又名宋鑑許周集有跋元有豐城游氏刊本又有元刻本題諸儒集議續資治通鑑又游氏刊本板心題曰宋鑑」是此書與諸儒集議續通鑑實一書又有宋鑑之名也。

愛日精廬藏書志卷九云「宋史全文續資治通鑑三十六卷附宋季朝事實二卷元刻本不著撰人名氏卷首題豐城

跋宋史全文續資治通鑑　　　　　　　　七九

游明大昇校正蓋刊書者姓名也。」續志卷二二云,「諸儒集議續資治通鑑三十六卷,附宋季朝事實二卷,元刻本,是舊初名諸儒集議續資治通鑑,無所謂宋史全文也,金吾初得宋史全文以爲元刊,今得是本乃知前所得者宋史全文,蓋明初重刊時所改耳。張氏以兩書相校,知宋史全文本固從諸儒集議本重刻始定游明爲明初重刻人初固以爲元刻也鄧亭書目言「元有鄞城游氏刊本」末又云「史記亦有游氏刊本集解索隱,或以爲明初人。」莫氏當即據張金吾說非別有證也書林清話云「游明大昇翻雕中統本史記集解索隱見繆記森志陸集云明。」正統九年舉人,景泰二年進士天順末官福建提學僉事,是書行款紙質與建安余氏勤有堂所刊相似,疑爲大昇官福建時所刊。」知游明其人略歷可考。昭文張氏以爲元人,又疑明初,尚未得實,此書實重刻時易諸儒集議爲宋史全文坊間刻書借官府之名以爲重耳。葉氏偶未考張氏不知其爲重刻前書字體全是廉沙書坊面目自不必鑒攄勤有堂言之大凡建陽坊刻各書均不過因制科射利之事故多未雅馴其一耳易諸儒集議爲宋史全文已極無謂胃以李燾之表蓋覺未是此帙原瀉殘簡書估更剜補目錄紙尾冀掩其迹以詐未究心於目錄者正所謂作僞勞而日拙者也。

四庫提要四十八云,「續宋編年資治通鑑十八卷舊本題李燾經進考宋史藝文志及燾本傳惟載所著續資治通鑑長編無此書之名此本目錄末有武夷主奉劉深源校正一行亦不知爲何許人書中所記皆北宋事蹟體例與宋史金文約略相似而缺漏殊甚蓋亦當時廉沙坊本,因燾有續通鑑長編,託其名以售欺也。」此宋史全文本目錄前有題記云,「宋史通鑑一書見刊行者節略太甚,讀者無不遺恨焉本堂今得善本再綉諸梓,具眼者必蒙賞音即易題宋史

全文者，意即據宋史通鑑而言，以彼缺略太甚為非全文云耳。諒所稱宋史通鑑，即續宋通鑑一書，倘諸儒集議本即依劉深源校正本增訂，劉校本止北宋，偽託李燾之名未為大失，全文本終南宋一代，乃仍錄李進書表直無知妄作也！

復有劉時舉續宋編年資治通鑑十五卷，始高宗終寧宗於事蹟間有脫遺，或首尾未具亦不得為良書，似與劉深源校本續宋編年資治通鑑十八卷者合二編為一以相足，至增入諸儒集議，更為廉沙射利之陋，殆不足論。朱彝尊稱其「以視王宗沐薛應旂所撰條理過之。」不過清人厭宋世講學家門戶之見，翻覺其持論為公而未審其為膚陋不學者之所作也。此二書在元代常與宋季三朝政要合刊，故於深源書稱前集，時舉稱后集，以足有宋一代之史，一為雲衢張氏所合刻，其李燾續宋編年資治通鑑見莫氏經眼錄，劉時舉續宋中興編年資治通鑑見陸氏儀顧堂跋宋季三朝政要見森立之志，此皆張氏所合刻也。惟宋季政要題為至治癸亥三年刻，李書後題雲衢張氏鼎新刊行，而政要目錄後有皇慶壬子四字，一為建安陳氏所合刻，其李續宋編年見張志瞿目宋季政要見丁志此陳氏所合刻也。政要題為皇慶壬子元年三書皆題陳氏慶餘堂陳氏刻書先於張氏十一年，蓋張重刻陳本故政要目錄後仍留皇慶壬子四字之迹也。四庫著錄，宋季三朝及幼主事蹟書末附以益王廣王事蹟是書得於傳聞不無舛誤敘次亦乏體要。」蓋是書適所以接劉時舉書以備宋代史跡。宋史全文通鑑，四庫提要謂「其光寧以後，別無藍本可據為編書者所自綴集，故永樂大典於光寧二宗下全敓此書之文，」而丁氏藏書志則謂其光寧二代，取諸劉時舉書則四庫館臣於此考未悉也。瞿氏藏書目謂其後載度宗少帝益王廣王事蹟別名宋季朝事實者則為元人專輯而楊氏楹書隅錄於此云二王本末二卷署名陳仲微錄則

跋宋史全文續資治通鑑

八一

從宋季三朝政要中摘出，則瞿氏丁氏，於此考未悉也。陸志附記云「陳仲徽咸淳為侍左郎官以言事切直罷，乙亥除兵部侍郎修國史丙子從二王入廣目擊當時之事逐日抄錄崖山敗流落安南臨殁云壬午歲安南國使入觀因言仲徽之事而得仲徽所著二王首末重加編次以廣其傳提要於陳氏書失考諸家著錄亦僅陸氏存此跋文此一類庸俗之書原不過書肆雜取編刻以應學究之求供制科之需固未足語於著述之業殆仿佛於今之出版界而宋史全文者又專事勦襲雜湊繆集綮之大成者也書林清話四葉氏言「吾藏有廣勤堂刻李燾通鑑宋元續編殘卷卷不知數，多少，首大題云通鑑宋元續編叙云宋元一書酒邊李氏之所編也其間治亂興亡之道靡不備錄，惜此刊刻既多差訛亦甚，爰取古本梓行於世。末題嘉靖丙午歲葉氏廣勤堂識又取宋史全文為底本於元代則不知為勦何書而仍冒李燾之名。斯真所謂謬種流傳者也。」此書歷來公私書目皆未著錄又取宋史全文為底本於元代則不知為勦何書而仍冒李燾之名也。丁志有資治通鑑節要續編三十卷，起宋太祖終元順帝，為明正德間司禮監刻本，王圻續通考：「江贄賜號少微先生著有通鑑節要武宗偶閱悅之命司禮監重刻附宋元節要續編於後然不著人名氏也。惟扶安通鑑考：『江贄賜號少微先生著有通鑑節要，劉氏宋元鑑，亦號少微，與李燾通鑑宋元續編同一妄誕劉氏書建陽坊估之書刪存大要，故稱少微通鑑節要，劉氏宋元鑑，當是撰此書之凡也。」江贄為宋政和中人，取涑水之書肆互相剿襲湊合層出不已誠為可厭殊不必問其先後定為何人竊自何人也。宋有陸唐老集注通鑑詳節一百二十卷，稱陸狀元通鑑亦淺陋之書首有總例云學者未能徧曉出處則於詞賦一場未敢引用云云所幸今尚未見陸狀元續宋元通鑑詳節以與號稱李燾江贄書媲美而三矣！

蒙文通　跋《宋史全文續資治通鑑》

凡宋人所修宋史，李燾長編而外，為燾子𡒃皇宋十朝綱要二十五卷，始太祖訖高宗凡十朝；略前於李者，為熊克著九朝通略一百六十卷，續以中興小記四十卷後於李者為陳均著宋九朝編年舉要三十卷續以中興兩朝通鑑備要十四卷，陳振孫於陳氏書固有去取無法，詳略失中之譏，朱竹垞乃謂其「簡而有要，勝於陳子經薛為山之書」此與其稱劉時舉書無以異。固不得為定評。陳書實以通鑑綱目為式復有續編兩朝綱目十八卷起建炎終淳熙十七年體例同編年備要。蓋正以續陳氏之書後有不著撰人名氏之中興兩朝綱目。瞿目則謂「中興兩朝編年與平甫編年備要同平甫有中興兩朝編年舉要或即其書後人更其名耳，續編兩朝綱目疑亦平甫之書，平甫於端平之初始得官也。」瞿氏所云事或宜然即兩編年以衡皇朝備要其書固可知也。要皆庸謬之作何足辨其前則留正原有中興兩朝聖政草，宋刋本有中興兩朝聖政六十四卷當出留書，而全文通鑑原據劉深源時儒講義，已非雅馴，中興兩朝編年即取是書，而宋史全文通鑑又以兩朝編年為藍本，是全文通鑑原據劉深源時舉一系書為底本，故約略相同，而刻書反形缺略者，殆全文又依陳平甫一系書有所增損也。平甫言北宋大要亦本之李書，同於劉深源，此與今大中學編印講義固無大異八之聰明千載一同則宋史全文通鑑者又為坊間相互襲之書，斯誠妄中之妄，未足以云寶中之寶也。全文一書專事剿襲湊合，與斯諸作原不過莵園冊子一系相承特坊間刻以供村學究之求，而全文特又集俗書之大成者也。是書元世合群編為一書曰諸儒集議續資治通鑑及後來重刻又曰宋史全文續資治通鑑；於吳師道集，知於時目之曰續宋編年；文淵閣書目則目之曰宋鑑鄙妄相承，真所

跋宋史全文續資治通鑑　　八三

諝諄種流傳者也！其間縱偶有一二足取明清兩代王薛徐畢之書殆已採拾無遺也此一例俗書至元陳桱作通鑑續編猶未能刊正，足列於述作之林。提要云「通鑑續編二十四卷元陳桱撰以司馬通鑑朱子綱目終於五代其周威烈王以上雖有金履祥前編而亦斷自陶唐因著此書首述盤古至高辛氏爲第一卷以補金氏所謂備」然盤古之說首見吳徐整三五歷云秦漢間俗傳斯正三國時南蠻之族北上至於漢中自傳其先始於槃瓠耳唐宋類書間列此說未有正式入之史文者劉道原好博矜奇乃並盤古天皇列之注中亦未以入正文，亦見於胡宏皇王大紀。始取以正式入史文者自經書稜扶安爲綱目集說云三皇五帝無所紀則後世不知所自乃取孝廟時纂修通鑑節要以冠於前案成化十二年商輅續綱目二十七卷明刻本每併陳書首一卷刊之始盤古之說漸以流行是書或又謂之綱目外紀是後私家譌說遂合於官書直下俗書承爲踵謬莫知底止鳳州刊了凡諸鑑傳述至今散播流俗盤古乃騰於婦孺之口子淫實尸其咎又浮於劉深源時舉筆沈周客座新聞記桱著此書時書宋太祖云「匡胤自立而還」未輟筆忽迅雷擊其案桱端坐不懾曰「霆雖擊吾手終不爲之改易也。」此眞冬烘見解其妄可知而提要顧許其祖著父泌世傳史學眞所謂不識黑白者耶？若陳桱者誠不愧爲史學界開一新紀元也。

唐自蕭穎士劉軻裴光庭姚康復柳冕以來史學蓋起一絕大變動即主法春秋之褒貶用編年以述通史韓愈李翺又亟主於雄文章，於是論議蜂起，辯駁縱橫，皇甫湜則主法春秋而仍用紀傳，歐陽修承之以成五代史記孫之翰又用編年而不必法春秋，司馬光承之以成資治通鑑，班荀二體皆詳於典制之翰乃署典制謂籩豆之事則有司存司馬氏承之署法治而偏重人治遂爲一書主要見解。溫公惡安石變法故與溫公通鑑之役者范夢得之流於唐鑑中亦伸

跋《宋史全文續資治通鑑》

在得人不在法之意，安石主收熙河制遼夏溫公亦不謂可，於是言法言兵省通鑑一書之所斥責溫公修此書歷時十九年又得范為二劉與之助，皆一時碩學巨儒，且當一時史學略有定論之際，握住時代之思潮，一出遂舉世風靡，且衣被數百年朱子作綱目即依通綱為終始，亦依涑水為是非朱學大盛於元明而餘波遂及於清合朱子之綱，司馬之鑑以言史者宋元明清皆然也。於是惡言法惡言兵之說，傳播於俗儒之口深入於民庶之心並孔孟仁義之說同其威重豈豈一時有激之論，遂數百年深入社會而不可拔，噫！立論豈易言哉！二李長編要錄，實又以通鑑為法式通鑑之書者恆並刻劉恕外紀而外紀有詳節之本明刻江書者每並刻陳書，而陳書有節要之名其首卷復冒外紀之目其謬亂一至於此罷目又有呂大著點校標抹增節備注資治通鑑為宋刊本傳刻或稱呂氏家塾通鑑節要或稱東萊呂氏後人致疑為伯恭之書此皆節涑水書而並及道原者也陳均劉深源輩又刪李燾之書以入於官書宣示海寧之此極竊，誠所謂牛鬼蛇神，不可究詰，極荒唐之大觀。及陳桱又復上亂古史流俗之誤且以易知錄之流又相互剽夫復何言下及所謂鳳洲了凡者又依商輅李東陽輩之官書以行以至易知錄，其風不已窮雖荒誕要皆以播司馬之旨義於民間，近時坊間復又有濟易知錄者，蓋不倫類，昔偕太炎先生遊無錫主唐蔚之校中，先生歡今人苟偷為可言學，曰「但得讀易知錄一過，便已足為專家」誠痛切言之也。自宋以來經籍有重言重意選文有層淵迴瀾策竇策學輿節要詳節一流，相承不絕皆不過射策之用夫學術文章盛業也選賢養士要務也奈何國家登庸之途竟資坊肆古豎之作，而臨安書坊，陳起陳思之流，至選刻江湖小集後集羣賢名賢小集實刻叢編類編居然管領一時風

跋宋史全文續資治通鑑　八五

雅，方同稱「江湖間詩人皆與之善時有刺桐花下客求詩之句」猶幸秋雨梧桐皇子宅，春風楊柳相公橋一聯足為美談，要亦用劉子翬句耳。夫以賈豎而主盟文壇，則天下事尚可言耶？今各書局刊印之品安見五百年後不視為人間球寶也哉！涑水書未出以前人皆讀高峻小史不復問班書高書六十卷其子廻開之為一百二十卷峻為元和間人，不知誰氏續之直至唐末為百三十卷涑水書已約人且不問而專讀陸狀元江少微，已無足論及近代瞿楊丁陸之流收藏之富冠海內乃於江陸一流書及陳仲微劉輩作偶得殘帙拱璧視之曰此宋刻此元刊以相誇炫而逐臭之夫跂慕逾切！昔馬寒中購書不遺餘力，常過龍山查氏見宋刻陸狀元通鑑詳節，并顏魯公祭姪文，百計購之不可得怏怏不樂後查氏謀葬其親卜壤則馬氏田也寒中知之大喜即詣查願效祊田之易凡十畝盡付為抱書帖疾歸，若惟恐查氏中悔也。後來傳為佳話。余謂以此意求史記通鑑則可，以易陸狀元書，則誠可哂矣！朱錫爵以愛姜易宋本漢書朱大韶以美婢易宋本後漢紀婢去時題詩云「無端割愛出深閨猶勝前人換馬時他日相逢莫惆悵春風吹盡道旁枝。」亦一藝林話柄畢竟班袁兩書為不刊之作陸鑑何物可與抗衡馬寒中事所謂東施效顰適形其陋而已。朱藏袁紀梭歸黃姬水黃刻兩漢紀稱得宋刻於雲間朱氏者也乃黃本仍多沿訛襲謬曾無異於他本則朱事雖若雅調彌復可哂也黃季剛常勸太炎先生購四部叢刊答云「我是洋板出身」蓋讀書之與藏書猶矢人之與函人類而用心固不同也。適日此一類史鑑及纂圖互注重意重言本之經子為在昔黃阮諸家所不一睞者已為人間巧取豪奪之物零編斷薬猶云是膡馥殘膏而精刊名鈔曾不易觀嗣宗登廣武山空有豎子成名之嘆涵芬所擇羣籍經脫正文會不自知，他更何說耶？洪氏北江詩話云「藏書家有數等曰考訂家，曰校讎家，曰收藏家，曰賞鑑家，曰掠販家」

今已渾為一談,魚目珠明,雜然並列,曾不知辨,余深惜四庫於時收儲未豐,無以知其端委而餡臣更踈於考覈遂信筆以評是非論無尺度於一體之作或可或否而二三收藏家又矜為舊刊不復究論得失或更飾辭以譁之茲特參互稽尋辨其源流如如此於宋世坊本經籍及詩文選集以資塲幄之用者擬別篇再析論之夫書貴雅正俗鄙之作雖舊刊不貴也舊刊貴精校精校精讀即明鈔愈宋槧也此外則徒閧富矜奇乃董家事非余敢知昔黃蕘圃盧召弓孫淵如阮伯元之流集書皆精校精讀,故往往舍宋本而取明本今世唯舊刊是貴以文其陋即𣇩鼎亦每不加辨,徒以揷架炫富有耳,寔非可哂余於是編之來人所於為殘璧斷珪者復拾而棄之豈於珍籍失之交臂蓋所嗜與俗殊酸鹹余所取倘在川局刊相臺五經晉書南北史之類也。

膚淺小書

韓非言「管仲毋易齊郭偃毋更晉則桓文不霸知齊晉霸制更張周禮成齊桓之法者管仲成晉文之法者則郭偃也商君書更法篇徵郭偃之法曰論至德者不和於俗成大功者不謀於衆則郭偃所倡議商君襲秦法徵此二語肥義主胡服亦徵此二語知其影響於後來者亦鉅矣而班固以為晉文公作被廬之法求之左傳云以民未知禮於是大蒐於被廬以示之禮作執秩以正其官晉語言隨會聘於周歸乃講聚三代之典禮修執秩以為晉法被廬之法正文公事當即郭偃之作曰修執秩為晉法曰作執秩以正斯郭偃所作隨會修之亦五官之法也

跋宋史全文續資治通鑑

八七

金陵叢書本老子翼校記

范 午

老子翼目錄

明本（即萬曆王元貞刊本簡稱明本下放此）刻經處本（即金陵刻經處本之簡稱下放此）藏本（即續道藏本之簡稱下放此）同

卷一 上篇上

藏本刻經處本卷下有之字明本藏本篇下無上字與之字平格明本上篇前有采攝書目四字

卷二 上篇中

卷三 上篇下
刻經處本同

卷四 下篇上
刻經處本同

卷五 下篇中
刻經處本同明本作卷之二

明本藏本作下篇與之字平格

卷六　下篇下
　　刻經處本同
卷七　附錄
　　明本藏本作卷之三附錄在下行與之字平格
卷八　考異
　　明本無卷八考異與下行之字平格
老子翼采摭書目
　　明本采摭書目在第二行采字上空一格藏本無采摭書目惟蘇子由注焦氏筆乘二目次于考異之後
河上公註註無名氏云云二十七字雙行
鍾會註註字士季云云十字
嚴君平指歸注名遵云云八字單行
　　明本無
鍾會註註刻經處本無
　　明本無
王輔嗣註註名弼云云六字
　　明本刻經處本無

　　　　金陵叢書本老子翼校記

八九

鳩摩羅什註註姚秦云云十四字
明本刻經處本無
肇法師註註晉時僧
明本刻經處本無
傅奕校定古本註唐太史令云云十五字
明本刻經處本無
李約註註字景怡云云七字
明本刻經處本作雙行
李榮註註任真子
明本刻經處本無
陸師農註註宋中大夫云云
明本刻經處本作雙行
呂吉甫註註元豐間澄
明本刻經處本造作進

范午　金陵叢書本《老子翼》校記

晁補之義注字无咎
　明本刻經處本晁作王非是无作無是
章安解義註政和間造
　明本刻經處本造作進
　明本刻經處本造作進
江澂疏義註政和間進
　明本刻經處本造作進
邵若愚直解注弁本來云云
　明本刻經處本無弁字非
程泰之註註造易老通書
　明本刻經處本書作言
趙秉文集解注金學士
　明本金作宋非刻經處本作金禮部尚書案金史秉文傳登大定十五年進士泰和三年轉翰林學士貞祐四年拜翰林侍講學士興定元年拜禮部尚書開興改元卒是秉文不應為宋人
老子翼卷一
　明本卷下有之字

金陵叢書本老子翼校記

九一

江瓘焦竑第二行
　明本刻經處本作北海焦竑弱候為第二行秣陵王元貞孟起校為第三行叢書本無下同藏本無輯校人

上篇上第三行頂格
　明本刻經處本作上篇上空二格

道可道云蘇子由注
　明本藏本刻經處本云蘇子由注

呂吉甫注
　明本刻經處本為注之第二

程俱論
　明本刻經處本為注之第三

李息齋注物之母也
　明本刻經處本為注之第一

明本刻經處本為注之第一
　明本母作毋非此下母多誤為毋

萬物作焉而不辭云云蘇注彼尚從去哉
　明本藏本刻經處本尚下有何字案當有何字則語意乃足

呂注有鳧脛之短而後知有鶴脛之長

刻經處本同明本橐作橐鬼為鬼之俗
非也

天地不仁云云箋者內之管所以鼓籥也
明本刻經處本鼓籥作鼓橐上云橐者外之櫝所以受籥也則籥在橐中鼓橐而風生若復云鼓籥風何能生鼓籥

谷神不死云云注薛君朵
刻經處本同明本薛作南南非

天長地久云云息哉注物無自私
刻經處本同明本物作秋非

載營魄抱一能無離乎云云吕注則雖愛 <small>民治國</small>
刻經處本同明本作則雖愛 <small>國治民</small>

五色令人目盲云云吳注釋氏六根
刻經處本同明本六作之非

老子翼卷二頂格第一行江甯焦竑第二行上篇中第二行頂格
明本不分卷刻經處本卷下有之字第二行明北海焦竑弱候輯第三行秣陵王元貞孟起校第四行上篇中上空
二格藏本闕內不分卷

金陵叢書本老子翼校記

寵辱若驚云云筆乘逃之丹穴

藏本眉上有老子翼卷二五字旁右行明本藏本六作先非

覘之不見名曰夷云云蘇注道雖在上而昧
　明本藏本刻經處本昧作皦

雖在下而皦
　明本刻經處本皦作昧上文上皦下昧不可逃也而下文反作雖在上而不昧雖在下而不皦上下不得相異若此

則皦應作昧

古之善為士者云云蘇注枯槁之士
　明本藏本刻經處本槁作橰正文敦兮其若樸則樸是槁非

呂注其聞之因已全盡矣

明本刻經處本因作固是也

迫而後動

刻經處本同明本後作成

大道廢有仁義云云注王介甫注云云
　明本刻經處本蘇注在注之第一王介甫注在注之第二甫下無注字

絕聖棄智云云注筆乘云云
　明本刻經處本同續藏本缺爲空白
絕學無憂云云
　藏本此下爲卷二然無老子翼卷之二六字
息齋注故能人以無得爲得
　明本刻經處本將作聖是也
純甫注云云
　明本刻經處本作筆乘云云
筆乘云云
　明本刻經處本作董思靖云云
董思靖解云云
　明本刻經處本作純甫注云云
孔德之容云云注閱自門者一一而數之
　明本刻經處本門下有出字下文言道如門萬物皆自此往也則門下當有出字焉
漢書此如傳合所閱多矣

金陵叢書本老子翼校記

九五

明本藏本刻經處本傅合作傳舍是也

蘇注翕及其運而成象
　明本刻經處本翕作然是也以形近而誤

希言自然注筆乘故不得爲失

老子翼卷三頂格第一行江甯焦竑第二行上篇中第三行頂格
　明本藏本得作德得德通孟子所識窮乏者得我與正義得德通是其證

刻經本卷下有之字第二行明北海焦竑翼候第二行秣陵王元貞孟起校第四行上篇中上空格二明本不分卷

有物混成云云李約注云云
　明本刻經處本李注爲殿蘇注爲首

善行無轍迹云云呂天門有闕闕闕闕在我
　刻經處本同明本不重闕闕非

程俱論云云
　明本刻經處本作董注云云

知其雄守其雌云云蘇注云云

明本無蘇注云云藏本此獨有呂注

息齋注故爲天下谿

刻經處本同明本作谷正文知其雄守其雌爲天下谿常德不離復歸于嬰兒此牲雄動而作雌靜而處動必歸靜

雄必歸雌效故爲天下谿是谿非

刻經處本同明本末作才下文云物之本也本末對言則末是

純甫注物之末也

此所謂去甚去奢去泰也

刻經處本同明本藏本也下有矣字

將欲取天下而爲之云云蘇注故裁成而輔相之

刻經處本同明本藏本裁作財易泰卦后以財成天地之道釋文荀作裁是財裁通

知人者智云云農師注在注之第二

刻經處本同明本呂注在注之第二農師注在注之者

執大象云云希聲注則歸而往之者

刻經處本同明本歸作深正文云執大象天下往往而不害希聲注曰夫能執古之道以御今之有則天下萬物皆歸往之矣夫罪人視民如赤子唯恐其傷而況有事傷之乎未嘗有以傷之則深而往之者莫有受其傷矣則深字

金陵叢本老子翼校記

當作歸于義乃合

則天下皆安其夷泰矣

刻經處本同明本夷作火非正文安平泰是注應作夷泰

則旅人為之留連

刻經處本同明本為作物非

泊乎其不美

刻經處本同明本泊作洎非也泊所以釋淡乎其無味視之不足見聽之不足聞用之不足既之義也

蘇注苟其照然有形

刻經處本明本荀作苟是也

將欲歙之云云

刻經處本同明本藏本荀作苟是也

刻經處本明本純甫注在注之第四純甫注在注之第五

刻經處本明本息齋注在注之第四息齋注在注之第五

老子翼卷四第一行江甯焦竑第二行下篇上頂格第三行

明本刻經處本卷下有之字明本四作二爲第一行第二三行同前第四行下篇上上空二格竑本此下爲卷之三

上德不德云云韓非解云云

明本刻經處本韓非解在注之第六蘇注在注之第一

理相奮子
　明本刻經處本子作予是也

嚴君平解云云
　明本刻經處本在注之第一

反者道之動云云介甫解云云蘇注云云
　明本刻經處本蘇注爲首介甫注次之

息齋注云云
　明本刻經處本作趙志堅注次趙志堅注作息齋注

上士聞道勤而行之云云希聲注大音聲希也
　明本刻經處本作希聲

无澤注竊嘗論此編云云
　明本刻經處本編作篇

名與身孰親云云呂注列士之所徇者名也
　刻經處本同明本徇作狥此注下三徇字同作狥案狥乃狥之俗

不出戶云云息齋注云云次以章安注云云
　金陵叢書本老子翼校記

九九

明本刻經處本作章安注云云次息齋注云云
出生入死云云程俱論云云
　明本刻經處本作筆乘云云次筆乘云云明本刻經處本反作程俱論云云
老子翼卷五
　刻經處本卷下有之字二三行同前四行下篇上上空二格明本此處不分卷
使我介然有知云云希聲注方將行于大道
　刻經處本同明本
刻經處本行作自非
不達所趨
　刻經處本達作道非形近之譌也
其塞兌
　明本刻經處本作塞其兌是也
以正治國云云息齋注古之聖人
　刻經處本同明本古作主非
其政悶悶云云農師注云云第一
　明本刻經處本作蘇注云云農師注爲殿

蘇注而其民醇醇
　刻經處本同明本藏本醇醇作醇醇醇同
呂注故其民滈滈滈滈者滈滈故安于德性滈滈至有所拂者
　刻經本處本滈滈同明本皆作淳淳淳滈同
息齋注故其民滈滈
　明本滈滈作醇醇刻經處本作醇醇案莊子性繕瀉醇散朴漢書循吏傳作澆淳散朴則醇淳同
治人事天云云注抵一作蔕花趺也
　刻經處本同明本藏本蔕作蔕案說文有蔕無蔕蔕乃後起字
治大國若烹小鮮云云韓非解鬼祟也凡所謂祟者鬼不祟也
　刻經處本同明本祟皆作祟非也
道者萬物之奧云云
　藏本自此起爲卷之四無老子翼卷四于闌中乃旁右行于眉
其安易持云云呂注遠始于近也
　刻經本同明本始作起
元澤注以救其迷而反之性救其過而反之道

　　　　　金陵叢書本老子翼校記

刻經處本同明本救作捄乃救之古

劉槃注學衆人所之不學

明本刻經處本所之作之所是也案上下文皆以所之為句也

老子翼卷六

刻經處本卷下有之字明本不分卷

下篇為第三行

刻經處本下篇下在第四行上空二格餘同前

江海所以能為百谷王者云云息齋注聖人不得已臨莅天下

刻經處本同明本莅作涖涖為莅之譌莅涖通

天下皆謂我道大似有不肖云云韓非解云云

明本刻經處本韓非解在元澤注後

民常不畏死云云張衆義云云

明本刻經處本無義字采據書目有文潛義則有義字乃是

薛注我朝太祖皇帝道德經序曰

明本刻經處本太上空一格

太祖蓋天縱大聖人

 明本刻經處本太上空一格

太祖之謂矣

 明本刻經處本太上空一格此明人刻本尊其主耳而刻經處刻之亦因其舊

人之生也柔弱云云吳注凡堅彊者矜巴陵人

 刻經處本同明本陵作淩淩陵同史記灌夫傳淩轢宗室是其證

小國寡民云云注爲不用者

 明本刻經處本不上無爲字

老子翼卷七

 明本刻經處本刻下有之字明本作卷之三

江寧焦竑第二行

 刻經處本同明本第二行作附錄上空二格

附錄頂格第三行

 刻經處本同前明本作史記云云

史記云云第四行

金陵叢書本老子翼校記

一〇三

藏本在第三行刻經處本作附錄上空二格

逝者可以囧
明本刻經處本同作囧是也案史記老莊申韓列傳作囧

封于段干
刻經處本同明本藏本段作叚非叚段之譌也案史記老莊申韓列傳作段

照春陵之赤光
刻經處本同明本春作舂案薛道衡集作舂

臺州刺史
明本同刻經處本毫作毫是也

有龔人度關
明本同刻經處本毫作毫是也

阮瞻云云注世說作院修
明本藏本同刻經處本有上有知字是也

張薦明云云注一作傳
明本刻經處本院作阮是也

明本刻經處本傳作傳是也

范午 金陵叢書本《老子翼》校記

囙議諫錫尺木贊序階之本也
　明本藏本刻經處本作是也
陳忠肅公曰
　明本刻經處本同藏本陳作■明本刻經處本曰同藏本作空白
爲者敗之
　明本刻經處本同藏本者敗作
趙鄰鄒忠公浩曰孫叔敖鼻間栩然而已
　明本藏本刻經處本栩下有栩字是脫栩字
蘆思靖云蓋知夫時數之有所忤也
　明本刻經處本同藏本蓋知夫作■
光廟在潛邸云云
　明本刻經處本同不分卷藏本卷之六起此
老子翼卷八
　明本刻經處本同不分卷刻經處本卷下有之字爲第一行
江寧焦竑爲第二行

金陵叢書本老子翼校記

明本作古書傳世云刻經處本二行如前卷

老考為第三行頂格

刻經處本第三行如前卷第四行考異上空二格

第二章頂格餘諸章皆同

明本刻經處本第三行如前卷

第十七章注王弼作悠分

明本刻經處本字上空二格餘各章同

明本刻經處本分作兮是也形近而譌

第二十章注古本作若亨

明本藏本刻經處本章作享是也

明本刻經處本皆有老子翼卷之幾此本無

跋

右老子翼八卷，江寧焦弱矦先生所輯。四庫已著錄。初鐵梅丈所藏，為乾隆中山陽郭泗元翼本，于諸家之注多所損益。後以已意附之，幾失焦氏之舊，而又別無善本，少少正其闕失，將以付印；適得金陵局覆刻大藏本正萬曆王元貞祖本也。凡郭氏所點竄增益，經局本皆無之，為之狂喜，遂受厥氏。是編子苦縣精蘊闡發無遺，焦氏學術亦得大恉，宜提要稱

之不容口也鄉後學蔣國榜跋。

由是以言老子翼有五本合以成都活字本為六本矣所謂金陵經局覆刻大藏本乃忖度之詞非大藏本實王元貞本也。王本號祖大藏本，而大藏本才蘇焦呂三注，卷首無序，二四卷起處無老子翼卷之幾，迄萬曆十五（丁亥）年焦氏巳益注為六十五家次年王氏命工梓之則藏王二本何嘗天壤王本則子孫千億矣續藏在萬曆十六年之懷尚不知增補本，乃用其初稿刊入亦可異者也。王本諸家注為雙行小字注家作大字頂格局本則單行大字注者上空一格以△代之注解下空一格明本多用古正字，如況履演于苑對弃疏虛起學蕭黄侏邊跡作宏放脈肩族笞以卧兇球竝兗季艸之屬，刻經處叢書二本悉易為今字俗字。王本三卷，局本裁為八卷，叢書本雖本局本別有比次整齊之功，如注之秩序明本紊亂，刻經處本悉仍之而叢書本乃以時代先後陳之采據書目中無注者反溢之夫自稿本變而為王本王本禪而為刻經處本刻經處本易而為叢書本不難概見焉則注元貞本又可曰祖大藏本耶王氏實未見大藏本耳明史藝文志著錄焦竑老子翼二卷考翼一卷老子翼八卷八卷本不得自乾隆中始。

金陵叢書本老子翼校記

一〇七

膚淺小書

左桓二年傳孔父嘉為司馬督為太宰遂相宋公知春秋初年因宋之太宰實寗僖九年傳以公子目夷為仁使為左師以聲政宋之以左師聽政似自目夷始也文七年傳於是公子成為右師公孫友為左師樂豫為司馬鱗矔為司徒公子蕩為司城華御事為司寇六卿和公室後人以此為宋恆制實有未然成十五年傳於是華元為右師魚石為左師蕩澤為司馬華喜為司徒公孫師為司城向為人為大司寇鱗朱為少司寇向帶為大宰魚府為少宰然則六卿者以人言非以官言也僖二十二年有大司馬又文八年昭廿年有少馬二十一年有大司徒則宰有大宰少宰司馬司寇有大少師有左右其事一也豈以文七年哀二十六年兩傳而決采之制為此六卿哉前有華督為大宰襄十七年有皇國父為大宰繼宰於宋六官之外詎為完說華元曰我為右師君臣之訓師所鄭也文公以來宋恆以右師叙官首以其恆為政卿也襄九年則樂喜為司城以為政卿哀二十六年傳曰司城為上卿昭以後叙宋官而左師恆居第四是亦先後時有變易何常之有左師司馬司城之制最於周為近倘以王者後耶惟時有左右大少副貳之置宰師司馬司城番為政卿無恆寗則其以時變易者耳

圖書集刊 第二期

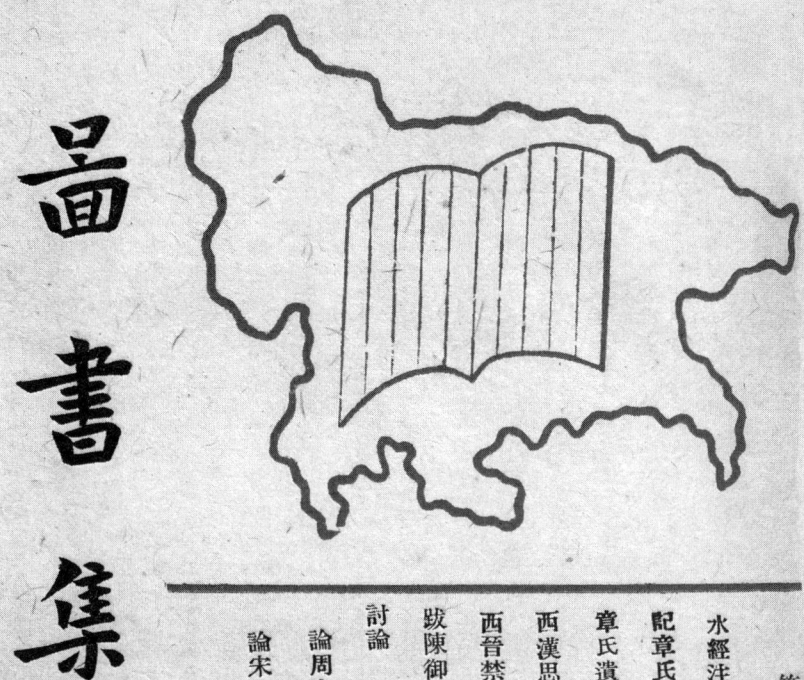

第二期 目錄

水經注違失舉正……………蒙文通
記章氏遺書……………………錢 穆
章氏遺書逸篇…………………章實齋
西漢思想之發展………………李源澄
西晉禁軍考……………………王樹枬
跋陳御簡詩稿…………………蒙文通

討論

論周官成書年代………………熊子真
論宋史全文續通鑑……………金靜庵

四川省立圖書館編輯

中華民國三十一年六月出版

水經注違失舉正

蒙文通

清世地理之學遠邁前代。胡朏明顧景范鷰荊榛於前，楊惺吾集羣善於後，即段若膺之注說文，係淵如之疏尚書，亦頗條別山川網羅古義，其於決斷嶷疑貫澈終始昏不可及也。而水經及注其署周悉委盡綱舉目明，尋川澤於已堙，拾訓解之既佚，精深卓絕，功尤不刊。故唐宋以來，徵之者衆。其在近代治者彌勤，釋義陳疑校讎訂闕，全趙以來幾觀止也。文通涉獵地說殆十數年，紬繹酈書路過多遍，近頃以來始大有所惑。益鄭杜解經應孟注史，下及高誘郭璞京相璠毛隱之儔，皆精澤地之學，班述漢舊許作解字，尤敍記明備，貫達柯條，說旣紛厖目多出入。而校之酈注則往往視酈為優，況善長依經作解義應首邱，乃注所持論輒違經旨，或顯相逕庭，或曲為解說經每有徵於舊訓注乃獨矻於紕繆而前哲於斯必株守善長之義者。王益吾之注漢志盡取酈書，苟班酈相違，肯以為孟堅說誤，不狂為狂陷此鉅失，獨非守酈過甚之失耶？憎以酈注職絡姿密義易甄晤，而異家簡略論或難理，以詳略為是非之準，不求實事之是則怙固苟且登固難辭。夫清儒述論乾嘉以降，深探僿師之訓，已知晉宋後來之說為不根。奈何於水地之學獨不思校以漢魏師說以此尋舊說求索古迹明善長之違戾，抉經旨之小失於許應紛錯，杰堅偶疏省及之不為回護。今就濟瀆經流，並其南北有關諸水搜乃足正道元為囊者四十，糾六代之浮義，駁漢魏之確詁，以上觀墜緒於西京，斯亦清代治經之法歟？良以致力稍久，或偶通敢啓榛途以待正於來哲，固非好持異同，亦豈短前修徒為自快者也。

水經注違失舉正

一

釋濟水經流

濟列四瀆，者自夏朝而故渠久湮，說者昧忽，二伏三見，論更荒唐。司馬彪郡國志以「濟水王莽末凶旱渠塞不復截河而南」，杜佑因之謂「水經云並今縣地一依佾書禹貢舊道斯不詳之甚矣。然又從前注之，其序及注解，似濟之舊迹已不可尋，說者皆妄矣。然杜預於春秋釋例既云「濟水自滎陽卷縣東巡陳留至濟陰北經高平東半至濟北東經濟南至樂安博昌入海」杜氏言之歷歷。郭璞注山經亦與相同豈為鑿空奚獨於水經涉之。孔穎達乃云「水流之道今古或殊。杜既考校元由，據當時所見今一皆依杜。雖與水經乖異不復救者」即枉言者皆妄。豈思旱則川竭旱過期復事理之當不足為異著漢書於莽時為近於河東郡垣下云「禹貢王屋山在東北流水所出東南至琅槐入海過郡九行千八百四十里」明東漢之世濟水仍通，郭杜桑酈誠非臆說也。

河北之洗遷卓可尋而出河之濟則為難理。經言濟惟一道酈注則別南濟北濟言之。一者經文荒忽致於迷誤者。班志之說最先試稽其於河之交或可以決經流所在以明桑酈之待失。凡志言受涉入沛滎陽見狠湯渠封邱見濮渠定陶澤梁鄒見如水博昌見濕水凡以上五地南北二濟並經之桑酈注所云於班無所不合然班氏於河之別瀆詳言之胡於濟之分流獨不言經於濟在乘氏下分為二則詳胡於滎澤間濟分南北則略是班以濟惟一道寬與班符酈言二道必誤以別水為濟而非班桑之所謂濟者滎澤以下，鉅野以上，此二濟並行之處並表列於下經文一

濟與河合，東出過滎澤北。

道之所厲可於此求之也。

濟水又東合滎瀆，瀆首受河水有石門，而地形殊卑，蓋故滎播所導。

濟水又東逕滎澤北，滎澤在滎陽縣東南與濟隧合濟隧上承河水於卷縣北河南逕卷縣故城東又南逕衡雍故城西。滎澤北流至衡雍西與出河之濟會，斯蓋滎播河濟往復逕通矣出河之濟即陰溝之上源濟水絕焉。

又東逕原武縣故城南。

濟水又東逕滎陽卷縣之武修亭南。

濟水又東逕釐城東，

濟水自澤東出王隱曰河決為滎濟水受焉。

又東過陽武縣北。 原作北戴，改作南。

濟瀆又東逕陽武縣故城北又東絕長城。

濟水又東南流入陽武縣，歷長城東南流蒗蕩渠出焉，濟水又東北流，南濟也逕陽武縣故城南。

濟瀆又東逕酸棗縣之烏巢澤。

又東過封邱縣北。

濟瀆又東逕封邱縣北濟水出焉。

濟水又東逕封邱縣南又東逕倉垣城又東逕小黃縣之故城北又東逕昏縣故城北。

濟濟又東逕大梁城之赤亭北。

又東過平邱縣南。

北濟也。

又東過濟陽縣起。

北濟也自武父城北東迳濟陽故城北。

又東過寃朐縣西又東過陶縣南

北濟自濟陽縣北東北迳煮棗城南

北濟又東北迳寃朐縣故城北又東北迳呂都縣故城北。

又東北迳定陶縣故城北。

又屈從縣東北流。

又東至乘氏縣西分爲二。

濟水又東迳濟陽縣故城南故武父城也

南濟也，濟瀆自濟陽縣故城南東迳戎城北濟水又東北荷水東出焉

濟水又東北迳寃朐縣故城南濟水又迳秦相魏冉冢南。

濟水又東北迳定陶恭王陵南濟水又東北迳定陶縣故城南。

南濟也又東北右合荷水。

又東北與濮水合，同入鉅野。

濟水自是東北流出鉅野澤。

其一水東南流，其一水從縣東北流入鉅野澤。

南為荷水北流經乘氏縣與濟濮渠合。

經脈濟瀆過榮澤北過陽武縣北過封邱縣北過平邱縣南過濟陽縣北鄆曾北濟，並與之同。而南濟則在以上諸縣之南則北濟即經述之濟而南濟且不過平邱縣與經違自濟陽以下經言濟過寃朐縣南又咸從縣東北沛鄆言南濟與桑經合而北濟則在以上濟陽以下南濟為濟，而北濟非也是濟之舊迹此最分明濟陽以上北濟者濟也而南濟不得為濟濟陽以下南濟為濟而北濟不得為濟奈何後賢皆囿於注文不尋經旨戴東原改經文過陽武縣北為縣南以就注文則經說濟流漂忽不定僅恃經文以求濟迹者自經為戴改詬諸蒙又從之於全系大義於一綫者又斬絕而無遺也戴於水經多綱趙氏自近頃永樂大典原本復見而趙戴有定識惟此東潯固未妄改而東原竟首其禍也。

濟南渠水陰溝諸水之亂

濟分南北鄆注既非而濟之出河道亦亦誤經言一濟水與河合流又東過成臬縣北又東過榮陽縣北又至礫谿南出過榮澤北」而注言「昔禹塞淫水而於榮陽下引河東南以頭淮泗濟水分河東南流樂浪人王景善能治水與玉吳始作浚儀渠水乃不審此即景吳所修故瀆也渠流東注浚儀故復謂之浚儀渠墨石為門以過渠水謂之石門。

濟水又東礫石溪水注之水出榮陽城西南李澤東北流歷敖山南又東北迤榮陽縣北注於濟世謂之礫石瀾即經所

水經注違失舉正

五

體濊溪矣。經注云濟出其南非也。」

　　河水分濟，經注既違於是，凡涉濟之水桑酈皆異。經言「陰溝水出河南陽武縣浪蕩渠。」而注言「陰溝水首受大河於卷縣又東逕蒙城北，故濱東分為二世謂之陰溝水京相璠以為出河之濟又非所究。」此經言陰溝水於陽武始分渠水，而注言於卷受河固不同也。道元奪京相璠所云京出河之濟為陰溝之上源，於是陰溝始於受渠也。經言「渠出滎陽北」而注言「渠水自河與濟亂流東南過中牟縣之北」不謂渠濟先亂流而後分於礫溪乃別為門為濟始，而渠與濟亂流歷滎澤北東又東南而濟渠始分則經以石門為濟始。此說元誤以涯水受河為濟始故與經違。復以京相璠之說為非也，京相璠所謂濟而道元謂為陰溝之上源道元說陰溝受河於滎縣而杜預郭璞並云「濟水自滎陽卷縣東逕陳留」一是京相璠與杜郭之說同而鄭氏說濟始與前說既不違也史記河渠書言「禹抑鴻水諸夏又安，功施於三代自是之後滎陽下引河東南為鴻溝以通鄭宋陳蔡曹

　　倘京說戒同經文而道元為異也固究濟水舊迹者所應考定試詳論之。

注又言「濟水又東經滎澤北京相璠曰滎澤在滎陽縣東南，與濟隧合。濟水滎澤中北流至衛雍與出河之濟會斯蓋滎播河濟往復徑通矣。出河之濟即陰溝之上源也。濟隧絕焉。」此似別有京相璠所謂出河之濟而道元非之以為是陰溝之上源也。

又南逕衡雍城西，左傳「西濟於濟隧京相璠曰鄭地也言濟水於濟隧上承河水於卷縣北河，南逕卷縣故城東，

為南流道元礫石澗為北流入濟非也，是如淳之說合於經意。而道元以礫石澗即礫溪口不自知其誤而妄云經非也。

修石門處分河，」此經言濟合河過滎陽縣又東至礫石溪南東出乃分河注言濟即浚儀渠於王景所穿滎陽漕渠足以卜之」如淳注曰「今礫溪口是也。」楊守敬意謂如說知礫溪

衛，與濟汝淮泗會。」此禹功施於三代而後又有鴻溝引河於滎陽下。是史公之說本明以鴻溝與濟會，不謂鴻溝即濟也。如道元之說則鴻溝爲分濟亦不得引河取河渠書文之言鴻溝者以言濟。是道元之誤校之河渠書而益謬。

道言後引河爲鴻溝與水注言「縣中牟縣之圃田澤北竹書紀年梁惠成十年入河於甫田又爲大溝而引甫水者也」又云「竹書紀年梁惠成王三十一年三月爲大溝於北郛以行圃田之水」知渠水分河自梁惠王。史公言後引河爲鴻溝鴻溝即渠水鴻溝即梁惠王始開安得禹貢導沈之濟爲石門水乎？道元之誤於茲明矣。漢書地理志滎陽有「狼湯渠首受沈」道元之說殆從班氏然衡以竹書固知誤梁惠以前河水安得入甫田耶？

經言「濟水東至礫谿南東出過滎澤北又東過陽武縣北又東過封邱縣北」以陰溝水即出河之濟言之濟之於礫谿南東出者當即鄗所謂陰溝上源處也。注言「陰溝首受大河於卷縣故瀆東南逕卷縣故城南又東逕蒙城北。

故瀆東南爲二世謂之陰溝水。供東絕濟隧右瀆東南逕陽武城北東南絕長城逕安亭北又東南逕封邱縣絕濟瀆」此陰溝合濟之道即經言濟道經陰溝無所違異注言「東絕濟隧

」即經所謂「過滎澤北。」以「滎澤中北流至衡雍西與出河之濟會即陰溝上源」之濟也。經以石門爲渠。注。濟水。是鄗說之南濟

濟亂流爲渠

渠水注濟水東南流入陽武縣歷長城東南流瀆爲濟水又東北流南濟也。而陰

並行，而猥曰南濟則道元之謬矣。陰溝於陽武分渠渠者梁溝也注

言「秦始皇二十年王賁斷故渠引水東南出以灌大梁謂之梁溝梁溝既開瀆蕩故瀆實兼陰溝浚儀之稱」是陰溝分渠之迹固渠水。

故道也夫渠水始自梁惠成王泝陰溝以至石門斯其舊迹惟瀆蕩爲陰溝道元固知之是安得以

京相璠所言出河之濟爲陰溝之上源，是渠水有二源也。陰溝之水又東南逕封邱縣絕濟瀆東南至大梁合。楊渠東南逕大梁城北左屈與梁溝合。自封邱至大梁而渠濟有通津。此一舊道，殆又先於石門之水殆即徐偃王通溝陳蔡之間州行上國，至於河上者耶？田穎人沙以合於濟世以此爲陰溝水者當以此，前道元因之也。陰溝絕濟瀆於封邱，此古濟瀆也。杜預言一旅濟水出滎陽成皋縣東北汳。」則經言出陰溝者，即陰溝固古旅然也。濟水注之水出滎陽即古梁惠所斬滎陽城東而北流注濟水濟水又東逕滎澤北又南實於滎澤，濟水自澤東遙出王隱曰河決爲滎，故有濟隤矣。謂此濟也。一是索水入濟南合滎澤自澤東出至陽武出河之南濟當即古旅然水道也。田於礫溪卜渠水巳冤旅然之道卷縣殆成候渠水與班氏達於甫」則經言陰溝者，自滎澤東遙武修亭南以合封邱古濟斷謂北濟上源藝寶分渠嘗濟之迹即道元謂之北濟也，此即班固言「滎陽有狼湯渠首受河者」道元從王隱之說以渠水自澤東出者爲濟（南濟）則謂渠水於陽武下分濟又與班氏達於上國之南濟曰即古旅然水沙南流汳水於春秋有丹水之目是固旅然之道爲濟然後道元因之有南濟北濟二道之說耶？汳沙自浚儀而汳東注之經流班以分渠會濟者爲濟王以沙南流合於淮水之道殆假王通海上國之所啓以入濟至河上者也自魏八徙都大梁引河東南而北通濟濮南紆汳雎南沙汝穎以東滙於泗南滙於淮而集於彭城皆國夾下莫疆爲，則作都於大梁既引河東南自立爲西楚霸王則作都於彭城皆以爲水道交通之樞紐也。渠水注言「又有一瀆自酸棗受河導自濮瀆歷酸棗巡陽武縣南過，世謂十字之溝而屬於渠或謂是濟爲梁惠之年所鑿。」則濮濟諸川並屬於是。

自斯以往，大梁爲天下雄鎮，及於唐宋，猶有二汴之目，遺航作運河，然後汴道漸廢。白圭曰「丹之治水愈於禹。」韓非言「白圭相魏」。其作相當與孟子同時，白梁惠之渠殆卽白圭之所作，韓非喙老「白圭之行隄也，塞其穴，故無水難。」而孟子罪其「以鄰國爲壑水逆行」，是魏都大梁間之渠之舊迹頓改，濟濮渠汲紛錯雜出，其旁之啟獻？以經案之，濟陽以上鄭氏所謂之南濟自不得爲濟水。莊以此爲濟之經流更非，但此道究爲何水亦可得而言注言「濟水自澤東出又東南逕滎陽城東，濟水右合黃水，水發源京縣黃堆山世謂之京水，黃水北逕尚陽亭東，南北二十里，市縣又東北逕故市縣城南，黃水又東北至滎澤南分爲二水，一水北入滎澤，下爲船塘陂，東西四十里，竹書穆天子傳「天子浮於滎水乃奏廣樂」是也。一水東北流卽黃雀溝矣。穆天子傳曰「天子東至於雀梁」者也。又東北與靖水枝津合二水之會爲黃淵。淵北流卽濟水，右合黃水。城北穆天子傳曰「天子里圃田之路東至于房。」疑卽斯城也。濟水又東北流逕陽武縣故城南逕縣之故城北。濟又謂之曰黃溝縣故陽武縣之東黃鄉也。」就此文一反察之，卽自滎澤南出濟合，（旗然）又東北逕陽武故城北又東逕房城北爲穆傳「東至於房」明自澤出歷船塘至房城正穆傳之滎水也於禹貢「滎播旣瀦」，滎卽澤也。明南濟之道實爲滎川自澤南出。山自澤東出逕續城合黃水者，旗然職方於豫州曰「其川榮雒，其浸穎湛。」清儒已知播之爲潘卽汳水也，然終古惟知有滎澤而不能言有滎川以穆傳考水經之注，則知所謂南濟上流者卽滎川也哀十三年「公會晉侯及吳子盟於黃池」，杜預

水經注違失舉正

九

「封邱縣南有黃亭近濟水」則黃池即此之黃亭近濟水杜言近濟殆謂北濟亦明社不以黃亭所從戎為濟也。

水經之濟水目濟陽以下行於道元所謂之南濟入於鉅野,

荷水東出焉」注又言「荷水上承濟水於濟陽縣東又東

渠上承黃溝。（即小黃縣之黃亭，南濟至此曰黃溝。）東北合荷而北注濟瀆也」此黃亭以下黃水之名猶存至定陶以下乃合荷而入

濟此與出京縣之蓄水首尾一貫自出滎澤至此皆黃水也然定陶東北荷之所會為黃水枝渠。

水經泗水又東過沛縣東注於此言「黃水注之黃水出小黃縣黃鄉黃溝國語曰：吳子會諸侯於黃池者也黃水東逕

外黃故城南薛瓚曰縣有黃溝是也又東逕定陶縣南又東逕山陽郡成武縣之楚邱亭黃溝又東逕成武縣故

城西黃溝又東逕平樂縣故城南東注泗即泡水也。（即注首黃水注泗）黃溝之名此為曾顯由京縣至沛縣

又筮近稱矣。（無泡水之稱）泡水又東逕沛縣故城南東注泗即泡水也。人謂之狂水葢狂黃聲相近俗傳失實也目下黃水

黃水經流之迹此於返承旗終下灌獲泗葢經行千里而遂以常榮水巨川名實不爽酈說南濟始流其為誤奪黃溝殆

又審也

臣瓚云：「國語曰『吳子掘溝於商魯之間』今陳留外黃有黃溝是也北屬之沂西屬之濟以會晉公午於黃池。」

一此吳之自黃溝以北達於中國即職方之滎川穆傳之滎水由春秋迄於戰國黃池之名著而滎水之迹晦於班志又

龍之泡水矣此荷濟之外自河達江之又一道也穆于滅徐葢即由此滎水之道也

濟北濮水瓠子諸水之亂

班志於陳留郡封邱云「濮渠水首受，東北至都關入羊里水，過郡三行六百三十里」酈注於此不能合濟水注云「濟水逕定陶縣故城北又東北與濮水合水上承濟水於封邱縣旬濱首受濮水枝渠入乘氏縣左會濮水與濟同入鉅野。」酈述濮水自封邱與班同說濮入濟則與班違矣。道元記瓠子即濮水也班述濮陽縣北河東至濟陰旬陽縣為新溝又東北過廩丘縣為濮水又東北過東郡范縣為濟渠」經說「瓠子河出東郡濮陽縣北河東至濟陰旬陽縣為新溝過廩丘為濮水則安有所謂瓠子者哉僅河決瓠口以入濮水故始封丘桑敘瓠子故始濮陽然瓠子至濟陽為濮水以瓠子即濮水也班敘之所敘注以為即羊里水之道儻桑述瓠子不敘濮水以瓠子即濮水也班敘水有極短之水程耳許慎言「濮水出東郡濮陽南入鉅野」應劭注漢書於東郡濮陽下云「濮水南入鉅野」出濮陽者即瓠子，是應許說並以瓠子即濮水也。酈氏於瓠子濮水兩敘之若不相誠以濮至羊里之經流為枝津反以濮於乘氏會濟之枝津為經流顛倒迷離，既違於經，亦背於經也。正三家之歧說而求一是，濮水之經流幸有可尋流水注言「濮水上承濟水於封丘縣又東逕匡城北又東會濮渠之側有涤城又有桂城濮渠水又東逕蒲城北又東逕韋城南東絕馳道。又逕長垣縣故城非濮渠又東分為二濱，北濱出焉。」此誌濮與班省不同，即追元所謂於匡城東北左會別濮水者也酈述別濮水之經而瓠河注中道凡目篇漯水枝津者也杜預云「濮水出東郡濮陽南」此誌濮與班違也酈於瓠子河注言「縣云「濮水首受河其故濱東北逕酸棗縣東北延津南謂之酸水酸濱首受河於酸棗縣故城北又東逕胙亭東注又東逕燕城北又東逕清臺城南入酸水故濱何酸濱首受河於酸棗縣東北二棟城間又東逕酸棗縣故城北又東北逕燕城北又東北與酸水南又東首於濮」此別濮水以杜以為濮首與許應以瓠子為濮水其失正同而皆與班違也酈於瓠子河注言「

濮陽縣〔即瓠河口。河水舊東決逕濮陽縣東北，又東逕鹹城南，又東逕桃城南又南逕葭丘北京相璠曰在濮陽北十里〕縣東南三十里，又東逕句陽縣之小城陽瓠子北有都關縣故城縣有羊里亭瓠河逕其南為羊里水又東右會濮水枝津〕瓠河至清丘，仍不出濮陽一縣，水程之短若是再至小成陽則曰新溝遂合於濮水則烏有所謂瓠子一河其實與酸瀆一耳水經言「河東北過黎陽縣南」注云「白馬濟津之東南有白馬城亦有韋鄉亦有所謂瓠子河其舊於白馬縣南決通濮濟故瀆水斷尚謂之白馬瀆東逕鹿鳴城南又東北逕白馬縣之涼城北又南逕濮陽縣散入濮水所在會通注以成往復也」是河決入濮，一決於酸棗，再決於白馬，三決於瓠子河決酸棗入別濮以會於濮河決瓠子入新溝以會於濮等耳不可奪濮濟以為白馬濟之故瀆水道元於此為不知類也道元所謂濮水枝津即濮水注之北濱酈氏說此枝津云「水上承濮渠東逕頓丘城南又東逕浚城南又東逕句陽縣西句瀆出焉。」白馬瀆逕濮陽縣散入濮水自必於頓丘城間也濟水注言「濮水又東北逕鹿城南郡國志濟陰句陽上承濮渠逕頓丘城南京相璠曰今濮陽縣西南十五里有頓丘城又東逕浚城南也是京之所謂，於班志衡之正濮之經流故瓠子河注言「濮水枝津」以濮之逕浚城南而北入瓠河」地理志曰，「濮水至都關入羊里水」也此為瓠子由此合濮而道元翻以濮水枝津於是入瓠瀆也道元所謂濮水枝津以為班志東迤句陽西句瀆又東北迤句陽縣之小成陽東垂亭西而北入瓠河」地理志曰，「濮水至都關入羊里水」也會於濮水更相通注以成往復也」是河決入濮，散入濮水所在會通注以成往復也於白馬縣南決通濮濟故瀆水斷尚謂之白馬瀆東逕鹿鳴城南又東北逕白馬縣之涼城北又南逕濮陽縣與酸瀆一耳水經言「河東北過黎陽縣南」注云「白馬濟津之東南有白馬城亦有韋鄉亦有所謂瓠子一河其實枝津」瓠河至清丘，仍不出濮陽一縣，水程之短若是再至小成陽則曰新溝遂合於濮水則烏有所謂瓠子一河其實陽縣東南三十里又東逕句陽縣之小城陽瓠子北有都關縣故城縣有羊里亭瓠河逕其南為羊里水又東右會濮水枝津乘氏縣有鹿城鄉濮水又東與句瀆合瀆首受濮水枝渠於句陽縣東南逕句陽縣故城南又東入乘氏縣左會濮水與濟同入鉅野。」白馬瀆之入濟，當亦因句瀆之道，是句瀆亦白馬之下流自河之韋津至鉅野經途已遼而蹤絡歷歷也。

自瓠入濮而瓠絕道元強濮以瓠名云「瓠瀆又東逕垂亭北瓠河又逕雷澤北瓠河之北即廩丘縣，瓠河與濮水俱東流經所謂過廩丘爲濮水者也」此濮水也酈以爲瓠而強爲之說，正所謂顯背桑經者也酈續言「瓠河又逕陽晉城南又逕黎縣故城南又東逕廩縣與濟濮枝渠合故渠上承濟續於乘氏縣左納瓠河故經有濟渠之稱」此發濮於此入濟濮名絕而下流背爲濟也道元顚倒其事於是桑經爲瞀亂也自道元強立瓠河之目而班志不可解水經之說亂然瓠子奪濮濟入海之道非道元於此明著之則此水所纏與頓丘決河同涅泯不可壞雖亂古水之經流要爲有足取也至叙濮以入鉅野之流爲主非徒酈氏惟然許應二家已先作此說「一河決於瓠子東南注鉅野則許應二家所謂濮水出濮陽入鉅野者自瓠而瓠河之道謂之濮水顯然倒不免左右失據矣志既明言河決瓠子注鉅野則許應二家所謂濮水出濮陽入鉅野者自瓠而瓠河之道又經紋瓠子不入鉅野亦違馬班所叙不得爲是然則經所謂瓠河至句陽爲新溝儻新溝即羊里水也所謂過廩邱爲濮水以此道之原爲濮也過范縣爲濟渠則濮以自乘氏來之濟渠而濮以絕濮始封邱終范縣此最顯然濮巨水前羊里爲細流謂濮入羊里者班氏誠以攷之枯渠而未得也至瓠河始濮陽終鉅野亦爲歷瓠河注言「故濮東逕句陽縣之小成陽又東右會濮水枝津（北瀆）（北瀆）於句陽縣東」既瓠河入濮與句瀆受濮同在句陽縣東屬於一地則句瀆入鉅野一道卽志言瓠河注鉅野之道許應二家以此爲濮水誠非經紋瓠河亦顯然有失而酈之顚倒迷離更不堪究詰也班叙濮始封邱入羊里爲自西南而東北許應以瓠子爲濮始濮陽入鉅野爲自西北而東南瓠子自以馬班之說爲當水經與注又以羊里至祝阿

水經注違失舉正

一二三

之濮水為瓠子是亦以自西北而東南者為自西而東北。相映成誤，誠懼經解所以濮水，是知瓠河濮水之說斯則水經之學夫豈易言哉道元一人之咎也。苟非司馬河渠詳志之決而班氏囿之，則二水經流將百世不得其水逕其南為羊里水俗名之為羊子城非也。又東右會濮水枝津也。理志「濮水至都關入羊里水者」。又案地理志山陽郡有都關縣今其城在廩丘城西句陽廩丘俱屬濟陰。則都關無隸句陽理。夫瓠河本即濮水故經言「過廩邱為濮水」道元又言「遂范縣與濟濮枝渠合」濮水之名遂絕於此，應將渠乃羊里也都關臨在巨居東郡濟陰之山陽鬲縣旁乎二郡，此在廩丘東北道元不以瓠河為濮水故誤以廩邱西南之羊子亭為羊里水都關之所在此道元之誤，而反以為班志之誤也。

瓠子注言「遂范縣與濟濮枝渠合，故渠上承濟瀆於乘氏縣北遂范縣」此之濟渠即濟水注中所言「南為荷水北為濟瀆遂乘氏縣與濟渠濮渠合」者也。斯荷濟初分，而北濱又別自乘氏遂范縣合濮渠經言「瓠子過范縣為濟渠與將渠合又東北過臨邑又東北過（疑作合）鄧里渠又東北過祝阿為濟渠」此皆為濟至是又與韋張之濟合。然後知酈注所謂北濟自濟陽縣東北逕煮棗城南一水至乘氏縣與濮水同入鉅野者即此濟渠之上源通為一流，則為所謂北濟此濟即關關所謂別濟瀆為始濟陽終祝訓固甚顯然而道元濟之也即以瓠子絕文言之出濮陽至句陽為新瀆此河決始啟之道也東北過廩邱為濮水以河水於小城陽城東故菲亭西右會濮水枝渠行於濮道故為濮水益知此枝渠云者正濮之經流也河水過東郡范縣東北為濟渠與將渠合以河水於范縣與

濟灉枝渠合故渠上承濟瀆於乘氏縣河行濟瀆，故爲濟渠。知此濟濮枝渠云者當濟渠也。廩邱范縣以下濮水則廩邱以上不得濮已入羊里水而濮絕以過范縣合將渠而濮始絕益知將渠即羊里之聲轉也。班志不言濮入濟渠而曰入羊里者，濟稱故渠已爲枯瀆正。景河通將渠分河勢盛此班就當時水迹言之。以西漢之前而言，要以濮於范縣入濟渠方爲古迹也。

始濟陽逕乘氏至洛當以合於壽張之濟者，亦濟水也此宜可謂之北濟。而道元不知此道於濟陽以上爲濟之經流而范縣以下水經又誤以爲瓠子此二濟並行之迹。今以禹貢之文核之濟「東至於荷又東北會於汶。」壽張一道至荷會沒宜爲濟之經流而合濮一道冒瓠子之名者，不至荷會沒宜爲濟之別瀆此道於戰國時已有濟名，趙簡言「趙平割濟東三城合盧高唐平原陵地城市邑五十七命以與齊」考盧在長清高唐禹城平原即濟南之平原縣三城惟盧存會汶濟道之東知此道早有濟名通而益狹水之名也濟水注言北濟「逕定陶縣故城北漢景帝中六年以濟水出北東注分梁於定陶置陰郡指北濟而定名也。」又曰「瀦反入。」則此別濟一道。元於濟水注以汜水爲爾雅之瀦以呂忱水決復入爲汜釋之未寧呂忱據爾雅文汜讀爲似而酈注據張晏說此汜水讀爲范道元亂別濟爲數道求瀦水不得妄以汜水當之滑汜汜爲一殊可憫笑審其纏絡固知所謂「濟別爲瀦」非此莫屬也。

水經注違失舉正

禹貢於兗州曰「雷夏既澤灉沮會同」京相璠言「今濮陽城西南有沮邱城。六國時沮澱同音以為楚邱非也」爾雅之瀯當即禹貢之沮應此別濟是也。道元於瓠子河注引爾雅水自河出為灉以釋灉即瓠子。瓠河固左經雷澤北，是殆合於禹貢之說鄭玄注尚書云「灉水沮水相觸而合入此澤」明灉沮皆當於雷澤近地求之瓠河遙雷澤而別濟稍遠是殆古之雷澤固廣入後漸以堙廢而小。大陸黃澤皆以堙而與河遠亦以堙疑於雷夏也此灉水出於定王五年新徙之河與禹河無涉其可以釋禹貢之灉者蓋以春秋戰國所言之河實即瀔川河出灉又反入即出於瀔而入灉耳此正爾雅之所云也六國時河行瀔川至高唐始河與瀔別灉之入河諒在高唐以上則古灉水反入之迹應水經所敍瓠子正古灉水之道也瓠子之決適由灉分河處而南注鉅野道不害出河反入之義。春秋戰國謂瀔為河正以禹未「引河北載之高地」瀔川固明為禹前河也經注敍瓠子過范縣合將渠過任平縣合鄧里渠將渠首受河而復入於河瀔川莽河東漢之河皆過高唐鄧里將渠之通河適在高唐以上則將渠鄧里卽古灉水反入之迹灉水之道也瓠子之決東南注鉅野通淮泗則道元唐以上則將渠鄧里卽古灉水反入之迹灉水之道也瓠子之決東南注鉅野通淮泗則道元無徵禹貢爾雅之文以灉釋瓠子是猶存古義之注不曰灉而曰瓠河忘瓠子之目豈易灉為瓠子為道元始誤之耶在兗州出河反入之謬也經於此道隨地易名曰濟渠鄧里渠疑經固無瓠子之目直以沮之反入於濟灉之反入於河也然至范縣而瓠河雍舍此一道固無可以當之曰「灉沮會同」者誠以沮之反入於濟灉之反入於河也然至范縣而瓠河 灉 與濟濮枝渠 沮 合二水固會同為一也河決瓠子當漢武之世而水經作於西漢之末必迷於瓠河之注鉅野特以濮陽決口至小成陽間固瓠河所經故紋灉水之首姑曰瓠河云爾新溝以往脊無瓠河之目是知經之未始有誤而統此灉水一道為瓠河者固道元之誤也

華水與鴻溝

鄭語史伯曰「鄶弊歷華君之土也」曰「前華後河，左洛右濟」曰「其濟洛河潁之間乎？」以華比河濟洛為言，則華固一水也，儔於潁水而華水所在應於濟洛河潁間求之也善長於洧水注言「黃水出太山南黃泉東南流逕華城西史伯謂鄭桓公曰華君之士也韋昭曰華國名矣史記秦昭王三十三年白起攻魏故華陽，走芒卯，斬首十五萬。司馬彪曰華陽亭名在密縣黃水東南流又一水合水出華城岡一源兩派津川趣別，西入黃雀溝，黃雀溝應作黃水，以涉上文管水注黃雀溝而誤。其水西南流注於黃水」此黃水入於洧而洧入於潁也善長於渠水注言「渠水又東清池水注之水出清陽亭清水又屈而北流至清口驛，七虎澗水注之。水出華城南岡，一源兩分泉流派別，東為七虎澗水，東為七虎溪亦謂之虎溪水。此水東北流紫光溝注之。華水又東逕渠城北又東逕鹿臺南岡北出為七虎澗東流期水注之謂之虎溪水亂流東注期城北會清口水清水自放流北注渠謂之清溝口渠水又左逕陽武縣故城南東為官渡水。」合此兩文考史伯所稱十邑之華即華水之所出竹書紀年梁惠成王十年入河水於甫田又為大溝而引甫水渠水也渠水於清口以上惟不家溝一水注之則官渡水者即古之華水，而華水誠足以比於潁洛也。華水出華城而紫光溝注之期水又注之逕期城北而清水又注之詩所謂清人在彭者也自清溝水又注之至清口所謂注於渠者梁惠成前不家溝水於此注華耳再逕陽武為官渡水更為梭出之名於浚儀以下謂之沙水於義成縣入淮曰沙洞沙水即古華水也自惠成王後名於渠水而鴻溝之稱盛於戰國。下流則沙水之名猶存爾雅曰「潁為沙」益知史伯或言河潁或言河華華水即沙水也

水經注違失舉正

一七

漯川與浮水

班志言「東郡東武陽，禹治漯水，東北至千乘入海，過郡三行千二十里」「平原郡高唐，桑欽言漯水所出」，漯水分河虖。班桑說各異道。元從班而斥桑氏謂「穆天子傳稱丁卯天子自五鹿東征釣於漯水以祭淑水，是曰祭丘已己，天子東征食馬於漯水之上，尋其沿歷趣，不得近出高唐也。桑氏所言蓋津流所出次於是問也俗以是水上承於河，亦謂之源河矣」。然桑氏之說要為不誤。元以近疑之不知在昔漯不得出東武陽也。禹河自宿胥口北行漯至周定王年河徙東武陽高唐而西，至於東武陽漯即漯川漯漯川河至高唐始與漯別故桑欽云然也及莽世而河又徒自長壽津與莽河故瀆分乃遷東武陽高唐。胡渭說「溝洫志言濮陽瓠子而頓丘之決口入海中間經過之地皆不可得聞」。今武陽漯安得始至胡東樵謂漯不得始高唐說固未譣水經明言「河水又東北過高唐縣東」。安得信道元之曲說，而忘水經之明文，謂河不過高唐漯不經東姬東征舍於五鹿。其女叔姪屈此思哭，是曰女姪之丘」。則元城故瀆為穆王浮漯之所至知高唐以西浮漯之所行者漯水秦漢之間莽河故瀆不經東武陽別分瀆耶？桑欽為成帝人，說「漯出高唐」謂出莽河而非東漢以下之河瀆班所謂河為東漢以後之河非桑欽之所知也。然班於東武陽下之所謂漯者，實惟何水，則事亦可言武帝本紀言「元光三年春河水徒從頓丘東南流入勃海夏五月河水決濮陽」「河水又東北逕委粟津大河之北即東武陽縣也左會浮水故瀆瀆上承大河於頓丘縣而北出東逕

按河水注言「河水又東北逕濮陽」胡渭說「溝洫志言濮陽瓠子而頓丘之決口入海中間經過之地皆不可得聞」今繁陽縣故城南鷹劭曰縣在繁水之陽繁淵春秋襄公二十年經書公與晉侯齊侯盟於澶淵杜預曰在頓丘縣南

今名繁淵澶淵即繁淵也亦謂之浮水焉昔魏徙於大梁趙以中牟易魏故志曰趙南至浮水繁陽即是濱也故濱東絕大河故濱東逕五鹿之野浮水故濱又東南逕衛國邑城北叉東逕衛國縣故城南浮水故濱又東逕河牧城而東北出又東北入東武陽縣東入河又有濕水出焉戴延之謂之武水也注又言「河水於縣（高唐）濕水注之濕水上承河水於武陽縣西北逕東武陽故城南浮水應劭曰縣在武水之陽然則濕水亦或武水矣」於此足明自高唐以西至東武陽所謂濕水者應勁戴延之並謂之武水酈氏亦信其說而始從班氏以為濕水於東武陽入於河武水於東武陽出於長壽津不逕東武陽武水固上承浮水是武水即浮水故濱上承大河於頓丘縣而武水於高唐入濕則元光三年河徙從頓丘流入勃海者即自浮水武水於高唐下入濕水以達於海斯其中間經歷之地也是瓠子決而浮水又空存故濱自河決長壽津以東行武水得河通波以注高唐有似濕之上流逐來班酈「濕出武陽」之說以武為濕也明於孟康河行濕川之說可解道元穆傳之疑而桑欽濕出高唐之義乃明頓丘決河之幾於文堙迹絕者其入海經纏亦可顯然大白矣

淇水注「清河東北流浮水故濱出焉按史記趙之南界有浮水焉而北有浮陽之稱者蓋浮水出入津流同逆混幷清漳二濱河之舊道浮水故迹又自斯別是有浮陽之名也」南北二浮迹不相接而名相襲道元欲以清漳二濱通之其論疏矣於白溝亦無相通之文況事在魏武之後未可以說六國之水也浮過莽河故濱莽河北合清河二浮之通此道為近但莽河即六國之河不可以出河之浮（北）即過河之浮（南）迹絕而名不堙二浮之接惟屯氏倘屯氏故濱即二浮間之故濱也道元言浮水「首受清河於縣界，縣陽。東北

水經注違失舉正

巡高城縣之苑鄉城北又東巡章武縣之故城北又東巡濄武帝望海臺又東注於海」此浮水道章武入海之說也。班志魏郡館陶「河水別出為屯氏於鄃縣合大河故瀆則勃海與屯氏河經魏郡清河信都勃海也」此屯氏之由章武入海也道元以屯氏於鄃縣合大河故瀆即浮水則南北二水於是相屬附記於此以班異也班於鳴犢云「至鬲入屯氏河」蔣厲信都如酈說則鳴犢安得於此入也篤馬鳴犢於酈書皆亂於屯氏枝瀆亦與班異益知清河浮水實以奪於屯氏河而迹亡屯河所經涼即浮水則南北二水於是相屬附記於此以輔酈說。

濟瀆名實俱亡

出河之濟水流枯竭未易言始於何時晉書王濬傳「杜預與之書曰足下便當徑取秣陵釋與人於塗炭自江入淮逾於泗汴沂河而上蕩旅邊郡亦曠世一事也」杜預注左氏言濟水誠為分明而論河淮交通捨濟而言汴似汴盛而濟衰也祁超傳太和中桓溫將伐慕容氏超諫以遠汴水又淺運道不通溫不從遂引軍自濟入河超又曰清水入河無通運理」說者或謂此為濟水通流之證（閻若璩）而考之桓溫傳「太和四年悉衆北伐軍次金鄉時旱水道不通乃鑿鉅野三百餘里以通運自清水入河遂至枋頭先使袁真伐譙梁開石門以通運真對譙梁開石門軍竭溫焚卅步退」是桓溫舟師為自清水入河裕之濟即清水耳於滎東之流無涉也由杜預邵超開石門軍竭盡溫焚卅步退」是桓溫舟師為自清水入河裕之汴濟二道重於滎濟也照中劉裕北伐沈林子劉遵考將水軍出石門自汴入河王仲德開鉅野入河裕引水軍入彭城自淮泗入清河沂河西上以向彌留成咼傳裕之所經猶步桓溫清水一道汴水又一道也皆宋舟師北伐莫不沿

道清河，或以汴水蓋滎濟之不為交通，亦已久邪？〉宋書索虜傳於王玄謨攻滑臺不剋敗走云「拓跋燾自鄴薮並南出，十一月至鄒山遣楚王樹洛眞進軍清西至蕭城步尼公進軍清東至留城虜趙苞橋民燒苞橋虜爭渡苞水」清東西之辭於此屢見此亦清河曰蕭曰留曰苞水當即泡水於此入泗者也水經泗沛縣民燒苞橋杜道〈爭渡泡水。清水即泡水之別名也〉意指泗水以東言。此泡河應為泗水之別名。沈書別清河於泡水似隴涯未 至沈慶之言「清東非國家有也」為二派一合南清河入於淮二合北清河入於海」胡渭曰「南清河卽泗水北清河卽濟瀆也」泗有清河之名，於趙宋明之閒寳始於劉宋也然此猶非所謂清水入河者也。

晉宋之閒，由泗入河以清水（或曰清河）為迆絡而清水源委不見於桑經酈注以今考之經謂河水「又東北過茌平縣西。」注於經茌平下云「河水又東北流逕四瀆津兩側臨河有四瀆祠東對四瀆口河水東分濟亦曰濟水受河也然滎口石門水斷不通故自是出東北流逕九里與清水合故濟瀆自河入濟自濟入淮自淮達江水逕通故有四瀆之名也」此於河水篇所見之清水也。經謂濟水「又北過臨邑縣東」注云「濟水又東北逕垣苗城西故洛當城也伏韜北征記曰濟水北流十里與濟水合……而東南流注也」此言出河之清水，自四瀆為濟魏土地曰鹽津河北流十里與濟水合亂流而東逕洛城北口而東北與清水合於洛當城以入濟而清水得濟名也清水自乘氏來洛當之濟合則注言「濟水二瀆合而東注祝阿者也此以將渠一道之濟為清水也抑又言之注謂「濟水又北沇水注之戴延之所謂清口也或

謂清即濟也。禹貢濟東北會於汶今枯渠注鉅澤鉅口北則清口清水與汶會也斯合汶一道之濟也，又得清水之目注又言「濟水自魚山北迳清亭東即春秋所謂清者也。（隱公四年）是下濟水通待清水之目焉是汶口以至清亭而下濟亦得清之名」杜佑言「今東平濟南淄川北海界中，有水流入於海謂之清河，實荷澤汶水合流而曰濟河。蓋因舊名非濟水也」此由道元不明著清水即濟之名自唐以來僅知清河翻疑濟水，至宋又有南北清河之名南清爲泗，北清爲濟。南宋以下北清河又有大小之分明桓溫劉裕清水之迹則濟之流斷而名亦易可以知其實也道元言「昔趙殺犢仲尼臨河而歎自是而反孝操以爲孔子臨濟故狄水也是濟所迳得以通稱」知清水於古爲狄水也。

此篇於濮水瓠子二流馬班許酈同異論之已晰後始決瓠子爲右之灉水，而別濟即沮水也稿凡三易故一篇之中，前後意每不屬原擬改作繼思廖帥持論喜存入門之迹不盡以後定之論故始作之文今亦略仿其意稍事增刪俾不自爲矛盾而止幸覽者原之文通識。

記鈔本章氏遺書

錢 穆

書肆挾鈔本章氏遺書來國立北京大學求售，余攜歸燈下檢讀，疑是實齋子華紱所錄副本也。何以言之道光壬辰華紱初刻文史通義跋云：「先君子易簀時，謙李檢付蕭山王穀塍乞為校定時嘉慶辛酉。及道光丙戌長兄杼思自南中寄出原草併穀塍先生訂定目錄一卷，查閱所遺尚多，亦有與先人原編篇次互異者，自應更此以復舊觀先錄成副本十六冊庚寅辛卯待交洪洞劉子敬華亭姚春木二先生辨副本乞為覆勘今勘定文史通義內篇五卷外篇三卷，先後付梓」云云今鈔本適裝十六冊與裝紱言合一也初刻文史通義外篇二有答甄秀才論修志書與甄秀才論文選義例二書修志十議天門縣志藝文考五行考學校考三序查劉刻本知為王氏原目所無而此鈔本皆有之（與甄四書在卷十通義外篇四修志十議以下四篇任卷十八方志略例二）華紱所謂王目所遺尚多其合二也又鈔本偶有夾附別紙評諱字跡皆出一手不知何人所評惟史注篇原註「義詳紱例篇」附紙云「紱例篇內篇未見外篇亦無其名豈見他篇耶假當注明。」旁附別一手字跡云「正文已云太史叙例之作是紱例乃太史公篇名然史記有自紱無紱例或是自紱之誤帥陸記」。按帥陸即洪洞劉子敬時為大梁書院山長與姚春木同定通義篇目者賙其他評識是否係姚春木雖不可知而此書曾寫劉子敬過目其合三矣本此三證故疑此本當係華紱所錄副本也

此本文字有與本有目無文劉刻於他處搜訪待之而此本明有其文者如許沈梅村古文之類是也有王目所無劉刻有之此本亦有者如說文字無文劉刻亦搜訪未得而此本有之者如與孫淵如論學十規之類是也有王目所無劉刻有之此本亦有者如說文字

原課本書後之類是也。亦有主目劉刻有之，而此本轉缺者如此本卷一文史通義內篇二目錄最後二篇為「禮敎有目無文」劉刻遺書附錄土宗炎後實齋書有「禮敎已著成否」之語，是實齋當時先已擬有禮敎篇目，而文則後成或華紱副本乃從其兄抒忠所寄原草寫錄都。此文亦未補入也亦有王目劉刻皆無之而獨見此本者如此考摘錄清潭書院留別條訓諸文是也。有可以校補劉刻之誤者，如論課蒙學文法一篇，劉刻采目注如瀾小方壺彙刻，乃自「故初學籍以為資」下脫去原刻一頁凡六七百字遂以隔頁之首字直接上頁之末字遂使文理不通，讀此本始見其全文之真相。凡此之類本彙而刊之近有二十篇誠可為愛讀章氏文者一極可喜之發現矣。

章氏通義生前曾刻其一部分。余前讀燕大圖書館所藏章氏遺書鈔本篇目均附小註載列年月，亦有注「已刻」者，即指實齋生前所刻也。此本凡遊已刻，即分頁散訂，不再鈔篇遂可衹章氏生前所刻文字之全目及其書標亦此本一貢獻也今寫其目如下

易敎上中下
書敎上中下
詩敎上下
言公上中下
說林
知難

評沈梅村古文
論課蒙學文法
與邵二雲論文
評周永清書其婦孫孺人事
與史餘村論文
又與史餘村
答陳鑑亭
方志立三書議
州縣請立志科議

凡二十二篇。汪本自評沈梅村古文下至又與史餘村凡十一篇皆有目無文，答陳鑑亭門並目失之殊因文已前刻，故未寫錄乎？（劉據雙藤書館所藏文史通義鈔本補入亦由未見章氏生前通義刻本也。）然頗有極有關係之文而汪本失之，劉刻亦不知有此文夫能搜訪補入者。如此本卷九與史餘村文章經世之業一篇又答邵二雲一來貴於戴東原一篇皆評戴東原言行及自道為學制行本末為考論戴章兩人學術異同極可貴之材料而汪本並目無之疑當時學人不知實齋論與深章嫌其貶戴太過恐召戴門後學之爭故遂諱之即實齋原文亦謂「此時未可遽以示人犯驚一時之耳目。」曰「無戴舊說不欲濺為今人所知。」（上引與史餘村）

又曰「藏其稿不敢示人恐驚曹好曹惡之耳目」（上引答邵二雲書）。今大典本水經注行世，戴氏偷竊趙東潛書假託欺世之事，大白則實齋論戴氏專從其心術隱微處著眼者其意庶亦可以取諒於人也。

即如與孫淵如論學十規，劉刻本附錢臧鏞堂丙辰山中草跋謂「論學十規古文十弊淮南子洪保辨祠堂神主辨諸篇俾論閱議又復精細入神切中今學之病不朽之作也穀廬先生以此冊惠讀按即指丙辰山中草」即以鄙見質之二云云則其穀廬處固明明有此諸[ ]不應此後獨失十規一稿殆亦諱而滅之耳。此本論學十規不知由何人貼去十規二字將原文第十項批評袁簡齋一節舉筆鈎去是此人之意亦欲改十規為九規蓋原書第八本規孫氏攻摘古人太甚並謂「請於辨正[ ]字但明其理而亦不必過責其人」且云「鄙著亦染此病特未如會著之甚今巳知悔多所刪改」而第十規即醜詆簡齋目之為「名教中之罪人不誅為幸」所以規人與所以自悔者乃一篇之中不蹐數百言而即自犯之故疑[ ]本無其文乃由王氏遙為刪去非如酒誥之俄空也。

此本婦學篇箐後「近日無行文人」又「彼浮薄文人」皆旁筆改「不學之徒」字樣又「非聖無法」下本有「罪不容於死」五字亦加筆抹去末句「其視浮薄文人直穢豕爾」旁筆改「視不學之徒直妄人爾」此亦皆後人所為而章氏之評詆途量蓋尚有雖悔之而未盡改者。（華絃刻其父書亦多刪削即如詩話篇詩話論詩非論貌也以下全滅去不刻是也士習篇王有目無文此本並目無之豈亦硜硜世有太甚耶。）

此本言公篇係已刻本散頁訂入篇首有一行云，「道聽塗說爭名趨詭腑械心窬斯文如燼著言公上中下篇，

黏紙云「此行宜刪，」今華紱刻本無之，劉刻本亦無之，此亦後人之意。今考實齋與邵二雲論學有云，「鄙性淺率率生平所得無不見於言談，至筆之於書亦多新奇可喜，其間遊士襲其談鋒經生貿為策括足下亦既知之，斯其淺焉者也。近則邀遊南北目見耳聞自命專門者，逃者牽多陰用其言陽更其貌，且有明翻其說暗剿其意幾於李義山之獺繕身無完膚，杜子美之殘膏人多沾丐才非先哲，而涉境略同言之可慚亦可慨也。鄙嘗著言公篇，久有謝名之意，」此函所言正可與原刻言公篇首行互相發明，使讀者知其當時下筆之動機然苟誠意謝名則篇首一行固可，惟居今而論，則留此一行文字亦未始不足為知人論世之一助也。

此本又有「又與朱少白」一書謂「鄙著通義之書諧知巳者，許其可與論文，不知中多有為之言不盡為文史計者，關於身世有所根觸發憤而筆於書嘗謂百年而後，有能許通義文辭與老杜歌詩同其沈鬱，是僕身後之桓譚也。」此文收入文史通義卷九，王目劉刻乃並篇目而失之，豈亦以中論史考一案牽涉及於當時勝流名士種種實相，遂亦有戲韓而滅之耶？余為近三百年學術史於實齋文史通義淵旨頗多抉發時風衆勢之厄，長呼若想見其人。余以其生前刻本流傳皆非著作深意所寄及身後愛重其學者為之搜刻全書而此等關係文字仍多湮滅不彰爰亟寫錄其軼文不傳者彙為一卷而記其涯略如此。

附補抄篇目：

與孫淵如觀察論學十規（鈔本卷九）

記鈔本章氏遺書

二七

又與朱少白論文（同上）
又與朱少白（同上）
與史餘村（同上）
答鄒二雲書（同上）
與史氏諸表姪論策對書（鈔本卷十）
史考摘錄（鈔本卷十五）
「書宋孝女」附錄粲瀆（卷二十二）
書李孝婦事（同上）
書李節婦事（同上）
家石亭封君七十初度屏風題辭（鈔本卷二十六）
許可型七十初度幛子題辭（同上）
清障書院留別條訓（鈔本卷二十七）
崇武書院教諸生識字訓約（同上）
定武書院教諸生集經傳文字異同凡例（同上）
寇難（鈔本卷三十二通志稿）
熊倩（同上孝友傳）

章氏遺書逸篇

與孫淵如觀察論學十規

章學誠

淵如先生執事十年不見積思殊深雲泥道殊，久疏晉問。前歲維揚匆遽劇欲踵訪旋轅，適以俗事南旋不克一罄積懷，至今爲悵惘唔少白於皖撫署中詳悉近狀良慰良慰又從少白索君問字堂集讀之，如鄉人入五都市驚耳駭目處處得未曾有揜氣外斂愧心內生大約博綜貫串而又出以穎敏之思斷以沈摰之識卓然不朽夫復何疑顧諸家商復疑問不必盡同會否而皆列首簡不以爲忌則又虛懷樂善雖在古人猶且難之集思廣益愈見包涵之大因思鄙人所業，亦恐不得其似讎謹謝無能爲役矣。惟文史校讎二事鄙人願涉藩籬以謂向歆以後校讎絕學失傳區略有窺測似於至爲專瞒凡學業途徑苟非夙所專門不欲強與其事曾著貫徹天人包羅萬有多非鄙見所及無論不敢妄彈即稱說大集校刊諸家書序所見不無異同謹獻其疑猶願執事明以致我幸矣。一曰校定神農本草據大觀本取白字書別出古經是也其過信皇甫氏帝王世紀而謂本草與素問之舊省出炎黃之世則好奇之過矣文字最古莫過羲畫虞典，五經則多三代之文下逮春秋而止。若夫傳記與諸子家言皆出戰國同爲籍去官亡而作春秋以前凡有文字莫非官司典守即大小術藝亦莫非世氏師傳未有空言著述不逮官籍如後世之家自爲書者也本草素問道術原本炎黃三代以至春秋存在官司世氏其間或存識記或傳口耳迭相受授言不盡於書也。至戰國而官亡籍去途有醫家者流，取所受授而筆之於書今所傳本是也靈素問難旨多精微閎奧，出於炎黃故也。若其文辭非惟不類三代并不類於春秋時出於後撰集錄故也。執事好奇太過欲求古於六經之上往往據靈素諸文以折經傳是非，則戰國固有爲神農當

者矣，恐未可盡信也。素問文字爲春秋前所無者甚多，即開端七古天真論中黃字從化，乃神仙家書，字出戰國，亦春秋以前所無。前人疑漢藝文志不載本草王伯厚據郊祀志及樓護傳證明西京實有本草足破其疑執事猶以爲不足而漫據賈周官疏引漢藝文志食禁文爲食藥遂取以當本草則畫蛇又添足矣按食藥二字文義難曉必賈疏傳本之悞食禁七卷蓋出周官食藥之遺食醫固與疾醫瘍醫分科而治者也若取食禁以當本草無論名目卷數全不相符且漢志遺漏之書甚多豈能悉補即如史記扁鵲倉公列傳言公乘陽慶傳黃帝扁鵲脈書今漢志並無其書又豈有他書之相似而可證者耶。叔孫朝儀蕭何律令尤顯著紀傳爲一朝之大制作今漢志之載亦豈有他書之相似而可證者耶。李氏本草綱目如論考古則本經以下各有叙錄辨證未嘗襲亂古人如論證今則數百年來醫家奉爲圭臬未嘗悞人術業。且其書乃彙集諸家自爲經緯並非墨守大觀舊本不可移易今乃謂其割裂舊本何耶又詆其命名已愚夫正名爲綱附釋爲目名正言順何愚之有。二曰墨子之書謂出夏禮，說似奇創，直無所本據本書與公孟辨謂法周不如法夏及莊子敍墨子稱禹自操稾耜諸語，及淮南要略謂其背周而行夏改遂定爲墨出夏禮。不知戰國諸子稱道黃農虞夏殆如賦詩比興所欲，並非真有前代之禮可成一家學術者也當籍去官亡之際本朝與制尚不能稽況夏禮無徵甚於殷宋孔子生春秋時已不可見，而謂戰國尚可學其禮哉。如以墨子尚儉之說推於菲衣惡食尚可非定論也三年之喪孟子明著三代共之夏喪三月自是傳記之誕溥喪之說安知不合禮尹。一儒似是之說觸處皆可傳合非定論也三年之喪孟子明著三代共之夏喪三月自是傳記之誕溥喪之說安知不合禮孟子嘗詰夷子如果出於夏禮夷子必據儒家尊禹之說以抗其辨何轉引周書保亦文哉且殷人尚鬼正與明鬼之義相近若致孝鬼神則大舜宗廟茅之武王周公達孝又未見其必爲夏也三曰柳子厚論墨子書謂齊人爲墨學者爲之

其說是也。蓋尚儉之意似諷齊俗侈也然在田齊之時而非姜齊時書春秋時本無著述而其文辭輕利並不類於戰國初年交也。執事斥柳氏爲文人不學蓋以晏氏爲春秋名卿不當稱之爲墨學耳不知柳氏之意以書爲墨說者非以晏子爲墨者徒也且其說亦不始於柳氏孔叢詰墨之篇所詰孔子相魯及晏事三君路寢哭謁條凡指謂墨說者今俱在晏子書中古人久有明證柳說不爲無本豈可輕議鄙嘗疑漢藝文志道家有伊尹太公儒家有魏文侯平原君書其書已亡其名不倫不類以意度之當出諸子稱述如孟子之有梁惠王滕文公論語之有季氏陽貨衛靈公之類耳 按漢志平原君七篇，班注朱建也，此章氏誤說。晏子書爲墨者所述何足爲異執事必欲晏子列於儒家意非徒從漢志且爲晏世列爲儒家者流耶。校讎諸家或取篇目名書如經記之有檀弓使其書亡人亦必疑檀弓爲著書人矣然則先王不得位而行道入孝出弟守先王之道以待後之學者不得已而著書後世列爲儒家若曾孟卿是也晏子身爲齊相行事著於國史與列國名卿子產叔向諸人先後照灼春秋之傳豈守先待後之流耶。且管晏同稱久矣如以班馬之法修齊史將管鮑隰諸賢皆入儒林傳乎至晏子春秋之名亦戰國時人習氣自孔子創春秋有知我罪我之說後人因以春秋二字爲胸中別具是非之通名不盡拘於編年例也虞卿呂不韋之書與晏子春秋所出未知孰先後何以見其效法而襲其號亦何必謂從國史中刺取其事而用齊春秋取齊史及齊官掌故而成不聞仍齊春秋何獨於晏子變其例乎晏子卒於齊景公前景公卒於周敬王三十年辛亥爲魯哀公五年下距哀公十四年庚申春秋絕筆又二年夫子卒當春秋時並無諸子著書之事孔子之前亦無別出儒家之名儒行之篇乃戰國雜出傳記非孔子時所撰述也皆不足爲晏子儒家之證明矣。墨子庶稱與奢寧儉，又稱節用愛人，謂孔子未嘗非遜，

章氏遺書逸篇

晏子序言晏子居晉亦與墨子短髮法異,增任情予奪。

四曰,執事不信春秋之世無著書事而據史記列傳閻稱孫武十三篇遂為當時手著。不知春秋內外傳記吳楚交兵甚詳並無孫武其人即縱橫短長之言,亦鮮稱述之者,故葉水心氏疑其子虛烏有,且觀閻閭用兵前後得失亦與孫武之書大相剌謬,天下固有所行不逮其所言者,必出游士空談不應名將終身用兵所專如出兩人是則史遷誤采不根傳記著於列傳明矣。至其書實可為精能校讎之司當列撰人闕疑而不得憑誤采傳聞之列傳正為文解八十二篇閱九卷者書既亡逸當著缺篇,亦不得縣斷合圖為八十二篇又不得縣斷十三篇為上卷,而知中下二卷皆圖,筴采帶,容後錄呈。

五曰,孫子書言與師十萬出征千里日費千金不得操事七十萬家明著七國,強合七錄三審之數也。邵人句有專書討論,行得操事七十萬著,即此便見閻閭時且以十萬之師而云不得操事七十萬家明著七國,強合七錄三審之數也。孫子書言與師十萬出征千里日費千金不

須證,決非春秋字語矣。執事所來信也差其書有秦楚燕魏之歌執事以為楚平王時之人六國之時猶任試以文子本著亦出戰國人人撰述執事所來信也蓋其書有秦楚燕魏之歌執事以為楚平王時之人六國之時猶任試以文子本無周字竊謂是楚平王也莊子漁父篇令按文子全書未有託春秋初年事者此言指楚平王以時考之良是但非稱平王本無周字竊謂是楚平王也莊子漁父篇令按文子全書未有託春秋初年事者此言指楚平王以時考之良是但非

年計可平按十二諸侯年表,楚平王卒於周敬王四年乙酉是為魯昭公二十六年,下距哀公十四年庚申春秋絕筆為敬王三十九年,凡四年弱王四十三年甲子共四十年矣文子見楚平王,凡五十一年西歷威烈王二十三年戊寅三晉始得列於諸侯,乃有秦楚燕魏之稱相去巳一百十四年矣文子必須一百四五十歲方合尊旨神須生上有餘歲見平未必即在其薨年,秦楚燕魏之語,未必即在三家分晉之年是文子必須一百四五十歲方合尊旨神

仙長生之說起於後世春秋之季,未聞有此壽也。六曰天文歷算,邵人懵然不敢與聞惟執事力關歲差之說則以淺說

度之不能無疑。書曰朞三百有六旬有六日以閏月定四時成歲，而歷家周天三百六十五度四分度之一，如以其言爲不可信，則何以冬至日躔子年不與丑年同度，如以其年可信，則閏月止能畫氣盈朔虛之平，不能齊四分度之一也。若果無歲差則周天必三百六十有六度，更無絲毫盈歉，而每周期多至日躔又當同度無參差矣。若此二說不容兩立，則此事容待徐商否耶。七日古人疏證論辯之文，取其明白峻偉讀者洞若觀火，是非豁然足以立言莫如夫子而文武之政則云布在方策，好辨莫如孟子而孟獻子之五友忘其三人封建井田但舉大略揭招若惟恐人不知其疏不如今之博雅流哉其言以達意不過如斯而已耳見執事序諸篇繁稱博引有類經生對策市廛招攬記莫近則挂一不免漏九。例是欲益而反見損也。經傳之外旁證子緯百家亡逸古書博采他書所引極爲考古之樂近則誇多鬥靡相習成風頼識者能擇要耳欲窮高明稍加刪節必云不能割愛則裁爲小注附於下方姑使文氣不轉授人以反證致啓莊惠濠梁之辨夫稱先述古以云明例非云窮類也例足明而不已是將窮其類炎明例則舉一自可反三窮類則挂九不免漏一則是欲益而反見損也。原性篇書後，已詳辨。勿論毋乃爲紙墨惜歇且言多必失古人之言本不可以一端而盡巧擬似形削趾就屨以證一隅之說，

不爲蕪累抑其次也。八曰人不幸而爲古人不能閱後世之窮變通久，而有未見之事與理又不能爲後人之不疑又不能口舌以待校生掎撅之時出而與之質辨，惟有升天入地一聽後起之魏伯起爾然百年之後，吾輩亦古人也，設身處地又當何如。夫辨論疏證之文，出自名家者流大源本於官體部人所業文史校讎文史之爭義例校讎之辨源流與執事所爲考覈疏證之文途轍雖異作用頗同省不能不駁正古人譬如官御史者不能無

彈劾官刑曹者不能不執法，天性於此見優，亦我輩之不幸耳。古人姜魯，我輩既已明知，豈容為諱，但期於明道非爭勝氣也。古人先我而生，設使可見，當讓亦當在長者行，馬鄭諸儒於前代經師說不合考，但辨其理，未嘗指斥其人，即令官修奏御之書辨正先儒同異，尚稱孔氏安國鄭氏康成云云，未有直斥先儒姓名，史傳又是一例，可覆按也。曾著於前古諸賢皆直斥名横肆詬詈，不曰愚妄則曰庸陋，如官長之責胥吏塾師之訶弟子，阿其甚也。劉子元曰談經譚言服鄭之嗤論史畏聞遷固之失，逖多議先哲後人必不服從，至今相去千年其言頗驗賣其卓識不磨史家陰用其法其論鋒可畏，故人多毁其書，鄧八於文史則亦言之無可如何而已。吳氏新唐書之糾謬為治唐史者之繩，乃人競責其懺歐陽而快憤何耶？蓋攻摘無所非嗜人情之無不容一人獨是，故擊八者八恆擊之。莊生所以著齊物云不得不然，人心不平後世必將陽奏而陰用其言則亦聽之無可如何而已。今謂於辨正文字但明其理而不必過責其人，且於稱謂之間稍存嚴敬，是亦足以平人之心，且我輩立言道固當如是耳。鄙著亦染此病，今已知悔，特未如尊著之足以盡其生平。別有專篇論著，容另錄呈。

執事才長學富膽大心雄，問字堂集未為全豹，然兼該甚廣，未知會旨所在內而身心性命外而天文地理名物象數，諸子百家三教九流，無不包羅，可謂博矣。昔老聃以六經太泛，願問其要夫子答以要在仁義，說雖出於諸子，然觀漢志所敍諸家流別，未有無所主者，昔人謂博愛而情不專，愚謂必情專而始可與之言博。盡學問無窮而人之聰明有盡，逐無窮堯舜之知不遍物也。嘗著浩瀚如海，鄙人望洋而驚然一蠡之測覺海波似少歸宿，敢望示我以尾閭也。十日方以類聚，物以羣分，君子雖尚泛愛氣類亦宜有別，簡端列諸家商訂異同，是矣集中

與某人論考據書可爲太不自愛，爲站豈止白圭所云乎哉，祓以纖佻傾仄之才一部優伶劇中才子佳人俗惡見解，淫亂邪說宕惑士女肆侮聖言以六經爲導欲宣淫之身敗壞風俗人心名敎中之罪人不誅爲幸彼又烏知學問文章爲何物所言如夏畦人議中書堂事豈値一笑又如瘋狂穢褻不特難以取裁卽詰責之亦無理解可入天地之大自有此種診氣，非道義所可喻也此可與之往復豈不自穢其著述之例乎，別有專篇辯討此不復詳也。幸卽刪削其文以歸雅潔幸甚幸其嗟乎，學術豈易言哉，前後則有風氣循環同時則有門戶角立欲以一人一時之見使人姑舍汝而從我雖夫子之聖獪且難之況學者乎，前輩移書辨難最爲門戶弊氣之習鄙人不敢出也鄙人所業幸在寂寞之途殆於陶朱公之所謂人棄我取故無同道之爭一時通人亦多不屑顧盼故無毀譽爲之勸阻而鄙性又不甚樂於舍已從時尙也故浮沉至此然區區可自信者能駁古人尺寸之非，知已才之不足以兼人，而不敢強已量之所不及知已學之不可以，世而惟恐人有不得盡其才以爲道必合偏而會於全也杜子羑曰不薄今人愛古人是矣鄙請益曰不棄春華愛秋實故於執事道不同科而欲榮援調劑以斟於盡善是則區區相愛之誠未知有當裁擇否耳行笈無書，而記性又劣書辭撮學大指如有訛誤容後檢正也。

又與朱少白論文

先生別傳懷之十年始獲筆償謹錄奉覽，不知有當否也？昔撰誌銘，粗得先生學問文章茲爲別傳，略見先生心術行誼。

事師無犯無隱是其本懷不知果能否也誌銘之文顯而實別傳之旨約而徵誌銘已爲叢訴所加別傳幸勿遽爲不知者道爾邵先生史餘村家逢之史蒼言可一質之足下意有未憯不妨賜以數答或當遵改或當辨達期於先生適相當

章氏遺書逸篇

爾。文烏賦辭，小有改易增損，與先生原稿不妨兩存。僕於文章喜爲顯朗，間遇幽折文字句，以就其文氣，此乃義例有然，非謂原文有歉，須筆削而後可也。墓誌論文之處，顏爲人所掎撠，以謂阿私之見，推許太過，不知先生文才，實過歐陽劉貢父，生於今日不能議先生爲不讀書。蓋敷腴古澤，六一居士良不逮也。而先生之集不如歐陽之壯則晬不同也。歐陽諫疏輝光簡冊，先生不爲言官，且亦時無所用也。歐陽碑版彪炳丹青，先生集不逢堯舜在上將相公卿奔走牽職，不似叔季之世，遇變而顯瑰奇之行，有以崢嶸其文字也。書者任幼植謂先生詩勝昌黎，僕謂先生文勝歐陽，先生皆不肯自居「詩勝昌黎之說」，僕不敢議，「文勝歐陽」，僕自論才非論二集之作用也。石刻原文意未清，故招致八言，今酌改字句，可謂無愧辭矣。然非於此中深得甘苦之邃，正未易語，此也足下豈不以爲然乎？

又與朱少白

足下自謙謂「不志古而復遺於今」，固屬虛挹之意，然僕則甚懼足下有過人之美質，而不善成也。一切專門名家，苦心孤詣自非造次可達，即案頭有翻涉之書，每日必有所記，而箚記於冊以待日後之會通，豈猶有所難者，亦消遣所藉以不寂寞也。寧不圖之先師門下，如吾畏友朱滄湄邵君舊徒，如寒族正甫，兩孝廉皆有志於古，不知近來新出輩人才亦必有可觀者。足下苟有所取，皆不妨京師人海不比外間氣類孤寂，宜善自爲計，勿負私篆所鐫，自命能讀父書四字。去歲遊維揚晤闓泉先生，遊蘇州晤辛楣先生，皆有望足下之意，且有所見不如所聞之議。乃僕犧祀而求者也，勉之勉之！勿以人廢言也。然學者風氣，不知近來京師如何江浙之間，一二聞所及，實爲世道人心憂慮。蓋好名之習，漸爲門戶而爭勝之心流爲岐險。學問本屬光明坦途，近乃釀成一種枳棘險隘，詭譎霧昧，殆於不可解釋者，轉覺時耄株守二寸書冊揣摩墨卷律詩，自

（清）章學誠 《章氏遺書》逸篇

命干祿養親，可為嘉秀子弟否則力田服賈，目不識丁粗知事親敬長，尚不失為願農良賈。於講學術而誤入此輩之流毒也。即如足下屢促僕為邵先生傳，僕亦自謂邵君之傳實有一二非僕若筆必不待其真者，蓋平日實有印證非漫言也。然能言其意而無徵於實，則文空難說亦不為人所據信，故從其家問遺書。已刻爾雅正義，只是邵氏皮毛，世人之知邵氏不過在皮毛，是以須僕為發幽潛。昔韓昌黎將銘誌樊氏先從樊氏求嘗古人無不如此非僕創也邵氏次君自命讀父書者，過僕求請輒作無數驚疑猶懼之象，支離掩飾殆難理喻。僕初猶未覺，後乃於專書不報，姚江赴杭，至郡又過門不入，僕甚駭久乃得其退後之言，直云僕負牛死之誼，盜賣畢公史考，又將賣其先人筆墨，獻媚於謝方伯，是以不取於僕嗟乎斯豈人中語哉儒子何知遂至於此聞其結變近日一種名流，所謂好名爭勝門戶忮忌之輩陰敬導之世風至此，而必掩耳盜哉史考之出於畢公自十數年前南北藝林爭相傳說謝公有力能招賓客，纂輯考訂何事不可由已出之而必掩耳盜鈴瞎眾目皆知之畢氏書為己所創人憒愚不至此況浙局未定之前僕持史考殘緒偏纂請於顯貴有力之門，君家宮保亦曾委折相商且撥桐城方制軍德州盧轉運其卿秦大司寇五禮通考為例當以知其事者並無疑僕有如盜賣獻媚所云「伐國不問仁人」此言何為至哉且學問之途本自光明坦蕩人自從而鬼蜮荊棘，由於好名爭勝而於學本無所得故也邵君雅疏未出即有竊其新解冒為己說先列以眩然人邵君知之轉改已之原稿以避剿襲又其平日應酬文稿為人運簡攘去辛輯詹事有絡言未竟，而點者已演其意而先著為篇兒子常問古書疑義亦勝輩也其時為剖辨有鄉學究館於往來之衝，每過必索間竊為己說以眩學徒若家宋鎌秘笈李菖山借本重刊於陳立三立三轉借之人冒為已所篋藏博人紋跋譽其嗜奇好古亦足下所知也此輩行逕大者不過舒睿鍋者直是膝陸彼郭象之

襲莊注齊邱之冒紀書，已具田常盜齊之力，猶未能掩千古耳況此區區鬼蜮不直一笑者哉然吾黨子弟用此相猜，則世道人心實不勝其憂患鄙著通義之書諸知己者許其可與論文不知中多有為之言不盡為文史計者關於身世有所根觸發憤而筆於書嘗謂百年而後，有能許通義文辭與老杜歌詩同其沈鬱是僕身後之桓譚也通義書中言公說林諸篇十餘年前舊稿今急取訂正付刊，非市文也蓋以頹風日甚學者相與離政攘臂於程朱之間紛爭門戶勢將不可已也得吾說而通之或有以開其積棘靖其噬毒而由坦易以進窺天地之純古人之大體也或於風俗人心不無小補蝨印本呈正其副餘可以分贈同志中人如又不續寄可也此番書辭乞與邵楚帆侍御邵耿光中翰及家逢之正甫二孝廉此外邵君弟子有能真知其師者可共觀之邵傳則徐當以意屬草而闕其不可知者以識遺憾此僕不敢負死友也然所負已不少矣長者行事不使人疑今遺疑如是僕亦自愧也如何如何足下鑒之而已。

與史餘村

文章經世之業立言亦期有補於世否則古人著述已獻其多，豈容更益簡編，撐床疊架為哉。僕於學有未至或文於理有未足耳若謂著述文字尚有名心勝氣有若文人相輕者然則十年以來無此累矣僕與邵先生書有論戴東原語偶舉為辭非論也。邵先生正辭屬色為戴辨誣其意不忘死友真古人之用心惜其猶未達也近三四十年學者風氣浅者勤學而闇於謏深者成家而不通方皆深痼之病不可救藥者也有如戴東原氏非古今無其偶者而乾隆年間未嘗有其學識是以三四十年中人皆視以為光怪陸離而莫能名其其為學者既非其真毀者亦失其實強作解事而中斷之者亦未有以定其是也僕為邵先生言『戴氏學識雖未通方，而成家實出諸人之上所可惜者心術不正學者

要須慎別擇爾。」邵先生深以僕爲知言。僕自爲世道計別有專篇，辨論深細，此時來可舉以示人，恐爲一時之耳固也。

夫知之如是深切，而來書辨戴猶恐僕惑浮言是未審矣。僕答書頗申委曲僕無私必勝氣世道人心所係名教大義所關肅有不得已於中者，非好辨也。僕嘗以告後進僕於學業文辭，不知於古有合與否惟尺寸可自信者，生平從無貳言與初學言答郞夫問或莊或諧或詳或路或淺或深，言有萬殊理無二致自謂學問之中，即廷對颺言科舉進身上書干謁同志逸懷以至歧說心之所見口之所言筆之所書千變萬化無不出於一律著書命世之議學問者往往不求心術不知將以何者爲學爲問，而所爲學與問者又將何所用也。戴氏好關宋學其說亦豈無因然以世儒推重宋人躬行實踐謂其無以異於釋老則其平日言行相違於此正可見也。由其篝著之書證其口騰之說，不當相爲矛盾即以對甲之言證乙之語亦多不似一人。豈亦因佛氏有口語之誠故戴氏力作狡論以示不類釋迦邪？僕謂人當問其果類聖賢君子否耳，由兼求退高明沈潛從入之途古人已不一致省以聖賢君子爲準可也。必斥斥而擔其如何近釋如何似老不知釋老亦人其間亦有不能與聖人盡異者宋儒於同志中所見有歧輒以釋老相爲詆毀此正宋人之病戴氏力闢宋人而自度踐履萬不能及乃併詆其躬行實踐以爲釋老所同是宋儒流弊尚恐有僞君子而戴亦反直甘爲眞小人矣。戴氏著文者尚且如是何況騰口欺人遺厲至今方未艾耶僕著書無他亳辨論學術精微實有離朱辨色師曠察音之妙近則能於學問文章別擇心術邪正然所見既深所言必少所可而所以見怪於世人者亦必益多，故辨戴諸說不欲遽爲今人所知也。

答邵二雲書

來書於戴東原自譽原善之書欲希兩廡牲牢等語往復力辨決其必無是言足下不忘死友意甚可感然謂僕為浮言所惑則不然也戴君雖以足下相得甚深而知戴之深足下似不如僕之早丙戌春夏之交僕因鄭誠齋太史之言往見戴氏休寧館令詢其所學為戴為粗言略僕即疑鄭太史言不足以盡戴君時在朱先生門得見一時通人雖大興朱氏擴生平聞見所求能深識古人大體進窺天地之純惟戴氏可與幾此。而當時中朝薦紳負重望者大興朱氏嘉定錢氏實為一時巨擘其推重戴氏亦但云訓詁名物六書九數用功深細而已及舉原善諸篇則羣惜其有用精神耗於無用之地僕於當時力爭朱先生前以謂此說似買櫝而還珠而人微言輕不足以動諸公之聽足下彼時周旋嘉定大興之間亦未聞有所抉擇今二公言許為乾隆學者第一人也惟僕知戴最深故戴隱情亦最微中其學問心術實有瑕瑜不容掩者已別見專篇討論饒藏其稿不敢示人恐驚曹好事惡之耳目也至於「兩廡牲牢」等語本無足為戴輕重僕偶舉為原道諸篇非有私意之旁證耳足下疑其言之卑鄙不似戴平日語此說似矣抑知戴氏之言因人因地因時各有變化權欺術御何必言之由中以僕親聞更有甚於此者皆可一笑置之固不必執以為有亦不必辨以為無也夫子敎之必使言行相顧宋儒鑒空說理解經不能無失而其所以不及者綱常倫敎不待名物象數而後明者莫不躬行實踐以期於聖賢也戴譏躬行實踐釋老所同非儒者之所以自異然則戴之踐履遠遜宋人乃其所以求異於釋老耶？是則闢釋老者固便於言是行非者也此則戴之癥結不可為諱者「兩廡牲牢」一人固知其以口給也夫行不踐言學書亦所時有要其所言本於所見卓然不可誣耳獨至戴氏而筆著之書與口騰之談或如龍蛇或析水火不顧出於一人將使

後人何所準也。吾輩辨論學術，當有關於世道私心膝氣，何以取後世之平。戴氏鑿之於害，惟關宋儒踐履之言謬爾。其他說理之文則多精深謹嚴，發前人所未發們可誣也！至騰之於口則醜嘗桎朱詆悔漢韓自許孟子後之一人，可謂無忌憚矣然而其身既死書存而口已滅君子存八之美取其書而略其口說可也不知誦戴遺書而得其解者尚未有人聽戴口說而益其疾者方與未已故不得不辨也以僕所聞，一時通人表表於人望者有謂「異日戴氏學昌，斥朱子如拉朽」者矣有謂嘗關朱異學以謂六經論語無理字不難以易傳「窮理盡性」爲後儒之言而忘「義理悅心」已見孟子矣矣漢儒言「仲尼沒而微言絕七十子喪而大義乖」蓋言經典在文不如口耳之授受也今之曾戴而過者亦以其法求戴遺言不知其筆金玉而言多糞土學者宜知所抉擇也夫愛美玉者攻其瑕瑜乃粹矣僕之攻戴欲人則瑕加擇其瑜甚有苦心非好爲掎摭也或請戴氏生平未嘗許可於僕以此報怨否此則置之不足辨也僕之所學肖一二知已外一惡通人未有窗僕於人數者僕未嘗許僕爲君家念營身後桓譚僕則不敢讓也今求僕之桓譚舍足下其誰與雄譚並時而生於古未有可無名言高論激發彼生恐懼而願嘿嘿引嫌不敢一置可否豈不惜哉足下勉之而已不宜。

與史氏諸袤姪論策對書

聞南中蒙塾相傳謂僕與邵二雲侍講，均有秘本擬策爲科舉之士所資。此誤傳也。策問之設，所以覘人學植學植而有

秘本可傳則學植不足難矣。往者邵君會試第一，號為五策冠場。有鄉薦紳固求邵君策學，邵君實無以應，其人怫然怒去，謂邵君長於策學，吝不與人。此真有冤無可訴也。策以覘人之學學蘊於中而策發之，豈別有策學邪？善養生者飲食藥餌務精以良其形於外也，精神煥發面目光華，則其道矣。今見善養生者精神面目與人不同，不問藥餌飲食之方而願謂是有面目精神之學，人之無是理也。世之舍學植而疑別有所謂策學，何以異是？原策問之程式所以試人記誦名數名數具在簡策，豈人所得秘邪？揣摩時事摘抉要略，則坊刻策亦已無慮不備。科舉之士學不素豫則取坊刻策擇與近事相關合者記其名數，臨場如欹以對十亦可待七八，雖使宿學之士數家珍而出者不能毫髮異也。第其中有不異而異者同一名數，而出之有學識者不但對其所問而并對所問之意告往可以知來，一鬩可以三反，其言非稿卷軸不能而執卷軸以求之，又不可得比如鼎俎之實籩豆之羞不過果蔬魚肉而出於市沽行販與出於良庖精製品物不殊，而色臭與味相天淵矣。然而我輩所見理固如是考官鑒賞則不盡然，科舉之士能留意於策括場中十不得二三考官加意於三場策對者亦十不得四五，學蘊於中而自然流露於策對者千萬人中間有一二而已，甚而通場竟無一人亦常事也。則誦策括以備應對者異竟易於見長後生致力於此足應考官之求已是巧趨捷徑，此外更無秘密傳授為人世所難知者也。學之真者必有專長之學而當無定之間其勢不盡合也，故精學之士不屑於策括見策問之與已合者引伸觸類精理名言真可刊為著述其疏闊者則以已意支展而已轉不能如攻策括者誦拾名數無遺失也。故考官具識鑒者於諸策士所對不課實而課虛，不觀其所詳而觀其所略，不喜其有間所謂「觀過知仁」真學而不免有疏遠勝策括之拾誦無罅漏也。然言策至此則考官與策士者非尋常科舉之

所有矣。今附去僕應順天丁酉鄉試五策試觀所問與所對者何能盡合其推衍所得固無書冊可稽，亦豈豫擬所能定哉？是科攜備策括名數較僕加詳備者倘有其人會稽相公乃取僕策特奏戊戌會試金揜相公又爲特奏其名皆前此絕無之事，一時僕遂濫竊虛譽，其實自庚辰以後七應鄉試累遭擯棄，凡所對策豈盡劣於此耶？僕於學業亦小有得，故平日言論亦小有家數，又口談筆述初無兩歧，或出於心或出牽意詳略正變無所不有，然而皆一律從無欺飾。與僕久相處者聞僕所言可以知僕應試之對考官見僕之對可以知僕所著之書生平惟此不欺二字，是可信於師友間也。然戊子鄉試以國子生修國子監志與國子長官爭論義例，既不合矣其秋主試即此長官發策即問監志義例，僕仍執所見以對不稍遷就長官初賞其文後見策而抑置副榜或餐僕以明知故犯不知僕之生平不能作違心之論司衡鑒者或好或惡或無心而置之或極意以賞之則存乎時與命耳僕於科舉無必得之技亦無揣摩以求必得之心如謂不信但取歷應舉闈策論以及進士登第廷對颺言朝考撰奏前後文字反覆究之曾有一言不與平日口談以及篋存著述相爲呼吸發明者歟私心妄許以爲即此不欺君父之素志亦可以見學人之心術而世之言舉業者輒以欺言爲河漢矣。然僕之遇有幸不幸而少年子弟聞僕言者亦有幸不幸也。僕性中隱言不留中少年子弟進問於僕無不以其所必得者宛曲爲之開喻眞能信者惟族子廷楓知縣君家致光修撰二人而已當時族人無不爲知縣僕必將終身蹭蹬戚厲亦無不爲修撰丁寧以謂信僕即爲不詳之兆二子迄不少勤契僕儔深其意亦不盡爲科舉也而廷對敷颺往往有其緒論又皆爲大臣激賞奏名或擢大魁或不免於知縣則有幸不幸耳。而一時皆傳僕有授受得毋因此而有秘本擬策之訛歟？然大魁上第每科不乏何嘗必由乎此信僕深而不疑僅十

史考摘錄

古史見於後世者尚書春秋而已。尚書不為定法，編年書事而左氏採取國史為傳則詳其始末，遂為後世史家所宗。司馬遷自叙，取決春秋班固漢書敘傳以本紀綜撰春秋考紀蒼以本紀為經前書志列傳倣左氏之後具以類別區分使人尋省意仰秦秋無他說也故衛宏漢官儀子謂武帝置太史公官叙事如古春秋得其意矣劉氏七略荀悅袁宏一家專名編年歸於別錄而馬班一家區別也自劉知幾史通論次六家之條繼以荀勗二體隋唐諸志遂以漢志便人尋省省儀自劉知幾史通論次六家之後其實春秋本旨不如是也。春秋體例以編年為正史其次要之二體荀袁之書與馬班本紀同源異流奪以紀傳承用書名又於罕著講習良便故世相與為宗。然必標名正史豈春秋之學轉以編年為非正史耶？今以史家體裁紀傳編年本無軒輊紀傳為古今所宗尚故列於前編年列於其次。

各有所長無能偏重前人久有論定矣。

馬班為紀傳之宗歷代並繼久矣惟劉知幾分別六家始盡以記漢書為二著錄之家往往不得其解敞於史漢二家皆統後代紀傳諸史部為一錄簡次甲乙固無傷也分別家法則清雜不清矣史記為通史漢書則斷代為書體固不侔即通史之中通數代為一書如南北史五代史之有所限制及書界為書如古史路史之不入秦漢以下皆與及身上追古

章氏遺書逸篇

司馬遷百三十篇初止名太史公書蓋猶周秦諸子成一家言即以其人名書之意東京以還若班范諸史無稱其書為史記者史記自是古來方策紀事通稱故子夏見人讀史記又春秋為魯史記司馬遷亦云「史記放失」皆通稱紀事並無專書之明證也遷既通稱古史謂之史記斷無自名其書即為史記之理劉知幾謂因魯史舊名而名其書謬矣且史記亦非專為魯史舊名其謬亦不待辨魏晉之間始有史記之名荀勗中經新簿乃以史記舊事皇覽簿雜事次於丙部于是百三十篇專以史記名之蓋其書為史家宗要故以通稱古史之名歸之亦猶夫子贊易云「繫辭焉以盡言」繫辭本指文王周公之辭而傳易學者即以夫子大傳專名繫辭後人不復更識文周之繫辭也古書多以篇計後人每以卷計篇從竹簡卷從繒帛大抵篇有起迄卷即從之然漢志於毛詩及書禮古經省篇多且篇卷參差目錄仍著篇數於卷數之下是篇不必盡為卷也遷書百三十篇傳志與自序皆同隋志乃稱百三十卷非故本矣十篇有錄無書出劉向別錄漢書司馬遷傳亦同隋志百三十卷無有缺文是東京以後流傳之本已取褚少孫輩續補之書合為矣至缺篇之目諸說不同張晏以為遷歿之後亡景紀武紀禮書樂書律書漢與以來將相年表日者「三王世家龜策列傳」傳元成之間褚先生補缺東萊呂氏謂以張晏所列亡篇之目校之史記或其篇具在或草具而未成並非無書今按所缺各篇「太史公曰」與「褚先生曰」並見其非全缺可知劉氏史通但云十篇未成以張晏十篇亡失之言為非蓋當時屬草未定非全無其書也要之百三十篇原書標名與稱篇稱卷及缺篇之數均與後世傳本不同蓋古書面目已無從識別矣。

四五

桓譚云遷所著書成以示東方朔朔皆署曰太史公，則謂太史公是朔稱司馬記索隱云：「公者遷所著書曾與父云公也。」正義引虞喜志林云：「古者主天官者皆上公自周至漢其職轉卑然朝會坐位猶居公上遵天之道其官屬仍以舊名嫜而稱也。」按諸家論太史公稱謂似皆不得其情惟正義以為遷所自稱近是顧位居公上會天之道猶似未允。觀遷報任安書自謂「文史星曆近乎卜祝之間為流俗所輕」安得如虞喜所云乎古人著書自稱本無成法左氏論例自稱君子，然猶可解為推設之辭東方著論自稱先生則無所謹矣以當時著書之例推之則太史公殊與以來諸侯年表序稱「為公於理亦復何害？且孔門自著與後世官書不同固亦無庸疑也惟君臣之間古人所慎漢興以來諸侯年表序稱「臣遷謹記一書法何等嚴而高祖孝文諸紀及外戚世家亦一例署太史公殊為無別疑此等處庸有後人所加者也。

李方叔謂「史記用意深遠」誠為知禪之心至於孝武有所譏刺如封禪平準二書誠所不免謂尖記一書大抵譏漢武為多則以百三十篇之作專似為謗君而設非惟不知史遷且不知著作之體矣人臣以毀謗君親為事而思立言傳後則先已昧於大義更何論著書宗旨可為謗人講壑?」最為知古人心。史記亦猶是也。即如本紀皆識武帝始皇本紀如此安得不載豈為譏孝武設耶？至於發憤著書中不能無感慨，古人大抵皆然。

漢志春秋家總計數下，班固自註云：「省太史公四篇」是知劉氏七略為漢書藝文志所依據七略原文為漢志所改者班固必加注於下，故七略原書雖軼而漢志加注可覆考也大抵七略著錄於此，而漢志改移於彼者，必於原著錄處注云：「出某書入某家」如兵權謀總計數下注「出司馬法入禮」是也。七略

一書兩載，而漢志裁歸於一者必於所裁之下注云「省某書」，如道家有伊尹太公，而兵權謀家重複著錄漢志裁之，屬道家則於兵權謀條下注云「省伊尹太公」云云是也。今春秋家按班固自注稱劉歆七略原文當是既著太史公百三十篇又著太史公四篇同在一部而別出四篇其文又即在百三十篇之內故班氏得以併省而無所顧惜也。但劉氏重複著錄與分篇別出當日俱有義焉今則不可考矣。馬遷一邊既死後其書稍出宣帝時遷外孫平通侯楊惲祖述其書遂宣布焉。夫書既出矣必待祖述之者而後宣布，蓋當時專門絕業淵源傳授略如經師之有家學竹帛之外別有心傳其本亦遂家分戶別不盡合矣又按微傳「敞子惲字子幼以兄忠任為郎補常侍騎惲母司馬遷女也惲始讀外祖太史公記頗為春秋」是時以太史公本紀為春秋考紀既曰「頗為春秋」則於百三十篇有踵事之增矣前人以史記多太初以後語疑褚少孫等為之不知中間容有惲語當日必有分別而今不可識矣。劉知幾云漢世中官所續皆以史記為名訖乎東京著書猶稱漢記蓋自楊惲宣布以後班彪未作後傳以前，百三十篇之書為諸家竊入太初後事者多矣。周密摘司馬相如傳贊有揚雄語焦竑摘賈誼傳末有孝昭年事又何足怪第諸家增益之文當日必有標識，不知何人混合為一致與遷書無分別耳而補史之名惟褚君最著故一切抵牾荒陋皆歸罪於褚君。真屈事也。今按褚君所補獨有標識較諸家之無明文者易於尋檢遍考百三十篇標褚名者十有二篇陳涉外戚梁孝王及三王四世家張丞相田叔平津侯滑稽日者龜策六列傳三代及建元以來侯二表此外並無褚名至孝武本紀取封禪書仍用太史公封禪論贊其不出褚君手筆尤為顯證而張晏顏師古之徒皆紛紛議褚全不考事實矣。

司馬遷百三十篇本係私家著述自楊惲宣布其書遂入中朝昭宣以後，即有續補漢志僅著馮商、衛衡先生不與今傳本又此標褚先生而馮商不與殆不可解檢七略商與孟柳俱待詔頡序列傳顏師古云受詔續太史公書是官書也而褚先生每稱「臣為郎時」亦是當官撰述褚君雖云為宣帝博士亦云仕元成間則與馮商後漢書同時人其續書同事與否不可得而詳也要之宣昭而後太史公書既顯於時朝廷屢命儒臣修續故獲書自序與後漢書班彪列傳言續史者十有餘篇如淳注張湯傳贊亦同豈志所著者商特著七篇而馮商所續志著七篇而韋昭不一其人皆出一時上命非由專門絕學紹明前業故班彪斥為鄙俗加書亦遂無傳也馮商所續志今俱不可考缺疑可也又按褚書文法當時似即附太史本書之下不別為書而班固乃確然以斷代為書女弟曹大家成固之業其後謝書之逸為後代不祧之祖而彪固實與談遷不同談遷同為通史而班氏則彪少通史家學故後書依例曰三十篇史通：「一談遷彪固並稱世史而彪固實與談遷不同。」猶昔人作春秋後語不復自為春秋之意至班固乃確然以斷代為書女弟曹大家成固之業其後謝承華嶠後漢書往往見於固書所述稱司徒掾及臣外祖臣姑為後代不祧之祖然易通史為斷代宗旨已不侔矣。

因之遂為後代史學著錄省彪書往往見於固書所述稱司徒掾及臣外祖臣姑為後代不祧之祖然易通史為斷代宗旨已不侔矣。

司馬貞史記索隱離本史而別自為書唐宋諸與著錄省三十卷，至今無異。

史記序例之後者且乃觀其補史之序則於百三十篇內有更張，與索隱各為一書，義不相涉。即今專刻索隱號為原本書，將貞所自為百三十篇四言贊語列於索隱三十卷內亦非其敢矣據自序交贊乃補史記贊非索隱有贊語也且序云「家傳是學顏事討論思欲續成先志潤色舊史輒黜陟升降改定篇目」則其編列篇次亦必與今本不同又據序

例，百三十篇之外當有箕莒及張耳吳廣世家及吳季子鄭子產晉叔向列傳，為貞所輯補之篇，而贊語不傳豈後因原書不傳而拜亡其贊耶？然既以史遷老莊申韓列傳為非而改老莊申韓自為一傳申韓幷合商君為傳今贊語仍如史遷所分殆不可解觀錄又云百三十篇之贊記非周恐申而述之附乘篇末下即云其所改更條具於後意其所謂「升降黜陟」者自為一說採取補綴者亦自為一條如褚先生之依附於後而於史遷原書固未嘗勤耶其書向未著錄或當時原不甚行於世而索隱既行後人因取三皇本紀及補史記述贊附刻索隱之本及傳之既久莫辨端由人遂以為索隱面目如此而不復知有所謂少司馬史記矣。
著錄部次須明流別。古書同一類中情理稍別即各有家法，不容相混校讎著錄自宜條分縷析乃使後人不見書者見其著錄隱然可見古人承學淵源。是不傳之書亦賴以傳著錄之功於斯為大若但記甲乙部目則與胥吏簿冊無分別矣。書之體用有彼此均相關涉難以偏歸一類者。劉歆七略蓋用重複互著之法既使人易於尋檢而於諸家學術源流復粲然可考隨類登記义無不該不備之嫌真良法也。自班固删去重複互著無論書之氣該學之分析一概歸於專部，遂不能無強收失載之患，而古人著述之旨不可明矣。
通史倣於史遷自是一家著作，溯源春秋，其間多有法外之意，可意會而不可言傳。若在官修之書不可行矣。故元成之間屢詔續補而訖無足觀自班氏而後斷代之書遞相祖述帥般不作，規矩可循也至今相仍而不廢也梁武之撰通史，
上起三皇下終齊代。史通稱其自秦以上皆以史記為本而別採他說以廣異聞，至兩漢以還則合錄當時紀傳而上下通達臭咊相依又吳蜀二主皆入世家五胡及拓跋氏剝於夷狄傳。大體皆如史記惟無表耳自云可廢遷固諸書今其

書雖不傳而集衆官修，知其必不能用專門著述之意也。若李延壽南北史，乃是彙輯沈蕭姚李等八家之書，螯齊紀傳，使不雜亂，其例自有斷限，當入集史，不可入通史。歐薛五代之史，乃是年紀短促，時事牽連勢不能各自爲書，與李氏之彙輯數家爲一書者又自不同。史通於史記家又取魏濟陰王科錄附通史後考科錄乃常山王嘗曾孫暉所爲魏書本傳謂「撰錄百家要事以類相從」則是類比之書並無著作深意當與高氏小史之類並入史集不可以入通史凡所謂通史者不問紀載短長學問疎密，雖有卓然獨見迥出前人灼見前代成書已意，難以因襲故舍置前史獨溯古初以自成家與節鈔類比隱括諸書相差雖似毫釐而相去不啻千里鄭樵之撰通志所得雖不甚深而卓爾成家之旨要不可沒前人著錄如宋志入於別史文獻通考入於故事皆不待其情蓋此宜列通史者也。

分國之書本於國語古者國自爲書夫子作春秋，而子夏之徒求得百國寶書亦未聞有會而合之者也。李巽巖謂「左氏將傳春秋先採各國之書國別爲語」說雖未諦，然合衆國而爲一書，亦其最初者也。惟周語與諸國無別，豈夫子錄王風於列國之意歟抑詩亡作春秋而書亡爲國語耶？

霸國行於封建之衰周制行時即方伯之事也校世崛起之雄，自爲帝制，僭名擬號合縱連橫非於開國承家有所自者，皆爲割據前人記載以霸國之事不見於後代存書寥寥故與一切僭僞草竊同爲一編然失其倫矣。割據之事起於郡縣而兩漢草昧事起倉卒山澤嘯聚未有規模是以成書亦無專紀二國以還迻於兩晉雲擾僭僞滋多紀載亦復紛然雜出隋藝文志於正史外別出霸史一門蓋亦不得已也。但所載霸國與割據兼雜此則創始者之踈耳。

集史之舊體與通史相仿，而實有淄淆之分。通史遠自古初反乎作者之世別出心裁成其家學，前人縱有撰述不復取以爲貲，如梁武不因史遷鄭樵不因梁武是也。集史則代有所限合數代而稱爲一書以繼前人述作者一家言事與斷代之史約略相似，而斷代又各自爲書體例不一集史則就其所有諸體而畫一之，便不至於叅差足矣事取因人義求整齊與通史之別出心裁無所貲藉斷代之各自爲書者又各不同也。

長孫無忌等九代史志詔修於隋書既成之後本別爲一部後乃編入隋書內唐志題「隋志」者據編入後之稱然猶別題曰「志三十卷」以著此卷之爲附蓋非隋書之舊猶劉昭後漢志原自爲一書後人乃附入後漢書耳。

古無專門義例之學書成例自具猶之文成而法自立也。左氏依經起義舉例凡亦就名類見端隨文著說未有專篇討論自爲一書者也。自東觀以降聚衆修書不得不宜明凡例，以杜參差若干寶鄧粲諸家見於史通所稱述者是也。

大約紀傳之史義例多爭體裁編年之書義例惟較襃貶。至於諸家蔚與短長互見，遂有專門討論勤成一書若劉氏史通是也。

考訂之學，古無有也專門家學，寧知行聞一而已矣何所容考訂哉？官師失守，百家繁興，逑事而有眞僞證理而有是非。學者生承其後不得不有所辨別以寧一是。而辨別又不可以空言勝也，則推此證彼，引擊切理，而考訂出焉史遷所謂「載籍極博尤考信於六藝」是也。顧古人以考訂而成書後人又即一書以爲考訂則史學失傳馬班諸史出入經傳百家非其親指授者未由得其筆削微意音訓解詁，附書而行，意在疏通證明，其於本書猶爲考訂辨論別自爲書非正書之得失其於本書猶爲友也。求史學於音訓解詁之外考訂在所必貲則若宋洪邁之訂正史記與本凡例金王鏊正史記與本凡例

若虛之史記義惑宋倪思之班馬異同吳縝之新唐書糾謬諸書資益後人豈淺鮮哉！尚書記言記事春秋紀月編年自古史冊未有評論者也自左氏傳經既具事之始末時復詮言明理所附於「君子」設辭史遷因之篇終別起班氏因而作贊范氏從而加論踵事增華遂為一定之科律矣至於別為一書討論史事其源出於公穀別是非得失又本諸子名家以謂辨正名物自唐以前猶存淳質入宋以後騰說遂多又加科舉程式之文擬策進書之類蘇氏所謂攙說是非妄言利弊亦紛然而相矜可謂麋矣然自蜀諸葛亮論前漢事後晉王濤有三國志序評唐虞世南有帝王略論俱已久佚今所存者宋有胡寅讀史管見李濤六朝通鑑博議呂祖謙史說王應麟通鑑答問多有可觀沅明以來論史之書漸多而議論亦純雜不一矣。

地理之書本於禹貢職方古人專門之學各有授受。漢志僅據劉氏七略，而於職方圖籍領於他官者未嘗著錄是以不立地理專門。而形家之書幸見收於術數家之形法省非地理正文至於蕭何收秦圖譜孝武開拓封疆當時地理紀載闃然無聞此則著錄之缺典也。隋唐四部肇興史部乃有地理而古籍多亡一時雜出之書又無專門師授其間風土采於太史物產隸於職方川瀆領於水衡漕運關於計吏兵家欲知要害宅墓宜識陰陽。古人條別流分不相假借而著錄之家往往不知別擇是以言著錄於地理讀者每苦難於分流別也。

西漢思想之發展

李源澄

言中國學術思想，儒術其主也，而儒家思想之見諸行事，漢代其著也。以政治言之，大一統之局雖暫現於秦，然旋起旋滅，完成之者漢也。漢以下之歷史自漢而奠其基。西漢一代在吾國史上之重要何如哉，漢之為漢烏可以不求其故乎。

一、儒家思想之復興

逖言無為，儒言仁義，老子曰法令滋彰盜賊多有，孟子曰苟為後義而先利不奪不饜，不鑒秦一反之特法以為治先詐力後仁義，卒滅六國，老子孟軻之言在其時若不驗，荀卿之生也後秦滅六國之勢已成，於秦之富彊非無取也，然天下竟可以詐力得歟，首黈可以刑罰威哉，道德仁義竟是其無用耶？荀卿乃言曰兼并易為也，而凝聚之為難，蓋知秦用法家政治必滅六國滅國兼地已竟而不能凝為一體大一統之局止於暫現，而分崩離析隨之。秦雖統一天下而無平治天下之制度以即歸於滅亡漢初多沿秦制而不於踵秦之敗者漢初歷史又回復古封建之局也。秦之統一為一巨變，新王之制不立，而舊日封建之勢力猶存其不能控制天下宜也諸秦之設施胥無當於統一之局殆又不然或以其為時太短民不見德，徒以怨秦行之尚未有效漢運行之以此，史家以秦為漢之驅除夫驅除之功亦烏可沒哉。然使秦統一之後，知以深仁厚澤結人心用民之力稍有節度亦猶可倖而不亡。乃秦以法家政治致效見其利而忽其害兩奪天下之富以徙之關中頭役天下之強以驅之胡越其勢蓋不亡不止亦可哀也。秦固無統一天下之俯而致其速亡者正六國豪傑與遠戍之卒夫六國之豪固封建之餘勢遠戍之夫皆勞瘁之民也漢初諸侯強大雖為舊於

中央集權而在中央政索求能控制天下之時，實有代中央鎮壓反側之用，此漢初形勢之大異於秦者。太史公酋禮本紀曰周秦之間可謂文敝矣秦政不改反酷刑法豈不繆乎漢與承敝易變使民不倦得天統刻呂后本紀曰孝惠皇帝高后之盛黎民得離戰國之苦君臣俱欲休息乎無為故惠帝垂拱高后女主稱制政不出房戶天下晏，刑罰罕用罪人是希民務稼穡衣食滋殖漢初之政治歸於不擾民而已。既覩其實政冉攷之時人之議論則知蕭曹之政治實符於漢初士庶之需要陸賈新語一書則代表此時代之作品也。

秦用法家卒滅六國其餘諸子之學術雖言之成理持之有故終託空言而不能與之敵。易世而後法家之政治失敗棄以滅亡舉凡秦所施行者無一善而與相反者無不臧好漢初議論大抵如此處此情感之下而儒家思想遂與之機會以成。

新語道基篇云，夫謀事不並仁義者必敗殖不固本而立高基者後必崩故聖人防亂以經藝工正曲以準繩德盛者威廣力盛者驕衆齊桓公尚德以霸秦二世尚刑而亡

新語無為篇云夫道莫大於無為行莫大於謹敬何以言之昔虞舜之治天下彈五弦之琴歌南風之詩寂若無治國之意漠若無憂民之心然天下治周公制作禮樂郊天地望山川師旅不設刑格法懸而四海之內奉供來臻越裳之君重譯來朝故無為也乃有為也秦始皇帝設為車裂之誅以斂姦邪築長城於戎境以備胡越征大吞小威振天下將帥橫行以服外國蒙恬討亂於外李斯治法於內事逾煩而天下逾亂法逾滋而姦逾熾兵馬逾設而敵人逾多非秦不欲為治然失之者乃舉措暴衆而用刑太極故也。

秦禁文學焚詩書，而陸賈言經藝，秦重詐力而陸賈言仁義，秦尚刑罰而陸賈言教化，秦事興作而陸賈言無為省一反於秦者舉凡法家之思想秦用之行事而收效於一時者在漢初無不咸為矢之的。又陸賈新語無為篇曰夫法令者所以誅惡非以勸善故曾閔之孝夷齊之廉豈畏死而為之哉教化之所致也此明示儒法二家政治思想之不同然而教化所由興，陸賈則未暇及蓋其時人民在水火之中救死而為先猶未遑禮樂之爭也救秦之患莫若無為故陸賈特闡明之。秦之勞民最甚者曰興作，蓋其時人民在水火之中救死而為先猶未遑禮樂之爭也救秦之患莫若無為故陸賈特闡明之。秦之勞民最甚者曰遠戍，漢初使陸賈使南粵劉敬與匈奴和親則無用兵遠戍之患慎於五木之役則人民少勞役之苦，蕭曹政治所謂清靜無為者在此非一切廢弛之謂也法家政治主於整齊劃一其弊在於狹隘失其所以為法之意，其流毒尤不堪言陸賈曰觀秦之繁刑慘毒故以寬容治為其理想。

新語至德篇云天地之性萬物之類讓道者眾歸之特刑者民畏之歸之則附其側畏之則去其域設刑者不厭輕為德者不厭重行罰者不患薄布賞者不患厚所以親近而致疏遠也。夫刑重者則身勞事眾者則心煩刑罰縱橫而無所立身勞者則百端迴邪而無所就，是以君子之為治也，塊然若無事寂然若無聲官府若無吏，亭落若無民，閭里不訟於巷，老幼不愁於庭近者無所議，遠者無所聽，郵驛無夜行之吏，鄉閭無夜名之征犬不夜吠，鳥不夜鳴，老者息於堂丁壯者耕耘於田在朝者忠於君在家者孝於親於是賞善罰惡而潤色之與辟雍庠序而教誨之。

漢初政治亦大略似之陸賈新語一書謂之蕭曹政治之說明書可也。

二、建設大一統政治之學說

西漢思想之發展

五五

秦去封建太驟，故秦孤立而亡，漢初於封建之下完成統一之制，故其效與秦大異，高祖初得天下首任安置功臣與從征之士及保聚山澤之人，對外則使劉敬與匈奴結和親陛，賈使南越異姓諸侯勢力太大，故大封同姓屏藩漢室以資剪除，此高祖呂后之大勢也。朝之舊臣欲把握朝政釀成諸呂之禍，孝文即位所深懼者在內則朝列之元臣及同姓諸侯，在外則匈奴，此三事者一不慎即足以致傾覆，漢廷多得一日之安靖，即國力多得一日之充實，而處置舊臣日以凋謝，至景帝時申屠嘉爲相以後，朝之舊臣無有存者，故得消患於無形。文帝於匈奴雖一仍和親之策，然於邊備未或稍弛，對諸侯雖主寬大，然能制其要害。及其晚年鴻備日充，漢廷與諸侯王勢力之消長，較其即位之年已得其反，故景帝得以削剪諸侯，武帝得以撻伐四夷，史家以恭儉節讓四字稱文帝，固不足以盡其政術也。漢之得以完成大一統之局，所係於文帝一朝者尤重，賈誼晁錯二人於此所建明者大也。賈誼之功，在於安內，晁錯之策，見於備邊，漢之所以能制匈奴，晁錯之爲也。

漢書賈誼傳云天下之勢方倒縣，凡天子者天下之足何也，上也，體夷者天下之首何也，下也，今匈奴嫚侮侵掠，至不敬也，爲天下患至無已也，而漢歲致金絮采繒以奉之。夷狄徵令，是主上之操也，天子共貢，是臣下之禮也，足反居上，首顧居下，倒縣如此，莫之能解，猶爲國有人乎。

自高祖困於平城以來，漢人不敢言兵，樊噲請以十萬衆橫行匈奴中，季布曰噲可斬也。漢廷屈辱已久，上下思奮，文帝拊髀曰嗟夫吾獨不得廉頗李牧爲將，豈憂匈奴哉，其壹可見漢與至文帝時休息已久，國力漸充，賈誼之言，所以爲漢廷國力奮發之徵兆也。然賈誼於禦邊之策，則疏其時，晁錯亦上疏言兵事，一曰令降胡保塞，二曰募民徙塞下，三曰入

粟實邊，見於漢書鼂錯本傳與食貨志，漢之得以制匈奴此三事所係者極大。

文帝初年吳楚淮南齊國爲大濟北王與居陽城王章以謀誅諸呂功封大臣初許盡以趙地王章梁地王興居及文帝立閒朱虛東牟之欲立齊王爲帝故絀其功。二人既失職歲餘章薨文帝三年匈奴入寇漢多發兵丞相灌嬰將擊之，文帝親幸太原與居閒遂發兵反上聞之罷兵使柴武擊破虜之與居自殺文帝之不以梁趙畀興居兄弟誠以齊既大滿益以梁趙并力西鄕不可復制耳淮南使人結連閩越匈奴遷之於蜀道死吳有豫章銅山盜鑄錢，東煑海爲鹽，招致亡命賈誼言今或親弟謀爲東帝親兄之子西鄕而擊今吳又見告矣親弟謂淮南親兄之子謂濟北也文帝所諸侯之形勢儼然古之諸侯故天子置關以備之新書壹通篇云所爲建武關涵谷臨晉關者大抵爲備山東諸侯也文帝十二年除關無用傳景帝詔書稱孝文通關梁不異遠方鼂錯對策亦以除關去塞爲文帝善政之一衆建諸侯而少其力爲賈誼制諸侯之名言文帝十五年分齊十六年分淮南已行之也武帝時主父偃推恩之策卽師其意。然漢初政論家與史家之言惟憂諸侯强大初無必去封建之意故衆建諸侯而少其力最爲良法美制。內外之患少紓然後統一之局得以奠定不致如秦之曇花一現也。

陸賈雖詆秦之尙刑法而廢敎化以其時漢室初定首任與民休息其提倡敎化尙不如息民之急，至文帝時承孝惠高后休養之餘倉廩實而知禮節衣食足而知榮辱其勢然也秦以戎狄之俗乘其武力大敗先王之法制中國傳統文化幾於絕滅賈誼至此巳不能再默而不言也。

漢書賈誼傳云商君遺禮義棄仁恩幷心於進取行之二歲，秦俗日敗，故秦人家富子壯則出分家貧子壯則出贅，

借父耰鉏有德色，母取箕箒立而誶語，抱哺其子與公併倨，婦姑不相說則反脣而相稽，其慈子嗜利不同禽獸者無幾耳。然幷心而赴時猶曰蹶六國兼天下，功成求得矣，終不知反廉愧之節，仁義之厚，信幷兼之法遂進取之業，天下大敗，衆掩寡，智欺愚，勇陵袤，其亂至矣。是以大賢起之威振海內，德從天下曩之為秦者今轉而為漢也，然其遺風餘俗尚猶未改。

賈誼而起者，有董仲舒之對策。

漢書董仲舒傳云今陛下貴為天子富有四海，居得致之位，操可致之勢又有能致之資行高而恩厚，知明而意美，愛民而好士，可謂誼主矣，然而天地未應而美祥莫致者何也？凡以教化不立而萬民不正也夫萬民之從利也，如水之走下，不以教化隄防之不能止也。是故教化立而姦邪皆止者其隄防完也，教化廢而姦邪並出刑罰不能勝者其隄防壞也。古之王者明於此，是故南面而治天下莫不以教化為大務，立太學以教於國設庠序以化於邑漸民以仁，摩民以義，節民以禮，故其刑罰甚輕而禁不犯者，教化行而習俗美也。聖人之繼亂世也掃除其迹而悉去之，復修教化而崇起之，教化已明習俗已成子孫循之行五六百歲尚未敗也。

法家恃法以為治無用教化，而儒家以教化為先務，刑罰以濟其窮儒法之差異在此，漢儒言改制，一曰更化，其意在蕩滌秦之敝俗而復仁義之化耳，殿色徽號其末節也。董生之進於賈生者，在其提出學校以為教化之原開後世學校之制，又請曾崇孔氏諸不在六藝之科孔子之術者皆絕其道勿使並進蓋學校為教化之原而六藝又為學校之所習六藝教於庠序，則史統不絕百家之說不得進於朝，則可道一風同武帝之政統與仲舒之學統相接遂奠定吾國政統與學統

學統之基礎其餘若賈﹝誼﹞之重農賤商以抑制戰國以來方興未艾之商人資本董仲舒之限民名田以節制由商人轉而為地主之地權公孫弘之當郭解大逆無道是以懲創游俠董仲舒之建立選舉遂為才智之士開正當之進身途徑不僅安定當時之社會且為後世之典型焉

三、大一統政治下之新儒學

周末以來政治學術皆有由分而合之趨勢政治產生漢武帝學術上產生董仲舒董仲舒之學術實與武帝之政統相應武帝完成大一統之政統仲舒之學亦兼括眾家之長又於倫理道德加以說明造成天不變道亦不變之學統在思想上影響之大與武帝之在政治上相等。

仲舒之學為染於陰陽之儒家夫人而知之也不知其於道墨法諸家皆有所取其取道家思想者

繁露離合根篇云天高其位而下其施藏其形而見其光高其位所以為尊也下其施所以為仁也藏其形所以為神見其光所以為明故位尊而施仁藏神而見光者天之行也故為人主者法天之行是故內深藏所以為神外博觀所以為明也任羣賢所以為受成乃不自勞於事所以為尊也汎愛羣生不以喜怒賞罰所以為仁也故為人主者以無為為道以不私為寶立無為之位而乘備具之官。

南面之循道家之所長其流為申韓之術荀子之后主道利周以人主為天下儀表不貴乎幽闇以絕人臣之嘗試董生之言此有取於道也其取於墨家者言天志言災異皆是也。

繁露楚莊王篇云受命之君天之所大顯也事父者承意事君者儀志事天亦然今天大顯己物襲所代而率與同，

則不顯不明非天志故必徙居處更稱號改正朔易服色者無他焉不敢不順天志而明自顯也。

天志為墨家學理之根據而仲舒稱之此非偶然援用也仲舒之政治思想亦以天志為本墨子之非儒曰儒者以天為不慇以鬼為不神知仲舒之言天志有取於墨家也仲舒既建天權必言災異以見天慇。

漢書董仲舒傳云國家將有失道之敗而天迺先出災害以譴告之不知自省又出怪異以警懼之。

災異之學說始見於墨子明鬼篇春秋雖書災異而儒者災異學說則出於墨子尊天明恤災異之學說必以天道鬼神為依據也其取於法家者。

繁露保權位篇云民無所好君無以勸也民無所惡君無以畏也無以權則君無以禁制也無以禁制則比肩齊勢而無以為貴矣故聖人之治國也因人之性情孔竅之所利以立尊卑之制以等貴賤之差。

其言本於法家特法家之所施賞罰是顓故賞之不加勸罰之不加懼則法將失其用儒家用刑不得已而用之曰有恥且格何止於此仲舒之取於法家也由此可知仲舒之學雖以儒為本實有取於各家以成其為漢代之新儒家。

其根本精神仍在儒家仲舒欲建立一宗教政治學術合一之學說故有取於墨家之天志說墨子言天志故言兼愛董子於其兼愛說雖亦有所取但用之於政治而不用於私人斯固其采擇之精耶

仲舒之學影響最大者乃其對於禮教之重新說明欲說明其必要當明其前之學說自孟子言仁義非外鑠禮法皆由義起儒家後學從而闡之禮意大明。然其根據在於內心天與人之關係如何在所罕言後之儒者見人與自然之息息

相關人之性與天地之性不能不相似，故有儒家之字宙論易曰乾為天天行健君子以自強不息坤為地，地勢坤君子以厚德載物成象之謂乾效法之謂坤，小戴樂記曰著而不息者天也著而不動者地也。大戴曾子天圓篇云著而不息者天也著而不動者地也。大戴曾子天圓篇云於曾子曰天圓而地方者誠有之乎曾子曰離居問之所生下首上首，之謂乎曾子曰離居日弟子不察，此以敢問也曾子曰天之所生上首地道曰方方曰幽而圓曰明。皆非指實物言乃言其理，非以表質乃以表德非從自然本身說而以人之德性論表自然此期學術思想可稱之曰天人相應說。晚周法天之學說有二家。道家法自然之天墨家則以天志為本仲舒之學以儒為宗而彙采各家之說承繼戰國末年之天人相應說而以自然之德性為人事之規律人為之禮義法度遂成為天經地義蓋吾國傳統之文化經秦滅學以來漢初諸儒雖竭力提倡之恢復之而未有具體之說明武帝之時既尊六藝以明史統開學校以廣教化於斯相傳之禮法度數自宜重新加以說明仲舒既以天道為人事之規律當先說明人與天之關係。

繁露人副天數篇云人有三百六十節偶天之數也形體骨肉偶地之厚也上有耳目聰明日月之象也體有空竅理脈川谷之象也心有哀樂喜怒神氣之類也。

人之形體既象天地則天人必交感。

繁露同類相勸篇云天將陰雨人之病故為之先動是陰相應而起也天將欲陰雨又使人欲睡臥者陰氣也有憂亦使人臥者是陰相求也有喜使人不欲臥者是陽相索也水得夜益長數分東風而酒泄溢病者至夜而疾益甚，

雖至幾明而相薄，其氣益精，故陽益陰，陰益陽，陰陽之氣因可以類相損益也。天有陰陽，人亦有陰陽，天地之陰氣起而人陰氣應之而起，人之陰氣起則天之陰氣亦宜應之而起，其道一也。

人之形體既象天地，故其性情亦象天地。

繁露為人者天篇云：為生不能為人，為人者天也，人之人本於天，天亦人之曾祖父也，此人之所以上類天也。人之形體化天數而成，人之血氣化天志而仁，人之德行化天理而義，人之好惡化天之暖清，人之喜怒化天之寒暑，人之受命化天之四時。

人之形體性情既已安立，再進而說明人倫關係。

繁露陽尊陰卑篇云三王之正隨陽而更起，以此見天之貴陽而賤陰也，故數日者據晝而不據夜，數歲者據陽而不據陰，不得達之義是故春秋之於禮也，達宋公而不達紀侯之母，紀侯之母宜稱而不達，宋公不宜稱而達，陽而不達陰以天道制之也丈夫雖賤皆為陽婦人雖貴皆為陰。

繁露五行之義篇云是故木受水而火受木土受火金受土水受金也諸授之者皆其父也受之者皆其子也常因其父以使其子天之道也是故木已生而火養之金已死而水藏之火樂土而養以陽水克金而喪其陰土之事天竭其忠故五行者乃忠臣孝子之行也五行之為言也猶五行與是故以得辭也聖人知之故多其愛而少其嚴厚養生而謹逆終就天之制也以子而迎成養，如火之樂木也，喪父如水之克金也事君如土之敬天也可謂有行人也。

君臣父子夫婦之關係皆本於陰陽五行，人既為天所生自當法天之行也人倫既正再言政治首言君德。

繁露王道通三篇云天常以愛利為意以長養為事春秋冬夏皆其用也。王者亦常以愛利天下為意以安樂一世為專好惡喜怒皆其用也。

次言刑德

繁露陽尊陰卑篇云陽天之德陰天之刑也陽氣暖而陰氣寒陽氣予而陰氣奪陽氣仁而陰氣戾陽氣愛而陰氣惡陽氣生而陰氣殺是故陽常居實位而行於盛陰常居空虛而行於末天之好仁而近惡戾之變而遠大德而小刑之意也。

下至設官爵服色莫不有天道為之根據借陰陽五行之說以闡明儒術，由自然以說明人事遂產生天不變道亦不變之理論支配中國思想最久。其長處在使人心安定其短處可以發生禮法之束束一成而不改在董生學說中原是兩面然有力者常取其利已者而利用之此事之所無奈何宜非董生之願也。

四、諸子學之結束

董生之學既開啟漢代學術，且支配後世之思想，而結束先秦以來思想者則有淮南二家之學有共同之處，則融滙眾家是也，此亦所以表示漢代精神淮南之學融貫古代學術集諸子之大成，然其問題皆自古人文字中來非能於當時事實中發現問題，故其影響不大，其論政治尤與時代不合，以淮南本身為諸侯也。

淮南泰族篇云治大者道不可以小地廣者制不可以狹。

此謂不當廢封建行郡縣也。

淮南繆稱篇云水濁者魚噞令苛者民亂城峭者必崩岸崝者必陀故商鞅立法而支解吳起刻削而車裂。

吳起商鞅皆不利於公族淮南之意何所指乎呂覽淮南皆以道家為主而統攝諸家淮南襲莊子之言尤衆非託為曠達以自廣乎淮南既兼衆家之學而以莊生為主莊子著書正言若反破斥智氣蓋欲以顯性情然為之太過鄰於懷疑論者其為書也以救禮法之流失非欲並禮法而去之然在莊子學說中不能安立禮法明於天而不知人見於眛於俗是以言莊子者每入於游談齊物論者莊生破斥百家刊落名相之書也充莊生之說非自陷於懷疑而不能目立不止淮南齊俗篇襲莊子而為之而無其弊莊子不曰有真知然後有真人真人其知千百世而過即等於無知職無是非淮南則不然。

淮南齊俗篇云原人之性蕪穢而不得清明者物或堁之也羌氏僰翟嬰兒生皆同聲及其長也雖重象狄鞮不能通其言敎俗殊也今三月嬰兒生而徙國則不能知其故俗由此觀之衣服禮俗者非人之性也所受於外也夫竹之性浮殘以為牒東氾發之水則沉失其體也金之性沉託之於舟上則浮勢有所支也素之質白染之以涅則黑縑之性黃染之以丹則赤人之性無邪久湛於俗易而忘本合於若性故日月欲明浮雲蓋之河水欲清沙石濊之人性欲平嗜欲害之惟聖人能遺物而反己夫乘舟而惑者不知東西見斗極則寤矣夫性亦人之斗極也有以自見也則不失物之情無以自見則動而惑營。

凡齊物論所破者皆後來之習氣淮南所謂衣服禮俗之類也非人性之固然而為受於外者淮南明習性之分達天人之故使人知習不可固執而又明性為人之斗極以判善惡是非此其立說之警巧也習者有古今方域之殊性者人心

之所罔然,由習言之則是非無定所謂此一是非,彼一是一定之是非所謂一是一非也,於人也合於我者也必不非於俗也,至是之是無非,此眞是非也,若夫是於此而非於彼,非於此而於人也合於我者未必不合於俗也,去非者非批邪施也,去忤於心者也忤於我者未必不合淮南齊俗篇云故求是非求道理也求合於巳者也,去非者非批邪施也,去忤於心者也忤於我者未必不合是於茲此之謂一是一非隅曲也。夫一是一非宇宙也。

者耶?

淮南既明性之自覺,然後乃能談用莊子爲超世,淮南則由超世而入世,其用道家因應之理以安立儒家之禮義法度

莊生齊物所謂彼一是非此一是非,即淮南所謂隅曲也

淮南泰族篇云,聖人之治天下,非易民性也,附循其所有而滌蕩之,故因則大化則細矣。民有好色之性,故有大婚之禮,有飲食之性,故有大饗之誼,有喜樂之性,故有衰絰哭踴之節,故先王之制法也,因民之所好而爲之節文者也。因其好色而制婚姻之禮故男女有別,因其喜音而正雅頌之聲故風俗不流,因其寧家室樂妻子教之以順故父子有親,因其喜朋友而教之以悌故長幼有序,然後修朝聘以明貴賤饗飲習射以明長幼時蒐振旅以習用兵也。入學庠序以修人倫,此聖人之所匠成也。故無其性不可教訓,有其性無其養不能遵道繭之性爲絲卵之化爲雛,非慈雌嘔嫗覆伏累日積久則不能爲雛,人之性有仁義之資非聖人之法度而致導之則不能使嚮方故先王之敎也,因其所喜以勸善,因其所惡以禁姦,故刑罰不用而威行如流,政令約省而化燿如神故因其性則天下聽從拂其性則法縣而不用。

此淮南之以道合儒也。道家言古之帝王皆無為而治而墨家言古之帝王皆以身勞天下，淮南則並通之。

淮南修務篇云蓋聞傳書曰神農憔悴堯瘦臞舜黴黑禹胼胝由此觀之則聖人之憂勞百姓甚矣故自天子以下至於庶人四胑不動思慮不用事治求贍者未之聞也夫地勢水東流人必事焉然後水潦得谷行禾稼春生人必加功焉故五穀得遂長蠶其自流待其自生則禹之功不立而后稷之制不用若吾所謂無為者私志不得入於公道嗜欲不得枉正術循理而舉事因資以立權自然之勢而曲故不得容者事成而身弗伐功立而名弗有非謂感而不應攻而不動者若夫以火㷋井以淮灌山此用已而背自然故謂之有為。

淮南泰族篇云故人主有伐國之志邑犬羣嗥雄雞夜鳴庫兵動而戎馬驚今日解怨偃兵家老甘臥巷無聚人妖災不生非法之應也精氣之動也。

知此然後道家無為而無不為之義乃顯墨家之勤勞亦無背於道家之無為，此以道合墨也。道家言自然而陰陽家語天變必有以通之，而後天人相感之理可立也。

以精氣感通明天人相與之故則道家與陰陽家言並通此以道合陰陽也。道家謂法令滋彰盜賊多有，而法家言法治，不可以無說也。

淮南主術篇云，是故明主者耳目不勞精神不竭，物至而觀其象事來而應其化近者不亂遠者治也是故不用適然之數而行必然之道故舉而無遺策矣今夫御者馬體調於車御心和於馬則歷險致遠進退周游莫不如志

雖有騏驥騄駬之良，臧獲御之則反自恣，而人弗能制矣。故治者不貴其自是，而貴其不得為非也。故曰，勿使可欲毋曰弗求，勿使可奪毋曰不爭，如此則人材釋而公道行矣。

此以道合法也。其言人材釋而公道行非不用賢也，用人而不賢，非法也。泰族云，國之所以存者，非以有法也，以有賢人也，又云無法不可以為治也，不知體義不可以行法，明此則儒墨之尚賢與道法之不尚賢皆可通也。

淮南不僅能融各家為一，且於各家皆有修正引申今舉其修正道家者為例莊子既主無是非故視伯夷與盜跖同為殘生傷性故貴生而輕天下形不可長存於是委心任運隨造物之自然故莊學末流必致於無守淮南既明貴生之義，又知人性中自有義理之自覺生義不並立之時不能不舍生以就義呂覽貴生篇所謂迫生不若死之義是也。

淮南泰族篇云使人左據天下之圖而右刎喉，愚者不為也（本莊子）身貴於天下也死君親之難視死如歸義重於身也天下大利也比之身則小身之重也比之義則輕。

既不害義而與重生之旨亦相合所貴乎人者非貴其形也故緩稱云，生所假也，死所歸也，故宏演直仁而立死王子閭張掖而受刃，不以所託害所歸也故世治則以義衛身世亂則以身衛義死之日行之終也。由道家貴神之義，亦可使與儒家以身殉義之旨相合此一事也道家言不敢為天下先人皆取先我獨取後其言有對而發非貴後也惑者不察則墮於一邊淮南乃取儒家時中之義以救正之。

淮南原道篇云所謂棲遲非謂其底滯而不流謂其周於數而合於時也。夫執道理以耦變，先亦制後，後亦制先是何則不失其所以治人人不能制也。時之反側間不容息，先之則太過後之則不逮夫日回而月周時不

與人游，故墨人不貴尺之璧而重寸之陰，時難得而易失也。禹之趨時也，履遺而弗取冠挂而弗顧，非爭其先也，而爭得其時也。

此二事也。莊子讓王而尊生，不屑以天下爲事所以矯世道非達道也。而淮南以儒家萬物皆備於我之義救之。淮南原道篇云，夫許由小天下而不以已易堯者志遺於天下也。天下之安不在於彼而在於我不在於人而在於身，身待則萬物備矣。澈於心術之論，則嗜欲好憎外矣。是故無所喜而無所怒，無所樂而無所苦，萬物玄同也，無非無是化育玄燿生而如死。夫天下者亦吾有也，吾亦天下之有也，天下之與我豈有間哉。夫有天下者豈必攝權持勢操殺生之柄而以行其號令耶，吾所謂有天下者非謂此也自得而已，自得則天下亦待我矣，吾與天下相待則常相有已，又焉有不得容其間者乎。

身與天下既不相離，則無以舍天下爲也，亦無以用天下爲也，命也在外也非在內也，如此則莊子之言始不墮於一邊，此三事也，由上所言，已可見淮南學術之大概可謂集諸子學之大成也。

五、今文學之微言

自陸賈昌言詆秦之政治，賈董繼之，以恢復三代之禮樂敎化爲事，漢多采用之兩漢歷史，即儒家思想之推行史也。鹽鐵論所記爲昭帝時議論，其中文學之言，皆儒家之政治思想，可見儒家思想流播之速而入人之深，然皆與家天下及專制政體不相抵觸者若其言禪讓言明堂則不見容於漢世，而師師口耳相傳，漢志所謂微言者固非漢之帝王所樂聞也。

漢書田蚡傳云嬰蚡俱好儒術推轂趙綰為御史大夫王臧為郎中令迎魯申公欲設明堂令列侯就國除關以禮為服制以興太平舉謫諸竇宗室無行者除其屬籍諸外家為列侯多尚公主皆不欲就國以故毀日至竇太后，太后好黃老言，而嬰蚡趙綰等務推儒術貶道家言是以竇太后滋不悅二年御史大夫趙綰請毋奏事東宮竇太后大怒曰此復欲為新垣平邪酒能逐趙綰王臧而免丞相嬰太尉蚡。

本師蒙文通先生嘗論明堂之制曰縮臧以明堂誅獻王以明堂廢則明堂固別有說乎夫明堂者天子布政之宮也管子曰黃帝立明堂之議者上觀於賢也堯有衢室之問者下聽於人也湯有總街之庭以觀人誹夫明堂太學同處鄉人游鄉校以論執政明堂而觀於賢聽於人以觀於太學之士悉於議政也學在四郊故尚書大傳言東堂距邦八里南堂距邦七里西堂距邦九里北堂距邦六里所謂東學南學西學北學即明堂處也兆五帝於四郊亦明堂也規模壯闊豈區區九室五堂而已乎孟子曰民為貴無明堂則民貴徒為虛說公羊宣十五年解詁曰八歲者入小學十五歲者入大學其有秀者移於鄉學鄉學之秀者移於庠序之秀者移於國學學於小學諸侯歲貢小學之秀於天子與於太學其有秀者命曰進士行同而能偶別之以射然後爵之士以才能進取君以爵授官然則大學者正諸侯貢士之秀者於天子布政於是讞囚於是師出而讞俘亦於是養三老五更於是而天子祖而割牲父事三老以為孝，兄事五更以為弟上觀下聽於是則民為貴之實備矣蒙師從經說中探索明堂隱義明其為議政之所，知趙綰王臧推明儒術先建明堂良有以已自趙綰王臧自殺後之言明堂者遂不知斯義徒為經生聚訟之資耳西漢儒家上承周末儒家民本之義言議政承漢賢之義言禪讓天下為公之理想遂為儒生所樂道劉向云王者必通三統明天命所受者

博，非獨一姓也谷永云臣聞天生蒸民不能相治為立王者以統理之方制海內非為天子列土封疆非為諸侯皆以為民也垂三統列三正去無道開有德不私一姓明天下乃天下之天下非一人之天下此漢儒不以天下為一家私有之議論既不私一家自有德者居之傳賢乃當然耳。

漢書眭弘傳云孟推春秋之意以為石柳皆陰類下民之象泰山者岱宗之嶽王者易姓告代之處今大石自立僵柳復起非人力所為此當有從匹夫為天子者枯柳復生故廢之家公孫氏當復興者也孟意亦不知其所在即說曰先師董仲舒有言雖有繼體守文之君不害聖人之受命漢家堯後有傳國之運漢帝宜誰差天下求索賢人禪以帝位而退自封百里如殷周二王後以承順天命奏賜上此書時昭帝幼大將軍霍光秉政惡之下其書廷尉奏賜孟妄設訣言惑眾大逆不道皆伏誅。

漢書蓋寬饒傳云方今聖道寢廢儒術不行以刑餘為周，以法律為詩書，又引韓氏易傳言五帝官天下三王家天下家以傳子官以傳賢若四時之運成功者去不得其人則不居其位書奏上以寬饒怨謗終不改下其書中二千石時執金吾議以為寬饒旨意欲求禪大逆不道。

睢弘蓋寬饒所言皆當時儒者之政治理想至於殺身而不悔誠可謂不負所學。

終再受命之說哀帝乃改元號曰陳聖劉太平皇帝冀以應之王莽之得以篡漢即緣於此種思想而禪讓之所託則為封禪蒙先生之言曰夫封禪者為易姓受命之事也董仲舒言天無常予無常奪故封於泰山之上禪於梁父之下易姓而王德如堯舜者七十二人王者天之所予也其所伐者天之所奪也以明德如堯舜當封禪之義

也。白虎通言王者易姓而起，必升封泰山何報告之義也，始受命之時，改制應天，天下太平，功成封禪，禪易疏引白虎通曰釋禪無窮之意，禪於有德者而居之無窮已又云，白虎通云，禪以讓有德者，此所引與今本略不同，蓋封以言始禪以言終故曰禪者明以已成功相傳也。又曰三皇禪於釋釋之山明已已成功而去有德者居之釋釋者無本文多損缺於始終之意不具又脫功成而去有德者居之釋釋者無所指斥也五帝禪於亭亭名山其身子孫三王禪粱父者信父者子繼而信與也則禪讓之說若所謂德如堯舜者也則封言受命禪言去讓始終之義蒙先生近為儒家政治思想之發展一文凡革命井田辟雍巡狩諸義皆闡發無遺此皆今文學非常異義可怪之論以其時不敢顯言故辭多枝葉實儒家精義所在而不能見諸行事者也。

六、改制與復古

太史公曰陳涉之王也，而魯諸儒持孔子之禮器往歸陳王，於是孔甲為陳涉博士，卒與涉俱死陳涉起匹夫驅瓦合適戍，旬月以王楚不滿半歲而滅亡其事至微淺然而縉紳先生之徒負孔子禮器往委質為臣者何也以秦焚其業積怨而發憤於陳王也鹽鐵論毀學篇亦以此譏悔儒者而孔甲之徒不願非毀而為之蓋以復與古代文化為志雖召謗不恤也陳涉既無成高祖又悔慢儒生叔孫通委曲隨從卒定漢儀然因變秦舊未能上接三代之統。

漢書高祖本紀云天下既定命蕭何次律令韓信申軍法張蒼定章程叔孫通制禮儀陸賈造新語。此漢高一代之大著作也蕭何為秦吏張蒼為秦御史叔孫通為秦博士刑法志謂蕭何撫秦法取其宜於時者作律九

章叔孫通傳謂雜古禮與秦儀雜就之張蒼傳云,是時蕭何為相國,而蒼乃自秦時為柱下御史明習天下圖書計籍,又善算律歷故令蒼以列侯居相府領主郡國上計者蒼之為章程當在是時,殆亦沿襲秦制漢初軍制未聞變秦韓信之於軍法亦但申明而已是則漢初制度皆襲秦人儒生於此千載一時之機會無所表現。漢初君臣俱起民間,知人民欲得休息,故高祖惠帝呂后之世君臣俱以無為為寶,孝文即位賈誼乃圖改制。

漢書賈誼傳云以為漢興二十餘年天下和洽宜當改正朔易服色定官名興禮樂乃草具其儀法色尚黃,數用五,為官名悉更奏之,文帝謙謙未皇也。

所草儀法雖是禮文其所重乃在敎化習俗觀其陳政事疏可知然時未可為也。漢初大臣之性格風度,皆偏於保守,曹參傳云蓋公為言治道貴清靜而民自定,參代何為相國舉事無所變更壹遵何之約束擇郡國長吏訥於文辭謹厚長者即召除為丞相史吏言文刻深欲務聲名者輒斥去之日夜飲酒卿大夫以下吏及賓客見參不事事來者皆欲有所言至者輒飲以酒度之欲有言復飲酒醉然後去終莫得開說。張釋之傳云釋之對文帝曰夫絳侯東陽侯稱為長者,此二人言事曾不能出口豈效此嗇夫喋喋利口捷給哉。周勃傳謂勃為人木彊敦厚高帝以為可屬大事周昌傳謂昌為人強力敢直言石奮傳謂奮無文學恭謹舉無與比萬石君家以孝謹聞乎郡國衛綰傳謂綰醇謹無他。直不疑傳謂不疑不好立名稱為長者張歐傳謂歐為人長者漢初大臣之言論風度如此其安於保守不欲更張固宜孝武初立崇尚儒術趙綰王臧建立明堂離見厄於竇太后而董仲舒對策推明孔氏開學校與選舉自漢初至武帝儒家政治思想已逐漸為漢廷所採用禮樂志謂武帝征討四夷銳志武

功不暇留意禮交之事,蓋以武帝太初之改制無當於復古之總想耳。漢初諸儒但欲改制而不必復古,班孟堅承受元成以後復古派之思想,於漢廷歷朝改革之采用儒家理論者皆不甚措意也。

漢初又不僅儒者欲以其術變秦之治,一切雜流皆望以其術取富貴,武帝在漢為中天之盛,各種怪誕不經之思想,同時並出,郊祀志所言者是也。

漢書郊祀志云武帝即位尤敬鬼神之祀,漢興已六十餘歲矣,天下艾安,縉紳之屬皆望天子封禪改正度也。

史記自敘云太史公執遷手而泣曰今天子接千歲之統封泰山而余不得從是命也夫。

由此二事可見漢興以來儒者與一切雜流對於新王制作之熱烈希望,漢景帝以前安靜之風氣盛,故賈誼見抑而死,武帝時代為改作風氣發揚之時,諸雜流雖與儒者同時並起,末流亦相混雜,然史記於禮樂二書漢書於禮樂志之外作郊祀志明其區以別矣。公孫臣以陰陽而牽附儒者,新垣平以方士而牽附儒者,近人喜言儒者附會陰陽,不知陰陽亦附會儒術也。

漢書郊祀志云魯人公孫臣上書曰始秦得水德及漢受之,推始終傳,則漢當土德,土德之應黃龍見宜改正朔服色尚黃。(中略)明年黃龍見成紀文帝召公孫臣拜為博士與諸生申明土德草改曆服色事。(中略)趙人新垣平以望氣見上言長安東北有神氣成五采若人冠冕焉或曰東北神明之舍西方神明之墓也天瑞下宜立祠上帝以合符應,於是作渭陽五帝廟同宇帝一殿面五門各如其帝色祠所用及儀亦如雍五畤明年夏四月文帝親拜霸渭之會以郊見渭陽九帝五帝廟臨渭其北穿蒲池溝水權羣火而祠若光輝然屬天焉,於是貴平至上大

夫賜累千金而使博士諸生刺五經中作王制，謀議巡狩封禪事。

董仲舒借陰陽五行說以安立禮教，諸儒言災異皆雜於陰陽五行與公孫臣新垣平以陰陽方士比附儒學同一雜亂，然陰陽方士自陰陽方士，儒者自儒者，未始同也。

武帝崇儒以後，儒學之勢力漸大，桓寬鹽鐵論可以代表此時代之政治思想，舉其要者，一曰不與民爭利，二曰崇本抑末，三曰藏富於民，四曰制地均民，五曰尚德緩刑，六曰重禮輕利，七曰以禮防淫，八曰偃武修文，就其原則而論實可以代表中國人之政治思想，然不明時勢泥古不化，所以不免見譏於文吏。

鹽鐵論憂邊篇大夫曰聖主思念中國之未寧北邊之未安，故使廷尉評等問人間所疾苦拯恤貧賤周瞻不足君臣所宣明王之德安守內者未得其紀故問諸生諸生議不干天則入淵，乃欲以閭里之治而況國家之大事亦不幾矣。發於畎畝，出於窮巷，不知冰水之寒若醉而新寐，殊不足與言也。

襄賢篇大夫曰今文學言治則稱堯舜道行則稱孔墨授之政則不達懷古道而不能行言直而行之枉道是而情非，衣冠有以殊於鄉曲而實無以異於凡人。

又曰歌者不期於麗辭而務在事實善聲而不知轉未可謂能歌也善言而不知變未可謂能說也。持規而非矩執準而非繩通一孔曉一理而不知權衡。

以賢良文學之言致大夫之譏誠不為過蓋大儒不作迂儒鄙生徒知誦數前聞而已，故元成以降儒者喜言災異與恢復古制災異之說見於政治文帝時已開其端文帝後元年求言詔言間者數年比不登又有水旱疾疫之災朕甚憂之，

愚而不明，未逢其咎，意者朕之政有所失而行有過與，乃天道有不順地利或不得人事多失和鬼神廢不享與，何以致此。武帝策賢良亦言災異之變何緣而起。自宣帝時魏相爲丞相數表采易陰陽及明堂月令奏之，丙吉爲丞相而問牛喘，謂三公典調和陰陽以宰臣而言陰陽災異自此始也。

漢書眭兩夏侯京翼李傳贊云漢興推陰陽言災異者孝武時有董仲舒夏侯始昌昭宣則眭孟夏侯勝元成則京房翼奉劉向谷永哀平則李尋田終術此其納說時君者也。

災異學說之盛與政治上之留心災異互爲因果元帝初三年詔丞相御史舉天下明陰陽災異者各三人於是言事者衆，或進擢召見，人人自以爲得上意。匡衡傳亦言元帝好儒術文辭頗改宣帝之政言事者多進見人人自以爲得上意。上有好者下必有甚焉陰陽災異之說在元成哀平爲一大事累見於詔書及臣下奏議。日食策免三公災害罷紂郡守，趙翼於廿二史箚記曾論之也。復古思想之與固由學者無創見亦可以表示儒家勢力之大儒者服古竟可以時制之背於古制者而以古制代之其力量之大可知也。

漢書禮樂志云至宣帝時琅琊王吉爲諫大夫又上疏言欲治之主不世出公卿幸得遭遇其時未有建萬世之長策舉明主於三代之隆者也其務任於簿書斷獄聽訟而已此非太平之基也今俗吏所以牧民者非有禮義科旨可世世通行者也以意穿鑿各取一切，是以詐僞萌生刑罰無極質樸日消恩愛寖薄孔子曰安上治民莫善於禮，非空言也。願與大臣延及儒生述舊禮明王制驅一世之民躋之仁壽之域則俗何以不君成康壽何以不若高宗。上不納其言吉以病去。

圖書集刊

漢書貢禹傳云元帝初即位徵禹為諫大夫數虛己問以政事。是時年歲不登郡國多困禹奏言，古者宮室有制宮女不過九人秣馬不過八匹輿塗不彫木麇而不刻車輿器物皆不文畫苑囿不過數十里與民共之任賢使能什一而稅他無賦歛絲枲之役使民歲不過三日千里之內自給千里之外各置職貢而已故天下家給人足頌聲並作。至高祖孝文孝景皇帝循古節儉宮女不過十餘廐馬百餘四，孝文皇帝衣綈履革器無彫文金銀之飾後世爭為奢侈轉轉益甚臣下亦相放效衣服履綺刀劍亂於主上主上時臨朝入廟乘人不能別異甚非其宜。

錢賓四先生劉向歆父子年譜云蓋王吉貢禹皆主與復古禮以幾太平宣帝不能用吉而元帝專尊信禹遂開晚漢復古一派其風實始於王貢又曰元成以來乃言禮制追古昔此為漢儒學風一大變錢先生於晚漢復古之事一一分繫於劉向歆年譜中可以觀其時之學風茲不復言惟王貢雖開復古之風貢禹所言多關於國計民生又非虛文可比故同為復古亦有當復與不當復之別也。

漢書韋賢傳贊云司徒掾班彪曰漢承亡秦絕學之後祖宗之制因時施宜，自元成後學者蕃滋貢禹毀宗廟，匡衡改郊兆何武定三公皆歎復故紛紛不定何者禮文缺微古今異制各為一家未易可偏定也。

班彪之言乃就考文為說以實效而論偏立宗廟於郡國及一切淫祀自罷之為宜至於改三公州牧之類則儒者泥古之弊不足道也復古之風至於王莽而集其大成為漢初諸大儒言改制而不泥古宜帝以前之政治皆有實效元成以降，儒者言災異言復古而朝廷之所留意者皆是虛文觀於前後儒生之有無實見於西漢一代實際之政治可知也。

七六

西晉禁軍攷

王樹枬

晉書無兵志，後人雖有補作頗傷簡略，亦時有訛謬。晉書職官志稍叙及諸兵官設置原委，顧疏略特甚，自來爲人所訾病，反不若宋書百官志之翔實。茲就宋書百官志及晉書諸紀志列傳稍加爬梳勾稽排比寫成是篇。

西晉禁軍之由來

晉代兵制大體因襲曹魏之舊制，與兩漢迥殊，故漢魏之際實爲中國兵制史上一極顯著之轉捩點。吾人欲致求西晉禁軍之制不能不上溯漢魏而略言其沿革。

稽漢書百官志稱光祿勳掌宿衛宮殿門戶所屬有三署郎署郎更直執戟宿衛門戶此殿中之侍從武官也。又有衛尉，掌宮門衛士宮中徼循事此宮中之衛隊也。又有執金吾，掌宮外戒司非常水火之事此宮城之外維持京師治安之軍隊也。另有城門校尉掌洛陽城門十二所；更有北軍中候掌監北軍五營皆京師內外駐防之軍隊。東京禁軍舊制其大致如此。光祿勳衛尉執金吾三卿，任東京爲重任，數百年來，多以貴戚領之。然自建安而後三卿成爲冗職，以之位置耆臣他更無足論矣。蓋自曹操建魏國後諸將皆受魏官號其未受魏官號者反皇皇不自安，諸將亦牽屬於丞相府司空府。「宿衛兵侍莫非曹氏黨羽姻戚」後漢書伏皇后紀 三卿之不得不成爲冗職者以此。魏志卷九夏侯惇傳註引魏書 漢公卿表，萬斯同東漢九卿年表 見練恕後漢公卿表，萬同東漢九卿年表。北軍五校亦多以貴戚領之。見練恕後漢九卿年表。

據洪飴孫三國職官表，則魏世猶置三卿晉書職官志不載執金吾，宋書百官志齊書百官志亦不載執金吾；據通典職據將亦舉屬於丞相府司空府

圖書集刊

嘗典,則晉不置執金吾,迄南朝未嘗復置。西晉猶置光祿勳衛尉二卿,渡江後亦先後罷省。(晉書職官志又宋齊書百官志。)宋齊雖復置二卿其職掌與東漢絕異,南朝光祿勳所掌不過疱廚膳羞之事,(南齊書百官志考證)而衛尉所掌亦僅為宮城笵籥城樓更鼓。(南齊書百官志)由其變遷之跡象進而推求其變遷之故,則當涉及政治史之領域矣。

錢大昕云:「按宋志漢有南北軍京師,武帝置中壘校尉掌北軍營,光武省中壘校尉置北軍中候,監五校營,魏武為丞相府自置領軍非漢官也。蓋領軍即漢北軍中候之職,但漢之中候秩止六百石,魏晉以後之領軍,則以貴臣為之。自領護之權重,執金吾遂廢不置,衛尉亦為閒曹矣。」(廿二史考異) 錢氏謂領護起遂奪執金吾及西晉廢執金吾領護權亦輕不得云猶有當分疏者,則領護權重以司馬氏專曹魏國政時為最甚,衛時猶置執金吾;至馬端臨文獻通考謂「魏制略如東漢,南北軍如故」其謬不待辨而明。

領護軍之官晉書職官志宋書百官志悉以為魏武丞相府自置;晉書職官志且謂漢建安四年魏武為丞相所斥置錢大昕志而說曹魏兵制者悉為誤也。今按魏武之為丞相在建安十三年夏六月,而建安十二年魏武伐柳城其時已有領軍史矣,護軍韓浩,(魏志夏侯惇傳注所引魏書)足見領護軍之始置本非丞相府官,其後魏武轉丞相領護軍遂亦屬丞相府也。領護軍後更改名(中領護軍)遂從破柳城改其官為中護軍置長史司馬」「(領軍史矣)轉拜中領軍」(魏志夏侯惇傳注引魏書)者是也。晉書職官志宋書百官志皆以為建安十二年所改是也,而書鈔六十四,御覽二百四十引魏略謂「中領軍魏延康中置;」魏無延康年號,延康為漢獻帝禪位之年之年號,前乎延康韓浩

所謂「領護軍為中軍主」者蓋以其為主帥之佐諝職典監護之任建安之初官是職者若史奐韓浩其後是職者若夏侯淵衛臻陳羣依本傳所載但隨從征伐監護諸將職掌與正始後迥異晉書職官志未書百官志悉謂「魏始置領軍主五校中壘武衛三營」宋志且謂魏初置領軍，即為上承東漢北軍中候之任以正始後暫時之事而通論一代之制斯為誤矣晉書宣帝紀云:「（正始）六年秋八月曹爽毀中壘中堅營以兵屬其弟中領軍義，帝以先帝舊制禁之不可」足見中壘營之不屬領軍翻為一時之特殊現象也。

杜佑云「歷代史籍皆云護軍將軍主武官選則領軍無主選之文惟陶藻職官要錄云領軍將軍主武官選舉而護軍不言主選又引曹昭叔述孝辭序曰,余年三十遷中領軍,總六軍之要秉選舉之機以此為證今按漢高帝初令陳平為護軍都尉已令主武官選矣,故陳平有受金之譖又魏略云護軍之官總統諸將主武官選,前後當此官者,不能止貸賂;故蔣濟為護軍時,有謠曰欲求牙門當得千匹五百四司馬宣王與濟善聞此聲以間濟,濟無以解之;及夏侯玄代濟故不能止絕人事及晉景帝為中護軍整頓法度人莫敢犯者又王隱書曰景帝為中護軍作選用之法舉不越功吏無私焉又晉起居注云武帝詔曰中護軍職與戎選宜得幹才,遂以羊琇為之宋志又云主武官選明矣。而陶藻所言領軍主選及昭叔之敘著當因省併之際,為一時之權宜非歷代之恆制」典通典職官本注云杜氏所考、謂護軍職掌武官選舉,是也謂領軍必不主武官選舉則於事實殊有未合晉起居注云:「泰始七年詔曰:中護軍韓浩與中領軍史奐省掌禁兵典武選」書鈔六十一引明魏武初置領護軍時二舊職掌同為典武官選舉也又王隱晉書云:

史奐已放建安中任中領護矣。

七九

「於是賈妃諷賈於外說張泓孝廉郎才語領軍舉高第」御覽一百 則在晉武帝時，領軍且掌孝廉郎進退之權，不僅典武選而已。

建安之初領護軍本為裨佐之任不統營兵亦不給宿衛然自正始而後，則領護軍分掌營兵晉書宣帝紀云：「時景帝為中護軍將兵屯司馬門」則中護軍時已有營兵也又云：「命太僕王觀行中領軍攝（曹）義營」則中護軍亦實領營兵也。又魏略稱桓範謂曹義為大將軍弟義為中領軍訓武衛將軍權勢煊赫深為司馬懿所忌懿上表劾爽兄弟曰：「又有別營在闕南也。時曹爽為大將軍弟義為中領軍訓武衛將軍權勢煊赫深為司馬懿所忌懿上表劾爽兄弟曰：「卿別營近在闕南」魏志曹爽傳注引

爰卿舉臣皆以爽肎無君之心兄弟不宜典兵宿衛臣輒勒主者及黃門令罷爽義訓吏兵以本官侯就弟」魏志曹爽傳

足見斯時領軍不僅分典禁兵且入給宿衛也。其後毋丘儉等上表稱護軍司馬望「有宿衛之功」儉傳注引足見

護軍亦掌宿衛也。

始曹爽司馬懿並受遺詔輔少主爽以大將軍加侍中咸持節都督中外諸軍錄尚書事懿以太尉加侍中咸持節都督中外諸軍錄尚書事懿亦各統兵三千人共執朝政更直殿中懿子師為中護軍帥義各領禁兵給宿衛。魏志曹爽傳晉書

與懿勢鈞力敵既而爽欲獨專軍政大權乃轉懿太傅使尚書奏事先由己以專政權又毀中壘中堅二營以屬其弟中領軍義以加強中領軍武裝以專軍權。晉書宣帝紀。

之釁司馬懿奏劾曹爽云：「今大將軍爽背棄顧命敗亂國典，內則僭擬外專威權破壞諸營盡據禁兵羣官要職皆置所親殿中宿衛歷世舊人省復斥出欲置新人以樹私計根據盤牙縱恣日甚；」魏志曹爽傳 雖語出寇讎之口其間不

無羅致覬覦之辭然即此數語，亦可見禁軍兵權之爭奪實爲當日糾紛中心之所在。自是而後官領護者非司馬氏子弟即其姻戚故舊；見洪頤煊《國職官表》三天子轉同寄坐王隱《晉書》云「（羊祜）遷中領軍悉統宿衛入直殿中執兵之要事兼內外武帝受禪…祜以大事既定辭不復入」《書鈔》卷六十四引則舊日所以護衛禁省鎮撫京師者至是翻資權臣以爲監視宮禁之用高貴鄉公欲討司馬氏，其所率領鼓噪而出者，不過僅僅數百《魏志·高貴鄉公紀》注引《漢晉春秋》而捍衛相府，以與天子爲敵者，則天子之中護軍賈充是已。《晉書·賈充傳》司馬氏既握領護大權禁兵悉聽其關度因遂得爲所欲爲矣。

自羊祜爲中領軍，領軍威權遂軼護軍而上之，領軍悉統宿衛，此又一變也。入晉以後羊祜改任中軍將軍，仍統宿衛，其職掌即沿魏末中領軍之舊此後中軍將軍改而北軍中候復改爲領軍其位秩之尊卑有改易其職掌太無變動也。

左右衛之由來及其組織

司馬氏之在魏固不僅竊據中領護而已又極力擴充其私人部隊《魏志·毌丘儉傳》注引《宋書·百官志》云：「晉文帝爲相國，相國府置中衛將軍，」儉傳注引《宋書·百官志》云：「晉文帝爲相國置中衛將軍，」按文帝之爲相國封晉公在景元四年毌丘儉之奏勘司馬師則在正元二年其時尚未置中衛將軍俭所勘者殆爲中衛之前身也。晉書文帝紀稱景元五年「晉國置御史大夫侍中常侍尚書中領軍衛將軍官」益所謂晉國置中領軍衛將軍者史籍別無所徵或謂即「中衛將軍」之訛姑懸之以俟博雅。及武帝即王位，中衛更分而爲左右二

晉書職官志，
晉書外戚傳。

晉書職官志序云：「及文王纂業，初啓晉臺，始置二衛，有前驅養由之弩及殿三部，有能渠伄飛乘茲舊翼猶武王以周之十亂而理殷民者也」足見二衛之設置對西晉之開國極有關係。晉書百官志則初僅有前驅養由強弩爲三部司馬各置督史左衛熊渠賁，（本志作武賁，誤。）右衛伄飛督，（本志作武賁，誤。）依序所云：兩部俠益強弩爲三部始置熊渠伄飛二督也二衛本爲相府之兵及晉武受禪遂成爲禁軍中之勁旅迄於東晉二尚稱殿中之兵掌宿衛聲震邇蔡謨譽之爲「國之上駟」（晉書蔡謨傳）焉其在西晉二衛之權極重晉書河間王傳云：

「使張方爲都督領精兵七萬向洛；（長沙王）又率中軍左右衛擊之方衆大敗居然一戰而勝二衛素貴之精爲一時驍將挾屢勝之威提精兵七萬以向京師；長沙王竟敢以左右衛之兵與之對抗居然一戰而勝二衛素質之精數量之衆亦略可想見矣。二衛所領各有三部司馬五部督前驅由基強弩爲三部司馬命中虎賁羽林上騎異力爲五部督也又有殿中將軍等亦分屬二衛部屬頗詳惟字句脫訛文義錯亂不盡可解予嘗取汲古閣本殿本百衲本互校悉無異文玉海一百三十七引此段亦無甚出入茲全錄其文如下：

「二衛始置前驅由基強弩爲三部司馬各置督史左衛熊渠武賁伄飛武賁二衛各五部督其命中武賁聽騎遊擊各領之又置武賁羽林上騎異力四部并命中爲五督其衛鎮四（玉海引作將）軍如五校各置千人更制殿中將軍中郎校尉司馬此聽騎持椎斧武賁分屬二衛尉中武賁持披冗從羽林馬常從人數各有差。」

今按「熊渠武賁」「伄飛武賁」之名於史籍他無所徵。另有「熊渠督」「伄飛督」疑「武賁」二字爲「督」

八二

字之訛,且涉及下文而致誤也。中朝大駕鹵簿云:「次弩,並熊渠伏飛督領之,」又云「熊渠督左,伏飛督右」足徵熊渠伏飛二督正屬扈從武官之列晉書職官志序所謂「及設三部有熊渠伏飛之衆」正亦以熊渠伏飛各領左右衛之三部司馬耳督與史為二官中朝大駕鹵簿所謂司馬督司馬史者即謂是也左右衛各有三部司馬各置督史以統攝之督為正校而史為裨佐熊渠伏飛二督者又所以上總三部司馬督者也。三部司馬為特種之兵得蔭人為衣食客,為佃客,如九品官 晉書食貨志 其待遇與虎賁同。宋書百官志云:「晉武帝時殿內宿衛號曰三部司馬」,三部司馬之職掌為如此五部督及殿中將軍之職掌究為何如殊無可考今就晉書職官志所叙列為一表以明左右二衛之組織:

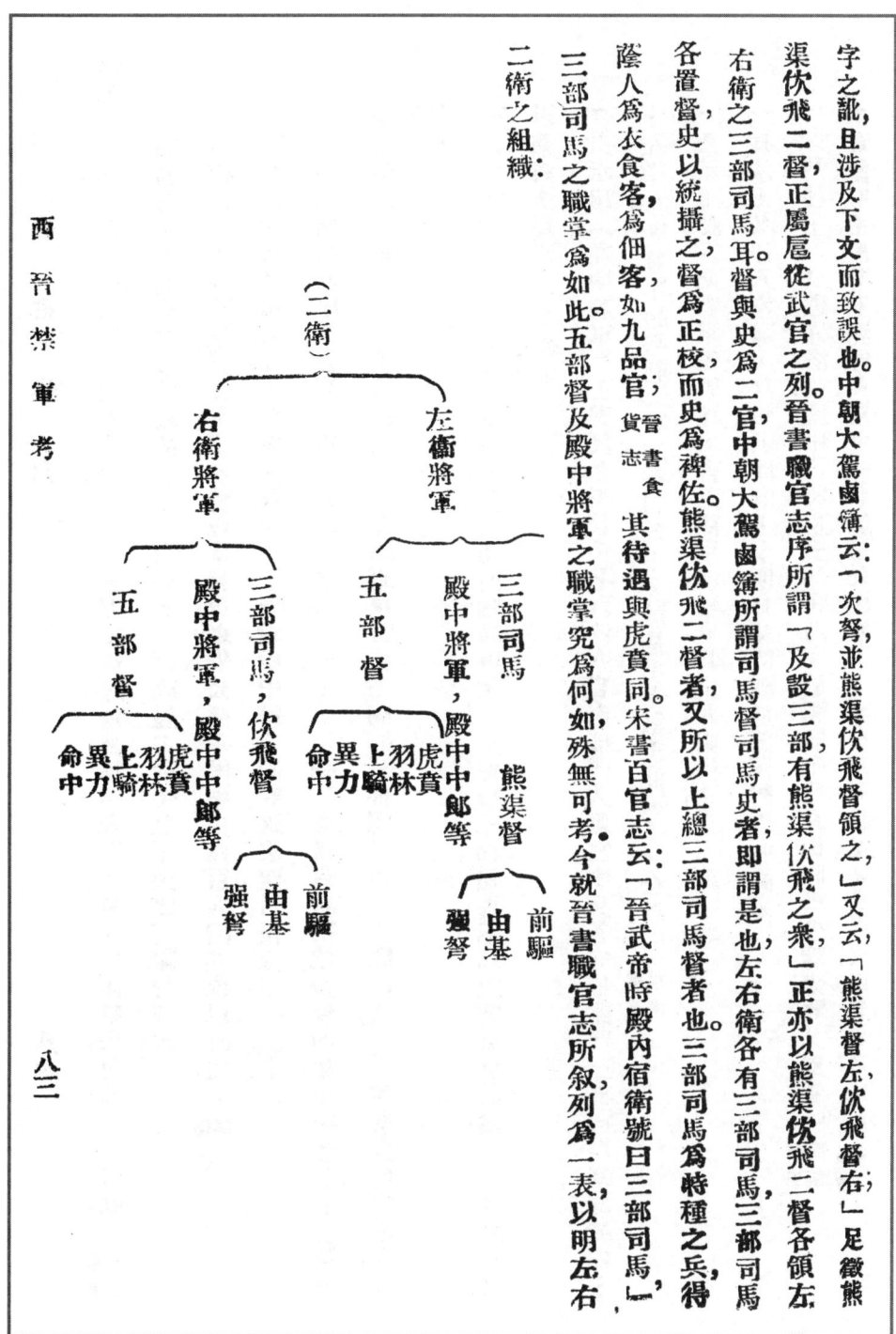

依上表足見二衛之組織極其龐大；此正象徵其實力之雄厚。通典稱「左右衛將軍自領禁兵每幕一人宿直」；典職官二衛之職務自又極其重要。以此之故惠帝以後各次宮禁政變之發生莫不與之有關。晉書云：

「帝夜作詔中外戒嚴遣使奉詔廢駿以侯就弟東安公繇率殿中兵四百人隨其後以討駿；」楊駿傳

「時左衛司馬督司馬雅及常從督許超……與殿中中郎孟觀李肇等謀廢賈后復太子」趙王倫傳

「（趙王倫將起事），告右衛司馬督路始便為內應……（孫）秀復告右衛司猗督閻和，和從之……至期乃矯詔勒三部司馬，……衆皆從之，……遣翊軍校尉齊王冏將三部司馬百人排閣加入……遂廢賈后為庶人」趙王倫傳

「矯作禪讓之詔，……左衛王輿與前軍司馬雅率甲士入殿譬喻三部司馬，示以威賞皆莫敢違，……內外百官，以乘輿法駕迎倫；」趙王倫傳

「計未決（左衛將軍）王輿反，之牽營兵七百餘人自南掖門入敕宮中兵各守衛諸門三部司馬為應於內，……」趙王倫傳

「…左衛右衛將軍趙秀斬（孫）秀以徇，……於是甲士數千迎天子於金墉；」惠帝紀

「東萊王蕤左衛將軍王輿謀廢齊王冏事泄蕤廢為庶人輿伏誅夷三族」齊王冏傳

「長沙王乂徑入宮發兵攻齊王冏府……明日乂敗斬於閶闔門外」齊王冏傳

「（長沙王）乂固守洛陽殿中諸將及三部司馬疲於戰守密與左衛將軍朱默夜收乂別省」長沙王乂傳

「東海王越盧事不濟僭興殿中將敗乂送金墉城……殿中左右恨乂功成乘敗謀挾出之」長沙王乂傳

「右衛將軍陳眕以詔召百僚入殿中，因勒兵討成都王穎」紀惠帝蓋自揚駿之亂迄於蕩陰之難前後政變十數起左右二衛悉參與其事且為其中重要角色。以是權臣為自衛計，對左右二衛及殿中之兵不得不特別加以注意。成都王穎為丞相時，即遣從事中郎成夔等以兵五萬屯十二城門殿中宿所忌者穎殺之以三部兵代宿衛；帝紀晉書惠 及東海王越秉政，「又以頃與事多由殿省乃奏宿衛有侯爵者皆能之時殿中武官並封侯由是出者略盡皆泣涕而去，乃以東海國上軍將軍何倫為右衛將軍王景為左衛將軍領國兵數百人宿衛；」晉書王越傳海 即以二衛之兵力甚強故也。

左右二衛在初固極精銳以其廢帝易相悉出其手小有不恣輒肆變亂軍紀遂大壞驕縱橫恣浸不可制甚至乃自擇主帥。河間王顒與成都王穎舉兵向京師，以討長沙王乂「乂奮中軍左右衛擊之」晉書沙王傳長 「乂宣言於乘輿今日西討欲誰為都督乎六軍之士皆曰願稅侍中戮力前驅死猶生也遂拜紹為使持節平西將軍；」晉書稽紹傳 即其例之最著者也又長沙王乂孤守洛陽城，「殿中諸將及三部司馬疲於戰守密與左衛將軍朱默夜收乂別省」遂開門迎敵；晉書傳長沙王乂 則又暮氣漸深，不耐久戰矣。

三、中軍與外軍之組織

晉書職官志敘列伏波撫軍鎮軍龍驤典軍上軍輔國諸將軍，與六軍，四軍，五校等典軍之官別為一類；蓋以其虛有名目，實無職司，錢大昕廿二史考異辨之審矣。傅咸奏云：「虛立軍府，動有百數，而無益宿衛」咸傳晉書 即指是也。

至寶領營兵之禁軍又有中軍外軍之別合而言之，即所謂中外諸軍武帝乙亥詔書云：「州郡將督不與中外軍同，雖在上功無應封者」，《晉書段灼傳》則中外諸軍與州郡諸軍爲對立之名詞州郡諸軍爲地方兵中外諸軍當悉爲中央軍也晉代以都督中外諸軍事一官總領中外諸軍其權甚重不常置前後官是職者如安平王孚楊駿趙王倫齊王冏長沙王乂成都王穎，多非純臣。然如愍帝紀云：「（建興三年）三月景子進左丞相琅邪王睿爲大都督督中外諸軍事；」愍帝時京師禁軍悉任索綝麴允諸人之手琅邪王僻處江左，且不得遙領禁軍爾時之「督中外諸軍事」恐但虛有其官未必有其實權也。

武帝初卽位置中軍將軍以統宿衛諸軍；《太平御覽》二百三十八引《晉起居注》中軍將軍雖總統宿衛諸軍，然不入西殿中爲諸魏末之中領軍猶爲權輕。引《書鈔》六十四引王隱《晉書》中軍之官旋能盡尚忌其權過盛也晉書武帝紀謂泰始九年「置中軍將軍以統宿衛七軍」晉書百官志謂中軍所統七軍卽「二衛前後左右驍衛等營。」《宋書百官志》唐《六典注》《通典》並與《晉志》同惟驍衛之衛作騎今按前後左右四軍本不掌宿衛茲所云前軍後軍左軍右軍之訛按後軍之始置在泰始八年晉《起居注》，《御覽》二百三十八引《宋書百官志》晉書職官志晉書武帝紀悉謂泰始八年始置後軍將軍以備四軍中軍將軍之置在泰始元年其時無緣待有後軍又按中軍將軍總統宿衛羊祜爲之也；不云中軍將軍統領七軍似爲近是起居注修自晉世引晉起居注云：「泰始元年置中軍將軍總宿衛羊祜爲之也」不云中軍將軍統領七軍唐修晉書以其時舊典猶存所云當較唐修晉書爲可信《御覽》二百三十九引王隱《晉書》亦與《起居注》同不言統領七軍唐修《晉書》以下蓋並沿沈約《宋志》之誤耳。

武帝泰始四年罷中軍將軍，其時即改置北軍中候，晉書武帝紀 北軍中候本爲漢官掌監北軍五營，續漢書百官志，晉代之北軍中候則兼統中軍諸營，不僅監五營校尉也。續晉右軍將軍鄭烈碑述其政績云「遷北軍中候，典司禁戎，董導羣帥，明鑒審於官材，清風激於往位，義正形於辭色，衆望儼而祗畏，故六軍之正咸當，而清謐之言與至」(金石萃編卷一百四十六引) 西晉北軍中候之職堂依荅所云，似僅爲武賓選用禁軍監護與魏初領護軍之職掌略相彷彿鄭烈碑稱烈由北軍中候而遷竟州刺史，發乃追贈右軍將軍，足見北軍中候雖兼統中軍諸營護軍諸營，而品秩則或反較其所屬諸將軍爲低。官卑而權重殆如漢以刺史六百石監臨二千石賦，武帝末年患楊氏專政，乃以王佑爲北軍中候以分其權。晉書楊濟傳，然懷愍之世北軍中候之名不見於史文，而領軍一職愍帝時其權特重宋書百官志謂「懷帝永嘉中改（北軍中候）曰中領軍」蓋得其實晉書職官志謂「懷帝永嘉中改中軍爲中領軍」誤矣又晉宋官志初省領軍，至懷帝時始復置晉書武帝紀謂「（泰始七年）罷中領軍幷北軍中候」悉誤。武帝但使中軍將軍總禁衛諸軍承魏末領軍之權後便以北軍中候承中軍將軍而領軍之官實同時並存惟降而但統本營與二衛，四軍等耳。晉太康中所定中朝大駕鹵簿猶列領軍其間；晉書輿服志。泰始初羣臣表議並列「領中領寬司馬望」「中軍將軍羊祜」所祿是其證也。中軍將軍所統屬者自當爲全部中軍中軍將軍總宮衛，全部中軍當悉典宿衛中軍與外軍對立中軍與外軍之區別即在職典宿衛與否而已中軍之號，或即以禁中而得名領護自來職典宿衛，二衛更番直夜當悉隸中軍。宋書百官志自領護二衛以下敍列驍騎游擊四軍五校三將二營之屬此所記諸兵官絕加致媛無一不與掌宿衛甄疑此段即記

八七

敘中軍組織之文也。雖亦微有脫訛然大體具在是矣。

茲依據宋書百官志表列中軍組織於後：

中軍 ┤
├ 六軍——領軍護軍左衛右衛驍騎游擊；
├ 四軍——左軍前軍右軍後軍
├ 五校——屯騎步兵越騎長水射聲；
├ 三將——虎賁冗騎羽林
└ 二營——積射彊弩（按當作彊弩）

（表乙）

表甲有積射積弩二營二營之始置在晉武帝太康十年；宋書百官志，御覽卷二百三十九引齊職儀，則表乙所謂，當係太康十年以後事。按太康元年，初置翊軍校尉，晉書武帝紀，王隱晉書稱王濬官是職「班同長水步兵以梁益所省兵爲營」御覽二百四十引，是翊軍亦領宿衛禁軍然則晉時實有六校而云五營五校者襲漢舊稱耳表乙當有翊軍而爲六校尉茲補正之更表於後

若將表丙稍加修改省去二營一項，即可得太康元年以後十年以前之中軍組織表：

（表丙）

中軍
- 六軍——領軍，護軍，左衛，右衛，驍騎，游擊；
- 四軍——左軍，前軍，右軍，後軍
- 六校——屯騎，步兵，越騎，長水，射聲，翊軍；
- 三將——虎賁，冗從，羽林；
- 二營——積射，疆弩（積弩）

（表丁）

中軍
- 六軍——領軍，護軍，左衛，右衛，驍騎，游擊；
- 四軍——左軍，前軍，右軍，後軍；
- 六校——屯騎，步兵，越騎，長水，射聲，翊軍，
- 三將——虎賁，冗騎，羽林

復依武帝泰始八年始置後軍以備四軍。太康元年，始置翊軍校尉，若就表丁删去翊軍一項，即可得泰始八年以後太康元年以前之中軍組織表：

中軍 ┤
六軍——領軍護軍左衛右衛驍騎游擊
四軍——左軍前軍右軍後軍
五校——屯騎步兵越騎長水射聲，
三將——虎賁冗從羽林

（表戊）

至於泰始元年之中軍組織表，則當如下表所列，省去後軍一項。

中軍 ┤
六軍——領軍護軍左衛右衛驍騎游擊；
三軍——左軍前軍右軍；
五校——屯騎步兵越騎長水射聲；
三將——虎賁冗從羽林；

（表己）

自泰始八年以前溯及開國之初，中軍組織從未有若何變更。自太康十年以後中軍組織亦無若何變更。惠帝即位關中「乘惟一旅公私有車數乘」晉書惠帝紀變亂之會叉不可以常制論矣。

所謂外軍者即晉書秦王柬傳所謂「武帝幸宣武場以三十六軍兵簿令柬料校」之三十六軍。晉書楚王瑋傳云：「遂勒本軍又矯詔召三十六軍手令諸軍曰……吾今受詔都督中外諸軍諸在直衛者皆嚴加警備其在外營便相率領徑詣行府。」楚王瑋是時為北軍中候總統禁衛茲所本軍者當即中軍瑋矯詔召三十六軍前自云受詔都督中外諸軍足見三十六軍悉外軍非瑋職所能指撝故不得不矯詔以召之也所謂「諸在直衛」者即指中軍而所謂「諸在外營」者即指外軍中軍外軍之區別即在其是否領宿衛而已。

晉書荀勖傳云「尋加侍中遷太尉都督城外牙門諸軍事」又王沈傳云「及（武）帝受禪以佐命之勳轉驃騎將軍錄尚書事加散騎常侍統城外諸軍」茲所謂城外諸軍者或即外軍晉書馬隆傳云：「將所領精兵又給牙門一軍屯據西平」則牙門諸將亦時或出都遠戍矣。

中軍諸營之職權

領護二衛之職與宿衛前已論列；其他中軍諸營之實權緩為如何，吾人當於此約略述及。

晉書職官志云：「驍騎游擊將軍並漢雜號將軍觀置（為中軍）」則魏世驍騎游擊固並隸中軍矣。西晉時山濤啟事云：「游擊將軍諸葛沖清果有文擬補交州詔答曰沖領兵未欲出之」十四鈔六足徵其時游擊尚居中領兵壹如曹魏

圖營集刊

舊與驍騎任東晉猶有營兵領宿衛，晉書王彪之傳「尚未失其在西晉時之寶權驍騎游擊恆對稱並舉二者職權大致相同也。

西晉並置左軍前軍右軍後軍四軍四軍之職權大致亦相似陸機洛陽記云：「前後左右軍將軍府皆在城中」選十文：六閑居賦李善注引西晉之四軍將軍蓋悉駐紮城中職典宿衛晉書楊駿傳云「（武帝崩駿受遺詔輔少主）又多樹親黨領禁兵於是公室怨望天下憤然矣」楊氏任當日之攬權蓋以其有宿衛禁軍云者宿衛禁軍之省稱當日駿自領前軍；晉書認；當依楊后傳袖「軍」字。駿黨劉豫領左軍而駿甥張劭官中護軍；晉書駿傳正以前軍左軍中護軍皆統宿衛禁軍故駿必擢之為已有迄於東晉左軍猶統營兵給宿衛，晉書傳之其在西晉與前軍左軍對稱之後軍右軍其職權諒與前軍左軍同文獻通考云：「又有前後左右四軍四護軍」考兵四護軍本為統攝城外諸軍而設固與城中之四軍無涉。

晉令云：「晉於漢制置五營校尉為宿衛軍」十一引書鈔六五營自來即屬於中軍王隱晉書云：「太康中伐吳還欲以王濬為五官，按當作營校尉，而無缺始置翊軍校尉班同長水步兵以梁益所省兵為營」四十二引御覽二百翊軍之職權當亦同諸五校。魏世「五營所見兵常不過數百」魏志劉放傳注引孫資別傳晉循魏氏之舊晉令謂五營「各領千兵」六十一引書鈔

王隱晉書凡記及官六營校尉者下皆「領千八營」，鈔二百四十二引御此六營之實數也晉初諸王起家即多為六營校尉。書鈔六十一引晉令，晉書宗室五王文六王傳，八王傳，武十三王傳

當百官志謂三將「江右領營兵江左無復營兵」虎賁中郎將所領者為虎賁羽林監所領者為羽林而冗從儀射

西晉禁軍考

所領者爲冗從。按晉書壘云：「殿中武賁」楊駿傳亦謂「駿不下殿，以武賁千人自衛」則虎賁本司殿省宿衛之任。潘岳秋興賦序云：「寓虎賁中郎將寓直於散騎之省」文選卷十三裝飾品安平王孚之喪即「給鑾輅輕車介士武賁百人吉凶導從二千餘人前後鼓吹配饗大廟。」晉書義陽王傳虎賁待蔭衣食客及佃客一人如九品官。其待遇之優以賜重臣多者百人，晉書安平王孚傳 少則數人，晉書食貨志與尋常宿衛之士異。魏世即以兵卒之有戰績者補虎賁遼傳；魏志張正以其位置較優耳。晉世之虎賁，亦出於父死子襲：續漢書百官志注引惟與尋常之「兵家」應有異也。晉書盧志傳記蕩陰敗後志督兵迎帝「假而衆潰惟志與官志稱三將「江右領營兵，江左無復營兵」羽林冗從二將之職權當與虎賁中郎將略同晉書職官志以三將隸光祿勳實誤。見拙著晉書職官志攟疑齊職儀云：「太康十年立積弩射營，射營弩營醫積射彊弩將軍主之」;「彊弩」蓋「積弩」之誤。傅暢晉諸所謂「晉文王晉台置彊弩將軍掌宿衛」御覽二百三十九引者乃強弩督隸於二衞非積射之比也。晉書孟觀傳云：「遷積弩將軍所領宿衞兵皆驍捷勇悍」積射子諡兄子綝殿中武賁千八而已」其在西晉之盛虎賁總數當有可觀羽林監與冗從僕射之職掌不可詳考宋書百與積弩之職權應約略相同。

外軍三十六軍其詳不可得而知，中軍諸營其可考見者略在是矣。諸營之中，二衞最爲權重領護驍騎游擊四軍二營次之，而三將六校最爲微弱。

當日京師之內，東宮朝臣亦各有兵。「按惠帝建東宮置衞率，初曰中衞率，泰始五年分為左右各領一軍，惠帝時懲太子在京宮又置前後二率」晉書職官志「此東宮兵也，懲後衞率所領，凡有三千兵」晉書裴顗傳「四率精兵萬人，」晉書華傳「成都王穎為太弟又置中衞（率）是為五率」宋書百官志為人所恆稱。晉書趙王倫傳「東宮擁此重兵野心家得之亦可有所作為。其後趙王倫專政，孫秀擅權，秀所據之武力即東宮兵是已」。王倫傳 華傳 他如相府驃騎……悉各有兵，晉書趙王倫傳，齊王攸傳甚至文官如司徒本「主吏不持兵，」後亦有兵；沈傳他更無庸論矣。晉書賈充傳云：「給羽葆鼓吹緹幢兵萬人騎二千」但為儀仗之用而給賜之兵騎，為數業已驚人其他類似之記載給兵若干騎若干蘭後屢見毋煩縷舉此等軍隊之組織系統職權者不可考。

民國三十年四月三十日脫稿於四川省立圖書館

跋陳御簡詩稿

蒙文通

御簡陳氏詩藁，余先後待見，凡三本，其一本舊有題記云：「自御簡氏書篋中草本錄出尚有塗抹遺迹」所錄詩始甲寅終丁巳，爲鵑聲一集。戊午終已未爲鵑聲二集，其二集首有御簡氏小引則作於已未時，客於邵武之禾坪末有御簡氏跋文記於癸亥，客於臨江旅次。其一本爲陳氏手自改定本亦始於甲寅終於壬戌，而癸亥以後之作則題曰鵑聲六集復有粤遊雜詠疑是甲子時作而乙丑丙寅之作則題曰夢筆亭漫草，中有題康熙二十五年者卽丙寅之歲終於此也核之前一鈔本，則於一二兩集刪汰已多此當爲御簡氏確定初本也其一本出陳氏後人題鵑聲舊草亦始於甲寅而於乙丑以後之作題夢筆亭詩草終於丁卯北上一簣視初定本刪汰益多復刪其十之六七合爲一帙矣，卷首有御簡氏康熙癸酉題記云：「自甲寅迄於甲子所作諸體殆千餘什篇相埒誠以少年之作與後來賞心自得者不此固專就鵑聲前六集言於乙丑丁卯間三歲所作存錄者與前十載什篇相埒誠以少年之作與後來賞心自得者不俟耶但漫草乙丙間作於此亦多削棄則所謂夢筆亭詩草亦經陳氏手自削定是爲癸酉御簡後定本其間復有圈識，自記云：「無識者置之。」於所謂刪十六中，知所謂刪十六七者誠非虛語三本皆乙改之迹後定本其間復有圈識不稍滿假後人望之能不肅然而心敬耶御簡詩存者無多雖手自再四刪汰今仍一並存之，以癸酉本定著鵑聲舊草爲一卷夢筆亭漫草爲一卷以仍甘舊其困詩亦並仍之以存陳氏自定之意更取初定本而削其已選存者爲鵑聲詩存第一卷復取鵑聲一二集而削其已選存於初定本者爲鵑聲詩存第二卷都

爲四卷，御簡氏以癸丑秋遊七閩，明年從會稽章二水爲文字交，遂致力於詩，故三本皆始甲寅御簡以康熙丁卯舉於鄉，戊辰成進士甲戌補內閣撰文舍人，擢至禮部郎中詩草終於丁卯北上，知與鄉選以後之詩不在此集茲所著者固非其全往者聞鄒晨曦君言：「曾於周緝熙案上見鵑聲集數巨冊」不知御簡丁卯以後詩在是否？未可必也倘能尋得以與此三本相校耶茲三本者爲杜佩紳張星樞張爾常三君搜訪以貽余者得依之定著如此御簡丁卯北上以後，其詩之當續求以成完璧者，則冀吾鄉人胥引爲責而勤求之也。

論周官成書年代

熊子真來函

承寄集刊談周官一文大體甚好然立言似仍須審慎者。如云「周之井田竟至卑陋不足觀」又有「農民不得離其土故為農奴」云云。——大抵原始社會曾有此等共產制度矣。由周初以上溯殷夏井田是否為普遍可行之制吾總覺以缺疑為好當時之井田制自難盡善然直以卑陋輕之似未見其可制未盡善時代所限若夫井田之美意推而廣之是研古制者之責也必以「卑陋不足觀」一語了之似亦未安吾以為古之制度與習俗其確屬無理者不容追慕若夫創制之意果在學理上有其可以引申觸類之價值闊惡可以卑陋斷之與當世後生同一塵視經典之心理乎古者農民不得離其地其在治化未進以前視其所有土地內之必要然農奴與否吾意不必與此法令有連帶關係古者君公大夫有國有家之農民當然為奴隸無疑及治化日進猶得奴畜之乎？恐未可也先民有言「詢於芻蕘」其不輕牧豎也如是微之詩經農民反抗亂政之詩已甚多謂其長處奴隸之地位吾未能信也又曰：「周公之處殷人事至慘刻不足取昔人以為致太平之書誠為誣」云云。——夫武之覆紂也封其子武庚而使三叔監之也及管蔡以武庚叛殷頑蠢動則不得不用移徙政策以散其勢想當時所從徙殷民亦只限於今所謂反動分子者非必舉殷國之民而全徙之也紂雖暴然殷之先王賢聖六七作戀舊者當有其人又周與殷非純為君臣關係劉止唐先生曾言之及周滅殷而殷人猶有國家思想將圖恢復孔子稱「文王至德」「武未盡善」一庶可知決定滅殷者武也武既滅殷有天下周公不

得因其成功而固其甚其徒般民亦有以也兄直以慘刻罪之似無左證設止焉一徒而未有其他種苛待之法固不得罪以慘刻孔子本般後論語則曰「久矣夫吾不復夢見周公」其精神之相感也如是使周公而如今之帝國主義者或如希忒拉及倭奴則孔子於周公何慕焉？觀孔子思想固非崇拜帝國主義之人兄隨便認前哲未免時下習氣過重。「是非之心人皆有之」凡所當非不得不非卻行事有未可遽以迹求之者何得不深思而妄斷之乎？

古代學校之教欲其普遍於全民自不可能然大學教育或唯貴游子弟得享若謂農民之人民完全無教恐亦不然衛詩干旄序云「衛文公臣子多好善賢者樂告以善道也」其詩曰「子子干旄在浚之郊」毛傳「浚衛邑古者臣有大功世其官邑郊外曰野」。據此則卿大夫建旄而見浚郊之賢者此賢者中為其邑必有學問之人以鄭箋孔疏考之意亦如此然則謂民間無學可乎當時農民子弟欲與貴游子弟同入成均似不可能然農民有學當無疑但其受學之情形如何今不可考矣論語孔子適衛歎其既庶而以富教為言豈曰民庶無教耶孔門三千七十之徒有自今江浙而至者其為貴游子弟者幾何？則知周世平民早有向學之風矣兄狗彘俗必欲以未開化視其社會取單辭下斷案也總之吾儕於周禮當研究其教育旨趣所在其與現代功利思想或法治國家等等教育旨趣有其相通之點否此真可注意者也至於學制之普遍與否自當以古代還古代吾儕生今日既不得復採其制亦無所短長於其間矣。唯當博學校教育旨趣乃大可研討者也。

今人治古經研古學好毛舉細故又無往而不欲以未開化視之國之將傾人爭自悔吾懷苦意無可如何賢如吾兄誠不當在可者中故拉雜寫此未能盡意吾義矣。此信懇庸錄存一份五月十日。

論宋史全文續通鑑

金靜庵來函

昨承寄贈圖書集刊獲誦大作兩篇於「明覆元本宋史全文跋」一文，尤感興趣竊意此書之可貴者端在下半部光寧理度之世除會要通考所載宋史本書已咸文獻不足宋史全文多可觀覽乃所缺者獨爲下半，甚可惜也。弟近治宋史專取南渡以後事蹟加以綜比良以北宋九帝有李氏長編王氏東都事略整齊可觀無俟他求。南宋僅高宗一朝有李燾二氏之書燦然可稽孝宗以下已感其不足矣。愚之所重端在宋史本書不具再轉而他求。兩朝中興聖政專紀高孝二朝兩朝綱目備要專紀光寧兩朝續宋編年通鑑則合高孝光寧四朝并紀之宋季三朝政要則專紀理度恭三朝而附以二王綜此四書而南宋九帝之事略備然取以較宋史本書不啻丘垤之於泰山其可稱者不過小有補苴耳若乃史全文本爲書賈射利之作下於上列諸書數等，而世人亦甚珍視之者，一如今人之寶重宋板元槧貴遠賤近以罕見珍，昔人買櫝還珠之喻正可爲此譬況也。竊謂果於南宋事蹟多所致功爲之補遺訂誤正復多端往日邵南江之所遲遲不爲者今日亦未必無所厝乎世所傳者有明人錢大升之南宋書僅取宋史本書而爲刪繁就簡之功小有補苴致亦僅焉。茲所取材一爲會要二爲別集三爲筆記會要專詳典章爲書志之所取材惟南宋人遺集頗多遺珍取以補史，必有可觀筆記多屬傳聞是在善爲別擇惜世人尚未有殫心於此者是尚有待於吾儕之努力耳鄙意所極不僅南宋九帝故實所應究心詳檢畢氏續編亦復牴牾百出如能刮垢磨光斐然可誦使其上續涑水毫無愧色似亦令人所應

努力之一事。因讀尊作,略有觸發,爰爲拉雜陳之。五月十一日。

圖書集刊 第三期

論國語家語皆為春秋……………………蒙文通

章氏遺書佚篇（續）………………………章實齋

北周職官考…………………………………李源澄

袁昂古今書評校記…………………………馮壁如

清儒學案序…………………………………錢穆

論墨子舊備三墨之學　論墨學原
始與晏子　論墨學之微與儒墨
合流………………………………………蒙文通

四川省立圖書館編輯
中華民國三十一年十一月出版

論國語家語皆爲春秋

蒙文通

孟子曰「詩亡然後春秋作」。蓋十五國風次第褒端而侯國春秋次第以興。此道術遷變之一會乎？史學蓋繼文學而起。劉班之倫以爲「古之王者世有史官。左史記言，右史記事。事爲尚書，言爲春秋，帝王靡不同之」。若春秋之作自三古而然。背孟子之意，亦誣而已也。墨子明鬼言「昔者三代聖王堯舜禹湯文武者足以爲法乎」，則舉大雅商書夏齊之倫以明之。叔世之鬼舉春秋以明之。此春秋編年與於晚季之證乎。明鬼篇云：

「周宣王殺其臣杜伯而不辜」西周之季也。

「齊莊君之有所謂王國里中徼者」當宣幽之世。

「鄭穆公當晝日中處乎廟，有神入門而左」當襄王匡王之世。

「宋文君鮑之時有臣曰祐觀辜」當匡王定王之世。

「燕簡公殺其臣莊子儀而不辜」當敬王之世。

墨子論宣幽以下之鬼本其摯於周之春秋，齊之春秋宋之春秋燕之春秋鄭穆公事當本於鄭之春秋。墨子書誤脫之耳。共和以上則以大雅尚書爲說，此非春秋作於詩亡之顯證歟？

詩亡之時著見於三百篇鄭氏詩譜亦有所論可表見之。

論國語家語皆爲春秋

宋終戴公　在宣王平王之世
王終莊王
齊終襄公
唐終獻公　在莊王之時
鄭終文公　在惠王襄王之時
魯終僖公
秦終康公
檜終文公　皆在襄王之時
曹終共公　在襄王頃王之時
陳終靈公　在定王之時
檜　　　　鄭玄言當夷王厲王之時
魏　　　　鄭玄言當平桓之世

就此十二國詩言之，則夷厲以後至乎頃襄，而詩零落以盡獨陳之株林最晚，此所謂詩之亡也。而司馬遷敘周秦本紀，諸侯世家具有年數可徵，然皆不逮早各國紀年所始其春秋編年次弟以作之詩乎？班固言「春秋殷歷皆以殷魯自周厲王以下無年數」。周本紀自厲王始有年燕世家則曰「自召公以下九世至惠侯燕惠侯當厲王奔彘共和之時。

《晉世家》言「靖侯以來年紀可推，自唐叔至靖侯五世無其年數，靖侯十七年厲王出奔於彘」，晉之五世不知年數，而其君尚可知。燕之九世並其君不知也。則燕之春秋，始又晚，詳考史記諸國始紀之年，其侯國春秋始作之年乎？則正接詩亡之際也，可表明之。

齊自獻公有九年而武公，其十年入共和。

秦自秦侯有十年而公伯，有三年而秦仲，其四年入共和。

衛自頃侯有十二年而釐侯，其十四年入共和。

楚熊勇

宋釐公

陳幽公

曾夷伯

蔡武侯   皆當共和之世始有年數。

上列各國多者二十三四年入共和，少者十數年或六七年入共和，而列邦之年始可具知。陳杞世家言「杞謀娶公當周厲王時」，謀娶公而武公始有年，則或在共和後也。斯則諸國春秋之起皆在共和前後之時，惟魯獨早，豈以禮文備物故耶？鄭以始封之晚，吳越又絕遠中國皆不論，是詩盡於東周之初而春秋作於西周之末，春秋與詩相代擅是墨子所論非偶孟子之言非虛，皆囿於實勢故義無歧出，劉班云云正所謂非愚則誣而已。

司馬遷一則曰「左氏春秋」再則曰「春秋國語」其實義曠世莫能解，而訛說以紛紛斯亦右史左史之蔽之耳。

由韓非姦劫弒臣篇言之其徵引春秋國語非書言

「楚王子圍將聘於鄭未出境聞王病而返因入問病，以其冠纓絞王而殺之，遂自立也。」又言

「齊崔杼其妻美莊公通之，崔子之徒以戈斫公而死之而立其弟景公。」

韓非上徵二文皆同於左氏，而韓非以春秋記之曰此與墨子所道周宋燕齊之春秋體無殊。致論述詳實，固即春秋斯則以春秋與倚書別左右史，惟以仲尼筆削之文專為春秋之名者隱矣。蓋仲尼所定與左氏國語並為春秋不可相離。猶司馬通鑑軍以目錄互為表裏相待。彰諸侯之策公羊所稱不修春秋董狐所筆坊記所徵文舉綱維以縈委曲一疎一詳疎為起也疑於春秋國語左氏春秋之名者不已固乎？由國語之實以論其在孔氏春秋之前者周語始穆王晉始武公鄭始桓公左氏記事亦頗有前於孔氏春秋，此百國語春秋實起於共和前後之又一驗也。齊語但記桓公與左氏相應。

所記相接莊昭以下事亦由他國事及之耳後則為記晏嬰事鄭語惟記桓公以下有齊事由他國事吳越同後起而雄固無待論。左氏國語二書若相待而不可以分左氏自桓迄襄晉三軍佐粲然明備惟僖二十一年蒐於清原作五軍而將佐缺如晉語獨於此言趙衰將新

上軍箕鄭佐之胥嬰將下軍先都佐之餘均未之論左氏已言者國語則不言左氏未言者國語僅於此言之，兩書相離情若剖符豈偶然耶？論衡案書篇言「左氏傳經辭語尚略，故復選錄國語之辭以實」見國語左氏初為一書漢師離之乃為二帙。諭語即為春秋馬遷所云左氏春秋鄒所云春秋國語不已明乎？虞氏春秋十五篇春秋家又有虞氏微傳

論國語家語皆爲春秋

二篇，王充師云「左氏解經，辭語尙略」者，即擔春秋家左氏微二篇而晉之耶？論者或偏執於文體不類，寧相經翻爲辭。豈謂今之左氏爲一體之文嚴顏所傳公羊之本，遂無出入哉？知國語之實即春秋，則詩亡然後春秋作者實國風之變，而爲國語，國語又從而出其紀綱大端以爲事目孔氏恢之以箏削春秋之名，遂爲孔書所專，而國語反不得以春秋許之也。

劉知幾言「趙執晉之一大夫爾猶有直臣書過操簡筆於下田文齊之一公子爾每坐對賓客侍史記於屛風」。諸侯之國史既盛至是而大夫之家史又起也。左氏書於春秋之末晉以叔向齊以晏嬰鄭以子產大夫之記載蕤詳而諸侯之記載翻略是家史盛而國史又衰，此非學術之又一變乎晏嬰書名春秋始見書賢固嘗疑之然史遷曰「虞卿著書曰節義稱號瑞摩政謀凡八篇以刺譏國家得失世傳之曰虞氏春秋」此亦何與於劉班右史記事之旨況十二諸侯年表所論復有鐸椒呂韋藝文所志，復有李氏春秋之義斯衆家之篇比於左氏則春秋之目實待其宜殆諸侯之史曰國語國語春秋也大夫之史曰家語家語亦春秋也此秦焚篇章詩書有禁史遷亦曰「百家雜語」諸子書曰家語曰百家是固由大夫之史沿國語之號轉變而來則晏子輩之春秋可孔子家語名始見嚴氏春秋謂之孔子家語豈不悖哉秦禁百家之書，推其說於一往者諸侯並作語」其焚詩書亦以「諸侯史記尤甚」此家語國語事之一貫左氏書末獨詳晏嬰子產又以家語皆應以家語爲春秋名割裂之久遂莫悉其源疑所必不疑而繼以辯所不必辯豈不續國語而統爲春秋詩亡然後春秋作其流之廣若是家史既盛逢於一人之言則史學衰而哲學與故曰此學術之又

一變也奚言乎史舉至是而衰也國語左氏述事周悉至戰國則缺畧譌誤惟縱橫長短之說是紀上視國語左氏瞠乎其後若曰劉向輯書惟限國策刊落蓋多是又不然馬遷述史遠在子政之先所取戰國之事豈不宥於劉氏所錄？是非子政之咎歟若曰楚書以作所存已鮮劉馬所視皆未得全斯又不然六國年表言「獨有秦記又不載日月其文畧不具然戰國之權變亦有可頗采者」秦之史為然諸侯之史諒亦加斯文畧不載日月惟有權變是劉馬所視國策所著一代之史固若是耳豈非史之衰乎是西周之初變常為變而史學為盛而史之初寄乎詩子國語與則史離詩而獨立也左國所述名理實繁上接乎晉下及乎子若孟墨之引夏之引太誓孔子之初寄乎史家語文墨徵大雅亦云周書此皆史之初寄乎詩國語與則史離詩而獨立也左國所述名理實繁此哲學之初寄乎史家語作則哲學又離史學而獨發此周代學術轉變之階段也左國所采者廣上接乎晉下及乎子政又旁敗短書冊記若師春若梓慎禪籠之儔不可勝論所取博而事叢書也子政所校曰中秘書曰臣某書太史書常書即諸子之篇亦叢互雜出非成一手。左國同異豈文取他書冊盆之是子皆一書此於越絕一編言之胡應麟洪頤煊諸家以內紀八篇即雜家之伍子胥書東漢文士蓋又取之國語後合他書為越絕以孤行而越語下者則又取之異篇以合於此書可識也晏子春秋劉向所見誠非一本又或見左氏之外明左之所見亦未必全而他書實皆十則彤矣國策言三家分晉於趙策之第二章郞取之韓非十過知彼三策之事頗不同此言智過而彼謂郤疵亦與魏策不佯此言趙葭魏宣子事而彼謂任章魏桓子此為取之十過知彼三策之絕以孤行而越語下者則又取之異篇以合於此書可識也晏子春秋劉向所見誠非一本又或見左氏首言分晉事諒又別出一書左氏下及舉愼習伯之誅顧還此前國策待而錄之然分晉檢幾百年無所紀獨魏策紀文侯武侯事似即據儒家之魏文侯六篇縱橫家蘇張之書當亦在焉若劉向所據曰國策曰國事曰短長曰事語曰長書

膚淺小書 法家法殷義

今文公羊家言「春秋改周之文從殷之質」此繼周法殷之說也而白虎通言「夏人之王教以忠其失野救野之失莫如敬殷人之王教以敬其失鬼救鬼之失莫如文周人之王教以文其失薄救薄之失莫如忠繼周尚黑制與夏同三者如順連環周而復始」此繼周法夏之說也繼周制法殷夏就從二者未可並容也今文學者胡為而此說是蓋晚周之學諸派漸漸融合短取長以易舊貫家各然也今文法夏不謂取墨家也孔孟實為護周人封建之治維持貴族之制故曰「所謂故國者非因有喬木之謂有世臣之謂」又曰「為政不難不得罪於巨室」此儒家之唯一宗旨也而公羊識世卿非儒家之一變乎廢貴族以張王權擴張之實現此法家之擬之此非儒者之有取於法家耳逮暴秦之盛而君權極矣廖氏以秦制每同今文家言因謂秦亦尊儒斯實不然取之由取墨取法之義與而從夏之說也起之而法之從殷未有論者試署陳之韓非書言「殷之法棄灰於衢者刑子貢以為重問仲尼仲尼曰灰棄於道者必怒怒而鬥鬥則三族雖刑之可也」夫「步過六尺者有罰棄灰於道者被刑」商鞅之治也鞅之法本於殷於韓子書此其證耶荀卿書「刑名從商爵名從周文名從禮」則法家之從商殷之舊亦可證也漢書董仲舒傳云「殷人執五刑以督奸傷肌膚以懲惡成康不式囹圄空虛秦國用

論《國語》《家語》皆為《春秋》

曰叢書是左國策越絕並為叢書即晏墨莊周荀卿墨翟之書亦莫非出於類集矣必大小二戴所傳禮記而後出於殷集哉？乃國語成後合衆錄為一家之書自左傳別出又離一編為二體之作分合邅誕遂不顯而異論以滋起也。

七

之死者甚衆」則秦用殷道固有其說也韓非書姦劫弑臣篇言「操法術之教行重罰嚴誅則可以致霸王之功治國之有法術賞罰猶若陸行之有犀車良馬也水行之有輕舟便楫也乘之者遂得其成伊尹得之湯以王管仲得之齊以霸商君得之秦以強此三人者皆明於霸王之術察於治強之數而不牽於世俗之言」非子以伊尹管仲商君為皆尚法術則法家之從商君不亦宜乎說苑君道篇著伊尹之言曰「昔者堯見人而知舜禹以成功舉之夫三君之舉賢皆異道而成功然尚有失者況無法度輕任已直意用人必大失矣」則伊尹之任法度輕任非徒韓子言之固專尹尹之明有是言御覽引四百七十二卷太史公素王妙論言「管子設輕重九府行伊尹之術明桓公以霸」管子輕重篇「桓公問輕重有數乎管子對曰輕重無數物發而應之故聞之明應而來之財桓公曰何謂輕重對曰昔者桀之時女樂三萬人端譟晨樂聞於三衢是無不服文繡衣裳者伊尹以薄之游女工文繡纂組一純得粟百鍾於桀之國夫桀之國也桀無天下憂飾婦女鐘鼓之樂故伊尹得其粟而奪之流此國不能來天下之財致天下之民則國不可成桓公曰善」是無論文繡纂組女樂之事然言以伊管並言以為法術之士則法家之自託從商推祖伊尹猶墨家之法夏從禹事之謂來尹故言以伊管並言以為法術之士則法家之自託從商推祖伊尹猶墨家之法夏從禹事明矣伊尹本紀言「伊尹從湯言素王及九主之事」劉向七畧別錄謂「九主者有法君專授君勞君等君寄君破君國君三歲社君凡九品」九主之說近於韓子論而法素王之說今文公羊家取焉以論仲尼則儒家之自託於商而法伊尹無惑矣大史公素王妙論復言「伊尹從湯言素王」范子則其後文所云「范蠡為越相」是也則待素王之說者以自是梭無其人曠絶二百有餘年」范子則其徒呂不韋之徒顧預焉自是孔子之徒論子貢言「黃帝設五快布之天下如范子之徒可謂曉之矣子貢呂不韋之徒亦有故奉春秋繁露俞序於孔作春秋亦首道子貢皆義之有因而然者耶

章氏遺書佚篇（續）

書宋孝女附錄案牘

刑部直隸司一起為報明事絞犯一名房保子，年二十歲，係山西大同府廣靈縣人。據直隸總督劉峩審得房保子捧跌宋二舍姐內傷身死一案，將房保子依律擬絞等因乾隆五十一年三月二十一日題四月十四日奉旨三法司核擬具奏欽此該臣等會同都察院大理寺會看得房保子籍隸山西，寄居直隸蔚州，與年甫十二歲之宋二舍姐並無嫌隙。乾隆四十九年十一月內房保子之父房繼宗將伊女房氏嫁與宋煥根之子宋保安子為妻，房氏因伊夫宋保安子愚蠢不相和睦。九十年六月初三日早，房氏欲回母家，伊姑亢氏因值農忙，不許婦等房氏頂嘴，亢氏斥罵，陡亢氏同伊夫宋煥根挷子保安子赴地工作，僅留伊女宋二舍姐拌媳房氏在家，房氏因被伊姑斥罵，輒萌短見，在於住房臁上用帶自縊殞命。宋二舍姐瞥見赴地喚同宋煥根等回家，卸救業已無及。宋煥根隨令宋保安子至房氏母家送信，時氏父房繼宗因患病不能出門。初四日早，房氏之叔房繼通繼言拌兄房保子鎖子暨叔祖母房宋氏嬸母房趙氏房仝氏等均至宋煥根家看視，將亢氏回詈房繼通繼言見宋煥根在旁不將亢氏管教，即持馬鞭毆打宋煥根頭上數下，並未成傷。宋煥根當即走避，房繼言等欲毆亢氏，亢氏詈罵盆甚，房宋氏聲言將亢氏拉出門外撕褲羞辱，房繼言房保子等卻將亢氏拉至門口，按倒地上，宋氏將亢氏之褲撕破，同房仝氏房趙氏各用錐簪扎傷亢氏胸膛左右臂膊等處，時

宋二舍姐走至撲於伊母亢氏身上遮護房保子即用兩手提起宋二舍姐背後衣服往後一摔將宋二舍姐摔出門外。宋二舍姐仆倒於地不能轉動經宋榮桂勸解各散亢氏當將宋二舍姐扶至家內宋二舍姐不能言語惟手指胸前又口內流血亢氏與宋煥根即為擦淨訊宋二舍姐因摔跌內傷即於初五日午後身死報驗等供不諱查宋二舍姐身死之處雖他無傷痕但其年甫十二並無疾病被房保子摔跌之後當即不能轉動又口內流血旋於次日殞命其為摔跌內傷身死無疑自應按律擬絞監候秋後處決此案並無犯病展限合併聲明等因乾隆五十一年七月十七日題二問手足他物金刃並絞律擬絞監候秋後處決欽此咨行直隸總督將房保子監候在案乾隆五十二年秋審擬直隸總督劉峩會審得房保子因妹房氏被姑宋亢氏斥罵投繯自縊該犯同叔房繼言暨叔祖母房宋氏等偕往吵關先將亢氏之夫毆打走避又將宋二舍姐僕於其母亢氏身上遮護該犯即用兩手提起宋二舍姐摔出門外以致宋二舍姐仆跌內傷次日殞命藉端逞強致死幼女法難從寬房保子應情實等因具題奉旨三法司知道該臣等會審得房保子因伊妹被姑宋氏斥罵自縊頒命該犯開知同叔暨叔祖母房宋氏前往村罵房宋氏等將亢氏按倒在地撕褲羞辱各用錐簪扎傷胸膛等處經亢氏年十二之女宋二舍姐僕護身上該犯提起宋二舍姐衣服摔出門外口內流血次日身死護母幼又房保子應情實乾隆五十二年十月二十八日勾到榜示一起絞犯房保子藉命打鬧摔死護母十二歲幼女情殊兇狠法無可寬是以勾決。

審李孝婦事

孝婦李者亳州雙溝集民李永振妻也歸永振若干年逮事舅姑祖姑食貧能盡孝養生二女長者十歲餘幼者數歲乾隆五十年暨五十一年旱乾為患潁亳接壤中州赤地千里永振家敝又遭祖姑之喪朝夕益不支李則鬻其幼女得錢數百勉食舅姑而躬齕糠秕勤苦撐拄無何疫作舅姑與夫相繼歿世是時災疫頻仍民間天屬多不相保李當三喪洊及呼籲無所鬻其長女得值僅治殮衣不能具棺槨乃用葦席裹尸範土為塹就所居室次斂封之尸藉土氣墮綠葦歲稍稔遂營葬其祖姑邀年乃悉出其餘錢蓄為棺三具將啟塈以治殯殮鄉人高其義者咸助之資於是經紀附身附棺治具略備位穸於李氏之祖塋加封樹焉。位穸祖塋則戊申秋也。影相弔夫有從弟永言及族黨三數人支持門戶李惟力作自給而已乾隆五十三年戊申冬知州曲沃裴君振廉知其事深歎異之命訪贖其女且為議所後焉是冬余適遇裴君因告余始末屬書誌之行將請旌以風當世裴君可謂知所務矣永振祖母卒於乾隆五十年乙巳秋永振及其父母疫歿於明年丙午夏李葬其祖姑在丁未冬其棺殮三喪就斃祖塋則戊申秋也。

章學誠曰禮義生於富足自古然矣凶荒之歲人或相食至於聖土函尸晨昏死守再期始殯遭蛻如生斯亦奇矣且其堅忍自焚焚一嫠婦洊罹凶喪而能次惟大義以變濟窮至於聖土函尸晨昏死守再期始殯遭蛻如生斯亦奇矣且其堅忍自持足無踰閾卒之棺衾如禮松柏不彫歷觀自古純孝奇節未有若是之苦心深計者也他日旌閭表楔百世清風猶髣見之耳。

書李節婦事

從遊李義勝膊臚母栗節行請余立傳。按史法不傳生人，余修方志雖彙列女傳例，懼褻素易湮沒也。今栗年五十，例任旌典，而晚節之崇宜未可量法合書實以備采風因為書事歸之。

李節婦者肥鄉李仁英妻廣平栗行女也。栗為廣平望族家世儒業。行子寬通十三經，有名鄉校，以經術訓迪後進多所成名。子無為名進士次魁亦名諸生縣人所稱為「杜村栗氏」者也。栗冲姿淑秀少習女工閒兄子夜讀輒默識之目不辨書，而漸通其義。後撫孤子義勝，方提抱時即口授閨子書及稱說古今史事略末。比義勝出就外傳用耳就音義切書策文字無有遺者。李氏自前明著籍於縣東河頭堡仁英八世祖昆旻天妻畢剪髮矢節得旌於莊烈帝朝其遺孫拱又死流寇之難妻苗匡大樹穴中得脫植還腹子鳳儀當國朝初兩世苦節經歷崎嶇危難之中保護維持遺緒無倭。至大實始有家聲大實讀書為生員有子三人仁俊大實自維先澤五世三身以親昆弟為從祖昆弟因命子孫奕世母析爨以居栗歸仁英年始十七即能喻大實意承事舅姑，色聆氣達於隱微娣姒之間尤能如綾。刻昆隱恐絕甘分少不見於形乾隆二十二年丁丑仁英卒栗年二十有六遺孤義勝生始五年栗數子讀書守節自誓。舅姑年老多疾晨昏動止蓋非栗弗為適矣。二十五年庚辰大實病疫幾殆栗熱香禱天請減已年壽舅舅疾竟瘳姑衰病目失明栗則策掖不去左右娣姒欲更替之栗曰「姑性我習弗為勞也」初大實既命子孫母析爨居因使長子仁傑主閨外事而仁傑姊楊天性坦易季氏婦張又稚也則曰「主內無如仲氏婦賢。」將卒以屬家人栗既承命遇事輒

(清)章實齋 《章氏遺書》佚篇(續)

以身先，不辭粗重，自謂介婦職耳，謂事可否必稟命伯似，未嘗自專，或有不當輒退引咎，無忤怫然芳思憂盧卒致一脈疾廢不瘳，卒栗性溫懿，與人應若惟恐傷之，而察理決有丈夫不能為者。方仁英卒逾數月，其女兒忽瞑目太息為仁英狀，所言皆仁英生平微隱。目云「死後為神隍司吏念家中醫歸」因遍誡家中人家八攢涙應之，最後命召栗與訣時栗在惲室家人趣之往栗雖涕曰「夫婦憶之乎瞑鬼神事之至渺者也幽明理殊豈宣擾若是吾寡婦其又可以非體聯邪」卒不往栗今生五十年孫兒女前滿前矣猶執勞不倦李氏五世同居家庭雍睦食指數十八內外無有閒言義勝及姪子景陽為生員俱束修自愛皆栗致也仁英弟仁暢乾隆三十年乙酉疾卒婦張年二十有八亦勵志守節今十七年矣妯娌之間若相師友人以是稱其家風。

章學誠曰聞義勝言其祖大寶老病且卒迷悶中語家人曰「適見神人語余家有孝婦家中人宜善觀之」鬼神事恍惚，非栗意也故不著，著其言行可以為世法著李氏故溫飽義勝又才可受敎栗能撫以守志亦中人可勉也。承奕世家風，五世同居人眾言龐，而能喜慍不形事維大體，卒使八八無不得其意，以觀以化蓋非漸於詩書之敎者不能。嗚呼！蓋傑丈夫哉！

家石亭封君七十覦度屏風題辭

余童子塾時從兄功允以家無虛先生書法授余習業。先君跋其後曰，「無厓，余家逸少也其薔精氣溢於楮墨間，小子其寶之！無厓於族在孫曾列而允功兄曾從受書法矣齒德最劭故稱為無厓先生余不能薔聞父兄數亦奉為宗銜焉乾隆乙未余歸廬里宗人有事春祉因覓先生長子石亭封君矩度嶷然，典型甚古其居家也孝友式於宗黨子

弟華其楷孩宗祭酒曰「先澤其未艾歟?」己而君子宗瀛成進士入翰林,有聞於時,其次宗源以諸生數京師讀書工文,厭薄科舉習氣,毅然有志於古人之學,皆俊起所難能者,洵哉宗祭酒言非徒然也。雍正初,君七十初度,其夏五月,君配陳太夫人設帨辰也,君以宗瀛貴封翰林編修加級得階奉政大夫陳封宜人一時宗黨屈京師者,以君有德而腐多福,相與稱觴為君壽,儷余惟循環衰盛文質隱曜天運人事觀一家之創述先悴與一人之終始閱歷而大啟可知也。方無匯先生累舉不第,以名諸生校錄館閣家徒壁立君年甫十餘齡即能勤劬奉毋幼弟四人友而愛之歲歉絕食攪篋得銀衣紐一入市易餅餌十二歸,食毋弟毋分食之,詭云已飽,竟不復食。其後挈家京師母氏之喪,拮据旅殯,人與君年簡相若,厭考既資二弟讀書俾君力作以給,弗為苦也。厭考久之始得佐州廣西值君京館奉之歲始絕累苦,不能治裝,藥置幼累儒僅就道時君攜二弟萬里走賓累足重跰不自顧恤厭考貽書慰之謂「二弟擔負跆踢以行,彙養抖日數月乃達厥考授佐賓州,君擺永寧知州,病瘴旋卒貧不克歸,君呼號奔走,竟得扶櫬歸葬。又挈兩弟北走京師,以善書計得為戶部令史稍給衣食,乃始受室年已三十餘矣。君自十餘歲從父京師,值家事不能儒業,而勞役粗重事同斯養其椎杜返廣西登涉水陸中間送死養生變危困苦二十年餘未嘗一日寍諡然雅好作書具有家法暇則臨池孜孜不倦故書法重於一時後為典史山東大吏修輯文獻輒檄君校錄而一時所為銘金勒石文字牽多藉君手筆今宗瀛兄弟皆工為書見者省謂無匯先生有遺範焉君於乾隆戊辰籤仕山東前後歷二十年官阜甯勵廉卹先為梁莊驛丞後改淄川典史旁攝博平典史權淄川縣丞並能勤職其為驛丞撫驛卒有恩及裁缺法

（清）章實齋 《章氏遺書》佚篇（續）

官行李空乏驛卒至欲釀賞走送為典史，舊恤囚人向時獄吏菲法刑拷，一切罷去，傷瘀疾痛，蓄觀醫藥，四多得生瘳想縣中輒與吏齊力捕治會上官將履勘，一夕間蠍飛去封內草木無所犯，上官大驚異之。居官能約祿奉餘所餘為弟某入實授幽川鹽茶庫使弟卒官撫教其遺女二人宗源為之後弟某亦早卒以子宗海嗣之及致仕歸年母新喪君事之如母撫教從弟至於成立毋倪太宜人卒後倪氏子孫凋落外大父及曾大父兩世邱壟蕪廢失祀君訪其孤為修治之春秋歲祀有舉無廢盡君幼歷窮困堅而能立壯仕皋官廉而能施鄉里惇而能法自其一身終始閱歷可謂具有本末者矣上承無匡先生孝友之遺下啟宗瀛兄弟詩書之澤守約以寬持豐以節自其一家創述先後可謂得其樞衡者矣易曰「无平不陂无往不復」吾宗自文叔公卜居辭山之陽无明以來世有顯官碩德挨廁循環衰盛必有其端矣近百年來風光亦少替矣觀君之所樹立俊澤且未有艾喬木蓊鬱將有聞風而興吾宗熊幾光大復振前人之遺休歟愛書所見聞者俾宗瀛兄弟誦此益自勗勵其可為君進一觴也！

許可型七十初度幀小題辭

三代忠質文之說始於漢儒相勝相救司馬子長言之猶斷斷也。余謂不特政教風俗雖於學問亦然。主義理者辭尚致索者短文采相持不下而且以相識，自有識者言之致索所以實其義理而文采固藉以達者也三者合一而於學始有功獨宮商不同樂可和丹青異色而章斯煥矣。不特學問雖於居家亦然詩曰，「伯氏吹壎，仲氏吹箎」壎土箎竹為器不同而諧和如貫以斯為家之肥也蕭貴分任其職而合異為同其成功鉅也不特昆弟雖於祖孫父子亦然許澣本以博敏之才承其義方撰為述父之志宋許達之望啟其堂構著為循良之聲惟梓承喬不以襲迹為

肖，先達有明徵矣蕭山許氏明世自諸曁遷居西許之村令德惇風傳十餘世不特如務本之善望新城冲元之樹聲閩嶠已也可埒封君，今年開七袠矣德配張孺人甲子一周齊年元賢通海聞遊京師名卿大夫咸器重之周年友生陳君光第，述封君家範俾余引言介觴余按封君家世素封厥考某公德有大度喜推施能愛人患難困緓有父求報家事中落，封君天性惇樸能習勞苦躬耕養親竭其誠敬親喪盡哀盡禮鄉黨賢之處己儉約而撓人翢翢如風許氏遷居成族未有宗祠厥考始創為之封君身先族人以時繕葺與人悃款不設橫逆有子三八諫以耕讀恂恂如也長君元，尤穎拔乾隆己亥副賢書之貢自鄉校甄升成封君係得拜封張孺人同縣緊族繼室於封君撫前室子女如胞裏宗黨無閒言此其可誦法者夫蕭山當浙江之衝浙江發源天都北過錢塘東入於海數百里間瀰激二十八瀨噴激相盪迢遙而下，故王固陵錢塘潮擾江搏聲恢奇其致之有漸也封君承厥考解推之風而守以惇誠之篤忠之受以實也令孫承簡悌之訓而斐然彬郁之觀質之啓以文也紀綱政教統於上而家世德應於下理之出於一也循環而無窮也他日家聲振起如川之盛未有艾也。

澄潭書院留別條訓（三十三篇）

院長與諸生言別人世聚散固無常期師友切磋要契終始今者令君以賢遷要劇院長亦劉若過從不復得與諸生朝夕講求樂觀成效中道別去良用撫然院接居此日淺自開學植疎蕪凡所指陳率多淺近初無高識遠見有以禆益諸生而諸生以卓爾之才蹶然興起殷勤屬望顏用為慚孟子有言「豪傑之士雖無所待猶興。」諸生向來講習私塾固已質有其文而猶不自滿假跂跂勤勉來集講帷冀有新獲豈非豪傑之選歟然則令君雖去遺澤猶留院長諸言豈無

(清)章實齋 《章氏遺書》佚篇(續)

一二可償探擇識能率以自贍，且一隅匪三反，則又何必齪齪言談，終年期會，始有益於學業耶？今茲粗具一二梗概，姑即院長所知亦慶諸生所能行者臚列數條。諸生不以為非，倘願寫書一遍揭之座右以戒諸生惓惓之意以衰院長總之誠記云「譬如行遠必自邇，譬如登高必自卑」一院長言雖卑近或為諸生行遠并高之助矣不可由行矣勉旃努力自愛！

其一，凡天下事俱當家其根本得其本則功勤而效多矣其本則功勤而勞寡譬者治佳之道其多務稿其獻本也為人之資藝重荎反其根本也學問文章何獨不然？諸子百家劉派分源論撰辭章因才辨體其要總不外於六藝六藝之名起於漢志實本禮記經解之篇樂經既亡五經要為不易者矣今世所傳之十三經乃是宋人所定然論語孝經爾雅孟子其實便也周禮儀體禮記自為一經左氏公羊穀梁自為一經合之易與詩書其實仍五經耳以其並列注疏須在學宮總計部頒而名為十三經爾恩謂三禮之外當會大戴禮記二傳之外當增國語統十五經而分為五部學者纖或不能盡讀不可不知所務者也。

其二，學者工夫費於銖積寸累涓涓不息終至江河鄭耕老以計字課功大小九經統計四十九萬餘言再加公羊穀梁儀體爾雅大戴國語亦祇六十四五萬言而已中人之資日課三百言不過七年可畢或遷入事蹉跎資稟稍鈍再加倍差亦不過十年可畢況諸生所習本經及論語孟子已入四書又省去數萬言乎今之學者疲精勞神於浮薄時文計其用力奚翅十年畢竟遊談無根精華易竭若移無用之力而為有本之學則膏沃者光未有不明本深者葉未有不茂事半功倍孰大於此諸生於此幸致思焉

章氏遺書佚篇

一七

其三人生誦讀之功須在二十內外若年近三十及三十以外者人事日多記誦之功亦減自不能如童子塾時專且習也然年齒既長文義亦明及此施功亦有易於童年記誦之處也如必不能記憶則用別類分求之法統彙十五經傳犬而制度典章小而名物象數標列宏綱細目摘比排纂以意貫之則程功課效自能有脊有倫學問既得恢擴而文章亦增色采記誦之功雖不能全而貫串之效則已加敏是亦不可不知所務者也但不知者必謂此事但須索之五經類編四書備考等書已足給求何事重勞搜剔此即似是而非其實雖若毫釐而其實直已繆至千里者也蓋類編備考之類庸惡陋劣其為學術人心之害固已無待言矣就使其人自竭心思耳目以意推尋使就條貫則其精神固已徹全書也若而於他人所纂之舊已如沽酒市脯固不知其味者矣且事既不經心思耳目亦必得而輒忘為其於已原無與也術前人所纂之舊已無用也夫從全藝之中摘錄比次蓋其人自竭心思耳目以意推尋使就條貫得宜嘗嚌者已成之衣止副一人長短尺寸士之為劍俠之刃者使一己精能與為神明變化編錄經傳豈有異於是乎故無論前人成書不可襲用即已所編發亦不可以留示子弟嘉惠後學蓋一人之所注偏重畸輕神而明之自有獨得之效若徒方圓求備則必亦如五經類編四書備考之化為塵飯土羹不堪暫注目矣然心思性靈各有所近父不可以授子師不能以予弟豈可以此獨見之心強人同我貽誤後學於無窮哉韓退之曰「記事者必提其要纂言者必鈎其玄」其所謂「鈎玄提要」之書當時竟無傳者。而唐人所謂類比之書若藝文類聚北堂書鈔白孔六帖之類退之未嘗措意則知學者欲有所為先就已意摘比排纂百人成書以供一己之用既已足其用矣其排纂摘比之故策則遂鑱而去之所謂「良工不示人以樸」也。今以蓬生不及誦習全經為茲草創條貫亦待吾生各以意之所近皆目為之登可訓其庸陋之智畫為一定之規轉令

（清）章實齋 《章氏遺書》佚篇（續）

其四諸生臻過不同，資禀亦更有家貧課讀與年長資鈍難辨比編纂之功，亦有不能爲者，此於通經服古實無望矣。然欲假借經傳餘光潤色制舉文字，則猶未爲難也。蓋亦倣其摘比排纂之意，去其貫串摘錄之繁，但取四書典實，分類命題，每類或五七篇或三四篇，眼目先閱經傳，採取本類與實就題結構成文，一類既畢再閱一類，不過爲文百數十篇，則遇典故題目自能不窘拾撅，然須貫以議論運以心思方見華實並茂，且於一己心思亦相浹洽，否則採取經傳成語，塞堆砌毫無生趣，便如廣類專類賦類林新咏之類，不可復言文矣。或者又謂此事但須求之坊刻庸隨固不待爲，即使所選悉係佳文亦復類書。便可得其寶慵何嘗頭頭爲此，此則亦有毫釐之謬者也。盡坊刻庸隨之誚者矣，昔人盗襲於已何與，且襲用成文詞語，則仍此襲舜移甲換乙必有作奏雖工，宜去蒿襲之誚。何既無誦讀之勤又憚纂錄之煩，而并此區區之補苴下策猶且諉棄不爲，有是理耶噫！蒿襲奏議以爲己作而忘其姓名，千古以爲笑談。爲文不識經書而誤襲成語，何以異是？且翻閱經書試爲文藝華實並進，亦屬士子當爲之業。何可既無誦讀之劬又可爲士矣。今兹讀書作文，則又爲士之小節目乎！人才實難而因殻敎更不易子貢爾士。至於再次則經經小人抑亦可也。然而誦讀不能望之纂錄。纂錄不能望之即類爲文，言每況愈下而猶不憚委曲繁複以相告者誠欲有志之士期奮發振興而中庸以下亦當勉其力之能副，不自委於廢棄耳。如是而猶曰未能，吾末如之何也已矣！其五諸生多以授徒爲業，則「惟敎學半」之說不可不三致意也。一堂弟子量其材實可使七業俱興爲之師者勤爲授讀講解雖幼年未讀之經傳於斯即爲末路之補苴焉當亦不無裨益矣。且爲諸徒講解則問答剖悉疑義亦可假以

章氏遺書佚篇

一九

朗通較之幼年誦讀而長大未溫習者固已遠勝之矣。假龍同志數人分徒課讀書之會，或旬日一聚或半月一聚務使受業弟子互相矜奮為師長者又須多方勸誘或又有賢父兄為之量出獎賞勸其聰慧則方以類聚不特成已有資而成物之功亦已鉅矣若勸誘無法而事理不明猥曰人固不可強使讀書是自暴自棄，而羣以誤人子弟擬其罪於庸醫傷人不為過矣。

其六諸生喜讀無益之文而憚讀經傳，不過謂經傳但可撫拾與故，而於文章固無益爾於是與故取洽先輩或文或庸劣靈飄之書以為不必更誦傳欲為舉業但求之於時文卽已無不足也此無論但就時文為生活者其文必不能佳，且卽就文而論文章之大豈有過於經傳者哉？古人之學言道而文在其中間有言及文者易曰「旨遠辭文」又曰「物相雜故曰交」舊曰「政貴有恆，辭尚體要」時曰「吉甫作頌穆如清風」體曰，「弗勵說斟當同必則古昔稱先王。」孟子曰「說詩不以文害辭不以辭害志」又曰「我知言我喜養吾浩然之氣。」此記傳之論文也專門論文莫盛於劉勰文心雕龍觀其本經徵聖論諸篇其論六經文者莫若韓愈氏「易奇詩正」之進學解柳宗元氏「参恆易勤」之師道書，諸生可自求之本文不復重為演說也南宋以後若謝疊山之評論檀弓偽本蘇老泉之評論孟子孫月峯鍾伯敬譚友夏諸人之評論詩書體記近日徐揚貢艾刻經史辨體俱以五經正文難擬後世詩文一例評點指授後學雖其意旨不免淺陋然為初學式法亦有苦心諸生縱無志於通經服古卽此區區品語言文字之工斷無不從用心者也。以此佐其文藝，較之止攻浮薄時文，豈遊霄壞之制？況由此求之固不

已未嘗不可因文見道也哉？蓋爲諸生一向高閣六經置之「尊而不親」之列，不知六經固如日月，雖高不可躋，而無日不與人相切近。故爲諸生卑論及於文辭之末，可謂陋矣。然要不得謂此卑末者之非六經也。則六經之益人敎不尠矣！諸生又何憚而不爲哉？

其七求學問者始於摘比排纂求文章者始於修辭飾句推二者之究竟高邈如天，即就纂業爲之，又未嘗不卑近如地也。就其才賢志量之高下而爲程功致力之淺深固已無人不可服習焉。於斯而猶慨自護以爲不屑，此其爲人吾不得而知之矣！

其八諸生無不爲文，亦知文之所由來乎？夫集段成篇集句成段集字成句集畫成字，然則篇章雖云繁富，未有不始於集畫成字者也。諸生軒然而爲大篇之文骨未嘗稍究心於字畫之間又何怪篇無善句句無善字也哉？古者八歲而入小學，敎之孰與方名亦審文字緣於保氏六藝之敎書有定體體有定義，推之四方而準傳之先後如通書之所以周文遵之所以合一也。後世師法失傳而經傳典訓之文時異勢殊不可強通以俗言語。於是經師章句專門訓詁世業名家相爲授受蓋不當一綫之引不鈞矣。不知三代盛時而自賊於功令幼學習聞朝野不共喩者也。今茲去古逾遠六書七音訓話名義有能擅學名家盡問世而一見其人。而趨鶩風氣似是而非無其理而但取鬧者，然則上爲者不可輕下爲者祇以取鬧將使諸生相率而安於目不識丁耶？韓愈氏曰「出爲文辭宣畧識字」韓氏亦近世之通儒，不曰「出爲文辭精究六書」而曰「宜畧識字」蓋自問不能專門名家則取文字訓話畧識大旨度其不謬古人，足以給已應用而不敢自爲絕學以詔人焉抑亦可以爲學者之取法已今諸生之業無論奇文奧旨未遑期許即如

通俗文字所論商問疏溜證眼鍛之屬猶且混而不分則字義固未明悉何由遂遇古人之文辭乎？今願諸生卽所謂習經聲句析其字字究其音音辨其義而於字通形體柏近及音韻通轉甚微而於訓詁遠義全別者分類推求加意別白則行文措語俱有本源而纈卷結體亦無詿謬縱或不能深究精微而通俗承用文字能免偽誤則臨場不致僨率撰句以遭批抹滾草書題以干貼例亦不可謂非舉業之急務也。

其九文字之學約有三類主義理者當宗爾雅主形象者當宗廣韻非謂三書足以盡三類之學也，謂其欲究古人之學宜於是為始基耳爾雅固列十三經矣廣韻說文部帙無多各置一冊以時展閱而於誦習終有所疑擬則就冊而稽之一隅二反分類摘記則進於通經服古亦不遠矣。如欲於斯致其功為則院長於定州書院嘗敎諸生編集經傳文字異同凡例一卷別有傳本於斯不復綴述也。

其十通經本於識字此固不易之理然事則無本於幼學能本於幼學其事則往昔不可敎，則桑檢固難於晚蓋矣。是以此欲諸生就其力之能至而為補苴之末策不強諸生以所難能也第念諸生居家多有童蒙子弟或諸生向以課授童蒙為業則正始之道先入為主古學俗學童蒙初習並無難易之分曷不正其小學之功使之安如日用飲食則將來進於通經服古事不勞而功已倍且父兄師長卽於敎學之中坐收學半之效成人卽成己豈不為盡善盡美之事乎？凡童蒙入學之初，先授句讀此實貼慼不成蓋彼蒙幼無知蒙師訓讀經書語句信口舉習如演歌曲字義固未明所卽聲音亦未諧切字蓋亦未習識其於經世讀术識者也蒙師不解以韻釋幼顧蒙本不可以求備豈知訓義正音指畫三者毫無證籍而惟藉塾師敎誡一成語句心臆口遒強效其似而不知斯語之巣為何用其成誦艱難殆數成材子弟講解文辭熟復

（清）章實齋 《章氏遺書》佚篇（續）

數四而後試背誦者，且不管其倍蓰焉。塾師見成誦之難，以謂是蒙昧之求易開也，豈不冤哉！遂其年力稍長知識漸開於是爲之訓文釋義漸近自然而又以家傳世習之俗學陋解使之填塞胸臆，以就所謂舉業規度。而前此之勞苦艱難，強效口誦毫無憑藉之功固不得不棄如敝屣矣。是則萌芽初苗之時，先受多方摧折，然後取其晦蝕不盡之餘演爲浮薄時文以合時之規矩。於斯而能稍見聰穎舒文采者，自不得不目爲長才而不知十室之邑必有忠信，彼其可以通經服古大可有爲之資屈於多方之摧折，而僅以俗下所爲長才以自鳴者蓋什八九矣。夫古今人之相去豈誠生而霄壤者哉！

其十一，童蒙子弟欲正小學之功，不當先授句讀，但當先令識字八固亦有知之者矣。識字必當正其所授人固未有知之者也。夫授之以俗字而訓之以俗解他日聯句成章不可通於大雅固於此日定其所至之必不違矣。夫三舊爾雅方言急就諸篇固當日所以訓誘童蒙所謂「敎之數與方名」之遺意也。今取爾雅爲宗而以經傳文字隨類增益加之訓詁又以廣韻正其音切說文正其形聲集篆楷合書彙分習熟而於一字一訓及數音數解者悉與解詁明確。但用稍爲解貫而彼以入耳顧心不煩曲譬而大旨可會矣。夫積畫而後字積字而後句積句而後章一成之理經爲但用稍爲解貫日睹昧固耳習其形心習其義假以三年之功則經傳承用之字固已思過半矣比及授讀也作文不究字句固不可以成章體書未辨字畫豈遂能通章句耶？今以老生宿學未能究悉者遂使童蒙初學輕易爲之而收事半功倍之效焉。則小學之爲功誠不少矣！

其十二，童蒙初識字畫又解訓義兼辨聲音則類別區分，便可續之聯實字虛字爲題取異類者以作之偶或取同類者以爲

其數。聯二聯三之後，即可使之集字成句，仍以天地人物名數之屬區別為類別標為冊，使之演習習熟他日授讀經書，便可於正業之外度其資之所近旁及子興記傳父兄又復為之擬定綱目標別類例，多證空格繕冊，使之日有注記及至文理粗通胸中先有儲類記問所積已具八面受敵之才，則經章進業，物易易耳然此乃抬取俗師課誦幼稚初教三二年中廢棄無用之功易而為有用之學耳初非強人父兄，必欲弟務為高遠難行之事故惧其速成少利與夫一切捷徑神效者虛為父兄與蒙師者幸勿驚異而駭顧也！

其十三歲幼誦習經書必須分別正閏。蓋中人之性多是獻故喜新，當幼初學誦習則獻故喜新為尤甚也。假如學徒資性，每日能誦習三百言者，即使日誦本經亦二百言，再授他經亦能誦識無遺。是已不知不覺平添百字之功矣。盡一日之閒精神有餘少加變易使之去故變新甚易於振作大約可以擡倍之差理固當然又況舊有識甚義有淺深，惟在蒙之師者從而裁制品節乘機鼓舞，自能曲達其材惠子所謂「一尺之棰日取其半終身用之不窮」即此法也。至於認字訓義有未盡者逐目隨類補苴亦無荒於正業也。

其十國諸生以舉業為本務即以學業而論莫不誦習先正成文斯固然矣。亦知誦習成文固亦自有道歟督學主司各持風氣熟師山長又各自有規模譬父入主出奴驚同伐異為諸生者亦既難於定所從矣。院長所言則有異於是也冊論先輩名門大家房書行卷程墨稿不必預定去取即世之號為高明痛詆墨裁誇卷幾於不共戴天亦屬強所不必但門諸生之所習業果能有待於中否耳人之性情各有所近卑奇濃淡不能易地為良雙得其意之所愜而入於趣之最深則神明變化即在方圓規矩之中昔陳臨川初學時只求得近科墨卷二十許首循而識之至於自作家書亦擬八股

（清）章實齋 《章氏遺書》佚篇（續）

為式，亦是趣所入也。其後貫串馳鶩，為三百年魁壘大家，豈以初習舉卷為譏諱哉？若夫耳食無心，皮毛粗見，不求得心應乎，自出機杼，而囂囂然開口王唐歸胡金陳韋羅，終不得其一似，此與小兒強學解事，又何以異乎？其十五，自劉知幾論史有三長才學識是也，豈惟作史天下凡事莫不皆然，即以舉業而論，三者固闕一不可，亦學者莫不知有法度，而不知法出於理而學主之，其次莫不知有機局而不知機出於氣而才主之，其次莫不知有色采，而不知色采出於書卷而學主之，就三者分途而論，則才識本於天者不可強勉，而由於人者不可力為，就三者通用而論，則舉固所以養才，而樸識者也，韓退之謂「氣盛則言之短長高下皆宜」，又云「沃其膏而希其光溉其本而俟其實」，蘇子由謂「文不可學而能氣可以養而致」，皆是勉人力學以養其氣，豈誠善矣然不知使人即其天性所近而開其入識之所最先，則人將以何者為學而集以為養氣之基哉？故愚以為二公所言，亦是偏舉而未全之論也。世俗蒙師期許幼學子弟，則他日所謂悟性作性悟性諸名目，不知所謂讀性即他日積之而成其識焉者也，所謂作性即他日積之而成其學焉者也，所謂性即他日積之而成其才焉者也，而未嘗自覺其良，故雖勉力於誦讀，而終無以生其識趣也，誠能喻夫立強仕之年固已無日不與三者相切近，惟其昧而未嘗自棄又能喻夫力可以辨識，識可以充才，則凡事皆可得其根本，而況區區之舉業乎？其十六，拇摩舉業文字諸生固已歸業良之矣。至於儷習之法，竊恐諸生猶未善也，間嘗試問諸生誦憶先正文字多者六七百篇少者二三百篇可謂富矣，及詢以得心應手運用不窮，即什一而可當千百者則覺未聞有一篇焉。又何怪乎擒筆為文不甚如知北遊之間道於無謂為黃帝以謂終不似哉，拇摩之說本於蘇秦蘇秦之所為拇摩，則云得之簡練

蓋不練則終不精不簡則終不懼練今欲揣摩而先不知簡練則揣摩固已不如法矣誦習先輩成文猶學為梓匠輪輿求觀工師之成器已渾成而誌其方圓之形象不解於未有成器之先詳悉求其引繩削墨之所自雖公輸之巧豈能遂得其疾徐甘苦哉？先正讀古人文不惟成誦已也蓋必設身處地一如未有其文就題先為擬議揣其何以構思布局遣詞行機措辭練字至於籌無遺計而後徐閱其文使之一字一句皆戀已心迎拒而出不當此心同其疾徐甘苦之致也。則作者之神妙有蘊而吾心與寫迎拒於四旁上下者無窮理解由斯潛鑿氣機由斯鼓動揣摩熟而變化生所謂即什久而始盡一篇之神妙也人生歲月幾何精神幾何終身得力不過五七十篇亦云富矣安能數百計哉及其出而應用則作者之神妙有蘊而吾心與寫迎拒於四旁上下者無窮理解由斯潛鑿氣機由斯鼓動揣摩熟而變化生所謂即什一而可當千百之用者即是道也君其得心應手啟悟無方有因一篇一句而終身運用不窮者則又存乎其人神而明之，而有化境，固不可以言盡者也。

其十七學博守約凡事皆然即為業一遭博約二者闕一不可。所謂守約，即揣摩之文貴於簡練，是矣。所謂博學則泛閱之文，又不可不廣也。昔人從揚子雲學賦子雲使誦千賦，即是此意也。蓋積累不多，則神明變化不出而數易盡也。

既有簡練揣摩之篇，則心有主識，一切名門大家房行窗稿程墨試牘，務宜觸類旁通，少或三數千篇多至萬有餘篇上下窺其風氣，分晰辦其派別，錯綜通其變化，譬彼山必積高而後能與雲雨水必積深而後能產蛟龍，不使局脊狹隘寡聞孤陋僅成堆阜斷港以封其神明，則是向之簡練以為揣摩者，固已待夫本末交養之道矣。況諸生以誦習三五百篇之文，易而為泛閱五七千篇特易易耳諸生專業須講簡練之法，則三五百篇已嫌其多，涉獵須資博采之功，則三五百

篤本覺其陋蓋正為一向慚用其功似專業而寶無心得似欲多而實非廣求區區守此三五百篇不解分別用功之次第，以致既不得而博又不成良可惜也！

其十八文之熟者習之使生之使熟舉業之能事盡矣諸生於三五百篇之文，亦既能成誦矣至於誦習再四，不免中心厭倦以謂吾既知之而欲更窺他作矣不知所謂「吾既知之」而不耐更讀者於文之甘苦疚徐固未嘗有所入也熱而生厭不亦宜乎若夫文之佳者固非一端之所能盡命意一也立句二也行機三也遺調四也分比變化五也遺實相生六也反正開合七也頓挫層折八也琢句九也練字十也以此十法每一誦習各作一意推求仍用先如未見其文逐處平心迎拒之法往復不已。則文雖一定而我宣轉換無窮即使萬遍誦習而揣摩光景常如新脫於稿所謂「熟文習之使生」此法是也蓋聞畜盆魚者懼其盆小而魚無生趣則累石水中作為洞壑深邃之勢俾魚環轉其中則天倪暢達此則讀文易意環求之道也。至於泛閱之文原不責其諳誦未必過目而輒忘則是閱文與不閱等耳。夫閱文所以開擴知識通達義類欲掇取英華粗憶梗概於事已足釋卷之後未再寓目矣況一日之間多則五七篇少亦可三數篇人之記憶固有不可以強為者是則分類摘求之法不可不知所務者也蓋閱文而有得於心雖資稟魯鈍止於不能背誦耳若其義法機局與夫佳句善諭未有不能記憶一二者也先立空冊標分類例逐日所得按欵而羅歷旬涉月之後按冊復閱但閱標題不審全文如見至於積累既久類例充盈則縱橫檢覆千態萬狀俱會目前雖日生矣豈不常如熱習者乎至於臨文而猶曰機構生疏文擴不能變化天下必無之理也。

其十九，閱文固貴有簿記矣，誦讀經書一切學問中所有事，何者不當有簿記乎？蓋逐日登記，非第藉以不忘課業，亦可自檢用功勤惰。其荒業而嬉及懈散而疏於習業，則登誌之時前後不能一律，愧恥之心可以勃然而生，是亦勸學之一道也。

其二十，舉業之文理法氣機詞采，固缺一而不可矣。氣機本於材而詞采本於學，人當力於學而變其才則第十五篇已為諸生暢達言之矣。至於理法本之於識，初亦不外乎學，然既云舉業，則已於學問之中別出一條，則此中之識雖不外於通經服古，而又有不能盡求之於通經服古中者。是亦不可不知所為也。夫法固出於理矣，然理之與法亦微有別。理則書中之全理也。法則就全書中裁句為題義虛神，來脈去路，偏全輕重，變化無定，起形埠減意鑿而文法差以千里者也。學者胸中須有真正識解，則千變萬化皆可一以貫之。苟胸中本無真識，惟於逐處做摹形似，則勞苦而鮮有成功。此功刻講章之所為似理而非理，庸陋評選之所謂似法而非法也。

其二十一，坊刻講章輯者本無真識定見，即世所盛稱如汪陸諸家大全合訂，雖可以依據，究屬前人已成之書。於我識性初未浹洽，我有所見，而於彼折衷可也。我本全無執持，而惟思就被成格，則性靈固未能自得矣。又況蒙存淺達徵引紛繁，豈執簿臨文，如何盡能記憶哉？解真萃於宋儒遺書，朱子而外，若周程張邵以下諸賢，語錄文集俱當盡力購求，即元明諸儒亦當酌量探集，牢日先以經傳正文及注疏解義會通醫儒語錄文集標識天人性命心情氣質仁知誠正中和理義之屬別類為篇，雖為儒全就為同異其為之說者就為得失，就為粹駁，皆使胸中了然無疑，則讀書立解臨文制法皆可由中而出，即使毫釐未能脗合，更可藜質成書，要其大本大源先有主執，不為講章陋習所牢籠矣。

於斯執鞭爲文，固可坦無疑畏其所爲文辭，自不患其不磊落而光明。此則庶謂胸有定識，千變萬化，皆可一以貫之者也。然其標別類識之故蔽，亦是一人自淑之資不可薰蕕後學留示子弟以爲一成之法也。蓋就山探銅因鈎鼓鑄固自胸齋鑪冶不可以已成之器悟人目不見山也。其宋學派別及制義源流別有專篇於斯不復綴焉。

其二十二古者經傳別自爲篇蓋使學者精神自爲推究而所見不謬此辨志之所以貴乎離經也。後世傳注，則無不分繫經文之下矣。至於評論文字亦古人所不廢然僅錯出偶見未嘗有專篇也至魏文帝典論論文及陸機文賦而始有專篇矣。尚未有專書也。劉勰作文心雕龍鍾嶸作詩品而始有專書矣。唐宋以來文評詩話屢見疊出，

其最善者是自出機杼發揮妙緒所舉詩文，或就一篇發明大旨或摘數語標識名雋引而不發舉一該三，使讀者離去文匯隙然想見言外無窮之妙。其於文學之功，不爲勘矣。南宋眞西山氏評選文章正宗，於是就文而爲評論旁識而

出圖點其指示蒙學良亦有功然則是以後庸師俗儒競尚圈點批評之選而後生小子耳目爲其所膠執不復能自出性靈推逐古人意匠經營之所在而古人一隅三反因端明委之法亦從此而失其傳矣。夫自爲論說而標舉詩文以示

之準則理至而該括者名選輯成文而附著評論以闡其妙，則理拘而資益者少數易見也又況既輯成文，則不得不文而窮其顚末而人之性靈所啟不能無至不至者勢也。一時求其說而不得，則穿鑿附會與勉強加評不中肯綮固

有所來矣然此特就詩古文辭言之爲其論文不合古人之薔法爾。至於舉業成文則自有明以來，圖點批評固已變用詩古文辭陋習創始之初先已如是雖名門大家魁壘選本，亦從未聞出其範圍雖其藻鑒之審評論之工圖點讖識之

醒豁精切未嘗不可資人神智，而古人離文別爲品論之法三百年來未有窺見而議及之者又何怪乎後人不及前人，

二九

風氣有往無復邪！今願諸生之有志者擇取大家名選裒輯評評論議專先正論詩古文，近於舉業理可相通與夫文名家自記舉力昔苦或諧談笑謔傳記故事考訂典實之類有關於西崑文者略倣文心雕龍文章志論詩品文評之例別類標篇積少成多按款摘記一變許選舊例以為藝林巨觀豈非一時之盛事歟！如或見聞無多採取先正論所蒐及信手摘錄，或糾集圖志分曹業擄期於積少成多不嫌識大識小亦佳事也。再如力不能為亦可僅探先正評論，取其就一文而推衍廣大可以該括他文者並是前人苦心不止為一文標甘苦也凡此俱為分別標記以時把玩亦可藉為舉一反三之助其與僅讀評閱選本者獲效多寡不可同年而語矣。

其二十三學者抱守殘冊終無進步誠有卓爾之志所貴啟悟得於無方昔蔡中郎渡江得見論衡，北方人士覺其談說有異此因文章而得於語言者也葉石林讀史記貨殖傳見陶朱公「人棄我取，入取我與」之言，遂悟作文之法此因語言而得於文章者也。據夫爭道單簣何以入神壞屋頹牆繪畫何以通妙誠聽即其性之所良門其力之能赴則半日讀書半日靜體遊心淡漠鬼神潛通即所採輯論文羣說苟得古人啟悟之道不獨拘於一轍已足使人名理富會悟遙深贊而充之所得豈特時文之工而已哉？

其二十四，世之稍有志者亦知時文當宗古文，其言似矣第時文家之所為古文則是俗下選本採取左國史漢以及唐宋大家仍用時文謊解為之圖點批評僭諷習之者筆力可以稍屨耳此則仍是時交中之變境難於流俗雖中可以高出一格而眞得古文之益則全不在乎此也蓋善讀古人文者，必求古人之心。古人之心在也蚓密平奇互見倔出莫不各有其心此其所以歷久不敝而非僅以其言語之工詞采之麗而遂能致是也。今其遠窺大者圖非

可以輕信言議，且亦時文家之所不暇及也。弟就先正守約而施博之故學者苟從是而入焉其用功措力殆較俗學泛騖僅求古人之面目者轉覺其省約而易操焉諸生無亦願聞之歟文章莫不本於六經人皆知之其所以本者人固必知之也。六經一變而為諸子然而九流之言固各有斷原也。再變而為文集然而譜家選邊邪各有所自也。蓋詩之為教中有「四方專對」一節而戰國縱橫引譬比興敷張揚厲斐然其文則詩之變也。眉山蘇氏得以上下排論辨才無碍則又一變矣陳大士得其道以為時文學者以為陳之學蘇而不知彼固得其縱橫之意而自通於詩教者也春秋之敎比事屬辭太史整齊故事述行思來亦春秋之一變也伊川程氏得一推解易義微事切理則又一變矣黃陶庵得其道以為時文學者以為黃之法程而不知彼固得比之意而自通於春秋之教者也其餘魁彙大家雖不可以概量要非全無所本僅就選本古文襲取形似可以庶幾者也。易曰「君子言有物而行有恆。」夫言之有物，即心所獨得是也。心有所得不能共喻不得已而發之於言則雖千變萬化流轉不窮要皆本其所見而不為外襲之言譽如富者不能為乞食之言貴者不能為卑賤之態豈有強於中哉？！噫世之閒言者未有不謂高遠而難行矣而不能不為諸生一言之者誠欲白十之中或有一二奮然興起者耳且由時人之說則逸於不求理而勞於擒文由吾之說則勞於求理而逸於文理既得而不復勞矣文則萬變無窮而將與為終身焉其間得計失計必有能辨之者且文品人品之相去固不可以道里計矣然則吾言固未可以為迂遠而不切也。
其二十五經義與四書文即一理也。經義題多於易，則較四書文為易之矣。而諸生忽略視之，弗思甚也。往者鄉會試例，首場七藝潦草塞責猶可言也今則本經四藝移作專場，不為悉心營幣，何以稱其選乎？大約五經文字各有體例，取材首場七藝潦草塞責

設色，亦自不同，諸生既業專經則必使有以擅此一經之勝，非博覽中足以生色，亦且四書文藝未必不有所資助也。若進求於古別有六經流別說此不綴焉。

與二十六易義不外象數題，卦爻皆象數題。然易傳理致仍彙象數，乃與他區別題不相稱混，是亦不可不知者也。數則須明河洛及先天後天方圓卦圖得其解義則行文直是舉而指之而已，不得解義而依樣葫蘆，無是理也象則最宜活變，而不拘滯蓋易之有象猶詩之有與也易無達象詩無達辭謂學者當引伸觸類，不可泥於言辭之末也凡作易義尤當先熟卦變之圖蓋萬物一太極而物物又有一小太極題雖偏學而妙義觸處皆全。凡作經書題文皆然而易義為尤甚能得其妙則如泰山出雲膚寸可以崇朝雨作文最苦名理不足，熟於卦變之圖則是以四千九百十六卦之義理而發揮六十四卦之題旨，文章不可勝用矣若其俳色擯稱則輔嗣名理固當攻習焦氏易林王氏略例以及京房延壽之緒說九師鄭氏之遺文錯出散見，亦可節取為傳義之資助。邵氏皇極經世，張氏正蒙，可以裨補文闕。淮南鴻至解今本闕尹子可以錯綜采色。要使言中有物意外邐奇前輩易義陳大士賫菴二家最為擅場。愚謂二先生文墨於名理，而於神明象數自成一子獨關蹊徑四書文外自為一種，猶未善也學者苟得瑗之誠然則出人未闢之蘊何難自我而創之乎？

其二十七書義難於盡一不似易義山尊一門也大約堯與天文，陽貴地理洪範五行先為三門學術其餘題文但須溫浮習雅得訓詁之遺蘊乃是書義正格亦使與四書文微有分別也天官閱周官保章氏史記天官書淮南天文訓及晉書天文志中所採三家論天之說即足給用。地理當閱周官職方氏爾雅釋地逸周書王會解及管子

（清）章實齋 《章氏遺書》佚篇（續）

地圖篇，淮南墜形訓諸篇即足給用五行當閱漢書五行志，及宋時會王諸人洪範傳觀所推演，均可爲經義之助。至於訓詁文體但須多讀漢詔得其與三代誥誓相出入處，習而爲之則不特經義冠埸，而文格老成，他日潤色辭綸蔚然經世之業，莫不基諸此矣。

其二十八詩義貴於風雅夫人而知之矣。不知詩固遁於禮也，無論正風正雅三頌俱與周官儀禮相爲出入即變風變雅風雲草木之篇怨刺誹譏之作亦當知有禮意，然後體會詩情，自然所見高出於人於是發爲文辭乃合溫柔敦厚之敎。至風騷派別碑頌淵源乃是詩古文辭之祖今亦不暇致詳但既爲經義式法理取闡發敷衍若夫注以解經疏以注乃是凡爲制義之大宗法門，十三經注疏之書俱在茲固無庸贅述爲也惟是他經文義尚有待於旁求詩經文義則固無須乎外鶩也。注疏有十三部而與時藝相切近者莫如詩疏觀其毛傳鄭箋互相同異疏文依附鄭箋援經證傳引伸綱穎曲暢旁搜以足其義。至於牴牾之處亦爲反覆周納宛轉緣飾使他說盡屈特尊一宗疏例不許駁注固是古人尊守師法學貴專門之義但經文設有舛錯注例猶許存疑注義明見牴牾疏文曲爲附會是亦解經家之不免爲美疢也但以爲制義式法則固可爲金科玉律者矣蓋制義之體必尊頒發學宮之說不許別出異論。推原朝廷功令所以必尊一家之說亦非必以謂此中更無疑義也特以學既定於制度則必有所畫一而後有司得操規矩以裁人之方圓。而天下之大人才之衆亦必有所專主，而後學術文義齣於一也。然則詩疏固爲制義之最，而況徵引該洽文采葩流。其有益於經書文義固又屬其餘事耶？然則就詩疏而爲詩經之文誠所謂就山嶽鑄實無事於旁求者矣體本題詁義，必遵朱傳而援引前後經文直用注疏固無傷也。

其二十九，春秋經義必遵胡傳，亦定制也。但三傳直束高閣，而斤斤焉獨守宋儒憑空論理之說，則已甚矣。且此經文體例用論事之法，則出經入傳縱橫馳驟，較他經文字易於見長而今之學者，儘有日力摘錄擬題，強識胡傳而本營於三傳稍通庸心焉，無怪經文之毫無實際矣。且四書題文涉於春秋列國諸侯大夫時事多矣，三傳尚未寫目不知何者可恃以無恐也。今以諸生年力既匪不能強之使誦習矣。若用摘比排纂之功，則三傳條例，胡傳爲尤嚴，之他經詞命則華實並茂，本末兼集解，固足用矣。至何學徐疏竇瞻與禮穀梁范解楊疏參質同異並有可觀，再益之以外傳詞命則華實並茂，本末兼籌，而經義之長四書文義益加進矣。

其三十，禮記經義雖曰無體不備，然而禮記本是禮經之義，則習記必先通經，此第一定之理也。然記之本經，乃是儀禮，而禮記題文所用則關於禮儀禮者僅十之二三而關於周官者乃十之五，此知三禮固自有源流矣。朱子作儀禮經傳通解，義類終難貫而近日秦尚書蕙田又作五經通考比類整齊探據詳贍誠考禮者所必資也。然天文地理體官當三大門類秦氏無所依附乃悉歸於嘉禮其目曰觀象授時國經野設官分職雖強爲之立名終覺未洽愚意諸生誠有志乎經禮不如以周六典爲綱而一切禮文皆依籤而歸附此則萬事得其條貫，萬物得其統宗不特治經供爲義而已也。若夫僅言經義則亦約略數端可盡。如王制月令明堂諸篇乃是制度之屬途事先爲考核使其規模粗喻乃可據筆爲文。又郊特牲文王世子禮器會子問諸篇，乃是輿禮之屬，類比經傳典章法制可以觸類而通亦有補於四書典制文義。冠婚聘祭諸義，乃是儀禮正傳求之本經，即可悉其原委。曲禮內則諸篇則表記緇衣坊記諸篇乃是通論之屬，與四書文義未甚懸殊所關相體裁衣各自有攸當也。惟喪禮爲禮記之最要而鄉會試士不以命題姑

（清）章實齋 《章氏遺書》佚篇（續）

習禮者不可不究心於此也。大約儀禮子夏喪服之傳作爲大綱，而以諸經分析爲條貫其下。可見聖人人倫之重，其所以爲仁至義盡，推而演之，達於明庶察倫固不僅爲凶喪一節之禮，豈可以其試題不出因途置而不觀省耶？至於大戴禮記，亦與禮記相爲表裏，習禮經者亦可容以忽略也。

其三十一性理論題無甚難解但既名之爲論不可更。八股時文俗調耳。如能暢發題蘊，按切人事，則尤見擅所長也。蓋論事之文多近於粗必裏理而立言則根柢見其深厚矣。說理之文多近於泛必切事而通喻則浮文皆歸實效矣。但既有場屋威規事須暗切而不得明舉三代以後之事，濟入文中以致有乖於成法耳。至於暗切三代後事則四書文義猶有行之，而況於論乎？

其三十二詩學淵源古人之舊備矣。今諸生爲試帖計姑就試帖言之。蓋詩欲自幼習之，取其天籟近於自然猶可從國風漢魏五言厲累而下語愈淺而理愈浮法愈疏而義愈密俾髫齡稚穉子如詩本於性情而非有意修飾取其諧聽美觀之物。則本源已得又且易於爲功。然後次及晉宋齊梁入於三唐格律使之習其性之所近而盡其材之所良抑亦可矣。若既已不及爲之則入手便習排律之無如何也試帖排律之於詩猶八股時文之於古文，蓋別出一途而自甘苦者也。方虛谷瀛奎律髓，毛西河選唐詩帖，乃帖括家之所宗諸生誦習擩摩亦有用時文而宗仰古文之法者乎？誠得其法則可曉然於試帖排律之宗仰古詩矣。但時文之於宋人歐蘇諸作較前代之文尤所殷厲取其近而易於入也試帖之取法於古則梁陳之間若江抑張正見徐陵庾信何遜陰鏗諸人雖爲古體亦已漸次入律。正翻歐蘇諸作之近於唐文倘於斯致其意焉則排律之中既高一格或更有志於古亦可上溯鮑謝達於曹劉而漸入於古文。

其三十三策為揣摩之學始於戰國，漢廷用爲制舉之法嗣是以來風氣屢變大約分別學問經濟二途經濟貴於引古證今惟陳陳指畫要使卓然近於可用不徒紙上空談已也學問則經籍子史文采詞章無所不用問答引端不發而對者授牘以陳此正格也他文者可誦習古人成法以爲楷摩惟策則全取實學斷非誦習成文彌縫條目可以假借爲之況時會不同風趣亦異自宋以前經學用以闡發義理史學用以敷陳治道應舉之士得以一已之見自爲推論初無一定之格有所限制者也元明以來試士專重四場文義策對經旨俱守學校成說，史學空作議論亦多依傍宋儒之言其道猶未盡善本朝經學光昌政典修舉依古以來未有如斯之盛鄉會二試所爲發策決科皆是試士記誦而已本無峽事失據有待於士子之敷陳者也且對義者輒依擬旨可自恣其說姑無論游放不根之徒易於假托。論漸至窺探主司迎合風尚釀成門戶朋黨之風襲前代之弊政以致爲學術人心之蠹聖天子廑頒科場勅諭實千載不易之繩尺也惟是策問雖以試帖記誦而考訂貫串闡發折衷原許士子自盡所長平日攻習經書傳記以待發問敷陳。不知諸生何者爲習業也蓋宋有鴻詞之科多問典籍條目故王氏應麟廣輯經書子史掇取名數彙爲玉海以爲有儒之無患焉又有進士之科多問禮樂兵農政令制度故馬氏貴與廣輯歷史書志成蹟附以前人評論彙爲文獻通考，以爲有儒之無患焉明人鄉會科試雜問經史農政典故彙取文辭故唐氏順之廣輯經史序錄旁搜子集成文彙爲稗編以爲有儁之無患焉然而多者三五百卷少者百有餘編必欲諸生彙輯充棟鉅編以爲發策決科之助鮮不以爲迂矣然近科所閱文史時務條目約略可觀取其比附連類之條攤取經書傳記摘錄記纂縱或不能裁成卷帙嘉惠後學而搜羅備要粗識名義猶愈於但閱閱墨成策亦訛襲舛不自知非者也然則讀書稽古豈第求通古人而已哉家若稍有餘

（清）章實齋 《章氏遺書》佚篇（續）

定武書院教諸生識字訓約

丁酉承乏主定武講席，既進諸生而課以文義，既斐然矣。將擇天姿尤敏慧者，教以迪經服古。於時州中鮮藏書，校不備經史，士子墨守一經，倘未及其義，疏所爲學業文字大率取給坊刻時文轉相沿習，不能待立言柢蘊經傳授用所由。豪俊英子弟聞余倡導，欲有志乎古人，咸請指力所以始者。余惟小學之教，古人所先名教訓詁，文字辨識蓋自童蒙習之。由是疏通大義，搜抉奥旨，至於神明變化，名世傳家，要其業之所基，不能舍是而遽能有得其於決科程式亦以資則。經部之十三經與大戴國語，史部之史記漢書資治通鑑，子部之老莊管韓呂覺淮南諸家集部之唐宋八家李杜二家全集與文選及唐文粹朱文鑑元文類皆不可缺。而玉海迪考稗編之類又可爲策部之資糧也。

平日所秉舉而措之，淺深高下間各有以隨其詣力所至，而皆可以邇乎大道，則以本之於一也。自經術襄歇，小學之教不傳，學者未辨魏詁方名，一經卒業，即欲舊爲文辭其中茫無執守，以其聰明才力自遂所趨。中才以下宅句安章不能當於法度，即姿稟稍穎者不過獵取形似飾爲浮華讀書不能詳其義蘊，作文無所當於理實，則以學無所本而師心自用，其勢不可合於一也。夫子曰「十室之邑必有忠信」，言人之資稟不甚相什百也。孟子曰「師曠之聰，不以六律，不能正五音」，言由於法度則習愚賢不肖不能逾也。今學者以通經服古爲迂談，而剽掠浮薄時文以爲取青紫如拾芥矣，究之所求未必得而術業卑陋，不可復問。及見通人達者，則以謂天授非人力相與安爲固然其所自處甘爲庸下。而不知所以與起是何不思「六律五音」之理人皆可循，而「十室忠信」之風天非有所獨絕者耶？今諸生耳聰目明，春秋方富向之所謂從事繪業而求捷取功名，其效既可睹矣。語云七年之病求三年之艾，苟爲不畜終身不得以

不可多得之聰明歲月而爲是朝成夕毀未可取必之時，雖至愚者不爲，而未知所以變計則不知取法所由拘其習而無由變也。夫梓匠輪輿能與人規矩，不能使人巧，諸生誠能好學深思自得師於古人，則各以資之所近而力能勉者，神而明之，青勝於藍冰寒於水。余且請從而後矣。至若引而不發規矩斯存，譬如行遠自邇登高自卑，巧者既不能踰拙者亦自可達，則學古不外乎通經，通經不外乎識字，功既約而可守，道亦坦而易行，諸生要以行之有漸久而不忘，則是化臭腐而出神奇易盧文而爲寳用同一精神學力以彼此就易此就難失又不得智者而辨之矣。

衛氏古文名曰官書顏氏字書號以平橫乃知同文之治功令所先登進之資昔人尤所致意學者縱不能有志於古而農夫不爲出疆含其耒耜則所業又安可不豫乎？今將條例題款舛訛輒于擴斥即院府小試偏旁舊慣亦難以倖列前茅。以是知文字之學所以不可廢也。

雙聲疊韻切響浮音其觀始於沈氏當時不甚信從至唐宋制科專重詩賦於是聲律對偶令式所頒即非一家言矣。廣韻詳定雍熙韻略，係名禮部，是則官有法程士遵繩墨金科玉律不可易盖今科舉詩帖平仄拈脣本非難解而土音不同平仄訛舛致乖律呂即經書文義雖體製迥與詞賦不同然不以屋所需，不能不參排句偶剧以歸莊雅乃以方音不合易致音節聱牙辭意雖工亦遭按劍以是知音韻之學所以不可廢也。

在心爲志宣志爲言飾言爲文文足成章易括乾坤不過積畫書窮海嶽不過累字不能分而求繁累之數何由合而通義指之歸。是故讀古人書有得於文字而不得於寫道者矣，未有不得於寫道書而能得於寫道者也。至於作爲文章求知於世未曾辨字何由遣辭貌取形似則精神不親剽掠成言則引喻失指雖有滿思妙解無由展達成章難湊爲文科場

最忌。以是知訓詁之學所以不可廢也。

文字之學，當以說文為主字通字彙，不得部次之例，今不遑深求也。但取鹽本經書，大書正格，其儷旁臨畫，不可私意增減，則作書可免俗訛矣。仍用說文小篆冠於上方注明許氏部次，貲將來考索文字之貲若經傳所有而說文所無者闕之，可以為許氏之逸文矣。

音韻之書廣韻最為近古其分析異同今亦不遑深求也。但取經傳文學依其部次編入其廣韻所無及經傳中音義訓釋與廣韻訓釋不符者別冊記出可以補韻書之不足而聚韻書之訛謬矣訓詁之學當以爾雅為宗郭注既略而邢疏亦陋，今亦不遑深求也但取爾雅正文殿於諸經傳文字之後則雅文與經傳訓詁不謀自合也爾雅所有而經傳文字所無者，俟經傳雖功旁及周秦諸子史漢諸書以補郭注之略而斥邢疏之陋者。

所無者今亦不遑深求也。但取爾雅正文殿於諸經傳文字之後則雅文與經傳訓詁不謀自合也爾雅所有而經傳文字所無者，俟經傳雖功旁及周秦諸子史漢諸書以補郭注之略而斥邢疏之陋者。

詁之為也惟據其通而知遺而才之相去有什百倍蓰之不同，則於義理所得亦有淺深厚薄之不一初非以是為究竟也。近世小學之教不傳好學深思之士，求通乎古乃以後起之功碑畢生精力赴之於題專門以名家亦已瘁矣。更由是而進求古人之所聚勢或不遑焉今使費還習之則畢半功倍以其資之所習近而求其力之所能勉又登區區小學之功所可限量哉？

章氏遺書佚篇

三九

膚淺小書

韓非顯學言儒分爲八墨離爲三其一有漆雕氏之儒又稱漆雕之議不色撓不目逃行曲則違於臧獲行直則怒於諸侯行直曲卽孟施舍之自反而縮不縮之謂此言漆雕氏與孟子稱北宮黝者爲近殆儒而俠者也孟子謂孟施舍似曾子北宮黝似子夏倘曾子子夏之說皆本於漆雕之儒然則禮記儒行一篇者未必非漆雕之儒傳之也孟子稱孔氏言志士不忘溝壑之義未必非漆雕之緒論也惟孟子言四子之勇而子夏之說無聞焉韓詩外傳亦言子夏與公孫悁論勇謂所貴爲士者上攝萬乘下不敢敖乎匹夫一章足以補孟子之所遺乎家派之學蹤微足徵特綜輯之事雖耳益備錄韓詩之文於後亦存孤緒絕學之義歟蓋墨氏之徒可使赴湯蹈火而孔氏之言三軍可奪帥匹夫不可奪志爵祿可辭白刃可蹈及答子路問強孟氏之言大丈夫知墨固俠而儒亦言俠也孟施舍之視不勝猶勝以能無懼爲勇此正吳越春秋所述要離之說勇之有其道俠之有其義以固原憲之所以著於游俠列傳知其事之固有自來也

北周職官考

李源澄

周書盧辯傳云，初大祖欲行周官，命蘇綽盧辯掌其事，未及而綽卒，乃令辯成之。於是依周禮建六官，置公卿大夫士，並撰次朝儀車服器用多依古禮蕩滌魏之法事並施行又云辯所述六官太祖以魏恭帝三年始命行之自茲厥後世有損益宣帝嗣位事不師古官員班品隨意變革至如初置四輔官及六府諸司復置中大夫並御正內史增置上大夫等則，較然外史徐與朝出夕改莫能詳紀。北周一代官制之史迹大略如此然面未盡當世周書武帝本紀建德二年省六府諸司中大夫以下官腐置與司以下大夫爲之官長上士貳之盧辯傳謂六府諸司復置中大夫不言武帝之省而邊言宣帝之復置，則文義不明明帝紀武成元年壇置御正四人位上大夫，則以御正爲上大夫不自宣帝始。申徽傳官明帝以御正任總絲綸更崇其秩鷲上大夫夔固人號大御正又以徽爲之寫之寫宣帝紀大象元年內史御正皆置上大夫鄭譯傳云遷內史上大夫灌爾沛國公上大夫之官自譯始也內史固然御正位上大夫何以亦歸之宣帝連鑭及之耶？廢而復置耶？以北史校周書疑周書文有殘闕，然北史所叙亦未能翔寶也。

周書武帝紀云大統中乃命蘇綽盧辯依周制改創其事尋亦置六卿官然爲撰次未成衆務猶歸臺閣至是始畢，乃命行之。其時爲魏恭帝三年先是魏廢帝三年作九命之典以敍內外官爵盡革創於大統頒布於魏廢帝三年實行於魏恭帝三年至隋文篡位之日而廢其中沿革之可爲見者如孝閔帝紀云省六府士員三分減一武帝紀天和五年省師都督官。建德二年至隋文篡位省六府諸司中大夫以下官又云省置外諸官皆爲丞此省官也武帝紀建德二年復置師都督官與

四一

宣帝復置中大夫此省而復置也武帝紀保定四年改體都為司宗大司禮為禮部大司樂為樂部改御伯為納言建德二年壞改東宮官員四年改置宿衛官員改置司內官員此改官也武帝紀建德二年初置太子建議員四人文學十人皇弟皇子友昌各二人學士六人囧年初置警蹕器監初置上柱國大將軍官宣帝紀大象元年初置圍輔官此新置官也北周雖歷年求遠而官制之故變則大無怪慮詳傳云其紀傳內更有餘官而於此不載者亦史闕之故今狐作史於北周官制已不能露曲備詳由置官不依憲章漢耳然又吾史雖具載文多不錄,是則北周最初之官是今狐作史胡三省注通鑑於北周官制惟讓達與唐六典與五代史志以釋之知其時可以解釋北周官制之材料僅此而止今隋書百官志又多闕遺胡三省所徵引之文鮮有存者奉通典唐六典尚任於北周官制尚不致有俄空之歎矣通典與秩品備載六官彙職吾嘗從北朝護史鉤檔彙官欲為之注嫌其不全不備而止即使為之亦無益於北周官制蓋所以究心於官制者在明其職掌徒有其名不識其義何貴有此唐六典通典二書皆以唐官為主而附見歷代官聯雖出於此掘亦可以藉此得其仿彿惜散見名餘之下不顯其用今故綴次為一編以著其為後出之側、通鑑卷一七一胡注云左傳宋平公曰,百官志又多闕遺胡三省所徵引之文鮮有存者奉通典唐六典尚任於北周官制尚不致有俄空之歎矣通典與秩品所見官名其品欲異者與其官名不見於此者綴為一編、通鑑卷一七一胡注云左傳宋平公曰,司武而祜於朝社項注曰司武可為周建六官已有大司馬司武蓋其屬也即由不知司武為後起之官乃疑周官既有司馬又有司武又不見於通與彙職之中故云蓋其屬也)雖不能明其變革之故而通與所根據材料之性質可藉此而益明為胡注旅引五代史志見於隋書者僅一條今綴拾遺文於隋書亦可補其遺闕昔八究心於北周官制者以胡三省通鑑注為最然不全不備於一代官制如泰山之一毫毛耳又每為臆說頗不雅馴如少內史之少必曰當作小不

北周職官考

北周書蕭之子於周書少司空之類正之謂與小濡則可謂當作小師似據諸史來細究矣清人
諸啓昆西魏書官制可謂究心一代創作然其六病在不知通典之性質往往以後起之官補之以不誤為誤其書全無
是體然北周以何義而舉官制乎官名雖襲周官其性質為周官乎抑漢魏官乎隋文受禪蓋變周官尚有所承用乎此
為所應知者又不可以不略論矣周書太祖紀云初太祖以漢魏官繁思革前弊大統中乃命蘇綽依周制改創其
事是其用意在於省官又北朝學術卑視魏晉遂成復古之風領蘇綽之改官制與其擬大誥同一用心二者相合遂有
北周之擬周官周書李彥傳云六統十二年省三十六曹為十二部令存於六官中者有民禮樂兵刑膳工賓薦計虞駕
吏十三部武帝紀云保定四年改禮部為司宗大司樂為樂部不言改樂部為某官以初無樂部可證之
於通典則六官之中已有魏晉官制不僅武職而已然以唐六典通典所言職掌觀之亦非實複故名雖襲於漢魏而不
失為周官系統然周為用武之國宇文護楊堅皆以都督諸軍寧為大冢宰故五府統於天官通典以冢宰在周為宰相
之任是也而其所以重則為他故也故周代掌宿衛總軍旅之官特重皆以親信為之其次則為司會以財用之所出也。
而宇文護中外府楊堅丞相府之職恆位卑而權重故北周一代實權之所在非一讀官典可會以知也隋以內史納言為
宰相納言之重在武帝以後周書李昶傳云（保定時）以近侍清要盛選圖華乃以昶及安昌公元則中都公陸逞
瑕淄公唐瑾並為納言內史世宗初授內史中大夫其職尤親
還傳云內史御正職在弼諧省須參議共治天下隋書房陵王勇傳云進位上柱國大司馬領內史御正。
相通通鑑卷一六八朝詮云周書申徽傳曰御正任專絲綸蓋中書舍人之職也北史盧辯傳武成元年增置御正四人

位上大夫考之廬六典，賜曰後周依周官置內史中大夫掌王言，蓋比中書監令之任，後又增爲上大夫，小史下大夫比中書侍郎之任，小與上士比中書舍人之任，然則爲御正者亦代言之職，往帝寵者又親密於中書隋以衛宏達兼湯內史門下二省爲機近之官高祖受禪萬頻以侍左僕射兼納言李德林爲內史蓋以內史職蒙綸誥必有專司而納言爲侍從之官可以參掌他隋之置此二職不獨承宣帝以來之舊事然。

天官　大冢宰　小冢宰　司會宗師　左宮御正御伯主膳，太府計部等中大夫小宗師　小左宮伯　小御正　小膳部　太醫小醫小計部等下大夫。小宗師　小右宮伯　左中侍小御正　主織御伯等式小膳部內膳外膳　小醫正瘍醫太府玉府外府左府縫工染工小計部　掌納等出內司奄等上士。司會宗正右侍右後侍主織司服給事掌式內膳外膳典庖典酒正館藏掌醴司鼎俎醫正瘍醫內府外府右府縫工染工　掌納等出小司服內小臣奄內司服奄典婦工奄巷伯等中士　司會旅宗正司騎宗侍右動侍主璽食醫外膳與庖酒正館藏掌醴司鼎俎掌冰主藥醫正內小臣奄內司服奄與婦功奄巷伯奄等下士。

三孤　少師少傅少保。

三師　太師太傅太保。

地官曹舍

地官　大司徒小司徒鄉伯左右遂伯每方稍伯每方縣伯每方畿伯每方載師師氏等中大夫小鄉伯鄉大夫每鄉小遂伯遂大夫每遂小稍伯稍大夫每稍小縣伯縣大夫每縣小畿伯畿大夫每畿小載師小師氏保氏司倉司門司市廛

部，等下大夫民部，小鄉伯鄉正，州長每州小逾伯，逾正，小稅伯，稅正，小載師，司農司，均司賦，司役小師民保氏司諫司救司媒，小司倉小司門小司市小廩部等上士民部更，小鄉伯鄉正州長每州小逾伯，逾正，小稅伯，稅正，小載師，司農司，均司賦，稅伯稍正小縣伯畿正小機伯讖正，司封司役，司鹽掌鹽地中士掌遺典牧典牛司諫司救司媒土訓誦訓，神倉黍倉稷倉稻倉豆倉麥倉米倉鹽倉麴倉興䱷倉與典禮掌窖墓盂府城門司關均工平準泉府山虞澤虞林衡川衡掌園䱷，掌囷掌炭掌鬻等中士黨正齻蠟司蠟罽掌堰典牧典牛司讖與神倉黍倉稷倉稻倉豆倉麥倉米倉鹽倉與麴典春典禮掌節宮門，城門司關均工平準泉府山虞澤虞林衡川衡掌園䱷掌囷掌炭掌鬻等下士。

春官　大宗伯外宗伯禮部，守廟，典祀內史太史大司樂等中大夫小守廟小典祀小內史外史司命小司樂太學博士太卜太祝司車路夏采等下大夫禮部小與祀司郊，小與祀司祼小命司祼小史祼相保章小司樂太學助教小學博士樂師小卜小祝小司車路守陵等上士禮部司几筵司鑰蠻寧鬱司䱷小典命司雞司御史小典著作典瑞典服司祼司元治禮司調瑪相保章小學助教樂胥司歌司鍾司磬司鼓司吹司舞司簫章散樂典夷樂典庸器鬱占筮占夢占視䃢司巫喪祝司郊掌蟇職喪等中士禮部旅小守廟祀司几筵司鑰彝掌鬻司䲆司豚司祼祼祼祼祼御史校書與瑞與服，司大路司車司常小夏采掌幕職喪等下士。

夏官　大司馬小司馬。職方更部右武伯兵部大馭司右大馭小司右武伯小兵部，小駁戎馭齊馭小司右戎右齊右司射小馭部小武藏等下大夫車司馬小職方小更部司勳司錄小右武伯右

賁率右射聲率右驍騎率右羽林率右游擊率小兵部武環率武侯率司烜道馭田馭小司賓右道右小司射司仗小田駕部左庶右庶典牡典獸醫等上士軍司馬士方山師川師懷方訓方司十司勳司鑣右虎賁率右旅賁率右射聲率右驍騎率右羽林率右游擊倅長司固司火司辰術枚司仗左庶右庶典牡典獸醫司絇司矢司甲司稍司刀盾等中士軍司馬士方山師川師懷方訓方右虎賁倅長右驍騎倅長右羽林右游擊倅長武環倅長武候倅長司火司辰術枚右庶閽長典獸醫司絇司弓矢司甲司刀盾等下士

秋官 大司寇小司寇司憲荊部蕃部賓部等中大夫小刑部司刺鄉法遂法稍法縣法畿法方憲小掌朝布憲小蕃部小賓部司要田正司隸東掌客南掌客北掌察小司寇要小田正小司隸等上士司憲司刺鄉法遂法稍法縣法畿法方憲司約司盟職金掌壁司厲氏司調司枹司蠟掌犬司迹弋禽捕獸掌皮弸妖翦蠹庶掌罪隸掌夷隸掌蠻隸掌訝司環野廬象諝掌財賄司烜伊耆修閭掌瑾禁殺戮禁游暴司寤掌交司匡司隸東掌客南掌客西掌客北掌察司約司盟職金掌壁司厲氏司調司枹司蠟掌犬司迹弋禽捕獸掌皮弸妖翦蠹庶掌罪隸掌夷隸掌蠻隸掌訝司環野廬象諝掌財賄司烜伊耆小刑掌囚掌察司約司盟職金掌壁司屬修閭掌瑾禁殺戮禁游暴司寤掌交司匡司隸東掌客南掌察小司寇小司隸等上士小刑部司刺鄉法遂法稍法縣法畿法方憲小掌朝布憲小蕃部小賓部小掌交司匡司隸東掌客南掌

冬官 大司空小司空匠師司木司土司金司水等中大夫小匠師小匠師內匠外匠掌材小司木小司土小司金小司水典窒小司玉小司皮司色司織氏司調司柩司蠟掌犬司迹弋禽捕獸掌皮弸妖翦蠹庶掌罪隸掌夷隸掌戎隸掌狄隸掌徒等下士。

司卉等下大夫工部小匠師內匠外匠掌材小司木小司土小司金鍛工函工小司水典窒小司玉小司皮司色司織小司卉上士工部內匠外匠司量司準司度掌財車工角工轂工器工弓工箭工廬工復工陶工塗工典草冶工鑄工鍛工

函工雕工典甕掌津舟工典魚典鱉䱷工鼈工石工裘工履工鞄工韗工韋工膠工氎工繢工漆工油工弁工纖絲織綵，織枲織組竹工籍工筙工紙工等中十工。部旅司暨司準司皮掌材車工角工礜工器工弓工盧工復工陶工塗工典草冶工鑄工鍛工函工雕工典甕掌津舟工典魚典鱉䱷工鼈工石工裘工履工擲工韗工韋工膠工氎工繢工漆工油工弁工織絲織綵棏枲織組竹工籍工筙工紙工弓工等下士。

以上據通典所列六官衆職，蓋最初之官典也。其後迭有增損改易，其可考見者錄之於此。

御正上大夫　周書明帝紀武成元年增置御正四人位上大夫通典御正中大夫也。

左右武伯　周書武帝紀保定四年詔左右武伯各置中大夫一人通典有右武伯位中大夫，無左武伯。

司宗　周書武帝紀保定四年改禮部爲司宗通典無司宗官。

樂部　周書武帝紀保定四年改大司禮爲禮部大司樂爲樂部通典禮部大司樂位中大夫，而無樂部，明其爲武帝以前之官制也。北史盧辯傳云尋又改典命爲大司禮通典有典命下大夫無大司禮明其爲最初之官制也。惟周書厯瑾傳云官樂部下大夫豈武帝省中大夫耶。

納言　周書武帝紀保定四年改御伯爲納言通典有御伯無納言。

文學博士　周書蕭撝傳高祖以撝與王褒等四人爲文學博士通典無。

軍器監　周書武帝紀建德十一年初置營章器監。

四輔官　周書宣帝紀大象元年初置四輔官。

四七

丞相 通典云其總亦置左右丞相大象二年以楊堅爲大丞相遂罷左右丞相官。

司武司衛 周書武帝紀建德四年改置宿衛官員。北史盧辯傳云又改置衛宿官員司武司衛之額皆後所增改。通典無司武司衛隋書李詢傳云高祖爲丞相遷左司武上大夫。盧賁傳云轉司武上士時高祖爲大司武。北史隋文帝紀云遷大後丞右司武。隋書觀德王雄傳云累遷右司衛上大夫周書竇熾傳云歷右司衛上大夫字文孝伯傳云授司衛上大夫總宿衛兵馬轉然尉遲運爲司武在武帝改置宿衛官員之前與盧辯之言又不合也。

候正前驅戒道武賁 四者逆見周書宣帝紀。

以上諸官其改置之時皆有明文可考其餘不知其爲何時所改置爲尤衆。

民部中大夫 見於周書孝閔紀于寔傳郭彥傳北史薛端傳通典惟有民部吏上士。

軍正中大夫 見周書劉雄傳北史皮景和傳通典無。

司倉中大夫 見周書侯植裴俠傳梁昕傳北史杜杲傳通典司倉位下大夫。

司邑下大夫 見周書王悅傳通典無。

伏飛中大夫 見周書竇熾傳隋書竇榮定傳。

布憲中大夫 見周書敬珍傳寇儁傳北史梁毗傳通典布憲爲下大夫。

舍人上士 見周書裴果傳隋禮儀志逵先傳通典無。

小府下大夫 見周書韋瑱傳隋書韋師傳通典無。

右大夫　見周書宇文神舉傳通典無。
司書上士　見周書顏之儀傳通典無。
英果中大夫　見隋書李詢傳宇文述傳通典無。
中旅中大夫　見隋書韓擒壽傳通典無。
勁挺左旅上大夫　見北史權武傳通典無。
勇猛中大夫　見隋書竇奚達長儒傳通典無。
前驅中大夫　見隋書伊婁謙傳通典無。
右旅下大夫　見隋書乞伏慧傳通典無。
熊渠中大夫　見隋書乞伏慧傳通典無。
果毅左旅中大夫　見隋書楊文思傳通典無。
折衝中大夫　見隋書和洪傳通典無。
武賁中大夫　見隋書豆盧通傳通典無。
少師右上士　見隋書李文傳通典無。
侍伯上士　見隋書韓增壽傳韓洪傳通典無。
勳中大夫　見隋書杜整傳通典有司勳上士。

北周職官考

御飾　見隋書可朡傳通典無。

左親信　見北史李圓通傳通典無。

右忠翊　見北史于璽傳通典無。

司正大夫　見北史崔仲方傳通典無。

承御大夫　見北史劉行本傳通典無。

承御上士　見北史劉方傳通典無。

典馭下大夫　見北史董純傳通典無。

員外散騎侍郎　見隋書牛弘傳通典無。

右光祿大夫　見周書黎景熙傳通典無。

右金紫光祿大夫（同右）

此雖未能盡亦可見周官時有更改，而通典秩品所載為最早之官典。其餘東宮官外官及拜相二州東宮六府官省不錄令狐作周書已詳紀傳內官史有闕文今欲一一詳其源委以為補志非愚則誣矣。

周官職掌

唐六典

太師太傅太保　後周依周官，以太師太傅太保為三公，不置府僚。（太師太傅太保）

大冢宰　後周依周官置大冢宰卿一人七命（吏部尚書）

小冢宰中大夫　周之天官小宰後周依周官（侍郎）

下大夫　周官太宰屬官董郎中之任也後周依周官（郎中）

上士　周官太宰屬官蓋今員外郎之任也後周依周官（員外郎）

司勳上士　後周夏官考司勳上士八人掌六勳之賞（司勳郎中）

大司徒　後周依周官置地官府大司徒。（戶部尚書）

小司徒中大夫　周之地官小司徒中大夫也後周依周官（侍郎）

下大夫　周官司徒屬官有下大夫，後周依周官。（郎中）

上士　周官司徒屬官有上士，後周依周官。

大宗伯　後周依周官置春官府大宗伯卿一人。（禮部尚書）

小宗伯中大夫　周官大宗伯屬官小宗伯中大夫也，後周依周官。（侍郎）

下大夫　周官大宗伯屬官有下大夫後周依為，蓋郎中之任也後周依周官。（郎中）

上士　周官大宗伯屬官有上士後周依焉蓋今員外郎之任也（員外郎）

興屬中大夫　後周春官府有興屬中大夫（祠部郎中）

大司馬　後周依周官置大司馬卿一人（兵部尚書）

北周職官考　五一

小司馬中大夫　周官夏官小司馬中大夫也，後周依周官。

軍司馬下大夫　周官大司馬屬官有軍司馬下大夫，後周依周官蓋郎中之任也（郎中）

輿司馬上士　周官大司馬屬官有輿司馬上士，後周依周蓋員外之任也（員外郎）

職方氏中大夫　周禮夏官有職方氏中大夫之職掌天下之地圖主西方之職貢職方郎中之任也後周依周官（職方郎中）

駕部中大夫　後周夏官府有駕部中大夫一人（駕部郎中）

小駕部上士　後周夏官府有小駕部上士一人蓋駕部員外郎之任也（員外郎）

武藏中大夫　後周夏官府有武藏中大夫一人（庫部郎中）

小武藏下大夫　周禮夏官卿有司兵中士後周有小武藏下大夫一人。員外郎）

大司寇　後周依周官置大司寇卿一人（刑部尚書）

小司寇中大夫　周之秋官有小司寇中大夫後周依周官。（侍郎）

小刑部　後周秋官府有小刑部卿一人。

上士　周禮大司寇屬官有上士後周依爲（員外郎）

司隸　後周置秋官府有司隸之職掌諸姦男女男子入於罪隸女子入於舂稾之事蓋比今都官郎中之任也。（都官

郎中）

司厲下士　周禮秋官有司厲下士二人，蓋男女奴蓋比今都官男女郎之任也，後周閽依焉（員外郎）

計部中大夫　後周天官屬官有計部中大夫蓋裘任也（比部郎中）

司門大夫　周禮地官徒屬官有司門次大夫掌授管鍵以啓閉國門後周依周官（司門郎中）

小司門上士　周禮有司門上士後周有小司門上士（員外郎）

大司空　後周依周官置大司空卿一人。（工部尚書）

小司空中大夫　蓋周之小司空中大夫也後周依周官。（侍郎）

小司空小大夫　後周置冬官小司空小大夫（郎中）

小司空上士　後周依周禮置小司空上士蓋員外郎之任也（員外郎）

虞部下大夫　後周冬官府有虞部下大夫一人（虞部郎中）

山虞澤虞中士　後周依周官有山虞澤虞中士蓋今虞部員外郎之任也（員外郎）

司水中大夫　後周冬官府有司水中大夫。

小司水上士　後周冬官府有小司水上士，則水鄰員外郎之任也。（員外郎）

御伯中大夫　後周天官府置御伯中大夫二人天子出入則侍中左右大祭祀盥洗則受巾武帝改御伯為納言蓋侍中之職也宣帝末又別置侍中為加官（侍中）

御伯下大夫　後周天官府置御伯下大夫二人武帝改曰納言下大夫掌上大夫之職。（黃門侍郎）

給事中士　後周天官府置給事中士六十人掌理六經及諸子詩賦事於帝左右其後六官之外又別置給事中四人。

（給事中）

散騎常侍　後周散騎常侍爲加官。（左散騎常侍）

保氏下大夫　後周地官府保氏下大夫一人掌掫諫者其任也。（諫議大夫）

外史　後周春官府置外史掌書書及詔作以爲國志即其任也（起居郎）

宮門中士　後周地官府置宮門中士二人下士二人掌皇城五門之禁令又置城門中士一人下士二人掌皇城門之禁令蓋并其任也。（城門郎）

主璽下士　後周天官府置士四人分掌神璽傳國璽與六璽之職。（符寶郎）

榮文館　後周有崇文館校理咸司撰著試聽生徒蓋今宏文館之任也（宏文館學士）

內史中大夫　後周依周官春官府置內史中大夫二人掌理言義比中書監令之任也後又增爲上大夫（中書令）

小內史下大夫　後周依春官府置小內史下大夫二人蓋比中書侍郎之任也（中書侍郎）

小史上士　後周春官府置小史上士二人蓋比中書舍人（中書舍人）

著作上士中士　後周有著作上士掌國史錄春官府（史館史官）

外史下大夫　後周春官府置外史下大夫掌籍籍比祕書監之任也（祕書省監）

小外史上士　後周奉官府有小外史上士之職薰誠曹丞之任也（丞）

著作中士　後周春官府置著作中士四人即著佐郎之任也（著作佐郎）

太史中士　後周春官府置太史中大夫一人掌歷象之法（太史局）

太史　後周春官府置太史葢即有保章上士中士之職即其任也（保章正）

內膳上士　後周有司膳上士二人中士四人凡進食必先嘗之（尚食局奉御）

司膳上士　後周內膳有土食十二人（主食）

司服上士　後周有司服上士二人中士二人（尚衣局奉御）

左右廄　後周左右廄各有奉乘二十人。

取夫　後周左右廄各有取夫一百三十人（習馭）

司車輅　後周則司車輅主之（司輦局奉御）

外官　後周亦擬外實置內體（宮官）

皇后衣　後周皇后衣十二等（尚服）

司內上士　後周內中士巷伯中士

司憲中大夫　後周秋官置司憲中大夫二人掌丞司憲之法以左右刑罰蓋比御吏中丞之職也（御史中丞）

司憲中士　後周秋官有司憲中士（侍御史）

北周職官考

五五

司憲旅下士　後周秋官府有司憲旅下士八人（監察御史）

宗伯　後周爲宗伯（太常寺卿）

小宗伯　後周爲小宗伯（太常少卿）

太祝下大夫　後周太祝下大夫一人（太祝）

治禮中士下士　後周治禮中士一人下士一人（奉禮郎）

司郊上士中士　後周有司郊上士二人中士一人，又有司𧘂中士一人下士一人。（南京郊𧘂署令）

每陵上士一人　後周每陵上士一人（陵署令一人）

司樂　後周有司樂上士中士（太樂署令）

樂師　後周依周官置樂師上士一人中士一人（樂正）

太醫小醫　後周有太醫下大夫小醫上士（太醫署令）

醫正　後周有醫正上士中士下士（醫監一醫正）

醫正　後周醫正有醫生三百人（醫生）

太卜下大夫小卜上士龜占中士　後周有太卜下大夫，小卜上士，又有龜占中士（太卜署令）

粪庖中士　後周有典庖中士一人（太官署令）

內膳中士　後周內膳有中士四人（丞）

內膳主食　後周內膳有主食十二人。（監膳）

肴藏中士下士　後周有肴藏中士一人下士一人（珍羞署令）

酒正中士下士　後周有酒正中士二人下士一人。（良醞署令）

掌醢中士下士　後周有掌醢中士一人下士二人醢署令一人（掌醢署令）

司甲下大夫司弓矢下大夫司兵中士司戈盾下士　周禮有司甲下大夫司弓矢下大夫司兵中士司戈盾下士並武庫之任也後周依周官（武庫令）

司寂司元　後周有司寂上士中士掌法門之敎又有司元中士下士掌道門之敎（崇元署）

太僕下大夫　周禮有太僕下大夫二人後周依周官（太僕寺卿）

左右廄各上士一人　後周有左右廄各上士一人。（典廄署令）

典牡典牝典驢典羊典牛　後周典牡典牝上士一人中士一人有典驢典羊典牛各有中士一人（上牧監）

小賓部下大夫　後周有小賓部下大夫一人（鴻臚少卿）

賓鄽上士（丞）

掌客　後周有東南西北四掌客各上士一人（典客署令）

司儀上士中士　後周司儀上士一人中士二人（司儀署令）

北周職官考

五七

司農上士　後周依周官有司農上士一人，掌三農九穀稼穡之政令（司農寺卿）

司農中士　後周司農有中士一人（少卿）

司倉下大夫　後周有司倉下大夫。太倉署令）

太府上士　後周有太府中大夫，後周有計部中大夫。

太府中大夫計部中大夫　後周有太府中大夫又有計部中大夫。（太府寺卿）

小司市上士下士　後周有小司市上士下士一人。（丞）

司市大夫　後周司市大夫一人亦丞之任也（兩京諸市署各令）

平準中士下士　後周有平準中士下士。（平準署令）

外府上士中士　後周有外府上士中士二人，掌絹帛絲麻皮骨筋骨之藏。（左藏署令）

太學博士下大夫　後周置太學博士下大夫六人班第四（太學博士）

太學助教上士　後周置太學助教上士六人三命（助教）

染工上士司色下大夫　後周有染工上士一人又有司色下大夫一人。（染織署令）

冶工中士鐵工中士　後周有冶工中士一人又有鐵工中士一人。（掌冶署令）

匠師中大夫司木中大夫　後周有匠師中大夫一人，掌城郭宮室之制及諸器物瓊甓又有司木中大夫一人，掌木工之政令（將作監大匠）

少師下大夫　後周有少師下大夫一人。(少匠)

匠師上士　後周匠師上士一人。(丞)

掌材上士　後周有掌材上士。(左校署令)

掌材中士　後周有掌材中士二人。(丞)

陶工中士　後周有陶工中士一人，掌為鎔範匏瓬等器。(甄署令)

都水監使者　司水中大夫　後周有都水監使者又有司水中大夫。(丞)

舟工中士　後周有舟工中士一人。(舟檝署令)

掌津中士　後周有掌津中士一人，掌津渡川瀆之別，而為之橋梁。(諸津令)

左右曉騎率上士二人　後周有左右曉騎率上士二人。

武環率武候率上士下大夫二人　後周置武瀍率武候率各下大夫二人(左右金吾衛大將軍)

左右羽林率各上士二人中士二人　後周有左右羽林率各上士二人中士二人，掌羽林之士。(左右羽林軍衛大將軍)

通與

三公三孤四輔　後周置六卿之外又改三司官，謂之三公，兼置三孤以貳之。(少師少傅少保)而以司徒為遂官大司馬為夏官司空為冬官，如姬周之制無復太尉三師之號宣帝又置四輔官。(以大冢宰越王盛為大前疑蜀國公尉遲迥

北周職官考　五九

為大右弼，申國公李穆為大左輔，隋國公楊堅為大丞從丞。）（三公）

天官大冢宰　後周文帝又依周禮建六官，遂置天官大冢宰卿一人。（掌邦治以統邦之大輿，佐皇帝治邦國。）

大司徒　後周冬司徒為地官卿。（掌邦教職如周禮）（司徒）

大司空　後周為冬官謂之大司空卿（掌邦事，以五材九範之徒佐皇帝富邦國，大祭祀行灑掃廟社四望則奉豕牲。

（司空）

大司馬　後周為夏官謂之大司馬卿，掌邦政，以總邦國之九法，佐皇帝平邦國，大祭祀宿衛廟社則奉羊豕。（司馬）

大冢宰　後周大冢宰亦置其任也。其後大象二年以楊堅為大丞相，遂能左右丞相官（丞相）

御伯中大夫　後周初有御伯中大夫二人，掌出入侍從屬天官府保定四年改御伯為納言斯侍中之職也宣帝末又

別置侍中為加官。（侍中）

御伯下大夫　後周天官府置御伯下大夫二人武帝改為納言下大夫（門下侍郎）

給事中士　後周天官之屬有給事中士六十人掌供六經給事左右其後別置給事中在六官之外（給事中）

保民下大夫　後周地官保民下大夫規諫於天子蓋此其任也（諫諫大夫）

外史　後周有外史掌書王言及勳作之事以為識志卽起居之職又有著作二人掌綴國錄則起居著作之任圖此兩

司也。（令起居）

宮門上士下士　後周地官府置宮門上士一人下士二人，掌皇城下二門之禁令蓋並其任（城門郞）

士重下士 後周有本軍下士掌開闔之數（符寶郎）。

內史中大夫 後周置內史中大夫二人掌王言亦其任也（中書令）

小史上士 後周有小史上士二人此其任也屬春官（中書舍人）

麟趾殿學士 後周有麟趾殿學士皆掌著述（集賢殿書院）

吏部中大夫 後周有吏部中大夫一人掌羣臣及諸子之簿辦其貴賤與其等歲歲登下烝損益之數依六勳之賞頒

祿之差 小吏部下大夫一人掌貳吏部之事領司勳上士等官屬大司馬（吏部尚書）。

司勳上士 後周吏部有司勳上士一人掌六勳之賞以等其差如古之主司（司勳郎中）

大司徒大夫 後周置大司徒大夫二人掌承司徒卿一人如周禮之綱其教以籍帳之法贊計人屬有民部中民之眾

寡。（疑有錯落）（戶部尚書）

小司徒中大夫 蓋周官小司徒中大夫頗同其任後周依周官。（戶部侍郎）

司倉下大夫 後周有地官屬司倉下大夫（倉部郎中）

禮部 後周置春官卿又有禮部而不言職事後改禮部為宗伯又春官之屬有典命掌內外九族之差及王器衣服之

令沙門道士之法後改典命為大司禮後改禮部附之禮部大夫。禮部尚書）

小宗伯中大夫 周官春官小宗伯中大夫頗同今任後周依周官（禮部侍郎）

肆師下大夫 周官春官肆師下大夫亦頗同今任後周依周官（禮部郎中）

祠司上士　周禮四司上士後周依焉（禮部員外郎）

與祠中大夫　後周有與祠中大夫（祠部郎中）

膳部大夫　移周有膳部大夫一人亦掌飲食屬大冢宰（膳部郎中）

大司馬　後周置大司馬其屬又有兵部中大夫小兵部下大夫其職並闕（兵部尚書）

職方氏　周禮夏官職方氏掌天下之圖辨九州之國後周依周官（職方郎中）

職方上士　周禮夏官職方上士後周依周官（職方員外郎）

駕部中大夫　後周有駕部中大夫屬夏官（駕部郎中）

與上士小駕上士　周官有與上士後周有小駕上士蓋其任也（駕部員外郎）

武藏中大夫　後周有武藏中大夫。

小武藏下大夫　後周有小武藏下大夫（庫部郎中）

大司寇　後周秋官大司寇卿掌刑邦國其屬官又有刑部中大夫掌五刑之法。（刑部尚書）

小司寇中大夫　周官小司寇中大夫後周依周官（刑部侍郎）

小脩部　後周有小脩部屬下大夫屬秋官府。（刑部郎中）

司厲　後周則曰司厲。（都官郎中）

司厲下士　後周司厲下士（員外郎）

針部中大夫　後周曰計部中大夫（比部郎中）

司門下大夫　周禮地官有司門下大夫，掌授管鍵啟閉，後周依周官。（司門員外郎）

司門上士　周官有司門上士，後周依焉。（司門員外郎）

大司空　後周有冬官大司空卿，掌五材九範之法也。屬工部中大夫二人承司之事，掌百工之籍，而理其禁令。（工部尚書）

虞部下大夫　後周有虞部下大夫一人掌山澤草木鳥獸而阜蕃之。又有小虞部並屬大司馬。（虞部郎中）

司水大夫　後周有司水大夫。（水部郎中）

小司水上士　後周有小司水上士。（員外郎）

司憲中士　後周有司憲中士闕其任也。（侍御史）

司憲上士　後周有司憲上士二人亦其任也。（持御史）

司憲中大夫　後周有司憲中大夫二人掌司寇之憲辦國之五禁亦其任也。（御史中丞）

旅下士　後周旅下士八人蓋其任也。（監察侍御史）

大宗伯　後周建六官置大宗伯卿一人掌邦禮以佐皇帝和邦國。（太常）

太祝下大夫　周官太祝下大夫二人上士四人掌六祝之辭以祈福祥，後周依周官。（太祝）

理禮中士下士　後周有理禮中士下士各一人。（奉禮郎）

司郊上士中士司社中士下士　後周有司郊上士中士司社中士下士（兩京郊社署令）

大司樂　後周有六司樂掌成均之法後改爲樂部，有上士中士（太樂署）

太醫下大夫　後周太醫下大夫（太醫署）

太卜大夫小卜上士龜占中士　後周有太卜大夫小卜上士龜占中士（太卜署）

奠庖中士內膳中士　後周有奠庖中士內膳中士（太官署令）

饎藏中士下士　後周有饎藏中士下士（珍羞署令）

酒正中士下士　周官有酒正中士下士掌酒之政令後周如古周之制（良醞署令）

掌醢中士下士　後周有掌醢中士下士（掌醢署令）

司甲司弓矢等下大夫司戈盾等中士下士　周官司甲司弓矢等下大夫司戈盾等中士下士蓋其任也後周如周官。

（武庫令丞）

宗師中大夫　後周有宗師中大夫掌皇族之世系辨昭穆訓以孝悌屬大冢宰（宗正卿）

司寂上士中士崇元中士下士　後周置司寂上士中士掌法門之禁又置崇元中士下士掌道門之禁（崇玄署）

太僕下大夫　周官有太僕下大夫掌正王之服位出入王之大命後周如古周（太僕）

左右廐令上士中士一人　後周有左右廐令上士一人。（廐署）

典牝典牡上士中士　後周曰典牝典牡上士中士又有典駝典羊典牛中士（諸牧監）

刑部中大夫　後周有刑部中大夫掌五刑之法附萬人之罪屬大司寇。(大理)

掌客上士下士　後周置東南西北四掌客上士下士。(鴻臚)

司儀上士中士　周官有司儀上士中士後周置上士等員。(司儀)

司農下大夫　後周有司農上士　人掌三農九穀稼穡之政令屬大司徒。(司農)

司倉下大夫　後周有司倉下大夫。(太倉署)

太府中大夫　後周太府中大夫掌貢賦貨賄以供國用屬大冢宰。(太府)

太府上士　後周曰太府上士。(太府丞)

司市下大夫　後周司市下大夫。(諸市署)

平準中士下士　後周曰平準中士下士。(平準署)

外府中士下士　後周曰外府中士下士。(左右藏署)

祕書監　後周曰祕書監亦領著作監掌國史。(祕書監)

祕書丞　後周祕書為祕書丞,祕書雖領著作不參史事因蚪為丞,始命監掌焉。(祕書丞)

校書郎下士　後周有校書下士十二人屬春官之外史。(祕書校書郎)

著作郎上士中士　後周有著作上士一人中士四人掌綴國錄屬春官之外史。(著作郎)

內膳上士中士　後周有內膳上士中士凡進食先嘗之。(尚食)

北周職官考　　六五

尚服上士中士　後周有尚服上士二人中士二人（尚衣）

司辂輅　後周有司車輅主之（尚輦奉御）

司內上士小司內中士巷伯中士　後周有司內上士小司內中士巷伯中士等官（內侍）

司織下大夫　後周有司織下大夫（織染署令）

冶工鐵工中士　後周有冶工鐵工中士（掌冶署）

匠師中大夫司木中大夫　後周有匠師中大夫掌城郭宮室之制，又有司木中大夫掌木工之麤令（將作）

匠師中士　後周曰匠師中士（將作丞）

太學下大夫　後周置太學下大夫六人（太學博士）

舟中士　後周曰舟中士（舟楫署）

左右驍騎率上士　後周有左右驍騎率上士（左右驍衛）

武環率下大夫　後周置武環率下大夫各二人（左右金吾衛）

左右羽林率　後周有左右羽林率屬大司馬（左右羽林衛）

論周官職掌者，以此二書為最備，多比擬立詞，亦可以稍此得其大要。然唐六典與通典論職掌諸文省諭一代沿革之大要，與通典卷三十九論秩品微一時官制，亦不同且其中大異者，如通典卷三十九於小冢宰小司徒小宗伯小司馬小司寇小司空皆上大夫唐六典同省為中大夫通典論職掌諸文於小司徒小宗伯小司寇亦為中大夫與唐六典合

德與通典秩品相違豈究據又為一時之官品耶其餘所謂亦多後來之制按之往往與秩品不合疑則傳疑可也。若夫職掌當來明據通鑑卷一七一周使司城中大夫杜杲聘注云宋以武公名改司空為司城侯國之卿也後周倣威周之遺制必不以諸侯之卿名官蓋彷彿周官掌固之職。司城為中大夫其職非輕而通典秩品不載明，是後亦之制諒與匠師之職相當何與於掌固耶故曰周官職掌當以此二書及五代史志為據無取於推論也。

通典胡注引周官遺文

御正中大夫屬太宰五命（卷一六七注引）五代志周官遺文

後周置徽師掌任土之法辨夫家田里之數會六畜車乘之稽稟賦役歡馳之節糾幾疆修廣之役頒施惠之要將教施之敎（一六九注引）

周置左右武伯掌內外之禁令箓六率之士左右小武伯各二人貳之（一七〇注引）

周置左右宮伯掌侍御在禁密更值於內小宮伯貳之臨朝則在前侍之首行則夾路車左右中侍掌御寢之禁左右侍陪中侍之後左右前侍掌御寢南門之左右左右後侍掌御寢北門之左右（卷一七一注引）

此皆今本隋書所無亦論周官職掌可貴之史料也。

附阌元珍來函

西魏北周及隋所以體兆成統一大業，全在宇文泰周武帝隋文帝頑八以嚴厲之精神力挽頹俗其標明復古不過與時習異耳非真復古也東魏北齊則承北魏遷洛以色澤漓之習始終未改梁陳與兩者宋齊一線相承澆薄加厲。

北省所謂腐化勢力不能範西魏北周及隋此吾人研宇文氏之改官制正文體要當究其命意所在其官制文體之本身實不過為周禮尚書之糟粕毫無價值若取漢魏面還其神不弊刻舟棄劍彼遂遺留至今竟與新莽何殊乎華實之見以供吾兄探擇想高明早已見及待贅述也

交人陶寶南先生深於此學以予有北周職官致之作乃寄書以相啓發其言北周之復古非眞復古蓋在與時俗殊異所見者大突特錄於抽查之後翻與舊考非實爲源澄記

膚淺小書

儒俠皆行於山東而同爲法家之所譏斥自春秋之變而爲戰國官失其學而禮求諸野於是有游學而儒以與游俠之專始亦類此周官司右掌輩右之政令凡軍旅會同合其車之卒伍而比其乘屬其右凡國之勇力之士能用五兵者屬爲輩長政令左氏戒十八年傳荀賓爲右司士屬爲使訓勇力之士時懷材藝勇力者車右也此周制之養武勇之士也左氏文二年傳言秦晉之戰於彭衛之戰晉襄公縛秦囚使萊駒以戈斬之囚呼萊駒失戈狼瞫取戈以斬四禽之以從公乘遂以爲右勇者爲右軍戰之舊也故狼瞫曰吾以勇求右晉詁亦昏小室梁弘御戎萊駒爲右戰之綱目

周爲趙簡子右閩牛體有力士體與之戲弗勝致右爲此會勝著爲右及戰國運戰歷而爲徒兵貨雍列得言齊俗怯於公體勇於特刺此有車右廢而游俠刺客者車右之變亦失而在野之比也

袁昂古今書評校記

馮璧如

淳化閣帖第五卷中有僧虔羊欣書云，「梁武帝評書從漢末至梁三十四人。」等語其餘細考之皆見要錄，則袁昂古今書評也法書要錄但有二十五人諒要錄之多脫佚亦有見於要錄而閣帖佚之者閣帖復有程邈曹喜於要錄為王僧虔錄羊欣采古來能書人名表則實僅三十一人當是智果並舊羊袁兩家語，而皆已殘佚。主著不能審知於與舊時混羊語於袁表中耳御覽七百四十八卷中悉引罄書評計二十三人於要錄閣帖皆有出入張芝驚奇鍾繇特絕一段又勒旨一段閣帖佚之，而御覽固未逸要錄右二十五人表一段則御覽閣帖皆佚之也紬繹袁表，武帝勅昂評書而作乃實苑菁華既著錄復別著梁武帝評書一篇並著顯為陳氏之失嚴鐵橋輯全梁文亦並取御覽頗相出入。因梁武帝評寶苑菁華從要錄誤作武帝評書與閣帖同二篇並著顯為陳氏之失嚴鐵橋輯全梁文亦並取御覽閣帖而容自爲一篇求相參校於至文一書之例已弊。至法書要錄菁華所存則翻未則補之閣帖有柳產評語而梁鵠評語惟茲以閣帖本爲據於摹入曹喜程邈則刪之御覽菁華則有誤刪之閣帖梁鵠評語考之要錄御覽菁華，則爲韋誕評語錄御覽菁華則袁崧評語也諒亦閣帖梁鵠評語考之要錄御覽菁華而梁鵠評語惟要錄猶存閣帖御覽菁華則袁崧評語也。參互校定刪之補之，則所云三十四人居然備在唯要錄復有李斯評云，「爲世冠蓋不易施平」似不應入三十四人之數以評書惟自漢末至梁李斯秦人不可涉及也要錄亦誤王僧虔爲王右軍面右軍鍾繇李飲東范懷約薄紹之五人菁華闕帖皆有而要錄御覽恐佚之閣帖碣有者程曠平蕭思話桓玄孔琳之

袁昂古今書評校記

六九

李巖之五人又為菁華御覽要錄所無。菁華獨有顏騫王襄蕭特王彬之郗愔柳惲庾肩吾等凡八人，要錄閣帖御覽悉無之。王儀同殷鈞曹喜邯鄲淳梁鵠皇象衛恆孟光祿八人各家均有，而菁華又佚之。蓋其獨有者八家，而獨佚舊亦八家。傳本之參差如此，菁華蕭子雲鑒評語，其評語則崔子玉薛曠而又佚崔子玉姓字是皆佚脫之顯然者。袁氏末中亦繫右軍評語於蕭思話發蕭思話評語於薄紹之鍾繇評語亦重附文複奪誤，惟仍其舊，不敢妄施論刪。菁華別著唐人書評有桓玄羊廣（即曠平）蕭子雲三家評語皆同要錄御覽閣帖未審何以又廁入唐人旁之而已。至閣帖與要錄御覽醫苑菁華評語有異同著校之補其佚缺正其訛誤，而乙丞義將菁華溢出八家亦別附於後。袁氏之文庶幾得復其全式古堂書畫彙考清河書畫舫所纖頗有異同亦間取證焉雖有義文亦並著之注中，以袁氏原文不絕如此差有剩語俾方聞之士自取捨之不欲以疏漏遺覽古營懺也。

王僧虔○太平御覽法書要錄僧虔均作右軍　猶如揚州王謝家子弟○御覽要錄醫苑菁華如上無猶字如下無揚州二字又御覽無王字醫畫懷考無篆字　縱橫不端正○御覽要錄正下有者字

體風氣○御覽要錄奕奕作爽爽無皆字菁華風氣作風流骨氣

王子敬嘗○菁華子敬作獻之書下有絕羣絕羣無人可擬八字　如河朔少年○御覽要錄河朔作河洛閒皆充悅○御覽要錄省上有雖字閣帖無今據補菁華省下有悉字要錄省字作有誤　舉體沓擁而不可耐○御覽要錄菁華舉字閣帖無沓擁御覽作蹉跎要錄御覽菁華而作殊要錄菁華作而無不字

羊欣嘗似婢作夫人○御覽要錄等各本似並作如御覽要錄菁華嘗下有大家二字作作爲舊畫舫婢作奴婢　不

塙位置○御覽要錄菁華作雖遜其位　而舉止羞澀終不似異

阮研書如貴冑失品次不復擬突英賢○要錄不得上多叢悴二字御覽不下有能字菁華無次字癸體斥

王儀同書如晉安帝非不處尊位而都無神明○御覽明作思

殷均書如高麗人○御覽要錄菁華均作釣人上有使字　抗浪乃不有意氣○御覽要錄菁華無而二字作晝

姿顏自足精味○御覽要錄姿顏同作滋韻無自足二字下作終乏精味疑閣帖足下脫終乏二字又御覽無而字

徐淮南書如南崗士大夫徒尚風軌○御覽岡作江要錄御覽徒下有好字軌作範　然不免塞乞○要錄菁華然字

作終黛筹無然字書畫紡然下有而字

陶隱居書如吳與小兒○御覽小作少　　形狀雖未成長○御覽無狀字御覽要錄菁華狀下均有麗字閣帖無今據

補菁華成長作長成　　而骨體甚峭快○御覽骨作駿

吳掩書○要錄吳掩作施肩吾菁華作吳施御覽作吳與

　字　共語便音態出○閣帖菁華複語字要錄有音字閣帖無菁華音作意疑閣帖脫音字今據補御覽便作態

　字下　　　　　　　　　　　如新亭儈父一往似揚州人○御覽要錄往下均有見

袁山松書○閣帖有柳遂評語案之要錄菁華御覽均為袁山松書評語殆閣帖屬入柳薑字而佚袁山松姓字耳今據

改要錄山松作崧　　如深山道士見人便欲退縮

曹喜舊如經論道士○御覽菁華論作繪御覽要錄士作人　　菁不可絕○御覽作無絕不音絕或釋作驅菁華此評

作蕭子雲説

王右軍書○袁昂以王右軍評語係蕭思話語下有走墨連綿四字菁華作羲之 字勢雄強○菁華髮作逸 如龍跳天門虎臥鳳闕○御覽閣作關 故歷代寳之永以爲訓○御覽要錄無此條

蔡邕骨氣洞達○御覽洞達作颯遠縈擧洞作㓊 爽爽如有神力○書畫舫彙考爽爽作奕奕御覽要錄無如力二字應依刪此二字

蕭思話書○袁昂以蕭思話評語係薄紹之書下有字勢蹉跎四字 如鴻鵠弄翅頏頑布置○菁華頏頑布置作翾翔頏頑 如驊骝低腰仙人嘯樹○御覽要錄菁華無此條

羊欣書○菁華曠作㬉無牛字

華無此六字御覽要錄無此條

李鎮東書如芙蓉之出水文彩如鏤金○書畫舫如下有鮮明二字鏤下有刻字金下有墨乃有舒氣之勢上七字各本均無御覽要錄無此條

桓玄書如快馬入陣隨人屈曲豈須文譜○御覽要錄無此條

范懷約眞書有分○菁華分作力書畫舫舊作楷 草書無功○菁華書作行 故知簡牘非易○菁華故作固御覽要錄無此條

皇象書如韻音繞梁○御覽要錄菁華韻音二字作歌聲 孤飛獨舞○御覽要錄菁華孤飛獨無作牽人拾纜御覽要錄無此條

初雲之見白日○菁華菁

徵作撒

孔琳之書○如散花空中流徽自待○御覽要錄無此條

李巖之書○嚴一作厳

薄紹之書○書畫舫薄紹之作蕭思話　如鏤金素月曲玉自照○書畫舫素月二字在屈玉下要錄御覽菁華鐮此條
書畫舫要下有亦有一種風流永爲冠絕八字要錄並無御覽要錄無此條　　謄搉可愛○棠考愛下有飛鴻振紙有疾閃飛動之勢十一字

鰓司徒書字○菁華司徒二字作會無字字　　有十二種意外巧妙○御覽無有字要錄複意字巧作殊菁華作奇鑑

祖字　絕倫多奇○要錄絕倫作實亦御覽實作少實誤菁華無此句

蔡子玉書如危峯阻日孤松罩枝有絕望之邈○枝下五字闇帖無今據御覽要錄補御覽要錄單作一邈下有荊軻負
劍壯士彎弓雄人腹虎胸心猛烈鑠刃蘗鐺二十字別本均鑑菁華此評語係蕭子雲蓋既佚蕭子雲評語又佚

子玉姓字耳

邱郗淳書廝規入矩方圓乃戍

師宜官舊如鵬翔未息○御覽鵬翔作鵰羽要錄翔亦作羽　　翩翩而自逝○御覽要錄鑑而字菁華翩翩作翠翩
梁鵠書如太祖忘寢觀之喪目○閣帖評語佚其梁鵠書下評語鑑之覽錄菁華御覽俱爲韋誕書評語並佚韋誕姓字

今據要錄補

韋誕書○閣帖佚韋誕姓字據要錄御覽菁華補閣帖以韋評語直係梁鵠下　　如龍威虎震○御覽要錄菁華震作

張

劍拔弩張

張伯英書○菁華張伯英作張芝　　如武帝愛道○御覽要錄菁華如下有漢字

亭如霧中明月灼灼如蓮水中青蓮十四字別本均無

衛恆書○御覽恆筆常　　如掃花舞女○要錄舞女作美女御覽作美人　　攬鏡笑春○御覽要錄作舞笑鏡臺

索靖書○閣帖靖作靜　　如飄風忽舉鷙鳥乍飛○御覽乍作下　　飄遊欲仙○書畫舫仙下有尊

鍾繇書如雲鶴遊天羣鴻戲海○御覽此上下二句倒雲作羣飛菁華鶴作鵠鴻作鳧　　行間茂密○御覽行閒

作意氣　　實亦難過耶○御覽無耶字要錄無此條

孟光祿書如崩山絕崖○要錄無山絕二字從御覽補　　人見可畏○閣帖無此條御覽要錄有今據補

顏騰書如貧家果實無妨可愛少乏珍羞

王褒書懷黯風流而勢不稱貌豈深功淺猶未當妙

蕭特書雖有家風而風流勢弱猶如羲獻安得相似

王彬之書放縱快利筆道流便

郗愔書得意甚熟而取妙特難疎散風氣山無體素

七四

圖書集刊

柳惲書縱橫廊落大意不凡而德體未備

庾肩吾書畏懼收斂少得自充尪劣未能精○尪劣一作觀阮無能字　　去蕭蔡遠

蕭醹書如辯士對揚獨語不困行必會理○上八人獨見菁華附覽

李斯書世為冠蓋不易施平○要錄有此條附此

張芝驚奇鍾繇特絶逸少鼎能獻之冠世四英共類○要錄英作賢　　洪芳不滅羊真孔草○御覽孔作孫

范篆各一時絶妙○御覽絶妙作妙絶上三十六字閣帖無御覽要錄有

右二十五人自古及今皆善能書奉勅遣臣評古今書臣旣愚短豈敢輕量江海但聖旨委臣揭酌是非謹品字法如前

伏願照覽謹啓普通四年二月五日內侍中尚書令袁昂啓○上六十九字出要錄閣帖無

勅旨具之如卿所評臣聞鍾繇書意氣密麗若飛鴻戲海舞鶴遊天行間茂密○御覽茂作希　　實亦難過蕭惣書

走墨連綿字勢屈強者龍跳天門　　虎臥鳳閣○御覽閣作闕　　薄紹之書字勢蹉跎如舞女低腰

○御覽女作妓　　仙人嘯樹○上五十六字御覽有　　乃至揮毫振紙有疾閃飛勁之勢○菁華閃作風臣淺見無

聞暗於明滅寧敢醞釀量山海以聖命自天不得謟酌過失是非如獵湯炭○上此錄一百二十九字出要錄閣帖無今皆

擴補

閣帖誤入羊欣古來能書人二條附錄於後

蒙獄吏程邈善大篆得罪始皇雲陽獄增減篆體志其名名其書自隸也○大觀帖自作目

袁昂古今書評校記　　　　　　　　　　　　　　七五

膚淺小書　浮丘伯傳

扶風喜鐙漢人不知眞官籀篆及轉篆等少異李斯見重一時耶

齊人浮丘伯 漢書儒林傳 孫卿門人也 漢書楚元王交列傳 受業爲名儒 劉向上荀子序 秦始皇既吞天下乃召羣臣而議曰古者五帝禪賢三王世繼就是將爲之博士七十八未對鮑白令之對曰天下官則讓賢是也天下家則世繼故五帝以天下爲官三王以天下爲家秦始皇帝仰天而歎曰吾德出放五帝吾將官天下誰可使代我後者鮑白令之對曰陛下行桀紂之道欲爲五帝之禪非陛下所能行也秦始皇大怒曰令之前若何以言我行桀紂之道也趣說之不解則死令之對曰臣請說之陛下築臺千雲宮殿五里建千石之鍾萬石之虛婦女連百倡優累千輿作酈山宮室至雍相繼不絶所以自奉者紛然無以應之面有懸色以及人陛下所謂自營謹存之主也何暇比德五帝欲官天下哉始皇闇然無以應之面有慚色久之曰令之言乃令我醜鮑白令之逐罷 說苑至公 昔李斯與包丘子俱事荀卿旣而李斯入秦遂取三公據萬乘以制海內功伊望名巨太山而包丘子不免於甕牖蒿廬飯蔬而藜修道白屋之下 鹽鐵論毀學 楚元王交少時嘗與魯穆生白生申公俱受詩於浮丘伯及秦焚書各別去 楚元王傳 漢與高祖過魯申公以弟子從師入見高祖於魯南宮呂太后時 浮丘伯在長安楚元王遣子郢與申公俱事儒林傳 鮑丘之德非不高於李斯趙高也然伏隱於嵩廬之下而不錄於新語寶實卒死於溝壑而已 鹽鐵論毀學 文帝時聞申公爲詩最精以爲博士元王好詩諸子皆讀詩申公始爲詩傳號魯詩元王亦次之詩傳號元王詩 楚元王傳 申公卒以詩秋春（授穀梁）而瑕丘江公盡能傳之 儒林傳

清儒學案序

錢 穆

國於天地，必有與立吾國家民族文化綿歷迄五千年不弊厥有一中心力量焉為之潛持而默運者，則儒家思想是也。儒家思想淵源於上古成熟於先秦在兩漢以迄隋唐則曰經學，在宋明以迄清季則曰理學。理學之興淺言之若為厭棄漢唐而別創，深言之則實包孕漢唐而再生。苟非漢唐諸儒補輯注疏勤懇於前，則宋明理學何所憑藉而產苗？當唐之季世下逮五代中國天下壞亂已極而佛學之來東土漢末以來亦垂八九百年矣為宋人謀之苟有以大振作興無以起衰而救弊開物而成務故宋學者實依然沿續濩唐經學精神特因時代之激刺而一變焉者也。宋明理學之盛人所俱曉迄於清代說者莫不謂清代乃理學之衰世夷考其實亦復不然。宋元諸儒固求嘗有薈萃漢唐經學之意觀通志堂經解所收衡量宋元諸儒研經續業可謂蔚乎其盛矣清代經學亦依然沿續宋元之一節目豈得據是而謂清代乃經學之衰世哉？則清代乾嘉經學考據之盛亦理學進展中應有之一節目，不過切磋琢磨之益精益純而已。經學本包孕經學為再生，即清代乾嘉經學考據之盛亦理學進展中應有之一節目，不過切磋琢磨之益精益純而已。

王學發展已臻頂點東林繼起駸駸有由王返朱之勢晚明諸老無南無朔莫不有聞於東林之傳響而起者故其為學或嚮朱或嚮王或調和折衷於斯二者要皆先之以篤聽而並觀博學而明辨故其運思廣而取精宏固已勝夫南宋以來之僅知有朱與晚明以來之僅知有王矣。抑且孤臣孽子操心危而慮患深其所躬修之踐履有異夫宋明平世之踐履。其所想望之治平亦非宋明平世之治平故其所講所學有辨之益精可以為理學舊公案作最後之論定者有探之

七七

清儒學案序

益深，可以自超於理學舊習套而別闢一嶄新之蹊徑者。不治晚明諸遺老之書，將無以知宋明理學之歸趨觀水而未觀其瀾終無以盡水勢之變也。其次曰順康雍遺民不世襲中國士大夫既不屑長爲明遺諸老之志節而建州諸會乃亦唱導正學以牢籠當世之人心，於是理學道統遂與朝廷之刀鋸鼎鑊更迭使以爲壓束社會之利器，於斯時而自負爲正學道統者，在野如陸隴其居鄉里爲一善人當官職爲一循吏，如是而止。在朝如李光地則論學不免爲鄉愿論人本不免爲鄙邪，此亦一逃朱彼亦一逃朱往者楊園語水體人謹守程朱架縷者寧有此乎?充其極尙不足追步許衡吳澄，而謂程朱復生將許之爲護法之門徒其誰信之其轉而榮陸王者感激乎意氣蕩乎俗僞亦異於昔之爲陸王矣。又其次曰乾嘉理學道統之說旣不足饜眞儒而服豪傑於是聰明才智旁逬橫軼羣湊於經籍考訂之途而宋明以來相傳八百年理學道統其精光浩氣仍自不可掩一時學人終亦不恥捨置而不道故當乾嘉考據極盛之際而理學舊公案之討究亦復起徽歙之間，以朱子故里又承明末東林傳緒學者守先待後尙宋會朱之風歎世不輟通經而篤古，博學而知服，其素所蘊蓄則然也。及戴東原起節此風始變東原排擊宋儒刻深有過於顏李章實齋譏之謂其飮水忘源洵爲確論。然實齋思想議論亦從東原轉手而來，雖生於木還食其木，此亦事態之常無足多怪理學本包孕經學爲再生，今徽歙間學者久饜飫於經籍之訓詁考據間，還以視夫宋明兩有所獻替，亦豈遽得自逃於宋明之未逮彌縫其缺失擬明遺諸老則明遺之所得在時勢之變，禮乾嘉之所得在經籍之沉浸斯二者皆足以上補宋明之未逮彌縫其缺失而增益其光耀者也。又其次則曰道咸同光此際也建州治權已廢敗不可收拾而西力東漸海氛日惡學者怵於內憂外患，經籍考據不足安定其心神而經世致用之志復切乃相率競及於理學家言，幾幾乎若將爲有清一代理學之復

七八

與而考其所得則較之明遺與乾嘉皆見遜色何者？其心意迫促涵養浮露既不能如明遺諸老之醞精抑彩歆之有以極其深又不能如乾嘉諸儒之優遊浸漬之有以窮其廣徒欲懸短綆而汲深井倚羸篙而渡急湍則宜乎其無濟也。量斯博之所至其意氣顓舒若稍稍愜乎順康雍之慘沮彎紆則已耳要之有清三百年學術大流論其精神，仍自沿續宋明理學一派不當與漢唐經學等量並擬則昭昭無可疑耆抑學術之事每每一轉而益進途窮而必變兩漢經學亦非能蔑棄先秦百家而別創其所謂經學也彼乃包孕先秦百家而始為經學之新生焉宋明理學又豈當包孕兩漢隋唐之經學而已彼蓋并括囊夫與佛虛之乃乃包孕之乃始有理學之新生也兩漢博士之章句家法自有鄭王魏晉以來流衍虛夸巳窮魏晉南北朝之義疏自有唐初諸儒之五經正義而途亦窮至於理學自有考亭陽明義蘊之闡發亦幾乎登峯造極無餘地矣又得明遺諸老之靈其乾嘉諸儒之糾其失此亦途窮當變變之候也。而西學東漸其力之彌廣博夫較之晚漢以來之佛學何嘗千佰過之。然則繼今茍變者勢當一切包孕羅乘有始可以益進而再得其新生明遺之所以脬乾嘉正為明遺諸老能籠衍宋明而盡其變乾嘉則意在蔑棄宋明而反之古故乾嘉之所得轉不過為宋明拾遺補闕。至於道咸以下乃方拘拘又欲蔑棄乾嘉以復宋明更將霞棄陽明以復鵞亭所棄意多斯所復愈狹，是豈足以應變而迎新哉。今世運之變又亟於道咸一世方激盪旋轉而開生人未有之新局吾國家民族文化所以綿歷五千年迄今未斃者又將重罹洪爐再經煅煉以重成其為衛國家福種姓之所賴夫豈抱殘守缺，蹈常習故者之所能勝其任且學統猶治統也譬如諸方分峙蜀不能并魏吳豈足以為魏吳之統宋不能并金夏豈足以為金夏之統夫亦各成其為偏方之暫局而已。今既世界逮通五洋如同堂六洲如合宇他日人類大同安知治學以

統不有日趨於一之勢然而劉禪之奉表趙構之屈膝則終為天地所恥鄙不足以語此吾國家民族歷五千年文化優秀傳統囧念諸聖先哲光明燦爛豈得不憬然動惕然勵而知所自負荷也乎吾中央正值抗戰艱險之際有畫合刊宋元明清四朝學案簡編頒之中外其意可深長思矣。惟清儒學案雖有唐徐兩家成書而唐書陋狹缺於閩通徐書泛濫短於裁別皆不足追蹤黃全之舊業穩奉命承乏為清儒之役因重加編訂成若干卷爾敬述其大義於卷首。

例言

昔江藩子屏箸漢學師承記宋學淵源記為紀載清代理學之開始，或譏其漢宋分編之不當然就實論之，亦復未可厚非義理考據境界固屬互通分編敘述轉可各盡其勝惟江書僅迄乾嘉又詳漢略宋殊嫌不倫嗣起者為唐鑑鏡海之學案小識其書專重宋學義理而篇末亦附經學經學之名復與漢學有別即宋明諸儒豈得謂其非經學乎唐書於黃梨洲顏習齋諸人均入經學則何以如顧亭林王船山諸人又獨為道學分額之牽強一望可知，其編道學又分傳道翼道守道諸門更屬偏陋無當魯一同氏評之已詳唐書盡于道光季年亦未窮有清一代之原委，最後有徐世昌菊人之清儒學案全書二百八卷一千一百六十九人迄於清末最為詳備然旨在搜羅未見別擇義理考據一篇之中錯見雜出，清儒為據之學軼出前代遠甚舉凡天文曆算，地理，水道，音韻，文字，禮數，名物，凡清儒考訂之所及徐書均加甄采而不能窮其閫奧，如是則幾成集錦之類書於精於博兩無取矣昔姜董田氏有言箸書所患在既不能詳又不能略謂唐書患在不能詳，徐書患在不能略也本編所錄，一以講究心性義理沿續宋明以來理學公案者為主蒙他經籍考據概不旁及，庶以附諸黃全兩家之後俾晚近一千年理學升降之全此乃箸書體例所關非由抑漢揚宋別具門戶私

清儒學案序

梨洲明儒學案六十二卷，大略分之，僅得崇仁白沙河東三原姚江止修泰州甘泉東林九宗，而於姚江復分浙中江右南中北方學閩五宗，其崇仁白沙，為姚江之源，止修泰州甘泉東林為姚江之流，不相入者河東三原而已，若授受在九宗之外者別為諸儒學案統之，（此采惲子居說）此乃梨洲一書大綱領，亦即其書宗主所在，論列明儒而專主性理又於抉發性理中專宗陽明，其實陽明之眉目明儒之詣亦自當以研究性理歸為宗極固非梨洲學為自尊其一已傳統之私而然也，至宋元學案，梨洲原本僅以三十五人標案中小傳兼取各派，故兔疏隆之病（此采鄭東甫說）全謝山修補而成百卷，每卷各為一序錄，亦復備見全宗主，故能約而不陋詳而不蕪，至論清儒，其情勢又與宋明不同，宋明學術易尋其脈絡筋節而清學之脈絡筋節之易尋者在漢學考據，而不在宋學義理唐書傳道翼道守道之分既不可從徐書仍倣黃全兩家舊例於每學案必標學派傳授以家學弟子交游私淑五類附案又別出講儒學案於其後羅整菴傳莫為或紹述無人以別於他之各案，其實亦大可不必也姑舉一例論之，如費密徐書入諸儒學案然費氏之學先得其父經虞之家教亦復問學於孫夏峯則非無師傳有子錫璜近代買道堂集雖不傳然章實齋文史通義固曾論列其議論大體亦能傳其父緒亦非無紹述，奈何列為諸儒又如劉獻廷其學真不見師傳所自亦不見紹述之人斷嘗自成一家依徐氏例歸之諸儒允矣，而顧附之萬斯同之下繼莊之與季野信為交游，然交游未必可以相統附列於萬斯同義何取？如此之類不勝編次清儒學案最難者在無統宗綱紀可標在無派別源流可指然因其聚則聚之因其散則散之正不妨人各一案，轉自肯其真象雖異黃全兩家之面目實符黃全兩家別見也。

八一

之用心，何必亦趨亦趨乃爲師法？本編竊取斯旨，每人僅案不標家派不分主屬，至其確有家派主屬者則固不在此限也。

清儒理學既無主峯可指，如明儒之有姚江，亦無大脈絡大條理可尋，如宋儒之有程朱與朱陸，然亦并非謂如乾嘉與道咸草各不相繫無可統宗之謂也。竊謂對有淸三百年理學大綱莫如分爲晚明遺老與順康雍諸儒以及乾嘉與道咸同光之四部分其大別已詳於篇首之總序其各家異同則分誌於各卷之小序讀者由此認入庶易得有淸一代理學之派別與流變耳。

黎洲明儒學案發凡有言，每見鈔先儒語錄者薈撮數條，不知去取之意謂何其人一生之精神未嘗透露，如何見其學術？是編皆從全集纂要鉤玄未嘗襲前人之舊本也。本編竊慕斯義凡所纂錄，亦皆從各家全集鉤貫成之，務求可以透露其精神發明其宗旨，然此特就大家巨儒言之人之爲學深淺廣狹不同，一言一節辭有可取此編亦加采列此如一邱一壑皆有風光不必名山大川始足言遊或以見一時之風尚或以備多方之啓悟義各有當不妨兼羅並存也讀者誠以此意求之則本編所列諸家，一二萬言不爲多三四百字不爲少要之狂讀者之具慧眼自有會心也。

昔章實齋有言，爲學不可有門戶而不可無宗主本編取舍權衡絕不敢存門戶之見或漢或宋或朱或陸一體采擷異同互見見仁見智俟之讀者惟漢學而尊爲著錄者亦不錄朱陸而各務護罵者亦不錄斯道之在斯世本如日月光明人所共覩亦有語自圓正而落格套近空洞者亦不錄又如全謝山朋黨裏曾雜純乎經而其人則純乎緯者亦不錄亦有

其人確乎醇儒言行無疵累堪為後世於式而本編亦多棄置此則限於篇幅與其人人備列，而人人皆略不如群其一二使可為親此如人之親師取友豈得遍天下之名師益友而遍之？凡欲遍賜天下名師益友皆此必亦有其人本非邃學名家其立言讜義亦若有偏駁而本編頗加采錄者誠以斯道之在天地雖曰終古而如常奈當與不名一師不擇一友之人也若讀者以爭論從祀聖廟之意見責備本編則疏漏之罪所不敢辭。時而俱新自非聖人復生誰能語大道之恆常而得免於蹈襲之嫌中庸曰「其次致曲曲能有誠」語有切已切時從身世威觸真心流露者此皆一曲之誠能推其一曲即通乎大方矣梨洲所謂有一偏之見有相反之論學者於其不同處正宜著眼是也。

孟子曰：物之不齊物之情也夫斯道廣矣大矣。學之有深淺，體之有純駁，然苟內體切己外能切時致曲有誠出言自衷，斯亦已矣守門戶者往往以道統門戶之窾論高自位置睥睨一切，亦有純藉一己之體會而評量古今之學術此亦一是非彼亦一是非夫日月有明容光必照由一隙為私窺孰若與各方為共觀本編於所錄各家概不再加批註按語庶免以指點而限視聽在己可避專輒之嫌，在人可廣聰明之用，梨洲風光狠藉之懺此編轉可或免也。

謝山宋元學案有附錄一項，李穆客極稱之，謂其窮蒐尤具苦心或參互以覓其人或節取以存其概使純疵不掩本末咸賅，徐氏清儒學案亦有附錄此編依之昔亭林淹雅而二曲誠其驚外梨洲閎通而楊園讀其近名者二先生之艱苦篤實庸德庸行尤足師表末世采撫駁雜亦寓風世之微意焉。

本編纂錄正值國難覓書匪易又期日迫促疏誤必多斟酌盡善俟諸異日。

拙著近三百年學術史與本編取材各別不相踵沓，而義旨互足，讀者幸賜彙觀。

序錄

夏峯梨洲二曲學脈同出陽明，清初稱三大儒，而夏峯之學流衍尤遠。弟子著者有王餘佑介祺魏一鼇蓮陸耿極誠齋，薛鳳祚儀甫申涵光鳧盟趙御衆寬夫湯斌酒庵諸人。其一時交游刁包魏荷介魏象極張沐杜越許三禮之徒亦如衆星之拱北斗羣山之仰喬嶽也。繼梭顏習齋崛起博野，得交蘇門弟子王五修王介祺，蓋有聞於夏峯之規模而與著其為學門徑亦略相似。夏峯誠不愧當時北學之冠冕。明儒學案已收之籍下卷，徐氏謂蘇門講學時入清初取靖節晉宋兩傳之例以弁清儒茲本其義述夏峯學案第一。

梨洲師事劉蕺山，牢生以捍衛姚江自任，而於王學末流亦痛斥至嚴蓋屹然王學之干城也。然梨洲之學已從性理一轉事博綜經史，爲廣大南雷弟子最著者莫如萬氏兄弟皆寖寖乎專攻經史具精著述蓋與晚明講堂語錄之爲學迥以別矣。梨洲正其體往開來之人也述黎洲學案第二。

楊園躬履篤實，明粹亦清初之吳康齋也。而身當易世痛切明夷其貞瞄之操深潛之節尤爲過之，交游有海鹽何商隱，烏程凌渝安歸安沈石長嘉湖之間霽四先生而楊園深遠矣。平生懲講學標榜之風務自謙抑請業奉教者雖不絕而受贄著籍者寥寥惟吳江張嘉玲佩蔥姚瑚螫庵桐鄉顏鼎受嘉石門姚夏大也。數人晚年與石門呂晚村交好平湖陸隴其因晚村而知楊園觀其遺書而推之清廷既以隴其從祀孔廟遂及楊園後人乃每以清獻楊園並舉目爲一代儒學正宗實非楊園之所願也述楊園學案第三。

清初學者多主調和朱王折衷明宋明其著者北方有夏峯南方有桴亭而桴亭之論明儒尤為後人所稱至其究心六

實關學術之新嚮顏習齋聞聲想慕引為同調而其弟子李恕谷南遊待讀桴亭書返告其師欲以心性存養補師門事

物經濟之不逮此可以見桴亭學術之恢張與平稱焉同時有陳瑚確菴盛敬璽江士韶藥園與桴亭為切劘之友皆

籍太倉所關婁東之學是也桴亭弟子著籍亦多太倉人西及江陰武進而其傳不著六藝之學終不光昌南北一例是

可慨也遇桴亭學案第四。

亭林推為清代開國儒宗其學實事求是務為經世致用日知錄一書規模尤閎闊後之學者各因其一端而申之皆成

專業惟亭林猶持晚明講學遺緒故其書亦兢兢以世道人心為主論學論治皆推本為不似後人專務博雅考訂此

亭林之所為卓絕也平生深惡明季招門徒立名譽之習故其門牆甚峻著籍者罕傳學著者僅潘次耕一人而交游

廣崑山歸莊元恭吳江吳炎赤溟潘檉章力田朱鶴齡長孺皆少日鄉里之游及其渡江而北足跡遍天下迨盡識其賢

豪長者李顒二曲張爾岐蒿庵傅山青主任臣志伊錢塨力臣王宏撰山史李因篤天生馬驌宛斯路澤農安卿汪

琬苕文王錫闡曉菴以及朱彝尊竹垞楊雪臣閻若璩潛邱之徒凡當世知名士亭林無不奉手納交通聞論業曲證

旁推彙集衆長宜乎其學之益臻於大也遇林亭學案第五。

船山梨洲亭林於晚清號明末三大儒而船山之學尤為治新學讀西方哲家書者所喜稱以其探索宇宙本末分析心

理精徵路徑路相似也船山父修侯少從遊伍學父之門又聞道於鄒泗山蓋遠承東廓之傳故船山之學長於挈剔心

隱洞人肺腑其精神血脈路近江右王門而旋東廓念菴尤似再復於此轉手得北宋橫渠正蒙之神契故亦鶩言道氣

陰陽宇宙之發其論心術而會於佛則旁治八識其論宇宙而會於遺則兼探圖緯浸深涵廣滙爲大觀惜身後湮沒不彰直至晚清始顯述清學案節六。

石莊於世累代講籀之學究身以勝國遺貞窮年誦讀於書靡所不覬而韜晦之深過於船山遺書垂二百年而始傳自擬爲徐幹中論顏之推家訓之流而論者謂其廣大精微猶遜之清代鄂學稍徵石莊特爲一大家述石莊學案第七。

淸初江西言選學者有程山醫山易堂諸子皆明遺民也易堂聲氣特盛寗都三魏競爽叔子爲之魁氣節文章志任遠世交游著者有南昌彭士望躬菴林時益確齋寗都邱維屛邦士所謂易堂九子是也而星子宋之盛未有與其邑人同隱講學稱醫山七隱其學以識仁爲要微言與義頗雜老佛程山最醇亦最細尚不失宋明矩矱晚年築尊雒堂其學一以程朱爲歸而所得於陽明者實深其辨喜怒哀樂未發之中可謂窮前人所未窮江右本王學精神所在程山實其薪傳矣程山弟子甚衆高弟省在南豐稱程山六君子述程山學案第八。

昔北宋橫渠蕆子帆起關中開門授徒與洛學分庭抗體馮少墟管恪守程朱而渭南大吉瑞泉兄弟則純主姚江師說各有不同二曲論學雖主陸王然亦兼取程朱邁爲淸初關學大師門下執贄著籍號以千計弟子最著者曰鄠縣王心敬爾緝號豐川其他如李天生因篤王山史宏撰省爲亥游足徵一時關學之盛述二曲學案節九。

晚明兵燹河朔殘破特甚一時豪傑之士若容城孫奇逢啓泰祁州刁包蒙吉省習齋書中所謂忠孝恺悌退之君子豪邁

英爽之儁足爲吾儒一綫之眞脈，著此自當時何朔學風之大同雖習齋莫能外惟習齋制行雖近孫刁，而立論頗多創闢其氣盆厲其辭盆激排擊宋明別開生面而其注重六藝兵農則又與同時婁東之學南北相呼應焉弟子最著者曰李塨王源述習齋學案第十。

江浙自晚明夙爲人文淵藪學術久而必變疑辨之風漸已萌苗其著者如乾初之疑大學爲當時理學界一絕大公案。乾初亦出蕺山門下而論學卽異雙眼與同門如楊園梨洲諸人皆不合同時有慈谿潘平格用微不喜中庸於朱陸皆昌言排擊黎洲與之辨難尤苦此皆可見當時理學轉變之風嚮稍後有休寧姚際恒立方疑古文尚書疑小戴禮作九經通論又編疑古今僞書，而深以未見乾初大學辨爲憾其爲恒言錄謂周程張朱皆出於禪則議論與北方顏李合轍矣述乾初學案第十一。

晚明考叢之風已甚盛惟南北俱盛惟南士頗多疑辨而北人則尚綜整蒿菴隱居績學爲清初山左第一醇儒。而精熹禮經墨守山蠡最爲亭林所體服其時亭林方唱經學卽理學之說頗厭心性空談蒿菴貽書獻難尤見卓識蒿菴交游有長山劉孔懷果菴亦長考叢進蒿菴學案第十二。

鼎革之際浙有隱君子一人焉曰應潛齋拔起於明季社事文學之中卓然有以自得論學於陽明多糾繩而於朱子亦不盡合蓋其自得者然也交游有仁和沈昀朗思徐介贄石皆貞確潛德隱君子也述潛齋學案第十三。

晚明兵燹蜀中所罹尤慘酷宜其學者談思所及常有餘痛而激宕所至亦與河北顏李如合符節若新繁費氏其著也。

燕峯曾從遊蘇門並交李恕谷序其大學辨粟述燕峯學案第十四。以上第一編

清儒學案序　八七

酒菴夏峯弟子，爲政以清節稱清初數儒臣者必及焉然與明遺諸老志節鏗然者異矣。一時從遊有柘城竇克勤敏修，葦縣姚爾申岳生而上蔡張沐仲誠登封耿介逸菴皆與夏峯酒菴交游亦皆出仕清廷此清初洛學之大宗也述酒菴學案第十五。

清初王學尚盛夏峯梨洲壇坫門牆南北相望獨石門呂留良晚村納交於楊園關王弇朱不遺餘力。其批選四書時文，不脛走天下而晚村亦抗志不出並時寄其種姓文物之感爾紫陽之學自吳許以下已失傳稼書聞其說而悅之獨爲清廷所尊得從祀孔廟自是朝官講學必奉程朱爲準而稼書卒然稱醇儒稼書論學門戶之見過甚並時學者已不滿湯潛菴貽書諍之稼菴亦不慊改也同時大興張烈武承謩王學質疑攻陽明最烈稼書引爲同志極稱其書錢塘沈近思闇齋出孝感熊賜履之門熊亦朝臣尊朱者而闇齋尤篤信稼書輯其遺書爲之傳法焉述稼書學案第十六。

西河與張武同在明史館，憤於武承王學質疑之偏激，而爲折容辦學文，既以申王力尊古本大學而排詆朱子盆甚章實齋謂其發明良知之學頗有所得，而門戶之見不免攻之太過雕浙東人亦不甚以爲然也然後之治考證著深推之阮文達謂西河之於經，如藥中大黃以之攻去積穢固不可少而誤用之亦中其毒願亦稱其四書改錯爲有功聖學說者謂自西河以下入始不敢以空言說經其人其學雖未醇要亦當時一大家也述西河學案第十七。

習齋之學得恕谷而大亦至恕谷而變恕谷遨遊南北，問樂於毛西河間禮於萬季野雖一遵習齋六藝之旨而內臺南

士博辯之風不能如習齋之卓立。平生交遊甚廣,有武進惲鶴生皋聞,上元程廷祚縣皆因恕谷而信習齋之學,顏學之流衍南方由是始。述恕谷學案第十八。

閻亭其先亦蜀人而厦吳,與魏叔子潘次耕顧景范王錫闡梅文鼎交游,其學頗特出,亦由往來於數子者之間耳。述閻亭學案第十九。

繼莊生平講學之友嚴事者曰梁谿顧畇滋衡山王而農,尤心服者曰彭躬菴。畇滋創共學山居,衍高忠憲之遺緒,躬菴則易堂講友,治學宗陽明念菴,而以致用為歸者也。則繼莊平日之所存亦可知。而復遊徐乾學之門南北宿老爭趨競赴,又多藏書繼莊之學遂益恢張。無涯畔然全謝山推其用心是也。述繼莊學案第二十。

南畇父一菴初好佛又喜道家言,年六十餘始得梁谿高顧書而潛心焉,號為一宗朱。至南畇則釋矣。然彭氏門庭鼎貴,世為三吳望族,其子弟恪守庭訓不踰規矩有萬石之遺風,亦英學風之漸被為家風者則然也。述南畇學案第二十一。

餘姚沈國模求如明季諸生嘗與蕺山證人講會歸而關姚江書院,邑人史孝咸子虜復子復管宗聖標寶共從事。其先即錢緒山講學之故址也,是謂餘姚四先生。越後有韓孔當仁父山陰毛朝式金如皆國模弟子又有邵會可子唯師事史孝咸而劉門學者多以沈史為禪學姚江之與證人亦明季浙中講學兩大結合也。念魯會可孫,幼時猶及閏國模之講會,長師孔會,毛西河亦主書院講席,念魯列門牆稱弟子焉。念魯於毛氏澤推敬厥後毛氏不為浙人所喜,而竟實齋表章思復堂集,甚至念魯學案第二十二。

清儒學案序

八九

徐山自奮隴畝之中，名立而教成剛毅篤實君子人也。弟子錢綱元發甫仁和盧存心玉巖玉巖之子文弨抱經為經師私淑有仁和沈廷芳椒園，而發前弟子有秀水盛世佐庸三錢載霆風流所被廣矣。述徐山學案第二十三。

清初中州諸儒多奉夏峯為依歸，至孝先始專宗程朱一遵平湖陸氏之說，遂以理學而兼名臣，纂輯宣揚厥功甚偉矣。述孝先學案第二十四。

雍邇學之有張孝先一猶乾嘉經學之有阮雲臺也。弟子以潭浦蔡世遠聞之為最著。程朱而光地旁及麻算樂律音韻，凝齋之學出於安溪李光地晉卿。康熙朝盛稱儒學孝感熊賜履左右之，皆號為恪奉程朱，而光地旁及麻算樂律音韻，皆為清帝所契許，又能以慎密固寵清帝嘗曰：朕知光地其信任如此。出其門下者有中牟冉覲祖永光湘潭陳鵬年北溪漳浦蔡世遠聞之海凝齋尤闇然躬修程魚門以之比瀟巷稼書繫爲國朝三大儒異乎光地之經其書而緯其行者矣，又豈止能補師說所未及而已哉。述凝齋學案第二十五。

自朱陸有異同之論而陽明朱子晚年定論逐為理學一大公案辦之最力者為東莞陳建之學蔀通辨其實極為清儒所稱。自宛平孫承澤有考正晚年定論而柏鄉魏裔介孝感熊賜履大張烈燄承之然皆逞意氣爭門戶最後有寶應王懋竑白田為朱子年譜始確然止於朱子與白田同邑交游而論學不相合頗與顧昀滋往還。義親至共學山居蓋有待於高忠憲之遺旨所契視白田為深惟一顧一晦其朱子聖學考略流傳未廣摘其文義述止泉學案第二十六。

康熙中葉朝野皆尊朱學有激而樹異幟者穆堂也。穆堂同時交游有南昌萬承蒼孺廬鄞縣全祖望謝山二人著頗能斥穆堂之偏而謝山他日之成就亦自穆堂啟之又有全州謝濟世梅莊為學不遵程朱然亦并斥陸王與謝山同時

得罪,此又學術風氣將變之徵,逑礎堂學案第二十七。以上第二編

清初東林之學,蔚為忠憲從子世泰震族寶主之,四方學者相率遠廬間,業凡三十餘年,鉅儒如泰二曲陸桴亭張清恪省嘗至會,祁州刁蒙吉尤往復論學,有南梁北祁之稱,而休寧汪雙池、施璜、誠齋、歙顯吳日慎徽仲及汪學聖蘭二典,胡淵汪佑朱弘之徒先後游泰門相次聞學,時新安有紫陽還古兩書院,省自東林上探朱子。流風不沬,其餘遂有婺源江永慎修與元和惠氏同時並起治漢學者,奉為先河,慎修之學一傳為休寧戴氏,再傳為金壇段氏高郵王氏徽州經學遂蔚盛惠氏尤為光大,然其淵源實本紫陽,則不可誣也,雙池與慎修同鄉而生平未嘗相見,其學涵泳六經博通體樂亦恪守朱子家法,與慎修同中有異,乃顯晦迥殊,其弟子有婺源余元遴藥齋又洪騰蛟鱗兩稱私淑孫龍光歸山亦能傳其家學,逑雙池學案第二十八。

雍乾之際風氣已變,理學漸衰,經學漸盛,榕門起自偏隅,治學猶循舊轍,居官蒞政,醇儒者堪與湯潛菴張孝先後媲美,逑榕門學案第二十九。

閩學自安溪梁村皆宗朱子翠庭親受業於梁村,閩嶠後進多依歸焉,逑翠庭學案第三十。

關學自李二曲同時有朝邑王建常仲復閉戶顓毅數十年,與二曲東西並峙,而恪守洛閩秦士咸莫之知也,蘿谷而後康百藥又與王豐川交游,康王省二曲門人而蘿谷獨信好復齋所撰困知錄三原賀瑞麟角生而稱之,是可謂關學之中樞矣,逑蘿谷學案第三十一。

魯人之學自蒿菴以下久無嗣響,值三吳徽歙經學考據之風既盛,乃仍有循舊蹈守故轍,墨守平湖陸氏作寧朱非陸

清儒學案序

九一

之於老公復亦其臾〔...〕辟疾專洞昌黎有闢尋觀懷庭省篤守洛閩惟膠州注坤宏鏡野亦與公復懷庭憾而爲說出入於老〔...〕[公復學案第三十二]。

章實齋謂渊源〔...〕再陸氏而遡經脈〔...〕謝山又繼之風氣繇竷百年弗替而謝山宋元學案一書亦足與梨洲明儒學案魏先爭光迆謝山經史學案第三十三。

東原爲慎修高弟然慎修本菲薄紫陽而其踪跡盧肆證而治程朱者多斤陸繼輅祖東原則幷以離禪譏程朱其立說乃頗與清初河北顏李及湘人陳乾初潘用微之說瀘符合是亦可謂卓然成一家言者東原學高天下而不好爲人師故著弟子籍者不多能舉〔...〕金擅段玉裁懋堂高郵王念孫石臞曲阜孔廣森巽軒然皆偉其經學考據義理之蘊所不屑爲惟歆縣凌廷堪次仲服膺東原謂其蓋孟子字義一書功不在禹下也迆東原學案第三十四。

昌疇與東原同學於江慎修東原自謂說經邃其精密而論學小記所述性命誠敬之學亦復平實明惇所體倉超東原之上者惟不能如東原之才氣縱橫耳迆昌疇學案第三十五。

二氏之學吳人耽之其深嘉或避學喜涉譏緯寧其變也大紳蕩蕩踐徑獨關孤往絕衆其言調停二民遽退百家原本心術而思以用世自卽浮儒佛書有一字一句悟之十餘年始遍者又謂讀吾二錄三錄當遍其可遇者不可強遇其不可通者其自負如此此在吳中學者淘爲矯矯特出炎從之遊者有常熟程在仁迆大紳學案第三十六。

尺水世家子旣承蕘圃學有志蕓樹不得竟乃一浴於禪又治金石碑版以自怡同一瑞金羅有高臺山不得志於功名

亦逃於禪與尺木大神往還。尺木考求文獻臺山篤志訓詁在仁精熟史乘非就溺寂滅甘心處世當太平盛運一切蹈常襲故聰明意氣無所舒則暫而嬎於此時尚有薛起鳳家三亦逃於佛江沅鐵君從尺木邃其佛學傳之仁和龔自珍定菴清季士大夫學佛之風漸盛自是始述尺木學案第三十七。

方惠戴之學盛行吳皖而嘉定錢大昕竹汀崛起婁東其學無所不擅而尤邃於史一門羣從五為師友學術之盛照映當代然竹汀持論大體頗亦鄙薄宋儒不能出東原之範圍東原嘗謂人日當代學者吾以曉徵為第二人蓋東原毅然以第一人自居也餘姚邵晉涵二雲繼之亦以史學名家而宗仰其鄉先生陽明念臺梨洲之遺風改體通漢詁而宗主

方惠戴之學然而未融不足以躪壁壘而張一軍實齋與二雲愛好有通齗能持論乃始以浙東史學自負其於東原不雷欲為楚漢之劉鴻溝嘗謂東吳學術實自朱子其在清代則為亭林浙西之學梨洲出於浙東雖與顧氏並峙而上宗劉王下開二萬皨之顧氏源遠流長又謂顧氏宗朱黃氏宗陸浙西貴專家浙東貴博雅各因其習而習也然實齋持論雖高乃欲以周公下掩孔子會政爭而薄心性則奔殆異夫浙東之傳統矣實齋在當時顧見關寂身後數十年學者始

相翕然述實齋學案第三十八。

當乾嘉漢學極盛之際理學旣衰歇而始有以古文為程朱干城者曰桐城派。其學託始於方苞望溪至姚鼐姬傳標義選為經辭章三者並重為宗旨一時徒眾稱盛其弟子方東樹植之鷙漢宋門戶之爭乃益顯桐城古文之學邁為禮辭章三者並重為宗旨一時徒眾稱盛其弟子方東樹植之鷙漢宋門戶之爭乃益顯桐城古文之學又流衍而至陽湖陽湖始古文者推張惠言皋文惲敬子居然皆不囿於桐城皋文長於經子居精於時國郡多秀如孫墨衍伯淵如洪亮吉稚存皆以詞章傑才進臻樸學而治經犖犖相尚不涉宋以後書蓋其趨嚮近乎惠錢皋文經向專

家亦近惠氏惟子居錦鋐頗能於漢學致譏剌焉述子居學案第三十九。

三吳學人多出世家而徽歙之間則頗業行賈吳徽仲注默菴汪雙池皆是也故其學翔實旁達於藝而近禮家次仲拔起市販之間禮學專門亦精樂律不失其鄉先輩之遺風能持論一本東原而機之鑿鑿則不免於偏陷述次仲學案第四十。

漢學之稱始於三吳惠氏然其榏帖曰六經尊服鄭，百行師程朱，是尊漢尚不詆宋。甘泉江藩鄭堂受學於惠氏弟子元和江聲艮庭長洲余蕭客仲林而爲漢學師承記朱學淵源記，亦不於漢索分軒輊東原乃始一義理於經訓雖本鳳亭林氏靈學卽理學之說然漢辨詆朱儒則雖其從學不敢效也故寶應劉氏弟子段玉傳其小學裴軒傳其測算興化任大椿幼植傳其典章制度而義理之學無德者獨凌次仲以私淑而推極東原之當往往偏至里堂與鄭堂閒邑一時有二堂之目說經鮫次仲爲深篤矣校世以戴焦並稱非無由也述里堂學案第四十一。

雲臺里堂閩里同學然雲臺畢躓遍歷中外所至提唱經學，爲萬流所傾仰而其所自得者亦精卓其持論則奧次仲伯仲之間未逮里堂之醇正蕪教澤傳衍浙粵詁經精舍學海堂諸生省親受裁成人才蔚起酬如高郵王引之伯申，歸安姚交田秋農，陽湖張惠言暴父閩縣陳壽祺恭甫德清許宗彦積卿離係羽翼受知然多相從講學可以徵一時儒風會之大趨焉。述雲臺學案第四十二。以上第三編

經學考據莫盛於乾隆嘉道以下則義理心性之說復張鏡塘以澹定之姿生平未嘗著書燕處京邑而諸名士帖然出其下。仁和龔自珍定菴。發時少癡許可獨心折先生至不敢道其字稱曰姚歸安可以見矣述鏡塘學案第四十三。

誨叔姿性卓犖，遨遊數萬里，顧獨與鏡塘譚為寡過之學而終身焉。或曰誨叔規模宏遠足濟鏡塘所不及，其避京師上自公卿下至婦儒莫不知有潘先生也。誨叔學案起適當吳皖經學極盛轉衰京朝學者翕然歸之逃鏡海學案第四十四。

湖湘之間船山後士多潛修，康熙間有善化李文炤齋一時同遊皆恪守程朱而名行未顯，鏡海繼起適當吳皖經學虛極轉衰京朝學者翕然歸之逃鏡海學案第四十五。

清代之盛萃於揚州，觀其氣象亦至揚州見之。鹽漕之病更胥之蠹莫不於是乎而薈乃有經世之學起於淮揚江皖之交，涇縣包世臣慎伯荊溪周濟保緒其著也。四農獨以身近世一二魁儒負匡濟大略縱橫部陷功利乃闇然為德慾窒欲之學立身敦世清朝醇粹蓋能主經世而復返之宋儒之軌轍者。其弟子有清河吳昆田稼軒孔繼鑅宥函漢陽葉名澧潤臣。逃四農學案第四十六。

嘉道以來學者自漢返宋途有鄭君朱子並尊之論倣居實導成之。其申戴氏性理諸義分析禮闡初堂次仲所未逮也。子以周從子以恭孫傚俱能傳業夏南稱經師者必首舉黃氏為逃儆居學案第四十七。

心伯父慾朗齋官徽州訓導居朱子之鄉已以誦法程朱為唱。心伯承家學又自為婺源教諭十八年當經學考據之盛，策榮漢宋，而以發明紫陽為幟志其所獲有足正清瀾白田之缺失者。一門兄弟自相師友，心伯長於經季煟謙甫長於史仲炯卯生能言政學，而評擊乾嘉有過，論著述心伯學案第四十八。

乾嘉之際牟湖有蔣大始嘉其鄉先輩陸清獻之學謹守程朱著人範一書未行於世，生齋總超亦一依正學，矩矱於當時江浙經生博雅考訂之業悠然若無足動其意，其子寅甫及冠而卒，亦有志向，并附見焉。逃生齋學案第四十九。

咸同以來，理學之風日盛，竹如官京朝，與蒙古倭仁艮峯河南李棠階强齋稱清代中興儒臣爾竹如爲舊恪守剖辨儒釋，濟得爲細卽薛文清陸桴亭之書有毫釐必析者述竹如學案第五十。

强齋與竹如同朝，而所學斌於堅苦黎采衆說自求心得不分門戶有足羨焉清代中州鉅儒輩起强齋爲之後勁過强齋學案第五十一。

當乾隆期武進莊存與方耕於六經皆有撰述而不漢不宋自爲一派其猶子述祖葆琛及外孫同邑劉逢祿申受長洲宋翔鳳於庭推衍穿鑿益廣益深所謂常州之學是也襲魏說經者本常州定菴言古史源自實齋默深言時務經世則發自善化賀曼齡耦庚述獸深學案第五十二。

通甫效擧交游壺一時知名士而靑修篤學獨董山陽瑠四農誰在師友之間相契莫逮會文正至淮安數屛騶從就閱天下事述通甫學案第五十三。

湘中自唐鏡源讀學翟春無不宗緊陽而黜姚江羅山飢羂劉屬憲氣盛以醇儒爲名將一時部曲多出講學生徒，擧功末竟亦足彰儒生之實效矣述羅山學案第五十四。

粵東自阮文達建學海堂學濟競起然多從事漢學考訂九江獨超然門戶之外有志宋人遺緒紫節倘弱行經史並重志在經世規模闊閌足以開一方之風氣焉弟子著者有順德簡朝亮竹之居南海康有爲昆燾逃九江墨業第五十五。

東塾之學彙宗鄭君宋子憑在遡漢宋之鄞，而於淸代尤尊亭林嘗謂政治由於人才人才由發學術吾當專明學術而待效緩數十年之後故其書醇正篤實爲求速化期急效者所畏。弟子著者南海桂文燦子白廖廷相澤羣則皆經學萬

清儒學案序

轍也。交游有象州鄭獻甫小谷東塾攟之王符仲長枘之流，適東塾學案第五十六。

滌生之學文章深桐城姚氏，訓詁尊高鄧王氏經學考據師崐山顧氏金匱秦氏窮蒐擺精涵海地負，其在京朝，常從唐鏡海倭艮峯吳竹如諸人遊，然不拘拘為講學家言嘗自謂欲以禹墨為體老莊為用雖非從容中道亦庶幾矣誠近世間出一偉儒也，述滌生學案第五十七。

筠仙始宗朱子治宋學，既乃輕而致力焉，據訓詁於晚清經師中卓然成一家。而於宋以來士大夫議論虛憍誇張，不求實用尤慨乎言之。其為學塗轍蔓獨違如其為人，述筠仙學案第五十八。

霞仙與滌生仲嶽覃游最密平昔相與講貫磨礪者甚勤且至獨於晚學符變餔家居，抽身世外讀其思辨錄疑義知所得者選矣，述霞仙學案第五十九。

篤齋性靜情逸與倭艮峯以操尚相友，而論學變取朱陸，不尚門戶主講上海龍門書院十四年論者謂其有胡安定之風，述篤齋學案第六十。

儆季少承家學並尊鄭朱子，欲以禮學代理學，即以禮學代經學以泯漢宋之爭禮嘗通體大思精，蓋遠承浙東經制遺意而近紹之於藏歟之學，述儆季學案第六十一。

清季歐風東漸，政治學術皆有新舊交爭之象。香濤以封疆大吏所至與學教澤之宏，或以上擬阮雲臺而時會之變千百過之。其人之功罪是非雖蓋身後未有定評然中學為體西學為用之說，亦為較近學界爭論一公案蓋蘊於亭林之經學即理學為是乎未可存而勿論述香濤學案第六十二。

清儒學案序

九七

清季士大夫慟於內憂外患鑒知非考據詞章之學所能挽，乃相牽思以經世廣天下古愚承數百年關學傳統聞風奮發本陽明良知之敎，通之經術見之時務欲使官吏兵農工商各明其學以捍國歟學數十年門弟子千數百人是亦不當僅以關學限者述古愚學案第六十三。

魯人倘樸學者嘉道間有棲霞郝懿行膠安鄔王筠貫山其後繼起則鮮東甫精研諸經，尤篤於春秋三傳所論猶循乾嘉遺轍而獨有意於前哲微意大義使儒術鑒然可施效惜享年不永所欲著書多宋就同時交游如鄒城孫葆田佩南膠州何劭忞恭鳳孫皆博究墳籍學有本原寶山左諸儒之後勁也述東甫學案第六十四。以上第四編

論墨子書備三墨之學

韓非子言「自墨子之死也，有相里氏之墨、相夫氏之墨（孫仲頌據元和姓纂作伯夫氏）、有鄧陵氏之墨」，故墨離為三。三墨之說，世莫能明。故友唐迪風氏，以為「耕柱篇『縣子碩問於墨子曰為義孰為大務墨子曰譬若築牆然能築者築，能實壤者實壤，能欣者欣然後牆成也。為義猶是也，能談辯者談辯，能說書者說書，能從事者從事，然後義事成也。』談辯說書從事三者是三墨也。」以墨書證墨派唐氏之說最為得之。余之臂蒼請伸其實。莊子言「相里勤之弟子五侯之徒，南方之墨者苦獲已齒鄧陵子之屬，俱誦墨經而倍譎不同，相謂別墨，以堅白同異之辯相訾以觭偶不仵之辭相應，以巨子為聖人皆願為之尸，冀得為其後世」此南方之墨者也，呂氏春秋去宥言「東方之墨者謝子，（說苑雜言作祁射子）將西見秦惠王惠王問秦之墨者唐姑果。（淮南子修務作唐姑梁）唐姑果恐王之視謝子賢於己也，對曰謝子東方之辯士也其為人甚險，將奮於說以取少主也王因藏怒以待之。謝子至說王王弗聽，謝子不說遂辭而行」此祁射子為東方之墨固奮於權說，（淮南子作固權說以取少主）唐姑梁為秦之墨反對謝說將重實行者也則三墨者，即南方之墨東方之墨秦之墨。案之墨為從事一派東方之墨為談辯一派，此墨離為三也，請再就墨子書七十一篇論之。

俞蔭甫氏言「今觀尚賢尚同兼愛非攻節用節葬天志明鬼非樂非命皆分上中下三篇字句小異而大旨無殊意者此乃相里相夫鄧陵三家相傳之本不同後人合以成書故一篇而有三乎墨氏弟子綱羅放失參考異同具有條理較

之儒分爲八至今遂無爲者轉似過之」俞氏之論最爲庸陋篇分爲三即当三家經有上下又將何說内不足以概墨氏各篇之審外不足以定諸子分篇之說戲論已耳以今墨子書七十一篇言之經上下經說上下大取小取諸篇,此即陵子之屬所誦墨經堅白同異之辯屬於南方之墨世之學者恆知之也自備城門以下二十篇所列攻具十二之類此所謂從事之墨其間頗有秦制此非秦之墨而廣姑梁輩之書乎?墨子備城門篇五十二言「守法五千步丈夫十人丁女二十人老小十人計之五十步四十人城下樓卒率一步一人二十步二十人城小大以此率之乃足以守圍。」「廣五百步之隊丈夫千人丁女子二千人老小十人凡四千人而足以應之此守術之數也。」號令篇七七又言「露男女(當作子)有守於城上者計六晉四兵丁女子老少人一矛卒有警事中軍疾擊鼓者三城上道里中巷街者無得行者斬女子到大軍令行者男子行左女子行右無並行皆就其守不從令者斬」女子服兵役於右亦徵有之惟秦耳商君書兵守言「三軍壯男為一軍壯女為一軍男女之老弱者為一軍此之謂三軍也壯男之軍使盛食厲兵陳而待敵壯女之軍使盛食負壘陳而待令老弱之軍使盛食牧牛馬羊彘草水之可食者收而食之以償其壯男女之食而慎使三軍無相過也。壯男過壯女之軍則男貴女而姦民有從謀而國亡」此速人女子服兵役之說也史記集解引古史考言「秦用商鞅計制爵二十等以戰獲首級者計而受爵是以秦人每戰勝老弱婦女皆死計功賞至萬數」此秦之婦女以死於陳戰感獲首級受爵之說盡魏氏陽秋陳羣奏云「典籍之文婦人無分土命爵之制在禮婦因夫爵秦違古法陵子書兵守言『三軍壯男為一軍壯女為一軍男女之老弱者為一軍此之謂三軍』」此秦婦人有爵之說也惟秦婦人以獲首級受爵而丁女服兵役乃墨子書有女子戰守事非秦之墨者國之說而何耶嚴助謂秦時「丁男被甲丁女轉輸」事反取證於墨翟商鞅之書然則穀梁家所謂秦「亂人子女非先王之令典。」

之教，無男女之別者」以秦人之賞任標利，無男女之別也。（別詳余秦為戎族考）迎敵祠篇云「城上五步有伍長十步有什長百步有伯尉百步一亭亭有長十亭一鄉鄉有三老有秩嗇夫游徼……鄉亭亦如之皆秦制也」漢書百官表云「縣令長皆秦置皆有丞尉大率十里一亭亭有長十亭一鄉鄉有三老有秩嗇夫游徼……鄉亭亦如之皆秦制也」擧是伍長什長秦制也亭尉亦秦制也縣令丞尉鄉三老皆秦制也備城門言「召三老在葆宮中葆」號令篇言「三老守閭」又言「三老不得入家人」又言「令丞尉亡得入當滿十八以上令丞尉奪爵各二級百人以上令丞尉免以卒戍」皆符於秦制此非秦之墨之書乎？號令篇言「自死罪以上皆遝父母妻子同產」「姦民之所謀為外心罪車裂」應劭曰「秦法一人有罪並坐其家室」商君宋留之屬皆車裂以死此亦秦法也。號令篇又言「出內畜產皆各以其買倍償之又用其買貴賤多少賜爵欲為吏者許之其不欲為吏而欲以受賜爵祿者賜出親戚所知罪人者以令許之」此爵爵贖罪之事亦秦法也本紀言「百姓納粟千石拜爵一級」而「賜爵一級以上有罪以減」「漢官舊儀稱秦制是也若曰「以城為外謀者三族」曰「以令為除死罪二人城旦四人」三族城旦皆秦制也有大夫公乘皆秦爵也有太守調者中涓皆秦官也賜爵以級而祿以石莫非秦制耶？蘇氏說為不詳徒以號令篇有秦官為言以為商執輩作而墨學者取之。然自備城門諸篇顯言墨子禽滑釐間對則何以謂其非墨家之書而墨家取之孫氏斥歐蘇權言秦官之襲於舊者而無以解於備城門以下諸篇備見秦人獨有之關何以謂其不為秦人之書墨言二說者皆不可以洽人意推而明之其為秦墨之書無惑也。

墨之書，其後著為秦墨之說既明，中者經上下經說上下大取小取為南方之墨，莊子有明文無待詳說，則其前者親士所染兼愛非攻尚賢尚同之屬數十篇，自為東方之墨之書無惑也。淮南謂「墨者學儒者之業受孔子之術」，是說也，不可於墨子書中下二部求之，而於上部尋之則合也。余於中國史學史中嘗論諸子所據列國史籍不同，詩書禮樂號為六藝者，此為鄒魯東方之書而非列國之所有也。故莊子言「其在詩書禮樂易春秋鄒魯之士搢紳先生皆能明之」。惟其為東方所獨有，故韓宣子適魯始見易象春秋而季札來聘乃見周樂也。諸子稱引詩書者儒家孟荀而外惟墨子上同天志之屬諸篇出於東方之墨無疑也。惟墨子書贊仁義法先王尚文學明詩書與儒家同則以同為東方之術耳。餘惟鄒衍陰陽家者流亦歸本於仁義節儉，亦以其為齊人之藝耳。自餘刑名道德之儔絕無誦詩書道仁義敬天而上賢者，凡道法諸家之與儒異皆即墨者之與儒同，此論周秦學術之一大限，在此而不在彼也。則墨書道夫復何疑？然梭知耕柱篇之別「談辯」與「說書」者，經說之類為談辯，白同異之論上同明鬼之類為說書為演暢墨家之義也。

今存墨子書十五卷，既三墨皆備，而七十二篇中有錄無書者二十篇，則亦有說，如節用存上中而闕下篇，節葬闕上中而存下篇，非樂存上篇而闕中下，非儒亦獨存下篇，斯皆亡佚之顯然者。然細究之，惟尚賢三篇而不相複，明鬼闕上中而存下篇，非攻兼愛下篇，亦與中篇相複，若與中篇相複非攻下篇，亦與上中相複兼愛下篇，亦與上中相複非命中下亦略同上篇，是墨書存者仍多可删，何獨別鑠於其亡而齗齗惜墨書之亡？則乃不相複，而尚同下篇，則若與中篇相複兼愛下篇非攻下篇，亦與上中相複非命中下亦略同上篇，是墨書存者仍多可删，詞意複重，何獨別鑠於其亡而齗齗惜墨書陰複重之未盡也，則篇又同於中而尚同下篇是墨書存者仍

從劉向除其複重之例則其亡者知為寫書時不須重錄而空，且不必惜墨書之亡而齗齗惜墨書陰複重之未盡也，則

謂七十篇有義無佚可也。再進而論之，墨書首親士等七篇，親士修身所染言上賢也法儀則天志也七患辭過則節用也三辯則非樂也篇申一義，有似荀韓諸書，此爲一類尚賢終於非儒又爲一類，至公輸此五篇又一類備城門終雜守又一類耕柱等篇似論語孟子爲篠記墨子言行殆墨書之最早者耕柱言明鬼者一事言兼愛者二事言非攻者四事言非儒者一事貴義一篇，言尚賢非命各一事公孟篇中言非儒者五事明鬼者三事非樂者一事魯問篇言非攻者七事非儒者三事公輸一篇僅記非攻一事而已。竊謂耕柱五篇於墨書爲最先，親士七篇次之，尚賢終非儒爲最晚。先者雜記言以見義次之采集言談類次之篇爲一義最後則以十大義爲目綴集而敷陳之，意者耕柱五篇次於大小取後而運儷城門諸篇觥秦之墨所傳乎秦之墨靈行而不重言傳墨子言即依最先之本以說以敷無所損益改作而所究力者專在守禦之事東方之墨稱既爲繁故條理而品次之以成親士尚賢諸篇尚賢諸篇倘又南方之墨所實以爲談辯者乎東方之墨似不應僅傳七篇之書蓋東墨之書多包於南墨之中。宣南墨成書最晚，而論述之形式盆整則墨書備三墨前三墨之精神各異三墨之持說方式又各不同也。

論墨學原始與晏子

既已詳論墨學之流派而於墨學之來源亦試進而論之，韓非子言「哀公儒而削代君墨而亡」。魯之有儒固於代之有墨儒以魯爲中心爲根據。則墨以代爲中心爲根據。至少代亦墨學大行之地，代爲春秋時之北戎，此夷狄之國也呂氏春秋言「司馬喜難墨者師於中山王前以非攻，趙與兵而攻中山，是之乎？司馬喜無以應」。此中山亦墨學所行之國而中山又春秋時之鮮虞亦夷狄之國也韓非子言「趙主父使李疵視中山可攻不也還報曰

中山可伐也其君好嚴穴之士所傾與巫以見窮閻隘巷之士以十數矣君曰以子言是賢君，安可攻疵曰不然夫好嚴穴之士而朝之則戰士怠於行陳上會學者下士居朝則農夫惰於田者則國貧也兵弱於敵國貧於內而不亡者未之有也」李疵之言與趙威后見齊使者之言思想一致。其言曰「苟無歲何以有民苟無民何以有君鍾離子無恙耶葉陽子無恙耶北宮之女嬰兒子無恙耶於陵子仲尚存乎是其為人也上不臣於王下不作其家中不索交於諸侯此率民而出於無用者何為至今不殺乎」陳仲子在東方為賢士在三晉為贅民李疵威后之言皆見趙人之賤體化而重功利不必武靈王之胡服騎射為然是三晉之在昔已為法家思想所瀰漫此東西兩大思想之界斷也李疵所言之中山正尚賢尚學之墨道實字記引戰國策言「中山專行仁義尚儒學」（此為廣義之儒凡諸子稷下之儔皆稱儒」）仁義亦墨家所樂道者也墨學之盛而行之者乃代與中山省夷狄之國以墨子言之姓纂開「墨氏孤竹君之後改為墨氏戰國時宋人墨翟著書號墨子」墨子出於孤竹而章枚叔氏固以孤竹非中國之族伯夷叔齊非中國之人墨胎非中國之姓已有明說也則墨學不得為中國之教也尚儒俗固挾山戎諸族以俱來檀弓新序俱言「孔子過泰山側有婦人哭於孤竹之舊俗吾嘗論赤狄之南下太行東踰清濟固挾山戎諸族以俱來。檀弓新序雜事記此事為「孔子北之山戎氏」此山戎之已路者。曰往年虎食我夫今年虎食我子。」檀弓以為泰山側新序雜事記此事為「孔子北之山戎氏」此山戎之已奉泰山赤狄合長狄以居於宋魯曹衛諸國之間墨翟之為魯人抑宋人正以長狄山戎之居而孤竹之裔與同處也（別詳周秦民族史）則墨學為代與山戎孤竹東夷貉族之教鮮虞建國亦奉之故墨學之根據在代中山其被於中國

論墨學之衰爲與儒學合流

論墨子舊儕三墨之學

也,以地域之殊而有東方之墨,南方之墨,秦之墨,而三者又未必爲原始之墨學也。余既伸唐氏之說,論墨學之流,以辨蔥孫之未諦。曾唐氏昔於墨學大行之際,恆獻其說曰「疑其墨子之徒有齊人者爲之墨好儉晏子以儉名於世故墨子之徒尊著其事以增高爲己術者且其旨多尚同兼愛非樂節用非厚葬久喪皆是出墨子又往往言墨子聞其道而稱之,此甚顯白者。非晏子之徒則其言不若是非晏子之爲墨也爲是書爲墨之道也。」按柳氏疑晏子書作於墨子之徒,然今以墨子書衡之墨誠近於儒而大遠於道德法家者墨之非儒恆以晏子爲說見於非儒篇者如是,見於孔叢詰墨篇者亦然,是不可謂墨之祖於晏也晏子書外篇第七第八其譏短仲尼者尤多凡八九事晏固非儒,而墨子因之晏子內篇問內篇雜中亦著有墨子頌晏之文則墨之果仿於晏也柳氏論晏子書中多尚同兼愛非樂節用非厚葬久喪又非儒明鬼,此正晏子思想之推至於極者蓋春秋末之子產頗鄰於後來之商韓子產誠亦法家之先河而商韓之屬爲其後勁,此固治周秦哲學者所瞭然者也史管晏列傳言「晏平仲嬰萊之夷維人也。」劉向別錄曰「萊者,今東萊地也」東萊地於春秋爲萊夷而齊滅之,是晏嬰者誠萊之裔而東夷之族,固與山戎孤竹之屬同出一系,則晏子爲墨學之前驅,誠非謳歟?是所以盡唐氏之義願質於世之爲墨學者。

班固言：「墨家者流，蓋出於清廟之守，茅屋采椽，是以貴儉；養三老五更，是以兼愛；選士大射，是以上賢；宗祀嚴父，是以右鬼；順四時而行，是以非命；以孝視天下，是以上同。」此蓋墨家師說也。亦見墨家之學重於明堂、穎寢春秋釋例曰：「太廟有八名其實一也。肅然清靜謂之清廟，行禘祫昭穆謂之太廟，告朔行政謂之明堂，饗功養國老謂之辟雍，占雲物望氣祥謂之靈臺，其四門之學謂之太學，其中室謂之太室總謂之宮」蔡邕月令章句亦略與之同，鄭玄駁五經異義曰「天子曰辟雍，天子將出征，受命於祖，受成於學，出征執有罪，反釋奠於學，以訊馘告大學即辟雍也」阮元明堂論約舉數事曰：「明堂者天子所居之初名也。是故祀上帝則於是，朝諸侯則於是，養老尊賢教國子則於是，饗射獻俘馘則於是，治天文告朔則於是，抑且天子寢食恆於是」而尚書言堯舜禪讓，則曰受終於文祖，鄭註：文堂也。吾嘗論漢師之微言若封禪讓天子巡狩之言黜陟諸侯辟雍之選賢明堂之議政凡諸太端莫不歸本於明堂，導源於墨子以極端平等之思想摧破周秦階級之政治墨家之要義一也而為儒者之大經自取墨以為儒。祖者，五國之大名，猶周之明堂。桓譚新論云：明堂，羲謂之五府。曹巡狩則曰歸格於藝祖，鄭註：猶周之明堂。文祖，藝祖，經訓皆以為大廟即明非百氏墨子大義流云，「禮運大同之說頗與儒家言出入學者或疑為非孔氏書或以為老莊者摻入之。之說而援之以入儒耳盡儒者歡傳之後墨家曼受尚同之理想已大見重於人儒孔子所謂堯舜猶病者而墨子以為賣行不難之徒子游弟子等乃援儒入墨謂仲尼亦有此說云耳明知墨家之兼愛與儒家之禮不相容別為大同小康二說謂姑先行小康之治以徐致於大同此禮運之所由作也禮運大同載與其他儒家言不其合而與墨子經盡義多符文

句亦無甚遠。天下爲公則尙同也選賢與能則尙賢修睦非攻也不獨親其親不獨子其子，則兼愛也貨惡其棄於地力惡其不出於身則節用非命也使老有所終，壯有所用幼有所長矜寡孤獨廢疾者皆有所養則老而無妻子者有所侍養以終其壽幼弱孤童之無父母者有所依以長其身之文也貨不必藏於己力不必爲己則餘力相勞餘財相分餘道相敎之體也謀詐閉而不用盜賊竊亂不作亦盜賊無有謀竊誰亂之語也總觀全文大抵撿拾墨子之文其爲墨家思想甚爲顯著」又謂「篇中下文聖人能使天下爲一家中國爲一人亦墨子尙同篇語」儒家之取於墨子伍氏之說最爲痛切墨既託夏而儒之取墨，亦不謂之法墨而託之法夏從墨之義也究之禮運一書取之墨而又有進於墨者班氏言墨見儉之利因以非禮故莊生及司馬談並言墨之非禮樂禮運則於墨家非禮之後上探禮樂之源以言之其曰「昔者先王未有宮室冬則居營窟夏則居橧巢未有火化食草木之實鳥獸之肉飮其血茹其毛未有麻絲衣其羽皮後聖有作然後修火之利范金合土以爲臺榭宮室牖戶以炮以燔以亨以炙以爲醴酪治其麻絲以爲布帛以養生送死」則言乎先民之初未有禮而禮之起亦不筆已者存焉曰「飮食男女人之大欲存焉死亡貧苦人之大惡存焉故欲惡者心之大端也人藏其心不可測度也欲一以窮之舍禮何以哉」又曰「故聖王修義之柄禮之序以治人情者聖王之田也修禮以耕之陳義以種之講學以耨之本仁以聚之故禮也者義之實也協諸義而協則禮雖先王未之有可以義起也」則言乎禮之本於人情可以義起三百三千不足泥焉故曰「禮必本於天殽於地」又曰「禮必本於大一分而爲天地」斯其獨探禮樂之源以重建禮樂之基殆正以答墨家之難而義已大進於墨家也其幽國僭君之譏正以惡乎玉帛以爲禮鐘鼓以爲樂者此正孔子從先進之論也本師廖君言「古文家曰月

論墨子實兼三墨之學

一〇七

之嬪祀，故今文家改爲殷祭，蓋古禮從周多繁文，今禮變周多簡質，」正亦從先進之義。廖君誠厲言之殆今文家言禮，其巨而明堂封禪細而喪祭朝聘其與古文異者，將皆以收於墨師。然也章枚叔孝經本夏法說曰「孝經開宗明義章曰，先王有至德要道釋文引鄭氏說云禹三王最先者斯義最宏遠。余以鄭氏綜攝全經知其皆遽禹道故以先王屬禹，非馮臚言之也萬書不存當以墨子爲說墨子兼愛藝文志序墨家者流云以孝視天下是以兼愛此又墨家所述學五更白虎通德論曰不臣三老五更者欲率天下爲人子弟饗天子必有尊也言有父也言有兄也攝神契釋以尊事三老兄愛而民莫遺其親博愛即兼愛其徵一也感應章曰故雖天子必有尊也言有父也言有兄是以博萬遺與孝經同其徵二也其在墨子外者左氏傳曰禹會諸侯於塗山執玉帛者萬國異義引公羊說殷三千諸侯周千八百諸侯是殷周無萬國獨夏有此孝經孝治章曰故得萬國之懽心以事其先王自非夏法何有萬國之數其徵一也周禮五刑各五百爲二千五百章曲禮曰刑不上大夫正義引張逸曰謂所犯之罪不在夏三千周二千五百之科書呂刑序曰呂命穆王訓夏贖刑其書言五刑之屬三千是則條律之科周有殊而孝經皆取夏法先生爲禹約然明矣。」于不孝非夏法則不得此數姦徵二也以墨子明大義，以舊禮律之如稱孔子曰「吾志在春秋行在孝經以春秋屬商孝經屬參?」六孝經一篇比於禮記所採義無特異而漢儒固重視之如稱孔子曰「吾志在春秋行在孝經以春秋屬商孝經屬參?」六藝論亦謂孔子以六經題目不同指意殊別倘自儒取於墨墨非樂而儒者不言樂經墨上同而儒者頗會孝經歆淮南謂，是期門羽林之士皆令誦孝經其尊若此後世莫知根源，故作孝經以總會之甚至附會火德以重其害於「墨子學儒者之業受孔子之術。」夫儒墨同爲魯人之學誦詩書道仁義則六經固儒墨之所共也漢書制氏傳樂徒

記其鏗鏘鼓舞，遂無樂經。然禮記之言魯鼓薛鼓何殊，士禮記之言升降進退之節，而樂果不可以有經耶？呂氏春秋察微稱孝經曰高而不危，所以長守貴也云云。是孝經已顯於先秦之世，而樂經殆亡於墨學之儒也。

本師井研廖氏以今文家言為儒家取陰陽家說。余於儒家言多為世族張目，為擁護舊社會之崩壞而儒世變異而各家之學遂有興廢。近人每以儒家政治思想一篇中以今文為儒家有取於墨家以成其義，因湮晦及漢初而新社會乃漸底於成然。此有令人大惑不解者，儒以舊社會之崩壞而至漢世新社會已捷成而儒反以大顯漢武之罷黜百家表彰六經，非國史上之奇迹歟？斯則儒學之日新能奄有異家之長以為我用。蓋戰國之世君王競張之時代也，惟法家能用之儒家春秋公羊之顯，乃以墨學之法家以為說也。六王既畢，專制淫威極於暴秦，而儒家浮丘子之徒譏世卿之顯，是非孔孟之說，而公羊之流取其要也。論衡福虛篇言「儒家之徒董無心墨家之徒纏子相見諧以宗教之意味過濃矣」旨哉言乎一言墨反以廢久思不敢有所說而友人彭君雲生曰「墨學之不宜於後世者誠以宗教之意味過濃矣」旨哉言乎一言學，此則為新儒學也。新時代之必以新學術，於今文之學見之，獨怪墨家平等之義最協於漢代何為取於舊儒子之說。儒之取法家義系於春秋儒之取墨以為儒術儒之宏卓益不可及。上視孔孟為舊儒法家以為說也。六王既畢，專制淫威極於暴秦，而儒家浮丘子之徒譏世卿之顯，是非孔孟之說，而公羊之流取我用。蓋戰國之世君王競張之時代也，惟法家能用之儒家春秋公羊之顯，乃以墨學之法家以為說也。

其要也論衡福虛篇言「儒家之徒董無心墨家之徒纏子相見諧以宗教之意味過濃矣」旨哉言乎一言

墨反以廢久思不敢有所說而友人彭君雲生曰「墨學之不宜於後世者誠以宗教之意味過濃矣」旨哉言乎一言

之九十年纏子應是董子。難以堯舜不賜年桀紂不夭死」漢志儒家有董子一卷名無心難墨子墨學之明鬼天志以禍

福邀人儒家以賢愚禍福之事多爽難之此最墨家所難於置答者墨者尤欲伸論神道不驗之事於文化開明之日此

則墨道之所以日微乎？

論墨子舊學三墨之學

膚淺小書 補水經注違失一則

水經注言「沁水於縣（武德）南水積爲陂通結數湖有朱溝水注之其水上承沁水自枋口（石門）東南流奉溝水右出焉又東南流右泄爲沙水也其水又東南於野王城西枝渠左出焉朱溝自枝渠東南逕州城南又東逕懷城南又東逕殷城北朱溝水又東南注於湖湖水右納沙溝水水分朱溝南派東南逕昌城西沙溝水又東逕絺城又逕殷城西東南流注於陂水又值武德縣南亞滎陽縣北東南流入於河先儒亦咸謂是溝爲濟渠故班固闞駰幷言濟水至武德入河蓋濟水枝瀆餘分旣在布稱亦兼丹水之目矣」道南旣知沙溝爲濟渠而求之注文沙溝無適濟之迹是誠酈氏之踈殆亢以濟之出河自滎口石門不可濟之入河翻在武德之下故詳言奉溝當縣入河及新道於溫縣出河皆在石門以上於勢爲合然從京相璠之說濟自卷縣出河則正在武德之下也由今考之者元之廣濟河分濟流東合利仁河永利河東過溫縣行沙溝之道以入於河仿佛濟行沙溝之故瀆沙溝適濟之迹當可於鈖求之歟旣謂沙亦兼丹水之目而沙溝通丹之迹亦於酈書不可考其實也

圖書集刊 第四期

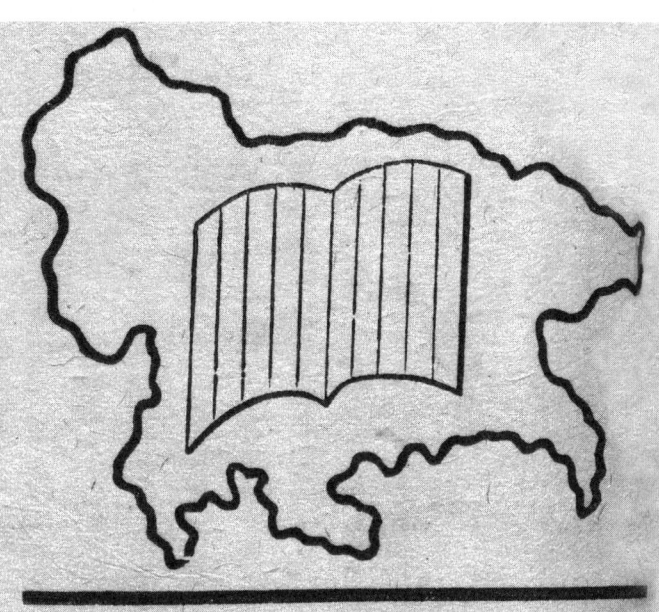

由禹貢至職方時代之地理知識所見………蒙文通	
古今之變………蒙文通	
五十凡駁例………廖季平未刊稿	
中國政治思想史參考資料緒論………蕭公權	
漢代法吏與法律………李澄源	
論尚書之傳寫………蒙文通	
錢著國史大綱校記………繆鳳林	
春秋繁露義證補釋序………曾宇康	
西漢三公九卿考………王樹枏	

四川省立圖書館編輯

中華民國三十二年三月出版

由禹貢至職方時代之地理知識所見古今之變

蒙文通

古文化區域

黃河流域自古為中國文化最高之區，然黃河者實概括之辭，古有西河南河東河之別。禹貢言「西河會於渭汭」，又言「逾於洛至於南河」，王制言「自東河至於西河」，又言「自南河至於江」，皆是也。蓋以龍門以上河自北來為西河，以下則河東去為南河，至大伾而河又北行為東河。就文化發達言之，在黃河上游固非西河流域而為渭水流域，在下游亦非東河流域而為濟水流域。任黃河自身僅中部之南河一段兩又輔之以洛水自河入河自渭以達於海。由東而西殆一直線，此乃漢族繁殖文化最高之區，為東河西河所不逮，此由禹貢職方之地理知識可以見也。

禹貢職方記山鎮川澤有最詳之地帶，有簡略之地帶，有漏誤之地帶。禹記「導河積石至於龍門」，此西河也，則略曰「南亞於華陰」，「東至於底柱，又東至於孟津，東過洛汭，至於大伾，北過降水」，則東河也，又略曰「至於大陸，又北播為九河，同為逆河，入於海」，則東河也。又詳曰「恆山至於碣石，入於海」，此沿渭北與南河之山也，又詳曰「桐柏至於陪尾」，「又嶓導水於四瀆之外，記者曰弱曰黑曰濟曰洛曰渭曰黑耳外方」，此沿渭南洛南之山也，則詳曰「導岍及岐，至於荊山，逾於河壺口雷首，至於大岳底柱析城，至於王屋太華熊

由禹貢至職方時代之地理知識所見古今之變　一

關之記為神話別有說，此不具論。洛渭灣俱在北之汾爾之湘，此類較大之水舉不之記，知渭洛濟三水於古代文化所系特鉅。渭洛濟最小之水亦詳記之於導渭曰「東會於灃又東會於涇又東為漆沮」於導洛曰「東北會於澗又東會於瀍又東入於河又東北會於汶又東北入於海。」於導濟曰「東出於陶邱北又東至於荷又東北會於汶又北東入於海。」

夫涇漆灃瀍沮乙為水皆岬岐大區之為山其細已甚。而已之之詳亦非以人物痕跡，而知之悉乎封禪書言「天下名山八而三在蠻夷中五在中國華山首山太室泰山東萊。」此蓋山同西南乎而已，沿渭水南河濟水一線也。與雍冀兗三州皆詳於南西略於北其豫徐青三州皆詳於北而略於南省此去文化線較遠人跡少而記亦簡略也。梁獨詳於西北徐亦詳於西北，則以其省南下之交通線淮漢東河西潤皆路長江則鬱誤漏略最甚非以人跡最稀不能明知其山澤而然耶？

周代之開拓

周書職方一篇大凡於周官所裁出周書篇序曾之職方蓋穆王詩事也以職方校禹貢鼠於漢族開拓之情可見，蓋大河之北益闢而大河之南益闢河南禹貢於豫州曰「伊洛瀍澗滎波既瀦導菏澤被孟豬」而職方於豫州則「其藪澤曰圃田其川榮洛其浸波溠」於荊州又曰「其浸穎湛」則榮澤之水東南流水經所謂黃水者其下流即黃滽也職方已不知。知穆天子傳云「浮於榮水」而職方稱「榮川」扁下流來之水。知此非大河之南所知曰墟乎波卽強水入汝者也達卽漢水入濊潁入淮者也禹貢不記

而《職方》言之，非曰關而南乎？《禹貢》於兗州曰，「瀦淄其道」，《職方》於兗州曰，「其浸盧濰」，於幽州曰「其浸菑時」。盧即九臺水入濰者也。時水入淄者也。《禹貢》言瀦淄徒記下流近濟之水，《職方》記時則窮及濰淄上流來會之水，此非濟城之南所知亦遠乎？於萊陽東五十里《禹貢》所記則大河以北叉拓境益北，前及於汾潞虐陀職方於并州曰，「其藪澤曰昭餘祁其浸淶易其川虖陀嘔夷。」淶即巨馬河，嘔夷即瀘水入易者也。非《禹貢》其所浸汾潞」於并州曰，「其藪澤曰貕養」在今萊陽東五十里《禹貢》言藪淄徒記下流近濟之水《職方》記時則窮及濰淄上流來會之水，此非濟其山鎮曰醫無閭」於冀州曰，「其浸淶易」於幽州曰「其澤弦蒲」於雍州曰「其澤弦蒲」於幽州曰「遂也。《禹貢》於梁州曰，「沱潛既道」於荊州亦曰「沱潛既道」鄭玄云「水出江為沱漢為潛」蓋《禹貢》實不知梁東荊西之地迫以梁之沱潛即荊之沱潛之號西漢水者（即嘉陵江）正亦以梁之潛為通於導漾之漢耳是梁東荊西無交通人跡所不常至其曰「岷嶓既蓺沱潛既道蔡蒙旅平和夷底績」省在梁之西北蓋於梁州所知惟此前已。其曰「華陽黑水惟梁州」「黑水西河為雍州」「導黑水至於三危入於南海」夫三危之水安得至於南海豈雍梁之西果以水為通乎《禹貢》之妄亦其曰「岷嶓導漾東流為漢……東為北江入於海。」「岷山導江東別為沱……東為中江入於海。」以衡繫岷以北江繫漢苟非人跡所不至不得有此大錯之說乎？水經沿之以北江為沔泥古乃至於此也。

南下水道交通

《禹貢》於兗州曰「浮於濟漯達於河」，於青州曰，「浮於汶，達於濟」，於徐州曰，「浮於淮泗，達於河」，於揚州曰，

「沿於江海達於淮泗」,九州貢道皆資於水,而由兗入河則以濟,由揚徐入濟則以泗以菏,泗者誠由河濟之東圖交通線以南達江淮之樞紐,又別為南北一交通線也。禹貢於豫州曰「導菏澤」,於導濟曰「又東至於菏,又東北會於汶」,「浮於淮泗達於菏」,菏非巨川,而記之屢數,知禹所繫者實許慎言「泗受濟水東入淮」,班固地理志言「泗水東南至睢陵入淮」。(魯國卡縣下)又言「泗水至方與入沛」,(魯國下)水經泗水注「又南過方與縣,菏水來注之」水經言「濟水又東過湖陸縣東入於泗水」鄭氏言「泗濟合流,故地理記或言濟入泗,泗亦言入濟,互受通稱故」」此濟泗通溝以菏為介而有菏澤鉅野注之,以助其勢,河濟為東西交通幹線,由菏入泗,南達江淮,又別為南北一變通幹線,而菏分濟於陶,朱公至陶曰「此天下之中諸侯四通貨物所交易」陶為天下之中,正以當寰西南北南交通線之交會,是固商業之中樞魯仲連言,「陶為黃河北上之處,陶為菏水南下之處,皆交通要道也,韓非子戰國策省廬并稱陶衛。」史記蘇秦傳言,「韓守成皋魏塞午道」張儀傳言,「秦寘塞午道齊師渡清河」楚世家言「夜加即墨,顧據午道」說者謂在魏之東齊之西索隱云「抉汝漢排淮泗,而注之江」為禹功,在春秋「吳城邗溝,此正由江入淮之道,國語言「吳闞深溝於商魯之間北屬之沂,西屬之濟」,則所謂「泗水南遷魯城西南合沂水」是也。非謂出泰山蓋縣之大沂,遠汶代博戰於艾陵」則又由淮湖泗而北上。夫差正告周曰「水盡,水經注「沂水州魯城東南尼丘山西北又西經圓丘北又西右注泗水。」夫差遵汶伐博於左氏哀十一年傳曰,

黃河南北泲沏沏

《禹貢》言「熊耳外方桐柏至於陪尾」，今案《春秋家說》「泗出陪尾」，《隋志》「泗水縣有陪尾山」，《禹貢》之人，以泗水之陪尾，即桐柏之叢蘁，則於陪尾桐柏鬥糅不了不了，班固地理志始言「古文家以橫尾山為陪尾」。劉以江漢合會謂言之甚正，地理知識已臻明確之說，今文家等禹貢之驚諤，以會地理則是即言禹貢則非以桐柏之不實接於泗水，禹貢之人固不知也。禹貢既不知有榮川，況其能平管子霸形篇言「楚人攻宋鄭，絲燃梏焉，與要宋夾鹵雨川，使水不得東出之函，水深滅壗廣百里面後可田也」，則宋地卑下，陪尾欄柏之間下至蠶秋，可灌諸縣困百里面遙。

《禹貢》曰「其浸波滆，貢浸潁湛」，於後為川著於《職方》尚為浸濡濺濾南於古固沏沏之區，宜禹貢之人不知眞實而妄為之說。《禹貢》不知有榮川而《職方》

「公會吳子伐齊，五月克博至於贏，齊及吳師戰於艾陵」，贏博曹在今泰安，艾陵在今萊蕪，知薊波自西而東。吳人既闕深溝以達魯城之沂，亦即由泗入汶，而東至艾陵，由泗入汶。蓋闕而北水經注「洸水又西南逕南平陽縣又南洸水注之」呂忱曰「洸水出東平上承汶水於岡縣西闞亭東，爾雅曰汶別為闞」洸水又南流逕瑕城，西又西南逕太山寧陽縣故城西又西南逕太山郡乘邱縣故城東又東南流注於洙水又南至高平南入於泗水」則由淮泗北上入汶，又一道也。

由禹貢至職方時代之地理知識所見古今之變

五

王通滎陳蔡之間舟行上國以伐宗周徐至河上滎澤之水穆天子傳所謂「浮於滎水」著知即黃水正《職方》之滎川，既道通滿，於是穆王方有聲於徐周徐往來之道即此二水。

殆至戰方時代而始通爲禹貢時代所索至則於江淮北上入濟菏泗而外又一道也蓋此沮洳之區之沖積爲平陸歷禹貢時期而職方春秋乃漸次蕃庶也爾雅釋水言「水自河出爲灤濼爲瀿漢爲濟淮爲滸江爲沱餉爲洵潁爲沙汝爲濆」其記淮北之水益更明確則由職方而戰國淮北泗西濟南乃益開拓故所知乃益詳也此淮北泗上之開拓蓋已甚晚其在濼濟之北兗州之城北至於燕廣漠之區未嘗有封國蓋亦以九河下游地卑水盛爲禹貢於兗州曰「作十有三載乃同」而後「降丘宅土」正以九河下游地卑水盛不易治也兗州田中下而賦下下正以田雖薄而民未衆也漢舊溝洫志平陵闞幷言「河決率常於平原郡左右其地形卜而土疏惡聞禹作河時本空其地以爲水猥盛則放溢少稍自索」是濼川之北大河之東亦以地卑水盛先未開拓爾雅詳列九河之爲曰徒駭曰太史曰馬頰曰覆釜曰胡蘇曰簡曰潔曰句盤曰鬲津然迄九河之域詳則亦以晚而歡開拓故禹實於兗北亦略無記述也。

黃河區之湖澤

濼以北至燕濟以南至淮地既沮洳其他鼈湖澤尤多皆入後而漸湮，知古今陵谷之變亦劇矣其見於禹貢者曰大陸孫星衍說在河北新河寧晉二縣界或又別鉅鹿（廣河澤）於大陸曰雷夏在山東濮州東南曹州東北曰大野在曹州鉅野城又別鉅野於大野曰榮澤在河南滎澤河陰二縣界曰甫澤在山東定陶縣東曰孟諸在商邱縣東北接虞城縣界曰豬野在甘肅鎮番縣北其見於職方者曰圃田在河南中牟縣曰弦蒲在鳳翔隴州西曰陽紆洪亮吉說在華陰縣曰圞餘新在山西介休縣曰貕養在山東萊陽縣爾雅所記又有焦穫在陝西三原縣至職方之潔暘淄時沂沭渭洛汾潞蕩潍波溠皆所爾浸也前之所稱澤漢婁多矣爲平陸而所爾浸者樁已爲川流地若黃澤蓬澤之類其見於戰國

左氏成六年傳「晉人謀去故絳諸大夫曰必居郇瑕氏之地沃饒而近鹽」獻子曰郇瑕氏土薄水淺於是乎有沈溺重腿之疾」杜預曰「沈溺濕疾重腿尾腫」則晉以高原之地尚瀉鹵沮洳左氏昭三年傳「景公欲更晏子之宅曰子之宅湫溢不可以居請更諸爽塏者」地理志言「太公之封齊地負海瀉鹵少五穀」則齊瀕海瀉鹵之區夫太山之東，太行之西今皆高爽乏水而古固如此，九河淮泗之域益更可知也。

史記蘇秦曰「海南有太山，西有清河」又曰「趙南有河漳，東有清河」又燕王曰「齊有清河濁河可以為固」此即溝洫志所謂「齊與趙魏以河為境作堤去河二十五里」者也地理志之河即戰國之清河即大河之正流，而以水經注之白溝始於曹武所開姜得即戰國之河，至楊懍吾氏猶循此誤夫清河齊魏相接在上游而曰清河至大陸經大陸之沈澱而濟河沭漯爲清河今之長江以異事？此無他濟出河泆爲濟經滎澤之沈澱而出爲清濟河濁而濟河齊趙下游之河清實非沿江湖澤之多，而水有所調節故不為害古者沿河濟湖澤凡十數濁河且變而爲清濟，更何水之足爲患乎溝洫志言，「禹以爲河所來者高水湍悍難以行平地數爲敗則灑二渠以引其河北載之高地播爲九河入於渤海」所謂二渠者濟川漯川是也所謂引其河北載之高地者王璜稱「禹之行河水本從西山下東北去」是也河至大伾折而北行沿太行山麓以入於海所經自爲高地河行高則水緩不爲害又可因低地瀦爲澤導爲渠則水益分所謂上流濁而下流且爲清此古時黃河南北支渠湖澤之所由多於今歟古之治河利水緩而後之沿河利水急由貢讓言

七

之，古以遷湖爲上策引渠中而作隄下令則惟知作隄去河二十五里南北之隄，相去五百里而遙今則迫河爲隄黃河之於中國古今剝害全相反，正由治河之縮古今全相反耶束水攻沙之説倡於潘季馴正以河濟線之湖澤，至明而堙塞略盡湖澤亡而治水急爲一定不移之理，亦勢之使然惜未有曉然於古遺湖之義耳。

古代北方之生物與氣候

禹貢於冀州曰「島夷皮服」知北地之塞於揚州曰「島夷卉服」知南地之燠泰山之麓，徐兗之境，服桑絲宜桑康正以氣候溫和適中知古時黃海流域之情形大同於今日長江流域也凡孟子所謂，「汙池沛澤多而禽獸至」「草木暢茂禽獸繁殖」「驅龍蛇而放之沮驅虎豹犀象而遠之」省非今日北方之情勢所宜然小雅曰「如竹苞矣，

」衛風曰「籊籊竹竿」又曰「蓼竹猗猗」斯皆古代北地產竹之證東觀漢記言，「郭汲爲并州牧行部到西河美稷，有兒童數百各騎竹馬於道次迎拜」「晉陽無竹古今共知假有傳檄他方盖亦事同大夏況在童儒耶

」草或之誣漢記可知晉陽漢多竹而唐時晉陽童子寺有竹日報平安知故時晉陽植竹之雖在漢則不然溝渠温志言，「瓠子之決是時東郡燒草以故薪柴少而下淇園之竹以爲楗」漢書言，「

寇恂爲河内太守伐淇園之竹不緐溝温志言，「渭川千畝竹，其人與千戸侯等」地理志言，「秦地鄠杜竹

萬。今通與淇川無復此物」斯盖至魏而絕貲殖列傳言，「盜器伐竹淇川之竹木」交之十八年「晉師諸侯之師圍齊樊申池之竹木」之十八年「愍公游於申

林，南山檀柘，號爲陸海」其在周季襄之十八年「晉師諸侯之師圍齊樊申池之竹木」交之十八年「懿公遊於申池

迎，郎歟弑公衲諸竹中」榖梁之「燕盡王曹曰，「劉卯之植植於汝黨」蕢竹田也今則竹已爲北地所罕見此古今

之變也。古者蠶以爲管筐，記則以籩簋籩豆，迹條，食則籩簋籩豆，盛行則登笠居則蓬車，飾以筆奢數以算者，漁以罟爲朝以筌，斂以符戒以箭，乘扇以匳射以箭，固古者北地所盛產，故曰常器用得資之廬。風曰「不能蓺稻梁」邪風曰「十月穫稻」小雅曰「滮池北流浸彼稻田」鄭玄曰「豐鎬之間水北流」由職方鄭注以觀則豫幷冀皆宜稻昭之五年傳曰「鄅人藉稻」引河水溉民田皆溉濡洫志言「史起爲鄴令遂引漳水溉鄴以富魏之河內民歌之曰終古鹵兮生稻粱」戰國策言「東周君欲爲稻西周不放水東周患之民皆種麥」皆見古代北方產稻之盛故曰食乎稻衣乎錦蓋以川澤既多水田亦廣而氣候寒燠自亦受其調節影響固可知也我祖東山詩曰零雨其濛」信彼南山曰「益之以霢霂，時節者孰術文廬濟曰「倉庚於飛」周公西歸曰「伊威在室」漆與伊威豈非今日北方能生存倘書大傳營泰山「觸石而出雲膚寸而合不終朝而雨於天下」是其雲蒸之盛而霖雨之狩也則黃河流域自水澤渴而氣候古今之變亦劇，迥不復如往時也。

中國文化之必發生於黃河流域而猶生於古代文化爲最高歎無異辭也。乃日本學者言長江地理環境優於黃河不應文化發生反在河域遂謂苗族爲中國文化之創造者及苗族爲漢族所戰敗漢族取其創造文化之地位而代之。說見梁漱溟東西文化及其哲學附錄中又德國學者作中國經濟史謂古代黃河改道常在下流因謂中區古文化發逢當在黃河上流而非下流，說見陶希聖主編之食貨半月刊此兩說者皆以不

由禹貢至職方時代之地理知識所見古今之變

九

了然於中國古代地理之情形而妄以今日地理情形論之是為一誤豈知古代黃河流域實狹於長江流域，亦未嘗有改道之禍有之蓋始於周定王五年而改道之始則赤狄侵入中國滅邢衛而有其地決河泛濫迫使改道遂又東侵齊地而有之河之改道自此始其決處蓋寄居口其時其地盤據於赤狄之乎故知河徙之禍乃赤狄之為。此與今日河決中牟實事無異豈見史驚季刊二期拙著黃河首次改道為異族之禍就謂古河泛濫不足啓變化耶。至黃河流域氣候一切之變爲屬於六朝隋唐與長江流域古今之殊當別作二篇論之以質於大師碩儒而勖東西學者不能多讀中國書，而好妄論中國史之謬。

民國三十一年十二月四日

五十凡駁例

昆東漢求解春秋之書，始有以劉歆名著賈氏條例杜氏釋例其始皆謂之凡發世所謂凡例是也。戴禮之以凡見不下數十周禮亦數百見。蓋凡為總括條件之辭左傳一書言凡者五十二見傳多釋例之文為統括之詞，與散見諸條尊同一律非有彼此之分。（上二十字依別一稿補）偶然言凡者大約言凡者交語詳略包舉其終始正變而言其單文孤詣誰與言凡誰文誼相間傳不再言凡以從省約故劉歆以後鄭賈服皆混詞一視於杜氏所謂言凡不言凡者初無新舊之別杜氏解經力攻漢儒目成一派突以言凡不言凡分為新舊。（上十一字係補入）乃雜錄其中言凡者五十條凶有二凡同仕一條逐附曾易經大衍之數共用四十有九之說以此五十凡為周公所創魯史之古例，其數目直做大衍之數後世言左氏者遂勘稱五十凡其若為周客所頒者魯如是說則前二十條當如發世修史之例，每條多有精義皆為經文之變例不重複不混雜別無遺漏炳炳如日月列宿各占部分各有星雜可示學者以為讀左氏者先從此五十凡以入手今細考五十凡有專辟典禮與經文全無干涉者有此五十之門類之同然後可

凡諸侯同盟於是稱名故莞則赴以名繼好息民誚之禮經。隱元年

凡諸侯同盟死則赴以名告終稱以繼好息民誚之不然此皆辟不敬也。僖二十三年

凡崩薨不赴則不書禍福不告亦不書懲不敬也。文十四年

有文義出入詳略互見者四十一條統計書複外不過二三十條則不得謂釋五十凡以附會大衍又杜氏以書凡者爲周公古例不言凡者爲孔子舊例今案傳文簡略者多不言凡但舉全例淺則多言凡以散見不言凡之條歸宿於言凡之下其言凡之條無不言凡凡目者不過一二條竊以公羊穀梁與本傳略源於一經初無異例此尤同出一傳偶爾言凡偶爾不言凡之條乃以爲周公孔子或推之赴會或發之史文一經之中政出四門與後世說易分四聖人者無異例每條皆分門凡爲周公承凡爲孔子是爲巨謬杜氏釋例每條皆分門凡爲周公承凡爲孔子或推委他人如杜氏之一室之中自相矛盾（上八十四字係補入）蓋就微言大例所在不得不深爲研究其中字誤如「凡得雋曰克」雋當爲獲「凡諸侯舊譌譌所在不得不深爲研究其中字誤如「凡得雋曰克」雋當爲獲「凡諸侯臣臣之罪也辭君無君無道也」上君字舊爲入字之誤「凡會諸侯不書所會後也」上會字當爲盟字之誤「凡弑君稱會公不與不書謀亦當爲盟」「見在喪王曰小童公侯曰子」畫當爲子「凡邑有宗廟先君之主曰主書爲宰」「凡獲器用曰得用焉曰獲」用爲牛馬。「凡師出與謀曰及不與謀曰會」「凡人火曰火天火曰災」人當爲小天當爲大。「凡民逃其上曰潰在下曰逃」逃當爲叛。「凡克邑不用師徒曰取」「凡邑會爲宝」「凡獲器用曰得用焉曰獲」用爲牛馬。「凡師出與謀曰及不與謀曰會」「凡人火曰火天火曰災」

（上一百四十五字係補入）又按經例三十四凡皆有關於書法寧削之旨體制十六凡則專爲體例不與書法如哭臨一凡起爲從時一凡是也至於僖五年舊云物一凡事不見經乃爲史例據史例言之間一年必四書雲物則二百四十參中不一書此經與史之異處杜氏偶稱五十凡不惟經例體例無分章以史例率合數之殊無區別演書五行志

大雨雹下引說曰「凡禍者夏之慾陽冬之伏陰」與「凡物不為災不書」同舉且文見本傳，杜氏漏數此凡，非也。又傳云「凡物不足以講大事」云云一條亦為禮例，杜亦漏數而君寧必舉一條雖不言凡，而文與「則君不舉凡相合，今并為一條，共為凡補二條。然雜一條為史例與蠹蟲物凡同為史例因傳中發舉史猶陳列二凡以備參考。鉤為諸凡文義詳略互有出入往往一事數見若婚姻之不過二十餘凡而已其所敷陳皆春秋書法之要旨孔聖作經之創綱非有所依傍於前人左氏以其新創恐人不解故反覆求詳不厭煩複如言凡之外其不言凡者多與言凡之文交相印證譬諸植物根幹少而經路傳詳作通例左氏五十二凡與周禮戴記同其偶不言凡者多屬散條亦有統括總綱而偶不言凡。（上三十三字係補入）漢儒不以凡不凡分新舊蓋淵源有自初無膠戾也。杜氏比五十凡於大衍取為周公史例豈知緾複結網不能分別郎居標幟自立則不得稱名五十凡也明矣且大衍之數原於易固非春秋師說凡傳共見五十二凡隨文便稱本無取義者周公必因易家立五十總綱既不容多溢一條。又此五十條當各立門戶判然獨立不容或有重複又每條當必與證合且必與不言凡彼此相反。如水火冰炭凡人所難解說不宜輕用，將舊說置之無可宣脚之後如所說不免沈晦然後以一二條籤提言之可也（上一百三十五字係補入）況言凡之中有專詳禮綱全於經文無涉舉二條

凡馬日中而出日中而入。莊二十九年

凡諸侯之喪異姓臨於外同姓於宗廟同族於禰廟，是故魯於諸姬臨於周廟為蔣凡邢毛胙祭，臨於周公之廟。莊十二年

有專論推曆無關書法二條。

凡啓塞從時。僖二十年

凡分至啓閉必書雲物爲備故也。僖五年

據此可見五十凡中又有此兩條溢出經例之外者安得謂周公史書之舊章哉？且考不書凡之文亦有專詳禮制者。如

王命諸侯，名位不同禮亦異數。莊十八年

王享有體薦宴有折俎，公當享，王室之禮也。宣十六年

國君文足昭也武可畏也則有備物之享以象其德薦五味羞嘉穀鹽虎形以獻其功。僖三十年

婦人迎送不出門，見兄弟不踰閾，戎事不邇女器。僖二十二年

且凡字，若改作凡字，便與曾凡者爲一例。凡國有凶稱孤禮也。莊十一年

有專解經文一條者如

以太子生之禮舉之接以太牢，卜士負之士妻食之公與文姜命之。桓六年

男贄大者玉帛小者禽鳥以章物也女贄不過榛栗棗脩以告虔也。莊二十四年

諸侯不貢車服天子不私求財。桓十五年

故山崩川竭君爲之不舉降服乘縵徹樂出次，祝幣史辭以禮焉。成五年

故且，卽訓，故與凡同義。

有統括經義且於書法大有關係者如

故春蒐夏苗，秋獮冬狩，皆於農隙以講事也。僖五年 故會以訓上下之則，制財用之節，朝以正班爵之義，帥長幼之序，征伐以討其不然。諸侯有王，王有巡守，以大習之。非是君不舉矣。君舉必書。莊二十三年

凡翺不足以講大事，其皮革齒牙骨角毛羽不登於器，則公不射，古之制也。鳥獸之肉，不登於俎，皮革齒牙骨角毛羽不登於器，則公不射，古之制也。焉。僖五年 此凡即五。十凡之一也。○則君不舉，與則公不射，君不舉矣，可見言凡不言凡，無可分別也。○三說相同。○

天子非展義不巡守，諸侯非民事不舉，卿非君命不越竟。莊二十七年

卜葬先遠日，避不懷也。宣八年 獨言凡。

在禮卿不會公侯，會伯子男可也。

王合諸侯，則伯帥侯牧以見於王。伯合諸侯，則侯帥子男以見於伯。自王以下朝聘玉帛不同。哀十三年

國之大事在祀與戎，祀有執膰，戎有受脤，神之大節也。成十三年

以上諸條皆杜氏所謂不言凡者。若以凡字冠其首，恍然文義詳明，與言凡者一律相同。三條不能加凡字。唯太子稱孤卿，會

文字之異，前後體例銅之殊。可見左氏泛筆隨宜諸或言凡，而或不言凡。亦傳記立言之常，初無容心於其間也。杜氏戲稱

左辭，乃以言凡者為孔子新例。翻分畛域，獨創裒說全反漢義。一若麟經纂仿古凡悉仍舊實

如是，規則舊例當與新例不符，乃過考傳文其言凡與不言凡者，莫不互相輔勛水乳交融之雨美者所以解釋經義，

全出臆削之恨，故孔鼎絕無模範之文也。目杜氏誤以言凡者附會周公。敦後儒說經動謂周公創禮作樂施行後世。

其弊至於伏羲畫卦文王演易詩采歌謠書記史事墨作六經，僅徐麟筆而體例又垂法於前尼山俎豆下等濫竽席序天魔莫甚今輯盲左傳文證明衰鉞之義緯曰「聖不虛生必有所制」天縱斯文以言立教則文獻無徵春秋則知罪自疚壽鳳創新文非史舊雅言正名從心運矩朝廟覘制度柱史無所遺留中侯感書驗推大統周公且聽從位證有才如羨不容足觀以且代身夢襄已久徵言托古方信好以自謙而逐末忘本者流猥以譽說掩之前之弟子人人異端終安其意左氏懼失其真作傳以伸張左諦素王素臣先師評定矣今杜氏又增異議舉解經推例之凡概歸周史其矯誣左傳者害猶小其顛倒聖經害實大也故具論之。

附錄論赴告例

按赴告之說舊皆以史法舉實言之以為實告則書不告則不書等春秋斷爛朝報大不可也。且左氏明言孔子修春秋則說經宜就孔子立義不能復論史例更不可如杜氏於經中分出新義舊文半屬孔子半屬史官故凡傳中所有赴告與同盟皆指經例託之為說不指聲實也故以左傳之赴告為經例非史事也考二傳筆削或筆或削，皆由孔子左傳多以屬之赴告左氏之赴告即公穀之筆削也就史言之赴告無例則已有告則書以今一小縣言之圖初至今二百餘年其文書汗牛充棟以督撫文牘言之一年所有本審外賓事件其交亦當十百倍於經豈可以經為史之舊式乎盂於經文孔子修春秋別有限制天下之國多矣所例書皆于國多矣所例書者只著干國一國之庫不書者其不常書而偶一書例書者只著干國其當書與不當書不能空言其例則以赴告當之。凡不書者皆以為不赴告。孔子修春秋別有限制天下之國多矣所例書者只著干國一國之庫不書者其不常書而偶一書者則以為因赴告書實同盟相同有史事之赴告有經例之赴告傳有赴告之文，而經不書其事如

告而不書諸條是也。夫寶來告史應書之。卽削其事不書，與告則必書不同，故知此爲史例之赴告。至於經例，則經書其專不必寶來告，如不告而寶諸條是也。以《春秋》爲魯史，二百四十年中，來告赴者，當不止此數，每事考其赴告，以爲去取，則不又重牀架屋乎？知《春秋說》，怪與不怪皆不得以赴告言之。以爲孔子據《赴告》，孔子生於二百餘年之後，當不拘史文，當之事實亦不必然也。每國之事，經有所取則書之無取則不書。見於傳者二百餘國經錄百國凡不書國者，以不告求之事，寶亦不必然也。此自是經例不關史事。且天下大事莫爲於天王崩，不論其大小，皆當爲赴告不寶，無論天王有喪斷無不終不赴之理。卽便不赴史臣亦必追訪錄之，方成義例。春秋天王崩史紀事以爲此爲赴告而前之則可者，以爲魯國史寶國王臣不赴則不足以懲王臣之不敬只足以見諸侯之不寶況其紀王朝諸國事蹟自應以其君爲主今本志崩薨則以後君之事之先君亦無所分别此成例史例故知赴告爲史文之義例。魯之名曰。非寶據史交也若以史文立體其可疑寶多史例有外告明矣而經不書之事一也。崩薨則始略終不告者如晉初舊告不書而不書之事三也，傳於常之事四也，一也傳凡言不告者始略如齊宋衛陳鄭與齊經衛宋衛陳鄭爲廣史文則必有告而不書今經乃言不告不書四也。崩薨大事史所必詳不告逐知而不書之事三也。一也傳凡言凡皆爲經例。大夫出奔者不止此數六也。經不書夷事而紀則書紀入伐夷不言不告者此經不書魯之與國其皆大夫奔者不止此數六也。經懔中國大國乃記災楚猶不書凡曹以下不書唯書宋衛陳鄭夷狄之大例固此推之七也。經懔中國大國乃記災楚猶不書凡曹以下不書唯書宋衛陳鄭災例聖經懔寶之國傳以來告災告之自是經例之赴告八也舊說以附赴爲史例支紬不安說愈繁而愈誤今與同

五十凡駁例

一七

附錄論同盟例

盟一例改歸經例其說乃大明也。

按傳所謂同盟實為經例不指專實蓋春秋首書邾盟於蔑則凡叙郯上者傳皆以同盟待之懼滕薛杞三國叙邾下故經謂滕薛杞皆斷聞世之末卒始書名此襄公六年傳所開始赴以名同盟故也果於此始赴乎進之如始同盟者然春秋大圖卒葬無不名是體待經例若小國則不名必待進同大國卒始書名故左氏特於滕杞兩國情滕七年傳滕侯卒不書名是凡諸侯同盟於是稱名故薨則赴以名告終稱嗣也以體好息民謂之體經夫薨赴以名滕薛慶朝於魯自必赴告以名而經不書名赴以名禮也傳之不書名者逸人誤會不必之旨又於僖公二十三年杞子卒傳再發之曰凡諸侯同盟死則赴以名禮也夫凡諸侯舉大小國而言也赴以名則書卒之者是凡赴以名而書之不然則否辟不敏也夫凡諸侯舉大小國而論其盟與否也可知卒書之者必書名不然則否又乘同盟而論其待以赴不赴不所見之間盟也經書同盟十六載固有闕文，而又選不見同盟傳言同盟者莊公十年齊師滅譚譚子奔莒同盟故也又楚滅江秦穆亦稱同盟則不得僮以經見同盟為斷與又有經書同盟而不卒名且不卒者如莊公十經言同盟於幽有滑伯此亦不同盟也終春秋不書滑他如小邾嘗盟繪沈頓胡那皆同盟經有闕文而不書言同盟於幽有會盟赴告事傳有謂滑伯卒而經不書是傳所未嘗以經之同盟辭斷也春秋於莊公十卒又傳言同盟與魯接壤當有會盟赴告事傳有謂滑伯卒而經不書是傳所未嘗以經之同盟辭斷也春秋於莊公十六年始見同盟滕子卒初見於隱世例宜不卒也至於傳言凡同盟多指事實亦不必據經為斷如蔡邱傳言凡我同

盟之人是也小國在襄以前經例以爲未同盟也故於二十七年書薛伯卒於僖公二十三年書杞子卒而皆不名。至襄六年杞桓公始赴以名云同盟故也此蓋纂成公五年同盟蟲牢迄有杞伯明文證杜遂以書名不書名皆舉以同盟未同盟爲例也不知大國皆書名小國惟滕以下三國不書名是禮待經例而彼曹許邾雜小國在其上且不與焉爲宿同盟而不名亦借以起例。故傳特於滕杞兩發凡以示例舉滕杞以見薛曹未同盟皆非事實也所傳聞世三書滕薛杞卒不名所聞世兩書滕子卒不名至襄公六年始書滕朝同盟即傳所謂同盟者乃禮待之如大國非所謂歃血之同盟也在懷閔所聞世小國不足得同好但進同大國例也然則傳曰同盟書名若始同盟者然所以襄六年書杞伯始卒書昭三年滕子原卒傳曰國盟故書昭六年杞伯盆姑卒傳國例與否也昭公六年杞益姑卒傳曰弔如同盟禮也夫曰如同盟其曰未同盟者皆明之進而書名固無論乎同盟與否也昭公六年杞益姑卒傳曰弔如同盟禮也夫曰如同盟其曰未同盟者皆明之進而書名固無論杜氏集解於大國君卒之下而必牽引經同盟之文以見例不大誤哉滕薛杞小國正例不必進同大國乃書名傳言同盟未同盟如同盟不過言其同好耳小國不配與方伯言同好故以未同盟下之恩進後始稱同盟是以於所見之世一例名之。

五十凡駁例

一九

膚淺小書

公羊家張三世之義「於所傳聞之世見治起於衰亂之中故內其國而外諸夏於所聞之世見治升平內諸夏而外夷狄至所見之世著治太平夷狄進至於爵天下遠近小大若一」此釋義之三世見於公羊而三世之實義宜求之於左氏蓋三世固史義也春秋為魯史隱桓之世鄭宋陳蔡齊衛諸國盟會戰伐其休戚勤與魯關至北之晉南之楚西之秦其盛於魯無與故滅國離大事而晉楚秦三國見左傳秦記史記「若滅人之國已多春秋悉不之記以魯固無所影響則內魯而外諸夏可也齊晉相繼作霸合諸夏一以抗夷狄則諸夏與魯皆為內而夷狄為外者勢也吳於魯人國際團體之擴大鄒本云「殺隱桓以為齊始霸此所聞世傳聞世之斷限也黃池之會則所見世所聞世之斷限也繁露本云「殺隱桓以為遠祖宗定哀以為考妣」又繁露楚莊王云「昭定哀子之所見也襄戚文宣君子之所聞也僖閔莊桓隱君子之所傳聞也」董氏已自二說不同勉惟取後說安在前說即非顏安樂斷目孔子生後即為所見之世舊疏引鄭氏云九者陽數之極九九八十一是人命終矣故孝經援神契云春秋三世以九九八十一為限」公羊先師三說不同以左氏史實求之理或有當而三世斷限者可定也

中國政治思想史參考資料

蕭公權

緒論

一 中國政治思想之特點

近世歐美學者輒輕視中國政治思想，例如維勒 Tanet 鄧林 Dunning 諸君或謂中國無政治思想，或謂其淺陋零碎不足觀，非不加論述即置諸波斯印度及其他『古代民族』之列。若中國之文化已成過去，而其政治思想亦應同歸澌滅者。以視十八世紀歐人之崇拜儒家認爲中國政理遠駕西洋之上者抑揚週殊，誠有霄壤之感。吾人推求相輕之由似不外乎兩端。（一）異邦學者於我之文字學術與章制度不易有親切之體會，其所聞知者大半得之於輾轉譯述與解釋，舛誤罅漏必多。遽加論斷，豈能盡中肯。故附會之則嘆爲神奇，詆毀之亦可化爲腐朽。（二）西人治學甚重方法。古希臘以來，學術分科已成風氣，著書立說尤貴系統的『愛智』既夙爲治學之主旨政治學者乃能超越時地，不求功利，作純理論純科學之研討。相沿已久，遂成不可移易之標準。彼見中國政論多不合此標準，遂棄之以爲不足道。其非持平之論，亦不待吾人以爲中國不得自有其政治思想，且其思想亦具有不可否認之價值異於歐美者不在價值之高低而在性質之殊別。故吾人治中國政治思想之先宜一探尋其特點之所在。

重實際而不尚玄理此中國政治思想最顯著之特點也。十八世紀德國大哲學家萊白理慈 Leibniz 曾比較東西文化認定中國長於實踐歐洲工爲思辨放選輯數理形上諸學邃爲後者所獨佔而倫理政治則爲前者所擅場。其

圖書集刊

論雖不精確而大體可信蓋所涉學術實祇致知中國學術本非致用致知等以求實踐爲目的無論其取術爲歸納爲演繹鮮少分析爲綜合其立說必以不矛盾成統系爲貴推之無偏乃能不拘泥於一時一地之實用前後立言偏通達之原理致用者以實行爲目的故每不措意於抽象之推論思想之方法議論之從違概念之同異意有所存著之於首不必有論證是非得失之判決只在理論上可否敷張益于荀子所謂「殷予欲行前止」王陽明所謂「行是知之成」者雖略近西洋實驗主義之義而最足以表現中國傳統之學術精神故二千餘年之政治文獻什之八九皆論治術其涉及原理作純科學通哲學吃撰討者殆不滿什之一二就其大體言之中國政治思想屬於政綱 Politik; Art of politics 之範圍者多屬於政理 Staatslehre; Political Philosophy, Political Science 之範圍者少。

中國政治思想之第二特點爲多因襲少創造。任何民族之政治思想皆有其歷史之連作最相脫之烏託邦亦不免爲實際政治之反映此中外之所同然而吾國爲尤甚蓋學術既主致用則多注意於時地之間題而求解決之途徑於是思想爲事實所限創而隨時地之劇移超越時地之創說自難產生假使社會之進化甚速政治之革亦劇則吾人前日思想之轉捩以與境既殊問題迭起思想與之共變亦能日新月異與時消劇不必續永久可用之眞理而自有繼續不斷之進步然吾國之政治除商周之交周秦之際會曾部落爲封建分割歸統一之二大變遷以外由秦漢至明清二千餘年之中君統無改社會少變還境既遠固定思想自多因襲必至海通以後外患與西學相共侵入然後社會騷然人心搖動激成消亡突前賬想之轉捩以觀當洲史康大變西人論政之不著評資然眼簡之周辨亦他具合奇時竟隔相較環境之神變化

例如柏拉圖亞里斯多德之理想雖均以希臘之政治為背境，而又不全受其環侷後此之霍布士洛克盧梭諸大家亦
態於歷史之現實中求普徧之眞理，惟其不過於致用故能免短視之弊脫陳營之窠臼行先呼之前知加以歐洲社會
政治之變化二千餘年中至繁且速，故其政治思想無論是否針對一時一地之問題亦新舊遞嬗變化多端自希臘以
至今日列國並爭異說紛起，抑更有進者中國之君主政體，秦漢發端明清結束二千餘年之政論大體以君道為中心所倜政體理
有久暫之別雖更有進者中國之君主政體，秦漢發端明清結束二千餘年之政論大體以君道為中心所倜政體理
論之精確完備世未有逾中國者。然而二十餘朝君主之中能實行孔墨以奉所發明之治術者僅多人正値之學說
以來行而保持其儒仰錯誤之理論亦以未試而得隱其詐謬修改思想之必要因此減少儒習慣除之歐洲政制自古代希臘
王安石變法必籍口於周禮六官庶有倣變法亦託詞於春秋三世可見思想因襲結習難除之歐洲政制自古代希臘
以來即新舊選更君主民主少數多數之各種政體任紀元五世紀以前即已先後嘗試彼歟則此興而政論亦同之是
此以非彼蓋思想與制度相持而共變論者既知無百年不弊之法即知維持此法之理論亦有修改或揚棄之必要百
洋政治思想之多變此亦一大原因。至於歐洲民族之綜錯交往之類頻風家之密邇省於中國此天然環境之影響
政治思想而使之生變化遲速之差著其事顯然無待贅說。
　如上所言則以西人之眼光評中國之政論誠不免有歉然未足之感然而就史家及學者嚴格之客觀立場論則
中國政治思想自有其價値，不必因其內容異於歐美而須失蓋中國政治思想者中國文化與社會之產物，而同時
爲二者不可劃離之部份吾人如欲澈底了解中國之文化與社會自不利不研究中國之政治思想縱使此思想之本

身，支離破碎，如西人之所臆斷，吾人亦不應諱之不願然則最低限度中國政治思想固具有學術上研究之價値不僅此也中國政治思想雖比較乏系統少變化然而求必因此對於人類政治生活卽無所貢獻公羊家謂孔子爲天下萬世立憲定制其言誠誇誕不足信然平心而論吾人不得不承認吾國先民曾發現不少超越時地之政治眞理不獨晚台西哲之言且在今日而仍有實際之意義。良以古今之世雖殊而人性大體若一社會組織之方式與宗旨雖變而維持社會生活之基本條件未改。西人有謂柏拉圖之國家論有現代之意義亞里斯多德之政治學歷久而不可廢者荀子亦謂「類不悖雖久同理」。依此解釋洵非讕言然則中國政治思想除具有研究之價値外倘有不容輕視之本身價値。

二　中國政治思想之派流及演變

史家治史，以求研究便利，段落分明之故，每有分割時代之辦法歐洲學者例分歷史爲上古中世及近代之三期。吾國史家亦有沿用之者，然似不甚適於研究中國政治思想史吾人以爲中國思想史似含有自然可分之四大階段。

一曰創造時期約自孔子降生 _{公歷紀元} _{前五五一} 至始皇統一 _{始皇二十六年} _{紀元前二二一} 爲時約三百年，包括春秋晚期及戰國時代學者通稱之爲「先秦」時期。

二曰因襲時期自秦漢迄宋元 _{紀元前二二一至} _{紀元一三六七} 爲時約一千六百年。

三曰轉變時期自明初迄清末， _戊 _{政變一三六八至一八九八} 爲時約五百年。

四曰戲熟時期聯自三民主義之成立以迄於今 _命 _{歐破難以後指英之民國十三年申之部，一八九六與一八九八之間。} 三民主義之講演在民國十三年申之部，其最初黨國期禮聚中山先生

一 創造時期

吾人何以稱先秦為創造之時期乎,蓋以中國雖有四千年以上之文化,而僅有二千餘年之政治思想史。夏商以前紀載缺失,推想當時民生質樸、組織簡單,殆未有具體可觀之政治思想。周代倘文學術初起,然詩書所記盛周尚代之言論,只舍零星之政治觀念,而未足語於思想。中國政治思想之勃興,實當晚周衰亂之世,儒家首播講學論政之風,墨道法陰家相繼並起,各以其所得撥亂定治之道號召當世。然後有故成理之政治思想始出現於中土。

政治思想突然蔚起,梁啓超胡適諸君已有詳細之推論,吾人以為最要之原因有五。(一)易傳稱『作易者其有憂患乎』政治思想之盛起,亦每在社會衰亂之時,蓋仁智兼全之士見政治之崩壞生民之痛苦而思有以補救之,政治思想遂因之成立。孔墨老莊之徒皆生當春秋戰國之世而深有憂患者也。(二)封建及宗法制度漸趨破壞,世官之學入於民間,學者得以自由而發展。(四)戰國時代,競智角力之風更烈,國君廣納才士,說客例蒙優遇,其對於學術影響尤大者,如魏文侯、大夫僭國,禮賢邀譽,大開養士之風尚,而田齊稷下,立宮設祿,招致學士,宣王之時達『數百千人』。『史記曰『齊世家』『喜議政事』『新孟子以來從不錄校下雨』『後車數十乘,從者數百人,以傳食於諸侯』貴士尊賢亦為學術發展之一誘因。(五)少數天資卓絕之思想家,如孔墨莊韓諸人,適生周季特殊環境之中,『英雄時勢』相得益彰,遂造成中國政治思想史光榮之一葉。

先秦時代號稱有『百家之學』,然政治思想之團夫思想可以成家而文獻足徵者,祗儒墨道法之四派,秦漢以後至

圖 書 集 刊

暨清初之政諍，殆難出四者之範圍其間雖時有修改調和之迹未必純守師說而淵源可按先秦之影響歷二千年而未絕亦如希臘思想成為歐洲文化之永久成份茲按四派成立先後之次序述其大概如左。

甲 儒家 儒家奉孔子為宗師孔子政治思想之家源與意義後學所加之解釋不盡相同似以孟子「集大成」之說為最近惠集大成者以盛周之制度為背境根據詩書及前人已有之學說刊以自創之見解調和疏通而成新思想系統之謂說一方而言之孔子思想有晴周之地位略近蘇格拉底門人埃索格拉底 Isocrates 之於雅典埃索格拉底雖無精深博大之思想足與孔子相校然其主張恢復倫理舊制則有似孔子「從周」之論淮南子要略謂「孔子修成康之道述周公之訓以教七十子使服其衣冠修其篇籍故儒者之學生焉」其實大體可信。

盛周制度為孔子所讚許者約言之，即封建之天下與宗族之社會封建之天下以天子為元后司禮樂征伐之大權，而毫后分土列國各治其境內。孟子謂「孔子成春秋而亂臣賊子懼」春秋尊王而貶諸侯大夫陪臣之僭竊凡此足證孔子維護盛周制度之主張至於孔子請討陳恆稱許管仲則並非放棄尊周之本意而為退求其次之一種讓步。宗法社會以家族為社會組織之基礎以人倫道德為社會生活之原則孔子認孝友即為政謨晉國之鑄刑鼎亦足證其思想之對象非近世之政治社會法治之軍國亦非秦漢以後一統之郡縣天下。嚴復謂孔子為宗法社會之聖人固非完全無稽之談。抑又有當注意者，孔子之政治思想不但根據往個制度亦且採用舊觀念孔子號稱刪詩書，定禮樂修春秋古文家以為此皆因襲舊文公羊家則謂皆託古改制之創作。其實，創作固有其連同襲亦稍跡可尋天

命民本仁義孝弟禮樂刑政諸觀念殆皆當時士大夫所共喻，而散見於詩書舊史之中特皆究經整理關發故其實義不深切。其條理多支蔓孔子之功大致在融鑄舊觀念以成新思想史記謂儒家出於司徒之官吾人不必拘執其說。然如謂孔子之學實有所本非由憑空杜撰，則誠不誣然總之孔子集大成之主要工作在鑄舊以融新孔子雖「從周」然非純粹牽羈於事實以歷史上之制度擬為不易之威權而理想化之復以此理想化之社會為撥亂反正之標的孔子雖『好古』然非完全步武先民因襲陳說孔子取前人之觀念加之以新意義賦之以新條理，而以此深刻化之古學為其從政施教之原理故孔子之政治思想似守舊而實維新有因襲而復能創造。

孔子思想創新之要點舘言之在以完成人格為政治最高之目的。孔子思想之起點在假定一具有完全美善人格之君子（聖人仁者）君子本其固有之仁心推其一己之至善以及於人使天下皆得成為君子則行道之目的完全達到然行道之程序必由近以及遠君子必先修身道備於已然後齊家治國以迄於平天下之理想故在孔子思想之中個人與社會完全貫通毫無間隔個人之仁心為政治之起點天下之歸仁為政治之終極其旨殆親柏拉圖畢己利害相通之說尤為精湛然而君子為政又必以敦養為方法正名為條件蓋天下遠近上下之人必須各守其位各盡其分秩序井然則教義可施而仁義能行故正名亦為孔子政治思想之要義與成仁之旨盡同。

孔子沒後其弟子及後學各取其思想之一方面而發揮之其最著者孟子言仁心仁政荀子主正名禮治然以時世變遷之故孟荀之政治思想又有異於孔子者孔子生春秋之世舊日之制度尚未完全崩潰天王之威雖實亡而名存，諸侯之爭議已歆而未列秦政統一之勢未明，故孔子猶有從周之想孟荀俱生於戰國紛爭之際舊觀既已摧毀殆

蓋無重建之可能，而天下定於一尊之形勢又已略見端倪且殺伐之結果宗法壞而士族衰君權日張實羼是務。故孟子雖不放棄先王之根本主張，然力顯桓文宣不尊周齊梁之君皆得聞行王道一天下之說，天下吾人若仿嚴復之意，家實國驅兵之議蔑棄仁義之席。就此而論則孟荀政治思想之對象皆為將成熟之一統天下吾人若仿嚴復之意，謂孔子為封建天下之聖人，則當謂孟荀為秦漢政治之先覺就政治制度言，則孟荀之思想較而孔子為舊就基本之原理言則二子均不脫孔子之範圍惟荀子性惡之主張尤與法家相接近為當時新派思想重要假定之一故荀子又可稱為儒家「左翼」之代表。

乙 墨家。 墨家思想為儒家之反動。故其成立勢必在儒學興起之後。淮南子要略謂「墨子學儒者之業受孔子之術以其禮煩而不說厚葬靡財而貧民久服傷生而害事故背周道而用夏政」此言最能得其實況孔子從周墨子用夏二者相較孔守舊而墨復古然墨家以兼愛尚同尚賢節用非攻天志鄧為其政治思想之主旨考其內容亦非悉與儒家相對抗韓愈嘗謂孔墨相同其相攻者由於末學之辯越吾人所見儒墨之所同者仁民博愛與兼愛交利之主旨其所異者此主旨之根據及其施行之程序儒家以推巳及人為恕，巳立立人為仁至於愛征以自私自利者則斥之為『利』墨子以視人若巳為『兼』齊人自利為『別』。儒舊之仁與墨子之愛，其間實無重要之殊異然儒家行仁必由親親仁民而後逹於愛物，故仁無遠近之限制而有先後之等差。墨家言愛則意近平等雖未完全否認先後之次第而不如儒者之以此為重此二家行仁程序之異點孔孟言仁以人類天賦之同情心（惻隱之心）為出發點（荀子為例外）格物致知之學正心修身之業雖有生知學知先覺後覺之差異然其共同不可少之條件則為人類之仁心墨子

言要，不復混雜。此則其所反覆申明者。我變人者已得利，惡人者亦受害之事實，故兼愛之心理基礎非人類之同情心而為人類之自利心。尚同篇中且暗示性惡之意，尤與孔孟相鑿枘。此二家思想根據之異也。此外則尚賢非攻等學說二家所同，非樂節葬諸論二家所異，其理自明無待深辨。

墨子弟子為數雖眾，而其著作傳於後世者甚少。漢書藝文志所載隨巢子胡非子我子田俅子諸書，今均散失。韓非子謂「墨離為三」，有相里氏相夫氏及鄧陵氏之墨。而宋鈃荀子非十二篇繫翟宋鈃同舉其「上功用大儉約而慢差」等會不足以容辨異懸君臣」則宋鈃亦墨者。漢志小說家有宋子十八篇，今佚其思想之片段可於荀子正論天論解蔽莊子逍遙游天下論及呂覽不二韓非子顯學等篇見之。其見侮不辱少情寡欲之說則又近於老子，不為純墨矣。蓋墨家最貴實踐，不尚理論，著書既少，傳世尤稀。秦漢以後，除游俠一派足徵墨家一部分之精神外，墨家之政治思想突就消沉。「道統」之短促，先秦四大家中以此為最。

丙 道家。 老子為道家之宗師，按舊說老子之時代畧先於孔子。近代多數學者認定老子一書為戰國時代之作品，是否早於莊子尚難確定。以道家思想之內容言，其所含之自然主義似不僅先神權思想而發展，且老子書中譏斥仁義，反對尚賢任刑諸語，似針對儒墨而發。此道家成立不僅早於儒墨二家之一證。復次莊崇尚為詆毀政治似為衰世苛政之反動思想。其失望消極之態度，亦可使吾人意想其為先秦社會崩壞以後之學派。然吾人當注意家思想之成熟雖晚，而其萌芽則較早。例如國語越王勾踐三年 即魯哀公元年公元前四九四 范蠡諫伐吳有「天道盈而不溢，盛而不驕勞而不矜其功。夫聖人隨時以行，是關守時。天時不作弗為之客，人事不起，弗為之始」等語，即與道德經之

旨相近惟吾人研究先秦道家政治思想之文獻既屬於老莊二書則不宜因道家思想淵源較早而遂置之於孔墨之前。蓋若就淵源論儒墨二家思想一部分根據伺嘗豈非仍在道家之先乎。

道家政治思想為一種不滿意於現狀之抗議儒墨亦不滿於晚周現狀。然其立言之宗旨為圖政治上之積極改進而非作消極之讖許故二家肯定政治之價值而道家否定之老莊二書之內容亦有分別二者皆否定政治而其程度有深淺之異簡言之老子主「損之又損以至於無為」而未主張廢棄以涵祖織之本身其最後之理想不過一「小國寡民」「老死不相往來」而已上老子之損道既消極之甲仍寓積極之意故提出知白守黑長民先下以退為進洋政治學之名詞舉之老子近乎不干涉或放任主義 Administrative Nihilism 或赫胥黎所謂行政虛無主義，莊子則似無政府主義而澈底或有過之蓋莊子最後理想之中並社會組織而無之不僅否定以治而已故統老莊之內容論道家思想自感二派。（一）戰國末年之法家（如韓非子）以老子無為之旨為其法祖思想之哲學根據漢代道家本老子之餘緒應用「無為」以為經世之術而成「黃老」之學。（二）魏晉之道家大體宗莊子逍遙齊物之思想而衍為清談之用此後則當晚唐五代大亂之際無治思想一度再與北宋以後道家乃失去獨立學派之地位歷史之長遠儘亞老莊」。

於儒家。

先秦「為我」（箇人主義）學派老莊而外略可考者尚有列禦寇楊朱彭蒙田駢它嚣魏牟子陳仲子者是今傳之列子據近世學者考證為東晉時之偽書其中縱識有先秦遺說亦難於辨別似以編入魏晉時代為

敞妄惟莊子讓王篇謂列子辭鄭子陽遺粟不權其難進生篇稱列子問關尹列禦寇篇以汎若不繫之舟喻自得之旨呂氏春秋審已篇戴列子與關尹論射所因及治術以求諸己爲宗旨戰國策引（韓）史疾對楚王之問謂列子『貴正』爾雅疏引尸子廣澤篇謂『列子貴虛』綜上各端僅可窺見列子思想之片段幽朱思想之要點見於孟子之轉述。慎到同見莊子天下篇彭蒙無考漢志有慎子二十五篇殆即田駢之書而今已佚據莊子所言二人思想之大概爲『公而無當易而無私決然無主趣物而無兩不顧於慮不謀於知於物無擇與之俱往』呂氏春秋不二篇謂『陳駢貴齊』『與莊子並學『齊萬物以爲首』之旨相合慎到則依漢志爲法家之流而開申韓以嚴治爲無爲之學風它囂魏牟今亦無傳審其思想大要見荀子非十二子篇所謂縱性情安恣睢禽獸之行不足以合文通治者是也子華子見呂氏春秋貴生篇其首曰『全生爲上虧生次之死次之迫生爲下故所謂尊生者全生之謂所謂全生者六欲皆待其宜也所謂虧生者六欲分得其宜也（中略）所謂死者無有所以知復其未生也所謂迫生者六欲莫得其宜也（中略）故曰迫生莫若死奚以知其然也耳聞所惡不若無聞目見所惡不若無見（中略）嗜肉者非腐鼠之謂嗜酒者非敗酒之謂也』其思想與它囂魏牟相近陳仲子見孟子及荀子滕文公下篇稱『仲子齊之世家也兄戴蓋祿萬鍾以兄之祿爲不義之祿而不食也以兄之食爲不義之食而不居也避兄離母處於於陵』非十二子篇論其學云『忍情性，綦谿利跂，苟以分異人爲高，不足以合大眾明大分』戰國策亦戴趙威后問齊使之語，『於陵仲子尚存乎是其爲人也上不臣於王下不治其家中不索交諸侯此率民而出於無用者何爲至今不殺耶』

則仲子乃潔身自好之無政府主義者。至於論語所舉之隱者如晨門,長沮,桀溺楚狂荷蕢荷蓧丈人之輩,亦爲不事王矦之實行爲我主義者其思想並者無從考見。

兹舉上述爲我思想之各家列表如左。

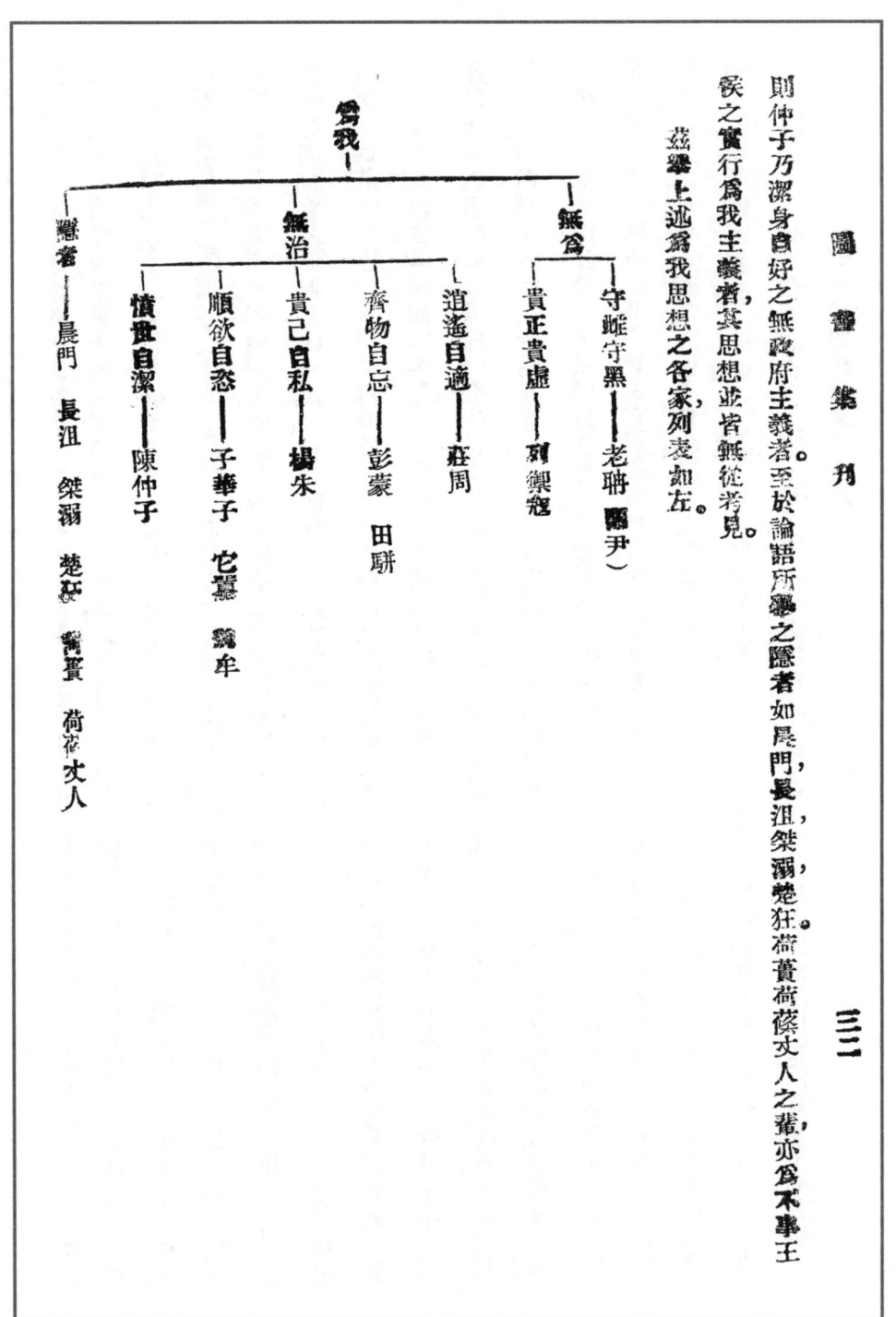

爲我
├─ 無爲
│   ├─ 守雌守黑 ── 老聃（關尹）
│   ├─ 貴正貴虛 ── 列禦寇
│   ├─ 逍遙自適 ── 莊周
│   └─ 齊物自忘 ── 彭蒙　田騈
├─ 無治
│   ├─ 貴己自私 ── 楊朱
│   ├─ 順欲自恣 ── 子華子　它囂　魏牟
│   └─ 憤世自潔 ── 陳仲子
└─ 戀舊 ── 晨門　長沮　桀溺　楚狂　荷蕢　荷蓧丈人

丁　法家。法家為先秦晚出最新之學說，儒墨皆託古法豪皆思想則純以戰國時代之新環境為對象而提出維新之主張。蓋周代封建宗法制度解體之後舊日之禮教人倫漸失其維繫社會之能力爭戰之結果使君權大張國士漸廣平民解放貴族式微治國者遂自然傾向於強與富國「嚴而少恩」之法治淮南子要略論申商思想之產生最得當時之實況其論申子曰「晉國之故禮未滅韓國之新法重出先君之令未收後君之令又下新故相反前後相繆百官背亂不知所用故刑名之書生焉」又論商子曰「秦國之俗貪狼强力寡義而趨利可威以刑而不可化以善可勸以賞而不可厲以名」（中略）地利形便畜積殷富蓄勢便以虎狼之勢而吞諸侯故商鞅之法生焉」然法治之興在春秋已見端緒且不限於秦晉二國鄧鑄刑書 公歷紀元前五三六晉鑄刑鼎 前五二二即其明證私人著法書者有鄭人鄧析。

呂氏春秋離謂篇與列子力命篇均謂鄧析亂子產之政故子產誅之然二舊所述鄧析之行為頗似後世之訟師然左傳載昭公二十年子產卒，紀元前五二二定公九年 紀元前五○一駟歂殺鄧析而用其竹刑杜預注曰「鄧析鄭大夫欲改鄭所鑄舊制不受君命而私造刑法書之於竹簡故曰竹刑」此說較為可信蓋昭公六年子產所鑄刑書修遲未密故鄧析得鑄文亂法而別造較精之竹刑誅其亂故故曰竹刑。而用其可取之法亦情理之常也惜其書今已失傳漢志名家鄧析二篇殆非其舊。而今本之鄧析子又非漢時之舊，尤不足信矣法家雖始見於春秋然彼時環境尚未成熟故刑書見議於叔向刑鼎起孔子之非議蓋士族庶民之勢力正在變動消長之際，刑罰已用而禮猶未滅至戰國中社會大變法家乃迅速發展建立體用兼備之學說鄧析死後約百餘年子夏弟子魏文侯之李克復著法經晉書刑法志云「律文起自李悝 悝熙崔述史記探源謂李悝即李克。撰次諸國法著法經以為王者之政莫急於盜賊故其律始於盜賊盜賊須捕勸故

著網經一篇其輕狹越城博戲假借不廉淫侈踰制以為雜律一篇又以其律具其加減是故所著六篇而已商君受之以相秦」據此則法經亦實用之儀文非坰論之著又與法經失傳總之鄧析李克並為法治思想之宗師直承其學而光大之者為商鞅與尸佼尸佼人為商鞅客史記纂引別錄謂「商君謀事畫計立法理民未嘗不與佼焠也」漢書二十六篇六萬餘言漢志列雜家凡二十六篇今亦散失故其「李儒墨合名法」之思想不可詳考 孫星衍及汪繼培 二家各有輯本 商鞅相秦孝公襲法與治立混一六國之基韓非子謂「公孫鞅為法」則重法乃其思想之特點

上述重法思想以外先秦法家尚有二派一曰重「術」之申不害二曰重「勢」之慎到申子六篇今已佚韓非子述其學之大旨謂申不害言術「術者因任而授官循名而責實操殺生之柄課羣臣之能此人主之所執」韓非又評其失以為「雖用術於上法不勤飾於官」「故託萬乘之勁韓十七年而不至於霸王」雖然術治之與自有時代之背境錢穆君謂「游仕既漸盛爭以投上所好而漁權鉤勢在上者不得明術以相應」考辨「二三其論至當慎子四十二篇著錄漢志列入法家。今本乃明人慎懋賞所偽作其學之概要為發揮「勢」之理論路似歐洲之主權論韓非子有專篇以駁之莊子評之則謂其「尚法而無法」荀子譏其「蔽於法而不知賢」荀子亦謂其「有見於後無見於先。」足徵慎子之為狀而不同於申子之言術然莊子又蒙田駢同淵源矣殆近商子之為狀而不同於申子之言術然莊子又蒙田駢同淵源矣

綜上所述先秦法家似有三派（一）重法派以鄧析，李克商鞅等為代表。（二）言術派以申不害為代表。（三

蕭公權 《中國政治思想史參考資料》緒論

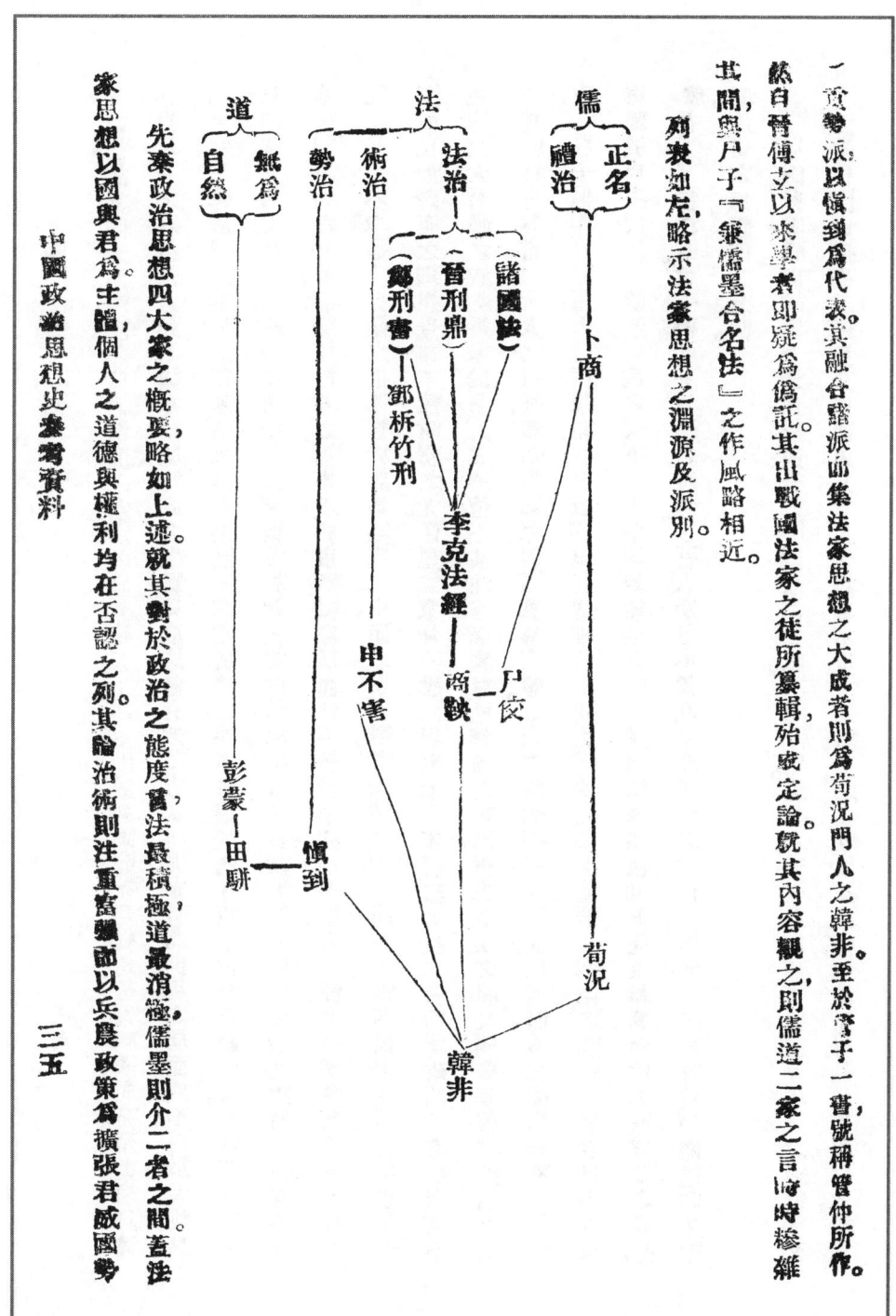

一貫勢派以慎到為代表實融合諸派而集法家思想之大成者則為荀況門人之韓非至於管子一書，號稱管仲所作。然自晉傅玄以來學者即疑為偽託其出戰國法家之徒所纂輯殆成定論就其內容觀之，則儒道二家之言時時摻雜其間與尸子「兼儒墨合名法」之作風略相近。列表如左略示法家思想之淵源及派別。

儒 ｛ 正名 — 卜商
       禮治 — 荀況

法 ｛ 法治（諸國法）（晉刑鼎）（鄭刑書）— 鄧析竹刑 — 李克法經 — 商鞅
       術治 — 尸佼 — 申不害
       勢治 — 彭蒙 — 田駢 — 慎到 — 韓非

道 ｛ 無為
       自然

先秦政治思想四大家之概要略如上述就其對於政治之態度言法最積極道最消極儒墨則介二者之間蓋法家思想以國與君為主體個人之道德與權利均在否認之列其論治術則注重富強而以兵農政策為擴張君威國勢

之塗徑故其眼光所注既非已就消沉之宗法社會封建天下亦不囿於列國並存互維均勢之戰國局面或不至於大誤易秦皇統一之政治吾人如謂法家根據既成之事實覓取適當有效之方法而促成趨勢將出現之局面或不至於大誤易詞言之法家思想以唯實而維新者也道家則既不滿意於現狀亦不留戀於已往更不作較競將來最徹底之道家祇闢個人之安全幸福。道家政治之義務與權利省失其價值故道家所貢獻者乃一種反政治之政治思想其不根本否認政治之必要而發揮無為之治術者態度嚴和緩而終不免於消極捷與法家相較則彼唯實而此逃實譬如鴕鳥見追不取進攻自衛之道逕首於無為空穴之中而求得安慰戰國之世高唱小國寡民老死不相往來上如標枝民如野鹿之理想豈非不識時務之尤。儒墨二家均不脫離現實而亦不廢棄理想二者均認政治為必要而又不主張擴大君國之威勢舉家於個人之地位不甚注意儒家鑒已貫漸之閑且善善惡惡視際過之窮飆為轉移一考當時士人之行迹即知此論之因事實所之決不中絕於始皇之統一持與法家相較則彼介居進取與無為之間儒家軍『均』『安』」墨子倡非攻節用大意實傾向於以改善現狀為維持現實之辦法。孔墨之道若由戰國復返於春秋由春秋再歸於咸王周公之政治封建之天下決不中絕於始皇之統一之地位詒又然吾人又當注意孟子稱孔子為聖之時者以吾人所見不獨孔子非頑固之守舊派儒家思想亦善於隨應變動之環境孟荀之思想即其著例。

以四家之歷史論儒為最長繼與全部中國政治思想史同終始道次之至宋以後始失去獨立學派之地位詒又次之漢代猶與儒學爭雄長此後則成為實用之技術不復有思想上之貢獻墨家最短至漢而絕長短差異之故除偶

然之因素外亦有可得而當者儒家存在之所以能久遠者，蓋半由其適應能力之驅大半由其興想內容之豐富儒之蓁撰頭引孟子之言已足為證而荀子儒效篇謂儒者「持險應變當與時遷徙與世偃仰千舉萬變其道一也」，尤為明著權達變之弊雖或流於曲學阿世而祇須保持「其道」則亦終不失其為儒故孔子以後戰國有孟荀之儒，漢有叔孫通陸賈賈誼轅固生董仲舒等之儒唐有韓愈柳宗元之儒宋有邵周程朱以及司馬光王安石等之儒元有許衡之儒明有劉基方孝孺黃宗羲顧炎武王夫之之儒清有康有為之儒凡此諸儒之政治思想俱與時代相呼應雖同守六經以為政治之最後標準而其對於六經內容之解釋則因時而各異所可惜者秦漢以後中國政治之變遷不出朝代迭與華夷更主一統分割互易之循環故儒家之變亦受此循環之限制其次儒家思想蘊蓄之豐富，亦為各家之冠孔孟荀之思想合而觀之，為先秦最淵博之系統理想與實際並重原則與方法兼余以仁義忠信為政治之根本以禮樂刑政為政治之制度荀子所謂「合文通治」之優點殆為儒術之所獨具漢高祖偃饗儒生而卒不得不求助於叔孫通陸賈諸人此棱則統不問儒正主不問夷其不以儒術緣飾政事者少數之例外顧已況荀子以後大多數之儒者「法先王隆禮義謹乎臣子而致貴其上」儒效 正合乎秦漢以後君主政體之趨勢儒家政治思想之能壓久不絕較力於政府獎進者當不在才持上述二長以論墨法道三家皆有塵莫及之勢，而墨法尤甚墨家之基理論既與儒相通而其規模狹隘內容簡單不需一平民化之儒學其「合文通治」之能力至為微弱以此若燒若焦」荀子 當國「大殺」之道 莊子 說世君時相不寬用可想間知道經早殆出於此法家之明法飭令雖足以經世致用然其思想少彈性內容亦侵儒學為儉約法家所專長者儒巳衆有之刑名之一例。孔子自謂聽訟策

中國政治思想史參考資料

三七

人，儒家以禮樂刑政並舉、李克為于夏弟子，韓非李斯出荀卿之門，儒能通法，其來已久，二家相異，在其片法之精神。於是「坐而論道」之儒遂佔上風，而「刀筆吏不可為公卿」亦成為流行之見解。史傳循吏酷吏之分界大致卽儒家法家之分界命名之頃抑揚已見復次荀卿以後之儒雖同法家持尊君重國之論然法家主以法限君故其思想在理論上為君權絕對主義而在實行上為君權有限主義。如張釋之依法論犯駕之囚不容漢文帝任意誅殺最足以表現法治之精神嚴格之法治於君主顏有不便實君倘可見容非可以責勝中人以下之主章炳麟曾謂中國二千餘年中僅秦皇能行法治蓋商韓學派之消沉亦大受環境之影響也。至於儒家之尊君旣無具體限權之方法而僅以比較寬泛空洞之道德原則以圖約束專制君主之行為而大權在握難爲矩範空泛之道德約束後世儒者又變本加厲引伸「致貴其上」之主張至於極端君主逐『聖明天縱』『傳適唐虞』而自身乃爲違德上之無上威脅故中國專制政體之完成儒家之功殊不可沒如光便利時君之絕對主義登法家所爭勝。且幾失故祀孔廟之權利。孟子一派之民貴思想，二千年中不如荀子一派之得勢，明代孟子之與民貴思想，每値袁之便迫，清季維新及革命黨人亦鼓吹孟子。譚嗣同董謂二千年學術，受荀學支配，詆政思趣言，固屬非誕，蓋儒家苟荀二派，大體上可視爲朝黨之思想。傳君者取政府之觀點，貴民者取百姓之觀點，後者大牢不機空談之範圖。
久而不廢者正有賴於其消極之態度先氏對於專制政體之壓迫別無神救之方法而祇能以「貴民」與「無為」之感想減削其程度貴民則「一夫」可誅使暴君知所警惕無為則傷害減少使暴政略有限度而無為之說尤爲舍著言者無罪不如貴民說之易觸怒聽者若壓迫更甚則求解放者翻爲反抗於是「黃老」之無爲變爲「老莊」之無君。道家之提創個人自由與儒家之擁護政府威權兩者相對暗如野黨之與朝黨直至宋代專制政體發達至極

蕭公權 《中國政治思想史參考資料》緒論

點此抗議之呼聲,姑暫歸沉寂。上傳,各家腿長短之缺點,論其大略,自不能確切詳盡也治

儒墨道法為先秦政治思想之主潮四家之外尚有應附帶述及者二家,一為許行之農家,二為鄒衍之陰陽家。許行之思想見於孟子其『神農之言』大意在『賢者與民並耕而食饔飱而治今也滕有倉廩府庫則是厲民而以自養也』之數語其用意似在以勞力服務均平君民其主張之實踐則為『其徒數十人皆衣褐捆屨織席以為食』其言行與儒家之君臣族事尊卑異禮『四體不勤五穀不分』正相反對然文獻缺之不能顯學故其思想之內容不能詳考而對於後來之政治思想亦未發生影響鄒衍陰陽家之思想具有變大之歷史重要性據漢書藝文志陰陽家有鄒子四十九篇鄒子終始五十六篇兩書今均失傳其思想之大概見於史記孟荀列傳略云『鄒衍深觀陰陽消息,稱引天地剖判以來,五德轉移治各有宜而符應若茲』史記封禪書謂『鄒子之徒著終始五德之運及秦帝而齊人奏之故始皇采用之』集解引如淳曰『五德之次從所不勝故虞謂為土夏木殷金周火』蓋陰陽家以一種神祕之宇宙觀解釋政權與政俗副高注引鄒子曰『五德各以其所勝為行秦謂周為火德滅火者水故自謂水德』又淮南子齊俗訓高注引先秦諸家成未有鄒衍『談天』之來源已無可考若荀子非十二子篇所論不諷則『五行』倡自子思而孟子和之。惟孟子七篇中不見五行幽隱之說可異所惜荀子不明言其內容祗斥之為『案往舊造說謂之五行甚僻違而無類幽隱而無說閉約而無解』鄒衍之五德,是否脫胎於思孟之五行,難於確斷若以年代論,鄒衍當齊王建時曾在稷下先生之列,晚於孟軻數十年,孟子果有五行禪代之說,荀子楊注以仁義智禮信為五行,殊可能之事自始皇采用之後,遂成為漢魏六朝新舊政權轉移之主要理論漢代儒家之公羊派受其影響而產生董仲可能之事自始皇采用之後,遂成為漢魏六朝新舊政權轉移之主要理論漢代儒家之公羊派受其影響而產生董仲強。若荀子何至斥為僻違幽隱。鄒子因之而演為五德,實屬

衍之政治思想。

先秦各家之思想至戰國時代發生相反之兩種趨勢。一方面宗派分裂至所謂儒分爲八墨離爲三者，即其所表現之事實。另一方面兩學派通流交相影響師法失其眞純雜家一時大起講中調和議論蔚然大觀，若首推呂氏春秋先秦政治思想篇至臨而結局。梁啟超有先秦學術表 論中國學術思想變遷大勢 顧便參酌加修改錄於此。

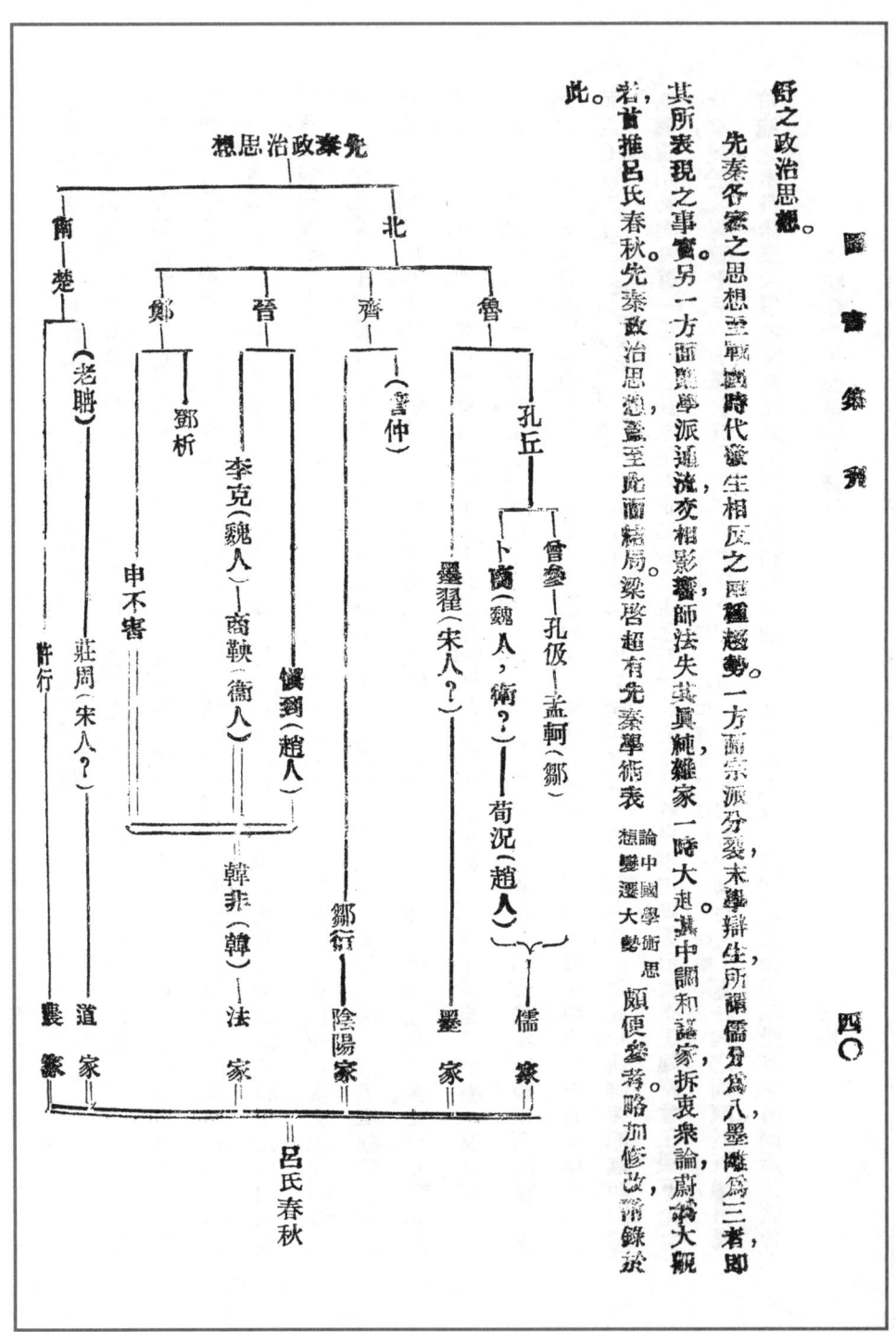

四〇

二 因襲時期

秦始皇帝併吞六國,改封建為郡縣,周末社會政治之變化至此底於完成,開中國歷史上空前之局面。孟子定之主張法家至尊之理論,遂見諸實施,君主之權位日趨擴大。自二千年之專制政體實奠基於此,然而自秦漢迄宋元,嚴格言之,以明代之此一千五六年中之政治思想還不及先秦之精彩新穎。茲為敘述便利起見,將此冗長之因襲時期分為(甲)秦漢,(乙)魏晉六朝,(丙)隋唐五代,(丁)宋元之四段,落依次略述其政治思想流派變遷之大勢。

甲 秦漢 秦始皇帝二十六至漢建安二十四公曆紀元前二二一至紀元二一九

先秦學術自由之風氣遂因之一掃無餘。然已經成立之學派則未嘗悉數消滅,漢興以後復用儒生。薳立博士除挾書禁,廣求遺籍,學術漸有昭蘇之象。不獨儒術復興,且以政府之獎勵,而成為正統學派,道法二家亦各具相當之勢力,以與儒家爭勝。先秦四家中無形消滅者僅墨學一家而已。

儒家 漢代儒學在高祖即位之初已與朝廷發生關係。陸賈以客從高祖定天下,嘗稱詩書。叔孫通以秦博士降漢,奉命制朝儀。儒者既開國有功,則儒學見重事極自然。文景之世雖以黃老為盛,儒術未能獨尊,然當時實有春秋論語孟子已立博士。諸王之中如楚元王交河間獻王德皆提倡儒學,武帝為太子時,曾受其傳王臧申公弟子。之陶融,而初即位時之大臣如竇嬰丞相輔政田蚡太尉趙綰御史大夫皆不悅儒,六省不儒者。自用趙綰董仲舒之言,罷黜非治五經之博士以後,五經外有治詩諸中有博士七十餘。儒學遂取得法律上之正統地位,皇帝詔書華臣奏議鮮不引經義以為據朝廷以此取士,接文景時有治詩百家者。

郡國以此爲學元成以後殆已臻極盛之時。然而漢代經生多耗精力於章句訓詁。如桓譚新論云，「秦近君說堯典篇目兩字之誼至十餘萬言。後漢書鄭玄傳亦謂東京學者『章句多者乃至百餘萬言。』」致用者亦不過以經術文更壽義政治思想之較有內容而可觀者，屈指可數而其中復有文獻殘闕不可詳考者故終漢之世足供今人之研討者數人而已綜其要者共得三派。曰受黃老影響之儒。曰受陰陽家影響之儒。曰純粹之儒。

第一派　漢初懲秦任法有爲而祚短，故無爲之思想盛行於世。不獨黃老一時盛行，儒家軍中亦有倡清靜之治術者陸賈新語謂「道莫大於無爲」又謂秦之治天下『事愈煩，天下愈亂法愈滋而姦愈熾兵馬愈致而敵愈多。』其語與老子「法令滋彰盜賊多有」之意如出一轍新語之異於道德經者始終以仁義爲治國之基本耳。賈誼云「道者所從接物也其本者謂之虛其末者謂之術」（中略）明主者南面而正清虛而靜令名自宣命物自定。」見文帝崇黃老賈誼不見用此爲一大原因

篇有云「道者所從接物也其本者謂之虛其末者謂之術」（中略）明主者南面而正清虛而靜令名自宣命物自定。此賈生所謂「虛」與其論「術」則以爲人主先具仁義諸德於己身而天下嚮風自然平治故新書之政治思想，亦屬於參和儒道之一派。

第二派　武帝以後國勢漸盛制度已定反對法家有爲之思想乃日趨衰退。無爲而治之儒家思想亦不復流行。代之而起者爲傾向有爲之董仲舒一派。董生景帝時爲博士其所著春秋繁露及武帝時賢良對策中之『天人相與』學說大體爲糅和公羊春秋與陰陽家言之結果董生大倡天權極言災異以「三統」「五行附會政事雖其思想系

統陷於精繁瑣為漢代儒家之弊，且施範一般之影響重大，致漢儒學之中雖蘊蓄而難以思想進化出神權而進至人解之通例，則董子之數治思想亦不免為一種還原退化之趨勢。從此陰陽五行之說大昌，符命讖緯繼之以起，迷信成風，政同巫祝，篡竊之徒更欲假天命以惑衆，王莽兩會唐虞公孫述妄引「赤制」見後漢書卷四十三，其餘類此者不可勝數，流毒遠播，至六朝猶未絕聞運俗安之小朝廷莫不引五德三統符命瑞圖以為文飾推董生之原意，盡在申天治以限制君權，而其結果則君主託天意以自固末流之弊，不可勝言，豈以桓譚非讖而不能悟中興之劉秀王充論衡亦未得顯著之反響，足見漢代陰陽家之儒及相關與起符讖之學勢力雄厚深入人心不易剷除矣。

第三派 兩漢儒家思想之比較純粹者人數最多內容亦最舊其政治思想術皆論述著，如桓寬鹽鐵論 以仁義
道德與法家之功利對壘班固後不或非所著調和孟子之德治荀子之體治，荀悅鑑繼蘭陵令之薪傳王符論 潛夫
闡天治民本之理論，徐幹論 中 則本儒家之原理論漢季之實政凡此諸八皆少新穎之貢獻。

道家 黃老治術盛行於漢初之六七十年中，上文已略述及。高祖之功臣中即有不少信徒曹參學於蓋公以清
靜學一之見諸實行張良陳平亦受道家之影響。文帝及其后實氏均好黃老令太子及外家子弟習之處士王生
至令廷尉張釋之結襪云「欲以重之。」文帝本人更力行慈儉，其功亦不可掩「景帝以資帝老子義體治尤深改子
事征伐以致匈奴內侵諸王坐大然休養生息為武帝立進取之基其尊榮道家可謂至矣士大夫之奉黃老及受其影
為經始立道學勃个朝野悉諷誦之。」與齊今佚 廣弘明集卷一引吳閩澤語 其會纂道家偏於實踐無著述傳世思想上之表現反
響者如鄭當時楊王孫直不疑汲黯司馬談司馬遷等皆其著者然漢初道家

在武帝之世及儒盛道衰之後其內容可觀者有淮南子及論衡二書。淮南子為武帝諸王劉安令其賓客所撰其思想以黃老為中心而參以孔孟之仁義，蓋太古無治之社會雖最為美而『樸散為器』之後亦祇有認政治為必要矣故淮南子之思想頗似呂氏春秋之體例非純粹道家也。王充論衡雖有時作調停之論然其思想之精彩實在其宿命論與無治之主張。王充認定政治之興衰不由人事之得失而為『自然之道適偶之徵』廢決定具體實之政治上之治亂由於人民衣食之有無決之於年歲之豐歉年歲之豐歉係於天時之良否。此則完全出於自然非人力所能影響以中國過去之政治史觀之王充此論誠具有相當之興理惟過於注重政治之物質條件又持過於消極之態度故仍不免作錯誤之結論至於論衡排斥五行陰陽之言警闢確當直欲突過荀子之天論。

法家　申韓任刑置利之學漢初雖受排擠武帝以後則與儒學並趨盛宣帝嘗謂『漢家制度本以霸王雜之，奈何純任德教乎』**漢書** 卷九 史家識其察察為明殆即由於宣帝重視刑名之故臣下之學申韓者為敷尤眾各朝之能臣法吏**多韓**之以經世決獄其中有闡揚任法重刑者如文帝時為廷尉之張釋之不肯從文帝枉法誅驚駕之人以為『法者天子所與天下公共也』其言與管子『法令者君臣之所共守也』 注篇七臣七 一語完全相合又如武帝時為廷尉之陵過汲黯詆之為『刀筆吏不可為公卿』『令天下重足而立側目而視』。此外『酷吏』如義縱王溫舒之流殆均實行商鞅重刑輕罪之主張而承襲其渭水盡號呼震天之作風者此後則桓帝時之瞿寔『明於政體吏才有餘』欲以『霸政』挽漢末政治頹靡之風生張『重賞深罰以御之明著法術以檢之。』立論亦近於法家之商韓此

漢代法家之一派也。其另一派則尊崇君主嘗強國家舉其要者如學申商刑名論輒張恢生之體錯上書文帝謂「人主所以尊顯功名揚於萬世之後者知術數也」其意略近申不害之術治如黃生與轅固生辯湯武之事於景帝前黃生持湯武亂君臣名分之議與韓非子忠孝之言實無遠別又如為武帝興利開邊之桑弘羊由鹽鐵論中可推知其富國彊兵思想之梗概。然而兩漢法家雖偏重實行不獨鮮自鑄之思想亦且乏專門之著述鼂錯之新書寘實之政論並皆散佚。殆盡先秦法家思想之創造精神至漢而終止發展。

乙　魏晉南北朝 魏黃初元至陳禎明二，公曆二二〇至五八八

漢亡後之三百餘年為道家政治思想盛行之時期蓋儒法二家之思想如傾向於積極盛衰天下比較太平之際人心思治仁義刑名之術自足騁八之聽道家思想亦不宜女盧以消極之無為作積極之治術終漢之世態度比較消積之重要思想家僅王充一人而已自曹魏乘相靈失政之餘而篡國促成天下三分之局面其後晉雖滅吳曾得不及四十年之統一而五胡紛擾元帝渡江復澄南北對峙六代迭興之桑亂政治在此環境之下失望悲觀自所難免故就大勢觀之不僅儒法消沉即道家之「黃老」亦隨平有為「老莊」厭例之勢。儒學之消沉在漢末即已因讖緯使漢書儒林傳序則「自元帝覽政薄於藝文博士倚席不講朋徒相視怠散。頹弊鞠武園蔬」魏志卷十三引魏略曰「初平之元至建安之末，天下分崩人懷苟且綱紀既衰儒道尤苦」。正始中「朝堂公卿以下四百餘人其能操筆者未有十人」又漢末官書屢遭浩劫咸有甚於秦火後漢謂「蕭卓移郡之際，更民擾亂自辟雍東觀蘭臺石室宣明鴻都諸藏典策文章競共剖散其縑帛圖書，大則連為帷蓋小乃制為滕囊及王允所收而西載七十餘乘道路艱遠復棄其半矣後長安之亂，一時焚蕩莫不泯盡焉。一切此所言即文字義藏附沉允所收而兩載七十餘乘道路艱遠復棄其半矣後長安之亂

學術然吾人應注意者儒家思想雖趨向黃渾淪而儒家傳統之觀念則依舊，朝士所沿用以為粉飾太平或戲弄建設之資料其中最流行者除仁義教養等常談外以『五德終始』為尤盛南北朝之嗣代，無不以之為口實，仲舒相剋之說，而用相生之次序。南北朝之代嬗不同，必皆發生困難。蓋在南朝為漢火，魏土，周水而隋當為火，北周宣帝晉金，宋水，齊木，梁火，陳土，隋金，在北朝則晉金，魏水，周水而隋當為火，北周宣帝之自比上天殆為天君思想之病態表現。至於北魏孝文帝太和九年之下詔均田，見北史卷三魏書卷七上及卷五十三為王莽元等以後首見之最大田制改革而太和二年詔定婚制宣武帝永平三年詔立醫館皆足表現以儒術為依歸之儒極政治。

在此儒學衰微之時期僅有傅玄 晉武帝時為 一人不但力倡儒術，且從學著過傳子一書誠為晉代儒家之鉅製。王沈稱之謂『足以塞楊墨之流遁齊孟荀於往代』十四卷然自今日觀之殊覺術道之功多發明之績少也。

法家之政術以魏武帝之提倡而暫行 傅玄謂『魏武好法術而天下貴刑名』見晉書卷四十七。蜀相諸葛亮『科教嚴明賞罰必信』亦具法家之色彩然著述不傳清朱書已失傳內容難考。適園叢書有輯本 蜀志載原書二十四篇，十萬餘字，篇目中有『權制』，『綜覈』，『法檢』諸名。玉函山房輯佚書及珠所輯之諸葛丞相集為撮拾之書不可盡信 此二家此外更無表現矣。

道家思想為魏晉時代之主潮上巳首之其發興之始當溯源於魏正始中 公曆二四〇 何晏王弼為之『祖述至二四八老莊王術之獎質王何豈『衍紫居顯職棱違之士莫不景慕做效擺落登朝皆以為辭首於高浮詭逐成風俗焉』晉書卷四十三而晉時代其勢尤熾』有晉始自中朝范裴江左莫不崇飾庄覽祖逍在道棄劑里之畫與習正始建條論擒勢扶

為流俗目鏠。漢以清高溢俗循章弛廢，名敎額毀。」晉醴林傷肘，至放縱其性易觴織苟清似有五焉。(一)老莊殘叫「為我」之個人主義，每當政治崩壞，社會解體之際，自然趨於滋長漢末以來之長期紛擾，使個人失去對社會之信心。知識份子之失望與悲哀殆亦深切彼等既知兼善之無方乃退求一己之安全或滿足老莊之消極政治思想徹底個人主義正合時代之心理需要故一經推演立成風尚。(二)失意之尤者或強於厭世虛女之說以類世之樂觀拖厭世之悲觀其作用略同宗敎信仰為「犯罪者」之安慰(三)亂世公道不伸側人易灌植廟老莊謙退之術乃全身之妙訣(四)衰世人士對於傳統之社會制度風俗思想失其信仰且生反感故反對禮敎之拘束則生解散之運動反對有為政治之徒勢則倡無為之思想此老莊之勁興此亦一重要之原因(五)佛敎先已傳入中土，至魏晉醴始廠蓮家慮無之旨慣釋家寂滅之說以相助，意義愈超深遂波蘭更為壯麗。

當時道家思想之可考見者約有十家雖均以我為出發點而其為我學說之內容不盡同其所取對政洽之消極態度亦深淺互異綜括之似可析為(一)無為與(二)無君二所派。

無為派 以時代之先楔論無為思想之代表當首及「清談」始祖之何晏王弼二家之思想皆承老子何晏著書雖富。有論語集解，周易解，文集等。除首列一種外，均已散失。而思想已不能詳考其論政之太旨略見景顓賊賦十文選卷用之官省生事之故絕流通之繁禮反民懷於木素』。愍不世道德經之範圍。嚴可均全三國文中從列于孫註惟所引何晏論語注論語釋文集等書。其論人生則主謙退論政事則貴清完備，然有關政治思想者殊少。王弼會注老子何晏所稱許，注，論語釋疑文集等書。其論人生則主謙退論政事則貴清靜，亦一本老學。如老子六十三章註云「以無為為居以不言為敎以恬澹為陳潘之極意」足以見其政治思想之大

蓋然王弼雖主無為而並不主無君，老子注二十九及三十二章解釋政治之源起謂「樸散為器」則「聖人因其分散故為之立官長」酬「始制官長不可不立名分以定尊卑」故政治之與理有固然非聖人之矯作，王弼又釋老子「不尚賢」之說以為不尚賢者非泯除等差，蓋為平等，第四十九章注曰「能者與之，資者取之，能大則大資大則貴，物有其宗事有其主（中略）又何為勞一身之聰明以察百姓之情哉（中略）無所察焉為百姓何避焉為百姓何應，無應則莫不用其情矣，人無為舍其所能而為其所不能舍其所長而為其所短，如此則言者言其所知行者行其所能。百姓各注其耳目焉，吾皆孩之而已。」王何之論，大致溫和，不如晉代諸家之純主虛無態度激烈。

王何以外持無為論者尚有注莊子之向秀郭象注列子之張湛，與為司馬昭所殺之嵇康向秀「雅好老莊之學，曾於舊注外為莊子解義，發明奇趣振起玄風讀之者超然心悟莫不自足一時。」九向秀傳（晉書卷四十向秀傳謂秀義零落，郭象傳（晉書卷五十）謂秀卒後其義零落，象竊為已有。流傳至今郭第二人之政治思想可於此見其梗概約言之爾家以莊子之自由（逍遙遊曰「莊子之大盧在乎逍遙放無為而自得」注齊物論曰「凡物云云皆自爾耳非相為使也故任之而理自至矣」雖然「與人群者不得離人」世間注「而無為者非滅滅之謂」「夫貴由文顯道以事彰有道而無事猶有雖而無雄耳。」列子注引黃帝篇「既有事矣，勢不可無『千人聚不以一人為主亂則散故多賢不可以無君』此若天人之道必至之宜」論注齊物「君臣尊卑之分亦一本自然非出於矯揉厭迫」「夫時之所賢者為君才不應世無為也若天地之自高地之自卑首自在上足自居下。」上同

然向郭二氏絕不贊成政治而不肯苟有煩擾之政治莊子

注中譏虞者流露此體放任主義之傾向專制政府則尤為其所反對故在宥注曰「已與天下相忘而放棄也今以一人而專制天下則天下塞矣已豈通哉故亡身不成而萬方有餘喪也」有君無為之思想發揮至為明晰魏晉名家鉤逴此者。

嵇康尚魏宗室女親魏之衰而無以救之故入於歷世之人生觀與消極之政治觀其所著有養生論，聲無哀樂論難自然好學論釋私論等篇大旨在運用老子廢智寡欲之方法以達到個人「意足」之境界嵇康雖無其體之政治思想其所謂「蕩簡昌之教」「君靜於上臣順於下」則亦發揮「無為而治」之不干涉主義。嵇康之人生觀，與當時縱情欲，破名教者根本不同。康生寡欲，頃已言之，此忠臣烈士之節。」文天祥正氣歌中所詠嘆之。嵇侍中，臨朝護官，聞弒讒生，若孔文舉之求代兄死，即體康之子。可謂能承父教，而康之為人，亦可想見矣。張湛有異於王何諸人之處王何雖崇尚虛無然未受佛教之影響張湛則略取佛經之寂滅以附會道家之清靜故列子注之哲學思想與老莊二注均不盡同惟其政治思想則仍不脫『黃老』之範圍無君派　上述諸人均崇尚無為而不否認政治之必要阮籍劉伶陶潛鮑敬言及列子之偽邊者則承莊子逍遙之旨而引伸之以為無君之論其態度愈悲觀其言論愈高曠。其思想愈消極其行為愈放縱政治之價值至此完全轉換」個人之自由遂成為絕對之價值歐洲之無政府主義就理論言之，尚不如中國魏晉時代無君無治思想之激底也。歐洲「革命之無政府主義」主張以暴力推翻政治之組織，然後重建自由合作之社會組織，故認一切組織之需要，而不主張用武力顛覆政體。故就理想言，前者較激底，就手段言，前者較激烈也。

阮籍之思想頗會憤世之成分蓋「籍本有濟世志」以世亂不能行乃鬱為不平之意疾世俗禮教之虛偽故打破體教族世俗君臣之徒勞故主張廢棄君臣達莊論敘無為之貴大人先生傳著無君之美而後者所言尤為警切

關民之初生相安於淳樸，「無君而庶物定，棄臣而萬事理」。此後真淳不察，制度乃起，而痛苦隨之。「君立而虐與臣設而賊生坐治禮法束縛斯民」。如此所言則政治為眾惡之源。不獨老莊不遠其憤激，即王何亦嘗掩耳佯與嵇阮友善，其思想亦近阮籍史稱伶「放情肆志嘗以細宇宙齊萬物為心」〔晉書卷四十九 酒德頌中之「大人先生」〕其哲學思想轍迹居無室廬幕天席地縱意所如。「其所表現者即為絕對自由之理想生活陶潛『自謂羲皇上人』其行為不必屬於老莊之系統，陶潛之生晚於嵇阮豐約百年，清談之風氣，如飲酒詩云，「少年罕人事，游好在六經」。」而其政治思想則略闊於魏晉之無君兆花源記及詩中所表現者即為絕對自由之理想生活陶潛『老死不相往來』之條件而實盡泯君臣之迹詩中「秋熟靡王稅」之一語足為吾人作明證然陶潛天性冲淡故其無君之理想亦出以溫婉美妙之辭絕無鮑敬言睫同切齒之姿態。吾人若謂陶淵明為無君思想之篤實信斯泰則鮑敬言殆可為巴枯甯卜魯東之流亞鮑生之公見抱朴子之詰鮑篇，他無可考如確有其人疑當生葛洪之前或與之同世。洪卒於晉咸和間，約當公曆三二八——三四三。據抱朴子所引鮑敬言思想之要點為「古者無君，勝於今世」蓋止古無君之世太平安樂及暴者凌弱眾者寡寡服事既興則君臣之道起從此爭奪暴虐喪亂之禍遂相仍不絕於。列子楊朱篇相同惟鮑生偏舉君主之罪驅幾可作一代匹夫豈能流毒天下放「君臣既立眾惡日滋」鮑生之結論大致與阮籍相同惟鮑生偏舉君主之罪驅幾可作一篇討暴君之檄文讀雖求主張行動其論調之激昂亦前此所未有列子一書之內容較為複雜，不盡同於杜撰。然亦雖於抉擇矣。其無君之結論與上述諸家相似其無君之論據則大體基於縱欲之人生觀。此則與他家所承有楊朱篇詭楊朱之言謂人生苦樂繫於物欲之是否體暢達無阻故人生最高之目的在歡愛

情縱欲其他皆無足取者人人體自樂則人人不利天下而天下治其說殆近於先秦它當魏牟之一派而亦為魏晉一部分士大夫放蕩生活之理論根據抑吾人就上述諸人觀之則晉代之無君論者似有二重要之流派。其一派認定政治為有害而主張君不可有阮籍鮑生是其代表又一派則認定個人當自足而主張君不必要。陶潛及列子中之楊朱皆屬之。然此僅就二派立論之注重點而區分之，非謂其主張必互相排斥兩不相容也。復次列子中之無君論並非完全一貫，以縱欲為依據如黃帝篇稱美華胥氏之國謂「其國無帥長自然而已其民無嗜欲自然而已其意境累近於老子之寡欲。至於天瑞「聖人之化」「非人則義」。仲尼「堯治天下五十年，不知天下治歟不治歟」。觀符實而不在自賢」。諸篇所言又近於「貴老」之無為不違無君之論。此亦列子內容無雜為後人掇拾纂輯之明證。西方聖者，似影射釋迦牟尼。若然，則亦列子為晉人偽託之一證。或者此段則張湛所闌入，亦未可知。

魏晉老莊思想之盛行以今日之眼光觀之不獨為先秦道家之復興亦可視為與儒學中庸互為因果之思想解放。晉代之個人主義中實包含一「衝決網羅」同歸打破禮教之潮流蓋漢魏之世名教既變廿趨庸偽拘牽禮法枉桔性情孔融以禿巾微行裸奏陳琳為父喪有疾使婢丸藥而見譏加以漢末黨人激揚「清議」「互相題拂」勢必至於吹毛求疵以禮法德行相律壓追積久自生反動朝廷先弛氣節之標準（魏志卷一，建安十九年（公曆二明思此義道況之士未必能有行也。（中略）有守士大夫更賤名檢之拘束老莊書中本有薄禮貴廣之言，老子三「禮者忠信之薄而亂之首。」莊子大宗師篇曾子夏戶死，其友孟子反子琴張臨尸而歌。」孟孫才之母死，哭泣無涕，中心不戚，居喪不哀。」不遵禮度。」見晉書卷七十五。阮籍禮俗之士以白眼對之。」嘗於其嫂母吐血哭鱗女思想何晏王弼倡其風，范寧門二人不

謗裹，亦表現其被儒家真之主張，大人先生傳斥守禮者如裩中之羣蝨，則此主張之說明也。劉伶「放情肆志」、「陶陶頌」、「貴介公子、搢紳處士」（中略）陳說禮法，是非鋒起」而「大人先生視之」，「如螺蠃之與螟蛉」。其意亦極顯明。阮膽、王澄，「裸袒箕踞，酗醜禽獸」。阮咸「與豕同飲」。畢卓盜飲，謝鯤梭折其齒。諸人承其緒列子楊朱篇則大暢其旨遂釀成空前之解放運動其蔓延甚廣婦女亦竟參與幾有近代婦女社交公開之風氣。子抱朴篇謂「今俗婦女，休其蠶織之業，（中略）游戲佛寺，觀視魚畋，登高臨水，出境慶弔，開車褰幃，周章城邑。盂饗路酌，紘歌行奠」。「晉書卷五惠帝紀論亦有相類之觀察，並謂當時婦女「先時而婚，任情而動，故肯不論淫洗之過，不拘忌諱之惡」。然剿娭往過正「振子之擺動」又恢復原來之方向自正始至太元清談之流行已一百五十年社會與政治不安定之情形並無可靚之改善且五胡亂華二帝虜死虜。永嘉五年（公歷三一一）劉聰兵陷洛陽，懷帝被帝出降。（三一六）中原失陷南北分局成中國空前之鉅變於是當時人十又覺情淡足以誤國鬭之風靡一時者今則爲人姤病桓溫入洛陽過淮泗之言謂「遂使神州陸沉百年邱墟，王夷甫諸人不得不任其責」。雖不必平情合理而亦足覘風尚之轉變其餘論者如孫盛作老莊論晉書卷七十五范甯同時與王導著論斥王何「二人之罪，深於桀紂」。晉書卷七十五。王坦之與范甯同時作廢莊論晉書卷七十五均破毀盧玄重申實有故南渡以後老莊頓衰迨唐統一以前政治思想復歸蟄伏除傳統之儒家觀念尚流行於南北及劉問反訊，廣弘明集卷五范甯簡文帝時人著論斥王何。帝虜死虜。子辯論一書尚有可觀外此二百餘年誠可謂爲政治思想之黑暗時期。西晉時已有反對玄虛者，如傅玄上武帝書，（晉書卷七十四）裴頠榮有論。（晉書卷三十五）然大體出於門戶之見，尚非由風氣之轉移也。魏晉政治思想之大勢爲道儒對立道強儒弱之局面，然持調和論者亦頗有之。李充同時與王濛雖「幼好刑名」然觀其舉筮所論罪「世有險夷，運有通尼」「老莊明其本」宜行於「太初」之時，「聖教救其

末」當用於今日之世則亦折衷使儒道之間以道爲體以儒爲用，原則上會盛實際上重儒名爲調停而實深排斥浮也。葛洪辛於晉盛和間，當論政亦依違於儒道之間而推尊君主尤甚於李充。抱朴子嘗中大抵內篇在原則上尊道。明本篇云「道者儒之本也，儒者道之末也」。外篇則極言君主之必要與治術之不能用無爲。嘉遯篇曰「普天率土，莫非臣民。」其規箴訓「夫君，天也，父也」。「民生在三，奉之如一」。詰鮑篇反覆駁斥無君之論，謂聖人觀象立制，與利除害而百姓奉以爲君。故政治之起，既自然又合理，非如鮑生所言「君道貴用之則能用別諸篇，故「治世之聖人不及「得道之聖人」」。至於道家無爲之說，「可得而論，雖得而行也」。清靜寧一之境界，「可得而論，雖得而行也」。

嘗朱定之劉子新論亦爲調和一派，立言大旨與李充相似。此書作者或題劉勰，或謂劉畫，或疑唐人賓孝政僞作，均待考。

佛教所引起之爭論。 佛教輸入已久，魏晉以後始得盛行。教義既在出家脫否其不能對政治思想有所貢獻勢所必至。然其組織習慣行爲思想，均帶殊方異國之色彩。其必引起擁護「本位文化」者之反對亦盡中之鄰惟南北朝時代反佛言論之重心不任儒而在道。若以地域而論則南朝較強而北朝較弱綜括雙方爭論之肯關於政治思想者共有二端。（一）佛教以「出家」敎人出家之俊，則僧人對於國家之義爲倫理政治之束縛均可置之不顧。故父母可以不養君親可以不敬。釋慧遠答桓太尉奮門不敬王者論。（高僧傳卷六，作） 所開「凡出家者隱居以求其志變俗以達其道（中略）是故內乖天屬之重而不違其孝外關奉主之敬而不失其敬」者（弘明集卷十二正可以代表釋敎之觀點，而說明其與儒家政治倫理衝突之主要理由。蓋綱常名敎深入人心雖未必普徧實行而已成普徧之觀念故不僅儒素維持傳統觀念攻擊沙門之無父無君道徒亦往往利用倫常之說以保持宗敎之地位。蓋晉代之道家打破禮敎與儒爲敵，南北朝之道徒擁護禮敎而與儒携手時異世遷化敎爲友亦一有趣之事當時反佛之言論似以道家所立之

中國政治思想起公考資料 五三

三破論亦為最扼要。「破著」「入國而破國」致發生一「國滅人絕」之結果。以「入家而破家」「孝道頓絕」「骨肉生怨」。「入身而破身」，毀傷生體，斷絕下孫。弘明集卷八，釋道恆感諭引。

晉咸康六年（公歷紀元三四〇）庾冰輔政代成帝下詔令沙門致敬於父。詔文略云，「因父子之敬，欲君臣之義，豈徒然哉，良有以矣。」後卒從衆議而沙門不拜若。至唐高宗龍朔二年（公歷六六二）典禮再起，朝臣皆引典禮互有可否。卒令沙門拜親不拜君。弘明集卷二十五。大抵主致敬者伸「率土之濱莫非王臣」之義，而反對之者謂帶「方外之賓」不願化於宗之論。見前引（二）中國在先秦時代即有一種以文化為標準之民族觀念，南北朝時代胡漢直諍即以此為代表。北詆南為「島夷」，南詆北為「索虜」。文化民族之觀念又復流行道家利用以衞教。事實自然顧歡演入之夷夏論足為代表其論大旨謂證佛一教而一教「捨華效夷義將安取」。南齊書五十四卷。

佛徒之反駁則以大闢思想替代民族主義，而力維釋敎之獨立性。如宋楊譽通駁顧道士夷夏論云「夫大敎無私至德弗偏化物共旨。導人俱致。在狄以狄，入寧復分地殊敎隔宇異風豈有夷耶寧有夏耶」弘明集卷七〇。至如謝鎮之謂：「天竺者居娑婆之正域，廳淳善之佳會」，弘明集卷六。僧祐謂「天竺居中」十四後序。此三百七十年中之政治思想亦重現由積極趨於消極之故態。就大體言之隋及盛唐儒家思想叙估優勢佛敎雖勢

丙 隋唐五代

（隋開皇九至周顯德六。公歷五八九至九五九。）一治一亂之循環自隋文帝統一又重新開始王五代而再度完成。副直持變旋放夷之手張故佛敎之興與其給與中國民族思想之打擊殆全在此矣。力甚大道敎雖經朝廷之尊崇而發展與佛敎相抗衡，然二者為宗敎之信仰，與政治思想紙直接之圖係故貞觀開元

時代之朝廷政事君臣言論，仍以儒學為基礎。太宗「銳意經籍」與十八學士討論節義，（舊唐書卷二，太宗本紀上。）尤開儒學之風氣。此後取士用人雖諸科並列而「世崇儒學」「六經始終不廢」，（新唐書卷四十四，選舉志上。）且欲廓疆域之廣，聲威之遠，法制之備文化之盛漢代可與其項背此外均不能相擬。中國成為一統秉夏之帝國，（唐太宗貞觀四年〔六三〇〕制詔書「賜西域北荒之君長，皆日皇帝可汗」。）新羅日本亦入貢留學。（舊唐書卷百九十九，上新羅日本傳。）雖未必真能「用夏變夷」然自信之心既得恢復，則儒家有為之積極思想勢必隨之再流行天寶後潛兆中唐以降政事日非禍亂迭起痛苦經驗之中又滋生抗議之思想故抗議亂政之殃民則民貴之思想復興抗議專制之禍國則無君之思想再起晚唐五代政治思想之大勢殆畧與晉代相似蓋老莊盛行而儒家尚大僞孟學與本之旨。

儒家 隋唐儒家之宗師殆應首推至通（公歷六○一七）李皮門作襲唐絲圖文中子碑開陪初名曰如李鳥魏徵，杜如晦房玄齡等均出其門。其妄，宋司馬光朱嘉等均疑，並斥王氏學。王通之論政以「帝制」為理想以「王道」為盤心，不足以言創。唐太宗之帝範武則天之臣軌，貞觀政要所載當時君臣之言論，則表現朝廷之觀點。其內容亦不出傳統儒學之範圍至於輔佐德宗中興之陸贄則為一儒學之實行家其思想亦純緣因襲蓋唐代儒術雖盛太體上已達定型而硬化之情狀。永徽五年頒行五經正義，即其明證。宋葉適謂唐代『六經語孟舉世皆習其魁偉俊秀者乃云而從佛老之徒。』雖容有過甚實能說明大勢所趨三百年間儒家政治思想之較可觀者僅韓愈柳宗元及林愼思等數人以時代論韓柳在宗中興之後已衰爾未大亂之世林愼思死於黃巢之亂唐亡二十七年之前以思想內容論韓柳近荀子之尊君林則襲孟子之貴民三人之間正足以代表儒家思想由積極入於消極之趨勢韓愈思想殆為對佛道虛無之反動故講聖

中國政治思想史參考資料 五五

人之道不過飲食男女君臣之義，其要在君治民奉唐代擁腰專制政治之思想，當以此爲最徹底柳宗元論政治原起由於制訟息爭，而政治組織由小至大，其説頗爲新穎，其屢譏苛政，則其思想亦有孟子之成份，適居韓林之閒標憤思之俳蒙子賴孟子純爲亂中憫人傷世之作品，其痛惡苛政之極，途不辭逃於無爲之消極思想

政府之用意或在藩道以抗佛而儒學亦受影響故白居易「將應制舉揣摩時事」作策林數十首，而道家之言幾佔其半，則唐代學風略可想見。然而此種老莊之政論，不過人云亦云之仕途「敲門磚」，不足以稱思想其發自衷心針對時勢，足稱思想大致可觀者當推元結 生於開元十一年，卒於大歷七年。無能子 書成於光啓三年 及譚峭 道士三者元結少著元子擔置清靜無爲之政，不出傳統老學之範圍無能子 作者之姓名待考，書成於黄巢亂中。則有似絕敎言慨君之論而憤激過之書中關人與萬物同爲一體，人物縱死其爲常存，無所用其拯救又謂「中國天子之貴不過在十分天下一且分中征伐戰爭之内自尊者爾。」如此薨觀無所不至則有如「小天下」之觀點也譚峭化書爲五代道主之唯一代表。其立論本於道家而不如无能子成此 之消極董譚子以道德無爲爲最高之理想。每下意况退而爲「仁」與「儉」之政治所謂「仁化」雖近孟子仁政同樂之旨。然此尚非其思想之特點，化書最動人之部分爲其「食化」「儉化」之説巫儉篇銷「虎狼不過於嗜肉蛟龍不過於嗜血而人無所不嗜所以不足則鬥，不鬭則叛。」無絃篇開「自天子至於編人暨平萬族皆可以

道家 唐以姓李而尊老子，武德三年高祖立老子廟。乾封元年高宗追尊老君爲「太上玄元皇帝」，唐會要卷五十。天寶七戰玄宗册授尊號曰「開元天寶聖文神武龐道皇帝」。 立「崇玄學」以老莊列文取士。開元二十年，舊唐書卷二十四。 天子自爲敎主 元天寶册尊號曰「開元道士或列朝班。代宗用李國楨之言，道士入官者時有之。此後

食而遺之。」此種淒厲沉痛空前之「唯食」論亦唐末人民苦況之反映。〔儒梁吳所圖「城中人相食，父食其子，六宮及崇室多繼死」。新唐書卷五十二，食貨志二。〕

儒道二家爲唐代政治思想之主要潮流此外尚有屬於「雜家」之趙蕤開元時人羅隱時人五代二人趙蕤有長短經，兼探儒法黃老之言羅隱舊兩同舊及讒書開和儒道其態度略似劉子新論。

丁　宋元　公歷紀元九六〇至一三六七年。

宋太祖受周之禪五代分爭之局遂告終然而遼金元代起始於不完全之統一繼咸不自主之偏安及元陷崖山中國全部淪於異族爲時幾逾百年在此民族衰微之時期，中國之學術及思想反呈興盛之勢蓋魏晉突興之外來佛敎思想至此已完全成熟與固有之儒道思想調劑混合產生空前之理學。而政論家受外患之激刺顛傾間於極端有爲之思想中國大規模之維新運動首見於宋代守舊者起而相撓釀成新舊交爭之局。惟當時兩黨言論均不脫傳統儒家之羈絆雖新者以儒術爲藉口反對者以儒術爲正統亞於道家思想則或吸收於理學之中或儲存於少數文獻之內，文子樞就表面言宋代之政治思想仍以儒爲正統亞於遺家思想則或吸收於理學之中或儲存於少數文獻之內，子樞之華子。或偶爲政論家所稱引大體上已失去其獨立之存在故宋元爲道家無爲思想消沉之時代蓋先秦政治思想原有四大流派四派之中墨滅於漢法要變爲實用之技術終止學理上之發展此後僅儒道二家繼續存在隨時勢之治亂互有盛衰唐代二家並在門戶尚顯然可分至於兩宋則儒雖大純道亦垂盡先秦學派之分野至此完全消滅就此言之，宋元之四百年爲中國思想窮極將變之時期。

宋代政治思想之流派主要者二：一曰理學家，附庸者二：一曰守舊派，二曰「蜀學。」理學家又分

為援道入儒及援佛入儒之二支派前者以邵雍周敦頤等為代表，後者以朱熹陸九淵等為領袖張載則同受道佛之影響。然吾人宜注意理學家之哲學思想雖各不同，而其政治思想則大致一貫其要旨在以三代之政治為最高之理想，以漢唐之功利為不足以道以大學之格致誠正修齊治平為唯一之政術對於當時之實際問題傳持一「反對黨」之態度為在野士大夫清議之中堅甄為當局所深惡而排斥。

理學家立言雖意遠求致用而韓功派視之則無往不迂闊。事功派認定墊人必言功利國家有頼富強。「毛詩國宜尊」「霸」亦可取其論貌似法家而實近霸學蓋北宋之世外夷之驅勢已見中國之積弱末路遠識之士皆知非大加整刷不足以興復圖存。南渡以後過勢意處尤非大有為不足以逝言恢復退求自安事功派之思想即以此為背景。當時變法之主張即出於此派重要人物之王安石故兩宋之事功派以近代之名詞稱之實具眼光之維新派也。陳亮葉適諸人李覯著禮論以禮為修身治國要道之總稱又著富國強兵安民三策平土舊周禮致太平論等寧提出具體之治術。於宋人中其思想最近荀子王安石實行之政治家其「新法」以推行不得其人且為舊派所阻而歸於失敗。然其有為之思想實亦本之儒學宋人以非聖人之道攻之或覺取老子無為之旨以與新法相抗，如司馬光前引用老子「我無為而民自化」一等語。不獨「誣賊作父」以今日之眼光論之王學之失不在其不合舊派正在其附會周官不能脫舊思想之桐繁陳亮之功利思想散之系統而歐如諸賢其與朱元晦論王霸書足以表示事功派

與理學家精神不同之處葉適之思想最精湛有條理而態度則較溫和。蓋葉適以孟子仁政貴民之旨為政治思想之起點與理學家相近而與李覯不同。

兩宋儒家不屬於理學系統者當以歐陽修司馬光等為最重要。蓋皆為守舊思想之中堅與新法相對立者也。理學家非功利而不盡反新法。其立論不外主三代之仁義揚黃老之無為以新法為亂政斥安石為『小人』其思想極陳舊其實力闢頗廣大新法之敗黨禍之起此派應負一部分之責任蘇氏父子中軾較能傳統之儒家其政論與歐陽修等相近蘇洵之學『出於縱橫而雜於禪』望溪語其六經論解釋儒家之治術及社會生活之基本原理頗具特見非如他家斷斷於新舊之爭著眼於一時一地之問題。

三 轉變時期

元以蒙古人主中國當於異族之暴政者約一百年華族慘受蒙古反色目人之凌虐許衡一代儒宗存用夏變夷之妄想不惜屈膝於夷狄之君而贊專制補春秋內外之義既亡漢人且甘心蒙古化。廿一史割記卷三十一『元以視齊朝之某士大夫其無恥殆有過之。顏氏家訓卷上『齊朝有一士大夫嘗謂吾曰，我兒以漢人多仕蒙古名』。教子篇第二『齊朝有一士大夫嘗謂吾曰，我有一兒，年已十七，頗曉書疏。教其鮮卑語及彈琵琶，稍欲通解，以此伏事公卿，無不寵愛，亦要事也』。

在此政治黑暗時期中不但民生苦痛思想亦復消沉及明太祖起兵草野揭民族革命之憾光復九州華族自主之政治待重見於中土而政治思想亦隨之更生且開始進入一新時代簡言之即肖古代思想之歸宿為近代思想之時期也近代思想之主要特徵有二一曰以民族國家為思想之對象二曰以民有民治為政治之歸宿。勢此為文明國家之共同趨中國先秦以來之思想雖亦歲『夷夏之防』然重文化而輕種族當華族勢盛則進為用勢不僅中國為然。

夏變夷之文化帝國主義值異族入主則退而爲飯國讎仇者之几實故嚴格言之中國固有之民族思想既非澈底亦不完全復次中國政治思想之對象爲略帶大同主義色彩之「天下」大意與歐洲中世之「世界帝國」相近而與近代之「民族國家」不同故嚴格言之「國」之觀念亦爲先民之所未有以不完全之民族思想與非國家之天下觀念相合其不能臻近代民族國家之境界實爲情理中事不僅此也先秦以來之政論家發揚「民爲邦本」之學說者雖不乏人然以近代之語述之彼等大體祇知「民享」而未知「民治」之政治且孟子一派離以「得乎邱民爲天子」以及「一夫」可誅之說闡明「民有」之精義然既無民治之說以伸之則有祇傳爲原則上之空談況孟子以後之人多半僅傳民享之觀念不知民有何況民治人民雖爲政治之目的而不知爲政治之主體民本者未實現之理論而專制爲不可否認之事實梁啓超謂中國二千餘年之中有「朝廷」而未嘗有國說 少年中意即指此故古代之民本思想乃不完全之民權思想其去近代民主政治之觀念實有若干距離就大勢言明清兩代政治思想之貢獻卽在逐漸放棄專制天下之觀念而達到近代民族國家民主政治之境地。

明清政治思想轉變之原因一部分可於歷史環境中求之其較明顯者有二一曰痛苦經驗之敎訓蓋中國專制之毒異族侵凌之禍至元代而達於極點其結果使士大夫盧覺舊日之思想如佛老之虛無理學之心性皆不足以保障國家之治平而貴民攘夷之思想遂得一空前未有之新機會新方向以發展。二曰泰西文化之激刺明代海通西洋思想傳入中土。人之知識漸廣眼光漸變政治思想則具有親切之實際禮義，

佛敎熱而佛敎爲非政治之宗敎哲學對於中國之生活與思想雖有重要之影響而對於政治則實貢獻甚微總之，

自身之經驗與外來之激刺二區相合，遂促成政治思想之轉變而轉變之來又非一蹴而及。蓋亦曾經長期醞釀幾度波折然後底於究底概括言之約有下列之階段。

甲　轉變之萌芽　元明之際民族民本之思想突然盛興朱元璋之諭中原檄（出宋濂之手）以「驅逐胡虜恢復中華」號名尤足想見民族思想傳佈之廣殆已成為人所共喻之大義方孝孺之釋統及後正統論諸篇壹申華族政治自主之旨實論更為深刻蓋前此之攘夷思想注意於民族文化之自存明初之排元思想則注意於民族政治之獨立孔子曰「微管仲吾其被髮左衽矣。」孟子曰「東夷西夷之人」「得志行乎中國」顧歡稱「含華效夷羲將安取」凡此皆以文教風俗為重而不及於政治之事檄文乃明揭「未聞以夷狄治天下」之語方氏更斥「夷狄而僭中國」認為絕對不足以稱「正統」中國固有之文化民族觀念遂進展而成為政治民族國家觀念不盡相同而已與之接近明代思想之轉變此為最重要之一端民本思想之復興與以劉基方孝孺之力為最多前著之郁離子與俊奮之宗儀均重申孟子貴民之旨劉基之言論少發明而方氏欲寫地方自治於宗族組織之內雖不足以語近代之民權然其建議實有關民治之基礎吾人不必以其牽涉傳統之宗法觀念而少之至王守仁南贛鄉約之制度則更與地方自治之原則相接近以來之專制官治思想至此亦有轉變之徵兆。

明代思想之轉變尚另有一途徑焉則陽明學派反理學之解放運動是也南宋以來程朱經義墨卷流行民間學術範圍難越「人」之威脅而唐宋肇端之科舉制度至明亦達殭化之絕境程朱經義徂自政府程文墨卷流行民間學術範圍難越乎此加以八股之桎梏則思想更遭窒塞。況明代君主之專制暴虐逾越前代明末祖庚與文字之獄（廿二史劄記卷三十二明初文

元復夏之功，而政治上則偽襲蒙古之專制毫無進步不及三百年而中國又失去政治之獨立實本身政治之不健全有以致之然而壓迫至極自生反動王守仁起抗程朱之正統倡學貴自得之說，欲褩思想之束縛，掃而空之其根據佛教禪宗所創「心學」之價值如何吾人於此不必評論然王氏嘗謂「求之故心而非也雖其言之出於孔子不敢以為是也」如此明自揭櫫思想自主者似亦來覩之前人似亦来覩蓋先秦以來門戶相攻末學生辯思想界中明是非決必取於彼偶象而已非能根本打破偶像而以自我之靈見為靈準如王氏之辟王霸之偶像則亦以此偶像破政府之推會其思想之威權巴與政治之威權相合而勢力愈大吾人試想明代社會之情形則可了然陽明學派思想解放運動之難能可貴王守仁之哲學建設多然破壞故其思想解放之主張亦簡略而不過激至其門人及私淑弟子難殖足以代表此思想潮流之極端發展李贄思想有與晉代之自由思想相近者，而亦有與之根本不同者李卓吾權毀名教提倡箇人自由與阮籍諸人先後相題此其相同之處魏晉清談扇遣家無爲無君之消極政治思想李贄雖訊無爲然對於有為之政治家亦極靈推崇藏書評二千年中之歷史人物六反末明傳統之標準姊謂「秦始帝臨皇自是千古一帝」「西楚繼蚩尤而興孫孝武紹黃帝以壋廓皆千古六聖」商鞅吳起皆成大功焉道與齊王建有德於民。此種議論見以證明李氏禪狂之中實含有積極之戲外蓋其思想雖帶濃厚箇人主義之色彩然其最後之基礎則為儒家之

此後則「廷杖」「詔獄」任意誅殺黑暗殘酷前所未有故明代雖身為金字之獄？戴太祖以文字疑漢殺人之事甚多。以則賊生僧同官而取禍者尤衆。

六二

民瘼物之同情心亦與老莊之純然為我者既大異其趣，則亦與吾代之不同矣。抑吾人又當注意說明學派不僅直接有助於思想之解放，而間接亦貢獻於民權思想歐美先進民主國家之經驗昭示吾人思想自主為民治之精神條件。不必有人人各具獨立創新思想之事實，必須有人人思想自決之假定。孔教定於一尊既為專制政之產物則摧毀思想之桎梏亦即為民權政治之先驅。所惜晚明之世，時機尚未成熟王李諸人亦未澈底明瞭其所倡導解放運動之最高意義，故其所促成者思想轉變之萌芽而已。

上述兩方面之轉變為由中國本身之內在原因醞釀而出，其中疑已隱藏新方向與新意義，然其所運用之觀念，及所認識之對象則大部分承襲前人之舊。至萬曆年間利瑪竇入京觀帝（公曆一六〇一年。西洋之宗教及科學遂傳入中國政治思想似有因外來文化之衝激而發生更大轉變之可能。然此可能終明之世以迄清初並未成為事實。

蓋民初徐子二十六歲太西志之書載「多華人所未道」「而士大夫如徐光啟李之藻輩首好其說且為潤色其文詞，故其教騖與日俱廣」明史意大里亞傳云「其所言風俗物產多夸」，足徵。

然而當時教士以傳教為目的，介紹亦雖引起注意。西洋文化不能發生影響殆無疑顧及且海通之始，此後不及五十年，明社遂屋，中國再度淪於外族之統治當明清之際，政治思想又倒退二百餘年，重演元末明初之局面。間嘗之即根據固有之觀念，闡揚民族民權之思想是也。黃宗羲之明夷待訪錄唐甄之潛書皆為貴民思想之主要文獻，黃氏主張以學校為輿論之機關則亦遠向於具體化之民濟。根據明末「東林」之經驗而來實與近代民主之精神暗合。顧炎武之郡縣論主張以縣為政治之基本望恆而以鄉亭保甲佐之，其意在裁抑專制政府之中央集權，

以為人民之保障雖非民治思想，而亦與黃唐一派相呼應，民族思想之勢力，在清初尤為深切而普徧，黃顧諸人實參加覆清復明之運動。直至雍正以後逕清廷之極力壓迫摧殘，始曾時沉寂，呂留良曾靜等殆為民族思想最後之要代表。至於發揚民族思想最激烈最完備之著作，則當推王夫之之讀通鑑論及宋論，黃書繹傳統之文化民族觀念而揭櫫民族之界限，以種鈍之殊別為文化歧異之原因，其論尤為前人未發，至於王氏之論政治制度以歷史之事實為參證，以歷史之趨勢為標準，蓋古今社會隨時演變，觀其演變之過程即可窺見歷史之趨勢與此趨勢合則足以為治，否則徒滋紛擾，讀通鑑論謂「夫政之患，聞古人之勢而悅之，不察其時會，不揆其精意，不通庶之而不合則又為法以制之，於是法亂弊滋而古道遂絕於天下」其思想頗似傳統之「因時制宜」而其精神則時與歐洲十九世紀之歷史學派相合，就此而論船山亦前無古人。

在明代清初轉變萌芽之際尚有純就傳統思想範圍中尋求治平之道者，明代之張居正海瑞呂坤等皆是張居正主張「尊主威定國是振紀綱劉瑕蠹」為擁護專制政團之實行家，「萬曆中歲居正攬權久，操下如束濕，異已者輒去之，科道鯁風而歷」，又謂「張居正臥病京朝官建醮禱延及外省靡然從風」與魏忠賢之生祠無異。
廿二史劄記卷三十五　則亦可見其主張之實效海瑞抑豪猾平土地之主張，與呂坤「滿腔子惻惻隱之心滿六合是運惻隱之心愛」一語均因襲孟子以仁心行仁政正經界之舊說。至清代之楊光先則拼斥新近傳入之西洋宗教而為舊文化作衛士，楊氏著不得已辨其闢邪論謂「天主教不許供君親牌位，不許祀父母祖先奉天下為無君父者也」
上日食天象辨體篇歎惋「著書顧吾東西萬國及我伏羲與中國之初人盡是邪敎子孫。其辰我天下之人至不可隱之心意」一語均因襲孟子以

則並欲拒西洋之科學矣。

乙　太平天國之革命思想　清初志士之復明運動先後失敗。滿洲乘其方盛之勢又得聖祖不世之英才以鞏固其初得之政權。運動之失敗乃勢所必至。清廷爲保障其子孫永久之基業。見乃對思想中堅之士大夫階級迭用利誘威脅之手段。以圖使其馴伏就範。故始則招納降臣開科取士。令天下英雄入其彀中。順治初年政策則禁止結社。順治十七年。〔鄉舉與科場　順治十四年以後　奏銷　順治八年　文字獄　順治十年〕較著者當如康熙二年莊氏史案。五十一年戴名世案，雍正四年查嗣廷案，雍正七年曾靜案，其餘尚多。

康熙乾隆兩朝又處處懷柔以行抑制。故舉山林隱逸二。康熙十八年。開明史館　康熙十八年　設四庫館　乾隆三十八年　編纂四庫

使無礙之舊籍聽其照舊流行。而應禁之書自不致仍前藏匿。乾隆三十九至四十七年之間挾書二十四次。曾一萬三千八百餘卷。南宋明初書序金元，及明季書斥清者多被改。

梏人心。湮沒舊勃之民族思想。如康熙十六年頒聖諭十六條勸孝悌勵儉。雍正七年刊大義覺迷錄重君臣之名分汨夷夏之區別。乾隆四十一年上諭明史立貳臣傳『爲萬世臣子立綱常』乾隆八十四。王先謙東華全錄，皆此政策之表

現。利誘威脅之結果。使知識階級意氣消沉不入於學勢利之途。則從事於不關治亂之考證其能保持民族之觀念者。殆爲極少數之例外。故清代雍正乾隆之世政治思想幾於絕迹。當時一線之希望係於天主教徒所傳入之西洋科學。

聖祖既加重視而親自學習似有向前發展之可能。及雍正元年禁天主教。此一線之希望竟絕。然而嘉慶道光以後清

勢潮替。朝政日壞。士大夫之中偶有深慮遠見者。覺苟安之不可久。改革之必要。適當文綱稍弛。乃始發爲論政之言。其

叢書抵包世臣之說緒言作於嘉慶六年（公歷一八〇一），主張大畫革變法，包括廢八股，以經術及時務考變生。殿餘事中，管同之禁用洋貨，同之永北方，征縣朝鮮寇，千戈定乎夏，豈日無授。戴蘭江介人，弒篡豢食歐」共漢文態。「南渡小朝廷」「北面表臣詩集卷五」一校禮堂詩集（一同演賬儒陋」。「浙賬儒陋」一校禮堂詩集（一同），曾為兩淮「詞曲館」檢校中字句違礙，許氏尚略為委。究。

太平天國之起（咸豐元年至同治三年，公歷一八五一至一八六四）。為弊政之反應，亦為民族思想之復興及西教之激動。嘉慶以來之教匪本有經濟之背景。洪秀全金田起事。苟非有民族思想與天主教之信仰以為根據，則亦無以自殊於普通之教匪，而發展成為定都建國之勢力。道光二十二年，鴉片戰後中英之要求，准海口設立教堂一款。道光二十五年，詢以往一切限制教士之禁令均予豁除。天主教遂得暢行於中土。以歷史之眼光論則「天國」之命。雖知其所做之政治思想，則有盃前之意義。簡言之太平天國者中值受歐洲文化影響而發生之第二次思想革命也。太平天朝田畝制度釋文獻，不僅遠承明末清初之民族思想，揭櫫顛覆異類政權，恢復華族自主之鮮朝主張，且根據摹誓教義亦摹摹

精神而圖摧毀情廷所假借之傳統綱常名教此誠二千年中來有之劇變宜乎曾國藩討洪檄文中以保存數千年聖賢禮義文教自任抑吾人宜注意者，天國之政治思想雖有異常新穎之處，而實含有重大之缺點。（一）洪楊諸人祇有民族之觀念而無民權之觀念故金陵建號，帝制自為專柄縱慾不亞滿洲而或有過之主權雖曲夷歸夏政治則伯仲之間故太平天國僅有民族革命而未喻政治革命縱使卒能滅清久祚殆亦不過如朱明之代元恐不能擔負建設現代中國之使命。（二）天朝之首領多為不學無術下層階級之人士宗教之熱忱豪雄之抱負堅強之自信是其所長而近代政治之知識與技能則為其所未具即如洪秀全會歷粵督風氣早開之地親與西洋教士相接觸宜得齊魯知識以為天朝建設之根據乃觀其言行，不獨於西國之政治學術一無所聞即對其所奉宗教之內容亦非似是而非之見解，故天京制度蕪雜秘密社會之習慣及原始基督徒之其產雜糅而成再參以周禮六官之形式其不倫不類之狀蓋不煞為觸目如此之政治以抗曾國藩且不可能邊論建樹華族自主之富強中國然則天國之轉眼滅亡其政治思想之不健全亦一因素，不專係於軍事之失算也。

丙 戊戌之維新思想 太平天國為近代政治之陳勝吳廣其掃除之功，多於建設蓋清廷雖賴漢人之力平「髮逆」定捻匪撫元氣消耗外患日深朝野一部分人士漸悟西國富強非我所敵不綦變革無以圖存同治維新途以發動然當時人士有意無意之間堅持毫無根據之兩種假定一曰清廷可以維新無取乎革命之手段二曰中國之長在制度文教西洋之長在艦堅礮利祇須採彼之長以補我之短則富強可致故同治維新為物質技術之維新皮毛之維新當時所行之新政如同治六年設同文館光緒二年遣留學生皆表現其不徹底之精神然洋運觀久中外之接

圖書集刊

觸既多，西洋學術政治之知識⋯必續入中土。一方面由旅華西人之介紹，如丁韙良、慕威廉、李佳白等組織學會編譯西書，上海廣學會所刊書報如《泰西新史攬要》《治國要務》《萬國公報》等，如《萬國公報》等，地可啓發思想，灌輸知識，列國影響非細。同時留學生中亦有能超出西技範圍之外而留心西政西學以之介紹中國者，如嚴復即光緒二年派遣留英海軍學生之一，及至安南臺灣膠州相繼喪失，甲午又敗，人心愈震，戊戌維新思想逐醞釀成熟。而當時現技術維新之運動乃進展而爲政治維新之運動。

康有爲譚嗣同梁啓超爲戊戌變法之思想首領，三人政見共同之點爲：（一）維持滿洲政權，爲官僚之動力。

（二）保存君主政體以爲立憲之基礎。（三）參照西國之經驗大事變法以爲保國之手段。故就大體言戊戌新黨之思想爲反對民族輕視民權之思想。康有爲稱孔子改制託古其實康黨不免寓守舊於維新。康氏守舊之思想，入彼等理想中之「開明專制」不啻欲爲異族君主立萬世之基業。故戊戌維新之敗同治維新進步者在覺悟徒恃西技不足以圖強而提出惜鑑西政易法更制之主張。其仍蹈同治維新之敗轍者，則迷信清廷之足與有爲救國。若以戊戌維新與太平天國相較則彼捨民權而倡民族革命，此棄民族而對民權作讓步。彼以天父耶蘇爲唯一之主宰，此以孔子爲聖人而崇耶佛，彼爲下層社會所發動，此則爲智識階級所領導雖內容不同互有長短而其爲救失敗則一。

雖然上文所論僅及新黨之大勢而已。若就康譚梁箇人之思想言則內容較爲複雜又非可作如上之簡單論斷。梁啓超思想之先後屢變不受康氏之羈絆固無論矣。卽譚之與康亦不盡同。康氏較守舊，亦較富於建設之思想，譚較激烈亦較長於破壞之言論，且雖冒之康氏依傍公羊家春秋「三世」之說演爲社會進化至於「大同」而完成之理想，蓋

大同實現則天下太平。一切因有種族國家階級等界限而發生之痛苦均得消除萬法平等，人類極樂，其戲顧新奇可喜雖難免美言不信之嫌，然體系之完整內容之淵博洵前此所未有。故就其維新之主張言康氏為擁護現政權之保皇黨，就其最後之理想論則康氏又為一幻想之社會主義者。至於其漢與族思想之態度則始終一貫。嗣同雖深受康氏之影響然其仁學一書之作用實以破壞舊禮教為主故欲破壞異族之專制則而數遼金元清之罪惡。然則譚雖擁康思想實與其民族之感覺革命之情緒皆非康之所有。譚之成為康黨，殆半由於事會之偶然假使譚氏得與聯中會同盟會接觸其不同情於保皇立憲之運動而贊成民族革命之工作，就其思想之內容論非絕對不可能之事。梁啟超戊戌之主張雖六致與康相同而壬寅十八年以後，則幾乎完全對立。蓋二人之性客不同，故思想雖趨於一致康富戀舊之情梁喜隨時而變康性武斷梁近於容。就性情論，梁為一漸進之民治義者自難久為康黨之忠實信徒梁氏反康重要之點，如反對尊孔而主思想獨立反對專制而認「自由民政」為「世界上最神聖然最貴之政體」反對保皇而稱「凡國未經民族主義階段者不得謂之為國」。故康氏所缺乏之民族民權思想梁氏曾明明有之特梁氏「太無定見」議論屢易此而大門時民民族。有為深不謂然」●清代學術概論〕，而其師康終相信知識為政治之基礎為政治之條件道德為政治之基礎其主張殆悉因事而發主君憲者所以抗民政之共和倡民權者所以促清廷之立憲置國權霄所以抑軍人之割據尊民國者所以斥洪憲之帝制吾人如謂康氏之思想最富於高遠之理想譚氏之思想貴富於破壞之力量則梁氏之思想始最富於時圓之意義矣。〔梁氏光緒三十一年之開明專制論，雖為保皇黨張目，然其二

六九

八股年論政府與人民之權限一文則闡發民權與憲政之精義，至為明白。如謂「構成一完全至善之國家，十以明政府與人民之權限為第一義」。又謂「中國先哲言仁政之泰西近儒倡自由。（中略）仁政必言保民，而云者，其權無限也。故言仁政者只能論其當如是，而無術以使之必如是。（中略）牧之云者，其權無限也。凡此皆具永久真理，至當極確之論也。」則於西史所關，知其淺也。「論君政民政相邅之程。」

戊戌維新以康黨為其中心。然而當時同情維新而與康黨無直接關係者，頗不乏人嚴復何啟胡禮垣其較著者也。嚴復何均會留學英國，對於歐洲十九世紀之社會政治及學術有親切之認識易詞言之，即對於近代國家之內容有正確之認識矣。西學根柢不僅遠優於同治維新之士大夫亦非康梁諸人所能企及。梁啟超自謂「吾既未克讀西籍，事事仰給於人，則

嚴復以海軍駕駛生派赴英國於學習海軍各種技術外兼通其國之學術政事深受天演論及民主思想之影響歸國之後力主維新介紹西學其所譯之各種西書如天演論社會通詮等尤醒啟發國人之心思轉變思想之風氣服膺強文中謂西洋國家之富強人民之德智均為我所遠不及。「苟求其故則彼以自由為體以民治為用」非對西洋文明有深邃之了解者不能有此卓識然而以準衡之嚴氏最大之貢獻為光緒三十一年之政治講義書中運用近代科學之方法採取天演之觀點分析政治生活之演變及形態條理分明態度謹嚴吾人如謂康有為之大同書為中國第一部近代政治哲學之著作則嚴氏此書可以稱為中國第一部政治科學之著作而毫無愧色抑嚴氏雖持客觀之態度而非無明晰之論嚴政治講義之主要結論為「政界天演程度既高則其國不獨有扶傾政府之機關以宣達扶傾政府之權力。」易詞言之即議會制之立憲政體為人類政治之最後歸宿所可惜者戊戌以後嚴氏漸趨於保守民國以來，其見解更入於頑固初則同情於君憲繼復列名於「籌安」其晚年且主以「孔子之道」「先王教化」為立國之本雖處有為言之，而難免悵時之歎矣觀啟與胡

體垣均皆廣東人，何氏且曾留學英國多年，鄺習醫術法學，二人合作之新政興革亦主張變法，提倡民權，贊美英國式「君民共主」之憲政然其思想與上述諸人不同之處有二，一為主張徹底變法，一得鼓吹國際和平。其針對同治維新及中體西用之說。何胡二氏力辨機器製造為西法之皮毛，而維新之根本，在乎革舊日一切政治之弊病此其徹底維新之說也。曾樸國會第一集演說後明斥康有為之尊孔，勤學籌書後，變法為一切附會孔子之言論不僅牽強錯誤且適為變法之障礙此其徹底維聖人之言今日已成既陳之芻狗，毫無用處。何胡二氏中體西用。曾論書後則辨同治，維新之僅得其末。

午庚子之主戰及排外言論何以世界大同為最後之理想以萬邦協和為過渡之方法狹隘之民族主義意氣用事之復仇思想非獨無用實亦有害此雖年出拳匪之反響，亦二人宗教信仰之表現。何胡皆為基督教徒。在清末思想界中誠過少見。

丁　辛亥之革命思想　中國政治思想之總勢至戊戌維新時代已達將近成熟之境界二千年傳統之政治觀念經新思潮之衝激漸露根本搖動之勢君臣之天經地義有人加以批評二千年之君統有人加以攻擊萬世師表之孔子有人對之懷疑雖當時爲舊制度舊思想擁保衛辯之力者固尚不乏其人如蘇輿之翼教叢編 成於戊戌吳光耀之起廢疾願雖爲朝廷及頑固派之所喜而在知識階級中並無顯著之勢力然而戊戌之思想有一重大之缺點康梁嚴何諸人均誤信滿洲之專制政府足與謀建設新中國之大業故擁護君憲摒斥民族夢想大同以漸進為安全個革命之致禍殊不知滿人之猜忌朝廷之腐敗已至無可救藥之程度政府之於新黨力所能及則清滅之力所不逮則敷衍之。而於新黨主張中心之君主立憲則始終採缺乏誠意之敷塞延宕政策。光緒三十一年派五大臣考察各國憲政。

圖書集刊

　籌備立憲。又改政治考察館爲憲政編察館，中規定「君上之大權」，擧凡立法行政司法諸權均集中於元首，國會徒具形式而已。人民之權利亦毫無保障，並頒行預備立憲，如懿篆「一如」。間晉之一如懿篆「一如」。朝實行預備立憲，並頒行府廳州縣及城鎭鄉自治章程。二年資政院開會，與各省督撫奏請同時設立內閣及國會。及辛亥革命乃下詔允於宣統五年召集國會將各省之請願團強力遣散。及辛亥革命軍興乃倉皇失措，頒佈十九信條而大勢已去矣。故戊戌維新思想之失敗一部分之原因在其對於時代認識之錯誤其內容之豐富新穎雖遠遜前人而終不能與方興之革命思想相抗。

　辛亥革命結束數千年之君政其性質之重要遠過於姬旦之統一。辛亥思想則完成明清發韌之思想當時之內容之精彩亦無愧於先秦孫中山先生之三民主義五權憲法爲劃時代之思想當時章炳麟以說明辛亥與戊戌不同之要點。同盟會中，如胡漢民汪兆銘陳天華朱執信宋教仁及章氏均曾先後主筆於民報，發揮民族革命之理論。然思想最有系統當推章氏。章氏對於革命最大之貢獻在闡發民族革命之精義檢論定民族之區別，「以多數之同一血統者爲主體」以有史以來之諸姓爲限斷足以破康黨滿漢同源之說又謂諸姓爲文化民族觀念其論至爲明快章氏又有駁康有爲論革命排滿平議復仇是非論諸文辨明革命之目的在顛覆異族之政權恢復漢族之自主則任何犧牲所不當惜況革命之艱難固不如康黨危詞聳聽者所云之甚乎凡此掊擊君憲之議論亦極爲透闢章氏對民權思想之貢獻爲其關於民主制度之討論章氏針對立憲派之主張力辯代議制度不足以表現民治之眞精神　　否則然　　欲求民權之施行，必先建立分權自治及法治之完善制度其法治人治與德治之討論　　秦政郎，非黄，商鞅，釋戴等。頗具深刻之創見非泛泛之比至於無政府主義與無政府主義則純爲烏託邦之理想與革命思想潮流無直接之關係。清，末，張謝等曾於光緒三十二年前後在巴黎發刊李煜瀛及吳敬

七二

四　成熟時期

中國政治思想之轉變，至辛亥革命已達最後之地步孫中山先生之思想系統亦在此時代中發展完成而成為革命與建國之理論基礎中山先生思想異乎尋常之處雖多而其最重要之特點似在其融通中西調和新舊以集成為創造之偉大能力先生嘗自述其思想之來源謂「有因襲吾國固有之思想者有規撫歐洲之學說事蹟者有吾所獨見而創獲者。」民國十二年自傳　指示吾人至為明白先生又謂「民族思想實吾先民之所遺留初無待於外鑠者也余之民族主義特就先民所遺留者發揮而光大之且改良其缺點」傳自此民族主義之以因襲為創造之大概也先生又謂「中國古昔自唐虞之揖讓湯武之革命其垂為學說者有所謂天視自我民視天聽自我民聽有所謂聞誅一夫紂宋聞弒君有所謂民為貴君為輕，此不可謂無民權矣」則民權主義亦由吾國固有之道德，忠孝仁愛信義和平固有之智能與非外鑠復大先生在民族主義第六講中極言吾國欲圖自立必須恢復民族固有之道德，信義和平固有之智能與乎固有之政治哲學，「格物，致知，誠意，正心，修身，齊家，治國，平天下。」此亦足見儒家思想為先生政治哲學之基礎既然先生之思想如僅集為公」理想之出於禮運民生主義之與「民本」思想有關先生雖未明言亦可推論而得雖然先生之思想如僅集中國二千年之大成其功雖偉而未必能滿足建設現代國家之需要蓋中國固有思想之中已有者政治之原理所缺

中國政治思想史參考資料

七三

著現代之制度，所長者人格之修養，尚無奮富強之效果。先生思想所以必須有鑒無歐洲學說事蹟之懷者，其故或在於此。吾人謹再引先生之言以證之。先生嘗謂中國古昔雖有民權之學說，『然吾思想而無實制度。故以民立國之制不可不取於歐美。』先生又謂『予遊歐美見其經濟茂盛危殆之狀，（中略）因念吾國無經濟組織，比之歐美迥異而貧富不均之見象，必與日俱增。故不可不為綢繆未雨之計，由是參綜各家學說，比竊得先覺國家主義猶深程而可行。』（中略）故決定以民生主義與民族主義民權主義同時並行。『自傳為先生親割要政經濟制度可借鑒歐程之處也。先生重視吾國之固有文化頃已述及。然先生又深知僅僅復古不足立國。故謂但族復固有之道德智識及能力仍未能進中國於世界一等之地位。吾人如不學外國之長則不免於「退後」。』而外國之所長參『巧奪天工』之科學。日本『專學歐美不數十年而為世界列強之一中國天賦優於日本當亦當學身。』民族主義第六講康漢七西洋科學之深懇於茲可見先生之友人宮崎寅藏滔天『別署白浪滔天曾以康有為與先生相較謂「孫取泰西之學康漢七與先生精通西洋學術政治之事實則完全相合蓋先生十三歲赴夏威夷入耶穌學校即擅英國語文十六歲習醫旋畢業醫科得博士文憑此後復遊美居英親身『考察其政治風俗與夫天算地輿之學務物化學之精皆略奉深鑽而尤留李鴻章亦云『幼嘗遊譯外國於泰西之語言文字政治體俗與夫天算地輿之學務物化學之精皆略奉深鑽而尤留心於其富國強兵之道化民成俗之規至於時局變遷之故睦鄰交誼之宜輒能洞其竅奧。』從此坦白之自述中尤足覺先生為曾受現代教育富有現代學識之通人故先生之政治思想會通中外融舊儒新採中國固有之原理實據

以西洋現代之實學為內容，惟能融舊故吻合於國性民情，惟能鑄新故適應現代之需要。蓋處二十世紀之時不精通先秦以來之學術不足為中國之思想家，不精通歐美之學術不足為現代之思想家。此二條件先生皆具而又加之以慎思明辨集成綜合之創造能力，中國現代政治思想必先生而始成立，固非出於偶然矣。

膚淺小書

中國政治思想史參考資料

江陵自春秋迄於清代為重鎮由今言之固未易見其有如此之價值此特古今之形異耳禹貢「岷山導江又東至於澧」水經注江水「又南過江陵縣南有洲號曰枝迴洲江水至此分為南北江也」寰宇記引荊洲圖曰「百里洲其上寬廣土沃，豐洲首派別南為外江北為內江」詳禹貢至澧之文是南江乃經流水經澧水注「澧水又東逕作唐縣北左合澹水水出天門郡界東遙岑坪屯又東南流注於澧水又東澹水出焉澧水又南逕故郡城東輟逕作唐縣南（今安鄉縣）又東逕安南縣南（今華容縣）又東與赤湖會又東注於洞庭俗謂之澧口」胡渭言江陵南入洞庭乃後猶有通衷中道澧遊記所謂「衣帶細流」「浴陽今極浦」則澧巴與江別自戰國而後北瀦為江之經流也然由澧以入洞庭放經猶道中道澧遊記所謂「衣帶細流」此由大江通湘之一道而有於今者也江陵縣西南二十里有虎渡南江從此東流注於澧水口又東西流過焦忻至匯口入澧」蓋即所謂澧水也諒禹貢以澧南澹杜預傳「舊水道唯漢沔達江陵千數百里北無通路又巴丘湖沅湘之會裒山川預乃開楊口起夏水達江陵千餘里內瀉長江之險外通零桂之漕南土歡之」此專於水經酈注皆不甚明河水又云「沔水又東南與楊口合水上承江陵縣赤湖江陵西北有紀南城楚文王徙此平王城之班固言楚之郢都也城西南赤坂岡下有瀆水東北流入城名于胥瀆蓋吳師入郢所開也又

東北出城西南注綿醒陂陂古天井水也此靈溪東江隄內陂水又東北流謂之揚水又東北路白湖水注之揚水又東歷天井北揚水又東北流東南入鄖容縣有靈溪水西通㵐水口已下多湖周五十里城下陂池皆來會同又有子胥瀆入鄖所闕也水東入𨻻湖國語所謂「楚靈王闕爲石郭陂漢𥁞象帝舜」者也湖側有章華臺言此濞靈王立臺之日漕運所由也其水北流注於揚水揚水又東北巡陵縣西又北納巾吐柘柘水郎下揚水又注於沔謂之揚口中夏口也」此贊揚水入漢經途顯白而揚水通江則若明若昧如繪「路白湖春夏水盛則南通大江否則南泛江隄宋元嘉中通路白湖下注揚水以廣漕運」似通塞又不常也惟水經於江水「江水又東逕燕尾洲北合靈溪水求無泉源上承散水合威大溪南流注江江溪之會有靈溪水」注云「江水又東逕燕尾洲北合靈溪西逕赤湖水注陂池皆來會同」也今大暉港郎古靈溪水古靈溪水於靈溪戍入江今大暉港東會路白湖宜東西兩靈溪水源委相通也前靈溪水北流沔楊水與江水注南流注江即一道前別言之耳明漢自揚口達赤湖後由靈溪水於靈溪而則通渠漢川雲夢之歟」皇覽言一孫叔敖激沮水作雲夢大澤」全祖望曰「沮非沮漳之寳卿靈王之所導惟漢自以達江陵以過澧口而入洞庭也漢言「於楚西方先謙以此沮水注江」「不必遂非沮漳之沮口」全氏之辯以敝沮水專斷此自沔通漢揚水所出郎一道亦叔敖作之丁又「南郡臨沮漳水所出東至江陵入陽水陽水入沔」水經「沮水過枝江縣東南入於江」注曰「注江謂之沮口」經言「漕水至枝江烏扶邑入於沮」班志「漢中郡房陵沮水所出東至郢入江行七百里」水經「夏水出江於江陵縣東又東至江夏容夏水首受江東入沔行五百里」段玉裁以沮即揚水是於國國以下浮夏水又一道也葶大江上下游言之則江陵實為東西南北交通之樞此所以都曾此所以為重鎮飫杜預於此闡揚口南通零桂北控漢沔要實沿春秋時之舊迹惜酈注不詳揚水達江之迹致江陵扼水道六通之勝無由顯者杜稀之於沔之一道也辨大江上下游亡耳也

漢代法吏與法律

李源澄

秦焚詩書爲儒生以古非今惑法令爲當官理民之務學法令者以吏爲師所以黜儒生而尊法吏，亦即所以廢時王之政而殿先王之政。荀子非相曰彼後王者天下之君也舍後王而道上古譬之是猶舍己之君而事人之君也。荀卿者李斯所從受法李斯相秦大概先王之政以吏爲師豈不宜哉。漢興因而不改以文法吏治民漢書高祖紀云吏以文法教訓辨告是也。其時大臣或起於文法或出於武功途成法政治賈誼非之曰文法之吏務筐箴不知大體此以儒生而攻擊法吏耳。蓋在漢世儒生與法吏分途漢書文翁傳云乃選郡縣小吏開敏有材者張叔等十餘人親自飾厲遣詣京師受業博士或學律令後漢書循儒生與法吏左雄傳云諸生試家法文吏課牋奏時有奏記釋說云云博見謂曰如太守漢吏奉三尺律令以從事無奈生所言者聖人之道何也且持此道歸堯舜君出爲陳銳之。薛宣傳云樓陽令游自以大儒有名輕宜云，不愛諸生，所至輒能去議曹日豈可復置謀曹耶？文學儒吏時有奏記稱說云云王充論衡量知程材謝短諸篇即在評論儒生與法吏之優劣以其相非故耳。儒生之非文吏固然而置法吏者亦輕儒士漢書朱博傳云博士或舉律令後漢書胡廣傳云諸生試經學文吏試章奏王充論衡云，不愛儒生，尤不愛諸生，所至輒能去議曹日豈可復置謀曹耶？文學儒吏時有奏記稱說云云王充論衡量知

宣獨移書讓責之二者既相仇視在位者乃因之以察朋黨漢書何武傳云然疾朋黨閒文吏必於儒者問儒者必於文吏以相參檢二者之不同自其大者言之儒生之爲政，乃有其政治思想，不欲苟且因循而文吏則守法以爲治不欲高道上古。其小者言之儒生爲政主於寬舒而吏主於嚴繁而弊在舒緩文吏主於嚴繫而失之刻深漢書汲黯傳云黯時與湯議論湯辯席在刻深黯數發罵曰天下謂刀筆吏不可爲公卿果然必湯也後漢書宋均傳云均性寬和不喜文法以爲吏能弘

厚難貪汙放縱猶無所畏，至於苛察之人身處廉法而巧黠刻毒加百姓災皆流亡所以山而作然儒法合者財寡之不同耳。歲寬或剝，亦往往根於性情，後漢書廣陵思王荆傳云荆性刻急隱害有才能而喜文法此性與學相合者也張酬傳云醞醲儒者，而性剛勵下車擢用義勇搏擊豪彊陳思傳云忠貞以世與刑法用心畧在寬詳故知爲政之寬猛雖有文法經術之不同亦繫其性情之所偏爲近儒章太炎師著原法及劉申叔先生著儒學法學分歧論皆以古文學者不善今文頗識西漢師儒面右法吏殆非抉平之道耶？去儒者以遍經服古會識法吏以奉行時憲爲爲一爲學術一爲政治自賈誼董生之倫就儒術以評時政儒術漸詧而其取得政治地位則亦有漸矣。

漢書終軍傳云元鼎中博士徐偃便行風俗便膠東魯國鼓鑄鹽鐵還奏事徙爲太常丞御史大夫張湯劾偃矯制大害法至死偃上爲春秋之義，大夫出疆，有可以安社稷存萬民顓之可也湯以致其法不能詘其義有詔下軍問狀。軍詰偃曰古者諸侯國異俗分百里不通時有聘會之擧安危之勢呼吸成變故不受辭擅之命顓已之宜今天下爲一萬里同風故春秋王者無外偃巡封城之中幷以出疆何且鹽鐵郡有餘臧正二國廢國家不足以爲利害，所以安社稷存萬民用器食鹽不足以幷二國曠國之鼓當先具其備至秋乃能擧火此言與賣反者非偃以前三奏無詔不惟所爲不詡而直矯作威福以從民望干名采譽此明聖所必加誅也柱尺直尋孟子稱其不可今所犯重罪所就當死軍奏偃矯制專行非奉使體詔下御史徵偃即邦勢可上善其詰，之耶將率蘇不加欲以采名也偃窮詰服罪當死軍奏偃矯制專行非奉使體詔下御史徵偃即邦勢可上善其詰，

李源澄　漢代法吏與法律

有詔不須御史大夫。

雋不疑傳云始元五年，有一男子乘黃犢車，建黃旐，衣黃襜褕，著黃冒，詣北闕，自謂衛太子。公車以聞詔使公卿將軍中二千石雜識視長安中吏民聚觀者數萬人右將軍勒兵闕下以備非常丞相御史中二千石至者立莫敢發言京兆尹不疑後到叱從吏收縛或曰是非未可知且安之不疑曰諸君何患於衛太子昔蒯聵違命出奔輒拒而不納春秋是之衛太子得罪先帝已不即死今來自詣此罪人也遂送詔獄天子與大將軍聞而嘉之曰公卿大臣當用經術明於大義。

夏侯勝傳丞昌邑王嗣立數出勝當乘輿前諫曰天久陰而不雨臣下有謀上者陛下出欲何之王怒謂勝為妖言縛以屬吏吏白大將軍霍光不舉法是時霍光與車騎將軍張安世謀欲廢昌邑王光讓安世以為洩語安世實不言遂召問勝勝對言洪範傳曰皇之不極厥罰常陰時則下人有伐上者惡察察言故云臣下有謀光安世太驚，以此益重經術士。

此數事者直接與實政有關，所謂通經致用者非耶？漢書匡張孔馬傳贊曰自孝武興學公孫弘以儒相蔡義韋賢玄成匡衡張禹翟方進孔光平當馬宮及當子晏咸以儒宗居宰相位。蓋文景以前當儒者竭力攻之武宣之世儒術漸興，元成以來尊儒益篤而此惟尊崇太過甚如此惟見優容辥宣雖為政可觀不為世重此豈崇儒之本意哉！然儒生之弊又不如法吏治之甚路溫舒之言曰今治獄吏則不然上下相驅以刻為明深者獲公名平者多後患故治獄之吏皆欲人死非憎人也自安之道在人之死溫舒譬為獄小吏其冒深察人心之

七九

徵，此宋均之所以深惡夫法吏者歟。

漢廷既崇儒而漢所沿用者為秦法，秦用法家其制法之意頗與儒家思想違反，自不得不以儒術變更舊法。漢書高后紀詔曰，前日孝惠皇帝嘗欲除三族辠訴言令，議未決而崩，今除之。法家嚴刑峻罰以此為為使人畏罪而不敢犯，雖慘酷不顧也。夷三族之為鯀人之舊法，而與儒家罪人不帑罪不相及之義相違，故除之，又法家尊君卑臣，臣下守法而不敢有所是非，商君治秦民初言令不便者後言令便者皆科其罪其意在此，於是民有異議皆目為謗訕訴其極私人君暴恣於上而莫敢言天下已亂，尚謂之安豈已自食其報矣，於臣民則曰天下有道則庶民不議，於人君則以從諫為美，漢人除訢言令亦以儒家思想改變法家律令也。漢書賈誼傳云夫嘗已在貴寵之位，今而有過廢之，可也，退之可也，賜之死可也，滅之可也。若夫束縛之係纍之，輸之司寇，小吏罵而榜笞之，殆非所以令眾庶見也是。丞相周勃免就國，人有告勃謀反，遂繫長安獄，治卒無事故誼以此議上上深納其言簽臣下有節是時大臣有罪皆自殺不受刑法家持法以為治之中亦含教化之意故曰有恥格。此緣法家之所以刑不上大夫所以無敎化故其制法有禁姦而無勸善儒家以刑輔體即用刑之中亦合敎化之意故故曰有恥且格。此緣法家思想變而無家有尊尊之義亦厚此亦儒家思想變更其舊法也。宣帝紀詔曰自今子匿父母妻匿夫孫匿大父母皆勿坐，是而連坐者亦秦之舊法也。此則漢朝以孝治天下之肅所施為然之所禁安得不變改以從漢法。〈漢代復儲之風評見拙著魏武大夫舊事所以責之舊，亦不如此也，後漢書張敏傳云建初中有人侮辱人父者其子殺之，帝之政治與漢代士風之關係〉其餘若保護貧弱宗貴其死刑而降宥……自絞以令，此是時逕定其議以為輕侮法。

與於宥老弱之法令，亦皆源於儒家恩想。後漢書光武紀詔曰，天地之性人為貴，其殺奴婢不得減罪。法家獎勵生產，以發展人類優越之天才，故其立法鑒保護貧困之科，殺奴一事，在西漢實吏有科獎罪者，而國家明文規定則自光武始。漢書孝惠紀詔民年七十以上若不滿十歲有罪當刑者皆完之。刑法志云孝惠帝二年詔曰爲年老者人所尊敬也鰥寡不屬逮者人所哀憐也其著令年八十以上及孕者求乳師朱儒當鞠繫者頌繫之。至宣帝元康四年又下詔曰朕念夫耆老之人髮齒墮落血氣既衰亦無暴逆之心今或羅於文法執於囹圄不得終其年命朕甚憐之自今以來諸年八十非誣告殺人他皆勿坐至成帝鴻嘉元年定律令年未滿七歲賊鬥殺及犯殊死者上請廷尉以聞得減死合於三赦幼弱老眊之內。其立法之體亦源於儒術爾。而與法家相通者，不僅立法之意亦迥異，法家不爲惠於法之內，其用刑以平爲至上儒家以刑輔禮之窮卽不得已而用刑之亦所以生之。漢書王嘉傳云聖王斷獄必是原心定罪探意立情故死者不抱恨而刑者不銜怨而愛罪既鍾議論在獎在嚐儒術見伸之一斑也。然原情定罪其弊必至以意爲輕重，此亦儒者用刑所以見譏於後世者歟？

法吏儒雖有盛衰法令與儒術則由分而合。在西漢以儒生而兼通法令者有也。然或得之於家學或得之於吏體或由入仕之後而得見法令東漢以後經律分學傳授儒者之傳經旣一大變矣。後漢書郭躬傳云父弘習小杜律躬少傳父業講授徒衆常數百人鍾皓傳云世以詩律敎門徒千八而律本之傳發於民間更在其前陳寵傳云曾祖咸成哀閒以律令爲尙書（中略）莽復徵咸咸遂稱病篤於是乃收歛其律書藏於壁藏之旣有律本又公開敎授於是法律之學與經籍相等郭躬郭鎭陳寵陳忠諸人不儒緣引經文考其行事嘗辭然儒者律令

不為文吏專有，而成為普通之學術，顏有此耳。夫李斯以儒者為秦制法，抑儒而崇法，法與儒術漸興又鬭抗而崇儒，儒生法吏遂為二類，即有兼習者，亦不以法律徵諸人。自郭躬陳寵以降，律令遂成為普通學術，鄭玄應劭而後律令遂為儒學之一事，故法吏儒生雖為二而律令與儒術則合流。蓋律令久已滲合儒術故耳。此非學術史上一大變耶？

膚淺小書

天地萬物一體之義發於名家天下篇謂汜應「汜愛萬物天地一體也」此不過指「至大無外至小無內」之思想推之至天地一體耳彭蒙田駢慎到因之「齊萬物以為首」莊周本齊物之意曰「天地與我並生而萬物與我為一」此則由名家一轉而為道家而我之義獨重至孟子曰「萬物皆備於我」則由道家一轉而為儒家與我為一之義備於我始之為我與物兩離之為物具於我始之為辯家之語繼之為體德之言至楊慈湖言「目之出色耳之出聲心之出物」陽明至指道塚謂「其人既死其人之天地萬物何在」而陸象山謂「宇宙即是吾心吾心即是宇宙」發明孟子之意可謂精至無遺往昔吾遊無錫章君枚叔首次頗貶孔氏謂「孔子不過佛家八地菩薩」又云「孔子不知唯識之齦」吾謂儒家特未具唯識之毘曇然已確立唯識之本母因以慈翻陽明象山孟氏之說質之枚叔頗首肯與人論學從善服義而絕無成見私心如章君者可謂母固母我也

論《尚書》之傳寫

蒙文通

余於左氏之引尚書，而知尚書之必出於春秋之前周世成均之儒或管變易其文而存其意事或鄭娛象晉也何以言之，國恒引虞夏商周之書文同漢師所傳則漢之尚書其必為春秋以前之書，無足疑也訓詁改字或文小殊亦未足論。乃有意則似而文絕不侔者何耶康誥曰「子弗祗服厥父事大傷厥考心於父不能字厥子乃疾厥子於弟弗念天顯乃弗克恭厥兄」亦不念鞠子哀大不友於弟」此漢師之所傳也曰「父不慈子不祗兄不友弟不恭不俾及也」。左氏僖三十三年傳「苑何忌則徵康誥曰「父子兄弟罪不相及」。左氏昭二十年傳所引書同於苑何忌豈非別為一本同傳譯應存大意視訓詁改逕又進也其在漢進學章紀所引書同行事固不惑尚書之滋起於後世亦審矣若公羊至漢猶存乎則一康誥之文而周漢之本有三有舊有新起分篇別行事固不惑尚書之滋起於後世亦審矣若公羊文十二年傳曰「何賢乎公以為能變也奈何惟讓讓壽靜言俾君子易怠而況乎我多有之惟一介斷斷焉無他技其心休休能有容是難也」徵之秦誓文則大殊亦是類也井研廖師以「牧誓一名泰誓，本名大誓秦漢以前引大誓凡十數見牧誓之名不見引用西漢之時別得大誓傳說博士合為二十九篇遂使牧誓大誓經與傳分為二篇。孟子左國所引大誓文西漢本無之博士所得乃擊傳孟子禮記左國諸書所引乃今文師說也圖語引大誓故為解釋大誓之文也天志中大誓之道曰「紂越厥伏遺居不肯事上帝棄厥先神祗不祀。乃曰吾有命無廢僂務天下。」是即說經昏棄厥肆祀弗答之言非命下大誓之呂殷王「謂人有命謂敬不可行謂祭無益謂暴無傷

八三

上帝不常，九有以亡。」即解絕蒸行天罰之意孫星衍本引本紀大誓篇云「今殷王受乃用其婦人之言自絕於天，是絕惟婦言是用師說」又引大誓云「乃斷棄其先祖之樂乃為淫聲用變亂正聲怡悅婦人。」是婦言是用棄祀弗答師說」則失誓惟一又復別有周豐所引之大誓與西漢所得之大誓馬融說，則大誓有三且復變大誓篇名收誓也於禹貢之外復有九共堯典之外復有帝誥雖然並起事之顯自若則周之尚書分行既廣或先誥饒章篇獨集其非二帝三王之書而出於後儒所述銖謹矣。既恒為春秋所述諒其舉戴起詩亡而春秋作之時史為一代學術所歸，春秋既以陳近事復以尚書適往昔故曰尚書。」其為由幾遠前之辭亦審矣。信尚書者以為斯賊三古之書疑者曰是固秦漢儒雜造。夫立言類於有驗豈苟竊嘗考之周書曰「侯甸男邦采衛。」曰「侯甸男衛邦伯。」西周之初何嘗有五服之名逮夫穆王始曰「邦內甸服邦外侯服，侯衛賓服，蠻夷要服，戎狄荒服」及周官大司馬九服而事又不同乃夏禹貢已列五服，比穆王姬周數百年間制已三易歷數夏千有餘歲名出一轍事固可信乎周制野九一而貢則十一使自賦則出兵則建學。余別教諭周官文中詳臚之也而堯與曰「以觀九族平章百姓協和萬國黎民於變時雍」曰九族曰百姓曰黎民三者顯別事亦符周遺百姓黎民之分本師左莊亦嘗申論之也舜命九官「帝曰棄黎民阻飢汝后稷播時百穀」此黎民惟事百穀也。「帝曰契百姓不親五品不遜，汝作司徒敬敷五教。」百姓則司徒教之「帝曰夔命汝典樂教胄子。」胄子則典樂教之是國周官司徒教六鄉之士而大司樂教國子也周官孟子所述之制下及自越犀首爭於戰功之

際，事已大變，而謂虞夏之下同周度之可乎則尚書之未可全信為三代之舊籍也。書起春秋之前，師穆王之後其所紀者足以為三古之實乎曰可吾慮乎舊之尚書，倘若夏正山經此莊子所謂「舊法世傳之史」，而荀卿所謂「法則度量刑辟圖籍」至周之襄睍湦色為演鍚之文耳試申言之一曰堯典之舊天象。日「日短星昴」「日永星火」「宵中星虛」「日中星鳥」此之中星非商周秦漢之天象而唐虞之天象也夏小正記夏之天象事則異國語晉書武王克殷商周閏之天象專則呂氏春秋晝秦之天象專則異堯典之記中星非文起唐虞烏能不爽如此呂氏之時歷法不知古今天象不同故言「黃帝作刻漏羲仲奉之日月在奎」則以秦之天象說唐虞以往之天象故舉大悖謬劉支亦不解此故注堯典不一乖誤以致時中國歷學尚未足以明此也苟堯典所記賓餞人推知則賓餞起漢後永有以尚書為出漢後書也二曰堯典之官制堯典所明天子命九寶十二敬必客之四岳治水政之大事當咨之四岳四方諸侯之晨居中央共天子瑶萬機者此次則民有九室分掌庶事外有八伯以率諸侯十二牧則天子大夫使於十二州以監諸侯者也其內外相維如此亞於天子修四岳而樞勢最重此見蕭侯政治地位之高「欽四鄰」則不在中央政治組織之內者天子私人之徒友耳書傳曰「天子必有四鄰前曰疑後曰丞左曰輔右曰弼其爵視卿其祿視次國之君」蓋比於漢武之有嚴助朱買臣吾邱壽王之徒惟近昵天子居中以與九卿圖論治道耳洛誥曰「亂為四輔」即四鄰也文王世子言「虞夏商周有師保有疑丞設四輔及三公」唐虞懂有三公蓋歷夏商而四輔變易為三公爵地親而位卑後則洋蕭勢重四岳異而為二伯周召之傳入為三公出為二伯是以四鄰之人當四岳之任於是天子

盛世，諸侯德輕覲見貢獻時有六官、十二牧散為三監，監於方伯之國，鄭志釋云傳五侯九伯謂州有一侯二伯。則周有十八伯。虞氏五十歲路觀有命雖天子之微以則諸侯各益密虞夏殷周歷來久而內外之勢變易者此其劇惟唐虞之情則然，是以有虞虞之劃氣不雙區囿者斷邇虞其以周國說司徒后稷典禮為巨而四岳九官十二牧八伯四鄰實為唐虞之舊不可廢矣三曰堯典之言山川夫職方為西周之舊其山川藪澤已不同於春秋戰國之情事又異職方也。由禹貢職方爾雅釋名比類而觀萬顯示之地理知識皆不同而中國地域次第發達之情可察也。原禹貢之舊實豐多。而詳實者僅兩得入河、而河濟寬西一線耳。於雍州則詳於雍南渭水一道。於豫州則詳於豫北濟河一道於兗州則詳於兗南濟北濱河一道山水則隱然於沿南河之山也則詳則東河一帶之山嶺為則而禹貢職方爾雅釋名比類而觀亦顯示之地理知識皆不同而渭道流轉雖題詳道江漢遙淮錫略其曰「道漾水至於三危、入於南海」一則妄地道漾則東為北江道江則東為中江。此固何諍乎？而「導渭」至岐陪尾。」於梁州亦曰「沱潛既道」。於荊州亦曰「沱潛既道」豈以荊之沱潛即梁之沱潛耶？之荊山大抵其細目甚則鑠經徒有鑠關焉爾、此萬貢時代之情形也。職方則詳者即廣自汾潞滲泉弦帶雷澤庶慮此會諸醫無關焉餘祁之屬皆不見蓋於周已盡庶耕牧之郡則民居已燦其乖瞽者則大顯罕經者有鑠關焉耳、此萬貢時代之情形也。職方則詳者即廣族肩脾穀擊之都其跨蕤則氏居已燦其乖瞽者則大顯罕經徒有鑠關焉耳、此萬貢時代之情形也。職方則詳者即廣自汾潞滲泉弦帶雷澤庶慮此會諸醫無關焉餘祁之屬皆不見蓋於周已盡庶耕牧之鄉，而貢所略者，則山川盡備豈非時愈後體閱化發遠乎？是禹貢之地理知識，決不已能詳而貢之所誤者識方獨不誤春秋戰國所記、則山川盡備豈非時愈後體閱化發遠乎？是禹貢之地理知識，決不

皆為周代之地迥知矣。余於論禹貢文中已詳言之也，即為三禮尚書根實出自三古可明，周人依其朴略之文潤色為條達之篇演暢歌聲而說文以激起矣

墨子之徵「文三在上於昭於天」而曰周書大雅。豈大雅之為書歟孟子之引大誓曰「我武惟揚侵於之疆」即取彼殘殺伐罹紂子湯烈光」此韻文也墨子之引書章曰「天有顯道厥行甚彰上帝人有命謂敬不可行顯祭無致歸暴無體上帝不常九有以亡上帝不順降其哉」此韻文也墨子徵書之與詩：無以致徵陳伯之錫之歌陳潤色者為懷詩天常有此翼方行歟其說綱乃滅師亡」此韻文也豈書之奧詩初：無以致班伯之錫之歌陳潤色者為懷詩而作耶詩則亡首有存與墨子以大雅為周書也可知書微嘗即書也孔子亦曰「吾猶及史之闕文也有馬者借人乘之今亡矣乎」闕文之史誤即三古之書尚實也與邮吏漸殷及孔子而零零焉矣孔子語宰予曰「五帝用記三王用禮」記度卿所謂闕史者乎荀卿以云「三代雖亡治法猶存」大史給右田籤法以奔商內史向言戴聞法以之周孫伯臌可晉之與籍歸海邊吳師入郢豪殼又負蹇次之浮於江而逃於雲夢之中關文之史雖次之與圍殷如是周大所書」三古之事圍可知為無燒棟而絕耶史公據世本言夏商世系最明，校以殷墟龜契所著先三古公亦固不與尚書所述豐益椿無實哉？
朱晦庵疑惶通鑑紀事本末曰「春秋編年遇紀以其事之首尾遠者史官於事之大書則採合眾則記之若二典所記上下百有餘年而武政金滕諸篇所記載或更數月或累數年左氏既依經作傳復為國語別書殊或若十年間遂其事董亦近章體以相健綜云爾司馬溫公述資治通鑑令袁樞仲作為此書」

《尚書》之傳寫
八七

居門目始終離合之間又皆出有微澀其為圖話之流矣。」以袁書為推本國語明書為紀事本末一體所由肪章
實齋論之詳矣。而議實創本之際卷實為敷篇胛袖之訛所口替尚書者寶深遠而剗知費乃識「堯舜二典直序
人事門貢一篇唯言地理洪範誕迹失無願命官都関喪應此亦當偶不純者也」子玄豈無此固尚書之所以為尚書者
乎夫命官于象地理誠端是正馬班書志之肉仿敗人以敷野真如散而小人之失亦後史之與服體儀器志可不作周之
般之鴻範不錄則無以明憂之為異周之文三百三千禮莫重於吾德後史之與服體儀器志可不作周之
顧命不錄則無以如嗚之為馬說天豈無是乎儀闕焉不著而謂足以儒一代之文獻試荀氏漢紀以求儒
著書志之淆自孫之幹門馬光下棧中二紀紺惟致紀傳以為文真氏因之典綱迷闕此後世紀載本末一體所由不
足盡尚書之恢宏而即於陛如國家長之史足以補朱子之宏論者也。

膚淺小言

周秦性道之辯不幾空。吕印度思想人諸夏而六代論空有者紛紛釋氏之徒以空自高而
斥儒。有儒之愿殆亦有者。誂而斥釋氏之空老氏之無於是儒陸負而不可救也惟孫盛
作老聘非大賢者必篇「中賢第三之人去聖有間」其曰儀無既失之矣榮有亦未為待」
超有無以立論自能深文周秦儒家之旨其度越奇流遠矣又作老子疑問反訊曰「道德
經云常無欲以觀其妙常有欲以觀其徼此兩者同出而異名同謂之玄因陟宜有欲俱出妙
想入中國而唯心斥中國贄讃為唯心之玄二者誠無獨有偶
門間謂之玄者然以住偵何獨貴於無欲乎」懺老以折無淘千歲之神解也自近頃歐州思
作老聘非大賢者必篇「中賢第三之人去聖有間」其曰儀無既失之矣榮有亦未為待」
相映成趣乃今之學人亦頗有以唯心自誇而斥唯物者恒必有孫盛國產殆今日知必超心物以立
論斷會其同所覗反訊步希止十數端哉吾知今後必有孫盛國産之人拭目俟之也

國史大綱校記

繆鳳林

一 頁九一「漢代出賦錢人百二十為一算。（十五至五十六）其未滿年齡者（七歲至十四）出口賦錢人二十，（武帝征伐四夷重賦於民民產子三歲則出口錢人二十三錢以補車騎馬民至生子輒殺）」按漢代口賦錢本以七歲至十四歲為限據漢書昭帝紀元鳳四年如淳注及後書兆武帝紀建武二十二年章懷太子注皆稱七歲二十至武帝始另加三錢以補車騎馬又據漢書貢禹傳稱「武帝征伐四夷重賦於民民產子三歲則出口錢故民重困至於生子輒殺甚可悲痛」所云三歲出口錢非必出二十三錢也本書以為三歲出口錢合為一算似誤。

二 頁一二五言「東漢順帝更修醫舍至桓帝時太學生三萬人」頁一二六又言「順帝時，太學諸生三萬餘人」按後書儒林傳稱「順帝更修黌宇……（質帝）本初元年梁太后詔曰大將軍下至六百石悉遣子貳業，每歲輒於鄉射月一饗會之以此為常自是游學增盛至三萬餘生。」質帝以本初元年閏六月為梁冀所弒桓帝即位，故太學三萬餘生實在桓帝時黨錮傳「太學諸生三萬餘人」之語即叙次在「桓帝即帝位」之後本書一言順帝是一言桓帝是一誤。

三 頁二六八「西漢積高惠文景三世四帝七十年之休養至武帝而始盛」按高帝五年滅項氏後即帝位，凡八年惠帝呂后其十五年文帝二十三年景帝十六年共六十二年無七十年也漢書公孫弘卜式寬傳贊

八九

稱，「是時漢與六十餘載海內艾安府庫充實」時武帝巳卽位猶云六十餘載，食貨志言「至武帝之初，七十年間國家無事」則指建元末咸元朔初矣。

四 二七一「貞觀十五年詔於志寧等修五代史志，後編入隋書，蓋以隋承南北朝時已撰且皆有志唐時所缺南北朝史，為梁陳齊周五代武德貞觀中初撰五代史志皆無志，故貞觀中又續修五代史志所謂兼承南北而五代史志之修則以補巔史之缺為主非以隋兼承南北故南逃梁陳北紀齊周以明系統淵源」按宋舊南齊書奧魏書南北朝時已撰且皆有志唐時所缺南北朝史，為梁陳齊周五代武德系統淵源。

五 頁三二七「玄宗時四邊共有十節度使」接下列「一安西節度使」至「十，嶺南五府經略」官「上列十節度使共兵額四十八萬六千四百人」按嶺南五府經略，並非節度使舊書地理志辭「於邊境置十節度經略」通鑑唐紀三十一稱「置十節度經略使以備邊」本書言「十節度使，徵誤又「於邊境」以「憊邊」云云亦較「四邊」為妥以十節度使無在東邊者也又兵額實為四十八萬六千九百人本書缺「卒盧節度使」下繫「兵三萬七千五百」之誤

六 頁四二四遼帝系表明於「道宗」下直接「天祚帝」頁四三七南宋帝系表於「理宗」下直接云「理宗」按「天祚帝」之孫，非「道宗」之子「度宗」為「理宗」之姪非「理宗」之子表皆誤。

七 頁四六二至四六四，明代帝系自「（一）太祖」至「（十六）毅宗」接下云「明代共二十主二百九十四年。」按明自太祖至毅宗共十六帝二百七十七年若併南明三帝合計則為十九帝二百九十四年。

八 頁四七八「舊書吳迪玄傳陸贄少與翰林待詔,俄翰林無雜流」,按此節言唐代翰林大都本諸《中朝錄》卷二十四「翰林」篇,□知錄稱「陸贄與吳迪玄俱為承平之工藝書畫之徒待詔翰林比無學士諸能其官」(原注迪玄傳)此為本書所本舊書迪玄傳稱「貞元初召為翰林學士知制誥與陸贄爭寵發憤承平時工藝書畫之徒待詔翰林比無學士只自德後天子召集賢學士於禁中草書詔因在翰林院遴其選以為名,非播之時道徒或讒除改權令草制今四方無事百揆序職分宜歸中書舍人學士之名,翔須停寢」是贄所請能為權知制詔之翰林學士非翰林待詔也又據同篇「貞元末奕棋王叔文侍書王伾元和末方士柳泌浮屠大通寶僧初普奕士倚與唐觀邇士孫準並待詔翰林」今謂「陸贄少請能待詔發翰林無雜流」似皆誤。

九 頁四八五「明一代宰輔一百七十餘人由翰林者十九」頁五一〇「明宰輔一百八十九人南方占了三分之二弱」按上二語則係某君擦明史宰輔年表所作之統計字輔年表列太祖世左右丞相及平章政事八人左右丞及參知政事十七人成祖以後宰輔一百六十四人合計為一百八十九人志云一百七十餘人者蓋左右丞及參知政事未計入也。今書既引志文又云二百八十九,非又頁四八五亦複「人由翰林者十九……」云云一行。

十 頁四八七「邱如明士子怪名列舉有不知史冊名曰明代先發乎曾偏勞者舉天下而惟十八房之讀,讀之

十一 三年五年」幸登歸則無忝之童子儼然與公卿揖讓」接下「王蓁輩云云煬慎諡云云顧炎武謚云云」
按此處所引邱說係據日知錄卷十六「十八房」篇「舉天下而惟十八房之讎云云」係亭林附加語邱
文莊時亦尚無十八房之名也本書似誤以亭林語為文莊語（邱說見大學衍義補卷九曾「甚至登名前
列者亦或有不知史冊名目朝代先後字書偏旁者可嘆也已」）

十一 頁四八八「石於燕寧同寧以前以詩以取士肄學者無不先偏讀五經……改經術人之敦子者往往以一
經授之他經縱讀亦不能皆通其敦之者亦未必皆通五經故雖經筵正文亦多遺誤若今人問答之間冊其所
習為貴經而自稱通徹經尤可笑也元袁桷國學議……云云是學風之陋南宋以來已然」按自石林燕
語至尤可笑也係據日知錄卷十六「題」篇一若今人問答之間云云」亦係亭林附加語本書似誤以
為石林語。（葉說見今傳海本石林燕語卷八）

十二 頁四八九至四〇九「士習官方至於萬曆之末而極壞顧亭林日知錄痛論之曰世尚通方人安媒慢搖頭
而舞八風（祝欽明）連臂而歌萬歲（閻知微）去人倫無君子而國命隨亡」按所引見日知錄卷三十「
祝言白口」篇祝閣之前稱引宋玉淳于髡原壤郭舍人等本書既以其非明人明事而刪之然祝閣
亦皆係唐人本書既存而不刪似宜加以說明否則讀者將以為作者以祝閣為明人矣。

十三 頁四九七「元費祖二十八年海運百五十萬石其後累增至三百五十萬石」按元史食貨志備載元每海
漕歲運之數「至元二十八年二百五十三萬七千二百五十石至書二百二十八萬一千六百一十五石」

十四 最多者為「天眷三年三百五十二萬二千一百六十三石,並者三百三十四萬三百六石」(兼安定二年三百三十七萬五千七百八十四石至閏三百三十五萬一千三百六十二石)。

十五 頁五五一「石經寫揚則起東漢」按熹平石經始立後蔡邕傳稱「其觀視及摹寫者車乘日千餘兩填塞街陌」不言有揚石之事揚石蓋始於唐羅雪堂墨林星鳳序言之頗詳。

十六 頁五五四論元代書院引汪坽颿迪考「自太宗八年」至「不體壹載也」凡數百言按此文見於濟人柱續文獻通考卷五十「學校考四」非王氏續考語。

十七 頁五七五「洪承疇舉兵降關外全失」五七六頁「吳三桂寧總兵號五十萬」按承疇被擒後始降承疇降後關外置鎮尚有寧遠失故其悅吳三桂得以重兵駐防,今云「舉兵降關外全失」皆誤。

十八 頁五七五「崇禎六年孔有德耿仲明浮海投瀰州,兩人擁兵十許萬」又頁五七六「孔耿之去已有軍隊十許萬」按今傳「天聰朝臣工奏議」(東方學會溯國史料叢刊初編本)卷中載孔有德及耿仲明呈獻兵冊奏」共計官兵家眷一萬三千八百八十無十許萬也。

附」按歐語見簷曝雜記卷二「徐健庵」節,健庵中表揚某主順天鄉試,「榜發而京師大譁,捏名帖遍街市聖祖聞之,降旨親鞫揚求救於徐,徐謂勿恐翌日有稱賀於上輒奏謂國初以美官授漢兒云云聖祖歡然遂置不問蓋即徐合人傳達此語也。」則此事不在雍正時且亦非雍正語。

十九 頁五八八至五九〇「乾隆朝，直省督撫滿人為多及季經守崔督撫凡二十有六次漢人僅畢沅孫士毅蒙
家恩三人」按其簡本簡坊行徐珂清稗類鈔實承諦，據清史稿疆臣年表乾隆六十年畢沅為湖廣總督孫
士毅為四川總督奏承恩為陝西巡撫此外梁肯堂為直隸總督蔣兆奎為山西巡撫陳淮為江西巡撫姜晟
為湖南巡撫先後為屬其後蔡為光熊為雲南巡撫又據高宗本紀「乾隆六十年正月調陳用敷為貴州巡
撫，二月陳用敷復照浦關」如蔡為貴州巡撫閏二月調姚棻為雲南巡撫四月以朱珪為左都御史仍留廣
東巡撫ィ調姚棻為福建巡撫六月姚棻以質訊解任八月兵部尚書劉娥乞休以朱珪代之仍留廣東巡撫
任十月以姚棻署福建巡撫。

二十 頁九九四「魏源聖武記謂清人記武功書勝不言敗奮功不書罪三藩之役顧承郡王簡親王逼追於楚貝
勒洞鄂失撫於陝將軍舒恕獵敗於粵準萬爾之役蒙古王丹津之敗援於緬甸溫福償事於金川巴忠成德鄂輝賄和於西藏恆瑞老師於台
特喀喇烏蘇之敗額勒登額逗援於緬甸溫福償事於金川巴忠成德鄂輝賄和於西藏恆瑞老師於台
灣均不書」按此文見聖武記卷七原文謂「近人紀皇朝武功七篇往往言勝不書敗書功不書罪如三藩
之役⋯⋯蒙古王丹津縱寇於鄂爾昆河一概不書即傅爾丹和通泊之敗額楞特喀喇烏蘇之敗明有紀載魏源亦曰「略一及之而不詳」
及之而不詳，蒙古王丹津縱寇於鄂爾昆河一概不書即傅爾丹和通泊之敗額楞特喀喇烏蘇之敗趙翼之皇
朝武功紀盛七篇其實皆於傅爾丹和通泊之敗額楞特喀喇烏蘇之敗明有紀載魏源亦曰「略一及之而不
詳」本書既改近人為清人又刪「略一及之而不詳」語演非魏氏本意。

春秋繁露義證補釋序

曾宇康

平江蘇厚菴春秋繁露義證一書,覩凌氏注本蕪穢圍揖菁英,積薪居上竟為不虛,惟近人治董書者,往往鑿空皮傅,夸世駭愚,啟浮華好異之風,踣蔑古不根之失,因是輘轢平實,力辟匡矯,神悋翻晦,義孔多又西京鉅儒每華誇一證,猶采華言無分門戶參徵劉氏論此纂群籍旁搜遠紹蘇氏牽於結習懸守家法凡董引用穀梁沿襲左氏者不闕義典之同即云說亦本此蓋從一曲闇於大趣殆不免孫卿之誚也。余講誦多暇颷為補苴臚尾簡眉積久漸滿輩為二編。用付剞劂敢云冥討獨抱但冀一得聊為彌縫塞漏殊媿博綜再董說春秋標舉弘指妙諦隱微足以印邈前修俯冠來哲惜羲之習公羊學者凡究徵引僅據一端鮮能博邃致令眇誼微辭不克旁通曲證如陳氏華疏即其一也今不揆樗櫟,並加揄揚庶或董己華伕仍詳為就釐非冒疊屋之譏冀所循執之效若夫陰陽五行諸說學者專功理瀹證此既難所不贍則義從蓋闕云爾壬午季冬敘於峨山伏虎寺學舍華陽曾宇康

西漢三公九卿考

王樹椒

章炳麟曰：「從一官言者用定名，從數官之相連相續言者用假名，從職掌言者用定名，從階位言者用假名」，此古今之通例也。章氏舉史記十二諸侯年表言上大夫董仲舒，庚幸傅鄧通官至下大夫，謂此亦自階位言，從其假名者實則即漢初人所謂三公九卿者亦僅自其階位言而章氏所謂從其假名者也。

史記譜列漢興以來將相名臣年表備誌其任免年月顧標題稱漢興以來將相名臣年表不云三公正以其時本無三公之職暨班固作漢書乃以百官公卿表名篇是又取元延元始後官制而強以漢一代制度相傳合所說未能曲盡當日政體後人奉漢表為主不詳察其建革殆通裒職官與韻「漢以丞相大司馬御史大夫為三公太常光祿勳衛尉太僕廷尉大鴻臚宗正大司農少府謂之九寺大卿」實大謬也豈人復問漢官多承秦制固已論秦世已有三公九卿之談矣。

漢丞相之權蓋置單闕軍國靡不悉統寰兼古者三公之任矣別置御史大夫者世納詔令疏奏掌典府璽彈劾百僚，按閱庶舉以天子近臣而制貳丞相參非關於丞相職分而外別有所掌另成系統予別著西漢御史大夫考論之詳矣。至太尉之職屢置屢能及有事出征皆臨時遣將帥命而武帝置大司馬則以冠將軍之號為加官虛銜非有印綬官屬也。漢之置三公官自成帝始蓋儒臣取古義以改革當時制漢書朱博傳載其建置始末備矣漢議實自何武發之武之言曰，「古者民樸事約國之輔佐必得賢聖然猶則天三光備三公官各有分職今

末俗之弊歐專煩多宰相之材不逮及古而丞相鉞兼三公之專所以久廢而不治也宣建三公官定卿大夫之任分職授政以考功效」時曲陽侯王根為大司馬驃騎將軍而何武為御史大夫於是上賜曲陽侯根大司馬印綬置官屬罷驃騎將軍官以御史大夫何武為大司空皆增俸如丞相以備三公官焉此成帝元延四年事也何武奏議文載至顯明，漢初本無三公官至武始導古制創為此制也。

何武奏又請『定卿大夫之任』明前乎此者本無九卿職也漢書藝能記成帝改建三公末不言其定卿大夫之任朱博傳復謂「議者多以為古今異制漢自天子之號下至佐史皆不同故古官稱號未必相襲今宜分明」劉何武雖有其議，成帝竟未嘗定九卿職位也漢書平帝紀稱元始四年「更公卿大夫八十一元士官名位次及十二州名分界」漢之始置九卿或在王莽秉政時莽傳備載九卿六監名號此新莽之制而平帝時之九卿則無可考通典職官志所載前漢九卿名號乃揉漢定制光武中興以後法庭悉準前漢其置九卿歲亦邊平帝舊典歟？

既明三公九卿自元延元始而建足知漢初人所謂三公九卿者盧號乃取古官稱號以飾時憲且三公者公也，必三，九卿者卿也不必九且同一官也或稱之為卿或稱之為公或稱之為公大夫初亦無定號也。

史記公孫弘傳稱弘上書謝曰「陛下過聽擢臣卒伍之中封為列侯致位三公」此以丞相而稱三公也又酷吏列傳稱張湯上書謝曰「湯無尺寸之功起刀筆吏陛下幸致三公」此以御史大夫而稱三公也漢又有太傅太尉曾金印紫綬與丞相等傳然不常置故漢人所稱為三公者僅丞相御史數不盡三也。

漢書張禹傳張禹子宏『列於九卿』謂太常也又李廣傳云「官不過九卿」關郎中令也又楊敞傳稱于定國奏，

九七

九卿

憚幸得列九卿諸吏」謂光祿勳也,又內吉傳言對上問曰「西河太守杜延年,任九卿十餘年」,爲太僕也,又淢黯傳曰「以鹽爲九卿」謂廷尉也,淢黯傳又稱鹽爲李息曰「公列九卿」謂大行也,又石顯傳顯曰「九卿無出(馮)野王者」謂大鴻臚也,又楚元王傳劉向上封事曰「臣前以骨肉備九卿」謂宗正也,又霍光傳光謝曰「九卿責光是也」謂大司農也,又翟方進傳奏云「(逢)信(陳)咸幸得備九卿」謂少府衛尉也,又冊將軍隆傳上詔二府曰「隆位九卿」謂執金吾也,又萬石君傳云「及孝景即位以爲九卿迫近憚之」謂太子太傅也,又蓋寬饒傳饒奏勳禮送卿曰「以列卿而沐猴舞」謂長信少府也,又晁錯傳云「錯爲內史貴幸與鹽同列鹽又非毀錯」謂左內史官至九卿」謂右內史也,又汲鹽傳云「鹽列九卿矣,而公孫弘爲小吏,文弘靖貴與鹽同列鹽又非毀弘」謂主爵都尉也,凡此悉被九卿名號,不數又溢於九矣。

史記酷吏列傳稱張湯自謂位三公,又公孫弘列傳責弘曰,弘位在三公,奉祿甚多,然爲布被,詐也,是皆稱御史大夫爲三公也,然按諸漢書百官表卿位,則「位上卿,銀印青綬」與太常等同階,注引臣瓚曰「茂陵書御史大夫秩中二千石」此蓋據秩也,鹽黜之傳稱有司劾望之「居九卿之右奉朝所仰,至不奉法自修」,則以九卿稱御史大夫矣,它中二千石稱號同也,又凡中二千石悉蒙九卿稱號即二千石亦稱大夫而史記田叔傳褚先生曰「會賢大夫少府趙禹來過衛將軍」則中二千石亦稱大夫,右扼覽鹽鐵論所載論辯,則御史大夫亦被稱爲大夫矣。以其以古公卿大夫相擬,故稱吏二千石常位大夫婿長亡狀不敬」則更二千石悉稱大夫而史記田叔傳褚先生曰

識頗歧出焉。

且謂漢興承秦制而置三公九卿者,將以爲高祖置三公九卿之官於天下已定之後乎仰且於未即皇帝位之前乎?按高祖始立爲漢王即以丞相印綬授蕭何,周苛爲御史大夫以執盾襄爲治粟內史,周昌爲中尉前乎此者周苛嘗爲內史而盧綰之爲太尉亦在高祖稱帝以前不甯惟是夏侯嬰自高祖初起沛時即以太僕終惠帝終身不改官而丞相御史大夫率同時並置數人使將兵任攻伐雖天下既定後猶焉並置敷並置丞相盛分爲左右,或合而爲一無定制漢祖逐鹿中雄之際羣臣官命職本無定規及有天下後遂沿其舊號迄孝惠孝文未遑改作此賈生所以長太息者漢初烏有所謂三公九卿者哉?

膚淺小書

衛恆四體書勢曰「秦時李斯號為工篆諸山及銅人銘皆斯書也漢建初中扶風曹喜善篆小異於斯而亦稱善邯鄲淳師喜略究其妙溪末又有蔡邕善篆採斯喜之法為古今雜形然精密間體不如淳也」所謂採斯喜之法為古今雜形蓋未易解然攷之斯書今存瑯玡刻石存汝帖者有之罘刻石最不失真漢魏剝石中如開母闕三公山禪國山即出於此曹喜書不能見世傳黨懷英摹曹喜書大風歌雖非真宜有所仿韋續五十六種書體言「懸針篆曹喜所作有似針鋒因而名之用題五經篇目」按大風歌卽懸針體也衛恆云「魏初傳古文者出於邯鄲淳至正始中立三字石經轉失淳法」三字石經今稱為品字者更佳與懸針大風之意合籀鼎文字非懸針石經者正淳法也繕則衛恆所謂採斯喜之法為古今雜形者今謂斯塊以間理為古法以精密見稱今蔡邕亦不可見惟漢碑額中附有此體如𡡾若碑額尉氏故吏碑額是也目駿憲言始以漢碑額為篆法宗趙撝叔頗有所輯惜未有知碑額篆法應以蔡邕古今雜形求之以精密間體為書趣也